Wuppertaler Studienbibel

Wuppertaler Studienbibel

begründet von

Fritz Rienecker

Reihe: Neues Testament

herausgegeben von

Werner de Boor

und

Adolf Pohl

R. Brockhaus Verlag Wuppertal

Das
Evangelium des Matthäus

erklärt von

Fritz Rienecker

R. Brockhaus Verlag Wuppertal

11. Auflage 1981

Printed in Germany
Druck: fotokop wilhelm weihert KG, Darmstadt
ISBN 3-417-25101-X
ISBN 3-417-25001-3 Paperback

Vorwort zur Gesamtausgabe

Das Vorwort zur Gesamtausgabe will über ein Zweifaches kurz Rechenschaft geben.

I. Auf welcher Grundlage sind die Auslegungen der Wuppertaler Studienbibel aufgebaut?

II. Was will die Wuppertaler Studienbibel?

I.

Auf welcher Grundlage sind die Auslegungen der Wuppertaler Studienbibel aufgebaut?

Die Wuppertaler Studienbibel ist herausgeboren aus der tiefen Ehrfurcht vor der Heiligen Schrift, die als ein Wunder des Heiligen Geistes immer wieder zur Anbetung Gottes zwingt.

Diese Tatsache, daß die Bibel das Wunderwerk des Heiligen Geistes ist, birgt in sich ein Doppeltes: Es ist das Faktum der Knechtsgestalt und das Faktum der Herrlichkeitsgestalt der Schrift.

Knechtsgestalt heißt: Vom ersten Wort der Bibel bis zum letzten Wort der Bibel tritt uns die Menschlichkeit des Gotteswortes in ihrer vollen Realität entgegen. — Wir nehmen die Bibel „so wie sie ist", d. h. nicht als ein vom Himmel direkt auf die Erde „heruntergefallenes" Buch, sondern als ein auf Erden im Laufe der Jahrtausende nach und nach entstandenes, von Glaubensmenschen verschiedener Prägung und Herkunft und Lebensführung geschriebenes Buchwerk.

Herrlichkeitsgestalt der Schrift heißt: Vom ersten Wort der Bibel bis zum letzten Wort tritt uns weit über alles menschliche Denken und Verstehen erhaben und in einzigartiger Fülle und Heiligkeit die „Göttlichkeit" des Bibelwortes, und zwar total und absolut, entgegen.

Das Wunderwerk des Heiligen Geistes besteht nun darin, daß gerade in der Knechtsgestalt sich die Herrlichkeitsgestalt des Gotteswortes lückenlos und fehlerlos offenbart.

Ein Beispiel unter vielen sei erwähnt: Die Knechtsgestalt der Schrift zeigt sich in der Sündhaftigkeit der menschlichen Schreiber und in der Schlichtheit der menschlichen Worte der Bibel. Und dennoch und trotzdem: Gerade in der Niedrigkeit und Sündhaftigkeit der menschlichen Verfasser der Schrift zeigt sich die Herrlichkeit Gottes, weil diese Verfasser, obwohl sie (gleich wie wir) einer gefallenen Welt angehören (jedoch als Glaubende) — dennoch für alle Zeiten maßgebend, niemals irrend und lückenlos das Gottes-Wort niedergeschrieben haben. Und weiter: Gerade in der Schlichtheit und Anfälligkeit der menschlichen Worte der Schrift (sie sind dem Mißverständnis ausgesetzt) zeigt sich die Herrlichkeit Gottes, weil diese Worte — obwohl sie ebenso wie unsere Worte einer gefallenen Welt angehören, und zwar der hebräischen Sprache im AT und der griechischen Sprache im NT, (welche beiden Sprachen auch Folgen der babylonischen Sprachenverwirrung sind) und darüber hinaus auf Grund von manchmal mangelhaften Übersetzungen, dennoch und trotzdem für alle Zeiten maßgebend, unverbrüchlich und lückenlos das Gottes-Wort zum Ausdruck bringen.

In diesem Zusammenhang sei kurz auch auf das Verhältnis der heilsgeschichtlichen Wahrheiten der Schrift zu den profangeschichtlichen Dingen hingewiesen. (Unter den profangeschichtlichen Dingen verstehen wir die geschichtlichen, chronologischen, geographischen und naturwissenschaftlichen Angaben der Bibel.)

Unsere Überzeugung ist hier nun folgende:

Die Erhabenheit und Verborgenheit der Heiligen Schrift, in der sich Gott nur dem Glaubenden allein erkennbar macht, verbietet uns, sich dem Wort der Heiligen Schrift mit irgendeiner Frage zu nahen, als nur mit dem aufrichtigen Verlangen nach Gott und Seinem Heil (Sprüche 2, 7). Mit anderen Worten: Auch die profangeschichtlichen Fragen haben wir genauso wie die heilsgeschichtlichen Dinge allein in der göttlichen Urheberschaft der Schrift zu sehen.

Praktisch gesehen heißt dies, kurz an drei Beispielen illustriert, wie folgt:

1. Wir dürfen, da sich Gott der allgemeinen menschlich-irdischen Sprechweise bedient, Ausdrücke wie „Sonnenaufgang", „Sonnenuntergang", „Himmelsgewölk" (1. Mose 1, 8) die „Enden der Erde", die „Enden des Himmels", usw. usw. nicht als wissenschaftliche Bezeichnungen und Formulierungen eines Naturforschers des 20. Jahrhunderts ansehen.

2. Wir sind verpflichtet, dort, wo die Schrift symbolisch, metaphorisch oder metonymisch usw. spricht, diese Ausdrucksweise sachentsprechend zu deuten und auszulegen.

3. Wo jedoch die Schrift historisch redet (z. B. 1. Mose 1—3), da gilt es, ebenfalls sachentsprechend von buchstäblichen, historischen Tatsachen zu sprechen.

In der Selbstoffenbarung Gottes will Gott nicht dies und das Naturwissenschaftliche oder Physikalische oder Geologische uns mitteilen, sondern ganz allein nur „sich selbst“ einer von Ihm abgefallenen Welt offenbaren.

Auch hinsichtlich der jetzt so heiß umstrittenen Frage nach dem Ursprung des Menschen gilt es, schlicht Jesu Wort in Ehrfurcht zu respektieren. Jesus sagt: „Habt ihr nicht gelesen, daß der Schöpfer sie (die Menschen) von Anfang an männlich und weiblich geschaffen hat?“ Matth. 19, 4. Damit spricht Jesus das aus (und Er ist die maßgebende Autorität), was der Schöpfungsbericht mitteilt, und zwar auch im Wortlaut. Dazu kommt noch folgendes: Jesus kann auch hierin als die alleinige Autorität angesehen werden, weil Er der Mitschöpfer gewesen ist (Joh. 1, 3). Auch Paulus sagt: (1. Tim. 2, 13) „Adam wurde zuerst gebildet (eplàsthe!), danach Eva.“ —

Wir fassen zusammen: Die Wuppertaler Studienbibel bekennt sich zu folgendem Glaubenssatz: Die Erniedrigung des Gotteswortes ins Menschenwort, die um unsretwillen geschah, bedeutet nie und nimmer, daß die Bibel in irgendeinem Punkte irgendwie unsicher oder unzuverlässig oder ein irrendes Wort sei —, sondern daß gerade in der „Knechtsgestalt“ des Gotteswortes die Herrlichkeit Gottes des Vaters, des Sohnes und des Heiligen Geistes voller Gnade und Wahrheit sich offenbart, und zwar dem Glaubenden.

II.

Was will die Wuppertaler Studienbibel?

A. Die Wuppertaler Studienbibel will der persönlichen Schriftforschung des Bibellesers dienen. Die Erfahrung lehrt, daß ein sehr starkes Bedürfnis nach einer solchen praktischen und leichtfaßlichen Verwertung positiver biblischer Forschung vorliegt.

Es sei an dieser Stelle mit dankbarem Herzen darauf hingewiesen, daß gerade bei dem schlichten Bibelleser ein wahrhaft ernstes Suchen nach letzten Erkenntnissen zu finden ist. Man hat den Bibelleser vielfach in seinem Denken unterschätzt.

Die Wuppertaler Studienbibel will diesem starken Verlangen nach tieferem Verständnis des Wortes Gottes gerecht werden.

Der Titel „Studienbibel“ bedeutet: Jeden Tag in der Stille die Bibel studieren, also eifrig bemüht sein, sich die Schrift zu erarbeiten. Innere Kraft und bleibender Halt werden dabei geschenkt.

B. Die Wuppertaler Studienbibel will ferner Hilfsdienste leisten für die Vorbereitung zum Predigtdienst. Dabei denkt der Herausgeber ganz besonders an den freiwilligen Mitarbeiter im Verkündigungsdienst. Gerade ihm, dessen Zeugnis heute so sehr wichtig ist, der aber neben seinem irdischen Beruf wenig Zeit zur Vorbereitung hat, wollen die Erläuterungen Handreichung sein.

Die Wuppertaler Studienbibel hat ihre Texterklärungen nach zwei Gesichtspunkten ausgerichtet:

1. Der sachliche Gesichtspunkt,
2. Der erbauliche Gesichtspunkt.

Zu 1. Die sachliche Worterklärung will Fragen verstandesmäßiger Art, schwierige Schriftstellen, nicht leicht faßbare Wortzusammenhänge, „palästinensische Sitten und Gebräuche“ zu klären versuchen.

Zu 2. Die erbauliche Worterklärung will nicht wie die sachliche dem Verstande dienen, sondern dem Herzen. Sie will die Worte in ihrem überzeitlichen Vollsinn zu fassen suchen, die biblischen Begriffe in ihrem ewigen Gehalt zu begreifen sich bemühen.

Bei all diesem fleißigen Bemühen weiß aber auch der ernste Bibelleser sehr wohl, daß nur der Heilige Geist allein der wahre Erklärer des Wortes Gottes ist. Die fleißige Bitte um das Wirken des Heiligen Geistes ist darum fort und fort ebenso dringend nötig wie das anhaltende, gründliche Forschen und Studieren der Heiligen Schrift.

Auf folgendes sei aber noch aufmerksam gemacht: Die Erklärungen der neutestamentlichen Bücher sind neben der eignen eingehenden Text-Forschung und der Heranziehung gegenwärtiger Literatur im allgemeinen geleitet von den wissenschaftlichen Arbeiten dreier bedeutender Theologen: Von Prof. D. Friedrich Godet (1812—1900), von Prof. D. Theodor v. Zahn (1838—1933) und von Prof. D. Adolf Schlatter (1852—1938).

Fritz Rienecker

Richtlinien
für die Benutzer der Wuppertaler Studienbibel

In bezug auf den Bibeltext.

Der Bibeltext ist fett gedruckt. Wiederholungen aus dem behandelten Bibeltext sind fett gedruckt. Gesperrt nur im Sinne der Verdeutlichung bei Betonung.

In bezug auf die Parallel-Stellen.

Mit Absicht sind eine große Fülle von Bibel-Stellen als Parallelen gebracht. Für diese Parallelstellen ist am Rand eine Spalte freigelassen.

In bezug auf die Handschriften:

Zu den wichtigsten vom Text abweichenden Lesarten, die sich im allgemeinen in den Fußnoten finden, sind folgende Zeichen gesetzt, die der Erklärung bedürfen:

Die Handschriften des Neuen Testaments

Bezeichnung	aus Jahrhundert	Namen	Standort: in Bibliothek:	
ℵ	IV	Sinaiticus	London	Neutestamentlicher Teil einer Vollbibel. Die romantische Entdeckungsgeschichte, wie sie Tischendorf erzählt, s. bei Tischendorf. Gregory 348 ff., Gregory 23 ff. 1844 im Katharinenkloster auf Sinai in einem Abfallkorb zum Hejzen bestimmt. Genannt sei auch: Schneller: Tischendorf-Erinnerungen.
A	V	Alexandrinus	London	Das NT mit 1. Clemensbrief und den sogen. Psalmen Salomos, in der Bibliothek Alexandrien, 1628 an Karl I. von England geschenkt. Vollbibel mit einzelnen Lücken.
B	IV	Vaticanus	Rom	Einer der größten Schätze der päpstlichen Bibliothek. Vollbibel mit Lücken.
C	V	Ephraemi rescriptus	Paris	In Pariser Nationalbibliothek stehend. Vom Syrer Ephraem überschrieben. 1535 nach Paris gekommen. Bibel mit vielen Lücken.

Diese vier Bibeln des IV. und V. Jahrhunderts dürfen als die wichtigsten Zeugen gelten. — Wenn sie auch auf die Hauptsitze der katholischen und anglikanischen Kirche Rom, Paris, London verteilt sind, so hat doch der deutsche Protestantismus sich um ihre gelehrte Erforschung sehr bemüht.

Die Zusammenfassung der vier Handschriften ℵ ABC zu einer Text-Gruppe wird die hesychianische oder ägyptische Textform genannt. Hesychius war ein Grieche in Alexandrien. Weil Alexandrien in Ägypten liegt, wird diese Textgruppe auch die ägyptische Textform genannt.

Weitere Handschriften des Neuen Testaments

Bezeichnung	aus Jahrhundert	Namen	Standort: in Bibliothek:	
D	VI	Bezae Cantabrigiensis	Cambridge	Enthält die 4 Evangelien und die Apostelgeschichte, aber mit großen Lücken.
E	VIII	Basiliensis	Basel	Diese Handschriften enthalten die vier Evangelien.
F	IX	Boreelianus	Utrecht	
G	X	Seidelianus I	London	
H	IX	Seidelianus II	Hamburg	
L	VIII		Paris	H und L enthalten Apostelgeschichte und Briefe.
046	VIII		Rom	046 enthält Offenbarung des Johannes.

Die sogenannte **Koine** ist diejenige Handschriftengruppe, welche die Zusammenfassung der einzelnen Handschriften E F G H L und 046 bildet.

Es sind also die Handschriften aus dem VIII. bis X. Jahrhundert. Die Koine ist die in Antiochien und später in Konstantinopel zur allgemeinen Verbreitung gekommene Textform. Diese Textform tritt uns, da Erasmus von Rotterdam solche späten Handschriften benutzte, in Luthers Bibelübersetzung entgegen. Luther stützte sich auf diese späte Handschriftengruppe, also auf die sogenannte Koine, die in der Erasmus-Ausgabe vorlag.

Die Erasmus-Arbeit war eine sehr flüchtige Arbeit.

„Erasmus benutzte höchstens drei Handschriften, die er von den Predigermönchen in Basel entlieh und die heute noch erhalten sind (keine von ihnen ist älter als das 12. Jahrhundert). Sie zeigen, daß Erasmus die Handschriften selbst durcharbeitete und dann als Vorlage in die Druckerei gehen ließ. Für die Offenbarung des Johannes, die in jenen Handschriften fehlte, wurde eine Handschrift aus Maihingen herangezogen; in ihr fehlte der Schluß 22, 16—21; Erasmus übersetzte ihn einfach aus der Vulgata ins Griechische, ohne das irgendwo anzugeben." Michaelis, Einleitung in das NT 1954 Seite 357.

Die Koine-Gruppe, d. i. die Vorlage Luthers, erwähnen wir ebenfalls.

Andere Handschriften werden jeweilig im Text erklärt.

Am Schluß der Studienbibel soll eine Übersicht über die Geschichte der Handschriften folgen.

In bezug auf besondere Urtext-Wörter.

Schwierige Wörter des griechischen Textes, die die Möglichkeit verschiedener Übersetzungen bieten, sind in den Fußnoten eingetragen. Die griechischen Wörter sind dabei in Klammern gesetzt und in lateinischen Buchstaben wiedergegeben!

Das Evangelium des Matthäus

erklärt von

Fritz Rienecker

R. Brockhaus Verlag Wuppertal

Abkürzungs-Verzeichnis

I. Allgemeine Abkürzungen:

AT	=	Altes Testament
NT	=	Neues Testament
atst	=	alttestamentlich
ntst	=	neutestamentlich
gri	=	griechisch
hebr	=	hebräisch
lat	=	lateinisch

LXX = Septuaginta. Das ist die griechische Übersetzung des AT, angeblich von 70 gelehrten Juden auf Befehl des Königs Ptolemäus Philadelphus 200 v. Chr. in Alexandrien angefertigt.

II. Literatur-Abkürzungen

W—B	=	Walter Bauer: Griechisch-Deutsches Wörterbuch. 3. Aufl.
Bl—De	=	Blaß—Debrunner: Grammatik des ntl. Griechisch 7. Aufl. 1943 zitiert n. §§.
Radm	=	Radermacher, Neutstl. Grammatik 1925. 2. Aufl.
Ki—Th W	=	Kittel Theologisches Wörterbuch
NTD	=	Neues Testament Deutsch Göttingen 1932 ff.
Schl	=	Schlatter: Der Ev. Matth. 2. Aufl. Stuttgart 1933
St—B	=	Strack—Billerbeck: Kommentar zum NT aus Talmud usw. Bd. I—IV. München 1922 ff.

III. Abkürzungen der biblischen Bücher

a) Altes Testament

1 Mo	=	1. Mose
2 Mo	=	2. Mose
usw.		usw.
Jos	=	Josua
Ri	=	Richter
Rth	=	Ruth
1 Sam	=	1. Buch Samuelis
2 Sam	=	2. Buch Samuelis
1 Kö	=	1. Buch der Könige
2 Kö	=	2. Buch der Könige
1 Chro	=	1. Buch der Chronika
2 Chro	=	2. Buch der Chronika
Esr	=	Esra
Neh	=	Nehemia
Esth	=	Esther
Hio	=	Hiob
Ps	=	Psalter
Spr	=	Sprüche
Pred	=	Prediger
Holi	=	Hohelied
Jes	=	Jesaja
Jer	=	Jeremia
Kla	=	Klagelieder
Hes	=	Hesekiel
Da	=	Daniel
Hos	=	Hosea
Joe	=	Joel
Am	=	Amos
Ob	=	Obadja
Jon	=	Jona
Mi	=	Micha
Nah	=	Nahum
Hab	=	Habakuk
Ze	=	Zephanja
Hag	=	Haggai
Sach	=	Sacharja
Mal	=	Maleachi

b) Apokryphen

Tob	=	Tobias
1 Makk	=	1. Makkabäer
2 Makk	=	2. Makkabäer
Sir	=	Sirach

c) Neues Testament

Mt	=	Matthäus
Mk	=	Markus
Lk	=	Lukas
Jo	=	Johannes
Apg	=	Apostelgeschichte
Rö	=	Römer
1 Ko	=	1. Korinther
2 Ko	=	2. Korinther
Gal	=	Galater
Eph	=	Epheser
Phil	=	Philipper
Kol	=	Kolosser
1 Th	=	1. Thessalonicher
2 Th	=	2. Thessalonicher
1 Tim	=	1. Timotheus
2 Tim	=	2. Timotheus
Tit	=	Titus
Phlm	=	Philemon
1 Pt	=	1. Petrus
2 Pt	=	2. Petrus
1 Jo	=	1. Johannes
2 Jo	=	2. Johannes
3 Jo	=	3. Johannes
Hbr	=	Hebräer
Jak	=	Jakobus
Jud	=	Judas
Offb	=	Offenbarung des Johannes

Das Evangelium nach Matthäus

EINLEITUNG

Über die historische Glaubwürdigkeit der vier Evangelien

Schon am Ende des 1. Jahrhunderts n. Chr. finden wir Mitteilungen, die bestätigen, daß die vier Evangelien bereits in den Gottesdiensten der damaligen Gemeinden hin und her zum Vorlesen Verwendung gefunden hatten. Es muß demnach die schriftliche Festlegung des Evangelienstoffes schon sehr frühzeitig begonnen haben, lange vor Ausgang des 1. Jahrhunderts. Daß diese vier Evangelien wahrheitsgetreue Berichte über das irdische Leben des Herrn sind, das ist für jeden, der überhaupt literarhistorisch denken und urteilen kann, eine feststehende Tatsache.

Die Glaubwürdigkeit weltlicher Geschichtsschreiber hängt in erster Linie von dem Nachweis ab, ob die Geschichtsschreiber als solche verstandesmäßig und moralisch in der Lage waren, einen wahrhaften Bericht von den zu schildernden Ereignissen zu geben. Man kann als das Mindeste verlangen, daß die Geschichtsschreiber die Wahrheit schreiben können und wollen.

Wenn das eben Gesagte als Voraussetzung für glaubwürdige weltliche Geschichtsschreibung gilt, wieviel mehr gilt das von der Berichterstattung der Verfasser der vier Evangelien. Auch sie wollten und konnten nichts anderes, als die Wahrheit schreiben. Diese Tatsache wird noch durch folgende Umstände in ganz einzigartiger Weise erhärtet: Die Schreiber der vier Evangelien waren nicht nur geistig und moralisch in der Lage, wahrheitsgetreu zu berichten, sondern sie waren als Augen- und Ohrenzeugen Jesu drei Jahre in der harten Schule dessen gewesen, der vorlebte, was Er von sich sagte: „Ich bin die Wahrheit." In dieser einzigartigen Schule hatten sie gelernt, wie niemand vorher noch nachher, was die Wahrheit ist und zwar die Wahrheit in ihrem absolutesten Sinne!

In Lukas 1, 1—4 macht der Evangelist mit aller Deutlichkeit auf die Genauigkeit seiner Voruntersuchungen aufmerksam. Er verlangte von seinen Gewährsmännern die unbedingte Augenzeugenschaft, denn es war ja heiligste Geschichte, die er schrieb, Geschichte, in der es sich um das geistliche und ewige Wohl und Wehe der ganzen Menschheit handelte. Hier hatte der **Wahrheitsbeweis** soteriologische (heilsmäßige) Bedeutsamkeit. Die Wahrheit ging dem Lukas über alles! Von den Augenzeugen Christi, die Diener des Wortes waren, konnte und wollte Lukas nichts anderes, als die Wahrheit erfahren.

Das 1. und 4. Evangelium stammen direkt von je einem Augenzeugen und Ohrenzeugen! Das 2. und 3. Evangelium stammen von Apostelbegleitern. — Alle vier Evangelien stützen sich somit auf die sicherste Quelle aller Geschichtsschreibung, nämlich auf die unmittelbare und wahre Augen- und Ohrenzeugenschaft!

Nach der kirchlichen Überlieferung waren kaum 30 Jahre bis zur ersten schriftlichen Festlegung der Evangelien vergangen. (Diese Zeitspanne von 30 Jahren zwischen Geschehnis und schriftlicher Berichterstattung wird auch von der kritischen Forschung anerkannt.) Zu dieser Zeit der schriftlichen Festlegung lebten die Apostel und Brüder Jesu noch. Diese werden aus großem Verantwortungsbewußtsein und aus vorbildlicher Liebe zur Wahrheit mit Strenge über die Reinerhaltung des Überlieferungsgutes gewacht haben. Von Mythen, Legenden und Sagen kann hier keine Rede sein. Sagen und Legenden bilden sich erst dann, wenn die Verbindung mit den Geschehnissen abgerissen ist. Noch weniger als von Sagen kann von Mythen gesprochen werden. Was sind Mythen? Mythen sind Umdichtungen von Ideen in Geschichte. — Die Apostelschaft, die Verwandtschaft Jesu und die Augenzeugenschaft wird jedes Aufkommen von Sagen und Mythen in den vier Evangelien im Keime unterbunden haben! Aus den gleichen Gründen ist auch die moderne kritische Ansicht zurückzuweisen, die meint, in die Berichterstattung der Jünger habe sich die jüdische Missionstheologie oder die orientalische Mythologie oder der legendenbildende Gemeindeglaube eingedrängt.

Abschließend sei für die Glaubwürdigkeit der vier Evangelien noch das Zeugnis der Kirchenväter und Kirchenschriftsteller um die Wende des 1. Jahrhunderts hinzugefügt, die die vier Evangelien lasen und heilig verehrten.

Wir besitzen nämlich aus dem 1. und 2. Jahrhundert die Schriften der sogenannten apostolischen Väter. Dazu gehören die „Lehre der zwölf Apostel", der Brief des Clemens an die Korinther, die sieben Briefe des Ignatius von Antiochien, der Brief des Polykarp von Smyrna, des Schülers des Apostels Johannes, und anderes mehr. In allen diesen Schriften finden sich die vier Evangelien bereits zitiert.

Also waren die Evangelien schon um diese Zeit, d. h. am Ende des 1. Jahrhunderts und zu Beginn des 2. Jahrhunderts, nicht nur geschrieben, sondern auch bereits in der damaligen Christenheit von Kleinasien bis hin nach Rom weit verbreitet und bekannt!

Ebenso stand auch fest, wer die Verfasser der Evangelien gewesen waren.

Die ältesten Handschriften hatten merkwürdiger Weise als Überschrift die Bezeichnung: Nach Matthäus, nach Markus, nach Lukas, nach Johannes. — Was soll nun dieses immer wieder vorkommende Wörtchen „nach" bedeuten? Soll es etwa heißen, wie mehrfach Theologen annehmen, daß Matthäus, Markus usw. nicht die Verfasser sind? — Nein! — Wohl ist es begreiflich, daß die Verfasser selbst diesen Titel: Nach Matthäus, nach Markus usw. ihren Schriften nicht gegeben haben können! So drückt man sich als Verfasser nicht aus!

Die Verfasser der vier Evangelien haben, so dürfen wir wohl annehmen, vielmehr ihre Schriften ohne Verfassernamen herausgegeben. Vielleicht ist es Bescheidenheit gewesen, daß sie das taten. Vielleicht standen sie so sehr unter dem Bann der Jesuserscheinung, daß ihre eigene Person ihnen so völlig belanglos erschien, daß sie es nicht für nötig hielten, ihren Namen zu nennen! Zudem wußten sicher die einzelnen Gemeinden, wer hinter diesem und jenem Evangelium als Verfasser gestanden hat. Da es noch keinen Buchdruck gab, der die tausendfache Vervielfältigung eines Buches erst ermöglicht hat, so wußte jede Gemeinde, die vielleicht sich eine Abschrift der Evangelien angefertigt hatte, wer die Verfasser der einzelnen Evangelien waren. Man pflegte dann, um zu unterscheiden, vielleicht zu sagen: Das ist das Evangelium nach Matthäus, das ist das nach Markus usw. usw. Über die Autorenschaft war man nicht im Zweifel! Selbst der große Irrlehrer Marcion, der in Rom zu Anfang des 2. Jahrhunderts eine Gegenkirche gründete und das AT verwarf, hat die Verfasserschaft der vier Evangelien durch Matthäus, Markus etc. in keiner Weise angetastet!

Die Bezeichnung des Verfassers durch die Formel: „Nach" ..., „nach" ..., also nach Matth., nach Mark. usw. hat ihre Parallelen auch in der jüdischen Literatur. (Vgl. 2 Makk 2, 13.) *)

Der bekannte Gelehrte Norden weist auch in der hellenistischen und patristischen Literatur solche Parallelen nach.

In der Viergestaltigkeit des Evangeliums sieht der Kirchenvater Irenäus (lebte um 180) eine gottgewollte Notwendigkeit! Wenn nach dem Propheten Hesekiel vier Cherubim den Thronwagen des Allmächtigen stützen und nach der Offenbarung des Johannes vier geheimnisvolle Lebewesen den Thron Gottes umstehen, dann ist es wohl begreiflich, so meint der Kirchenvater Irenäus, daß ein Viergespann von Evangelien den Herrn Christus durch die Erdenräume tragen sollte! Der Kirchenvater Hieronymus hat dann für jeden Evangelisten ein Symbol geschaffen. Matthäus erhält das Symbol des Menschen. Markus wird dargestellt

*) Vergl. Ki-Th-W II S. 733 f.

unter dem Bilde eines Löwen. Lukas wird als Stier gesehen, Johannes erhält das Zeichen eines Adlers! Diese Symbolik drückt tiefsinnig die vierfache Gestalt des Herrn-Bildes aus! Die vier Symbole zeigen nacheinander die menschliche, prophetische, priesterliche, göttliche Seite des Erlösers!

Einen gewaltigen Hinweis auf die Echtheit der vier Evangelien bildeten die zahlreichen Apokryphen-Evangelien, die durch ihre willkürliche Tendenz, durch ihre krankhafte Wundersucht die schlichte und schmucklose Schreibweise der Evangelien umso deutlicher aufleuchten lassen.

Ein letzter Zeugenbeweis für die Echtheit der Evangelien sind endlich auch die außerchristlichen Zeugnisse, so das Zeugnis des Josephus, des Sueton, des Tacitus, des Plinius, ferner das des Talmud und der heidnischen Polemiker Celsus und Porphyrius!

Die synoptische Frage

Unter den vier Evangelien bilden die drei ersten Evangelien eine besondere Gruppe! Sie zeigen eine weitreichende textliche Übereinstimmung, die sich sogar weithin bis auf den Wortlaut erstreckt, anderseits aber finden wir wiederum sehr starke Verschiedenheiten zwischen Matthäus, Markus und Lukas!

Mit diesem Nebeneinander von Übereinstimmung und Verschiedenheiten zwischen Matthäus, Markus und Lukas beschäftigt sich die synoptische Frage, die seit Ende des 18. Jahrhunderts eines der am meisten behandelten Probleme der neutestamentlichen Wissenschaft bildet.

Synoptisch wird die Frage deshalb genannt, weil durch eine Zusammenstellung der Paralleltexte aus Matthäus, Markus, Lukas eine Zusammenschau (Synopse) des Lebens unseres Heilandes möglich gemacht werden kann!

Wir fragen uns nun: 1. Welches sind kurz die Übereinstimmungen? 2. Welches sind kurz die Verschiedenheiten? (Vgl. Appel: Einleitung in das NT.)

1. Welches sind die Übereinstimmungen?

A. Bei allen dreien ist die Geschichte unseres Heilandes in der gleichen Anordnung wiedergegeben!

Johannes der Täufer tauft den Herrn. Jesus wird versucht! Jesus wirkt öffentlich in Galiläa! Jesus unternimmt im Gegensatz zum Evangelium des Johannes nur einen Hinaufzug nach Jerusalem, leidet und stirbt hier, um dann von den Toten wieder aufzuerstehen!

B. Bei allen dreien ist die Geschichte unseres Heilands in lauter einzelne, in sich geschlossene Kurzgeschichten (Perikopen) aufgeteilt! Diese Erzählungen stehen dann mehrfach auch in derselben Reihenfolge, obwohl ein Zusammenhang nicht immer deutlich erkennbar ist!

C. Bei allen dreien finden wir sogar bis in die Buchstaben des Wortlautes hinein völlige Übereinstimmungen, und zwar in den Herrenworten viel genauer als in den Erzählstücken.

Beispiele wörtlicher Übereinstimmungen finden wir:

Mt 3, 3 + Mk 1, 3 + Lk 3, 4
Mt 11, 10 + Mk 1, 2 + Lk 7, 27
Mt 9, 6 + Mk 2, 10 + Lk 5, 24
Mt 16, 28 + Mk 9, 1 + Lk 9, 27

2. Welches sind kurz die Verschiedenheiten?

A. Sondergut der einzelnen Synoptiker. Unter Sondergut versteht man, was der einzelne Evangelist ganz allein hat. Dasselbe beträgt ungefähr 1/3 des Gesamtstoffes.

Sondergut des Markus: Das Gleichnis von der selbstwachsenden Saat (Kap. 4), Heilung des Taubstummen (Kap. 7), Heilung des Blinden von Bethsaida (Kap. 8), Gefangennahme und Flucht eines Jünglings (Kap. 14) usw.

S o n d e r g u t d e s M a t t h ä u s : Einladung an die Mühseligen und Beladenen (Kap. 11), Gleichnis vom Unkraut unter dem Weizen, vom Schatz der Perle, vom Fischnetz (Kap. 13), die Tempelsteuer (Kap. 17), Gleichnis vom Schalksknecht (Kap. 18), von den Arbeitern im Weinberg (Kap. 20), von den ungleichen Söhnen (Kap. 21), den 10 Jungfrauen und vom Weltgericht (Kap. 25), die Grabeswächter (Kap. 27) usw.

S o n d e r g u t d e s L u k a s : Der Jüngling von Nain und die große Sünderin (Kap. 7), dann aus dem sogenannten Reisebericht (Kap. 9, 51—18, 14), wo sich das meiste Sondergut findet: Der barmherzige Samariter, Maria und Martha (Kap. 10), Gleichnis vom reichen Kornbauer (Kap. 12), Heilung des Wassersüchtigen (Kap. 14), Gleichnis vom verlorenen Groschen, vom verlorenen Sohn (Kap. 15), vom ungerechten Haushalter, vom reichen Mann und armen Lazarus (Kap. 16), vom dankbaren Samariter (Kap. 17), vom gottlosen Richter, vom Pharisäer und Zöllner (Kap. 18). Aus den letzten Abschnitten: Zachäus (Kap. 19), Jesus vor Herodes (Kap. 23), die Emmausjünger, die Himmelfahrt (Kap. 24) usw.

B. D e r s e l b e S t o f f i n v e r s c h i e d e n e m **Zusammenhang.**

Gegenüber der einfachsten und natürlichsten Anordnung bei Markus haben Matthäus und Lukas eine Reihe von Umstellungen, Weglassungen und Einschiebungen.

U m s t e l l u n g e n : Bei Matthäus z. B. Zusammenstellung der meisten Wundergeschichten in Kap. 8. und 9. Bei Lukas ist am bekanntesten die Versetzung der Nazarethszene an den Anfang der galiläischen Wirksamkeit. (Lk 4).

W e g l a s s u n g e n : Bei Matthäus z. B.: Jesus in der Synagoge von Kapernaum. Bei Lukas kommt besonders die „große Lücke" in Betracht, d. h. Auslassung aller Markus-Perikopen vom Wandeln auf dem See bis zum Blinden von Bethsaida, Mk 6, 45—8, 26.

E i n s c h i e b u n g e n : Das Sondergut bei Matthäus und Lukas.

C. D e r s e l b e S t o f f m i t v e r s c h i e d e n e m **Inhalt.**

V e r s c h i e d e n h e i t e n in einzelnen Angaben.

Markus und Lukas berichten von einem Gadarener, einem Blinden in Jericho, einem Reittier beim Einzug in Jerusalem, Matthäus in diesen Geschichten von 2 Gadarenern, 2 Blinden, 2 Reittieren. Markus erwähnt drei Frauen am Grabe, Matthäus spricht von zwei Frauen, Lukas gibt keine genaue Zahl an. Lukas vertauscht die 2. und 3. Versuchung des Matthäus und läßt in dem so sehr wichtigen V a t e r u n s e r , bei welchem man doch auf eine ganz sorgfältige Überlieferung rechnen sollte, die 3. und 7. Bitte aus.

Wir sind am Schluß unserer kurz angedeuteten Ausführungen zur synoptischen Frage.

Die theologische Forschung ist sich der Schwierigkeit dieses Nebeneinanders von Übereinstimmung und Verschiedenheit zwischen Matthäus und Markus und Lukas bewußt. Sie hat sich bemüht, Lösungen dieses synoptischen Problems zu geben, aber all diese Lösungen sind doch nur Lösungs v e r s u c h e geblieben und werden es auch fort und fort bleiben.

Abzulehnen sind solche Lösungsversuche, die seitens moderner kritischer Theologen die Substanz unseres Glaubens an den gekreuzigten und auferstandenen Herrn und Heiland in Frage stellen.

Der Apostel Matthäus!

Von dem Apostel Matthäus lesen wir in den Neutestamentlichen Schriften sehr wenig. Er wird im ganzen NT n u r fünfmal genannt. Im ersten Evangelium lesen wir von ihm in Kap. 9, 9 bei der Geschichte von seiner Berufung und dann noch
in dem Apostelverzeichnis (Kap. 10, 3).
In den folgenden 3 NT Schriften erscheint sein Name je einmal:
In Mk 3, 18 . . . und Bartholomäus und Matthäus und Thomas und Jakobus . . .
In Lk 6, 15 . . . und Bartholomäus und Matthäus und Thomas und Jakobus . . .
In Apg. 1, 13 . . . und Bartholomäus und Matthäus und Jakobus . . .

Alle drei Stellen geben Apostelverzeichnisse an.

Der Name „ M a t t h ä u s " stammt aus dem Hebräischen. Im AT finden wir die entsprechenden Namen: Maththan = Gabe und Maththanja = Gabe Gottes. Matthäus heißt also „Gabe Gottes"!

Eine wichtige Frage ist folgende: Die Berufungsgeschichte des Matthäus wird nicht nur Mt 9, 9 erzählt, sondern auch in Lk 5, 27. und Mk 2, 14. Fast wörtlich stimmen alle drei Berichte überein.

Mt 9, 9	Mk 2, 14	Lk 5, 27
Und als Jesus von dannen weiterging, sah er einen Menschen am Zollhause sitzen, **Matthäus** genannt, und er spricht zu ihm: Folge mir nach. Und er stand auf und folgte ihm nach.	Und als er vorüberging, sah er **Levi**, den Sohn des Alphäus, am Zollhause sitzen, und er spricht zu ihm: Folge mir nach; und er stand auf und folgte ihm nach.	Und nach diesem ging er hinaus und sah einen Zöllner, mit Namen **Levi**, am Zollhause sitzen und sprach zu ihm: Folge mir nach. Und er verließ alles, stand auf und folgte ihm nach.

Im griechischen Urtext wird die Übereinstimmung der Texte noch deutlicher.

Die Frage ist die: Warum nennen Markus und Lukas den von Jesus in Kapernaum berufenen Zöllner *nicht* Matthäus, sondern Levi?

Die Antwort: Manche Forscher haben gemeint, Matthäus und Levi seien zwei verschiedene Personen gewesen. Es seien 2 verschiedene Berufungsgeschichten erzählt. — Wir halten das für unmöglich. — Und zwar aus folgendem dreifachen Grunde:

1. Alle drei Berichte sind mit Ausnahme des Zöllner-Namens fast buchstäblich übereinstimmend.

2. Allen Berichten *geht* die gleiche Geschichte *voraus*, nämlich das Wunder von der Heilung des Gichtbrüchigen.

3. Allen drei Berichten *folgt* anschließend *dieselbe* Geschichte, nämlich die Erzählung von dem Gastmahl des neugerufenen Zöllners mit den gleichen Reden nach dem Gastmahl!

Es wird also in allen drei Berichten der *gleiche* Vorgang geschildert. Es muß darum auch in allen drei Berichten dem gleichen Vorgang entsprechend auch die *gleiche Person* gewesen sein!

Der Name *Matthäus* muß ein Zuname gewesen sein, den der Herr sicher dem Zöllner bei seiner Berufung gegeben hat. Durch den Beinamen Matthäus = „Gabe Gottes" wollte Jesus die Bedeutung des sofortigen Aufbruches mit unmittelbar sich anschließender Nachfolge zum Ausdruck bringen!

Markus und Lukas haben wahrscheinlich *deshalb* den Namen Matthäus nicht gebracht, weil die verächtliche Vergangenheit des Matthäus (der Zöllner gehörte damals zum Abschaum der Menschheit) nicht ausdrücklich erwähnt werden sollte. Sie haben darum den ursprünglichen Namen, der sicher in Vergessenheit gekommen war, gebracht. *Ein Zöllner mit Namen Levi fiel nicht weiter auf.* Matthäus dagegen scheute sich nicht, in seiner Evangelien-Niederschrift seinen ehemaligen Zöllnerberuf mit seinem *Namen* zu verknüpfen. Die herrliche Umwandlungskraft seines Herrn wollte er rühmend verkündigen. In seinem Evangelium sagt darum Matthäus:

In Kap. 9, 9: Ein Mensch mit Namen Matthäus.

In Kap. 10, 3: Matthäus, der Zöllner!

In allen drei *anderen* Apostelverzeichnissen in Markus und Lukas und Apostelgeschichte erscheint der Name Matthäus *ohne* den Titel: der Zöllner! Keiner wollte dem Matthäus wehe tun! Darum haben sie das Wort „Zöllner" unterlassen. Nur Matthäus selbst hat die Berufsbezeichnung „*Zöllner*" beibehalten!

Erst viele Jahre später hat ein Kirchenschriftsteller (es war der Verfasser des Barnabasbriefes) auf Matthäus den Zöllner ausdrücklich hingewiesen, indem er in der Berufung des Matthäus den Beweis findet, daß Jesus gekommen ist, Sünder zu rufen, und zwar ganz besonders solche, die noch sündiger waren als die gewöhnlichen Sünder.

Gleich nach seinem Ja zu dem Rufe des Herrn beginnt Matthäus sein erstes Missionswerk. Er bereitet dem Herrn in seinem Hause ein Festmahl und ladet seine bisherigen Berufskollegen dazu ein, nämlich die Zöllner von Kapernaum. Sein Ziel war, seine Berufskollegen mit dem Herrn in Verbindung zu bringen.

Und dieses sein Streben, sein Volk, das Volk Israel zu dem im AT fort und fort angekündigten Messias zu ziehen, geht durch sein ganzes Evangelium wie ein weithin sichtbarer roter Faden hindurch!

Über das Evangelium des Matthäus

Die älteste Notiz über das Matthäus-Evangelium stammt von dem Bischof Papias von Hierapolis. Weil dieser Bischof etwa um 100 bis 150 nach Christus gelebt hat, und weil er ein Zeitgenosse des Polykarp von Smyrna und Schüler des Apostels Johannes gewesen ist, darum hat das, was er über das Matthäus-Evangelium zu sagen wußte, „nach den Gesetzen historischer Forschung Anspruch auf höchste Beachtung" (Feine S. 22).

Die Gemeinde Hierapolis wird schon Kol 4, 13 genannt: „Ich (Paulus) gebe dem Epaphras (einem Mitarbeiter des Paulus), Zeugnis, daß er viel Mühe um euch (in Kolossäa) und die in Laodicäa und in Hierapolis hat."

Der Bischof Papias von Hierapolis hat nun in seinem fünfbändigen Werk, das den Titel „Auslegungen der Herrenworte" trug, sehr Bedeutungsvolles über das Matthäus-Evangelium berichtet. Weil diese Aussagen des Papias, wie wir schon sagten, die ältesten Angaben sind und dazu noch auf persönlichen Mitteilungen des Apostels Johannes beruhen, darum gilt es, diesen Papias-Worten größtes Interesse entgegenzubringen

Leider ist aber nun das große fünfbändige Werk des Papias verloren gegangen. Dieser Verlust wird in der Wissenschaft sehr bedauert!

Da kommt uns aber der Bischof Eusebius von Cäsarea zu Hilfe. Dieser Bischof Eusebius, der um 339 gestorben ist, hat das fünfbändige Werk des Papias gekannt und gelesen. Und weil Eusebius das Werk des Papias so hoch geschätzt hat, darum hat er auch von Papias Zitate in seine zehnbändige Kirchengeschichte hineingenommen. (Die Kirchengeschichte des Eusebius ist die älteste christliche Kirchengeschichte, die wir haben! Sie beginnt mit Jesus Christus und geht über die Zeit der Apostel hinaus bis zum Jahre 324). Diese allerälteste Kirchengeschichte (in Paris) ist auch darum so einzig wertvoll, weil darin auch zahlreiche Zitate aus verlorengegangenen altchristlichen Schriften aufgezeichnet sind. Unter vielem anderen ist auch ein Zitat über das Matthäus-Evangelium aus dem verlorengegangenen Papias-Werk „Auslegungen der Herrenworte" von Eusebius in seiner „Kirchengeschichte" angeführt.

Dieses Papias-Zitat, das Eusebius anführt, lautet: „Matthäus hat in hebräischer (aramäischer) Sprache die Reden des Herrn zusammengestellt, übersetzt aber hatte sie jeder, so gut er konnte." Eusebius bemerkt noch dazu, daß sich Papias für diese Angaben über das Matthäus-Evangelium auf persönliche Mitteilungen des „Alten Johannes", d. h. des Apostels Johannes beruft.

Was besagt diese Notiz? Sie besagt:

1. Matthäus ist der Verfasser des 1. Evangeliums.
2. Matthäus hat die Reden des Herrn in aramäischer Sprache aufgeschrieben.

Wir fragen: Was meint Papias, wenn er von den „Reden des Herrn" spricht, die Matthäus zusammengestellt hat?

Schauen wir in das Matthäus-Evangelium hinein, so ist es ganz merkwürdig, daß wir inmitten der Erzählungen fünf in sich geschlossene Reden des Herrn vorfinden! Diese fünf großen Reden des Herrn unterscheiden sich deutlich von den sie umgebenden Erzählungen. Die Unterscheidung wird auch rein äußerlich durch eine besondere Formel markiert. Am Schluß einer jeden großen Rede steht nämlich immer wieder fast wörtlich dieselbe Redewendung:

Mt 7, 28: Und es geschah, als Jesus diese Worte vollendet hatte . . .
Mt 11, 1: Und es geschah, als Jesus für seine Jünger die Anordnungen vollendet hatte . . .
Mt 13, 53: Und es geschah, als Jesus diese Gleichnisse vollendet hatte . . .
Mt 19, 1: Und es geschah, als Jesus diese Worte vollendet hatte . . .
Mt 26, 1: Und es geschah, als Jesus alle diese Worte vollendet hatte . . .

Wenn man nun die fünf großen Reden miteinander verbinden würde, könnte man dann nicht zu der Annahme kommen, diese fünf großen Reden des Herrn bildeten ein in sich geschlossenes Ganzes? Könnte man vielleicht nicht weiter annehmen, daß die fünf großen Reden als ein in sich geschlossenes Ganzes schon **vor** dem Matthäus-Evangelium, so wie wir es heute haben, entstanden und bestanden haben? Ein solch in sich geschlossenes Werk der größeren Reden des Herrn könnte dazu bestimmt gewesen sein, die junge palästinische Christengemeinde in den W o r t e n und L e h r e n des Herrn zu unterrichten. Der jungen Gemeinde sollte gezeigt werden, was der Wille Jesu ist, nämlich ihre Heiligung, d. h. ihre wahre und rechte Christus-Nachfolge.

Angeregt durch die wissenschaftliche Matthäus-Auslegung Schlatters, der geradezu den Ausdruck: „D i e K i r c h e d e s M a t t h ä u s" geprägt hat, wird es in der vorliegenden Matthäus-Erläuterung auch unser Bemühen sein, immer und immer wieder, und zwar ganz besonders auf Grund der fünf Reden des Herrn, das große Anliegen des Matthäus herauszustellen, nämlich den Willen Gottes für das neue Leben der Nachfolge Christi zu verkünden! Und zwar fort und fort für die Gemeinde Jesu in unserer Zeit!

Wir kehren zu den fünf Reden des Herrn zurück! Würden wir den einzelnen Reden Überschriften geben, dann würden diese etwa so lauten:

1. Rede, Kap. 5—7:	Jesus, der neue Gesetzgeber seiner Gemeinde.
2. Rede, Kap. 10:	Jesus, der Baumeister seiner Gemeinde durch seine Boten.
3. Rede, Kap. 13:	Jesus, der Förderer seiner Gemeinde (Gleichnisse).
4. Rede, Kap. 18:	Jesus, der Organisator seiner Gemeinde.
5. Rede, Kap. 24—25:	Jesus, der Vollender seiner Gemeinde bei seiner Wiederkunft.

Schlatter meint: „Die fünf Reden des Herrn schließen sich zu einem wohlgeordneten Ganzen zusammen. K e i n e R e d e w i e d e r h o l t d i e a n d e r e ; j e d e i s t f ü r s i c h e i n n e u e s G a n z e s. S i e b r i n g e n i n d a s W o r t J e s u B e w e g u n g h i n e i n u n d l a s s e n e s n a c h e i n e m w o h l e r w o g e n e n P l a n z u s e i n e m l e t z t e n Z i e l e m p o r s t e i g e n."

Nachdem der Herr fort und fort seiner Gemeinde die große Forderung der Heiligung, der rechten Nachfolge, des rechten Lebens Ihm nach herausgehoben hat, steht seine Lehrunterweisung an ihrem Ziel.

Und dieses Ziel ist in aller Bedrängnis und Bedrückung der Zeit immer und immer wieder, daß die Gemeinde des Herrn ihr Angesicht stracks richte gen Jerusalem, das obere Jerusalem, von wo aus ihr Christus wiederkommen wird in großer Kraft und Herrlichkeit, um seiner Gemeinde die Vollendung zu bringen.

Das ist ein „Lehr-System", in das jedes Glied so hineingefügt ist, daß das Viele zur Einheit zusammenwächst. Hier kann kein Stück herausgenommen werden.

Hier zeigt sich, wie meisterhaft der Herr auch als Lehrer es verstand, Schritt für Schritt seinen Jüngern und damit seiner Gemeinde die Geheimnisse und Herrlichkeiten der Heilspläne Gottes zu offenbaren!

Wir kehren vom Inhaltlichen der fünf großen Reden nunmehr wieder zum Formellen (zum Äußeren) zurück. Wir stellen fest, daß der äußere Zweck einer solchen Redensammlung, in der die Reden des Herrn zusammengestellt sind, mehr l e h r h a f t als geschichtlich anzusehen ist. Der bekannte bibelgläubige Theologe Godet meint im Blick auf diese Redensammlung: Aus alledem scheint sich der Schluß zu ergeben, daß diese Redensammlung ursprünglich zu des Matthäus ä l t e r e m Werk gehört haben muß, aus der der Matthäus sie dann in das eigentliche, heutige Matthäus-Evangelium mit hinübergenommen hat! Und Godet fährt fort: Alles führt zu der Annahme, daß die Redensammlung des

Matthäus, wenn sie wirklich getrennt von unserem Evangelium vorhanden gewesen sein könnte, hebräisch oder aramäisch geschrieben war. — Das ist's, was Papias ja auch behauptet hat in jenem Zitat, das von uns angeführt worden ist und wie folgt lautet: „Matthäus hat in aramäischer Sprache die Reden des Herrn zusammengestellt ..." — Spuren dieser hebräischen Sprache sind in den griechischen Übersetzungstext der Herrenreden mit hineingekommen. Einige Beispiele seien genannt: Aramäischen Ursprungs ist das Wort „Racha" in Kap. 5, 22, dann „Mammon" in 6, 24, dann das Wort „Gerechtigkeit" im Sinne von Almosen, Wohltätigkeit, usw.

Der große Theologe Schl. hat in seinem Werk „Der Evangelist Matthäus" meisterhaft Beispiel für Beispiel die Doppelsprachigkeit des Matthäus nachgewiesen, indem er immer wieder zeigt, daß Matthäus sein Denken und Reden gleichzeitig aus zwei Sprachen geschöpft hat, nämlich aus dem Hebräischen und aus dem Griechischen.

Zusammenfassend darf man wohl folgendes sagen: Das Matthäus-Evangelium besteht aus einem Zweifachen:

1. Aus den fünf großen Lehrreden des Herrn.

2. Aus der Gruppe der Erzählungen über das Leben des Herrn.

Die Sammlung der fünf großen Reden des Herrn, von denen Papias gesprochen hatte, ist von dem Gesichtspunkt geleitet worden, zunächst einmal überhaupt, so weit das irgendwie möglich war, den genauen Wortlaut der Belehrungen des Herrn festzuhalten, um der Gemeinde des Herrn die Grundsätze des neuen Lebens in seiner Nachfolge jedem einzelnen Glied einzuprägen und weiter die großen Linien anzugeben, in denen sein Werk auf Erden sich fortbewegen wird.

Die Reden des Herrn waren also eine sehr wichtige Angelegenheit.

Apostelgeschichte 2, 42 erwähnt unter den wesentlichen Faktoren der Erhaltung des Glaubenslebens der Gemeinde „die Lehre der Apostel". Wir lesen dort: „Sie aber (die Gemeinde) verharrte in der Lehre der Apostel und in der Gemeinschaft ..." Wir meinen, daß der wichtigste Teil der Apostellehre wohl die Wiedergabe der Lehrreden des Herrn gewesen sein mag. Diese galt es, dem Gedächtnis fest einzuprägen durch immer wieder vorgetragene Verkündigung.

Und weil der Wortlaut der Reden des Herrn ein solch wichtiger Gegenstand von allergrößter Bedeutung für das innere Leben der Gemeinde war, wird sich das ganze Apostolat zu Jerusalem um die genaue Festlegung der Worte und Lehren Jesu besonders gemüht haben. Eine solche wichtige und bedeutungsvolle Arbeit konnte jedoch nicht von einem einzelnen Zeugen allein verantwortlich ausgeführt werden. Hier war, wie Weizsäcker meint, „die gemeinsame Arbeit mehrerer Augen- und Ohrenzeugen und ganz besonders der Apostel selbst erforderlich". So allein ist auch sicher der Ausdruck „Apostellehre" in Apg 2, 42 zu verstehen. Und sicher wird von diesem Gesichtspunkt aus auch der Autor der fünf großen Reden des Herrn nicht ein einzelner Apostel gewesen sein, sondern wegen der Wichtigkeit des Stoffes und um der Wahrheit willen **das gesamte Apostolat.** — — — Die schriftliche Fixierung der Apostel-**Lehre,** hinsichtlich des gemeinsam festgelegten Wortlautes der Lehren des Herrn, wird dann gewiß der Apostel Matthäus (er war ja auf Grund seines Zöllnerberufes sicher der schriftgewandteste und sprachbegabteste) im Auftrag der übrigen Apostel vorgenommen haben, und zwar, wie wir es schon sagten, zunächst in der Sprache des Herrn, also in der aramäischen Sprache. Die Art und Weise, wie man sich diese Angelegenheit vorstellen kann, zeigt ein verwandtes Beispiel. Das Muratorische Fragment *) erzählt uns über die Abfassungsart des 4. Evangeliums folgendes: „Johannes verfaßte seinen Bericht, indem er ihn dem Gutachten aller anderen Apostel und ehemaligen Jünger unterbreitet hatte, die gerade bei ihm waren."

*) Das nach dem Entdecker Muratori († 1750) benannte älteste erhaltene Verzeichnis der Schriften des NT, um 180 zu Rom verfaßt.

Daß die Lehrreden des Herrn wirklich heiligstes Besitztum der Apostel waren, zeigt die Tatsache, daß wir im ganzen NT fort und fort auf „die Reden des Herrn" stoßen, und zwar vom ersten bis zum letzten Buche des NT.

Wir kommen nun zum 2. Teil des Matthäus-Evangeliums, nämlich zu der Gruppe der Erzählungen über das Leben des Herrn.

Matthäus hat die von ihm auch ins Griechische übertragene Redensammlung mit einer ich in griechischer Sprache abgefaßten Erzählung des Lebens Jesu umgeben. Der Hauptzweck dieser Gruppe von Erzählungen war wohl nicht allein der, die Gläubigen zu erbauen, ihnen das herrliche und einzigartige Vorbild Jesu vor die Augen zu malen, sondern auch die nicht glaubenden Juden zu überführen und ihnen ihren großen Irrtum zu zeigen, der darin bestand, daß sie Jesus, den vom AT verheißenen Messias, von sich gestoßen haben. Das Messiastum Jesu war ja der Hauptstreitpunkt zwischen Judentum und Urchristentum. Was das Judentum vom Messias erhoffte, Befreiung von dem Joch der Römer und Aufrichtung der Weltherrschaft des auserwählten Volkes, hatte Jesus nicht gebracht. Er war vom Volk der Juden und von der maßgebenden geistlichen Behörde verworfen und als Verbrecher hingerichtet worden. Sein Anspruch auf die Messiaswürde war damit ein für allemal für nichtig erklärt!

Diesem allen gegenüber galt es nun, aus dem AT heraus den wahren und wirklichen Sinn des Messiasberufes in Jesus zur Darstellung zu bringen. Matthäus weiß im AT Bescheid, und er bringt auf Grund eines neuen selbständigen Verständnisses des Schriftinhaltes den einwandfreien Schriftbeweis, daß Jesus der wirkliche und wahrhaftige Erfüller der AT-Weissagungen ist. Dieser den Gegner überführende Zweck der Evangeliums-Erzählungen überstrahlt mit Wucht und Gewalt jede historische Ausmalung der Erzählung. Dafür ist keine Zeit vorhanden. Der Zielgedanke ist allein maßgebend und bestimmend!

Der von Matthäus mit großer Deutlichkeit erbrachte Nachweis, daß Jesus Christus der ins Fleisch gekommene, vom AT fort und fort angekündigte Retter und Heiland ist, in welchem ganz allein das Heil liegt, ist ein letzter Ruf an das Gewissen des widerspenstigen Volkes und gleichsam das Ultimatum, das Gott ihm stellt, bevor Er zum letzten Gerichtsschlag ausholt.

So verschieden auch der Zweck der Sammlung der Herrenreden ist von dem der Erzählungen (die Reden sind zunächst an die Gemeinde der Gläubigen gerichtet, die Erzählungen wollen den ungläubigen Juden die Augen öffnen), so verschieden die beiden Teile des Matthäus-Evangeliums in ihrer Zweckbestimmung auch sein mögen, nämlich einerseits „Lehren, Vertiefen", andererseits „Evangelisieren und Überführen", so sind doch diese beiden Zielsetzungen trotz ihrer Verschiedenartigkeit miteinander in wunderbarer Harmonie verbunden.

Der eine Teil bekräftigt den anderen Teil! Die fünf Reden, für „Lehre und Vertiefung" geschrieben, dienen in gleicher Weise auch dem apologetischen Zweck der Erzählungen. Die Erzählungen, zum Zwecke der „Evangelisation und Überführung" zusammengestellt, verleihen wiederum in einzigartiger Weise die Veranschaulichung alles Gesagten durch Jesu Wandel und Leben. Das eine verleiht dem anderen den allergrößten Nachdruck!

So wird die herrliche Einheit des Matthäus-Evangeliums trotz seines Doppelursprungs bewahrt, und es wird andererseits machtvoll bewiesen, daß beides von ein und demselben Verfasser stammt.

Auch wird aus der einzigartigen wunderbaren Einheit von Rede und Erzählung die unvergleichliche Stellung, die das Matthäus-Evangelium in der Kirche schon früh als das „erste" Evangelium erlangt hat, mühelos und augenfällig erklärt.

Über all die oben angeschnittenen Fragen (auch synoptische Frage) wird ausführlich und gründlich vom bibelgläubigen Standpunkt aus in wissenschaftlicher Weise Stellung genommen in „Biblische Studien und Zeitfragen für Freunde und Gegner der Schrift" von Fritz Rienecker.

Über die Abfassungszeit des Matthäus-Evangeliums

Die mutmaßliche Abfassungszeit des Matthäus-Evangeliums wird zwischen 50 und 60 nach Christi Geburt liegen.

Die Stelle, die die Abfassung des Evangeliums **vor** dem Jahre 70 ausdrücklich zu beweisen scheint, ist Kap. 24, 15.16. Nachdem Matthäus die Warnung berichtet hat, die Jesus selbst der Gemeinde gab, aus J u d ä a zu fliehen, wenn die Greuel der Verwüstung an heiliger Stätte sein würden, bricht er plötzlich seinen Bericht ab und hebt diese Warnung ausdrücklicher hervor, indem er selbständig die Mahnung hinzufügt: „Wer das lieset, der merke darauf."

Diese Einschaltung des Evangelisten scheint Dreierlei zu beweisen:

1. Daß die Rede bereits v e r f a ß t war, als diese Mahnung eingeschaltet wurde,

2. daß sie gelesen wurde, sei es privatim, sei es in der Versammlung durch den bestellten Vorleser,

3. daß der Verfasser die Gemeinde auffordern wollte, auf den von Jesus für diesen Zeitpunkt gegebenen Wink e r n s t l i c h zu a c h t e n, und daraus mit der Vorbereitung der Auswanderung die praktische Folgerung zu ziehen. Der Augenblick nahte heran, von dem Jesus gesagt hatte: „Bittet aber, daß eure Flucht nicht im Winter oder am Sabbat geschehe."

Es scheint zeitlich gesehen unmöglich zu sein, daß ein solcher Hinweis, — (durch den Matthäus die Mahnung Jesu, aus Judäa zu fliehen, hervorhebt), — s p ä t e r als die Zerstörung Jerusalems, oder auch nur zur Zeit dieser Flucht, die etwa im Jahre 66 stattfand, gegeben worden sei. Die Mahnung Jesu als solche würde vielleicht nichts Sicheres über die Ursprungszeit der Schrift, die sie enthält, beweisen; aber der Nachdruck, mit dem der Evangelist zur Beachtung auffordert, beweist deutlich, daß die Ausführung noch b e v o r - **stand**, ja, in seinen Augen d r i n g l i c h wurde.

Daraus ergibt sich, daß die Schrift, in der diese Warnung steht, **v o r dem Jahre 66 entstanden sein muß,** in dem der Krieg begann und die Auswanderung der Gemeinde über den Jordan geschah.

Kehren wir von dem Evangelium zu dem B u c h e „d e r R e d e n" zurück, so **werden wir darauf** geführt, seine Abfassung in die Jahre noch weiter v o r h e r zu verlegen. Diese Zeit hat sich uns aber aus dem Augenblick der Zerstreuung der Apostel ergeben, die, wie wir aus Apostelgeschichte 21, 17 ff. schlossen, **vor** dem Jahre 59 erfolgt sein muß. — Deshalb werden wohl die Forscher recht haben, die die Abfassung des Matthäus-Evangeliums **in die Zeit nach 50 verlegen.** Das Matthäus-Evangelium muß schon längere Zeit vor 59 abgeschlossen vorgelegen haben — wo noch das Apostolat in Jerusalem in Ruhe über die rechte Festlegung des Wortlautes der Reden und Worte des Herrn und auch seiner Taten nachsinnen konnte.

1 Mo 2, 4; 5, 1; 12, 3b; 18, 18b; 22, 18
1 Chro 17, 11. 12

Kapitel 1

Die Überschrift

1 Buch der Genesis[1]) Jesu Christi[2]), des Sohnes Davids, des Sohnes Abrahams[3]).

Das NT beginnt wie das AT mit einem Buche der Genesis, d. h. mit einem Buche des Ursprunges. Dort im AT war es die Geburt des ersten Adam, hier im NT ist es die Geburt des zweiten Adam.

Frage: Ist der Ausdruck **„Buch der Genesis Jesu Christi"** die Überschrift nur über den Stammbaum Jesu, der in Vers 2—17 angegeben wird, oder die Überschrift über das ganze Matthäusevangelium?

Antwort: Der 1. Vers ist zunächst Überschrift über den Stammbaum Jesu und dann auch Überschrift über Kapitel 1 und 2. Weil nun aber in dem Kapitel 1 und 2 das ganze Matthäusevangelium angedeutet ist, darum ist der 1. Vers auch Überschrift über das ganze Evangelium des Mt. — Inwiefern ist nun das ganze Evangelium des Mt in den beiden ersten Kapiteln angedeutet? Weil darin schon gezeigt wird: Jesus Christus wird von den Juden (König Herodes) verfolgt, aber von den Heiden (den Magiern aus dem Morgenland) angebetet.

Schon bei der Geburt steht also bereits das Kreuz.

Schon bei der Geburt steht aber auch die Herrlichkeit (in bezug auf die Anbetung der Völker)

Schon am Anfang ist also der Haß da.

Schon am Anfang ist aber auch die Anbetung da.

Was heißt: **„Jesu Christi, des Sohnes Davids"?** Es heißt: Jesus ist als der Königssohn — ein König. Mt erinnert an 1. Chro 17, 11 und 12. Dort steht: *„Wenn einst deine Tage* (David ist hier angeredet) *voll sind, daß du zu deinen Vätern hingehst, so werde ich deine Nachkommenschaft . . . zu deiner Nachfolge bestimmen und werde ihr Königtum befestigen . . . ich werde ihren Thron befestigen auf ewig."*
Dieses Wort weist zunächst auf Salomo, jedoch das „ewiglich" weist über ihn hinaus.

1) Im Urtext steht: „Genesis", d. h. Entstehung, Ursprung.
Zahn übersetzt in Anlehnung an 1 Mo 5, 1 Buch der Geschichte Jesu Christi, Schlatter in Anlehnung an 1 Mo 5, 1 Buch vom Ursprung Jesu Christi, W-B: Buch der Entstehungsgeschichte Jesu Christi, St-B: Buch von der Herkunft Jesu Christi, NTD: Buch von der Geschichte Jesu Christi. Menge: Stammbaum Jesu Christi. Wir lassen das griechische Wort „Genesis" unübersetzt!

2) Im Grundtext des NT wird der Name „Christus" mit und ohne Geschlechtswort gebraucht. Christus ohne Artikel (Geschlechtswort) hat die Bedeutung eines Eigennamens. Christus mit Artikel hat den Charakter einer Amtsbezeichnung. Mit „der" Christus ist also der Gesalbte gemeint, d. h. in Jesus ist der im AT verheißene Gesalbte, d. h. der Messias, „der messianische König" erschienen. Mit Artikel steht „Christus" in Vers 16 u. 17 u. 18; 2, 4; 11, 2; 16, 20; 22, 42; 23, 10; 27, 17 u. 22. Die Bezeichnung „der Gesalbte", der Messias, stammt aus Ps 2, 2; 18, 50; 20, 6; 89, 20; 132, 17; 1 Sam 2, 10; 2 Sam 22, 51. Der Ausdruck „Messias" wird zur kürzesten Bezeichnung des erwarteten Königs der heilsgeschichtlichen Endzeit. Vgl. St-B. Näheres dann unter dem Namen „Jesus Christus" in Rienecker: „Begrifflicher Schlüssel."

3) Die Feststellung der Herkunft der einzelnen jüdischen Familien wird als ein Werk Esras gerühmt. — Die Aufstellung und Fortführung genealogischer Register wurde dadurch notwendig, daß zum Dienst am Heiligtum nur Männer sicherer und makelloser Abstammung zugelassen werden durften. (Vgl. Esr 2, 61—63; Neh 7, 63—65.) — Die Prüfung der Gesetzmäßigkeit der Herkunft lag dem Synedrium (dem Hohen Rat) ob! Selbst die im Ausland wohnenden Priester versäumten es nicht, vor ihrer Verehelichung die zur Prüfung ihres eignen Stammbaumes erforderlichen Urkunden nach Jerusalem einzusenden. Auch ließ man dort die Stammbaum-Urkunden der Verlobten genau prüfen! Immer wieder wird in der jüdischen Literatur auf solche genealogischen Tabellen aufmerksam gemacht! Der jüdische Geschichtsschreiber Josephus gibt seinen Stammbaum väterlicherseits auf Grund öffentlicher Eintragungen für einen Zeitraum von rund 200 Jahren an, und zwar so genau, daß er selbst das Geburtsjahr der einzelnen Vorfahren namhaft machen kann. — Wie überaus wichtig sind doch in solchem Licht auch die Geschlechtsregister des Herrn. Wie ist auch bei ihm genau so wie bei den Männern, die zum Heiligtum zugelassen werden durften, auch seine Abstammung makellos und klar. Ja, Er, der als der wahre Hohepriester in das allerheiligste Heiligtum einging durch sein eigen teuer Blut, hat auch hinsichtlich seiner makellosen Abstammung voll genügt! (Vgl. St-B).

Da der kommende Messias ein K ö n i g sein muß, so ist in dem Wort *„des Sohnes Davids“* diese „Königs-Bedingung“ erfüllt.

Was heißt: **„Jesu Christi, des Sohnes A b r a h a m s“?** Mt will an 1 Mo 12, 3b u 18, 18b u 22, 18 . . . erinnern, nämlich, daß „a l l e“ Völker in Abraham sollen gesegnet werden. Mt denkt also gleich im ersten Satz seines Evangeliums universalistisch, d. h. das unermeßliche, nicht auszudenkende Heil Gottes in Jesus Christus ist für a l l e Völker da. — Der Ausdruck **„Sohn Abrahams“** steht n u r h i e r, das einzige Mal in der ganzen Bibel.

Der Stammbaum Jesu

Vers 2—17 (Vgl. Luk. 3, 23—38)

2 **Abraham zeugte den Isaak[4]); Isaak aber zeugte den Jakob. Jakob aber**
3 **zeugte den Juda und seine Brüder; *Juda aber zeugte den Phares und Zara**
von der Thamar; Phares aber zeugte den Esrom, Esrom aber zeugte den Aram.
4 ***Aram aber zeugte den Aminadab, Aminadab aber zeugte den Nahasson.**
5 **Nahasson aber zeugte den Salmon, *Salmon aber zeugte den Boas von der**
Rahab; Boas aber zeugte den Obed von der Ruth; Obed aber zeugte den
6 **Jesse, *Jesse aber zeugte den David, den König[5]). David aber zeugte den**
7 **Salomon von der, die des Urias (Weib gewesen war); *Salomon aber zeugte den**
8 **Roboam, Roboam aber zeugte den Abia, Abia aber zeugte den Asa. *Asa aber**
zeugte den Josaphat, Josaphat aber zeugte den Joram, Joram aber zeugte
9 **den Osia, *Osia aber zeugte den Joatham, Joatham aber zeugte den Achas,**
10 **Achas aber zeugte den Ezekia. * Ezekia aber zeugte den Manasse. Manasse aber**
11 **zeugte den Amon, Amon aber zeugte den Josia, *Josia aber zeugte den**
Jechonia und seine Brüder um die Zeit der Wegführung nach Babylon.

12 **Nach der Wegführung nach Babylon aber zeugte Jechonia den Salathiel.**
13 **Salathiel aber zeugte den Zorobabel, *Zorobabel aber zeugte den Abiud,**
14 **Abiud aber zeugte den Eliakim, Eliakim aber zeugte den Asor, *Asor aber**
zeugte den Zadok, Zadok aber zeugte den Achim, Achim aber zeugte den Eliud,
15 ***Eliud aber zeugte den Eleasar, Eleasar aber zeugte den Matthan, Matthan**
16 **aber zeugte den Jakob, *Jakob aber zeugte den Joseph, den Mann der Maria,**
aus welcher Jesus geboren wurde, der „der Christus“ genannt wird.

17 **So sind nun alle Geschlechter von Abraham bis auf David 14 Geschlechter,**
und von David bis zu der Wegführung nach Babylon 14 Geschlechter, und
von der Wegführung nach Babylon bis auf den Christus 14 Geschlechter.

Der Stammbaum hat uns ein Doppeltes zu sagen:

1. Etwas Wunderbares.
2. Etwas Anstößiges.

Zu Vers 2:
1 Mo 21, 3. 12
Rö 9, 6—8; 1 Mo 25, 26; 1 Mo 29, 35; 49, 8 ff

Zu Vers 3:
1 Mo 38, 29. 30;
1 Mo 38, 6 ff;
1 Chr 2, 4. 5. 9
Rth 4, 19 ff

Zu Vers 4:
Rth 4, 19. 20;
2 Mo 6, 23;
1 Chr 2, 11 ff

Zu Vers 5:
Rth 4, 14—22;
Jos 2, 1 ff; Jos 6, 17 ff; Jak 2, 25; Hbr 11, 31;
Jes 11, 1

Zu Vers 6:
Rth 4, 22;
2 Sam 12, 24

Zu Vers 7:
1 Kö 11, 43;
1 Chro 3, 10 f;
2 Chro 14, 1

Zu Vers 8:
1 Kö 15, 24;
1 Kö 22, 51;
1 Chro 3, 10—12

Zu Vers 9:
2 Kö 15, 7 ff;
16, 20:
1 Chro 3, 13

Zu Vers 10:
2 Kö 20, 21;
1 Chro 3, 13;
1 Chro 3, 14;
2 Kö 21, 18;
2 Kö 21, 24

Zu Vers 11:
1 Chro 3, 15. 16;
Jer 37;

Zu Vers 12:
1 Chro 3, 19;
Esr 3, 2; 5, 2;
Hag 1, 1

Zu Vers 13:
1 Chro 3, 19 ff

Zu Vers 16:
Lk 1, 27. 35;
3, 23

[4]) Manche Theologen (vgl. besonders St-B) meinen, und wir schließen uns dieser Meinung an, der von Matth. genannte Stammbaum sei das Geschlechtsregister des Joseph, Lukas dagegen liefere das Geschlechtsregister der Maria (Lk 3). Beide s c h e i d e n sich in Davids Söhnen: „Salomo und Nathan“. Maria ist danach eine Erbtochter gewesen (4 Mo 27, 8), deren Erbgut in Bethlehem lag, weil sie bei der Volkszählung gegen die Gewohnheit mit dorthin reiste (Lk 2, 4 u. 5). Darum durfte Maria auch nicht außer dem Stamm heiraten (4 Mo 36, 8 u. 9). Der Mann einer Erbtochter mußte sich in das Geschlecht ihres Vaters einschreiben lassen und bekam dadurch gleichsam 2 Väter (Neh 7, 63; 1 Chro 2, 21 u. 22. Vgl. 4 Mo 32, 41). So war Joseph ein Sohn Jakobs und Elis, Jesus aber nur ein Enkel des letzteren. (Vers 16. Lk 3, 23.) — Näheres dann sehr ausführlich in „Rienecker: Prakt. Handkommentar zum Matthäusevangelium“.

[5]) David wird ausdrücklich „der König“ genannt. In Vers 6 b steht im Urtext n i c h t nochmals „König“ David, sondern nur David. Luther hat in 6 b „König David“. Mit dem Beiwort „König“ David wird angedeutet, daß die Geschichte Israels in David ihren Höhepunkt erreicht hat.

1. Das Wunderbare: der Stammbaum setzt sich aus drei Abschnitten zusammen. Jeder Abschnitt enthält 14 Geschlechter.

Der erste Vierzehner-Abschnitt geht von Abraham bis David.

Der zweite Vierzehner-Abschnitt geht von Salomo bis zur Babylonischen Gefangenschaft.

Der dritte Vierzehner-Abschnitt geht von Jechonias bis Jesus.

Hat die Zahl 14 (gleich 2 mal 7) etwas zu bedeuten? Ja. Die Zahl 7 deutet darauf hin, daß eine Zeitepoche vollkommen zu ihrem Abschluß gekommen ist. In der gedoppelten Siebenzahl (gleich 14) ist die Geschichte Israels durch Gott vollkommen zu ihrem ersten Abschluß gekommen. Und d r e i m a l diese Vierzehnerzahl zeigt an: das vollkommene Regieren und Walten Gottes in der Geschichte.

Die erste Vierzehner-Epoche führte bis zum Königtum David, die zweite Vierzehner-Epoche führte bis zur Vernichtung des israelitischen Königtums in der babylonischen Gefangenschaft, die dritte Vierzehnerepoche führt bis zu Jesus Christus, dem alleinigen und wahren König, dem ewigen König, dessen Herrschaft kein Ende nehmen wird. —

Der Stammbaum hat uns also in seinem Aufbau, nämlich der dreimal Vierzehnerepochen, etwas Wunderbares zu sagen.

2. Das Anstößige: In all den übrigen israelitischen Stammbäumen werden Frauennamen sehr selten genannt. Frauen werden nur dann genannt, wenn eine Unregelmäßigkeit im Stammbaum zu überbrücken war. — Mt nennt nun merkwürdigerweise v i e r m a l Frauennamen in diesem Stammbaum Jesu, obwohl gar keine Unregelmäßigkeit im Stammbaum vorlag. Und noch ein weiteres ist merkwürdig: Mt nennt n i c h t die b e d e u t e n d e n Frauen wie etwa S a r a und R e b e k k a, sondern „ausgerechnet" die vier Frauen, die sehr viel Anstoß und Ärgernis gegeben haben in der jüdischen Geschichte.

1. T h a m a r. (Juda sündigte mit ihr) Vgl. 1 Mo 38.
2. R a h a b, die Hure. Vgl. Jos 2, 9 ff. Das NT hebt ihren Glauben hervor. Vgl. Hbr 11, 31 und Jak 2, 25.
3. R u t h, die Heidin, die Moabitin. Persönlich steht sie rein da, aber sie ist Heidin und als Moabitin ist sie besonders „sündig". Man vgl. dazu jenes dunkle Kapitel 1 Mo 19. Zwar wird Ruth geehrt im AT. Ein ganzes Buch ist nach ihr genannt. Aber sie war doch eine moabitische Heidin.
4. Die Frau des U r i a. Vgl. 2. Sam. 11, 26 und 27. Mt nennt den Namen dieser Frau nicht. Bathseba hieß sie.

Die vier Frauen sind ein Symbol dafür, daß die Sünde mächtig geworden war. Die vier Frauen sind aber auch ein Symbol dafür, daß die Gnade in Christus viel mächtiger geworden ist. Über die noch vorhandenen großen Schwierigkeiten des Stammbaumes Jesu hinsichtlich der Namen, besonders im 2. Vierzehner-Abschnitt, gibt e i n g e h e n d e Aufklärung: Rienecker, Prakt. Handkommentar, Mt.-Evangelium!

Nach Joseph hört plötzlich das Wort „er zeugte" auf. Es heißt dort: **„ . . . Jakob zeugte den Joseph, den Mann der M a r i a, aus welcher Jesus geboren wurde, der der Christus genannt wird."** [6]

[6]) Eine syrische Abschrift hat V 16 wie folgt wiedergegeben: „Jakob zeugte Joseph. J o s e p h mit dem Maria, die Jungfrau, verlobt war, z e u g t e J e s u s, welcher der Gesalbte heißt . . ." Dieser syrische Text ist zu verwerfen: 1. Weil er in krassem Widerspruch steht zu den Versen 18—25. 2. Alle anderen Handschriften stimmen mit dem maßgebenden Text überein, so wie wir ihn vor uns haben. Dieser allein maßgebliche Text ist vertreten in den beiden führenden Textgruppen: In der ä g y p t i s c h e n Textgruppe, die dargestellt ist in Handschrift: Vaticanus, Sinaiticus, Ephraemi rescriptus und in der K o i n e. Dazu kommen sieben Handschriften der altlat. Übersetzung, einige griechische und „Sinaisyrer-Texte", die stehen haben: „Jakob zeugte Joseph; die mit diesem verlobte Jungfrau Maria gebar den Jesus, welcher Christus genannt wird." Die oben genannte syrische Abschrift offenbart sicher einen Abschreibefehler. Der syrische Schreiber wird wahrscheinlich mechanisch die vorigen Ausdrücke „er zeugte den . . ." weiter geschrieben haben. Der Grund, warum wir die syrische Handschrift angegeben haben, ist der, weil sich die liberale Forschung darauf stützt, um das Wunder der „J u n g f r a u e n g e b u r t" zu widerlegen!

Der Stammbaum in seinem ganzen Aufbau bringt den Nachweis, daß Joseph rechtmäßig aus davidischem Geschlecht stammt. Der Vers 16 will zeigen, daß Joseph juristisch als der Vater des Herrn Jesus anzusehen ist. Damit ist zunächst der Inhalt des ersten Verses: „Jesus Christus, ein Sohn Davids", bekräftigt.

Weiter entspricht der Satz: Joseph, der Vater Jesu (rechtmäßig, nicht biologisch) durchaus den eherechtlichen Anschauungen des jüdischen Volkes zur Zeit des NT. Wenn jemand sagt: Dieser ist mein Sohn, so ist er beglaubigt, d. h. seine Aussage ist ohne weiteres gültig, und der als Sohn Bezeichnete tritt in alle Erbrechte eines Sohnes ein. Das Jesuskind ist also rechtlich geschützt. Dieses rechtmäßige Hineinstellen in die schöpfungsmäßige Ordnung einer Familie ist durch Gottes einmalige Setzung erfolgt, und zwar nicht nach der Regel der menschlichen Zeugungsfolge, sondern durch das einzigartige und einmalige Wunder der Jungfrauengeburt. — Unsere Kindlein werden uns von Gott auf natürlichem Wege geschenkt, das Jesuskindlein wurde dem Joseph auf übernatürlichem Wege geschenkt.

Mit anderen Worten: Jesus Christus war wahrhaftiger Gott und Mensch. Als Gott ist er nicht geworden, sondern war Gott und ist Gott und wird Gott sein von Ewigkeit zu Ewigkeit. Als Mensch aber ist er „geworden" wie wir durch die Geburt.

Gott selbst löst den Konflikt Josephs

Jesu Geburt (Vgl. Luk. 1, 26—2, 20)

Vers 18—25

Lk 1, 27. 31—35

18 **Die Genesis [7]) des Jesus Christus war aber also: Als Maria, seine Mutter, dem Joseph verlobt war, fand es sich, bevor sie zusammengekommen waren, daß sie guter Hoffnung war, und zwar aus Heiligem Geist.**

Eine Verlobung bedeutet in Israel viel mehr als bei uns. Die Verlobung stand rechtlich der Eheschließung gleich, denn rechtlich gesehen galt die Braut schon als Frau. Starb ein Verlobter, so war die Braut „Witwe" geworden! Die eigentliche Eheschließung war nur die feierliche Heimführung der Braut in das Haus des Bräutigams.

Schon 5. Mos. 22, 23—24 wird darum die Verlobte das Weib ihres Bräutigams genannt. Deshalb sind auch hier in Kapitel 1 die Ausdrücke verständlich, die lauten, Vers 19: Joseph ist der Mann der Maria, und Vers 20: Maria ist die Frau des Joseph, und Vers 24: Joseph nahm seine Frau zu sich, obwohl hier immer noch an das Verlobtenverhältnis gedacht ist! Die Verlobung war also bei den Juden schon der Anfang der rechtlich vollzogenen Eheschließung. Die eigentliche Eheschließung war nur die feierliche Heimholung der Braut. (Vgl. Mt 25). Das häusliche und eheliche Zusammenleben konnte nunmehr beginnen!

Hatte sich nun etwa eine Verlobte mit einem anderen Manne als ihrem Bräutigam eingelassen, so galt das nach jüdischem Recht als Ehebruch. Der Ehebruch wurde mit dem Tode durch die Steinigung bestraft, und zwar an dem Ehebrecher und der Ehebrecherin. Da Maria eine Priestertochter war, so kamen noch besondere Verschärfungen der Strafe in Betracht. Ehebruch einer Priestertochter wurde mit Verbrennung bestraft [8]). Der Verführer wurde erdrosselt. Wohl war unter der Herrschaft der römischen Statthalter die Todesstrafe den

[7]) Vgl. zu Genesis das zu Vers 1 Gesagte.

[8]) Diese Verbrennung geschah durch Eingießen von glühend-flüssigem Blei in den Hals.

Juden abgenommen worden und wurde allein von den Römern ausgeführt. In Jo 18, 31 sagen die Juden zu Pilatus: „Wir dürfen niemand töten." Aber an den Pranger stellen, und zwar öffentlich, das war ohne weiteres an der Tagesordnung.

Auf Grund des eben Ausgeführten können wir nun Vers 19 gut verstehen.

Lk 1, 35; 2, 1 ff
4 Mo 5, 14. 18. 30
Mt 5, 31;
5 Mo 24, 1;
22, 20 ff

19 **Joseph aber, ihr Mann, der gerecht[9]) war und sie nicht öffentlich an den Pranger stellen wollte, gedachte, sie heimlich[10]) zu entlassen.**

Joseph mußte enttäuscht feststellen: Hier liegt Ehebruch vor durch Maria. Er kann es aber gar nicht fassen, wenn er an die Frömmigkeit und Sittenreinheit der Maria denkt. Wie schwer müssen die Seelenqualen Josephs gewesen sein. Aber irgendwelche Vorwürfe wird Joseph der Maria nicht gemacht haben. Er wird geschwiegen und nicht gefragt haben, um der Maria nicht wehe zu tun. Als ein „gerechter" Mann, so wie Vers 19 ihn nennt, wird Joseph in eine ungeheure Spannung hineingekommen sein, und zwar zwischen der Liebe zu Maria und dem Gehorsam dem Gesetz gegenüber. Als ein gerechter Mann (d. h. als ein alttestamentlich frommer Mann, der dem Gesetz gehorchte) durfte er eine Ehebrecherin nicht heiraten, weil er dann sonst sich auch des Ehebruchs schuldig gemacht hätte. Er muß sich also auf Grund des Gesetzes von Maria *scheiden*. Zwei Wege standen da nun für diese Ehescheidung dem Joseph offen, entweder *öffentlich*, d. h. durch einen Prozeß, oder *privat*, d. h. durch stille Übereinkunft mit Hilfe eines Scheidungsbriefes. Auf Grund des Prozesses wäre eine *Bestrafung* erfolgt, die unter der Herrschaft der Römer in der *öffentlichen Beschämung* der Maria bestanden hätte. Dies wollte Joseph nicht. Das griechische Wort für „öffentliche Beschämung" oder an den „Pranger stellen" kommt wieder vor in Kol 2, 15[11]). Joseph wählte den anderen Weg, nämlich durch Aushändigung eines Scheidebriefes, d. h. privatim, mit Marias Einverständnis sich von ihr zu lösen. Der Maria war damit die Möglichkeit gegeben, den zu heiraten, der sich mit ihr eingelassen hatte. Der Skandal wäre damit nicht vor die Welt gekommen. Es wäre alles *intern* geblieben. Die Übersetzung: Joseph gedachte, die Maria „heimlich zu entlassen" ist eigentlich nicht ganz richtig, weil sie mißverstanden werden kann in dem Sinne, daß Joseph sich *heimlich* aus dem Staube gemacht und die Maria im Stich gelassen hätte. — Diese Handlungsweise stünde im strikten Gegensatz zu dem ganzen Charakter Josephs, der „*gerecht*" war.

Sollte nun *Jesus* als das Kind einer Ehebrecherin geboren werden? Alles schien zu dieser Tatsache hinzudrängen! Das Zeugnis von der Maria, die um den wahren Sachverhalt als einzige wußte, hätte Joseph in seinem Entschluß, sich von Maria zu scheiden, nicht hindern können. Ihm wäre vielmehr eine Mitteilung der Maria über den wahren Sachverhalt als eine ganz unglaubliche Aussage der Maria vorgekommen. Maria verharrte darum bei ihrem Schweigen! Sie hat sicher sehr unter der Not geseufzt, nämlich mit ansehen zu müssen, wie ihr Verlobter so unsäglich litt.

Bei dieser unerhört angespannten Lage der Dinge, wo kein Ausweg sich zeigte, und wo nur Ehebruch und Schande für die beiden frommen Menschen Joseph und Maria übrig zu sein schien, bedurfte es des Eingreifens einer höheren Macht, nämlich der Macht Gottes selbst!

---

[9]) gerecht (dikaios) ist, nach rabbinischer Auffassung, derjenige, der das Gesetz hält, der das Gesetz immer zum Maßstab seines Handelns macht!

[10]) Dieses Wort „heimlich" = (lathra) kommt noch vor Mt 2, 7; Joh 11, 28; Apg 16, 37 (im ganzen also viermal)

[11]) Kol 2, 15 lautet: „Nachdem er die Fürstentümer und die Gewalten völlig entwaffnet hatte, stellte er sie öffentlich zur Schau (d. h. an den Pranger) . . ."

Lk 2, 4; 1, 35
Mt 2, 13. 20
Mt 1, 18

20 Als er aber sich dieses überlegte, siehe[12]), da erschien ihm ein Herrenengel im Traum und sprach: Joseph, Sohn Davids, fürchte dich nicht, Maria, dein Weib, zu dir zu nehmen, denn was in ihr erzeugt ist, ist aus Heiligem Geist!

Was Matthäus in Vers 18 dem L e s e r schon gesagt hatte mit den Worten: „Sie hatte ein Kind aus Heiligem Geist empfangen", teilt nun der Herrenengel dem J o s e p h mit, indem er sagt: Was Maria erwartet, das stammt aus Heiligem Geist. Das Wort „Siehe" zeigt das Plötzliche der Überraschung an.

Lk 1, 31; 2, 21:
Sir 46, 1
Ps 130, 8
Joh 1, 29
Apg 4, 12
10, 43
Tit 2, 14
Lk 2, 30
Sach 13, 1
Ri 5, 23

21 Sie aber „wird einen Sohn gebären", und du sollst seinen Namen Jesus nennen. Denn er wird sein Volk erretten von ihren Sünden [13]).

Ein „S o h n" wird es werden, dem Maria das Leben schenkt. Und weiter spricht der Engel und fordert den Joseph auf, sein Vaterrecht an dem Sohn der Maria zu üben. Dieses Vaterrecht besteht in der Namengebung. Der Herrenengel sagt weiter: . . . Denn er selbst und kein anderer, er ganz allein wird sein Volk von seinen Sünden erretten. Dieses „E r s e l b s t" wird im Urtext ganz besonders betont. Der Name Jesus bedeutet, wie wir wissen, „Hilfe, Heil, Rettung", wörtlich: Jahwe ist Heil, nämlich „in Jesus gibt Gott Heil". Der Name Jesus entspricht dem alttest. Josua. Wie Josua ist Jesus der w i r k l i c h e „E i n e", der das ganze Land freimacht und mit der persönlichen Gegenwart Gottes erfüllt. In s e i n e r Person existiert die Befreiung der versklavten Geschöpfe zu der herrlichen Freiheit der Kinder Gottes!

Wie wird Joseph aus dem Erstaunen und Verwundern nicht herausgekommen sein! Über alle Maßen unbegreiflich und unfaßlich werden ihm die Worte vom Herrenengel geklungen haben. Er, der der Auffassung war, sich von der sündigen Tat seiner Verlobten trennen zu müssen, um als ein gerechter, d. h. rechtschaffener Mann keine Gemeinschaft mehr mit einer Sünderin zu haben, muß nun hören und vernehmen, und zwar nicht von der Maria (der hätte er ja nicht geglaubt), sondern aus dem Munde des Herrenengels, daß der Sohn (den Maria gebären wird) nicht irgendwie ein uneheliches Kind ist, sondern vielmehr von Ewigkeit her als der Jesus, als der „G o t t h i l f t" dazu bestimmt war, „Sein Volk von seinen Sünden zu erretten".

[12]) „S i e h e" (grie. idu) ist auch ein Lieblingswort des Matthäus. Er bringt es: 33 mal in der Erzählung (a), 4 mal in dem Zitat (b), 24 mal in den Reden (c). Mk 0 (a), 1 (b), 6 (c); Lk 16 (a), 1 (b), 40 (c); Joh 0 (a), 1 (b), 3 (c); Apg 14 (a), 0 (b), 18 (c); Jakobus im ganzen 6 mal, Paulus im ganzen nur 9 mal. (Der Buchstabe (a) bedeutet „Erzählung", (b) bedeutet: „Zitat", (c) bedeutet: „Rede".)

[13]) Was verstand das vorchristliche Judentum unter: „Er wird sein Volk e r r e t t e n von ihren S ü n d e n"? Antwort: Etwas ganz anderes, als was das AT als solches darunter verstand! Das Judentum unter dem Einfluß der Pharisäer meinte, mit dem Auftreten des Messias würde die Zeit der seligen Endvollendung beginnen. Diese Zeit der seligen Endvollendung würde dem paradiesischen Urzustand entsprechen. Zu diesem Urzustand gehöre auch die S ü n d e n r e i n h e i t der messianischen Heilsgemeinde. Dieser sündlose Zustand wird ermöglicht durch das Gericht über die Gottlosen, welches auch die Sünder aus Israel hinwegrafft und nur die Gerechten, das sind die Pharisäer, als den a u s e r w ä h l t e n R e s t in der messianischen Heilsgemeinde übrig läßt. (Die Errettung von ihren Sünden ist dann einfach eine Errettung von Sündern durch die V e r n i c h t u n g der Sünder.) Darauf folgt dann die neue große Geistesmitteilung und das gerechte messianische Regiment wird die sündlose messianische Heilsgemeinde vor neuer Sünde ewig bewahren!
Wie weit ist doch diese jüdische Messiashoffnung hinsichtlich der Sündenbefreiung von der des AT entfernt. Eine Ü b e r w i n d u n g der Sünden durch das sühnende Opfer des Messias unter der Gewalt der Sünde kennt das vorchristliche Judentum nicht. Es weiß nur von einer T i l g u n g der Sünde durch eine große Machtwirkung des Messias! Das Kreuzesopfer ist ihnen etwas völlig Fremdes. Kann man es nicht auch von hier aus durchaus verstehen, daß das „K r e u z" den Juden das ganz große Ärgernis wurde?!
Vom NT gesehen ist also „Errettung von Sünden" nicht machtvolles Vernichten der Sünder (bewirkt in machtvoller, öffentlicher Kundgebung, — vgl Mt 4, 6 —), sondern Vergebung der Sünden (bewirkt durch das eigene Opfer am Kreuz). Errettung von Sünden ist auch nicht ein Auslöschen der Sünder, sondern ein dem Sünder geschenktes Helfen und Heilen. Der Name Jesus bedeutet nicht richten, sondern retten. Jesus und retten gehört zusammen. Heiland und heilen, gesund machen, selig machen, glücklich machen ist eins! Weil das so ist, steht schon in der Geburtsgeschichte (Lk 2, 11) der Name „Heiland" (vgl. Lk 19, 10 und Apg 4, 12 usw. usw.). 25 mal steht im NT das Wort „Heiland", 45 mal das Wort „Heil", 101 mal das Wort „heilen", retten! (Ausführlich darüber in Rienecker: Begrifflicher Schlüssel).

So allein ist es zu verstehen vom AT her: „E r w i r d s e i n V o l k e r r e t t e n v o n i h r e n S ü n d e n!"

Zu Vers 22:
Jes 7, 14; 9, 6;
8, 10; 11, 1—2

22 **Dieses alles ist aber geschehen, damit erfüllt würde, was vom Herrn geredet**
23 **ist durch den Propheten [14]), welcher spricht: *„Siehe [15]), die Jungfrau wird**
guter Hoffnung sein und einen Sohn gebären, und man wird seinen Namen
Immanuel nennen", was übersetzt heißt: Mit uns ist Gott!

Die überraschende Übereinstimmung zwischen jener alten Jesaia-Weissagung und dem unfaßbaren gegenwärtigen Zustand der Jungfrau Maria hat den rechtschaffenen Joseph überzeugt, der Engelbotschaft aufs Wort zu glauben und einzusehen, daß bei Maria kein Ehebruch, sondern eine große und einzigartige Wundertat Gottes vorlag. Dementsprechend handelt nun Joseph.

Zu Vers 24:
Lk 2, 7; 2, 21

24 **Joseph aber, vom Schlaf erwacht, tat, wie ihm der Herrenengel befohlen**
25 **hatte, und nahm seine Frau zu sich. *Er pflegte keinen ehelichen Umgang mit**
ihr, bis sie einen Sohn [16]) gebar. Und er nannte seinen Namen Jesus.

Joseph gehorcht dem Herrenengel s o f o r t. Sogleich nach seinem Erwachen führt er Maria als seine Frau heim. Und weiter gehorchte er dem Herrenengel: er gab, als das Kind geboren war, dem Sohn den Namen „Jesus"; damit hat er das Kind rechtlich vor aller Welt als seinen Sohn anerkannt.

Kapitel 2

Von den Seinen verfolgt, von den Fremden angebetet!

Die Weisen aus dem Morgenlande. Kap. 2, 1—12.

1 Mo 35, 19
Jos 19, 15
Jer 39, 3
Da 2, 48; 5, 11
Mi 5, 1
Lk 2, 1—7

1 **Als aber Jesus zu Bethlehem in Judäa geboren war, in den Tagen des Königs Herodes, siehe [1]), da kamen Magier vom Osten nach Jerusalem.**

Der Ausdruck **„in den Tagen des Königs Herodes"** [2]) war der Inbegriff alles Grausigen und Unheimlichen. Der geschichtliche Beiname „Herodes der G r o ß e" ließe sich wohl dahin deuten, daß Herodes groß war, n i c h t in der Führung der Staatsgeschäfte, sondern groß als Egoist, als Betrüger, als Mörder, als Tyrann und als Verbrecher. Seiner Herkunft nach war er ein wüster Edomiter, dem das Schwert sein Brot war und der nicht aufhören wollte, Israel zu hassen. Das Heldengeschlecht der Makkabäer war von ihm verdrängt worden. Den letzten Makkabäer Antigones ließ er in Rom durch den römischen Kaiser hinrichten. Dann eroberte er mit Hilfe der Römer (also mit Hilfe der Vaterlandsfeinde) die Stadt Jerusalem und richtete darin ein furchtbares Blutbad an. Nun mordete er einen nach dem andern dahin [3]). Das jüdische Volk haßte ihn grimmig. Es war in der Tat, als ob nun die Zeit gekommen sei, wo das Zepter von Juda sollte entwendet werden. Es sah so aus, als ob Jakobs Segen ganz in Fluch sich verwandeln sollte und Israel seinem völligen Untergang entgegengehen würde. . . .

[14]) Handschrift D und altlat. und syr. Übersetzungen setzen hinzu: Jesaia.
[15]) Vgl. das zu 1, 20 Gesagte.
[16]) Die Koine und Handschriften C und D haben „ihren e r s t g e b o r e n e n Sohn". Wie Lk 2, 7. Die ägyptische Textformgruppe hat n i c h t „erstgeborenen". So auch B und Sinaiticus. Diese Textform (also die ägyptische Gruppe, B und Sinaiticus) ist hier die maßgebliche. Näheres im Prakt. Handkommentar Rienecker; „Das Matthäusevangelium."

[1]) Vgl. das zu Kap. 1, 20 über „siehe" Gesagte.
[2]) Herodes der Große regierte von 37 bis 4 vor Christus. Nach der irrigen Dionysischen Zeitrechnung ist die Geburt unseres Heilandes ca. 6 Jahre zu spät angesetzt. Der Herr ist also in Wirklichkeit 6 Jahre früher geboren.
[3]) Zuerst den Schwager Aristobul, dann den Verwandten Hyrkanus II., dann seine Gattin Mariamne, dann deren Mutter Alexandra, dann seine Söhne Aristobul, Alexander und Antipater, dann die Makkabäer Alexander und Aristobul II. usw. usw.

Diese Schilderung wird genügen, um uns den kurzen, aber doch so inhaltsschweren Satz: **„In den Tagen des Königs Herodes ...“** zu veranschaulichen.

„Siehe, da kamen Magier“ [4]**).** Genau so wie in Kap. 1, 20 der Engel mit einem „Siehe“ eingeführt wurde, so werden hier die Magier auch mit einem „Siehe“ eingeführt. Die Überraschung soll hier wie dort angedeutet werden. Daß Heiden, die bei den Juden ja nichts taugten, so plötzlich auf der Bildfläche erschienen, war etwas völlig Neues!

Ihre Heimat war das Stromgebiet zwischen Euphrat und Tigris. Dort in dem Reich der Babylonier wurde besonders eifrig die Astrologie betrieben! — Seit jener babylonischen Gefangenschaft (6 Jahrhunderte zurück) bildete der zurückgebliebene Teil der Juden (Diasporajuden genannt) wahrscheinlich einen einflußreichen Bestandteil des Reiches Babylon! Diese Diasporajuden führten nicht etwa nur ein abgeschlossenes Leben in der Stille, sondern waren eifrig bemüht, für ihre Religion Propaganda zu machen! —

Nur ein Beispiel sei genannt: Daniel! Von seinem maßgebenden Einfluß auf die babylonische Welt siehe: Da 2, 48 und Da 5, 11. Wird nicht Daniel in dieser hohen und einflußreichen Stellung öfter geredet haben von dem einen Gott und von dem kommenden König? Ich glaube: Ja! Die Kunde von der Geburt eines kommenden Königs war also auch in der Heidenwelt bekannt!

Solch eine Wanderung wie der Zug der Magier steht nicht als Einzelfall da. Josephus, der jüdische Schriftsteller, erzählt von der Wallfahrt der Helena, der Mutter eines babylonischen Fürsten, nach Jerusalem! Dieser heidnische Fürst war mit seinem ganzen Fürstenhause zum Judentum übergetreten Dieses Ereignis geschah etwa 40—50 Jahre nach unserer Geschichte der „Weisen aus dem Morgenlande“!

1 Mo 49, 10
4 Mo 24, 17
Mt 27, 11

2 **Welche sprachen: „Wo ist der König der Judäer, der geboren worden ist?** [5]**) Denn wir haben seinen Stern gesehen im Osten** (im Morgenlande, Anatolien) **und sind gekommen, ihm zu huldigen.“**

Die sonst gebräuchliche Übersetzung: „der neugeborene König“ gibt zu Irrtümern Veranlassung. Denn die Übersetzung verleitet immer wieder dazu, anzunehmen, daß die Geschichte von den „Weisen“ sogleich nach der Geburt Jesu sich zugetragen habe. Es besteht aber zwischen der Geschichte in Bethlehem und der „Anbetung der Weisen“ ein Zeitraum von einem Jahre bis zu zwei Jahren. In Vers 16 lesen wir: „*... und tötete alle Knaben von 2 Jahren und darunter ...*“ Dazu kommt noch folgendes: Maria wohnte mit dem Jesuskinde nicht mehr in je-

Herodes der Große, buchstäblich groß im Morden, hat somit das ganze Makkabäische Geschlecht bis in seinen letzten Erben hinein vernichtet. Kaiser Augustus soll über dieses dauernde Morden innerhalb der Familie gesagt haben: Es ist besser, ein Schwein des Herodes zu sein, als sein Sohn.
Einmal ließ er 45 Glieder des Hohen Rates hinrichten. Andererseits versuchte er wiederum um die Gunst des Volkes zu buhlen, und zwar durch den prachtvollen Ausbau des Tempels. Aber ebenso buhlte er in ekelhaft schmeichlerischer Weise auch um die Gunst der Römer. Ihren Göttern und auch den griechischen Göttern baute er großartige Tempel und Säulenhallen. Andere Prachtbauten waren sogar dem römischen Kaiserkult geweiht. Gegen Ende seiner Regierung hat er einen goldenen Adler am Portal des Tempels in Jerusalem anbringen lassen als Symbol dafür, weil er hoffte, nach seinem Tode unter die Götter aufgenommen zu werden. Solch Tun war eine schreckliche Schändung des Tempels. Als 2 Schriftgelehrte diesen Adler wieder herunterrissen, verurteilte Herodes, obwohl er schon sterbenskrank darniederlag, die beiden Schriftgelehrten zum Feuertode. Kurz vor seinem Tode ließ Herodes eine Anzahl vornehmer Juden gefangennehmen, mit dem Bescheid, daß sie nach seinem Tode hingerichtet werden sollten, damit er selbst auf diese Weise eine Totenklage empfänge. Der Befehl ist nicht ausgeführt worden.

[4]) Zu „siehe“ vergl. Kap. 1, 20. — Zu „Magier“. Sind nicht Zauberer, Gaukler oder Wahrsager, sondern die Angehörigen einer vornehmen babylonischen Priester- und Gelehrtenklasse. Nicht nur mit ihrer heidnischen Theologie haben sie sich beschäftigt, sondern auch mit Naturwissenschaft, besonders mit Sternkunde. Sie wurden als kluge Ratgeber des Königs zu allen wichtigen Staatsgeschäften herangezogen. Sie gehörten dem höchsten Adel des Landes an und standen im fürstlichen Rang. (Vgl. Jer 39, 3. 13). Die Übersetzung „Weise“ von Luther hat deshalb schon ihre Berechtigung.

[5]) So auch Schlatter. Zahn sagt: Der jüngst geborene König ...

nem Stallraum der Weihnacht, wo die Hirten herbeigeeilt waren, sondern sie hatte, nachdem der Strom der zur „Zählung" nach Bethlehem gepilgerten Menschen wieder abgeebbt hatte, in einem Hause eine Bleibe gefunden. In Vers 11 wird ausdrücklich im Urtext von einem Haus gesprochen, in dem sich das Jesuskind befand. — All die Bilder, die die „Weisen" in einem Stallgebäude malen, sind sachlich unbiblisch.

Die Frage der Magier: **Wo ist der geborene König der Judäer?** ist echt heidnisch gestellt! Die Magier fragen nicht nach dem geborenen Christus, sondern nach dem „König der Judäer." Vergl. die Kreuzesüberschrift. Judäer, so reden die Heiden. Mit den Worten: Wir haben seinen Stern gesehen, führen sie sich in Jerusalem ein.

Kann man nicht auch diese Geschichte von „dem Stern über Bethlehems Haus" ansehen als einen Beweis von der Einheit zwischen der Schöpfung und dem Schöpfer? Die allergrößten Epochen in der Geschichte des Reiches Gottes sind stets begleitet gewesen von Ereignissen im Bereich der Erde und der Sterne.

Die Magier sagen: „. . . **Wir sind gekommen, ihm zu huldigen".** — Im Urtext bedeutet dieses Wort: Niederknien und mit der Stirn die Erde berühren. Der so sich Beugende bezeugt seine völlige Unterwerfung vor dem so Geehrten. Die Übersetzung „huldigen" ist darum wohl sachlich besser als „anbeten".

1 Mo 49, 10

3 **Als aber der König Herodes das hörte, wurde er bestürzt und ganz Jerusalem mit ihm.**

Die Magier erleben ihre große Enttäuschung. Nicht nur, daß niemand, den sie in Jerusalem fragen, etwas weiß von **„dem König der Judäer, der geboren worden ist",** sondern auch, daß ihre freudige Frage in allen Gesichtern Schrecken und Furcht auslöst. Ganz Jerusalem war in Aufregung, weil man ein neues Blutbad des argwöhnischen Wüterichs befürchtete. Ein Geschichtsschreiber hebt folgenden Umstand hervor: Kurz bevor die Magier gekommen wären, hätten einige fanatische Pharisäer einer Verwandten des Herodes geweissagt, ihr Nachkomme würde die Königswürde erhalten und Herodes würde den Thron verlieren, worauf Herodes, kurz entschlossen, jene Pharisäer hatte hinrichten lassen! . . . Man fragt sich unwillkürlich: Hätte Herodes nicht auch die „Weisen" kurzerhand umbringen lassen können? Diese Frage ist im Ernst auch gestellt worden. Aber wir glauben, daß Herodes viel zu verschlagen gewesen ist, das zu tun. Erst die Magier aushorchen . . . später vielleicht dann ermorden.

4 **Und er versammelte alle „führenden Priester" und Schriftgelehrten des Volkes und erkundigte sich bei ihnen, wo der Christus[6]) geboren werden sollte.**

„Da versammelte er alle" ist im Urtext die feststehende Formel für die Einberufung des Rates. Das **Synedrium** [7]) (das ist der „Hohe Rat") tritt zusammen.

[6]) Der Messias, der Gesalbte. Vgl. das zu Kap. 1, 1 unter Fußnote [2]) Gesagte.

[7]) Das Synedrium ist der griechische Name für „Hohe Rat". Diese oberste jüdische Behörde bestand aus 3 Gruppen von Mitgliedern:

1. die Hohenpriester
2. die Schriftgelehrten
3. die Ältesten

Vgl. hierzu: Mt 16, 21; 27, 41; Mk 8, 31; 14, 43. 53. 55; Lk 9, 22; 19, 47; 20, 1 usw. Nach dem Vorbilde des Ältestenrates, den Moses 4 Mo 11, 16 eingesetzt hatte, betrug die Anzahl der Mitglieder des Hohen Rates mit Einschluß des amtierenden Hohepriesters 71.

Der Hohe Rat oder das Synedrium bedeutete für die Judenschaft ein **Dreifaches:**

1. Der Hohe Rat oder das Synedrium war die geistliche Vertretung der gesamten Judenschaft, war also die oberste Kirchenbehörde. Als solche hatte sie das religiöse Leben mit all den damit zusammenhängenden Lehrfragen zu beaufsichtigen und den Kult zu leiten.
2. Der Hohe Rat oder das Synedrium war der oberste Gerichtshof. (Vgl. Mt 5, 22; 26, 59; Mk 14, 55; 15, 1 usw.). Näheres darüber am gegebenen Ort.
3. Siehe die Fußnote auf der folgenden Seite.

Das Wörtchen „alle" beweist, daß der Hohe Rat vollständig zu erscheinen hatte. Und der Rat kam vollständig.

Zwei Gruppen werden genannt:

A) die Vorgesetzten der Priester, die Archi-Priester (im Urtext eine Bildung wie in dem bekannten „Archidiakon", der führende Diakon) und

B) Die Schriftgelehrten des Volkes. Des „Volkes" werden sie hier genannt, weil sie als Volksbeauftragte in amtlicher Eigenschaft hier tagten. Diese beiden Träger der Autorität wurden immer dann zusammengerufen, wenn es galt, eine wichtige theologische Entscheidung zu fällen. Die theologische Frage lautete diesmal: Wo wird der Christus geboren? In der griechischen Form des Verbums, das im Imperfekt steht, hört man es richtig heraus, wie Herodes immer wieder seine Fragen wiederholt, um genau in Erfahrung zu bringen, welches die herrschende Meinung in dieser für ihn so über alle Maßen wichtigen Frage ist.

Zu Vers 5:
2 Sam 7, 12;
Jo 7, 42; Mi 5, 1; Mt 2, 5. 6

Zu Vers 6:
1 Mo 49, 10
2 Sam 5, 2
1 Chro 11, 2
Ps 23
Hes 34. 23. 31
Mi 5, 3

5 **Sie aber sagten ihm: Zu Bethlehem in Judäa! Denn also ist durch den Pro-**
6 **pheten geschrieben: *„Und du Bethlehem, im Lande Judas [8]), du bist keineswegs die geringste unter den Stammhäuptern [9]) Judas, aus dir wird ein Herrscher hervorgehen, der mein Volk, das Israel, weiden wird!"** (Mi 5, 1)

Die Stelle ist frei nach der Septuaginta zitiert. Die lebhafte Verneinung **„Du bist keineswegs"** erklärt die Weissagung von ihrer Erfüllung aus. Nun, nachdem der Christus geboren ist, denkt Matthäus nicht mehr an die geringe Bedeutung des kleinen Bethlehem, sondern an den großen und herrlichen Glanz, der ihm durch die Geburt des Christus zuteil geworden ist.

Der Satz **„welcher mein Volk, das Israel weiden wird"** (vgl. Schlatter) stammt nicht aus Micha 5, 1 und 3, sondern Matthäus hat dieses Wort aus 2 Sam 5, 2 herausgeholt. Dort heißt es: *Der mein Volk Israel weiden wird.* Der Ausdruck „weiden wird" ist ein Bild für „herrschen". „Hirt" wird oft für „Herrscher" gebraucht. (Jer 23, 1 ff; Hes 34; 2 Sam 7, 7 usw.)

Anschluß an vorige Seite.
3. Der Hohe Rat oder das Synedrium war die oberste politische Behörde der Juden. Vgl. Jo 11, 47; Apg 4, 15. Näheres am gegebenen Ort.
Den Vorsitz führte der Hohepriester. Näheres darüber am gegebenen Ort.
A. Die erste Gruppe des Synedriums waren „die Hohepriester". Unter „Hohepriester" oder wie Schlatter richtig übersetzt, „die über die Priester Regierenden", wörtlich die „Archi-Priester", verstehen wir die Vorsteher der 24 Priesterordnungen (vgl. 1 Chro 25, 4 f). In 2 Chro 36, 14 werden diese Archi-Priester auch „Priester-Fürsten" genannt. In Apg 4, 6 werden diese Männer: „die vom Hohepriesterlichen Geschlecht" genannt. Es war der Priester-Adel, dem die Leitung des Synedriums oblag. Sie gehörten meistens der Saduzäer-Partei an.
B. Die Schriftgelehrten gehörten der Pharisäer-Partei an! Ursprünglich waren sie die Abschreiber des Gesetzes, der Thora. Dadurch wurden sie die Gesetzeskundigen, die Sachverständigen! Zu Macht und Ansehen gelangten sie durch die pharisäische Bewegung, die das geschriebene Gesetz zur allein-seligmachenden Autorität machte. Näheres siehe im Aufsatz: Pharisäer und Schriftgelehrte. Sie waren die Theologen und Juristen des Volkes. Vgl. Esr 7, 6; Jer 8, 8; Lk 11, 44, 53; Mt 23, 2. (Zu Pharisäer siehe Seite 35.)
C. Die Ältesten sind die Rats-Mitglieder, die weder der einen Klasse, noch der anderen Klasse angehörten. Sie waren die Beisitzer.

Wenn nur eine theologische Frage zu klären war, dann brauchten die „Ältesten" nicht dabei zu sein. Sie werden darum hier nicht genannt! Ihre Gegenwart war aber unbedingt erforderlich, wenn das Synedrium als politische und richterliche Behörde zusammentrat.

Zum Machtbereich des Synedriums gehörte nicht Galiläa. Wäre Jesus in Galiläa geblieben, dann hätte der Hohe Rat in Jerusalem nichts über ihn verfügen können. Das Kreuzes-Geschehen wäre dann nicht Tatsache geworden. Dadurch aber, daß der Herr freiwillig stracks nach Jerusalem ging, begab er sich freiwillig in den Machtbereich des Synedriums und somit in seinen Tod.

8) Handschrift D hat „in Judäa".

9) Schlatter übersetzt: „unter den Fürsten Judas." So auch NTD. Zahn und Klostermann: „unter den Bezirksstädten Judas". Menge: unter den „Fürstenstädten Judas".

7 **Darauf [10]) berief Herodes die Magier heimlich und erforschte genau von**
8 **ihnen die Zeit der Erscheinung des Sternes; *und sandte sie nach Bethlehem**
und sprach: Ziehet hin und forschet genau nach dem Kindlein; wenn ihr es aber gefunden habt, so berichtet mir, damit auch ich komme und ihm huldige.

Nachdem Herodes über den O r t aufgeklärt worden ist, sucht er mit Hilfe der Magier auch die Z e i t der Geburt des gefürchteten neuen Königs der Judäer zu erforschen. Damit aber die Stadt auf keinen Fall erfahre, welch großes Interesse er an dem Kinde hat, läßt er die Magier heimlich zu sich kommen. Er will alles ganz genau wissen, um dann seine Maßregeln zu ergreifen! Er war fest entschlossen, jede Messianische Bewegung im Keime zu ersticken. Als Meister der Verstellungskunst heuchelte er den Magiern Frömmigkeit vor.

9 **Sie aber, als sie den König gehört hatten, zogen hin. Und siehe [11]), der Stern, den sie im Osten gesehen hatten, ging vor ihnen her, bis er kam und stillstand oben (über dem Ort), wo das Kindlein war.**

Die Magier reisten des Nachts! Im Orient wird oft des Nachts gereist. Sobald sie aus dem Palast des Tyrannen, zu dem er sie heimlich, also sicher des Nachts, gerufen hatte, entlassen waren, machten sie sich auf den Weg. Also in derselben Nacht! Dieser zwei Stunden lange Nachtweg (8 km war Jerusalem von Bethlehem entfernt) wird vielleicht z u n ä c h s t bedrückend für sie gewesen sein. Denn die Eindrücke, die sie in Jerusalem erhalten hatten, mußten sich schwer auf ihre Seele gelegt haben. Wie hoch mögen doch ihre Erwartungen gewesen sein, als sie in Jerusalem eingezogen waren. In dieser Königstadt erhofften sie das zu finden, was die Sehnsucht ihrer beschwerlichen und kostspieligen Reise gewesen war. — Und wie bitter mag ihre Enttäuschung gewesen sein, als sie dort so unerwartet den merkwürdigen und kalten Empfang erleben mußten. Ja, ihre Frage nach dem gebornen König der Judäer hatte nur Entsetzen überall ausgelöst.

Umso begreiflicher ist nun das, was Vers 10 sagt:

10 **Als sie aber den Stern sahen, freuten sie sich in überaus großer Freude [12]).**

Mit einer Freude, die Matthäus in den stärksten Ausdrücken beschreibt, freuen sie sich über denselben Stern, den sie bereits in ihrer Heimat gesehen hatten. Das Wörtlein „s i e h e" in Vers 9 drückt wieder einmal das Überraschende wie sonst immer aus! Überglücklich ziehen sie nach den Enttäuschungen in Jerusalem ihren Weg. Die überstarke Betonung der F r e u d e läßt auf die vorherige Bedrücktheit ihrer Gemüter schließen.

Ps 72, 10. 15
Jes 60, 6
Jo 19. 39

11 **Und als sie in das Haus gekommen waren, sahen sie das Kindlein mit seiner Mutter Maria, und sie fielen nieder und huldigten ihm; und sie taten ihre Schätze auf und brachten ihm Geschenke dar: Gold und Weihrauch und Myrrhe!**

Es ist eigentümlich, daß Joseph nicht erwähnt wird. Vielleicht deshalb, weil die Erwähnung Josephs in diesem Augenblick nicht unbedingt nötig gewesen ist. Maria wird erwähnt, weil sie eben in einem ganz besonderen und einzigartigen Verhältnis zu dem Jesuskindlein gestanden hat. — Interessant ist, daß hier in Kap. 2 viermal das Wort „K i n d l e i n" gebraucht wird, während Lukas das Wort „n e u g e b o r e n e s K i n d", „Säugling" gebraucht. Auch daraus geht hervor, was wir vorhin zu Vers 2 schon gesagt haben, daß zwischen der Weihnacht und dem Besuch der Magier doch fast zwei Jahre gelegen haben.

[10]) Dann, darauf (grie tote), Lieblingsausdruck des Matth. Im ganzen 90 mal. Mk 6 mal, Lk 14 mal, Jo 10 mal, Apg 21 mal, Rö 1 mal, 1 Kor 7 mal, 2 Kor 1 mal, Gal 3 mal, Kol 1 mal, 1 Th 1 mal, 2 Th 1 mal, Hbr 3 mal.

[11]) Vgl. das zu 1, 20 Gesagte.

[12]) a U: von ganzem Herzen.

Nach der Sitte des Orients ist die Huldigung mit der Darbietung von Geschenken verbunden. Die Geschenke: Gold und Weihrauch erinnern an Jes. 60, 6.

Einige alte Kirchenväter finden in den 3 Magiergeschenken eine tiefe symbolische Bedeutung. Das Gold gelte dem Jesuskind als dem König. Der Weihrauch sei dem Jesuskind deshalb geschenkt, weil es der anzubetende Gott sei. Die bitter schmeckende Myrrhe sei dem Jesuskind dargebracht als dem, der einst als Erlöser den bitteren Kreuzestod sterben müsse. Soweit einige Kirchenväter. — Im 5. Jahrhundert schloß die altkirchliche Auslegung aus der Dreizahl der Geschenke, daß die 3 Magier drei Könige gewesen sein sollen. Im 8. Jahrhundert wußte man dann auch die Namen dieser Könige, nämlich Kaspar, Melchior und Balthasar. Dann wiederum meinte man, daß mit den drei Magiern die drei Völkerfamilien Sem, Ham und Japhet gemeint seien. — Das Matthäus-Evangelium weiß von allen diesen Dingen nichts.

Mt 1, 20; 2, 13. 19

12 **Und als sie im Traum eine göttliche Weisung empfangen hatten, nicht zu Herodes zurückzukehren, entwichen sie** (zwangsweise und notgedrungen) **auf einem anderen Weg heim in ihr Land.**

Die Magier werden davor bewahrt, als Spione der Mordlust des vielfachen Mörders Herodes mißbraucht zu werden.

Gott selbst hatte wieder einmal unmittelbar eingegriffen. Die himmlische Weisung im Traum deutet uns an, daß jetzt schon bei der Ankunft des Herrn die Schranke zwischen Israel und Heidentum gefallen ist. Gott verkehrt mit den Heiden *unmittelbar*. Und die Magier gehorchen der Stimme Gottes. Sie ziehen sicher noch in derselben Nacht in ihre Heimat zurück.

Wie wunderbar stellt schon das erste Evangelium des NT dar, wie schon jetzt Erstlinge der Heidenwelt herausgerufen werden. (Vergl. den Einführungs-Abschnitt zu Matthäus). Mit tiefem Dank gegen Gott, der auch seinen Sohn den Heiden gesandt hat, feiert darum die Christenheit das Gedächtnis der Weisen am Epiphaniasfest (am 6. Januar), das ist die Erscheinung Christi in der Heidenwelt!

Das Schwerste und Dunkelste in der Lebensführung erweist sich immer wieder als das Größte und Bedeutungsvollste

1. Flucht nach Ägypten

Vers 13—15

Zu Vers 13: 1 Kö 11, 40 Jer 26, 21 Offb 12, 6

13 **Als sie aber weggezogen waren, siehe [13]), da erscheint ein Herrenengel dem**
Joseph im Traum und spricht: Stehe auf, nimm das Kindlein und seine Mutter
und fliehe nach Ägypten, und sei daselbst, bis ich es dir sage; denn Herodes
14 **wird das Kindlein suchen, um es umzubringen. * Er aber stand auf, nahm das**
Kindlein und seine Mutter noch des Nachts zu sich und zog hin nach Ägypten.

Die Ausdrücke „*Wach auf*" oder „*Steh auf*" deuten auf Eile und Dringlichkeit des Befehls, ebenso das Wort: „*Fliehe nach Ägypten*". Man kann wohl annehmen, daß Joseph noch in der gleichen Nacht, in der die Magier auf direktem Wege in ihre ferne Heimat zurückeilten, auch aufgebrochen ist. — Die genaue Übereinstimmung zwischen den Befehlsworten und dem Wortlaut der Ausführung betont den schnellen und genauen Gehorsam. (Vergl. Kap. 1, 20 mit Vers 24, wo steht: Nimm Maria — — und er nahm sofort Maria zu sich — und hier Vers 13 und Vers 14: Nimm das Kindlein — — und er nahm sofort, noch des Nachts . . . und dann nachher Vers 20 und Vers 21, wo auch genau dasselbe steht: Steh auf und nimm das Kindlein und seine Mutter . . ., und er stand auf und nahm das Kind und seine Mutter . . .)

[13]) Vergl. das zu 1, 20 Gesagte.

Überall bei Joseph der strikte Gehorsam, auch dort, wo unbegreifliche Befehle von Gott her gegeben werden! Es ist sehr wenig, was uns von Joseph berichtet wird, aber das wenige, was gesagt wird, ist genug.

Noch in derselben Nacht machte er sich auf die Flucht. Durch gefährliche Wüsten und unsichere, wilde Gebirgsketten mußte gewandert werden. Von den Beschwerden der Flucht erzählt Matthäus nichts. Auch nichts von dem Aufenthalt in Ägypten! Als Flüchtling und Fremdling hat er sich dort aufgehalten. Wenn vielleicht die Frage auftauchen sollte, womit Joseph seinen Unterhalt bestritt, so wird wohl die Antwort lauten: Das Gold der Magier war sein Vermögen! Bis zum Tode des Herodes hat der Aufenthalt in Ägypten gedauert.

Warum mußte der Herr fliehen? Es geschieht darum, daß Er uns in allem gleich werde, auch in der Heimatlosigkeit, damit wir es aufs neue festhalten möchten: Wir haben hier keine bleibende Stätte. — Und weiter: Das Ausgeliefertsein des Herrn (schon in seiner frühesten Kindheit) an die bösen Mächte einer satanischen Welt ist nicht Sinnlosigkeit, sondern ist voller Sinn. Und dieser Sinn besteht darin: „Auf daß die Schrift erfüllt würde." Dreimal wird hier kurz hintereinander seitens des Matthäus auf diese Schrifterfüllung aufmerksam gemacht. Und Schrifterfüllung ist immer Erfüllung des göttlichen Heilsplanes. Leiden und Bedrückung sind darum nicht Scheitern göttlicher Heilspläne, sondern Erfüllung der göttlichen Heilsgeschichte. So war's schon damals, als Jesus noch Kind war, so ist's und wird es sein auch in der Geschichte der Gemeinde Jesu, bis daß Er kommt.

2 Mo 4, 22
4 Mo 23, 22;
24, 8
Ps 80, 8
Hos 11, 1

15 **Und er war daselbst bis zum Tode des Herodes [14]), auf daß erfüllt würde, was vom Herrn geredet ist durch den Propheten, welcher spricht: „Aus Ägypten habe ich meinen Sohn gerufen!"**

Das Wort: Aus Ägypten habe ich meinen Sohn gerufen, steht Hos 11, 1 und lautet: *„Als Israel jung war, da liebte ich es, und aus Ägypten habe ich meinen Sohn gerufen."* So steht es im hebräischen Text. Matthäus hat den hebräischen Text des AT buchstäblich ins Griechische übersetzt. – (Die Septuaginta hat hier nicht richtig übersetzt.)

Hosea nennt das Volk Gottes hier „Sohn Gottes". Dabei hat Hosea sich an 2 Mo 4, 22 angelehnt. Dort heißt es: *„So spricht Jehova: Mein Sohn, mein erstgeborener, ist Israel."* Dieses Wort wurde dem Mose in den Mund gelegt, damit er es dem Pharao sage, auf daß Israel von der Herrschaft der Ägypter befreit würde.

Das Volk Israel befand sich in seiner Jugendzeit in Ägypten. Jesus befand sich in seiner allerfrühesten Jugendzeit auch in Ägypten. Diese Ähnlichkeit zwischen der Jugendzeit Israels und der Jugendzeit Jesu ist etwas Einzigartiges!

Die sogenannte Gottes-Sohnschaft Israels gründete sich darauf, daß Gott dieses Volk zu besonderem Zweck ins Dasein gerufen hat, und zwar aus Ägyptenland heraus. Diese „Gottessohnschaft" Israels ist ein Vorbild der eigentlichen und einzigartigen und wahren Gottessohnschaft Jesu. —

Das Hosea-Zitat ist darum gleichzeitig das erste Zeugnis im Matthäus-Evangelium, daß Jesus der „Sohn Gottes" ist! Vergl. nachher das zweite Zeugnis, wo es in Kap. 3, 17 heißt: *Dieser ist mein geliebter Sohn . . .!* Vgl. Wortregister.

Wir stellen eine grundsätzliche Frage über das Verhältnis von Gottes Willen und des Menschen Willen. Obwohl der menschliche Wille des Herodes völlig freie und eigene Entschlüsse faßt, bleibt doch der Wille Gottes der allein bestimmende! Herodes behauptet, er mache die Geschichte, er befestige seinen Thron, er sei es, der durch seine List und durch seine Klugheit die Regierung fest in Händen halte, und jede, auch die allerkleinste Empörung schon im

[14]) Man sagt, daß der Aufenthalt in Ägypten sich nur auf mehrere Monate erstreckt habe.

Keime aufdecke und vernichte. Und doch, wie dumm und töricht handelt dieser sich mächtig dünkende Tyrann. Wir fragen: Warum ist Herodes nicht persönlich sofort zusammen mit den Magiern nach Bethlehem gezogen, um dort unter dem Schein der Anbetung und Huldigung Person und Ort des gebornen Königs auszumachen? Bethlehem konnte man doch mit einem Reittier in etwa nur einer Stunde erreichen. Warum tat das Herodes nicht? Und es lag doch so nahe! Warum wartet der sonst so ungeduldige, hier aber so geduldige Herodes so voller Vertrauen erst auf die Rückkehr der Magier? . . . Auf alle diese Fragen finden wir nur e i n e Antwort: Gott sitzt im Regiment, Gott führt die Geschichte nach seinem Plan. Herodes ist trotz seiner „Klugheit" doch über die Maßen dumm. Der Herr hat aber nicht nur einen Herodes, sondern auch alle Gewaltigen und Mächtigen in seiner Hand.

Herodes mag meinen, er regiere die Welt, — und tut doch nichts weiter als das, was geschehen muß und geschieht, nämlich d e n W i l l e n G o t t e s, und der g e s c h i e h t! Unbedingt! In jedem Falle! Herodes will, daß das Jesuskind auf alle Fälle umgebracht werden soll, und trifft darum dazu alle erdenklichen Vorbereitungen. Gott aber will, daß das Jesuskind n i c h t getötet werden, sondern am Leben bleiben soll. Und Gottes Wille geschieht; und so geht es durch die ganze Geschichte hindurch. Durch die Weltgeschichte und durch die Heilsgeschichte, „bis daß Er kommt".

2. Der Kindermord in Bethlehem

Vers 16—18

16 **Als darauf [15]) Herodes sah, daß er von den Magiern hintergangen war, ergrimmte er sehr, und er sandte hin und ließ alle Knaben töten, die in Bethlehem und im ganzen Umkreis waren im Alter von zwei Jahren und darunter, nach der Zeit, die er von den Magiern genau erforscht hatte.**

Der Ausdruck „a l l e K n a b e n" ist wichtig. Er bedeutet, daß nach all den zweijährigen und jüngeren Knaben genau geforscht werden sollte. Da Bethlehem damals nur ein kleiner Ort war, so wird die Zahl der getöteten Knaben zwar nur k l e i n gewesen sein, vielleicht 10 bis 15. Es ist eine ungeheuerliche Übertreibung, wenn später in kirchlichen Hymnen und Liturgien von dem Mord von T a u s e n d e n von Kindern geredet worden ist. Freilich, die Grausamkeit des Mordbefehls bleibt nach wie vor bestehn. Aber als geschichtliches Einzelereignis ist es in der Reihe der anderen Bluttaten des Herodes nicht aufgefallen. Darum ist es erklärlich, daß Josephus, der ja die Geschichte des Herodes ausführlich geschrieben hat, den Bethlehemitischen Kindermord nicht erwähnt. Dieses Ereignis war ihm zu gering im Vergleich zu der laufenden Kette all der Mordtaten des Tyrannen!

Zu Vers 17:
Jer 31, 15
1 Mo 35, 18. 19
1 Kö 15, 17
Jer 31, 16. 17
40, 1

17 **Dann [15]) wurde erfüllt, was durch den Propheten Jeremias geredet ist, wel-**
18 **cher spricht: *„Eine Stimme ist in Rama [16]) gehört worden, Weinen und viel Wehklagen: Rahel beweint ihre Kinder, und sie wollte sich nicht trösten lassen, weil sie nicht mehr sind."**

[15]) Wieder „tote". Vergl. das zu Vers 7 unter Fußnote [10]) Gesagte. Es steht hier nicht „damit erfüllt würde". Vergl. 1, 22.

[16]) R a m a liegt etwa 8 km nördlich von Jerusalem auf einem der Ausläufer des Gebirges Ephraim. Dort hört Jeremia (31, 15) das W e i n e n; dort sieht er im Geist die untröstliche Stammesmutter stehen. Das Grabmal der Stammesmutter Rahel stand schon zur Zeit Jesu wie noch heute zwischen Jerusalem und Bethlehem. (Vergl. 1 Mo 35, 16—20; 48, 7.) Matthäus deutet d i e s W e h k l a g e n, das zur Zeit des Jeremias in Rama sich hat hören lassen, als W e i s s a g u n g auf ein Wehklagen, das beim Kindermord in Bethlehem zu hören war. Die Worte B e t h l e h e m (Rahels Grab — jetziger Kindermord) und R a m a (Ort der Klage) waren dem Matthäus eine Gedankenverbindung.

Auch hier sieht Matthäus wieder eine Schrifterfüllung. Aber er sagt diesmal nicht wie sonst: „Das geschah, damit erfüllt werde“, sondern nur: „Da wurde wieder Wirklichkeit, was einst schon einmal geschehen war“, nämlich das Weinen um Kinder. Die Meinung des Matthäus ist also hier nicht, der Kindermord sei zu dem Zweck von Gott gefügt worden, damit die Schrift erfüllt werde, sondern die furchtbare Tatsache lenkt die Aufmerksamkeit auf jene alttestamentliche Bibelstelle zurück, um den Müttern Trost zu spenden! Auf Grund jener Worte in Jer 31, 15—17 wird der weinenden Rahel gesagt: Laß dein Weinen und die Tränen! Deine Kinder sollen wiederkommen aus dem Lande der Gefangenschaft.

Dieses Wort will nun auch den bethlehemitischen Müttern sagen, daß auch ihre Kindlein, die um des Messias willen ihr kleines Leben haben lassen müssen, wiederkommen werden, und zwar in der himmlischen Welt. Dort werden sie einst den dann „heimgehenden“ Müttern mit Freuden entgegengehen. Das furchtbare Ereignis in Bethlehem ist nicht geschehen ohne Gott! Es ist überwaltet von ihm! Die Bosheit des Herodes hat es zwar bewirkt, daß die Mütter in Bethlehem weinen müssen, aber dieser ihr Schmerz dient und hilft mit, daß der Erlösungsplan Gottes zur Durchführung gelangt. Sie sind Mithelfer am Bau seines ewigen Reiches! Herodes tut Entsetzliches. Aber auch sein Morden und Toben dient trotz alledem nur dazu, daß das Erlösungswerk Gottes geschieht. Indem all die Großen und Grausamen dieser Erde Gott bekämpfen, tun sie doch nur seinen Willen und führen aus, was er sich vorgenommen hat und was er haben will! Sie aber (diese Machthaber der Erde) verrennen sich bei all diesem Toben wider Gott in umso furchtbarere Schuld und Sünde hinein! (Wem das Wort Jer 31, 15 Schwierigkeiten machen sollte, hinsichtlich der Exegetik, der lese nach in Rie: Prakt Handkommentar zu Matthäus-Evangelium.)

3. Heimkehr nach Nazareth

Vers 19—23

Zu Vers 20:
2 Mo 4, 19
Ps 63, 9

19 Als aber Herodes gestorben war [17]), siehe [18]), da erscheint in Ägypten ein
20 Herrenengel dem Joseph im Traum * und spricht: Stehe auf, nimm das Kind-
lein und seine Mutter und ziehe in das Land Israel [19]); denn sie sind gestorben,
21 die dem Kindlein nach dem Leben trachteten [20]). *Und er stand auf und nahm
das Kindlein und seine Mutter, und er kam in das Land Israel.

Sie sind gestorben, die dem Kindlein nach dem Leben trachteten. Das ist immer und immer wieder Wahrheit geworden. Nicht nur bei Herodes, sondern an allen „Mördern Gottes“ hat sich's bewahrheitet bis auf den heutigen Tag.

Gott hat einen längeren Arm als alle seine Feinde, die trotz ihres Kämpfens gegen Gott doch nur seinen Plan zur Durchführung gebracht haben. Sie sind gestorben, die dem Christentum, der Gemeinde Jesu, nach dem Leben trachteten, und sie sterben und vergehen immer und immer wieder, die solches tun. Das steht in großen Lettern über der Menschheitsgeschichte. Darauf gilt es zu achten. „Wie ‚Nichtse‘ sind sie doch alle, diese losen Verächter, vor dem unvergänglichen Gott.“

---

[17]) Herodes starb kurz vor dem Passah des Jahres 4 vor Chr. unter furchtbarsten Qualen. Man sagt, an Darmkrebs sei er geendet.

[18]) Vergl. zu 1, 20.

[19]) Man sagte nicht: „Land der Judäer“ (vergl. Vers 2), sondern „Israel“. „Land Israel“ hieß es dann stets, wenn auf den göttlichen Willen geachtet wurde. Das Volk Israel wird als „Gottes Volk“ angesehen. Darum Israel. Vergl Schl: Der Name Palästina begegnet äußerst selten. Noch seltener begegnet der Name „Land Kanaan“ im Rabbinischen (Apg 7, 11 und 13, 19).

[20]) Wörtlich: „nach der Seele (psyche) trachten“ ist echt hebräisch. Über psyche am gegebenen Ort.

Joseph gehorcht wieder sofort dem Befehl des Engels und tritt die Rückreise an. Bethlehem wird ihm als Ziel der Heimreise vor Augen geschwebt haben. Da stellt sich, als er die Grenze Palästinas überschritten hatte, wieder etwas in den Weg, und zwar wiederum ein politisches Hindernis!

Zu Vers 22:
Jes 11, 1; 53, 2
Sach 6, 12
Lk 1, 26; 2, 39
Jo 1, 46; 7, 41
19, 19
Apg 24, 5

22 Als er aber hörte, daß Archelaus über Judäa herrschte an Stelle seines
Vaters Herodes, fürchtete er sich, dahinzugehen; und als er im Traume eine
göttliche Weisung empfangen hatte, wich er aus in das Gebiet von Galiläa [21])
23 und ließ sich nieder in einer Stadt [22]), genannt Nazareth [23]), damit erfüllt
würde, was durch die Propheten geredet ist: „Er wird Nazoräer [24]) genannt
werden."

Viele hatten in Israel gehofft, daß mit dem Tode Herodes es auch mit der herodianischen Grausamkeit ein Ende haben werde. Aber es war anders gekommen. Wohl war das mächtige Reich des Herodes in Stücke zerfallen. Aber die Dynastie des Herodes war geblieben. Herodes hatte in seinem Testament bestimmt, daß sein Reich unter seine Söhne aufgeteilt werden sollte:

Archelaus sollte Judäa, Idumäa und Samaria erhalten.

Antipas sollte Galiläa und das südliche Ostjordanland erhalten.
(Antipas wird im NT stets Herodes genannt.)

Philippus sollte das nördliche Ostjordanland bekommen.

Kaiser Augustus hat das Testament bestätigt. In Lk 3, 1 lesen wir von dieser Einteilung. Archelaus wird dort nicht mehr erwähnt, weil er im Jahre 6 n. Chr. von Kaiser Augustus abgesetzt wurde, und zwar wegen seiner Grausamkeit. Augustus schickte ihn nach Vienne (Rhone) in die Verbannung. Sein Gebiet wurde dem römischen Prokurator Pontius Pilatus unterstellt.

Als Joseph Palästina betrat, und zwar Judäa, da erfuhr er, daß Archelaus über Judäa König war. Joseph erfuhr weiter, daß dieser Sohn es sich zu einem besonderen Anliegen gemacht hatte, die Regierung ganz nach der Art seines Vaters weiterzuführen, damit man ihn nicht für einen „unechten" Sohn des Herodes halte. Und es war an Grausamkeit schon manches vorgekommen, was an das schreckliche Regiment seines Vaters nur zu deutlich erinnerte. Nur ein Beispiel: Gleich nach dem Tode seines Vaters waren von den Reitern des Archelaus 3000 Festpilger bei Jerusalem niedergehauen worden. — Es ist begreiflich, daß Joseph, als er davon erfuhr, **„sich fürchtete"**, wie der Text sagt, **„nach dorthin** (also Bethlehem in Judäa) **zurückzugehen"**. Durch ein neues und letztes Traumgesicht bekommt Joseph Anweisung, nach Galiläa zu entweichen. Dort nahm er Wohnung in Nazareth. Nach Lk 1 und 2 war Joseph schon vor der Geburt Jesu in Nazareth gewesen! Wie lange er dort gewohnt hatte und ob Nazareth der Wohnort Marias schon lange früher gewesen ist, wissen wir nicht! Matthäus sieht diese Tatsache, sich gerade Nazareth als Wohnort erwählt zu haben, als eine von Gott geleitete Wahl an, damit erfüllt würde, was durch die Propheten gesagt ist: **Er soll Nazoräer genannt werden!**

Wir fragen, wie hat Matthäus das gemeint? Nirgendwo im AT ist nämlich zu finden, daß die Propheten den Herrn Nazoräer nennen! Dazu kommt noch, daß im AT auch niemals der Name Nazareth genannt wird.

[21]) Nach Galiläa reichte die Macht des Archelaus nicht.

[22]) Wörtlich: „Und er kam und wohnte in einer Stadt" ist der ständige Ausdruck für die bleibende Siedlung an einem Ort.

[23]) Nazareth heißt: „Wacht" oder „Wächterin".

[24]) Dasselbe wie „Nazarener". Der Name „Nazarener" wird dem Herrn von Fremden beigelegt. Mk 1, 24; 10, 47; Lk 4, 34; 18, 37; Mt 26, 71. (Mk 14, 67) Jo 18, 5; 19, 19. Von seinen Jüngern wird Jesus so genannt: Lk 24, 19; Apg 2, 22; 3, 6; 4, 10; 26, 9. Einmal nennt sich Jesus selbst der Nazarener in Apg 22, 8.

Matthäus wird sicher an Jes 11, 1 gedacht haben. Dort steht das Wort von dem Sproß, der aus dem Stamme Isai aufgehen wird. Dieser Sproß, der der Herr sein wird, heißt auf hebräisch Nezär. Jesus wird von Jesaia Nezär genannt, und Jesus heißt von seinem Wohnort Nazareth aus Nazarener (Mk 1, 24 usw.) und hier Nazoräer (auch Mt 26, 71 usw.).

Beides: Nazarener und Nazoräer ist dasselbe. Ist es nun nicht sehr begreiflich, daß Matthäus die atst Bezeichnung Nezär und das ntst Wort Nazareth zueinander in Beziehung bringt?! Daß nur ein des Hebräischen kundiger Leser dieses Wortspiel des Matthäus verstehen konnte, ist ebenfalls begreiflich![25])

Über dem Kreuz wird einst stehen: Jesus der Nazoräer, der König der Judäer. Die Juden werden das lesen und damit feststellen, daß er nicht der Messias ist. Denn was kann aus Nazareth „Gutes kommen"? Für die Gemeinde Jesu bedeutet aber diese Überschrift, daß Jesus als der Nazarener *„der Isai-Sproß"* ist, von dem Jesaias gesagt hat. Und mit Jesaias haben auch die anderen Propheten es gesagt, daß Jesus *„der Sproß"* sei. Nur gebrauchen sie ein anderes Wort. Jeremias gebraucht in 23, 5 und 33, 15 das Wort „Zämach", und auch Sacharja in 3, 8 und 6, 12 bedient sich desselben Wortes „Zämach". Übersetzt heißt es aber auch *„Sproß"*. — Die genannten Propheten haben nicht daran gedacht, daß der Messias aus Nazareth kommen werde. Matthäus ist es, der in dieser Tatsache, daß der Messias im AT Nezär und im NT Nazarener genannt wird, die zusammenordnende und leitende Hand Gottes sieht. Die Propheten sind die Werkzeuge Gottes. So meint es Matthäus. Und so ist es auch. Erst von den Ereignissen her, also hintennach, nachdem diese Ereignisse bereits geschehen sind, ist der Blick in diese wunderbare Übereinstimmung von Prophetenwort und Tatsache zu gewinnen.

Ist es nicht auch immer in unserem Glaubensleben so, daß von den Geschehnissen unseres Lebens her, also „hintennach", wir immer und immer wieder die leitende und zusammenordnende Hand unseres Gottes erblicken dürfen? Liegt nicht auch über unserem Leben ein wunderbarer Plan, ein fortwährendes Zusammenwirken von Verheißung und Erfüllung?! Dem ist immer und immer wieder nachzudenken! Solch Nachdenken gibt Grund zu fortwährender Anbetung! Oft waren es ganz kleine Ereignisse im Alltag, an denen man erleben durfte; „Der Herr begleitet mein Leben mit einer erstaunlichen Aufmerksamkeit, ich bin nie allein!" Oft aber sind es auch die dunklen und schweren Dinge des Lebens gewesen, die erkennen ließen, daß auch dieses notwendig in den Plan mit hineingehört! Ja das Schwerste und Dunkelste hat sich immer wieder als das Größte und Bedeutungsvollste erwiesen! Mt 2 ist auch davon ein großartiger Beweis!

[25]) Wenn manche denken, daß das Wort nezär gleich nair = Nasiräer sei, und Jesus deshalb zum Nasiräer stempeln wollen, so ist das ein Irrtum.
Nazarener wird Jesus genannt: Mk 1, 24; 10, 47; 14, 67; 16, 6; Lk 4, 34; 24, 19, im ganzen also 6 mal.
Nazoräer wird Jesus genannt: Mt 2, 23; 26, 69 nach C.; 26, 71; Lk 18, 37; Jo 18, 5 und 7; 19, 19; Apg 2, 22; 3, 6; 4, 10; 6, 14; 9, 5 nach A. C. E.; 22, 8; 24, 5; 26, 9, im ganzen also 15 mal.
Vergl. Ki — Th — W IV, S. 879 ff.

Übersicht über die letzte herodianische Zeit nach Herodes dem Großen (37 - 4 v. Chr.)

Römische Kaiser	Die im N. T. genannten römischen Statthalter in Cäsarea	Judäa, Samaria Idumäa (Edom),	Galiläa (Norden) und Peräa (Osten)	Nordosten jenseits des Jordans, nördlich von Peräa
Otavianus Augustus 31 vor bis 14 n. Chr. **Tiberius** 14—37 läßt auf einen Bericht des Pilatus Jesus unter die römischen Götter aufnehmen (Legende)		**Archelaus,** 3 vor bis 6 n. Chr. Von Augustus nach Vienne (Gallien) verbannt. Sein Land unmittelbar den Statthaltern unterstellt Matth. 2, 22	**Vierfürst Herodes Antipas** 3 vor bis 39 n. Chr. hat die Herodias, die Frau seines Bruders Herodes (Philippus I)	**Vierfürst Philippus (II)** 3 vor bis 34 n. Chr.
	Pontius Pilatus 26—36	Kreuzigung Jesu 30; Pilatus und Herodes Antipas sind zum Passahfest in Jerusalem	Ermordung Johannes des Täufers 28 Matth. 14	Das Land wird unmittelbar den Statthaltern unterstellt 34. **Herodes Agrippa I** wird als König eingesetzt 37—44
Caligula 37—41				
Claudius 41—54	**Felix** 52—60 (Paulus, Apostelgesch. 24)		Herodes Antipas wird nach Gallien verbannt. Herodes Agrippa I wird auch über Galiläa und Peräa gesetzt 39.	
Nero 54—68	**Festus** 60—62 (Paulus, Apostelgesch. 25—26)	Claudius gibt nun auch Judäa und Samaria an Herodes Agrippa I 41. Herodes Agrippa I läßt den Jakobus, den älteren, töten (Apostelgesch. 12) 44, läßt sich bei einem Festspiel als Gott verehren und stirbt am Würmerfraß 44. Das Land wird unmittelbar den Statthaltern unterstellt.		
Vespasian 69—79	**Albinus** 62—64 **Gessius Florus** 64—66 **Gallus** seit 66	**Die Empörung Israels gegen Rom 66—78** Gessius Florus beraubt den Tempelschatz. Empörung. Vespasian erobert Galiläa 67. Gegen ihn kämpft der jüdische Schriftsteller Flavius Josephus. Titus zerstört Jerusalem 70. Ende Israels		Im Jahre 53 wird **Herodes Agrippa II** zum „König" im Nordostlande eingesetzt. Er verhandelt mit Paulus in Cäsarea. Apostelgesch. 25—26 † 100.

Der Beginn der Wirksamkeit Jesu

Kap. 3, 1 bis 4, 25

Auch in Kapitel 3 und 4 bedient sich Matthäus in seiner Darstellung des Kontrastes. Scharf heben sich die Umrisse voneinander ab. Auf den unerhört harten Gerichtsruf des Täufers, der restlos alles Selbstvertrauen und alle selbstgefertigten Ruhepolster kurz und klein zerreißt und Sünde und Unrecht in jeder nur denkbaren Form grell ins Licht zerrt, folgt die Taufe Jesu, die Ihn, den Sündlosen, zum ersten Male völlig in die Sünder eingereiht erscheinen läßt und Ihn schon hier als d e n zeigt, der alle Sünden in jeder nur denkbaren Form auf sich nimmt. Das ist der eine Kontrast, der mit der Gegenüberstellung von Johannes und Jesus scharf herausgestellt wird.

Der zweite Gegensatz zeigt sich im Folgenden: Auf die einzigartige Ausrüstung und über alle Maßen herrliche Begabung Jesu mit der Fülle des Heiligen Geistes, die in dem Wunder der göttlichen Vaterstimme Ihm Seine ganze Vaterliebe und Zuneigung zusichert, folgt unmittelbar der dunkle Angriff des Teufels, voll Tücke und Gemeinheit in der Versuchungsgeschichte „mitten unter den wilden Tieren", wie Markus sagt, in der Wüste. Kap. 4, 1—11.

Nach dem glänzenden Vollsieg Jesu über alle Anläufe des Satans wird — wieder im Kontrast — das fluchtartige Entweichen in die Verborgenheit des verachteten „Galiläas der Heiden" (Kap. 4, 12—17) geschildert.

Und dann wiederum dieser Gegensatz: Mitten in der Verborgenheit des „Galiläas der Heiden" wird durch die Berufung der ersten vier Jünger der wunderbare Grund zur neutestamentlichen Heilsgemeinde gelegt. (Kap. 4, 18—22.)

Das ist dieselbe Erzählweise wie in Kapitel 1, wo schon bei der Geburt das Kreuz, aber auch die Herrlichkeit, spürbar war. Das ist aber auch dieselbe Art der Darstellung in Kap. 2, wo auch das Schwerste und Dunkelste (Flucht und Kindermord) sich als das Größte und Bedeutungsvollste erweist, nämlich wo Leiden und Bedrückung nicht Scheitern, sondern Erfüllung göttlicher Heilspläne bedeuten.

Vom unerhört harten Gerichtswort Johannes des Täufers

(Johannes der Täufer)

3, 1—12

Vergl. Mk 1, 2—8; Lk 3, 1—18; Jo 1, 15. 19 ff.

Zu Vers 1: Lk 3, 2; 1, 13
Zu Vers 2: Mt 4, 17; 10, 7 Lk 10, 9

1 **In jenen Tagen aber kommt Johannes der Täufer herbei [1]) und verkün-**
2 **digt als Herold in der Wüste von Judäa: * Bekehrt euch, denn das Königreich der Himmel ist nahe gekommen!**

Obwohl J o h a n n e s d e r T ä u f e r hier dem Leser zum ersten Mal entgegentritt, sagt Matthäus n i c h t s über seine Herkunft. Johannes wird ausdrücklich der „T ä u f e r" genannt. Dieses Beiwort ist im ganzen AT nicht zu finden. Im AT wird von Johannes als dem „Engel", dem „Wegbereiter", dem „Lautrufenden" u. ä. gesprochen, aber nicht von Johannes als dem „T ä u f e r". Diesen Beinamen führt er nur im NT, und zwar laufend [2]).

Wir fragen: Was bedeutet dem Johannes die „T a u f e", von der er ja, wie gesagt, den Beinamen „d e r T ä u f e r" erhielt? Wir antworten: Die Juden zur Zeit des Johannes kannten bereits neben allerlei Taufen (im Sinne religiöser

[1]) „Er kommt herbei", „er langt an" Diese Ausdrucksweise ist auch in Lk 1, 80 zu finden. Diese Formel besagt, daß Johannes nicht, ehe er zu wirken anfing, in der Volksgemeinschaft gelebt hat, sondern von außerhalb der Volksgemeinschaft, von der Wüste herbeikommt, wie Lk 1, 80 steht. Er war in den Wüsten bis zu dem Tage seines Auftretens.

[2]) Auch Josephus nennt ihn so.

Waschungen und Bäder) [3]), auch eine einmalige Ganztaufe. Aber diese einmalige Ganztaufe war nicht eine Taufe für die Juden selbst, sondern eine Taufe für die Heiden, die zum Judentum übertreten wollten. Diese einmalige Ganztaufe der Heiden bedeutete eine radikale Abwendung von der gesamten heidnischen Vergangenheit und deren entschlossene Verurteilung.

Gehen wir nun mit dieser Beobachtung an den Namen „der Täufer" heran, so gewinnt das Wort „Täufer" Leben und Farbe. Mit der Forderung der radikalen Abwendung von der gesamten Vergangenheit, die sich in der Taufe zeigen sollte, kommt zum Ausdruck, daß der Täufling zu seinem ganzen bisherigen Leben und seinen religiösen Traditionen und Gewohnheiten ein entschlossenes „Nein" sagen sollte.

Als der Herold des kommenden Königs und seines Reiches sah Johannes der Täufer solch eine Ganztaufe als die einzige, aber auch notwendige Bedingung zum Eintritt in das „Königreich der Himmel", und zwar aus der Überzeugung heraus, daß das gegenwärtige Israel ein Lager der Unreinen, ja man muß sagen, ein Lager von Heiden geworden sei.

Das war eine ganz unerhörte und entsetzlich harte Predigt des Johannes.

Durch die Forderung der Taufe stellte er also das ganze Israel auf die gleiche Stufe mit den nichtswürdigen Heiden, die ja doch in den Augen der Juden als der Abschaum der Menschheit, als ein elendes Verbrechergesindel, als Mörder und Hurer galten. Wir verstehen jetzt wohl die revolutionäre und aufreizende Bedeutung der Johannes-Taufe. Der Name „Johannes der Täufer" hat sich darum als festgeformter Begriff eingeprägt. Man wußte sehr gut, was er in sich schloß.

Dazu kam noch folgendes: Der Predigt-Ort dieses Täufers war nicht der Tempel mit seinem reichgestalteten Gottesdienst, ausgestattet mit all den Sühnemitteln, die seit Urväterzeiten heilige Geltung hatten und ganz genau vorgeschrieben waren, ja sogar von Gott selbst verordnet, vorlagen . . . nein, nicht der Tempel war der Predigt-Ort des Täufers, sondern die Wüste und Einöde. Weil auch dies so auffallend und aufreizend war, darum wird der Ausdruck „in der Wüste" gleich zweimal genannt. (Vers 1 und 3.)

Was bedeutete denn die Wüste im AT? Die Wüste ist nach dem AT die Heimat des Teufels, der Ort des Grauens und der Schrecken. Nach 3. Mo 16, 7—10 wurde am Versöhnungstage der eine Bock in die Wüste hinausgejagt, um für Asasel bestimmt zu werden. Damit sollte gezeigt werden, daß die Sünde an den Ort des Grauens, den Ort des Teufels gestoßen wäre.

Und solch eine Stätte des Grauens ist nun der Predigt-Ort Johannes des Täufers. Ja, dorthin in die Wüste sollte das Volk kommen, um die Sünden dort draußen zu lassen.

Der Täufer „verkündigt" zu seiner Taufe nun als zweites: das Wort von der „Bekehrung". Wir bringen absichtlich nicht das Wort „Tut Buße", sondern dafür „Kehrt um", „Bekehrt euch" [4]). Dieses Wort ist im AT und im damaligen Judentum geläufig [5]). Des Johannes und Jesu Ruf mit „Tut Buße" zu übersetzen, drückt das, was Johannes und Jesus wollten [6]), nur un-

[3]) Diese Taufen gehörten zum frommen Betrieb. Der Pharisäer tauft sich häufiger als die anderen, der Essäer häufiger als ein Pharisäer. Alle diese Taufen brauchten aber keinen Täufer! Denn sie alle tauften sich selbst.

[4]) Vergl. Vers 2, 8. 11.

[5]) Der Urtext kennt für „bekehren", umkehren drei Wörter: stréphein, epistréphein und metanoein.
a Im Sinne von Umkehr des Ungläubigen zum Glauben stehen diese Wörter 57 mal im NT.
b Im Sinne von Umkehr des Glaubenden aus einem Fall heraus, stehen sie 20 mal im NT.
c Im Sinne von Umkehr des Glaubens in den Unglauben zurück einmal im NT.

[6]) Näheres ist sehr ausführlich im „Begrifflichen Schlüssel zum NT" von Rienecker gesagt.

genügend aus, weil Buße mit dem Sinn des Büßens, Sühnens, des Wiedergutmachens belastet ist. Der Ruf des Täufers und Jesu richtet dagegen den Blick fest auf die *radikale Umkehr*. Im ganzen AT haben wir nicht den Begriff der Buße im Sinne des Büßens und Sühnens und Wiedergutmachens. Immer heißt es dort: „*Umkehren, abkehren.*" Diese Ausdrücke sollte man gebrauchen, denn auch für das NT ergibt sich dieselbe Sachlage. „Einen wissenschaftlichen Grund, die Übersetzung „*Tut Buße*" beizubehalten, sehe ich nicht", schreibt E. K. Dietrich in seinem großen wissenschaftlichen Werk „*Die Umkehr, Bekehrung und Buße* im AT . . ." (Stuttgart 1936. 460 Seiten.) — Man vergleiche hierzu auch die Äußerungen Schlatters, Feines, Pohlmanns, Ecksteins u. a. Auch meint Schniewind, daß „das Wort „*Buße*" mit Vorstellungen belastet ist, die genau an dem vorbeiführen, was die Bibel über *Metanoia* (das ist das griechische Wort für Bekehrung), sagt. All die Vorstellungen des Abbüßens, Abtragens verdecken die biblische Metanoia". Soweit Schniewind. Näheres darüber gründlich und ausführlich in: Rienecker, Begrifflicher Schlüssel zum Griechischen NT. — Im Deutschen hängt „*Buße*" zusammen mit „*baß, besser, Besserung*". Es bedeutet, wie schon angedeutet: „die Wiederherstellung eines Schadens", Schadenvergütung, Schadenersatz. Der Ton liegt auf „*Leistung, Ersatzleistung, Genugtuung*", die *ich* zu vollbringen habe.

Wie wir schon sagten, heißt das griechische Wort im NT für „*Bekehrung*" „*Metanoia*". Was heißt dieses Wort nun im weltlichen Griechisch? Es bezeichnet die Änderung des Sinnes, und zwar in der Art, daß ich intellektuell meine Meinung in diesem und jenem Punkt geändert habe. Das neutest. Wort „*Metanoia*" bedeutet nun nicht: seine Meinung über irgend *etwas* (vielleicht *einige* Dinge) ändern, sondern erstreckt sich auf die **Gesamt**meinung und auf die **Gesamt***gesinnung* des Menschen. Seine *Gesamt*meinung, *Gesamt*haltung hat sich zu ändern! In diesem Sinne ist das griechische Wort in weltlicher Form niemals gebraucht worden.

Das mit dem neuen und tiefen Inhalt versehene Wort „*Metanoia*" bildet nun einen der neutest. *Hauptbegriffe*, ja es gehört, so kann man wohl sagen, zum *Zentralsten* des christlichen Glaubens überhaupt. Die neutest. *Metanoia* = *Umkehr, Bekehrung* betrachtet das *gesamte Denken, Fühlen und Wollen der Vergangenheit als völlig verkehrt, als „los von Gott", ja sogar als im Widerspruch zu Gott stehend!* Bekehrung ist also die Änderung des gesamten Denkens, Fühlens, Wollens und Handelns. Gott will neues Leben, nicht bloß neue Gesinnung! Ob die frühere Gesamthaltung eines Menschen eine religiöse Haltung gewesen ist oder nicht, das hebt die Notwendigkeit und Unbedingtheit der Umkehrforderung nicht auf! Die Tatsache einer solchen radikalen und totalen Umkehr ist und bleibt die einzige Voraussetzung, ins „Königreich der Himmel" zu gelangen.

Soll nun noch in Kürze etwas gesagt werden zu der Frage: Ist die Bekehrung *Gottes Tat oder der Menschen Tat*, so sei als Stichwort folgende Antwort gegeben: Der Mensch kann sich nicht selber bekehren, aber er kann sich bekehren *lassen*. — Unser Ja zu Ihm, unserem Herrn, stammt allein aus dem *Ja Gottes zu uns*. Unser *Nein* aber ist *unsere* Schuld ganz allein!

Im Bilde gesprochen: Wenn einem Ertrinkenden der Rettungsring zugeworfen wird und der Ertrinkende danach greift, und zwar mit aller seiner Energie den Ring fest umschlingt, — dann kann ein solch Geretteter nicht sagen: *Ich habe* mich errettet, sondern er muß sagen: Ich *bin* gerettet *worden*. Aber ebenso muß der Gerettete auch bekennen: Hätte ich nicht den Rettungsring ergriffen mit ganzem Ernst, dann wäre ich ganz allein an meinem Tod in den Wellen schuldig gewesen.

Also das Errettetwordensein ist *Geschenk*.
Das Ertrinken jedoch *Schuld*!

Bekehrung ist nicht Leistung, sondern Geschenk!

Das Verlorengehen aber ist Schuld, eigene Schuld ganz und gar!

„Bekehrung ist die unbedingte Voraussetzung für die neu anbrechende Zeit des **‚Königreiches der Himmel'.**" Mit dieser lautrufenden Forderung der Bekehrung erneuert Johannes zum letzten Mal, bevor der Herr selber kommt, die grundsätzliche Forderung der AT-Propheten!

Matthäus sagt „Königreich der Himmel", und zwar im ganzen 37 mal. „Königreich der Himmel" wird nur von Matthäus gebraucht. Bei Markus und Lukas steht „Königreich Gottes". Matthäus hat dieses Wort nur 5 mal. Sachlich besteht kein Unterschied zwischen diesen beiden Worten. Matthäus meidet aus Ehrfurcht vor Gott den Namen „Gott" und sagt darum nicht „Reich Gottes" sondern „Reich der Himmel"! Für „Königreich der Himmel" könnte man vielleicht besser übersetzen: „Herrschaft der Himmel" [7]). Denn es ist nicht in erster Linie an ein Reich gedacht im Sinne eines Raumes oder Ortes, sondern ein Reich im Sinne einer Ordnung, einer Ordnung, in der allein Gott als König das Sagen hat und wo man sich seinem Sagen und Herrschen restlos unterwirft. Diese „Gottesherrschaft", die einstmals voll und ganz in Vollendung offenbar werden wird in Herrlichkeit auf der neuen Erde, ist es, die Johannes meint und die in Jesus schon angefangen und in der Gemeinde Jesu sich fortsetzen wird bis an die Enden der Erde —

Jes 40, 3—5
Mt 11, 18
Jo 1, 23

3 **Denn dieser ist es, von welchem durch den Propheten Jesaia geredet ist, welcher spricht: „Stimme eines Laut-Rufenden in der Wüste: Bereitet den Weg des Herrn, machet gerade seine Pfade."**

Johannes soll den Weg instandsetzen. In der damaligen Zeit, als es noch keine „Asphaltstraßen" gab, bereitete man dem König, der seine Ankunft meldete, einen Weg. Solch ein Wegbereiten war stets ein sehr schweres Stück Arbeit. Dies Bild vom Wegbereiten wird auf die Tätigkeit des Johannes angewendet. „Wegbereiter" ist Johannes der Täufer. Wegbereitung ist Einsatz der ganzen Person.

3 Mo 11, 21
2 Kö 1, 8
Mt 11, 7. 18

4 **Er aber, Johannes, hatte sein Gewand aus Kamelhaaren und einen ledernen Gürtel um seine Hüften. Seine Nahrung aber war Heuschrecken und wilder Honig.**

Da stand er nun, dieser Johannes, draußen in der Wüste Er brauchte nichts von dem, was die andern gebrauchten. Nur ein Kamelfell, vielleicht das Fell eines verendeten Kamels, war sein Gewand. Solch ein Gewand war eine offene Verletzung jüdischer Reinheitsvorschriften. Heuschrecken waren seine Speise. Auch solche Nahrung war den Gewohnheiten des normalen Lebens in Israel entgegengesetzt.

Alles, „Wort und Person", „Predigt und Leben" waren ein einziges aufrüttelndes Umkehrsignal!

Zu Vers 6:
Hes 36 25

5 **Darauf [8]) ging zu ihm hinaus Jerusalem und ganz Judäa und die ganze**
6 **Umgegend des Jordans; * und sie wurden von ihm im Jordanfluß getauft, indem sie ihre Sünden bekannten.**

Und was war der Erfolg der aufrüttelnden Bekehrungs-Botschaft? War's Wut und Haß und Auflehnung? Nein! **„Es ging zu ihm hinaus Jerusalem und ganz Judäa . . ."** Sie zogen zu ihm hinaus. Johannes brauchte ihnen nicht nachzulaufen. Er hatte keine Mühe, sie unter Gottes Wort zu brin-

[7]) Schlatter übersetzt: „Das Herrschen Gottes", „Der Himmel" (Mehrzahl) heißt es deshalb, weil darin die über alles menschliche Maß erhabene göttliche Majestät zum Ausdruck gebracht werden soll, eine Majestät und Herrlichkeit, die der Himmel und aller Himmel Himmel nicht fassen kann. (Im Hebräischen steht „Himmel" in der Mehrzahl (Vergl. 1 Kö 8, 27; 2 Chro 2, 6; 6, 18).

[8]) Vergl. das zu 2, 7 Gesagte (tote).

gen. Das Ganze dort am Jordan wurde durch die Predigt des Täufers und seine Taufe eine einzig große göttliche Bewegung. Man konnte nicht anders, man wurde zu ihm hinaus getrieben in die Wüste[9]).

Zu Vers 7:
1 Mo 3, 14
Jes 59, 5
Mt 12, 34
Rö 1, 18
Eph 5, 6
Kol 3, 6
Hbr 2, 3

Zu Vers 8:
Apg 26, 20
Gal 5, 22

Zu Vers 9:
Jo 8. 33. 37. 39
Rö 4, 12; 9, 7. 8
Gal 3, 7

7 **Als er aber viele der Pharisäer[10]) und Sadduzäer[11]) zu seiner Taufe kom-**
men sah, sprach er zu ihnen: Schlangenbrut! Wer hat euch eingeredet, dem
8 **kommenden Zorne zu entfliehen? * Bringet nur erst der Bekehrung würdige**
9 **Frucht; * und denket nicht, bei euch selbst zu sagen: Wir haben ja Abraham**
zum Vater[12]); denn ich sage euch, daß Gott dem Abraham aus diesen
Steinen Kinder zu erwecken vermag.

Johannes zerschlägt nicht nur durch die Eigenart seiner Ganz-Taufe und durch die Forderung der Umkehr, sondern auch mit dem Hammer seiner weiteren Predigt restlos all die selbstgemachten Stützen und Sicherheiten der Pharisäer und Sadduzäer vor ihren eigenen Augen. Johannes nennt die Pharisäer und Sadduzäer „Schlangenbrut, Schlangensamen, Schlangennest". — „Schlangensamen seid ihr", spricht er, „nicht, was ihr euch einbildet, Abrahamssamen!"

[9]) Aus dem Tempel heraus, aus den Synagogen heraus hatte er sie alle gerufen. Aus ihren Verhältnissen, aus ihren Formen und Traditionen, die alle nur „Betrieb" waren, hat Johannes sie herausgeholt, daß sie zu ihm kommen sollten. Die neutest. Heilsgemeinde ist nicht einfach traditionelle, schematische Fortsetzung der alten Gemeinde, sondern ist Anfang, Beginn des Neuen.

[10]) Die **Pharisäer** — die Abgesonderten: waren die frommen Praktiker im Judentum. Ihre Entstehung fällt in die Zeit der Rückkehr aus der babylonischen Gefangenschaft und der Wiederherstellung des israelitischen Gottesdienstes. Ihr Wirken war anfangs vortrefflich und auf Hebung des niedergebeugten Volkes in nationaler Hinsicht und auf strenge Beobachtung des Gesetzes gerichtet; doch in der Folgezeit wurde ihr Einfluß verderblich. Sie begnügten sich nicht mit dem mosaischen Gesetz (Thora), sondern sie sahen auch die von den Vätern überlieferte Tradition (die Aufsätze der Ältesten) (die Halacha), durch welche das mosaische Gesetz ausgelegt und erweitert wurde, als verbindlich für Leben und Wandel an. Ihr Bestreben ging dahin, alle Verhältnisse des Lebens durch äußere Gesetze zu regeln und zu ordnen. Zur Zeit Jesu zählten sie 248 einzelne Gebote und 365 Verbote. Mit ängstlicher Sorgfalt hielten sie auf die Erfüllung aller Bestimmungen des Zeremonialgesetzes, und in der Ausübung äußerer Religionspflichten (Fasten und Waschen, Gebet und Almosengeben, Zehntabgabe und Sabbatheiligung) waren sie peinlichst genau.

Genaueste Gesetzesbeobachtung sollte die herrliche Vollendungszeit herbeiziehen; je mehr Gesetzesgerechtigkeit, desto näher das messianische Reich auf Zion. Den Gesetzesgerechten winkte die Fleischesauferstehung, die ihnen an der messianischen Herrlichkeit auf Erden Anteil gab. — „Daß der Mensch die Fähigkeit besitze, die Gebote Gottes restlos zu erfüllen, stand den rabbinischen Gelehrten so fest, daß sie allen Ernstes von Leuten redeten, die die ganze Thora von A bis Z gehalten hätten." (Strack-Billerbeck.) Vergl. Seite 56.

Josephus hat die Zahl der Pharisäer auf 6000 angegeben, sicher nur eine ungefähre Schätzung. In ihr bildeten die **Schriftgelehrten** den zünftigen Teil. Der werdende Schriftgelehrte war Talmid (Schüler). Mit 40 Jahren wurde er Talmid-Chakham. Der ordinierte hieß Chakham (Weiser).

[11]) Die **Sadduzäer** = die Gerechten, hatten ihren Namen von dem Rabbi Sadok. Sie waren im Gegensatz zu der rechtgläubigen Israeliten die ungläubigen Freigeister, welche die Lehre vom Dasein der Engel, die Unsterblichkeit, Auferstehung und das Gericht und jeden Einfluß des göttlichen Weltregiments auf die Handlungen des Menschen leugneten. Sie verwarfen die Aufsätze der Ältesten und erkannten allein das schriftliche Gesetz, die Thora, als maßgebend für Leben und Wandel an.

Die Sadduzäer waren „die Liberalen". Sie gehörten zum großen Teil zum Priesteradel, der sich nach dem Exil eines großen Teiles der Besitzungen des durch den Sturz des jüdischen Reiches vernichteten, vorexilischen Adels zu bemächtigen gewußt hatte (Ps. 16, 6).

Nach Rückkehr der religiös kräftigsten Elemente der Südstämme entstand nämlich um die Gewinnung des Grundbesitzes (Ps 16. 37. 40. 41) ein eifriges Ringen derselben mit dem zurückgebliebenen verkommenen „Landvolk" (am haarez); aber diese waren jenen in keiner Weise gewachsen. Und so bildete sich aus den heimkehrenden Priestergeschlechtern der neue Adel des Landes.

Da sie einen zahlreichen Anhang in niederen Priestern, Leviten, Tempeldienern und sozial Abhängigen besaßen, beließen die Römer den Sadduzäern die heimliche Machtstellung in gewissen Grenzen. Die Hohenpriester zur Zeit Jesu und Paulus waren Sadduzäer. Die Sadduzäer waren zumeist genußsüchtige Männer, und der Inhalt ihres Bekenntnisses ist in dem Wort enthalten: „Lasset uns essen und trinken; denn morgen sind wir tot!" Mit den Pharisäern lebten sie in Feindschaft; sie bejahten, was jene verneinten, und verneinten, was jene bejahten. Nur in einem Punkt waren beide Parteien einig, nämlich in dem Haß gegen den Herrn und Heiland.

[12]) In der rabbinischen Literatur hat Abraham den Ehrentitel „Unser Vater". An Abrahams Verdienst hat Israel teil. Diese Teilnahme an Abrahams Verdienst ist bedingt durch die leibliche Abstammung.

Jedem Israeliten ist dieser Ausdruck wieder ein neues vernichtendes Wort. Denn das Wort „alte Schlange" bedeutet: „Vater der Lüge", und der Same der alten Schlange ist nach dem uralten Gotteswort die feindliche Grundmacht, gegen die das Menschengeschlecht zu kämpfen hat auf Leben und Tod. „Dieses menschenmordende Schlangengift ist jetzt persönlich geworden", sagt Johannes, „und dieses persönliche Schlangengift seid ihr Pharisäer und Sadduzäer, zu denen ich jetzt rede! Was ihr vom Samen Abrahams an euch habt, das ist verwandelt in sein Gegenteil, darum habt ihr an Abrahams Samen keinen Anteil[13]), sondern der älteste Fluch Gottes schwebt auch über eurem Haupte!"

In dem selbstsicheren Vertrauen auf ihren natürlichen Zusammenhang mit Abraham schaut Johannes den tiefsten Grund der Verkehrtheit ihres Sinnes. Sie bauten so sicher auf alles, was diesen natürlichen Zusammenhang äußerlich sinnenfällig machte: auf Beschneidung, Sabbat, Tempel- und Gesetzesbuchstaben und meinten, darin bestünde die ganze, Gott wohlgefällige Frömmigkeit. —

Und nun zerschlägt ihnen Johannes radikal und völlig alle diese Sicherheiten und Stützen. Kurz und klein zerschlägt er ihnen aber auch alles! Vergl. Seite 56 und Bergpredigt.

Wir fragen: Zerschlägt denn Johannes mit solcher Gerichtspredigt nicht ganz und gar auch die göttliche Verheißung an Abraham überhaupt? Nein, sondern wenn sich die Pharisäer und Sadduzäer gründlich abkehren von ihrer falschen und eingebildeten Frömmigkeit, dann können sie in die wirkliche, wesentliche Nachkommenschaft Abrahams eingeführt werden. Nur durch eine gründliche Bekehrung allein ist's möglich, sonst nicht.

Wie die Pharisäer sich zu ihrem Vater Abraham flüchteten, zu seiner Gerechtigkeit, die sie stellvertretend für sich selbst in Anspruch nahmen, so steht auch heute und immer wieder der Christ oft in Gefahr, sich auf den Segen zu stützen, der den Vätern geschenkt ward. Man meint, weil das, was die Väter in Segen schufen, noch besteht, ruhe noch Gottes Segen ebenso auf den Nachfahren. Man meint, Gott binde sich um der Väter willen auch an die Heutigen.

Wohl hat sich Johannes zu der dem Abraham gegebenen Verheißung restlos bekannt. Johannes weiß aus der Schrift, daß Abrahams Kinder Erben des Reiches sind. — Aber verneint hat der Täufer aufs allerschärfste die Meinung der Juden, daß Gott an Israel gebunden sei, daß für Gott Israel unentbehrlich sei. —

Gott ist keineswegs an Israel gebunden. Seine göttliche Allmacht kann im Augenblick sogar aus „toten" Steinen sich Abrahams Kinder erwecken.

Gott braucht uns nicht. Wir sind nicht im geringsten unentbehrlich. Er kann über uns sofort und augenblicklich zur Tagesordnung übergehen. Er tut, wie Er will, nicht wie wir wollen! Er kann auch jetzt und heute völlig Ihm ferne Menschen („tote Steine") zum Leben erwecken und in Seinen Dienst stellen!

Mt 7, 19; 13, 40
Lk 13, 7—9
Jo 15, 6
Jes 10, 33 ff.

10 **Schon ist aber die Axt an die Wurzel der Bäume gelegt; jeder Baum nun, der nicht gute Frucht bringt, wird abgehauen und ins Feuer geworfen.**

An das Wort von den „Abrahams-Kindern" schließt Johannes die Rede von dem „Baum der keine guten Früchte bringt". Die Hörer des Täufers wissen, daß dieses Bild vom Baum dem 1. Psalm entnommen ist. Die Pharisäer sind der festen Meinung, daß sie dem Baum an den Wasserbächen gleichen, der seine Frucht bringt zu seiner Zeit, und daß darum alles, was sie tun, recht sei. Da sagt ihnen der Täufer wieder einmal das gerade Gegenteil, nämlich, daß sie dem unfruchtbaren Baume gleichen, der abgehauen und ins Feuer geworfen wird.

Das Wort vom **Feuer** beschließt zum erstenmal einen Abschnitt der Täufer-Predigt. Wir hören noch zweimal das Wort vom „Feuer".

[13]) Rabbinische Lehrer sagten: Allen denen, die Nachkommen Abrahams nach dem Fleisch sind, wird das ewige Reich gegeben werden, auch wenn sie Sünder und ungläubig und gegen Gott ungehorsam sind.

Mt 11, 3; 21, 9; 23, 39
Mk 1, 4. 7
Lk 3, 15—17
Jo 1, 24—33; 1, 15; 3, 31; 6, 14; 11, 27
Apg 1, 5; 13, 24. 25; 19, 4
Hbr 10, 37

11 **Ich zwar taufe euch mit [14]) Wasser zur Bekehrung. (Umkehr). Der Nach-mir-Kommende aber ist stärker als ich, dessen Sandalen wegzutragen, ich nicht würdig bin. Er wird euch mit Heiligem Geist und mit Feuer taufen!**

Das Wort von der Wassertaufe, der Ganztaufe, bringen alle 4 Evangelisten. Matthäus deutet im Unterschiede zu Markus die Wassertaufe als Forderung, die zu ihrem *Ziel* die Umkehr hat: **„Ich taufe euch mit Wasser zur Bekehrung hin** oder **in die Bekehrung hinein."** Der Täufer tauft nach Matthäus, *damit* man von Sünden lasse, *damit* man bewußt Gott gehorsam lebe in dem neuen Leben des Königreichs der Himmel.

Markus spricht von einer Taufe, deren *Voraussetzung* die Umkehr ist. Mk 1, 4 steht: „Johannes kündet die *Umkehrtaufe* zur Vergebung der Sünden [15]). Die Wassertaufe ist also nach Markus eine Taufe, die zur *Voraussetzung* und *Bedingung* die *Umkehr* hat. Nur der „Bekehrte", der „Umgekehrte" empfängt die Taufe. Also *zuerst* die Umkehr und *dann* die Taufe.

Beide, Matthäus und Markus stehen aber hinsichtlich der Tauf-Auffassung nicht im Widerspruch zueinander. Beide haben recht in der Wiedergabe der Täuferworte. Christenleben hat die *Umkehr* als Voraussetzung (Bekehrung) und *auch als Ziel* (Heiligung). Es gilt, von der Umkehr herkommend, in der Umkehr zu *verharren*. Ein solches durch Umkehr geprägtes Leben hat die Sündenvergebung als einmaliges Geschenk und Erleben herrlich zur Folge gehabt und ebenfalls täglich fort und fort als Geschenk und Erfahrung immer zur Folge.

Mit anderen Worten: Unbiblisch ist es, zu sagen, man muß sich täglich von neuem bekehren, die Bekehrung sei ein täglich sich immer neu wiederholender Glaubensakt. Nein! — Die biblische Anschauung ist vielmehr die: Der Bekehrte lebt seit seiner von Gott ihm geschenkten Bekehrung in einem neuen *Stande*, in einer neuen *Haltung*. Diese Haltung, dieser Stand des Glaubens, dieses Gegründetsein im Glauben muß sich fort und fort zeigen, muß sich fort und fort in Glaubens*handlungen* beweisen. Die grundlegende Tatsache der Neugeburt muß das Wort Gottes zur Darstellung kommen lassen. Oder umgekehrt: Das neue Leben muß die Bekehrung *bekunden*. Und darin offenbart sich das Hineingetauchtsein in den Heiligen Geist, die Taufe mit Heiligem Geist. Das neue Leben ist ein fortwährendes Umhülltsein vom Heiligen Geist, ein Gefülltsein mit Ihm! Geist und Feuer sind das fortwährend *richtende und reinigende* wie auch dauernd *wärmende und lebenfördernde* Element des Neuen Lebens. So ist das Wort zu verstehen: **„Er wird euch mit Heiligem Geist und mit Feuer taufen."**

Wir sagen's noch einmal abschließend: Die Bekehrung ist nicht ein fortwährendes, von Fall zu Fall, von Glaubensakt zu Glaubensakt sich erneuerndes Geschehen, sondern die Bekehrung bewirkt zuerst die Glaubens*haltung*, den Glaubens*zustand*, aus dem hernach die einzelnen Glaubensakte hervorgehen, in denen wiederum sich die zuerst gewirkte Glaubenshaltung fort und fort bestätigt.

In der theologischen Sprache ist das in dem Nacheinander ausgedrückt worden: habitu fidei, actu fidei.

Nachdem Johannes das Wort von der *Wassertaufe* (Ganztaufe) ausgesprochen hat, kommt er zum Wort vom „*Nach-mir-Kommenden*" oder „*Hinterherkommenden*". Dieses Wort haben alle 4 Evangelisten. Der *Hinterherkommende* ist aber zugleich der „*Stärkere*". Das Wort vom Stärkeren haben wörtlich drei der Evangelisten. Welche Wohltat war es für Johannes zu wissen: Es geht *Einer* hinter mir her, der stärker ist

[14]) wörtlich „*im Wasser*". „Im" wird aber hier instrumental gebraucht.

[15]) Lukas hat es wie Markus (Lk 3, 3.)

als ich. Was wäre des Johannes Lebenswerk gewesen ohne die Tatsache des Hinterherkommenden? Vergeblich! Und was ist unser Tage- und Lebenswerk, wenn nicht einer hinterherkommt und es in der Hand hält?

Das Wort vom „Hinterherkommenden" und „Stärkeren" wird erweitert durch das Bild vom „Haussklaven"[16]), der den ankommenden Hausherrn bedient, dadurch, daß er ihm die Sandalen abnimmt und „wegträgt". Diese Sandalen benutzte der Hausherr nur auf der Straße — nicht aber im Hause. Dieser Dienst des Wegtragens der Sandalen ist der geringste und leichteste Sklavendienst.

Während Matthäus vom Sklavendienst des Sandalen-Wegtragens spricht, gebrauchen Markus, Lukas und Johannes das Bild vom Sandalen-Lösen. Wie anschaulich ist doch alles gemalt. Dem Sandalen-Wegtragen geht voraus das Lösen der Sandalen-Riemen. Nicht einmal dazu fühlt sich der Täufer würdig. (Weiteres bei den anderen Evangelisten.) Er weiß, daß er nicht einmal das Geringste tun kann, das dem „Stärkeren" irgendwie eine Hilfe sein könnte. Er ist nichts vor dem „Kommenden". Neben dem Christus verschwindet der Täufer ganz. Der Täufer fühlt nur seine Ohnmacht gegenüber der Vollmacht des Christus!

Das ist Johannes in der Wüste, der Wegbereiter, der Laut-Rufende, der zur Umkehr Taufende, der als solcher dem Hinterherkommenden, dem Stärkeren, dem mit „Heiligem Geist Taufenden" als der Sklave und mit Wasser Taufende den Weg bereitet.

Ps 1, 4 Lk 3, 17 Mk 9, 43. 44

12 **Er, dessen Worfschaufel in seiner Hand ist, er wird seine Tenne gründlich reinigen und seinen Weizen in die Scheune sammeln. Die Spreu aber wird er verbrennen mit unauslöschlichem Feuer.**

Wieder gebraucht Johannes das Wort vom „Feuer", und zwar zum dritten Mal. (Vers 10, 11, 12. Jedesmal am Schluß.) Die Pharisäer waren der Meinung, daß sie zum Weizen gehörten, der in die Scheune gesammelt wird. Nun müssen sie wiederum das gerade Gegenteil erfahren, daß sie als Spreu mit unauslöschlichem Feuer verbrannt werden.

Wie hart ist doch auch wieder dieses Gerichtswort! Wir fragen, die ganze Täufer-Predigt noch einmal überblickend, unwillkürlich: War's nicht doch zu scharf, was der Täufer sagte? Wird nicht solch Verwerfungs-Wort gerade nur das Gegenteil von dem erreichen, wozu es bestimmt ist? Werden die Pharisäer und Sadduzäer sich nicht in wildem Zorn aufbäumen? —

Schlatter sagt zur Stelle: „Die Taufe begehren und gleichzeitig Pharisäer und Sadduzäer bleiben, das ergibt das endgültige unabwendbare Verderben." Die erschütternden Worte Jesu in Mt 12, 31—34 und das achtfache Wehe des Herrn über die Pharisäer in Mt 23, 13—33 zeigen uns furchtbar ernst das Gericht der Verstockung.

Besteht nicht fort und fort die Gefahr, Bekehrung zu erleben und doch gleichzeitig Pharisäer zu bleiben, d. h. das Frühere, das Eigene festzuhalten und nicht wirklich ganzen Ernst zu machen mit dem Neuen? Ist es nicht oft so, daß nach der Umkehr mancherlei fromme Worte angenommen wurden, daß fließend eine bestechende Glaubenssprache gesprochen wurde, daß Beten und Gottes-Wort-Lesen zum frommen Betrieb wurden? Und daß bei all dem frommen Betrieb der innere Bestand des Ichs doch durchaus der alte bleibt, und im tiefsten Grunde doch der ehrsüchtige, rechthaberische, empfindliche, hartköpfige und hartherzige gleiche Mensch fast genau so wie ehedem weiter existiert, der nur allzugern sein Ohr der Anerkennung, dem Schmeichler öffnet, aber es der Wahrheit, der Notwendigkeit einer Korrektur verschließt?!

Echte Umkehr hat **Folgen,** unübersehbare **Folgen,** im eigenen und auch im andern Dasein, bringt Frucht, tätigt sprudelndes **Leben** in Heiligkeit und Gerechtigkeit! Vergl. Mt 5—7.

16) Mit dem Haussklaven meint Johannes der Täufer sich selbst

Von dem Einen, der alles Gericht auf sich nimmt

Kap. 3, 13—17

Die Taufe Jesu

Vergl. Mk 1. 9—11, Lk 3, 21—22 und Joh 1, 31—34.

Und der Hinterherkommende kam, der Stärkere, der Herr selbst, Er kam! Die einzigartige und nur einmalige persönliche Begegnung zwischen Jesus und Seinem Herold fand statt. Diesen einzigen Augenblick des persönlichen Zusammentreffens beider schildert jetzt der Evangelist.

Zu Vers 13:
Mt 2, 22
Mk 1, 9—11
Lk 3, 21. 22
12, 50
Jo 1, 28. 31—34
Zu Vers 15:
Mt 5, 17
Lk 7, 30
Zu Vers 16:
Jes 11, 2
Jo 1, 32
1 Pt 4. 14
Zu Vers 17:
5 Mo 4, 12
Ps 2, 7
Jes 42, 1
Mt 17, 5
Jo 12, 28
2 Pt 1, 17
Hbr 1, 1; 11, 5

13 **Darauf [17]) kommt Jesus aus Galiläa an den Jordan zu Johannes, um von**
14 **ihm getauft zu werden. * Der aber wehrte beharrlich ihm und sprach: I c h**
15 **habe nötig, von dir getauft zu werden, und du kommst zu mir? * Jesus aber**
antwortete und sprach zu ihm: Laß es jetzt geschehen. Denn also geziemt es
16 **uns, alle Gerechtigkeit zu erfüllen. Darauf [17]) läßt er's zu. * Als Jesus getauft**
war, entstieg er rasch dem Wasser. Und s i e h e [18]), die Himmel wurden ge-
öffnet [19]), und er (Johannes) sah Geist Gottes [20]) wie eine Taube hernieder
17 **fahren und auf ihn kommen [21]). * Und siehe [18]), eine Stimme aus den Him-**
meln spricht: Dieser ist mein Sohn, der Geliebte, an welchem ich Wohl-
gefallen gefunden habe [22]).

Die Taufe des Johannes führte, wie manchen Israeliten, so auch Jesus zum Täufer, aber derselbe Johannes, der sonst die Überzeugung hatte: Jeder, ohne Ausnahme, muß durch Sündenbekenntnis, Bekehrung und Taufe hindurch kommen, wenn er am „K ö n i g r e i c h d e r H i m m e l" teilhaben will, sagt zu Jesus: Ich habe es nötig, von dir getauft zu werden, und du kommst zu mir? Jesus hat also nach der Meinung des Johannes keine Sündenvergebung nötig, er b r a u c h t nicht erst gerecht zu werden, er i s t schon gerecht, und zwar von sich aus gerecht.

Und doch läßt Jesus nicht nach, die Taufe der Bekehrung und Sündenvergebung zu übernehmen, allerdings, ohne daß von einem Bekenntnis der Sünden die Rede ist.

Wir fragen, warum ließ Jesus sich taufen? Wir wissen um die Bedeutung der Johannestaufe. Sie bedeutete das Gericht über den Schuldigen. Hatte Jesus ein solches Gericht nötig?

Wir antworten: Nein, um seiner s e l b s t willen brauchte er sich nicht taufen zu lassen. Auch unterwarf er sich der Taufe nicht nur etwa äußerlich, als einer Zeremonie, oder um uns ein Beispiel zu geben, daß wir uns auch taufen lassen müssen, nein, Jesus wußte, daß er „zu Stand und Wesen" bringen sollte, was diese Taufe abbildet. Er weiß, daß er das Lamm ist, welches der Welt Sünde hinwegträgt. Darum sagt er zum Täufer: es gebührt uns alle Gerechtigkeit zu erfüllen. Er weiß um den Weg des göttlichen Heilsratschlusses, der durch die „Stellvertretung" geht.

Und so steigt er in das gleiche Wasser mit den Sündern herab. Er stellt sich ihnen gleich. Phil. 2.

---

[17]) Vergl. das zu 2, 7 Gesagte (grie tote = darauf).

[18]) Vergl. das zu 1, 20 Gesagte.

[19]) andere Übersetzung: „den Riegel zurückschieben". Markus spricht von Spaltung, Zerreißung des Himmels! Die Koine und einige Handschriften fügen ein „ihm" ein. Also so: „Die Himmel wurden ihm geöffnet."

[20]) Hier steht im Urtext „Geist" ohne Artikel und „Gott" ohne Artikel. Vergl. 12, 28. In 14, 33 und 27, 43. 54 steht „Gottes Sohn" auch ohne Artikel. In 5, 9 steht „Söhne Gottes" auch ohne Artikel. Das ist echt jüdische Ausdrucksweise. In Jo 1, 32 sagt der Täufer, daß er den Geist Gottes gesehen hat.

[21]) Vergl. hier das in Markus an dieser Stelle Gesagte.

[22]) Der Ausdruck „Gottes Wohlgefallen" stammt aus Jes 42, 1. Hier wird von dem Gottes-Knecht, den Jesaia beschreibt, gesagt, daß Gott ihn erwählt, an ihm Wohlgefallen hat, ihm seinen Geist gibt. — Jesus ist nun der wahre Gottesknecht, der in allem Gottes Wohlgefallen hat (Jo 8, 29), der in allem Gottes Willen tut. (Jo 4, 34; 5, 30; Mk 14, 36.)

Die Taufe des Johannes bedeutet Gericht! Er will das Gericht tragen. —

Die Taufe des Johannes ist ein Schrei nach Gnade! — Jesus will den Zugang zum Gnadenthron öffnen. Klar sieht er am Ende seines Weges das Kreuz. Und dieses Kreuz nimmt er entschlossen auf sich in seiner Taufe. — Für sich allein betrachtet, hätte er wohl mögen Freude haben, aber sein Zusammenhang mit der schuldbeladenen Menschheit war die große Belastung seines Lebens, die ihm den Tod brachte. Darum wurde auch sein Tod die reale Vollendung der Johannestaufe. Die Johannes-Taufe wurde somit auf ihrem Höhepunkt eine klare Prophetie des Todes Jesu.

Drei Wunderzeichen sind die göttliche Antwort auf die Taufe Jesu: 1. Die Himmel tun sich auf, 2. Der Heilige Geist kommt herab, 3. Die Stimme Gottes spricht.

1. Die Himmel tun sich auf. Nun sind die Himmel wieder „aufgerissen" wie Markus sagt, „geöffnet" wie Matthäus meint. Diejenigen Regionen, die bisher den Menschen verschlossen waren [23]), tun sich auf. In Jesu ist der Weg zum Vaterherzen Gottes frei! Die Erde hat den Himmel wieder. Und Geburt aus dem Himmel ist wieder möglich!

2. Der Heilige Geist kommt herab. Es fragt sich, was die Geistesmitteilung für den Herrn Jesus selbst bedeutet? — Das Herabkommen des Heiligen Geistes bei der Taufe und die wunderbare Geburt des Herrn dort in Bethlehem durch die Kraft des Heiligen Geistes bedeuten keineswegs einen Widerspruch, wie manche meinen. — Ohne Zweifel hat Jesus nicht 30 Jahre auf Erden gelebt ohne den Heiligen Geist. Aber der Heilige Geist, der seit 30 Jahren das Band der Gemeinschaft zwischen dem Vater und seinem Mensch gewordenen Sohn war, trat jetzt am Anfang seines öffentlichen Lebens zu ihm in ein neues Verhältnis. Der Vater salbte ihn zum König durch den Heiligen Geist und zugleich zum Propheten, mächtig von Taten und Worten vor Gott und allem Volk. — Es kann hier bei Jesus also nie und nimmer mit dem „Heiligen Geist" der Geist der Wiedergeburt gemeint sein. Jesus bedurfte keiner Wiedergeburt, er war ja schon heilig seit seiner Geburt (Luk 1, 35). Es ist hier der Heilige Geist gemeint im Sinne der öffentlichen Ausrüstung für die Wirksamkeit, die der Herr nun beginnen soll. Jetzt fangen die Wundertaten und Krankenheilungen an [24]).

3. Das dritte Wunderzeichen, das vom Himmel geschah, war die göttliche Stimme. Durch das unmittelbarste persönlichste und innerlichste Ausdrucksmittel der Gemeinschaft, nämlich durch das „Wort", offenbart Gott seinem Sohn Jesus das schlechthin einzigartige Verhältnis, das zwischen

[23]) Vergl. die andere Übersetzung zu diesem Wort in Vers 16.

[24]) Lukas berichtet (Kap. 3, 21), daß Jesus nach seiner Taufe betete. Ein feiner Zug, den Lukas da berichtet. Die große innere Bewegung des Herrn wird dadurch zum Ausdruck gebracht. Was mag Jesus wohl nach seiner Taufe im Gebet bewegt haben? Wir meinen, daß der Inhalt seines Gebetes wohl dieses gewesen sein mag, daß sein ganzes Wirken vom ersten bis zum letzten Atemzuge „Gottes Werk" sein möge. Und als die Erhörung dieses seines heißen Gebetes „kam" nach lukanischer Berichterstattung „der Heilige Geist" (mit Artikel). — Matthäus sagt: „Heiliger Geist" kam auf den Herrn, um ihn zu füllen und zu rüsten zu dem, um was er gebeten hatte.
Schlatter sagt zu Vers 16: **„Und er (Johannes) sah Geist Gottes . . . herniederfahren und auf ihn kommen"** folgendes: „Neu und einzigartig an diesem Geschehnis ist, daß der Geist sichtbar wird. Denn Versichtbarung schafft Gewißheit. Sie wird nicht nur an inwendige Vorgänge angeheftet, sondern dann empfangen, wenn das Auge schaut. Zum Sehen gesellt sich das Hören. Indem die beiden Weisen der Wahrnehmung zusammenstimmen, erhält die „Gewißheit" ihre Vollendung. Es ist die menschliche Seele, die auf diese Weise, nämlich durch Sehen und Hören, die Gewißheit zu empfangen begehrt." Das ist wiederum ein beständig wiederkehrendes Merkmal des ganzen Matthäus-Berichtes. — — — Zur Vision und Mystik ist dieser Vorgang das volle Gegenteil. Denn diese entstehen da, wo den Sinneswerkzeugen das Vertrauen entzogen wird. Hier gelten die Sinneswerkzeuge als die Wege, durch die uns das Wirkliche gezeigt wird. Auch die Wirklichkeit der Gegenwart und Gabe Gottes wird durch das Sehen und Hören erfaßt!
Mit diesem Anfang seines Berichtes sah Matthäus schon auf sein letztes Wort hinaus. Weil die göttliche Gabe, die zum Menschen aus dem geöffneten Himmel kommt, der Heilige Geist ist, darum ist Gottes Wesen das, was Gott tut und gibt: Der Vater und der Sohn und der Heilige Geist. (Vergl. 28, 19.) Matthäus gibt damit Auskunft, wie die Christenheit zur trinitarischen (Dreieinigkeits-) Fassung des Gottesbewußtseins kam!

ihm und dem Sohne besteht. Die Stimme Gottes ertönt und schließt ihm auf, was er **für Gott** ist, nämlich der Geliebte, geliebt wie ein einziger Sohn vom Vater nur geliebt werden kann, und eröffnet, was der Sohn eben damit **für die Welt ist,** nämlich das Organ der Liebe Gottes für die Menschen, die der Sohn ebenfalls zu der einzigartigen Würde von Gottes-Söhnen zu erheben die Sendung hat. Vergl. Mt 5, 9.

Welch ein Kontrast zwischen dem Anfang und dem Ende dieses 3. Kapitels. Dort am Anfang die allerhärtesten Gerichtsworte eines Johannes des Täufers, hier am Schluß das Gotteslamm, das alles Gericht auf sich genommen hat, indem es sich taufen ließ an Stelle der Sünder. Dort Gesetz — hier Evangelium; dort Gericht, hier Gnade.

Kapitel 4

In Satans Tiefen!

Die Versuchungsgeschichte Jesu.

Vergl. Mk 1, 12 und 13, Lk 4, 1—13.

Zu Vers 1: Mt 12, 28; Hbr 4, 15

Zu Vers 2: 2 Mo 34, 28; 1 Kö 19, 8

1 **Darauf [1]) wurde Jesus von dem Geiste in die Wüste hinauf geführt [2]),**
2 **um von dem Teufel versucht zu werden. * Und als er 40 Tage und 40 Nächte**
gefastet hatte, hungerte ihn danach.

Während die Taufe Jesu den Täufer Johannes zum Zeugen hatte, schließt die Versuchung Jesu jeden menschlichen Zeugen aus. Aus diesem Grunde muß die Kenntnis von der Versuchung auf Mitteilung Jesu an seine Jünger beruhen.

Während Markus sich mit einer knappen Notiz begnügt, erwähnen Matthäus und Lukas die Versuchungsgeschichte ausführlich.

Die Versuchungsgeschichte ist unmittelbar an die Taufe angeschlossen. Dieses beweist das Wort: tote = darauf, das die Verbindung zweier Ereignisse in direkter Zeitfolge ausdrückt.

Während Markus die Versuchung des Herrn *während* der ganzen 40 *Tage* stattfinden läßt, schildern Matthäus und Lukas diese 40 Tage und 40 Nächte als die *vorbereitende* Voraussetzung für die erste Versuchung. Die Versuchung selbst wird geschildert als an *einem* Tage sich abwickelnd. Da zu den 40 Tagen ausdrücklich 40 Nächte hinzugefügt sind, denkt Matthäus somit an eine völlige Speiseenthaltung. Vom Fasten, das der Kultus anordnete, war nur der Tag betroffen. Vom Aufgang der Sonne bis hin zu ihrem Untergang wurde weder gegessen noch getrunken. In der *Nacht* dagegen wurde gegessen. Weil

[1]) Vergl. das zu 2, 7 Gesagte (grie tote).

[2]) In Vers 1 fällt auf, daß Jesus doch in einer Wüste war, als er getauft wurde, daß er also von einer Wüste „in die Wüste hinaufgeführt wurde". Das Jordantal, wo die Taufe stattfand (s. 3, 1), wurde zur Wüste von Judäa gerechnet, obwohl es damals stark von Volksmassen besucht wurde. Danach handelt es sich hier wohl um eine besondere Einöde. Aus dem „wurde hinaufgeführt" ist zu schließen, daß diese Einöde höher gelegen war, was im übrigen ja auch aus dem vorhergehenden Tal zu schließen ist. Damit stimmt auch die Tradition überein.

Nach einer Tradition, von der sich aber erst seit dem 12. Jahrhundert Spuren nachweisen lassen, ist die Wüste, in der die Versuchungsgeschichte stattfand, die unfruchtbare Gegend westlich von Jericho, die heute den Namen Quarantitania trägt. Dort befindet sich ein hoher Kalksteinberg, in **dessen** Höhlen heute noch Einsiedler durch Gebet und Fasten die Versuchung des Herrn nachmachen.

Verschiedene liberale Theologen führen die Versuchungsgeschichte auf einen Mythos zurück (so z. B. Meyer). Im Orient und darüber hinaus herrschte die weitverbreitete Vorstellung von der Versuchung des Heiligen oder Helden; z. B. Buddha und Zarathustra. Die Gemeinde habe Jesus gegen den Einwand verteidigen müssen, daß er so gar nicht die Volkserwartung vom Messias erfüllte, indem er ein Zeichen vom Himmel ablehnte.

Andere (z. B. Weiß) nehmen an, daß nicht ein visionäres Erlebnis wiedergegeben sei, sondern daß Jesus „die Fülle von Stimmungen und Gedanken, die in seiner Seele am Anfang und später gestritten haben, in knapper *bildlicher Form* den Seinen dargestellt habe". (Wir lehnen das ab. Vergl. Fußnote 3.)

wir hier an die gänzliche Enthaltung der Nahrung denken sollen, sind hier die Tage und Nächte genannt. (Schlatter)

Bei Mose sind die 40 Tage mit der an ihn gerichteten Rede Gottes gefüllt. Matthäus läßt uns aber darüber im Dunkel, was Jesus während dieser Zeit tat. Markus fügt noch das dunkle *und er war unter den wilden Tieren* ein. Wir glauben bestimmt, daß Jesus in dieser Zeit stets die Gemeinschaft mit dem Vater gepflegt hat.

Zu Vers 3:
1 Mo 3, 1—7
Ps 2, 7
Mt 3, 17; 27, 40. 43
2 Ko 11, 14

Zu Vers 4:
5 Mo 8, 3
Jo 4, 34

3 Und der Versucher trat herzu und [3]) sprach zu ihm: Wenn du Gottes
4 Sohn bist, so sprich, daß diese Steine Brote werden.' Er aber antwortete und
sprach: Es steht geschrieben: „Nicht von Brot allein wird der Mensch leben,
sondern von jedem Worte, das durch den Mund Gottes ausgeht.'

Es ist eine besonders fein ausgedachte Versuchung, mit der Satan hier an Jesus herantritt. Die Versuchung ist am gefährlichsten, die gar nicht wie eine Versuchung aussieht.

Mit herzbewegender Teilnahme tritt jener freundliche Unbekannte zu Jesus, der durch Hunger völlig erschöpft war. Er schlägt ihm vor, doch kraft seiner Gottessohnschaft Steine in Brote zu verwandeln.

Die Worte **„Wenn du Gottes Sohn bist"** drücken genau so wie bei der ersten Versuchung im Paradies: *Hat Gott wirklich gesagt?* einen Zweifel aus. Ihr Sinn ist: „Wenn du wirklich Gottes Sohn bist, dann brauchst du doch nicht zu hungern." Hunger und Erschöpfung sprechen gegen die Gottessohnschaft. Das Vorhandensein der Gottessohnschaft kann nur dadurch bewiesen werden, daß die in der Gottessohnschaft eingeschlossenen Wundergaben zur Geltung kommen. Hunger und Erschöpfung müssen also mit Hilfe der Gaben ohne weiteres sofort beseitigt werden. Ist das der Fall, dann erst ist die Gottessohnschaft als echt erwiesen. Sonst nicht! — So meint der Versucher.

Jesus spürt seine Erschöpfung. Das Hungergefühl ist überwältigend. Warum soll man nun die Gaben nicht gebrauchen, die man besitzt, zumal Not vorhanden ist? Die Gaben sind doch deshalb gegeben, damit wir sie benutzen! Das ist der Sinn der satanischen Versuchung! — Was ist darauf zu entgegnen?

Wohl ist ein Arbeiten mit den Gaben gottgewollt, aber das ist hier das versuchliche „Aber". Die Gaben und Kräfte, die Gott den Seinen geschenkt hat, sind uns deshalb von ihm gegeben, damit wir sie nicht nach eigenem Gutdünken nur für uns selbst verwenden, sondern dazu sind sie da, um in den Dienst dessen gestellt zu werden, der der Geber aller Gaben ist.

Der Satan wollte Jesus dazu verleiten, die Wundergaben, die ihm zur Aufrichtung des Reiches Gottes anvertraut sind, willkürlich, nach eigenem Ermessen zu verwerten.

Wäre Jesus auf diese Anschläge des Satans eingegangen, so wäre das ein Mißbrauch seiner Gaben gewesen.

Jesu Antwort lautete: „Der Mensch lebt nicht von Brot allein." Das besagt zunächst, Jesus will sich als wahrhaftiger Mensch ganz und gar in die Reihe der Menschen stellen. Er will jetzt nicht irgendwie eine Vorzugsstellung einnehmen. Die Verwendung der göttlichen Gaben zur persönlichen Befreiung von Entbehrungen und Leiden ist ungöttlich! Der Ausdruck: **Der Mensch**

[3]) Der Ausdruck **„Und der Versucher trat herzu"** (Vers 3) ist für den Stil des Matthäus charakteristisch und besagt ausdrücklich, daß er daran denkt, der Teufel habe sich in irgendeiner leibhaftigen Gestalt Jesu genähert. In dem Ausdruck **„diese Steine"** liegt eine hinweisende Geste, wodurch die These der leibhaftigen Gestalt des Teufels noch erhärtet wird.

Im 5. Vers liefert der Ausdruck **„darauf nimmt der Teufel ihn mit in die heilige Stadt"** als 3. Wort einen weiteren Beweis für die in Vers 3 aufgestellte Annahme der leibhaftigen menschlichen Gestalt des Teufels. — Dazu kommt noch folgendes: Die rabbinische Theologie lehrte, daß die Geister, wenn sie sich den Menschen zeigten, dies in menschlicher Gestalt tun.

In Vers 9 weist das Wort **„niederfallen"**, das Lukas nicht hat, die körperliche Huldigung aus. Das wäre der 4. Beweis für die leibhaftige Gegenwart des Satans.

erinnert den Satan daran, daß Jesus trotz seiner Würde als Gottessohn entschlossen ist, die Bedingungen des menschlichen Daseins vollkommen einzuhalten. Das Wort Jesu aus 5. Mose 8 erklärt sodann: Gott kann das menschliche Leben auch durch andere Mittel erhalten, als durch das Brot, z. B. auch durch das Manna! Ja, Gott kann sogar ohne irgend ein materielles Mittel, nur durch die bloße Kraft Seines Willens, den Menschen ernähren und versorgen.

Mit dieser Antwort: „Der Mensch lebt nicht von Brot allein", verpflichtet sich also Jesus, die Befriedigung seiner irdischen Bedürfnisse während seines ganzen messianischen Wirkens allein seinem Vater zu überlassen. Wie jeder Mensch, will er täglich den Vater um das Brot bitten. Er will Müdigkeit, Hunger und Blöße erdulden, ohne zu irgend welchen eigenmächtigen Erleichterungsmitteln seine Zuflucht zu nehmen, und erst recht nicht dann, wenn der Böse ihn dazu auffordert. — Schlatter sagt: „Ein Sohn Gottes, der aus der Abhängigkeit von Gott herausträte und eigenmächtig handelte, würde Satanisches offenbaren." —

Das gleiche gilt auch der Gemeinde Jesu. Das Heraustreten aus der Abhängigkeit von Gott ist die Vernichtung des Vertrauens zu Gott, ist Verunehrung Gottes, ist Erhebung des eigenen Willens zum alles bestimmenden Motiv. Wie der Täufer mit seiner totalen Bejahung Gottes die Verneinung jedes menschlichen und christlichen Eigenwillens verkündete, so wußte auch Jesus aufs allergewisseste: „Der Sohn kann nichts aus sich selbst tun." Die Bindung Jesu einzig an den Vater allein macht das Eingehen auch auf das kleinste eigensüchtige Begehren unmöglich. Mit anderen Worten: Das Bewußtsein seiner Gottessohnschaft wird ihn niemals dazu bringen, seine Knechtsgestalt als Mensch zu verleugnen. (Vergl. Phil 2, 5—8.)

Zu Vers 5:
Mt 27, 53
Offb 11, 2;
21, 2. 10; 22, 19
Zu Vers 6:
Ps 91, 11. 12
Zu Vers 7:
5 Mo 6, 16
1 Ko 10, 9

5 Darauf [4]) nimmt der Teufel ihn mit in die heilige Stadt [5]) und stellt ihn
6 auf die Zinne des Tempels * und spricht zu ihm: Wenn du Gottes Sohn bist,
so wirf dich hinab, denn es steht geschrieben: „Er wird seinen Engeln deinet-
wegen befehlen und sie werden dich auf den Händen tragen, damit du deinen
7 Fuß nicht einmal an einen Stein stoßest. * Jesus sprach zu ihm: Wiederum
steht geschrieben: „Du sollst den Herrn, deinen Gott, nicht versuchen."

Der Teufel macht dem Herrn Jesus den Vorschlag, durch ein ganz besonderes Mittel die Juden davon zu überzeugen, daß er Gottes Sohn ist. Als Ort dazu erwählt er Jerusalem und dort sogar den Tempel selbst, das Symbol der heiligen Nähe Gottes. Der Böse will den Herrn überreden, mit Hilfe der göttlichen Allmacht seine messianische Tätigkeit mit einem gewaltigen religiösen Eröffnungsakt feierlich zu beginnen. Denn nur durch das göttliche Machtmittel einer großartigen Kundgebung kann der Herr seine Aufgabe, nämlich das „Königreich der Himmel" auf Erden zu bauen, erfüllen. Soweit der Vorschlag des Versuchers.

Dieses sein Ansinnen begründet der Böse wieder mit einem Bibelwort. Er nimmt es aus Ps 91, 11 und 12. Er meint damit: Wenn Gott den gewöhnlichen Frommen so zu schützen verheißt, daß ihm nichts „passiert", wieviel mehr wird Gott dann seinen Sohn schützen, der ja nur das ausführen möchte, was sein Vater will.

Jesus erklärt, das Schauwunder einer großartigen religiösen Kundgebung mit Hilfe göttlicher Macht ist ein „Gott versuchen"! Gottes Allmacht wird dabei auf die Probe gestellt, und zwar in dem Sinn: Es soll einmal ausprobiert werden, ob Gott wirklich Gott ist.

[4]) Wieder griech.: tote. Vergl. das zu 2, 7 Gesagte.

[5]) Andere Übersetzung: „in die Gott gehörende Stadt." Vergl. 27, 53 und Jes 48, 2; 52, 1; Neh 11, 1. 18. Das, was Gottes Eigentum geworden war, war auch für Jesus ein Heiligtum. Und dort hinein geht nun auch der Teufel.

Indem Jesus auch diese Versuchung zurückweist, erklärt er, daß er die ihm vom Vater versprochenen wunderbaren Hilfeleistungen nur zur Rettung aus solchen Lagen in Anspruch nehmen werde, in die der Vater ihn hineinführen will und aus denen der Vater ihn wieder herausretten will (z. B. bei der Stillung des Sturmes usw.). Jesus verzichtet darum für alle solche Gegebenheiten, die nicht im Plane Gottes liegen, auf jeden göttlichen Beistand. — Wohl wird Jesus den Sturz in die Tiefe wagen, den Gang an das Fluchholz gehen — aber erst dann, wenn Gott es ihm kundtut, wenn Gott es will, sonst nicht. Unbedingter Gehorsam ist Jesu oberstes Gebot. Der Gang an das Fluchholz war aber ein ganz anderer „Sturz in die Tiefe" als dieser Sturz vom Tempel herab.

Die Majestät des allmächtigen Gottes erheischt es, daß unser Vertrauen auf ihn ein unbedingtes sein soll. Wir dürfen ihm jede Hilfe zutrauen, aber keine einzige ihm vorschreiben.

Die Verheißungen der Schrift sind nicht etwa Zaubermittel, durch die uns, so wie wir es meinen, die Hilfe Gottes automatisch zugesichert wird. Wer hier von Zusicherungen oder Garantien redet, hat sich bereits der Grenzüberschreitung in seinem Glaubensleben schuldig gemacht, denn er hat Gottes Wort unter den menschlichen Willen gebeugt. Das ist Vergewaltigung der Schrift. Das ist Gott versuchen!

Zu Vers 8 u. 9:
Mt 16, 26;
28, 18
Jo 18, 36
Offb 13, 4;
Eph 6, 12
Offb 11, 15

Zu Vers 10:
5 Mo 5, 9; 6, 13
10, 20
Lk 4, 13
Jo 14, 30
Jak 4, 7
Offb 11, 15

Zu Vers 11:
1 Kö 19, 5
Mt 26, 53
Jo 1, 51
Eph 6, 10—13. 17
Jak 4, 7
Hbr 1, 6—14;
2, 7; 4, 15

8 **Wiederum nimmt der Teufel ihn mit auf einen sehr hohen Berg und**
9 **zeigt ihm alle Königreiche der Welt und ihre Herrlichkeit, * und spricht zu**
ihm: Alles dies will ich dir geben, wenn du niederfällst und mir fußfällig
10 **huldigst. * Darauf [6]) spricht Jesus zu ihm: Geh hinweg, Satan [7])! Denn es**
steht geschrieben: „Du sollst dem Herrn, deinem Gott, fußfällig huldigen und
11 **ihm allein dienen!" * Darauf läßt ihn der Teufel los, [8]) und siehe, Engel**
kamen herzu und bedienten ihn.

Dieses Zeigen der Welt mit ihrer Herrlichkeit war ein satanisches Zauber- und Blendwerk! Alle satanischen Wunder haben etwas Täuschendes an sich! Sie sind keine Segenswunder, die zu Gott hinführen, sondern Schaustücke, die von Gott wegführen.

Der Versucher meint: Es wird dem Herrn freistehen, in diesem großen Herrlichkeitsgebiet, das er ihm da zeigt, zu tun, was dem Herrn beliebt. Der Herr kann darin nach seinen Wünschen und edlen Bestrebungen herrschen und diese Welt zu einem Tempel Gottes machen . . ." „Aber", und das ist wieder verstohlen das teuflische „Aber". Alles Gesagte und Angebotene kann erzielt werden nur mittels einer kleinen Rücksicht auf die Welt.

Mit andern Worten: Jesus soll bei dem Gang seines Rettungswerkes doch aus Klugheit und Berechnung den Wünschen des Volkes ein wenig nachgeben, um auf diese Weise sich die Gunst des Volkes und die Mitwirkung seiner Häupter für die Ausführung seiner großen und göttlichen Heilspläne zu vergewissern.

Wie manche mit innerweltlichen Mitteln erzielten Erfolge mögen im Lichte Gottes dieser Rubrik angehören. Der Satz: Der Zweck heiligt die Mittel, ist vom Teufel.

[6]) Vergl. das zu 2, 7 über grie tote Gesagte!

[7]) Satan ist ein hebräisches Wort. 9 hebräische Wörter hat Matthäus beibehalten. Es sind: Satan, Beelzebub, Gehende, Mammon, Racha, Rabbi, Hosianna, Wehe und Amen.

[8]) Hier steht im Urtext das Wort: „l o s l a s s e n" und zwar im Sinne von etwas „F e s t g e h a l t e n e s" loslassen. Es ist also auf Grund des Urtextes ergreifend herauszufühlen, wie die Versuchung des Herrn immer ernster wurde. In Vers 3 steht: Da trat der Versucher h e r z u. In Vers 5 steht: Darauf n i m m t ihn der Teufel m i t. In Vers 8 steht: Wiederum n i m m t ihn der Teufel m i t. In Vers 11 steht: Darauf läßt der Teufel ihn l o s. Denn er hatte den Herrn festgehalten. Wie furchtbar diese Stufenleiter der Anfechtungen Satans. Obwohl der Herr ihn immer wieder zurückgewiesen hatte mit dem Wort der Schrift, so griff der Teufel immer mehr zu.

Die Antwort Jesu: „Du sollst Gott deinem Herrn huldigen und ihm allein dienen" ist der große Wahlspruch seines Erdenlebens geworden. Mit allem, was er ist und hat, will er sich restlos als sein Sohn seinem Gott und Vater zur Verfügung stellen. Er läßt sich vom Vater alles geben, was er redet und tut. Er ist völlig abhängig von ihm. Nicht die Gunst der Menschen hat ihn zu bestimmen, noch hat ihn ihr Haß aus der Bahn zu bringen, nur der Vater allein hat Zweck und Mittel seiner Erlöser-Mission zu bestimmen.

Gott aber will ein völlig ungeteiltes Herz. Ein kleines Liebäugeln mit der Welt, ein kleines Spielen mit dem eignen Ich zerstören in Gottes Auge die Ganzheit der Hingabe an Ihn. Christus hat gerade dieses kleine Zugeständnis nicht gemacht. Er hat das Kreuz auf sich genommen mit ganzem ungeteiltem Willen und sich dem Vater geweiht. „Da er wohl hätte mögen Freude haben, erduldete er das Kreuz" und ist dadurch unser ewiger Hohepriester geworden, der da Mitleid hat mit unserer Schwachheit.

* * *

Die Versuchung des Herrn ist zu Ende. Dem Sieger dienen die Engel Gottes. Sie speisen den Hungernden.[9] Nicht eigenmächtig hat er den Engeldienst in Anspruch genommen, sondern Gott hat ihm die Engel gesandt.

Nun ist die Stellung Jesu ins Klare gesetzt. Da er die Wüste verläßt, um sein Werk zu beginnen, hat er den Fürsten dieser Welt zum allerentschiedensten Gegner, Gott aber zum allerentschiedensten Freund (wenn man menschlich es so ausdrücken darf).

Jesus hatte nur einen Grundsatz, nur einen Gesichtspunkt, nur einen Willen, es Gott in allen Dingen recht zu machen.

Doppelt geweiht durch die Ausrüstung in der Taufe und durch den Sieg in der Versuchung geht er der auf ihn wartenden Menschheit entgegen.

Die Waffe, mit der Jesus den Sieg errang, war ganz allein das Gottes-Wort: „Es stehet geschrieben." Und der Böse war geschlagen. Die Bibel ist und bleibt das Rüsthaus der Streiter Gottes, der geistliche Waffensaal. — Die gefährlichste Art aber des Teufels ist, daß er selbst in diesen Waffensaal greift. Er kennt sich gut darin aus, viel besser als wir! Das Wort Gottes gebraucht er dann auch als Waffe, aber als Waffe gegen uns, und zwar so, daß er die Waffe des Wortes Gottes unlauter gebraucht, ja mißbraucht, indem er das Wort z. B. aus dem Zusammenhang reißt, etwas entstellt usw. Da gilt es mit doppelter Wachsamkeit, dem Vorbilde Jesu entsprechend zu sagen: „Wiederum stehet auch geschrieben." Das Schwert des Wortes ist dann erst recht zu schwingen gegen den „alt bösen Feind".

Jesu erstes Auftreten in Galiläa

Kapitel 4, 12. Vergl. Mk 1, 14; f; Lk 4, 14 f.

Zu Vers 12:
Mt 14, 3
Mk 1, 14
Lk 3, 19. 20; 4, 14
Jo 4, 3. 43; 7, 52
Zu Vers 13:
Jes 9, 1
Mt 14, 13
Lk 4, 14
Jo 4, 43
ZuVers 14 u. 15:
Jes 8, 23; 9, 1
Jo 7, 52
Zu Vers 16:
Jes 60, 2
Lk 1, 78. 79
Jo 1, 9

12 **Als er aber gehört hatte, daß Johannes verhaftet worden war,[10] entwich**
13 **er (fluchtartig) nach Galiläa. * Auch verließ er Nazareth[11]) und kam und**
wohnte in Kapernaum, das am See liegt, in dem Gebiet von Sebulon und
14 **Naphthali; * auf daß erfüllt würde, was durch den Propheten Jesaia geredet**
15 **ist, welcher spricht: „Land Sebulon und Land Naphthali, am See gelegen,**
16 **jenseit des Jordan, Galiläa der Heidenvölker, * das Volk, das in Finsternis saß,**
hat ein großes Licht gesehen, und denen, die im Lande und Schatten des

[9]) Das Urwort diakonie besagt wörtlich „Nahrung reichen", „zu Tisch aufwarten". Über die Bedeutung des Wortes „dienen" siehe Lexikon zur Bibel.

[10]) Das Wort im Urtext sagt, daß der Täufer in die Gewalt derer übergeben wurde, die ihn richteten. Wer das war, wird hier nicht gesagt. Fest steht, daß Gott auch hinter diesem Geschehnis steht. Vergl. das zu Mt 2 Gesagte und vergl. 11, 2—19.

[11]) Auch auf die Heimat verzichtet der Herr!

Mt 3, 2; 10, 7

17 Todes saßen, Licht ist ihnen aufgegangen." * Von dann [12]) an begann Jesus
zu predigen (als Herold auszurufen) und zu sagen: Bekehrt euch, denn das
Königreich der Himmel ist nahe gekommen!

Alles, was das Evangelium des Johannes von Kap. 1, 43 bis 4. 54 erzählt, liegt hier in Vers 12 bis 17 zusammengedrängt. Jesus entweicht fluchtartig von Judäa hinauf nach Norden in die Grenzlandschaft Galiläas. Nicht das eigentliche Galiläa wird sein Missionsgebiet, sondern die Grenzgebiete von Galiläa, also dort, wo bereits Heiden wohnen (darum von Matthäus „das Galiläa der Heidenvölker" genannt, dort eröffnet der Herr seine Tätigkeit. (Im Griechischen steht für Völker und Heiden dasselbe Wort: ethnos.) Wie der Ort seiner Geburt „Bethlehem", wie der Ort seines verborgenen Lebens: „Nazareth", zurückschauend im AT zu finden war [13]), so war auch der Wohn- und Wirkungsort des Herrn im AT zu sehen, nämlich „Kapernaum" und die Landschaft am See Genezareth bis in die Grenzgebiete, wo die Heiden schon wohnten. An Jesaia 9, 1 und 2 denkt Matthäus!

Weil Johannes der Täufer wegen seiner Verhaftung nicht mehr „laut rufen" kann, so führt der Herr selber nun das Heroldsamt fort. Im Urtext wird immer unterschieden zwischen „evangelisieren" und „lehren". Für „evangelisieren" oder „verkündigen" steht immer „herolden", als Herold ausrufen. Der Inhalt der Heroldsbotschaft des Herrn ist wörtlich der gleiche wie das Wort des Johannes: „Bekehrt euch!" Und dieses „Bekehrt euch" ist das erste Wort, das der Herr laut verkündigt. Genau wie Johannes die „Bekehrung" meint (vergl. was dort zu Kap. 3, 2 gesagt worden ist), so meint sie auch der Herr. Die Bekehrung ist auch ihm der erste Buchstabe im Alphabet der Nachfolgeschaft im Königreich der Himmel. Die Bekehrung in ihrer ganzen Radikalität und Totalität. Vergl. 9, 35.

Der ganze Unterschied zwischen Johannes und Jesus besteht nur darin, daß Johannes das als unmittelbar bevorstehend erwartet hat, was Jesus als Gegenwart faßt! Noch ein Zweites wird durch die Jesaia-Stelle gesagt: In das Land der Schatten des Todes und der Finsternis leuchtet das große Licht, welches Jesus ist. Wie wunderbar leuchtet das Wort vom Licht wieder auf nachher in der Bergpredigt Kap. 5. Wie neu und groß strahlt es dann hell im 4. Evangelium.

Welch wunderbare Harmonie in all den Worten und Bildern vom AT und NT. Dort Jesaia in Kap. 9, 1 und 2; 60, 2 usw. und hier wieder im NT vom ersten bis zum letzten Blatt und Buch.

Die Berufung der ersten Jünger

Kap. 4, 18—22. Vergl. Mk 1, 16—20; Lk 5, 1—11.

Zu Vers 18:
Mt 16, 18
Jo 1, 40. 44

Zu Vers 19 u. 20:
Jer 16, 16
Mt 13, 47; 19, 27
Mk 1, 17
Lk 5, 11

ZuVers 21 u. 22:
Mt 10, 2; 20, 20;
26, 37; 27, 56
Mk 1, 19. 29;
3, 17; 10, 35
Lk 5, 10; 9, 54
Jo 1, 35—42;
21, 2

18 Als er aber am See von Galiläa wandelte, sah er zwei Brüder: Simon,
genannt Petrus, und Andreas, seinen Bruder, die ein Netz in den See warfen,
19 denn sie waren Fischer. * Und er spricht zu ihnen: Kommet mir nach! Ich
20 werde euch zu Menschenfischern machen. * Sie aber verließen sofort die
21 Netze und folgten ihm nach. * Und als er von dannen weiterging, sah
er zwei andere Brüder: Jakobus, den Sohn des Zebedäus, und Johannes seinen
Bruder, im Schiffe mit ihrem Vater Zebedäus, wie sie ihre Netze ausbesser-
22 ten. Und er rief sie! * Sie aber verließen sofort das Schiff und ihren Vater
und folgten ihm nach.

Die Wahl dieser Jünger war vorbereitet. Nach Jo 1, 37 waren Andreas und Johannes Schüler des Täufers und lernten durch diesen den Herrn Jesum kennen (Jo 1, 37). Sie folgten Jesu nach, waren aber noch nicht immer bei ihm. Sie betrieben daneben von Zeit zu Zeit noch ihr Fischergewerbe. (Vergl. Lk 5, 1—5.) Jetzt erging an sie der Ruf zu gänzlicher Aufgabe ihres Handwerkes.

[12]) Vergl. das zu 2, 7 über grie tote Gesagte.
[13]) Hinsichtlich „Nazareth" ist die Schau des Matthäus gemeint. Vergl. S. 36 und 37.

Jesu Wort im Urtext: Her! Mir nach! sagt ihnen: Es ist nun soweit! Jetzt brauche ich euch! Darum her! Mir nach!

Der Ruf Jesu fordert sehr viel! Aber er verheißt auch sehr viel! „Sofort" (immer wieder dasselbe Wort, das Matthäus so liebt und das neunzehnmal vorkommt), „sofort" ließen sie ihre Netze und ihren Vater und das Boot zurück. [14])

Zwei Brüderpaare sind es, die Jesus ruft.

Das erste Bruderpaar heißt Simon und Andreas. Sie stammen ursprünglich aus Bethsaida. Dieser Ort liegt außerhalb Galiläas, östlich des Jordanflusses (Jo 1, 44).

Das zweite Brüderpaar waren die Söhne des Zebedäus! Der Vater wird nur hier genannt. Die Mutter hieß nach Mk 15, 40 Salome. Jakobus, der stets voransteht, wenn sie zusammen genannt werden, war wohl der ältere, Johannes der jüngere.

Mit Petrus zusammen haben sie innerhalb der 12 Jünger den engeren Kreis der Vertrauten Jesu gebildet. Bei Matthäus kommen sie außer an der genannten Stelle nur noch 10, 2 vor!

Von der weitreichenden Wirksamkeit des Herrn

Vers 23—25.

ZuVers 23 u. 24:
Mt 9, 35; 10, 1
Mk 1, 39; 6, 55
Lk 4, 15. 44
Apg 10, 36. 38

Zu Vers 25:
Mt 19 1
Mk 3, 7. 8; 5, 20
Lk 6, 17—19

23 Und Jesus zog in ganz Galiläa umher, lehrte in ihren Synagogen und ver-
kündigte (als Heroldausrufer) das Evangelium vom Königreich und heilte jede
24 Krankheit und jedes Gebrechen [15]) unter dem Volke. *Und sein Ruf ging
aus in das ganze Syrien; und sie brachten zu ihm alle Leidenden, die mit
mancherlei Krankheiten und Qualen behaftet waren, und Besessene und Mond-
25 süchtige und Gelähmte; und er heilte sie. * Und es folgten ihm große Volks-
mengen von Galiläa und Dekapolis und Jerusalem und Judäa und von jenseit
des Jordan.

Matthäus gibt hier einen allgemeinen Überblick über das erste galiläische Wirken des Herrn. Vom Reden und Tun berichtet Matthäus. Bei dem Reden unterscheidet Matthäus zwischen L e h r e n und V e r k ü n d i g e n. (Näheres über den Unterschied im Urtext von Lehren und Verkündigen Seite 46 u. zu 9, 35.) Bei dem Auftreten Jesu in den Synagogen gebraucht Matthäus den Ausdruck „lehren", wobei an Belehrung und Diskussion gedacht ist. „Verkündigen" bedeutet, eine Herolds-Botschaft ausrufen. Es ist Darbietung des Evangeliums, Mitteilung einer guten Nachricht. Bei Matthäus steht dieser Ausdruck dann noch 9, 35; 24, 14; 26, 13. In Mt 5, 2 bedient sich Matthäus bewußt des Ausdrucks „lehren", obwohl dies nicht in einer Synagoge erfolgt ist! Warum er das tut, sagt uns nachher die Erklärung zur Bergpredigt!

Kapitel 5

Die erste Redegruppe!

Inwiefern Matthäus die Worte des Herrn Jesus in 5 Redegruppen aufgegliedert hat davon brauchen wir an dieser Stelle nicht noch einmal zu berichten. Das ist schon gesagt in den Leitsätzen zur Einleitung in das Matthäus-Evangelium.

Mit der Bergpredigt beginnt nun das gewaltige Neue, das Jesus seiner Gemeinde zu sagen hat! Die Bergpredigt ist der große Auftakt zu dem, was Jesus eines nach dem anderen von dem „königlichen Gesetz", von dem vollkommenen Gesetz der Freiheit, „von dem Wort, das in euch gepflanzet ist", mitzuteilen hat! (Vergl. Jak 2, 8. 10. 12 usw.)

---

[14]) Sofort = eutheos! Näheres Wortregister!

[15]) Vergl. die wörtliche Übereinstimmung mit 9, 35. In 9, 35 steht in der Koine auch wörtlich noch „unter dem Volk".

Die Bergpredigt steht auf den ersten Blättern des NT.

Was Jesus hier lehrt, das wird sich zunächst und zuerst in seinem eignen Leben in Wort und Geschichte darstellen.

Jesus wird in seinem Tun selbst das vollführen und ausführen, was er hier in der Bergpredigt seinen Jüngern als Aufgabe gibt. In seiner Nachfolge sollen dann seine Jünger das zur Tat werden lassen, was Jesus hier von ihnen verlangt. So soll eine Geschichte entstehen, die für alle Zeiten das zur Darstellung gebrachte Wort Gottes ist. Dies anschaubar gewordene Wort Gottes soll dann die Gemeinde Jesu Christi sein. Diese Gemeinde Jesu Christi soll die Fortsetzung des Lebens Jesu durch alle Zeiten hindurch werden, bis daß ER kommt!

Die Gemeinde Jesu Christi wird darum zu einer durch und durch realen Größe. Für sie gilt ganz und gar die Aussage der Sichtbarkeit.

Von der magna charta des Königreiches der Himmel

Die Bergpredigt (Kap. 5—7). Vergl. Lk 6, 20—49.
Einleitung Vers 1 und 2. Vergl. Lk 6, (17) und 20.

Zu Vers 1 u. 2: Mt 4, 17. 25; 11, 28; 15, 29

1 **Als er aber die Volksmengen sah, stieg er hinauf auf den Berg, und als**
2 **er sich gesetzt hatte, traten seine Jünger zu ihm. * Und er tat seinen Mund**
auf, lehrte sie und sprach:

Auf die Frage, wem die Bergpredigt gilt, antworten wir, daß sie an die Jünger gerichtet ist. Sie sind die Angeredeten, darum lenkt der Herr, wie Lukas sagt (6, 20) „seine Augen auf sie" und spricht nach Lukas: „Glückselig seid ihr!" Und Matthäus sagt: „Seine Jünger traten zu ihm." Weil Jesus aber wünscht, es möchten auch die Volksmengen hören, was er sagt, darum tut er seinen Mund auf, d. h. er redet laut. Sie alle sollen es wissen, was Jesus denen, die seine Jünger sind, sagt und zumutet. Und von den Volksmengen heißt es am Schluß der Bergpredigt: *„Die Massen aber erschraken über seine Lehre, denn er lehrte sie als einer, der Vollmacht hatte, und nicht wie ihre Schriftgelehrten."* Die Hörenden der Bergpredigt sind also zwei Gruppen: Die Jünger und das Volk.

Aber den Jüngern gilt die Rede. Die Bergpredigt ist darum Jüngerlehre. Sie stellt allen Jüngern und in Fortsetzung auch der Gemeinde Jesu auf Erden die unwandelbaren Grundsätze vor Augen, durch die das neue Leben des Glaubens geleitet werden muß. — Weil die Bergpredigt Jüngerlehre ist, darum ist jede Verallgemeinerung der Forderungen der Bergrede über den Jüngerkreis hinaus unberechtigt. Der Nichtchrist ist überfordert. Aber nicht nur er ist überfordert, sondern auch der in der Nachfolge stehende Christ kann von sich aus die Forderungen Jesu nicht erfüllen. Und mit dieser Tatsache der völligen Unfähigkeit, das zu tun, was der Herr verlangt, stoßen wir in das Zentrale des neuen Lebens überhaupt vor. Alle Religionen der Erde bemühen sich, Gesetze aufzustellen, deren Halten im Bereiche des Menschenmöglichen liegt. Jesus und mit ihm das ganze NT fordern etwas Menschenunmögliches. Warum tut das der Herr? Damit offenbar werde, daß wir von uns aus nichts sind und nichts können.

Die Bergpredigt ist darum nicht nur ein Gebieten und Fordern, sondern zugleich auch ein noch viel größeres Schenken und Geben. Kräfte der zukünftigen Welt werden dem, der von sich aus nichts ist und nichts kann, fort und fort angeboten.

Die Seligpreisungen

Kap. 5, 1—12. Vergl. Lk 6, 20—26.

Wie wir 8 Seligpreisungen haben, so haben wir auch 8 Weherufe im Matthäus-Evangelium. Zuerst hören wir von den Glückseligkeitsrufen unseres Heilandes. Seine erste große Predigt fängt damit an. Erst ziemlich am Schluß all seiner

Reden ruft Jesus sein achtfaches Wehe aus über die geistlichen Führer, die Vertreter der jüdischen Kirche. Weil diese pharisäischen Schriftgelehrten dem Glückseligkeits-Ruf des Herrn nicht gefolgt sind, darum sind sie reif geworden für das Wehe des Herrn. Ein ernstes Mahnmal auch für uns!

Jes 57, 15
1 Ko 1, 27
Jak 2, 5

3 **Glückselig die Armen durch den Geist, denn *ihrer* ist das Königreich der Himmel!**

Für die Luther-Übersetzung „*selig*" möchten wir lieber „*glückselig*" sagen. Für „glückselig" können wir auch sagen: Hochzupreisen, ja geradezu zu beneiden sind die, welche . . .

Wer sind nun die, welche so glücklich gepriesen werden? Sind es die Reichen? Die Pharisäer? . . . Nein, es sind die Armen!

Meistens wird übersetzt „die arm sind *am* Geist". Wir möchten meinen, daß diese Übersetzung nicht ganz das ausdrückt, was gemeint ist. Der Ausdruck „*arm* am Geist" steht im Widerspruch mit dem übrigen Neuen Testament, wo nicht die *Armen* am Geist hochgepriesen werden, sondern die *reich* sind am *Geist*, *reich* sind *in Gott*. Ja, das ganze NT drängt darauf hin, reich zu sein in Gott, gefüllt zu sein mit Heiligem Geist. Solche sind glückselig im Herrn. —

Weil im Griechischen der Dativ, in welchem das Wort Geistpneuma hier steht, auch *kausative* Bedeutung hat (vergl. Rademacher und Bl-D Neutest. Grammatik), darum können wir übersetzen: Glückselig sind die, welche arm sind, arm geworden sind **durch** das Wirken des Heiligen Geistes! Welche sich durch den Heiligen Geist arm machen ließen in sich selbst, und zwar so arm, daß sie völlig zerschlagenen und zerbrochenen Herzens sind — *die werden glücklich gepriesen.*

Damit ist schon in der ersten Seligpreisung der ganz große Gegensatz gegen die pharisäischen Schriftgelehrten festgelegt. Die Pharisäer meinten: Wer ganz genau das Gesetz erfüllt, der sei reich in Gott. Wer dann noch all die überlieferten Traditionen der Väter, die Halacha, buchstäblich erfüllt, der sei *sehr reich* in Gott.

Dazu sagt Jesus das große *Nein*, indem er spricht: „Nur der Weg durch das Armsein, durch den Zerbruch, durch die Umkehr hindurch ist der einzige Weg, ins Königreich der Himmel einzugehen." (Vergl. Jo 3.) Wie Johannes der Täufer durch seinen Umkehrruf dies zum Ausdruck gebracht hat, und wie Jesus dadurch, daß er diesen Umkehrruf des Täufers aufnahm, dies bestätigt hat, so sagt auch schon die erste Seligpreisung ganz genau das gleiche! Vergl. Seite 39 und 46.

Ps 126, 5. 6
Jes 61, 2
Offb 7, 16. 17

4 **Glückselig die Trauernden,[1] denn sie werden getröstet werden.**

Die Übersetzung „die Leidtragenden" ist zu eng gefaßt. Die Trauernden, das sind auch und besonders die, welchen die Augen aufgegangen sind über den ganzen Jammer des sündenverderbten Ichs. Ihre Traurigkeit stammt aus jener abgrundtiefen Erschrockenheit über die total verderbte und verwerfliche Sündennatur des Menschen, über den Abgrund voller Sündengift. In diese völlig hoffnungslose Lage des Menschen kann nur der Herr allein den Trost schenken, daß nur Er ganz allein es *schafft*.

Ps 37, 11
Jes 60, 21
Mt 11, 29
Rö 4, 13

5 **Glückselig die Sanftmütigen, denn sie werden das Land ererben.**

Das griechische Wort für Sanftmut schließt in sich den Gegensatz zum Zorn, zum Aufgeregtsein, zur Empfindlichkeit, welche Kränkungen in sich hineinfrißt und in Verbitterung seufzt. Positiv ausgedrückt ist Sanftmut: „Liebevoll sein, ohne Bitterkeit sein." Glückselig sind also die, die imstande sind, ohne Bitterkeit und stets liebevoll schwere Lasten, die ihnen auferlegt sind, zu tragen.

[1] Wenn Schlatter meint, unter „Trauernden" seien nur die gemeint, die um Tote trauern, so ist das wohl etwas einseitig gesehen. Dann wäre nicht der Zusammenhang zur 1. Seligsprechung ersichtlich.

Der Trost sei, so meint Schlatter, „die Auferstehung". Und wenn Schlatter sagt: Man „*trauert*" nicht über die Sünde, sondern „*haßt*" die Sünde, dann möchten wir erinnern an 2. Kor. 7, 10 und Mt 26, 75.

Wozu gehört mehr Kraft, trotzig aufzubrausen und zu vergelten, wenn Menschen uns entgegen sind, oder ohne Verbitterung sachlich und liebevoll zu bleiben? **„Sie werden das Land ererben"**, d. h.: Solche geduldig tragende und liebevolle Haltung übt einen wohltuenden und das Niedrige überwindenden Einfluß aus. Sieghafte Macht geht von solch einem Leben aus. Solche Sanftmütigen machen schon jetzt die Erde der Königsherrschaft Gottes untertan.

Zur „Sanftmut" gehört aber nicht, daß man das Unrecht des anderen nur immer schweigend hinnimmt, als sei es Recht. Unrecht bleibt Unrecht. Darum läßt sich der Sanftmütige Zeit und Gelegenheit schenken, dem anderen sachlich und freundlich das zu sagen (und zwar in Wahrheit und Lauterkeit), was das Unrecht des andern ist. Nimmt der andere dann nicht an, worauf er aufmerksam gemacht wird, dann ist der Sanftmütige nicht voller Zorn und Haß, sondern voll tragender Geduld und stellt alles dem anheim, der da gerecht urteilt. Der Sanftmütige kann warten!

Am 8, 11
Lk 18, 9—14
Jo 6, 35
Offb. 7, 16; 21, 6

6 **Glückselig, die nach der Gerechtigkeit hungern und dürsten, denn sie werden gesättigt werden!**

Hungern und dürsten ist dasselbe wie „Nachjagen der Heiligung, ohne welche niemand den Herrn schauen wird!" Nur im Hungern und Dürsten, im ungestümen Verlangen, es in allen Dingen dem Herrn recht zu machen in Gedanken, Worten und Werken, liegt Sättigung und Erquickung durch Jesus! Gerechtigkeit ist somit Gabe, die nicht erarbeitet, erwirkt, sondern geschenkt wird. Gerechtigkeit ist nicht Leisten, sondern Empfangen. Welch ein Kontrast wiederum zu der „Gerechtigkeit der Pharisäer". Vergl. Seite 55 und 56.

Ps 41, 1—3
Spr 19, 17
Mt 18, 33
Jak 2, 13

7 **Glückselig die Barmherzigen, denn ihnen wird Barmherzigkeit widerfahren.**

Barmherzig sind solche Leute, die zutiefst berührt und betroffen sind, daß ihnen von Gott her fort und fort etwas geschenkt wird, worauf sie nicht den geringsten Anspruch haben. Sie fühlen sich von der Barmherzigkeit Gottes umhüllt, wie das Meer das Fischlein ganz und gar einhüllt. Weil sie fort und fort von solch einem Meer der Barmherzigkeit Gottes umhüllt sind, die zurückweist in die Ewigkeiten v o r aller Zeit (Eph 1, 4) und über unsere kurze Lebensspanne hinaus reichen wird bis in die Ewigkeiten aller Ewigkeiten, können sie gar nicht anders, als barmherzig sein gegen den andern. — Der Pharisäer war nur barmherzig gegen seinesgleichen, aber nicht gegen den Zöllner und Sünder und Heiden.

Ps 24, 4; 51, 10
73, 1
1 Tim 1, 5
Tit 1, 15
1 Jo 1, 7; 3, 3
Offb 22, 4

8 **Glückselig die im Herzen Reinen; denn sie werden Gott schauen.**

Der Ausdruck „Herz" meint das gesamte Seelen-Leben, also Denken, Fühlen, Wollen! Wie in Gott selbst alles Wahrheit, Aufrichtigkeit und Lauterkeit ist, so ist auch bei denen, die reines Herzens sind, alles Wahrheit, Aufrichtigkeit und Lauterkeit! Das Äußere ist Offenbarung des Inneren. Das Sein ist alles! Der Schein ist nichts! Das Unreine ist Getrenntsein von Gott. Denen aber, die wahr und lauter im Herzen sind, wird der Anblick Gottes zuteil. In Jesus ist schon jetzt Gott zu sehen. Wie wunderbar ist solch Anschauen des Herrn in seinem Wort schon jetzt. Wie über alle Maßen herrlich wird es aber erst in der Zukunft sein.

Rö 12, 18; 15, 33;
16, 20
Eph 2, 15
1 Jo 3, 1. 2
Hbr 12, 14
Jak 3, 18

9 **Glückselig die Friedensstifter, denn sie werden Söhne Gottes heißen.**

„Frieden stiften" oder ganz wörtlich „Frieden machen" ist etwas ganz anderes als Frieden erhalten im Sinne des Tragens und Duldens. Ein Friedensstifter ist einer (wie der Name schon sagt), der Frieden herstellt, herrichtet zwischen Mensch und Mensch. Wie die Luft immer angefüllt ist mit allerlei Bakterien, so ist die geistige Atmosphäre immer geladen mit den Bazillen des Zankes, der Mißgunst, der Empfindlichkeit, der Eifersucht, des Neides, des Mißtrauens usw. Daraus entsteht dann durch „Ansteckung" der Unfriede. — Da hinein soll nun der Friedensstifter den Frieden immer wieder wirken. Wenn er solches tut, dann tut er im kleinen das, was Gott getan hat und fort und fort tut. Er, der Gott des Friedens, stiftete Frieden zwischen sich und den Menschen, zwischen sich und seinen Feinden! Welches ist nun die Seligkeit der Friedensstifter? Daß sie

Zu Vers 10:
Jo 15, 18—20;
16, 1—3
1 Pt 3, 14
Jak 1, 2
Zu Vers 11:
Jes 51, 7
Mt 10, 22
Jo 16, 2
Apg 5, 41
1 Pt 4, 14
Zu Vers 12:
1 Mo 15, 1
Mt 23, 34
Hbr 11, 33—38
Jak 5, 10

Gottes Söhne sind. — Nicht „Gottes Kind" steht hier, sondern ebenso wie in Vers 45 „Gottes Söhne". — Gottes Söhne, was das heißt, ist unausdenkbar. Lies dazu Rö 8 (vergl. Rie. Komment. Epheser).

10 **Glückselig die um Gerechtigkeit willen Verfolgten, denn ihrer ist das**
11 **Königreich der Himmel. * Glückselig seid ihr, wenn sie euch schmähen und**
verfolgen und jedes böse Wort lügnerisch über euch reden um meinet-
12 **willen. * Freuet euch und frohlocket, denn euer Lohn ist groß in den Him-**
meln. Denn so haben sie die Propheten verfolgt, die vor euch waren!

Ein merkwürdiges Wort für den natürlichen Menschen. Nach seiner Meinung sind die Christen bedauernswerte Leute. Nach dem Urteil Jesu aber sind sie beneidenswerte Leute, die fortgesetzt Grund haben zu jauchzender, ja zu hüpfender Freude.

Der Sänger in Ps 73 singt: „*Vergeht mein Fleisch und mein Herz, — meines Herzens Fels und mein Teil, ist Gott auf ewig.*" Das ist also das Geheimnis der Freude im Herzen, daß sie an Gott genug haben. Mag die gottfeindliche Welt einen Paulus und Silas ins Gefängnis werfen, und mag sie die drei Freunde Daniels in den Feuerofen werfen, eines kann man ihnen nicht nehmen, die Gemeinschaft mit Gott. Und mag man den Ofen auch siebenmal heißer machen als gewöhnlich, der Herr geht mit in den Glutofen hinein als der vierte im Bunde.

Und wenn nun in Vers 12 das Wort steht: **„Denn euer Lohn ist groß in den Himmeln"** und daraus gefolgert wird, die Gemeinde erleide deshalb das alles, weil sie ja belohnt würde dafür, weil sie also doch letzten Endes den pharisäischen Verdienst- und Lohngedanken vertrete und wiederum der Leistungsgerechtigkeit huldige, so ist eine solche Folgerung ein großer Irrtum. Nicht lohnende Vertröstung aufs Jenseits ist gemeint, sondern bei dem Wort „in den Himmeln" dürfen wir wohl an das „Königreich der Himmel" denken. Dieses „Königreich der Himmel" besteht, wie wir schon sagten, aus 2 Sphären, aus einer schon angebrochenen und einer noch zukünftigen. Beide Sphären bestehen gleichzeitig, greifen ineinander, liegen nebeneinander und nicht nacheinander.

Es sollte also nicht von einem Nacheinander der zwei Sphären und des darauffolgenden Lohnes geredet werden, sondern von der Gleichzeitigkeit des Leidensopfers der Jünger und der Annahme dieses Opfers durch den Herrn schon jetzt. Mit anderen Worten: Wo hier verworfen wird, ist dort jetzt schon Anerkennung. Während hier unten die Menschen die Jünger verletzen, verbindet und heilt sie der Herr. Während hier die Menschen den Jüngern Unrecht antun, tut der Herr ihnen fort und fort Gutes, schon hier und jetzt, aber anbruchsweise (incognito), dann aber vollendungsweise (publice), herrlich und groß, für alle Ewigkeiten der Ewigkeiten.

Das Wort „Lohn" müßte besser mit Vergeltung im Sinne von Dank, Schenkung unverdienter Gottesherrlichkeit übersetzt werden. Weil das Geschenk der Gottesherrlichkeit, das dem Christusnachfolger dann wirklich, d. h. sichtbar mitgeteilt wird für alle Ewigkeiten der Ewigkeiten, ohn Ende in ewig steigender Fülle, weil solch ein Geschenk ja überhaupt in keinem Verhältnis zu unserem Leiden und Arbeiten für den Herrn steht, darum kann auch nicht davon die Rede sein, daß das Wort „Lohn" im Sinne von „Bezahlung für eine geleistete Arbeit" zu verstehen sei! (Näheres über den sogenannten Lohngedanken im Begrifflichen Schlüssel zum NT von Rie.) Vergl. Seite 69 das zu 6, 1 Gesagte.

Vom Verpflichtungscharakter des Evangeliums

Gleichnisse vom Salz, Licht und der Stadt auf dem Berge

Kap. 5, 13—16

Es folgt ein neuer gewaltiger Kontrast: der leidende und geschmähte Jünger Jesu, von dem die Rede in Vers 10—12 war, ist das Salz der Erde und das Licht der Welt und die Stadt auf dem Berge.

3 Mo 2, 13
Mk 9, 50
Lk 14, 34. 35
Kol 4, 6

13 **Ihr seid das Salz der Erde. Wenn aber das Salz fade geworden ist, womit soll es gesalzen werden? Es taugt zu nichts mehr, als hinausgeworfen und von den Menschen zertreten zu werden.**

Die kleine Jüngerschar dort am Berge, lauter einfache Menschen, und in Fortsetzung davon die Gemeinde Jesu, soll Salz der Erde sein! — Danach ist die Erde mit einer ungenießbaren Speise zu vergleichen. Die Gegenwart zeigt es wieder grausam und wirklich! Man kann manchmal fragen, warum die von Gott abgefallene und dadurch ungenießbare Welt nicht schon längst an ihrer Fäulnis zugrunde gegangen ist, und warum Gottes Geduld immer noch weiter geht? — Um des göttlichen Salzes willen, das noch in der Welt ist, verschont Gott und hält zurück mit seinen endgültigen Gerichten!

Rein mengenmäßig gesehen wird immer das Verhältnis zwischen den Christus-Nachfolgern und der Welt ähnlich dem Verhältnis von Salzkörnlein und der Speise sein. Darum gilt es, nicht zu verzagen über das Alleinsein als Christ inmitten einer zahlenmäßig größeren gottlosen Umgebung. Der Christ ist fort und fort berufen, seine Umgebung wie eine Speise zu salzen. Das ist die Verheißung des einsam lebenden Christen. Und in der Tat, wie oft ist die Salzkraft des einen Körnleins übermächtig wirksam geworden. —

Salz zu sein ist ein wichtiger Beruf. Wer ihn erfüllen will, der muß allerdings wissen von dem Opfer, das damit verbunden ist. Denn, wenn das Salz seine Aufgabe erfüllen will, dann muß es sich dabei auflösen. Des Salzes Dienst geschieht fort und fort unter Drangabe alles Eigenen.

Das nicht sich drangebende Salz, das Salz, das nur im Salzfaß bleibt, verliert seine Salzkraft und kann durch nichts wieder salzkräftig gemacht werden. Das Salz zur Zeit Jesu (das an den Ufern des Toten Meeres oder aus den kleinen Seen am Rande der syrischen Wüste gewonnen wurde), nahm wegen der stärkeren Beimischung von Gips oder pflanzlichen Resten leicht einen faden, stockigen Geschmack an. Es durfte darum nicht lange lagern, mußte aus dem Salzfaß heraus, hinein in die Speisen. — So gehören die lebendigen Christen mitten in die Welt hinein. Und wenn gesagt wird, Salz der Erde sollen sie sein, dann hat der Salzdienst der Jünger keine Grenzen. Sie sind zur ganzen Menschheit und allen ihren Bereichen in Beziehung gesetzt, auch zu den kulturellen, wirtschaftlichen, politischen Bereichen. Nicht nur horizontal bis an die Enden der Erde, sondern auch vertikal, in allen Lebensräumen des Menschen von unten nach oben gilt das Wort vom Salz. — So ist das erste Wort des Evangeliums zugleich auch das letzte, das den Christusnachfolgern ihre Aufgabe als Salz der Erde zeigt.

Mit anderen Worten: Dem Christen wird gesagt, daß er das, was er aus Wort und Gebet empfängt, nicht nur für sich allein bekommt. Nicht kirchliche Erbauung, gerührte, feierliche Stimmung ist Sinn evangelischer Wortverkündigung, nein, sondern „Arbeiten, Wuchern“ mit dem Anvertrauten, das ist der Sinn des Wortes vom Salz. Alles andere ist ein Salz, welches nicht salzt und ein Licht, das nicht leuchtet. — Nichts ist so verabscheuungswürdig wie ein eigensüchtiges Christentum, welches gegen die noch Draußenstehenden gleichgültig ist. Das ist nicht Salz, sondern Unrat, der zu nichts anderem taugt als hinausgeworfen, um von den Menschen zertreten zu werden. Ein erschütterndes Wort! Ein richtendes Wort mit unerhört weissagender Wirkung! „Zu nichts mehr nütze zu sein als nur zertreten zu werden!“ Ein furchtbares Wort über ein Christentum, das sich nur erbaut und nicht wuchert und arbeitet.

Zu Vers 14:
Jo 8, 12
Eph 5, 8
Phi 2, 15
Zu Vers 15:
Mk 4, 21
Jo 8, 12
Eph 5, 8
Phi 2, 15
Zu Vers 16:
5 Mo 4, 6
Mt 6, 1
Jo 15, 8
Eph 5, 8. 9
Phi 1, 11; 2, 15
1 Pt 2, 9

14 **Ihr seid das Licht der Welt! Eine Stadt, die oben auf einem Berge liegt,**
15 **kann nicht verborgen sein. * Man zündet auch nicht eine Lampe an und setzt**
sie unter den Scheffel[2]), sondern auf das Lampengestell, und sie leuchtet
16 **allen, die im Hause sind. * Also lasset euer Licht leuchten vor den Menschen,**
damit sie eure guten Werke sehen und euren Vater, der in den Himmeln ist,
verherrlichen!

[2]) Scheffel ist ein Hohlmaß, das 12½ Liter faßt.

Wenn die Jünger das Licht der Welt sein sollen, dann steht damit fest, daß die Welt ein einziger großer finsterer Raum ist. In dieser Finsternis stößt man sich, verwundet sich an Leib und Seele. In diese Finsternis der völligen Nacht und Hoffnungslosigkeit bringt nur Jesus und seine von ihm „hell gemachte" Nachfolgerschar Licht hinein!

Ebenso wie das Salz sich auflöst im Dienst, so verzehrt sich auch das Licht im Leuchten! Auch hier wird wieder der große Verpflichtungs- und Opfergedanke des Jüngerdienstes unterstrichen. Ganz besonders das Wort vom „Nicht unter das Hohlmaß stellen" ist diesem Verpflichtungsgedanken gewidmet. Jesus sagt darum nicht: Zeigt eure Werke, stellt sie zur Schau, sondern er meint: Wie es die Aufgabe des Lichtes ist, zu leuchten, so ist es eure heiligste Verpflichtung, Liebe und rechten Christuswandel zu üben. Das Wort Jesu ist ebenso weit vom Prahlen mit dem Liebeswerk entfernt wie von dem ängstlichen Nicht-bekennen-, Nicht-zeugen-wollen! Es ist ein feiner Unterschied, seinen „Glauben" und „seine Erfahrungen mit Gott" zur Schau zu stellen oder seinen Glauben zu bezeugen! Das erste ist das Wirken des frommen Ichs, das andere ist das Wirken Gottes! Nur durch dieses letztere wird der Vater im Himmel verherrlicht. Darin liegt das Wunderbare des Zeugnis-Gebens, darin liegt aber auch das Gefährliche eines Glaubens-Berichtes über seine Erlebnisse mit seinem Herrn!

Im Griechischen liegt in dem Satz: **„Lasset euer Licht leuchten vor den Menschen"** unmißverständlich deutlicher als in der Übersetzung der Ton auf „Licht", nicht etwa auf „euer". Aus dem Urtext geht also hervor, daß das Licht zu leuchten hat. Der Jünger hat nur die Aufgabe, den Lichtstrahlen des Lichtes freien Lauf zu lassen, dem Leuchten nicht hindernd im Wege zu stehen!

Dieser Gedanke vertieft vom Urtext her noch das bereits oben genannte Wort vom rechten Bekennen!

Nun ist es bedeutsam, festzustellen, worin Jesus die Lichtkraft seiner Jünger sieht: Sie durchleuchten die Welt mit ihrem Tun. An anderen Stellen der Schrift wird auf das Wort der Jünger der Ton gelegt. Hier ist es nicht das Wort, das sie verkündigen, sondern das Werk, das sie tun. Der Herr meint: Wenn ihr Jünger das wirklich tut, wozu ich euch gerufen habe in dieser Welt, dann werdet ihr, genau so wie das Licht leuchtet, Handlungen vollbringen, von denen auch der Nichtchrist fühlt, daß diese Taten Geschenke der unsichtbaren Welt sind, und er wird somit hingelenkt werden zu dem Vater dort oben im Licht und ihn preisen!

Vom griechischen Urtext herkommend, können wir hier nochmals eine wichtige Entdeckung machen. In Vers 16b „damit sie **eure** guten Werke sehen", befindet sich eine sprachliche Eigenheit. Es steht nämlich „euer" vor dem (mit dem Geschlechtswort versehenen) Hauptwort. Solch eine Ausdrucksart finden wir noch Kap. 23, 8. 9. Dort steht mit Betonung: „Einer ist euer Lehrer, einer ist euer Vater." Mit der Betonung des „euer" soll bewußt der Gegensatz herausgestellt werden. Das bedeutet in diesem Falle, also in Vers 16b, daß die Werke der andern nicht gute Werke sind, während die Werke der Jünger gut sind! —

Die Begründung solcher gewaltiger Aussagen gibt Paulus in Eph 2. 10.

Eine so übermäßig starke Betonung des **„euer"** finden wir dann noch in Kap. 10, 30 und 13. 16.

Zu dem Bild von dem Salz und Licht hat Jesus noch als Drittes das Bild von der Stadt auf dem Berge hinzugefügt.

Der Herr meint damit folgendes: Ihr Jünger könnt in dieser Welt nicht verborgen bleiben. Ihr werdet gesehen! Man achtet auf euch. Wie man an Jerusalem nicht vorbeigehen kann, ohne auf diese Stadt auf dem Berge aufmerksam geworden zu sein, so kann auch die Tatsache der Gemeinde Jesu auf Erden nicht einfach ignoriert werden. Sie ist eben da. Und die Welt muß sich mit ihr auseinandersetzen, ob es ihr lieb ist oder nicht.

Hat nicht Matthäus hier wiederum gezeigt, wie universal er denkt, wie keine Spur von Judaismus bei ihm vorhanden ist? Hat er den Herrn nicht sofort und auch voll und ganz verstanden? Das Wort vom Salz und Licht und von der Stadt auf dem Berge zeigt, wie wir schon gesagt haben, daß der Jünger Beruf weit über Israel hinausgeht, daß er alle Völker und Nationen, die Menschheit als solche umfaßt.

Jesu Erfüllung des AT-Gesetzes

Kap. 5, 17—19.

Zu Vers 17:
Jer 31, 33
Mt 3, 15
Lk 4, 21
Rö 2, 23; 3, 31;
8, 4; 10, 4
Hbr 10, 16
Zu Vers 18:
Mt 24, 34. 35
Lk 16, 17;
21, 32. 33
Zu Vers 19:
Mt 28, 20
Jak 2, 10

17 Meinet nicht, daß ich gekommen sei, das Gesetz oder die Propheten auf-
18 zulösen; ich bin nicht gekommen aufzulösen, sondern zu erfüllen. * Denn
wahrlich ich sage euch: Bis daß der Himmel und die Erde vergehen, soll auch
nicht e i n Jota oder e i n Strichlein von dem Gesetz vergehen, bis alles ge-
19 schehen sein wird. [3]) * Wer irgend nun eines dieser geringsten Gebote auflöst
und also die Menschen lehrt, wird der Geringste heißen im Königreich der
Himmel; wer irgend aber sie tut und lehrt, dieser wird groß heißen im König-
reich der Himmel. [4])

Diese Verse geben schwierige Fragen auf. Jesus sagt: Das Gesetz muß bis ins Kleinste beobachtet werden. Jedes Jota und Häkchen muß zur Geltung kommen. Und, wenn einer der Jünger eines der kleinsten Gebote nicht beachten würde und als unwichtig erklären würde, dann soll ein solcher der Kleinste heißen im Himmelreich! Aber der Lehrer und „Erfüller" auch des kleinsten Gebotes wird im Himmelreich groß heißen.

Diese Worte im Munde Jesu erscheinen als etwas Unmögliches. Jesus erscheint geradezu als „Freund der Pharisäer". Man könnte meinen, er sei mit ihnen im Bunde. Denn sie waren ja diejenigen, die das Gesetz bis ins Kleinste hin erfüllten!

Und nun fordert der Herr dasselbe?! Das ist undenkbar! Denn ein buchstäbliches Festhalten an den „kleinsten" jüdischen Gesetzesvorschriften wäre doch das genaue Gegenteil von dem gewesen, was der Herr oben in den Seligpreisungen und dann während der ganzen Bergpredigt und darüber hinaus fort und fort gesagt und gelebt hatte.

Wir fragen: Was ist hier mit „Gesetz", mit „geringsten Geboten" gemeint? Was heißt „erfüllen"? usw.

Wir antworten: Wie Gott seine Verheißungen des AT nicht widerrufen kann, sondern Jesus als das Ja und Amen dieser AT-Verheißungen (2. Ko 1, 20) gesandt hat, so löst auch Gott sein Gesetz nicht auf, sondern sandte seinen Sohn, um es zu erfüllen. Die AT-Weissagungen gleichen so lange nur einem leeren Gefäß, solange das Geschehen, auf das sie hinweisen, noch nicht Wirklichkeit geworden ist. Erst durch die Wirklichkeit des NT-Geschehens ist das Gefäß gefüllt. Ebenso wie nun die Weissagungen leer sind ohne die Erfüllung, so ist auch das Gesetz solange leer, solange der ihm geltende ganze Gehorsam nicht geleistet wird. In Jesus Christus ist nun Weissagung und Gesetz erfüllt, das heißt „Wirklichkeit" geworden. Mit anderen Worten: Erfüllen heißt: Durch Taten und Worte dafür einstehen, daß alles geschieht, was Weissagung und Gesetz fordern! Jesu Leben war dieses einzigartige „Geschehen, was Weissagung und Gesetz fordern!" Schlatter sagt: „Bisher blieb Gottes Gesetz übertreten. Nun aber ist der gekommen, der das von Gott Verheißene und Gebotene t u t !"

[3]) Das heißt: Das Gesetz Gottes bleibt bestehen, solange bis der Heilsplan Gottes zu seinem Ziel gekommen ist und bis ein neuer Himmel und eine neue Erde sein werden.

[4]) Es gibt in der zukünftigen Himmelsherrlichkeit verschiedene Stufen. Es gibt Kleine und Große auch im Reich der Himmel. Ein Kleinster wird der sein, der e i n e s von diesen Geboten, und wäre es das geringste, aufheben möchte. Wer aber Tun und Lehre miteinander verbunden hat, der wird groß heißen im Himmelreich (Vergl. Rie. Matthäus-Kommentar.)

Wir geben Beispiele, um uns die eben herausgestellte Erfüllung des Gesetzes an Jesu Wandel und Leben klar zu machen! Wenn wir auf das Leben des Herrn sehen, dann meinen wir zunächst: Der Herr löst das Gesetz auf!

1. Jesus hält sich nicht an das Sabbatgebot. Vergl. Mt 12, 1—14; Mk 2, 23—28; Lk 6, 1—5; 13, 10—17; 14, 1—5; Jo 5, 9—16; 9, 14—16.
2. Jesus übertritt die Fastengebote: Mt 9, 14 und 15; Mk 2, 18—20. Lk 5, 33.
3. Jesus verstößt gegen die Reinigungsordnungen: Mt 15, 1—20; Mk 7, 1—23.

Wenn der Herr nun so das Gesetz übertritt, worin besteht dann aber die Erfüllung des Gesetzes?

Wir antworten: Die Erfüllung des Gesetzes, so wie Jesus es meint, besteht nicht in dem mechanischen äußeren wortwörtlichen Halten der Gebote und all der Zusätze und Nachsätze (Halacha), sondern *„die Liebe ist des Gesetzes Erfüllung!"*

Nur an einem Beispiel wollen wir uns die von Jesus gemeinte „Erfüllung" des Gesetzes einmal klarmachen: Das AT-Gebot: „Du sollst den Nächsten lieben wie dich selbst" ist von den Schriftgelehrten so gedeutet worden: Du brauchst nur das Glied deiner Gemeinschaft zu lieben, du Pharisäer nur den Pharisäer usw., denn der Kollege allein ist der Nächste, sonst niemand. Den Zöllner und Sünder und dazu noch den Heiden zu lieben, ist nicht nur nicht erforderlich, sondern sogar gegen Gottes Gebot. — So handelten die Pharisäer. (Vergl. Seite 66.)

Jesus sagt: J e d e m ist Liebe entgegenzubringen, also auch dem Zöllner, dem Sünder und auch dem Heiden, der ja für den Pharisäer nur Menschenabschaum, Straßenpöbel war. Wenn man einen Heiden tötete, dann würde das jüdische Gericht solch einen Israeliten nicht zur Rechenschaft ziehen, denn dieser Fall ist straflos. Denn „ein Mörder ist nur der, der seinen Volksgenossen tötet!" So hatten die Schriftgelehrten das Gesetz ausgelegt.

Von dieser zeitgeschichtlichen Schau her verstehen wir nun, wenn Jesus sagt, durch ihn solle das Gesetz zu seiner E r f ü l l u n g bis aufs Jota und Häkchen gebracht werden. Wenn (um auf das angeführte Beispiel zurückzukommen) jeder Mensch, auch der Feind geliebt wird, sogar mit der Agape-Liebe [5]) geliebt wird, dann und nur dann kommen das Gesetz und die Propheten zu ihrer Erfüllung und zwar in ihrem eigentlichen Sinne, bis aufs Jota und Häkchen. „Die Agape-Liebe ist des Gesetzes E r f ü l l u n g."

Die Verse 17—19 verraten also keineswegs irgendwie eine Bundesgenossenschaft mit den Pharisäern. Sie erklären sich auch nicht als späterer judenchristlicher Zusatz, wie manche Theologen meinen, nein, gerade diese sogenannten „Buchstaben-Worte" des Herrn lassen seine Sendung zutiefst erkennen als den rechten und wahren E r f ü l l e r des AT-Gesetzes. Die folgenden Worte der Bergpredigt werden das noch weiterhin beweisen.

Vom Thema der Bergpredigt!

Ps 118, 19
Jes 26, 2
Mt 6, 1; 18, 3
Jo 3, 5

20 **Denn ich sage euch: Wenn eure Gerechtigkeit nicht überfließend mehr ist als die der Schriftgelehrten und Pharisäer, so werdet ihr nicht in das Königreich der Himmel kommen!**

Was ist das für eine Gerechtigkeit, die „überfließend" ist, oder, wie Luther übersetzt „b e s s e r", oder wie unsere EB übersetzte, „vorzüglicher" ist? Um diese Frage beantworten zu können, betrachten wir kurz die Gerechtigkeit der Pharisäer!

Die Pharisäer meinten, mit der äußeren Erfüllung aller Gebote und Satzungen vor Gott recht dazustehen, d. h. gerecht zu sein auf Grund der vollbrachten Leistung. Man nannte darum die Pharisäer die „G e r e c h t f e r t i g t e n".

5) **Was Agape-Liebe bedeutet, siehe Lexikon zur Bibel.**

Nach der jüdischen Dogmatik bestand nämlich zwischen Gott und Mensch gewissermaßen ein Kontrakt. Gott bucht wie ein Kaufmann fortwährend des Menschen „Soll und Haben" bei ihm. Mensch und Gott stehen sich als gleichmäßige Partner gegenüber. Die Ausübung all der guten Taten seitens des Menschen wird Gott „auf Grund des kaufrechtlichen Verhältnisses zwischen ihm und dem Menschen" als des Menschen Guthaben bei sich eintragen. Kraß ausgedrückt heißt es: Wie du mir, so ich dir. Verrichtest du, Mensch, gute Taten, dann bekommst du ein Plus, und du bleibst gesund, und du kommst zu Geld und wirst gesegnet! — Tust du nicht Gutes, dann bekommst du ein Minus und du wirst krank, hast Unglück, wirst arm, erhältst keinen Segen usw.

So war kraß ausgedrückt die Meinung der Synagoge. (So verstehen wir unter vielem anderen auch die Frage der Jünger in Jo 9, 2.)

Wie entsetzlich war doch eine solche Religion! Was für eine Gotteslästerung ist solch ein Herunterzerren der Heiligkeit und Majestät Gottes auf die menschliche Ebene, als gleichberechtigten Partner auf gleicher Stufe mit dem Menschen stehend, als Kaufmann fungierend! Eine schlimmere Entheiligung des dreimal Heiligen Gottes kann es nicht geben! Diese auf „Gotteslästerung" aufgebaute Verdienstgerechtigkeit oder Leistungsgerechtigkeit muß Jesus voll und ganz verwerfen. Er sagt: Ihr Jünger, es sei denn eure Gerechtigkeit in noch viel höherem Maße eine ganz andere, eine, die überfließend mehr ist als die der Pharisäer, dann könnt ihr nicht ins Himmelreich kommen." Dieses Wort Jesu war ein wahres Wort, aber ein furchtbares Wort, für alle Pharisäer und anderen Zuhörer, ein Wort, das alles aber auch alles über den Haufen warf. [6])

Wir verstehen das Schlußwort der Predigt durchaus, wenn es dort heißt: Es begab sich, da Jesus diese Rede vollendet hatte, entsetzte sich das Volk über

---

[6]) Weil das Wort von der besseren Gerechtigkeit ein so wichtiges Wort ist, darum wollen wir um des eingehenden Verständnisses willen an dieser Stelle noch anführen, was Strack-Billerbeck darüber gesagt hat: „Die Gerechtigkeit der Schriftgelehrten und Pharisäer wird von Paulus, also demjenigen Apostel, der vermöge seines Bildungsganges einen genauen Einblick in die pharisäische Schulmeinung gewonnen hatte, charakterisiert als eine „Gerechtigkeit aus dem Gesetz" oder als eine „Gerechtigkeit, die aus dem Gesetz und seinen Werken erwächst". (Vergl. Rö 10, 5; Gal 3, 21; Phil 3, 9; Rö 3, 20; Gal 2, 16.) — Wie geht nun nach der Meinung der alten Synagoge des Israeliten Gerechtigkeit aus dem Gesetz und seinen Werken hervor? — Darüber belehrt uns die rabbinische Literatur. Die Sache verhält sich so: Jede Gebotserfüllung schließt als ein Akt des Gehorsams gegen den göttlichen Gesetzgeber ein Verdienst des Israeliten in sich, ebenso wie jede Gesetzesübertretung eine Schuld vor Gott nach sich zieht. Weitere Verdienste vor Gott werden erworben durch Almosen, Fasten und besondere Liebeswerke, nicht zuletzt durch das Gesetzesstudium. — Das Verhältnis, in welchem die Verdienste des Menschen zu seinen Übertretungsschulden stehen, stellt den jeweiligen rechtlichen Stand des Menschen vor Gott dar. Überwiegen die Verdienste, dann wird der Mensch vor Gott als ein „Gerechter" angesehen! Überwiegen seine Übertretungsschulden, dann gilt er als ein Frevler.

Hierbei ist die wichtige Frage noch nicht geklärt: Was ist Gebotserfüllung, was ist Gebotsübertretung? — Antwort. Die alte Synagoge sagt: Jede buchstäbliche Erfüllung des Gesetzes ist als eine volle, dem Gesetz Genüge tuende Erfüllung anzusehen!

Hiernach kommt die Gerechtigkeit aus dem Gesetz dadurch zustande, daß der Israelit durch pünktliche, wenn auch nur äußerliche Erfüllung der einzelnen Gesetzesbestimmungen eine solche Menge von Gebotserfüllungen und einen solchen Schatz von Verdiensten erwirbt, daß die Gebotsübertretungen nach Zahl und Gewicht überragt werden. Ist diese Bedingung des Mehr, des Plus der Gebotserfüllungen über die Gesetzesübertretungen vorhanden, dann sieht Gott einen solchen als einen „Gerechten" an!

Diese Art von Gerechtigkeit hat Jesus nicht anerkannt: „Wenn eure Gerechtigkeit nicht erheblich mehr wird als die der Schriftgelehrten und Pharisäer, so werdet ihr nicht in das Himmelreich eingehen." — Aber dabei bleibt Jesus nicht stehen! Er tritt auch in den Kampf gegen die Gesetzesgerechtigkeit der Pharisäer ein! Das tut er, indem er das Fundament zerstört, auf dem die Verdienstlehre der Schriftgelehrten aufgebaut ist. Dieses Fundament war der Satz, daß die buchstäbliche Erfüllung des Gesetzes die Gerechtigkeit vor Gott notwendig, rechtlich zur Folge habe

Gegen diesen Satz erhebt Jesus in seiner ganzen Bergpredigt Protest. Nicht dem Buchstaben nach, gilt es, das Gesetz zu erfüllen, sondern Gott will eine bessere Erfüllung seiner Gebote, eine Erfüllung im Geist und in der Wahrheit.

Was das heißt, macht Jesus dann an einzelnen Geboten klar. Wer dann so wie Jesus die Erfüllung der Gebote sieht, wird bald erkennen, daß es mit der Verdienstgerechtigkeit der Pharisäer aus und vorbei ist. Vor dem Richterstuhl des Gewissens bricht sie bei jedem wahrhaftigen Menschen voll und ganz zusammen! Der Mensch sieht ein, daß er kein einziges Gebot erfüllen kann! Da ist keiner, der gerechtfertigt dasteht, auch nicht ein einziger!

Soweit einige Gedanken nach Strack und Billerbeck!

diese Lehre. Man war aufs tiefste erschüttert darüber, daß Jesus die Pharisäer, die doch von allen als die „Gerechten" angesehen wurden, voll und ganz entlarvte und ihnen das Himmelreich absprach, und zwar völlig.

Jesus, wir sagen noch einmal, löst also das Gesetz nicht auf, sondern er erfüllt das Gesetz, indem er es zur wahren Geltung bringt. Und wer diesen wahren Sinn des Gesetzes zu verwirklichen sucht, der wird bald erkennen, daß die bessere Gerechtigkeit, nämlich die ganz andere Gerechtigkeit zuerst einmal den totalen Zerbruch und Bankerott jeglicher Leistungsgerechtigkeit voll und ganz bewirkt. (Vergl. die Seligpreisungen, wo gerade das „Armsein", das „Bettlertum" vor Gott selig gepriesen wird, weil es das Wunder der Umkehr bewirkt.) Und dieses Nichtssein und Nichtskönnen vor Gott macht Bahn der Gottesgerechtigkeit. Und die durch die Gottesgerechtigkeit nun ganz anders Gewordenen haben fortan als die ganz anders Gewordenen auch ganz anders zu handeln, haben etwas „Besonderes" zu tun, nicht aus eigener Kraft, sondern aus der Kraft von oben. Dieser Ausdruck „Besonderes" kommt dann wörtlich auch vor in Vers 47; Näheres dazu dort!

Zorn ist gleich Mord

Zu Vers 21:
2 Mo 20, 13;
21, 12
3 Mo 24, 17
5 Mo 17, 8
Zu Vers 22:
1 Jo 3, 15
Jak 1, 19. 20

21 **Ihr habt gehört, daß zu den Alten gesagt ist: Du sollst nicht töten; wer**
22 **aber tötet, soll dem Gericht verfallen sein. * Ich aber sage euch, daß**
jeder, der seinem Bruder zürnt, dem Gericht verfallen sein wird. Wer aber zu seinem Bruder sagt: Raka! dem Synedrium verfallen sein wird. Wer aber sagt: Du Narr! der Hölle des Feuers verfallen sein wird.

Die bessere Gerechtigkeit erläutert Jesus zunächst an drei Beispielen aus den zehn Geboten. — Als erstes Beispiel erwähnt Jesus das Gebot: **„Du sollst nicht töten."** [7])

Das Wort: „Ich aber sage euch" will nicht Mißachtung der Alten sein, eine Mißachtung, die sich von der Vergangenheit freimachen möchte, nein, nicht Mißachtung des Alten, sondern höchste Beachtung des Alten. Das Gesetz ist unbedingt heilig, ist unwandelbar, ist das, was über dem Wechsel der Zeit unverändert verharrt und bleibt. Aber das Gesetz Gottes schaut nicht nur auf die Tat, sondern blickt tiefer, sieht auf den Ursprung der Tat, auf die dahinter liegende Gesinnung. *„Denn aus dem Herzen kommen arge Gedanken: Mord ..."* So greift Christus an die Wurzel, ist radikal (radix = Wurzel) und zeigt uns, daß der Zorn dem Mord gleich kommt. — Schlatter sagt: „Den schuldhaften Charakter innerer Herzensvorgänge anzuerkennen, (d. h. die Seelenvorgänge und Gedankenangelegenheiten) fiel der Judenschaft schwer."

Wenn Jesus sagt: „Ich aber sage euch . . . jeder, der seinem Bruder zürnt, der wird dem Gerichtsverfahren verfallen", so weisen die Worte „euch" und „Bruder" hin auf die Jünger. Für diese gilt dieses Wort des Herrn, denn die Jüngerschaft ist eine Bruderschaft.

In dieser Bruderschaft darf es kein Zürnen geben. Was heißt zürnen? Auf Grund des Urtextes kann das Zürnen nach zwei Seiten hin sich zeigen:

Nach innen und nach außen. Nach innen hin gesehen, ist „zürnen" verbittert sein, erbittert sein auf den Bruder, innerlich erregt sein, Groll in sich tragen, sich vom Bruder zurückziehen, sich von ihm geschieden halten, sich innerlich verzehren.

[7]) Die Ausdrucksart: Ihr habt gehört — setzt voraus, daß die Angeredeten das AT. aus der Verlesung in der Synagoge kannten. Die Alten sind die Vorfahren, die von Gott durch Moses das Gesetz empfangen hatten. Was diesem Gebot dann folgt: „Wer aber tötet, soll dem Gericht verfallen sein", das sind Worte aus 2. Mose 21, 12 und 3. Mose 24, 17; 4. Mose 35, 16 ff; 5. Mose 17, 8 ff. Diese Worte fordern, daß dann, wenn das Leben des andern vernichtet wurde, die Bestrafung einzusetzen habe. In der israelitischen Volksgemeinschaft wacht man über das Leben ihrer Glieder, indem man den Mörder mit dem Tode bestraft. Das war von Gott so befohlen — und darum heilige Pflicht. Durch den Vollzug der Todesstrafe bewirkt die Volksgemeinschaft die Reinigung von der Blutschuld, in die sie hineingeraten war durch ihren Mörder.

Nach außen hin bedeutet „zürnen“ aufgeregt sein, aufbrausen, anfahren, hart sein, ungerecht sein, unfreundliche Gesinnung an den Tag legen, jähzornig werden.

Das ist alles Mord am Bruder.

Es ist Übertretung des Gebotes: Du sollst nicht töten.

Ein sehr ernstes Wort Jesu, das bis in die letzten Winkel unseres Herzens hineinleuchtet und uns fort und fort richtet und läutert. Unser immer neues Versagen kommt da ans Licht. Und solches Versagen immer wieder erkennen zu müssen, bewahrt vor jedem Vertrauen auf das eigne Können und zerschlägt restlos allen Ichdünkel und Hochmut. *„Ein Mensch sieht, was vor Augen ist, der Herr aber siehet das Herz an.“* Und wo im Herzen alle die genannten Zornes-Arten vorhanden sind, da ist der Jünger schon des Gerichtsverfahrens schuldig geworden, weil er ein Mörder am Bruder wurde. Wie überaus streng nimmt es Jesus doch mit den Seinen! *Sein Wort ist ein Richter der Gedanken, Gesinnung des Herzens.* (Hebr 4. 12.)

Wir kommen zum zweiten.

Wenn auf die innere Erregung oder äußere Aufwallung das harte und bittere Wort „Raka, d. h. Hohlkopf, der gehört nicht zu uns“, folgt, dann soll ein solcher Bruder-Mörder von dem höchsten irdischen Gerichtshof, dem Synedrium, gerichtet werden. (Über Synedrium siehe Wortregister und Seite 21 und 22.)

Und dann gilt das Dritte:

Wer sich aber in seinem Zorn hinreißen läßt, mit einem Schmähwort wie: „du Narr, d. h. du Gottloser, du gehörst in die Hölle“, den Bruder anzufahren, der gehört selbst in die Hölle hinein.

Aus all dem Gesagten geht für die Glieder der Gemeinde Jesu hervor, daß ein jeder einzelne immer und immer wieder auf das Verhältnis zum Bruder peinlich genau zu achten und immer wieder sich im Lichte des Wortes Gottes in Gedanken und Worten zu prüfen und zu fragen habe: Wie stehe ich zu meinem Bruder? Wie steht er zu mir? Sobald der eine dem anderen gegenüber Bitterkeit im Herzen hat oder Neid oder Haß oder Mißgunst oder Schadenfreude, Widerwillen, einer dem anderen etwas nachträgt, einer dem andern in Erregtheit ein hartes Wort an den Kopf wirft, dann ist das Mord. Jedes Verärgertsein, das im Herzen weiterfrißt, ist Mord am Bruder.

Luther sagt: „So manch Glied du hast, so mancherlei Weise du finden magst zu töten, es sei mit der Hand, Zunge, Herzen oder Gebärden, sauer ansehen mit den Augen . . wenn du nicht gern hörst von ihm reden: das alles heißet „töten“. Denn da ist Herz und alles, was an dir ist, so gesinnet, daß es wollte, er wäre schon tot. Und obgleich die Hand stille hält, die Zunge schweiget, Augen und Ohren sich verbergen, so steckt doch das Herz voll Mord und Totschlag.“

Aber solch ein Verhalten ist nicht nur Mord am Bruder, sondern auch Verhöhnung Gottes. Denn so lange eine Verbitterung gegen den Bruder da ist, ist auch die Verbindung mit Gott unterbrochen. Wir merken es, sobald wir beten wollen. Jesus setzt sich mit dem Bruder gleich. Vergl. Apg 9, 5c. (Wortregister) Es ist darum Verunehrung Gottes, wenn wir in solchem Zustande mit der betenden Gemeinde Loblieder singen wollen.

Wir verstehen, warum Jesus nun im unmittelbaren Anschluß an das Wort vom Zürnen und Morden die Verse 23—26 anschließt.

Der mehr negativen Warnung der Verse 21 und 22 läßt Jesus nunmehr zwei positive Beispiele folgen: Nicht Bitterkeit, Erregung, Neid und Haß, sondern Liebe, Friedensbereitschaft sei das Leitmotiv unseres Lebens.

Zu Vers 23: Mk 11, 25
Zu Vers 24: Eph 4, 26; Mt 6, 14. 15; 18, 35

23 **Wenn du nun deine Gabe darbringst zu dem Altar und dich daselbst**
24 **erinnerst, daß dein Bruder etwas wider dich habe, * so laß daselbst deine Gabe**
vor dem Altar und gehe zuvor hin, versöhne dich mit deinem Bruder; und

Zu Vers 25:
Lk 12, 58. 59;
18, 8

Zu Vers 26:
Mt 18, 34

25 dann komm und bringe deine Gabe dar. * Sei wohlgesonnen deinem Wider-
sacher schnell, während du mit ihm auf dem Wege bist, damit nicht etwa der
Widersacher dich dem Richter überliefere und der Richter dich dem Diener
26 überliefere, und du ins Gefängnis geworfen werdest. * Wahrlich, ich sage dir:
du wirst nicht von dannen herauskommen, bis du auch den letzten Quadranten
bezahlt hast.

Diese beiden Beispiele zeigen uns nun nicht, wie man sich vor dem Zürnen schützen soll, sondern beide Beispiele zeigen uns, wie man sich verhalten soll. wenn man sich des Zürnens bereits schuldig gemacht hat!

Im ersten Beispiel ist jemand im Begriff, eine Opfergabe durch den Priester auf dem Altar darbringen zu lassen. Da denkt er plötzlich daran: dein Bruder hat etwas gegen dich! Du hast ihn gekränkt. Jesus meint: Laß dann deine Gabe dort vor dem Altar, unterbrich die Opferhandlung, so wichtig sie auch ist und so ärgerlich der Priester über diese Störung auch sein mag, geh zuerst hin zu deinem Bruder und söhne dich mit ihm aus!

Solange das Verhältnis zum Bruder nicht ins Reine gebracht ist, solange ist alles Beten und Bibellesen und jeglicher Gottesdienst nicht nur zwecklos, sondern Belastung, Versündigung.

Eine Aussprache, durch die eine Verbitterung oder Trübung der Bruderschaft überwunden worden ist, ist vor Gott unendlich wichtiger und unbedingt notwendiger als Gottesdienst und Abendmahl.

Das erste Beispiel in Vers 23 und 24 führt das Hosea-Wort weiter: *„Ich habe Lust an der Liebe und nicht am Opfer"* (Kap. 6, 6) und stellt die Versöhnung und die Liebe über den Gottesdienst. Die Pflicht zur Versöhnung besteht sogar dort, wo nicht ich etwas gegen den anderen habe, sondern der andere etwas gegen mich hat. Ob ich dabei der Schuldige bin oder nicht, wird von Jesus gar nicht erörtert. Genug wenn der andere mir zürnt und Bitterkeit mir entgegenbringt, dann soll ich als erster hingehen und ihm die Hand zur Versöhnung anbieten.

Das zweite Beispiel kleidet dieselbe Forderung der Versöhnungsbereitschaft in die Form eines Gleichnisses. Biete die Hand, solange du noch mit dem Bruder zusammen bist. Und wenn alle Versöhnungsversuche gescheitert sind, dann sollen wir mit allem Ernst auch noch die allerletzte Gelegenheit und Möglichkeit ausnutzen und auskaufen, ehe es zum völligen Bruch kommt. *„Wenn irgend möglich, lebet mit allen Menschen in Frieden"*, sagt Paulus in Unterstreichung der Worte Jesu in Rö 12, 18.

Wenn es aber nun trotz aller ernstesten und aufrichtigsten Bemühungen nicht geht, Frieden zu halten, dann laßt es anstehn; brecht nicht in Zorn aus, und freßt es auch nicht in euch hinein, sondern überlaßt es Gott. Wartet still, bis vielleicht Gott selbst die Situation ändert! Laßt es ausreifen! Ihr bleibt dennoch die Geliebten Gottes. Rächet euch selber nicht, meine Geliebten, sondern gebt Raum dem göttlichen Zorn. Dieser Hinweis auf Gottes Vergeltung im Gericht gibt nicht dem menschlichen Rachebedürfnis den Weg frei, sondern die späteren Verse des 5. Kapitels, die Verse vom Backenstreich, von der Feindesliebe usw. zeigen, wie der Jünger Jesu immer und immer wieder Liebe für Haß, Segen für Fluch zu geben habe!

Unreinheit der Gedanken ist Ehebruch!

Mt 5, 27—32.

Zu Vers 27:
2 Mo 20, 14
Zu Vers 28:
2 Sam 11, 2
Hio 31, 1
2 Pt 2, 14
Sir 9, 5

27 Ihr habt gehört, daß gesagt ist: Du sollst nicht ehebrechen. * Ich aber sage
28 euch, daß jeder, der eine Frau ansieht, ihrer zu begehren, schon Ehebruch mit
ihr begangen hat in seinem Herzen.

Auch hier stößt der Herr wieder bis zur Wurzel vor, d. h. bis zur Gedankenwelt, dem Ursprungsort der Tat. Denn aus dem Herzen kommen hervor böse Gedanken . . . Ehebruch, Hurerei . . ."

Im Judentum war man der Ansicht, daß die Frau nur ein minderes Wesen sei, das den Mann stets herabziehe. Daher durfte der fromme Jude keine Frau ansehen. Der Pharisäismus meinte damit der Keuschheit streng und gewissenhaft zu dienen! Der Schriftgelehrte sagte darum auch: „Sprich nicht viel mit einer Frau. Jeder, der viel mit einer Frau redet, zieht sich Unheil zu, und ererbt am Ende die Hölle. Du sollst darum nicht mit einem Weibe auf der Straße reden, auch wenn es die eigne Frau oder Tochter oder Schwester ist; denn nicht alle kennen deine Verwandtschaft!"

Man läßt sich darum auch nicht von einer Frau bedienen, man entbietet einer Frau k e i n e n Gruß. — Das waren alles die Bestimmungen der Pharisäer.

Das Sprechen mit einem weiblichen Wesen ist deshalb verboten, weil mit dem Sprechen das Ansehen der Frau verbunden ist. Und das Ansehen ist Sünde, auch das Ansehen ihrer bunten Kleider. Unter den Pharisäern gab es eine Gruppe, die, um eine Frau nicht aus Versehen doch ansehen zu müssen, immer mit fast verschlossenen Augen „herumliefen". Weil sie sich dann oft blutig stießen, darum nannte sich diese Gruppe der Pharisäer „Die Pharisäer des Blutverlustes".

Bei allen diesen Bemühungen, den Anblick der Frau zu meiden, ging der Pharisäer von dem Gesichtspunkt aus, daß das Weib nur ein Geschlechtswesen sei, das den Mann nur zur Sünde verführe. Man sagte, die Stimme der Frau gehöre zum Unzüchtigen, die Haare der Frau gehören zum Unzüchtigen usw.

Furchtbar, wie sehr die Frau erniedrigt wurde, wie sehr sie der Verachtung durch die Pharisäer preisgegeben war. Die gesetzesstrenge Keuschheit der Pharisäer war in Wahrheit weiter nichts als harte Lieblosigkeit und unerhörter Stolz gegenüber dem weiblichen Geschlecht. —

Wie ganz anders nun das Verhalten Jesu zur Frau. Jesus verwirft in keiner Weise das Ansehen der Frau, sondern verurteilt nur das b e g e h r l i c h e Ansehen, daher der Zusatz „i h r e r zu begehren". Begehren bedeutet: „d a s e i g e n s ü c h t i g e, s ü n d h a f t e B e g e h r e n". Mit anderen Worten: Nicht der erst übertritt das Keuschheits-Gebot, der die T a t des Ehebruchs vollführt, sondern der schon, der eine verheiratete oder verlobte Frau mit begehrlichen Blicken betrachtet (d. h. der in G e d a n k e n sich vorstellt, wie es wäre, wenn er jene Frau sein eigen nennen dürfte), der ist schon ein Ehebrecher. Denn die fremde Ehe ist heilig und unverletzlich zu achten. — Zwischen den Geschlechtern soll aber ein reiner Verkehr, rein in Gedanken und Worten stattfinden. Von einem Asketentum ist nicht im geringsten die Rede.

Die Frau des anderen ansehen, mit ihr in Reinheit reden, ihr die Hand geben, sich von ihr bedienen lassen (nach pharisäischer Auffassung wäre die ganze segensreiche Einrichtung einer weiblichen Diakonie ein einziger Verstoß gegen die Keuschheit), der Frau einen Gruß entbieten, ihre Stimme und ihr Haar nicht als etwas Unzüchtiges ansehen, das alles ist nicht Unkeuschheit, sondern ist geboten durch die Achtung und Ehrung der Frau als der von Gott Geschaffenen und Geschenkten, um dem organischen und ewigen Leben zu dienen.

Wer so zur Frau steht, wie Jesus es fordert, der erfüllt das Gebot: „Du sollst nicht ehebrechen" bis aufs Jota und Häkchen aus Liebe und Hochachtung vor dem anderen Geschlecht.

Wer dagegen die Augen zudrückt und die Hand zurückzieht und nicht grüßt und nicht redet mit ihr, der kränkt und verachtet die Frau aufs tiefste und verletzt damit auch Gottes heilige Schöpferordnung und kränkt Ihn, den Herrn der Schöpfung, selbst.

Jesus selbst hat, was bei den Pharisäern unmöglich war, die Frau nicht nur angesehen, sondern auch mit ihr geredet (Vergl. Jo 4). — Der Herr fordert von seinen Jüngern der Frau gegenüber Güte und Achtung. Recht ist es, unbefangen mit der Frau zu reden, denn sie ist nicht das nach der Meinung der Pharisäer minderwertige Wesen, sondern ein zuerst und zutiefst dem Manne ebenbürtiges Geschöpf Gottes. „Es ist eines der tiefsten Geheimnisse der Schöpfung Gottes, daß die Ganzheit nicht der Einzelperson anhaftet, sondern auf die beiden Individuen Mann und Frau verteilt ist" sagt Bovet. Diese Zweiordnung ist eine Urordnung, die das ganze organische Leben umspannt. Weil alles Leben von Gott kommt, hat es den Drang, sich mit Hilfe dieser Zweiordnung unaufhaltsam auszubreiten.

Die Forderung Jesu hinsichtlich der Frau hat eine weltgeschichtliche Bedeutung für ihre Stellung zur Folge gehabt. Der Islam zeigt uns heute noch die Verachtung der Frau. Die Vermummung, sobald sie die Straße betritt, der Verschluß im Harem zeigen sehr deutlich, daß das Weib für die Männerwelt möglichst wenig sichtbar sein muß, denn sie ist ja nur das Wesen, das zur Sünde verführt. In manchen Synagogen müssen noch heute die jüdischen Frauen hinter dem Gitter auf der Empore sitzen, damit sie für die Männer unsichtbar bleiben.

„Jesus hat die Männer und Frauen füreinander befreit von der Übermacht der Sinnlichkeit. Voraussetzung für das neue Verhältnis ist allerdings die Jüngerschaft. Wo diese Voraussetzung fehlt, wird die Freiheit leicht zur Frechheit, und es wandelt sich ihr Segen in Fluch" (Bornhäuser).

Wir kommen zum zweiten Abschnitt:

Zu Vers 29—30
Sach 11, 17
Mt 18, 8
Mk 9, 43. 47
Kol 3, 5

29 Wenn aber dein rechtes Auge dir zum Fallstrick wird, so reiß es aus und wirf es von dir, denn es ist besser, daß eines deiner Glieder umkomme, und
30 nicht dein ganzer Leib in die Hölle geworfen werde. * Und wenn deine rechte Hand dir zum Fallstrick wird, so hau sie ab und wirf sie von dir; denn es ist besser, daß eines deiner Glieder umkomme und nicht dein ganzer Leib in die Hölle geworfen werde.

Diese Worte sind bildhaft zu verstehen. Sie wollen die unbedingte Entschlossenheit andeuten, auf alles das voll und ganz zu verzichten, was vom Glauben irgendwie wegführen und zur Sünde hinführen würde. Die Schärfe der Formulierung: „Reiße das Auge aus, hau die Hand ab", beweist, wie bitter ernst Jesus den Kampf um die Reinheit meint und welch ungeheuren Einfluß er den Gliedern unseres Leibes im Ringen um die Christusnachfolge zukommen läßt.

Es gilt ganz besonders, die Jugend daran zu erinnern, wie so manches, was das Auge in Büchern liest oder auf Bildern sieht, zur Versuchung werden kann, und wie die Hand dann immer wieder nach solchen Dingen greifen möchte. Da gibt es nur das eine Wort! „Wegsehen! Weg damit!" (Vergl. Spr 1, 10 und Sir 21, 2!)

In diesem Zusammenhang sei auf ein ernstes Wort von Karl Heim hingewiesen: Das oberflächliche Flirten und Tändeln zwischen jungen Menschen, das sogenannte „Verhältnis" bloß zum Vergnügen ist sowohl vom biologischen als auch vom biblischen Standpunkt aus gesehen verwerflich. Die oberflächliche Beziehung, in die ein Kavalier zu einem Mädchen tritt, der nachher in derselben Weise wieder mit anderen umgehen will, ist ein schwerer Angriff auf das Fundament der Ehe, viel schwerer als eine aufgehobene Verlobung, die aber ernst gemeint war. Es gibt nicht nur den Ehebruch in der Ehe, veranlaßt durch Untreue, es gibt auch den Ehebruch vor der Ehe und außerhalb der Ehe, bei dem etwas geschieht, was die ganze Ordnung der Ehe als solche aufhebt!"

Wir kommen zum 3. Teil:

Zu Vers 31:
5 Mo 24, 1
Mt 19, 3—9
Mk 10, 4—12
Zu Vers 32:
Lk 16, 18
1 Ko 7, 10. 11

31 Es ist gesagt: Wer seine Frau entlassen will, gebe ihr einen Scheide-
32 brief. * Ich aber sage euch: Wer seine Frau entläßt, außer auf Grund von Unzucht, macht, daß sie Ehebruch begeht. Und wer irgend eine Entlassene heiratet, begeht Ehebruch.

Um das, was Jesus zu dieser Frage der Ehescheidung sagt, recht verstehen zu können, bedarf es einer eingehenden Schilderung der durch die damalige Praxis der Pharisäer leicht gemachten Ehescheidung. Wir können uns die Verwirrung und Verwüstung auf diesem Gebiet nicht verhängnisvoll genug vorstellen.

Die Scheidungsurkunde schützte die Frau davor, willkürlich von dem Manne davongejagt zu werden. Die Scheidungsurkunde diente als Ausweis, daß die Geschiedene eine neue Ehe eingehen konnte.

Die Gründe nun, warum ein Mann seine Frau entlassen konnte, setzt das Pharisäertum in sehr leichtfertiger Weise auf Grund von 5 Mo 24, 1 fest. Auf Grund dieser Stelle durfte ein Mann seine Frau mit dem Scheidebrief entlassen, wenn er „etwas Schändliches (Schamwürdiges)“ an ihr gefunden hatte. Obwohl es durch Gott feststand, daß die Ehe unlösbar sei, „daß die beiden ein Fleisch seien“ und der Mensch gegen Gottes Willen handele, wenn er die Ehe löse, so hatte Moses (nicht Gott) die Ehescheidung zugelassen, nicht aber geboten. „Um der Herzenshärtigkeit willen“ hatte Moses die Ehescheidung erlaubt und dieselbe gesetzlich geregelt. Der Mann durfte nicht um jeder beliebigen Ursache willen die Ehe lösen, sondern nur „wenn er etwas Schändliches an ihr gefunden hatte“. —

Über den Ausdruck „Schändliches“ hat man zur Zeit Jesu sehr gestritten. Die Anhänger des Gesetzeslehrers Schammai verstanden darunter Ehebruch. Daß Ehebruch hier nicht gemeint sein konnte, geht aus 5. Mo 22, 20 ff hervor, wo Ehebruch mit „Steinigung“ bestraft wurde. Bei Ehebruch bedurfte es also gar nicht einmal eines Scheidebriefes.

Die Anhänger des Gesetzeslehrers Hillel verstanden unter „etwas Schändliches“ alles, was auch immer der Mann zum Vorwand einer Ehescheidung nehmen konnte, sogar allerlei Harmloses, so daß jeder Mann schließlich unter irgend einem Vorwand seine Frau entlassen konnte. Es genügte eine angebrannte Suppe oder die Tatsache, daß eine andere Frau dem Manne besser gefiel. Weitere Gründe waren: Kinderlosigkeit, Essen und Trinken der Frau auf der Straße, usw. — Man muß Mal 2, 13—15 lesen, um einen erschütternden Eindruck von dem zu bekommen, welche Wirkung die von den Pharisäern ausgedachte leichte Scheidung für die Frauenwelt hatte.

Die Leichtigkeit der Ehescheidung hatte besonders in der Judenschaft zur Zeit Jesu die Grundlage der ehelichen Treue vollständig untergraben und die Frau in eine sklavische Abhängigkeit vom Manne gebracht. Beim geringsten Anlaß konnte die Ehe kurzerhand geschieden werden. Sie war nur ein Vertrag auf kurze Kündigungsfrist.

Solches alles ist Gott ein Greuel. Er haßt solche Ehescheidung. Wohl gab es auch Ehen, die trotz Kinderlosigkeit weiter bestanden (siehe Zacharias und Elisabeth). Aber sonst ist die Scheidung der Ehe voll im Gange gewesen. Die 5 Männer des samaritischen Weibes sind ein erschütterndes Beispiel dieser leichtfertigen Auffassung der Ehe.

Weil für den Herrn die Ehe eine göttliche und unauflösbare Ordnung ist, darum lehnt er die Ehescheidung ab. Nur in einem einzigen Falle erlaubt Jesus die Ehetrennung, nämlich auf Grund von Ehebruch!

Unbedingte Wahrhaftigkeit ist alleinige Gewähr für echte Bruderschaft

Zu Vers 33:
2 Mo 20, 7
3 Mo 19, 12
4 Mo 30, 3
5 Mo 23, 22
Zu Vers 34:
Ps 50, 14
Jes 66, 1
Mt 23, 16—22
Apg 7, 49
Zu Vers 35 u. 36:
Ps 48, 2
Mt 23, 16—22
Zu Vers 37:
2 Ko 1, 17
Jak 5, 12

33 Wiederum habt ihr gehört, daß zu den Alten gesagt ist: Du sollst nicht
34 fälschlich schwören, du sollst aber dem Herrn deine Eide erfüllen. * Ich aber
sage euch: Schwöret überhaupt nicht! Weder bei dem Himmel, denn er ist
35 Gottes Thron; * noch bei der Erde, denn sie ist seiner Füße Schemel; noch
36 bei Jerusalem, denn sie ist des großen Königs Stadt. * Noch sollst du bei
deinem Haupte schwören, denn du vermagst nicht ein Haar weiß oder
37 schwarz zu machen. * Es sei aber eure Rede: Ja, ja! Nein, nein! Was aber
mehr ist als dieses, ist aus dem Bösen.

Jesus fordert in Erinnerung an 3. Mo 19, 12 wieder aufs neue das Verbot des Meineides. Dann verlangt er in Anlehnung an 4 Mo 30, 3 und 5 Mo 23, 21 und 22 die Einlösung aller Gott gegebenen Eide.

Nunmehr wendet sich Jesus klar und entschieden gegen den damaligen pharisäischen Mißbrauch des Schwörens und gegen die Haarspalterei von gültigen und ungültigen Schwüren. Dieser Wortklauberei von geltenden und nicht geltenden Eiden setzte Jesus die Heiligkeit Gottes und die Heiligkeit des unbedingt verpflichtenden Schwures entgegen.

Für Jesus ist im täglichen Leben zur Beteuerung und Bekräftigung der Wahrheit überhaupt kein Eid nötig. Da ist völlige Wahrhaftigkeit ohne jeden Beteuerungsschwur alleinige Gewähr der echten Bruderschaft. Die Schriftgelehrten bedienten sich nämlich fortwährend der Schwüre auch bei den Dingen des Alltagslebens (z. B. ich schwöre, daß ich gegessen habe).

Weiter sagten die Schriftgelehrten: Man darf nicht falsch schwören. Was man mit Berufung auf Gott schwörend dem Bruder versprochen hat, das muß man unbedingt halten. Wenn man aber bei dem Himmel geschworen hat, oder bei der Erde oder bei Jerusalem oder bei seinem Haupte, dann braucht solch ein Eid nicht gehalten zu werden. Ein besonderes heuchlerisches Beispiel gibt dann der Herr noch in Mt 23, 16 ff. Die Pharisäer wußten da allerhand spitzfindige Unterschiede zu machen: Wer bei dem Tempel schwört, der braucht einen solchen Eid nicht zu halten. Wer aber bei dem Gold des Tempels schwört, der muß einen solchen Eid halten, sonst macht er sich straffällig usw.

In dieses Lügengespinst all der bindenden und nicht bindenden Schwüre, die nur Täuschungsmanöver sind, um den anderen zu hintergehen (denn wer soll sich durchfinden zwischen dem, was gilt und nicht gilt!), greift Jesus fest hinein und zerreißt alles, denn es ist nicht nur Unwahrhaftigkeit dem Nächsten gegenüber, sondern auch schändlicher Mißbrauch des Namens Gottes. Jesus meint: Ihr sollt überhaupt nicht schwören, d. h. ihr sollt all diese Beteuerungsschwüre und bindenden und nichtbindenden Schwüre nicht gebrauchen. Ihr täuscht euch, wenn ihr meint, mit solcher Spitzfindigkeit dem Fluche Gottes entgehen zu können. Mit all diesen zurechtgemachten Schwurformeln, die Himmel und Erde zitieren, kann man Gott nicht täuschen oder ihm entgleiten. Denn der Himmel ist Gottes Thron, die Erde seiner Füße Schemel (Jes 66, 1) und Jerusalem des großen Königs Stadt (Ps 48, 2). In alle diese Eide ist doch der heilige Gott immer mit eingeschlossen. Selbst der Schwur bei dem eignen Haupte ist ein Schwur bei Gott, denn Gott ist der Erhalter unseres Lebens, nicht wir. Darum ist auch der Eid bei dem Haupte durchaus verpflichtend. Schlatter sagt: „Mit dieser eigenmächtigen Verfügung über Dinge, die nicht dem Menschen, sondern Gott gehören, verläßt der Mensch die Stellung, die ihm von Gott zukommt."

Der Jünger Jesu soll Ja oder Nein sagen, d. h. wahrhaftig sein. Alle Umschweife oder Beteuerungen sind aus dem Bösen, d. h. vom Teufel. (Vergl. Mt 13, 19, wo der Teufel „der Böse" genannt wird.) Zu dem Ja, ja und Nein, nein-Wort vergl. Jak 5, 12!

Damit ist von Jesus der brüderliche Umgang unter die schlichte und einfache Ordnung der Wahrhaftigkeit und Lauterkeit gestellt.

Zusammenfassend sei gesagt, daß der Herr den Schwur vor Gericht nicht verboten hat. Jesus selbst hat sich nach Mt 26, 63 unter Eid stellen lassen.

Die alles überwindende Liebe

38 Ihr habt gehört, daß gesagt ist: Auge um Auge, Zahn um Zahn. * Ich aber
39 sage euch: Widerstehet nicht dem Bösen, sondern wer irgend dich auf die
40 rechte Backe schlagen wird, dem biete auch die andere dar; * dem, der mit
dir vor Gericht gehen und deinen Leibrock nehmen will, dem laß auch den
41 Mantel. * Und wer irgend dich zwingen will, eine Meile zu gehen, mit
42 dem geh zwei. * Gib dem, der dich bittet, und wende dich nicht von dem ab,
der von dir borgen will!

Zu Vers 38:
3 Mo 24, 19. 20
Zu Vers 39:
3 Mo 19, 18
Jo 18, 22. 23
Rö 12, 19. 21
1 Pt 2, 23; 3, 9
Zu Vers 40:
1 Ko 6, 7

In der Sprache der Theologie bekommen diese Verse oft die Überschriften: Vom jus talionis, d. h. Vom Recht, vom Gesetz der Vergeltung.

Man kann von einem dreifachen Gesetz der Vergeltung sprechen: Von der Ich-Vergeltung, von der Rechts-Vergeltung, von der Liebes-Vergeltung.

Von der Ich-Vergeltung: Der tiefste Trieb des Menschen ist von Hause aus sein Erhaltungstrieb. Solange dieser Trieb in gesunden Bahnen sich bewegt, ist er etwas Natürliches. Dämonisch wird er, wenn er sich mit Gewalt rücksichtslos durchzusetzen sucht. Er äußert sich dann im Herrschenwollen, Geltenwollen, in Ichsucht, Habsucht, Rachsucht, in Neid, Mißgunst, Haß usw. Böses wird mit Böserem vergolten, Beleidigung wird mit härterer Beleidigung zurückgegeben, ein kleiner Vorwurf wird mit jähzorniger Rede heimgezahlt, Öl wird ins Feuer gegossen, es wird aus dem Affekt, aus der augenblicklichen Erregung heraus gehandelt, das Böse wächst, der persönliche Verkehr wird vergiftet, das Zusammenleben wird untragbar, kurz, die Ichvergeltung tobt sich zügellos aus. Wird der Ich-Vergeltung freier Lauf gelassen, dann ist Auflösung, Zerrüttung, Anarchie, Chaos, Kampf aller gegen alle das Ende.

Von der Rechtsvergeltung: Damit nicht die Ichvergeltung sich hemmungslos austoben und alles vernichten kann, darum ist von Gott in diese gefallene Welt die Rechtsordnung hineingeordnet worden, die sich in dem Staatswesen ihre feste Form geschaffen hat. Das Übertrumpfen des Bösen mit noch Böserem wird gezügelt durch staatliche Gesetzgebung. Das Gesetz fordert gerechte Vergeltung. Sünde muß gesühnt werden. Der Verfehlung muß die Strafe folgen. Die Größe der Vergeltung ist gemessen an der Größe der Verfehlung. Auge um Auge, Zahn um Zahn. Der Totschlag wird anders vergolten als der Mord. Die Strafe steht im rechten Verhältnis zur Tat. Solch eine Rechtsvergeltung ist eine höhere Stufe der Ichvergeltung. Die wilde Ichvergeltung ist gezügelt.

Von der Liebes-Vergeltung. Die Jünger haben sich darin zu üben. Das ist Jesu Gebot an sie. Die Verse 39—42 sprechen davon, aber auch die Schlußverse von Kap. 5.

Widerstehet nicht dem Bösen, d. h. Jünger Jesu suchen nie für sich selbst die Rache. Für sie gilt: Besser Unrecht leiden, als Unrecht tun. Dem Bösen antworten sie mit dem Guten.

Es folgt das Wort vom Backenstreich. Jeder Jude zur Zeit Jesu wußte, was mit dem Schlag auf die rechte Backe gemeint ist, nämlich der beschimpfende Schlag mit der Rückseite der Hand, der mit der rechten Hand gegen die rechte Backe ausgeführt wird. Nach dem jüdischen Zivilrecht wurde der, der solche Ehrenverletzung austeilte, mit 400 Sus (260 DM) bestraft.

Wenn Jesus in seiner bildhaften Ausdrucksart sagt: Ihr Jünger, ihr sollt in jedem Falle den Schlag willig hinnehmen und zum Empfang des zweiten bereit sein, dann will er damit ein Doppeltes fordern: 1. Der Herr meint: Ihr sollt als meine Jünger hinter solcher Schmähung die erziehende Hand Gottes sehen. Alles dient euch zum Besten. 2. Ihr als meine Jünger sollt nicht die Gemeinheit des anderen zum Maßstab des eignen Verhaltens machen. Ihr sollt euch in eurer Handlungsweise nicht bestimmen lassen von der Bosheit des anderen. Ihr sollt nicht Sklave der anderen werden, Sklave ihrer Launen und Untaten, um dann mit noch größerem Unrecht, mit noch schwererer Beleidigung zurückzuzahlen, sondern ihr Jünger sollt innerlich frei sein in eurem Verhalten dem Nächsten gegenüber, völlig unabhängig von seinem Verhalten. Nicht des anderen Reden und Tun soll euch bestimmen, sondern Gottes Wort ganz allein. Ihr Jünger seid zu groß, als daß euch das Reden und Tun der anderen irgendwie etwas anhaben könnte. Der Jünger Jesu braucht nicht zu fragen nach dem lästerlichen Urteil eines Gottlosen, das doch unwahr und so kurzatmig ist wie der Gottlose selbst! Gottes Arm ist länger. Er weiß um jedes Wort, das Hohn und Schmerz verursacht hat. Lieber Unrecht erleiden, als nur auch selbst das geringste Unrecht in Gedanken und Worten und Handlungen tun. (Fliehe vor der Sünde wie vor einer Schlange!)

So ist das Wort vom Backenstreich zu verstehen, und alle die nachfolgenden Verse bis zum Schluß des Kap. unterstreichen das Gesagte über die Liebes-Vergeltung, und bestätigen das von der Agape-Liebe Ausgesagte. Die Agape-Liebe ist nämlich die Liebe, die den liebt, der der Liebe nicht wert und würdig ist, der durch sein Verhalten und Gebaren die Liebe verwirkt hat, der einen Backenstreich nach dem anderen dem Christusnachfolger ausgeteilt hat. Einen solchen dennoch zu lieben, fort und fort, das ist gemeint mit diesen Anweisungen des Heilandes.

Muß nicht aber dabei die Frage aufbrechen: Wird nicht durch solches Verhalten jedem Unrecht Tür und Tor geöffnet, ja wird nicht das Unrecht selbst geradezu gezüchtet und genährt, daß es größer und größer wird? Ist nicht darum das Wort vom Backenstreich ein unsinniges Wort, ein Wort, das ganz und gar an der Wirklichkeit vorbeisieht?

Dieser Frage muß nachgedacht werden. Die Antwort wird durch das Beispiel Jesu selbst gegeben. Festgestellt sei, daß, — um im Bilde vom Backenstreich weiter zu sprechen, — die schändenden Backenstreiche nicht Unrecht und Bosheit obsiegen lassen, sondern daß einer da ist, der recht richtet, ja der Unrecht in Segen verwandeln kann, der das, was Menschen gedachten Böses zu tun, gut machen kann. Das wirkt die göttliche Weisheit.

Der zeitgeschichtliche Hintergrund zu den Versen 40—42 ist folgender: das Wort vom Leibrock und Mantel führt in das jüdische Zivilprozeßverfahren hinein.

In der Praxis der Pharisäer hatte ein Gläubiger das Recht, vom Schuldner ein Pfand zu verlangen, etwa sein Ober- oder sein Untergewand. Wenn er es nicht gutwillig erhielt, konnte er es durch einen Prozeß erzwingen. Nach 5 Mo 24, 10—13 sollte er aber Ober- und Untergewand je nach dem Bedürfnis für den notwendigen Tages- oder Nachtgebrauch wieder herausgeben. Entgegen solchen engherzigen Rechtsstandpunkten sollen aber Gläubiger und Schuldner, wenn sie Jünger Jesu sind, zu beidem bereit sein, sowohl zu dem Verzicht als auch zur Herausgabe des Pfandes. Denn es gilt, nicht zu rechten, sondern Liebe und Barmherzigkeit zu üben.

Das nächste Bildwort des Herrn von der zweiten Meile betrifft die jüdische Sitte, einen Reisenden zu begleiten. Aus der Gefährlichkeit des Alleinreisens ergab sich die Pflicht des Geleites. Wurde sie versäumt, und es ereignete sich ein Unfall, dann war die Ortsgemeinde verantwortlich, in deren Bereich der Unfall geschehen war. Der Pharisäer vertrat den Standpunkt: Ich begleite nur den Kollegen. Den gewöhnlichen Mann, den, der unter meinem Stande ist, den „Sünder", begleite ich nicht. Der Jünger Jesu hingegen soll sich anders verhalten: „Zu jeder Begleitung bereit sein", ja, über die Pflichtmeile hinaus auch die zweite Meile mitgehen.

Auch hier begegnen wir dem Grundsatz, nicht rechten, sondern entgegenkommen, mit Freundlichkeit und Hilfsbereitschaft zuvorkommen.

Das letzte Bildwort vom Bitten will besagen, daß Jesu Jünger auf dem umfangreichen Gebiet nachbarlicher Freundlichkeit und Gefälligkeit gern ausleihen und niemals einen Unterschied zwischen Würdigen und Unwürdigen machen sollen.

Wir sind am Schluß dieses Abschnittes, der uns in eindringlicher Weise das große Wort von der Liebesvergeltung veranschaulicht. Sie allein, die nichts mit der Ich- und Rechtsvergeltung zu tun hat, stellt die Richtschnur für unser Leben in der Nachfolge Jesu dar. Im Staats- und Völkerleben hat sie keine Gültigkeit, weil, wie wir am Anfang der Bergpredigt es schon sagten, jegliche Voraussetzungen bei dem Nicht-Jünger fehlen. Auch diese Worte des Herrn sollen in ihrer Erfüllung die neue Gottesherrschaft innerhalb der Gemeinde Jesu — und von hier aus auch nach außen hin — ausstrahlen lassen, bis daß er kommt.

Die Apostel haben die Forderungen Jesu verstanden. (Vergl. Rö 12, 17 und 21; 1. Thess 5, 15; 1 Ko 13, 7; 1 Pt 2, 18—23; dann 3, 9 usw.)

Immer und immer wieder gilt es, das Böse zu überwinden durch das Gute. Eis schmilzt nicht durch Sturm und Frost, sondern durch Windstille und Sonnenwärme. Haß und Rachsucht, Ichsucht und Zorn, die böse Zunge und das harte Herz werden gelöst durch die Liebe, die Liebesvergeltung, durch die Agape.

Zu Vers 43:
3 Mo 19, 18
Mt 22, 39
Zu Vers 44:
2 Mo 23, 4
Lk 23, 34
Rö 12, 14. 20
Apg 7, 59
1 Ko 4, 12.
1 Tim 2, 1
Zu Vers 45:
Mt 22, 10
Lk 6, 35
Eph 5 1
Zu Vers 48:
3 Mo 19, 2
Mt 19 21
1 Ko 14, 20
Jak 1, 4

43 **Ihr hab gehört, daß gesagt ist: Du sollst deinen Nächsten lieben und**
44 **deinen Feind hassen. * Ich aber sage euch: Liebet eure Feinde und betet für**
45 **die, die euch verfolgen, * damit ihr Söhne eures Vaters seid, der in den**
Himmeln ist. Denn er läßt seine Sonne aufgehen über Böse und Gute und
46 **läßt regnen über Gerechte und Ungerechte. * Denn, wenn ihr liebet, die euch**
47 **lieben, welchen Lohn habt ihr? Tun nicht auch die Zöllner dasselbe? * Und**
wenn ihr eure Brüder allein grüßet, was tut ihr Besonderes? Tun nicht auch
48 **die Heiden dasselbe? * Ihr nun sollt vollkommen sein, wie euer himmlischer**
Vater vollkommen ist.

Noch ein letztes Mal in diesem Abschnitt läßt Jesus das Wort von der Agape-Liebesvergeltung hell aufleuchten!

Um das Wort von der Feindesliebe zu verstehen, müssen wir uns 3 Mo 19 vor Augen halten. Mit welcher Häufung werden in diesem Kapitel die Liebespflichten geltend gemacht gegenüber dem Freunde, dem Bruder, dem Volksgenossen. Die Pharisäer, die nur einen beschränkten Kreis des Volkes ausmachten, haben dieses Mose-Kapitel allmählich dahin verstanden, daß all die genannten Liebespflichten nur für ihren Kreis Geltung bekamen. Der Pharisäer nannte nur den Mitpharisäer seinen Bruder, Genossen, Freund und Nächsten. Die anderen waren für ihn nur gewöhnliches Volk. Der Pharisäer verachtete darum „den anderen" (Lk 18, 9). Zu „den anderen" gehörten die Zöllner und Sünder, die die Gebote Gottes nicht hielten. Die Folge davon war eine Feindschaft zwischen den Pharisäern und „den anderen", den Zöllnern und Sündern ('am haares = gewöhnliches Volk). Diese Feindschaft zwischen Pharisäern und Sündern stand der Feindschaft zwischen Juden und Heiden nicht nach, ja war teilweise noch schärfer. (Titus 3, 3.)

Es handelte sich nach Meinung der Pharisäer dabei um eine Gegnerschaft um Gottes willen. Man dachte dabei an Ps 139, 21. 22: *„Hasse ich nicht, die dich hassen? . . . Mit vollkommenem Hasse hasse ich sie. Sie sind Feinde für mich."* So meinten die Pharisäer, um Gottes willen alle die hassen zu müssen, die Gottes Gebote nicht halten. Ja das Volk, das vom Gesetz nichts weiß, ist sogar verflucht, meinten sie! (Vergl. Jo 7, 49.) Jesus sagt nun: Liebet eure Feinde! Damit hebt er den gesamten Haß als solchen auf. Auch den sogenannten religiösen Haß! Solches steht dem Menschen nicht zu. Jesu ganze Mission war ja n i c h t, die Sünder zu hassen, sondern er war gekommen, die Sünder zu retten . . . Und wenn der Herr den Jüngern weiter sagt: Betet für eure V e r f o l g e r, dann meint er mit den Verfolgern die Pharisäer, denn diese waren es, die den Herrn selbst, wie auch seine Jünger verfolgten. — Jesu Jünger sollen also auf Feindschaft mit Liebe, auf Verfolgung mit Beten antworten. — Damit ist noch einmal das Gesetz von der Agape-Liebesvergeltung hell ins Licht gerückt!

Jesus fordert damit von uns Ungeheuerliches, etwas, was wir von uns aus nicht können. Es gilt, jedem Menschen, auch dem, der der Liebe nicht wert und würdig ist, mit der Agapeliebe zu begegnen. Der Jünger Jesu hat immer „das ganz Andere", das dem Weltmenschen Entgegengesetzte zu tun. „Wenn ihr allein eure Brüder grüßt, was tut ihr da Besonderes? Tun nicht auch die Heiden dasselbe?!" — Ihr Nachfolger Christi habt das „Besondere" zu tun. Der Gruß war nach orientalischer Sitte weit mehr als nur eine Höflichkeit. Er bedeutete das Aussprechen eines Segenswunsches über den anderen. Der Gruß lautete: „Friede sei mit dir!"

Die Pharisäer grüßten nur ihresgleichen und nicht die Zöllner und Sünder, die ja für sie „den Abschaum der Menschheit", die „Vaterlandsverräter" darstellten.

Jesus sagt nun seinen Jüngern das Unerhörte, was alles bisher Gesagte überbietet. Diese Worte Jesu zeigen wieder aufs deutlichste, was wir am Anfang schon gesagt haben, nämlich, daß Jesu Bergpredigt die Umwertung aller Werte ist! Dem Weg des Menschen, dem Ichweg, der Ichvergeltung, der Selbstbehauptung stellt Jesus entschieden den Gottesweg, die Liebesvergeltung, entgegen. Der Spur des natürlichen Menschen tritt strikt entgegen die Christusspur!

Jesus sagt: Ihr meine Nachfolger habt auch die zu grüßen und zu segnen, die nicht zu euch gehören als eure guten Bekannten und Verwandten und Vertrauten, als solche, die euch befreundet und sympathisch sind. Eure Feinde, eure Gegner, die euch das Leben erschweren und verbittern, euch beleidigen und kränken, euch wehe tun, euch verletzen, euch verfolgen, alle diese habt ihr auch zu lieben und zu grüßen, zu achten, zu ehren, ja sogar ihnen mit Ehrerbietung zuvorzukommen und über sie Segenswünsche auszusprechen! Wenn ihr das tut, dann tut ihr das „Besondere", das völlig Abweichende von dem, was die Welt tut. Zu diesem „Besonderen" und „ganz anderen" seid ihr berufen. Mit solch einem Tun vollführt ihr dann das, was euer himmlischer Vater auch fort und fort tut, nämlich seine Sonne täglich aufgehen zu lassen über Böse und Gute und regnen zu lassen immer und immer wieder über Gerechte und Ungerechte.

Und so (Vers 48) wie euer Vater im Himmel sich verhält, sollt auch ihr euch verhalten. Mit anderen Worten: Ihr Jünger sollt in jeder Weise so geartet sein, wie euer Vater geartet ist, ihr sollt eben so, wie euer Vater der ganz andere ist, auch die ganz anderen sein, nämlich auf Haß mit der Agape-Liebe, auf Verfolgen mit dem Gebet antworten.

Das ist das Höchste und Schwerste. Das überfordert alle unsere Kräfte. Das ist etwas Menschenunmögliches!

Und doch steht es da als Wort unseres Heilandes! Wie eine Felswand aus der Ewigkeit! Nicht nur zum Ansehen ist sie hingestellt, sondern zum Erklimmen, sich täglich und stündlich daran zu üben.

Wie ein großer Pianist in seiner Ausbildungszeit die Kunst des Klavierspiels nicht ausgelernt hat, sondern täglich in unermüdlicher Treue und verborgener Kleinarbeit seine Fingerübungen weiter treiben muß, um ein vollendeter Künstler zu werden, so müssen auch die Jesus-Nachfolger die Bergpredigt-Forderungen täglich, in verborgener Kleinarbeit des Gebets immer und immer durchüben, um der Vollendung der Gottesherrschaft den Weg zu bereiten.

Kapitel 6

Vom rechten Dreiklang des Neuen Lebens

Mt 5, 12; 5, 20; 23, 5
Apg 10, 30. 31;
Tit 2, 12

1 **Habt acht, daß ihr eure Gerechtigkeit nicht vor den Menschen übt, um von ihnen gesehen zu werden! Wenn aber nicht, dann habt ihr keinen Lohn bei eurem Vater, der in den Himmeln ist.**

In Vers 1 steht im Urtext das Wort „Gerechtigkeit". Es wird hier im umfassenden Sinn gebraucht, im Sinne von rechtes Tun, Gerechtes tun! — Während in 5, 22 „Gerechtigkeit" gesehen wurde von der Stellung zum mosaischen Gesetz (siehe dort), ist hier Gerechtigkeit gesehen als „Tätigkeit", als „Frucht" jener in 5, 22 genannten Gerechtigkeit, kurz als „das neue Leben".

In Vers 2 steht im Urtext nicht: „Gerechtigkeit" (Wohltätigkeit) üben, sondern „Almosen geben". Über die Bedeutung dieses Wortes nachher in Vers 2.

Wie ist das Wort „Lohn" zu verstehen? Der Ausdruck „Lohn" kommt in diesen Versen viermal vor, immer wieder in derselben Redewendung, die gegen die Pharisäer gerichtet ist: „Sie haben ihren Lohn empfangen." — Wir fragen, was will hier das Wort vom „Lohn"? Alles Trachten nach dem lohnenden Beifall der Menschen war doch soeben schärfstens abgelehnt?

Wir antworten: „Der Lohn Gottes" ist etwas ganz anderes als der Lohn, der hier als etwas Verwerfliches abgelehnt wird.

Lohn ist hier nicht im Sinne von „Entlohnung" zu verstehen, so wie es eine Entlohnung gibt zwischen dem Arbeitgeber und Arbeitnehmer als Bezahlung für eine geleistete Arbeit. Nein, so ist Lohn hier nicht zu verstehen, nicht Entlohnung auf Grund eines Vertragsverhältnisses oder eines Anstellungsverhältnisses, sondern im Sinne eines Familienverhältnisses von Vater und Kind. Lohn ist als „Anerkennung" anzusehen, die der Vater seinem fleißigen Kinde schenkt. Lohn ist, so gesehen, „Gabe", „Geschenk", „Güte", Einlösung von Versprechungen, Darreichung gegebener Verheißungen. Kurz: „Himmlischer Lohn" ist die Umarmung des himmlischen Vaters, ist „Schenkung ewiger Herrlichkeiten". (Wie sollte Er uns mit Seinem Sohn nicht alles schenken?) — Solch „himmlischer Lohn" steht in keinem Vergleich zu unserem irdischen „Gutes tun", weil er alles Denken über alle Maßen unendlich übersteigt, also nie und nimmer irgendwie eine Gegenleistung für unser irdisches Tun im „neuen Leben" sein kann.[1]) Lukas 17, 10 spricht der Herr: *„Wenn ihr alles getan habt, was euch befohlen ist, dann sprechet: Wir sind unnütze Knechte, wir haben nur getan, was wir zu tun schuldig sind."*

An dem Gleichnis von den „anvertrauten Pfunden" (Mt 25, 14—30; vergl. Lk 19, 12—27) wird ebenfalls deutlich, daß nicht der Gedanke an irgendwelche Entlohnung, sondern der Gedanke der Gnade das Hauptmotiv ist! — Wilhelm Löhe sagt in dem bekannten Wort: „Was will ich? Dienen will ich!":

„Wem will ich dienen? Dem Herrn in seinen Elenden und Armen.
Und was ist mein Lohn? Mein Lohn ist, daß ich darf."

Luther sagt in seinen Predigten über Mt 5—7 zum Lohngedanken: „Gott will uns feste machen durch solch „Lohn". Will dir die Welt nicht danken und nimmt dir Ehr, Gut, Leib und Leben drüber, dann halte dich an mich und tröste dich des, daß ich noch einen Himmel habe und so viel drinnen, daß ich dir's wohl vergelten kann und vielmals mehr, denn man dir jetzt nehmen kann . . . daß du das Himmelreich offenbarlich hast und Christum, den du jetzt im Glauben hast, dann sichtiglich anschauest, in ewiger Herrlichkeit und Freude."

Nach der Lehre der Rabbiner zeigt der Jude seine Gottesliebe durch drei Leistungen:
a) Wohltätigkeit; b) Gebet; c) Fasten.
Diese drei Leistungen kommen zu den jüdischen gottesdienstlichen Leistungen noch hinzu.

In die Sprache von heute übersetzt könnten wir sagen: Hier werden drei Äußerungen des „Neuen Lebens" gekennzeichnet. Durch drei Gesichtspunkte sind diese Auswirkungen des Neuen Lebens charakterisiert.
1. Gesichtspunkt: Der Blick nach außen bewirkt den Dienst („Almosen") unserer Hand dem Nächsten gegenüber.
2. Gesichtspunkt: Der Blick nach oben bewirkt den Dienst („Gebet") unseres Mundes Gott gegenüber.

[1]) Liechtenhan meint in seinem Buch „Gottes Gebot im NT": Jesus hat das Wort Lohn ganz unbefangen gebraucht. Manchmal hat es einfach die Bedeutung von „Wert". Also so: „Ihr habt sonst keinen Lohn bei dem Vater" heißt so viel wie: „Es hat vor Ihm, dem Vater im Himmel, „keinen Wert". — Vergl. das zu 5, 12 auf Seite 51 Gesagte.

3. *Gesichtspunkt*: Der Blick nach *innen* bewirkt den Dienst („Fasten") unserer Seele ihren *inneren* Kämpfen gegenüber.

Eine Dreiheit ist's! Nach *außen*, nach *oben*, nach *innen*.

Jesus sagt nicht: „Seid *nicht* wohltätig, betet *nicht*, fastet *nicht*", sondern er meint: *Wenn* ihr Wohltätigkeit übt, *wenn* ihr betet, *wenn* ihr fastet, dann macht das nicht so, wie die Pharisäer das zu tun pflegen. Denn so wie sie es tun, ist's verwerflich!

Wir fragen: Wie haben denn die Pharisäer das getan? Antwort: Sie wollten von den Menschen angestaunt werden, von *denselben* Menschen, die sie sonst verachteten, von denen wollten sie nunmehr bewundert werden.

I. *Im rechten „Wohltätigkeit üben" zeigt sich das Neue Leben als Dienst der Hand dem Nächsten gegenüber.*

Zu Vers 2:
Hio 34, 11
Mk 12, 41 ff
Lk 16, 25
Zu Vers 3:
Mt 25, 37—40
Zu Vers 4:
Hio 34, 11
Mt 6, 18; 25, 34—37
Lk 14, 12—14
Apg 10, 4

2 Wenn du nun Wohltätigkeit übst, sollst du nicht vor dir posaunen
lassen, wie die Heuchler tun in den Synagogen und auf den Straßen, damit
sie von den Menschen gerühmt werden. Wahrlich, ich sage euch, sie haben
3 ihren Lohn dahin. * Du aber, wenn du Wohltätigkeit übst, so laß deine
4 Linke nicht wissen, was deine Rechte tut; * damit deine Wohltaten im Ver-
borgenen seien, und dein Vater, der im Verborgenen sieht, wird dir vergelten.

Die jüdische Wohltätigkeit gab reichlich Almosen. Zu diesem reichlichen Geben wurde der Spender durch das Geben vor der Öffentlichkeit gezwungen. Durch diesen Öffentlichkeitscharakter fühlte sich jeder beobachtet. Nach den „*Gaben*" wurde der Grad der Frömmigkeit, besser gesagt der Grad der Gerechtigkeit gemessen.

Nach dem Gottesdienst in der Synagoge trat der einzelne auf und gab an, wie hoch die Summe sei, die er geben wolle. Wurde sehr viel gespendet, dann wurde der Spender auf das Bema (Tribüne) hinaufgerufen und dadurch geehrt, daß er sich neben den Rabbi setzen durfte.

Der Gemeindediener blies dann eine Posaune, um die Himmlischen darauf aufmerksam zu machen, was für eine besondere Wohltat hier geleistet worden war.

Je mehr also der Pharisäer Wohltätigkeit übte, d. h. Almosen gab, desto größer war das Schauspiel, sowohl in der Synagoge, als auch nachher auf der Straße.

Der Herr verurteilt aufs schärfste dieses Schauspiel in der Synagoge und auf der Straße. Er verwirft den Öffentlichkeitscharakter der Wohltätigkeit ganz und gar. Die linke Hand soll nicht wissen, was die rechte tut, d. h. der Wohltätigkeit Übende soll über seine Handlung nicht einmal *nachdenken*, nicht im geringsten irgend ein „*Wesen daraus machen*".

Völlige Selbstlosigkeit, das ist das, was die echte Liebe (agape) kennzeichnet. Nur Gott allein darf wissen, was im Verborgenen gegeben wird. So ist die Wohltätigkeit nicht Leistung, nicht Werkgerechtigkeit, sondern *Hingabe* und *Glaubensfrucht*.

Alles andere hat seinen Lohn dahin. Aber der im Verborgenen Wohltätigkeit übt, d. h. Almosen gibt, dem wird es der himmlische Vater vergelten, dem wird der himmlische Vater *Lohn* geben, Lohn im Sinne des vorhin Erklärten! Das griechische Wort für „Almosen" heißt aleämosyne, woraus „Almosen" entstanden ist.

Wir haben es nicht wie die traditionelle „Elberfelder" und Luther mit „Almosengeben" übersetzt, sondern mit „Wohltätigkeit üben". — Es heißt aber noch mehr als das. Es bedeutet: Barmherzigkeit, Erbarmen, Mitleiden. — Es ist nämlich damit alles das ausgesprochen, was der Jesusjünger seinem Nächsten schuldig ist an Rücksicht und Achtung und Liebe und Hilfe, an mitfühlendem Tragen. Auch dem sozial Geringeren gilt es, seine ganze Liebe und Achtung zu schenken. *Laut* klingt auch in dieser Beziehung das Wort Jesu: **„Habt acht,**

habt acht auf euer Wohltätigkeit üben", d. h. auf eure rechte Liebe und Rücksicht dem Niederen und Schwächeren gegenüber!

In diesem Zusammenhang sei kurz auf eine Gefahr aufmerksam gemacht.

Durch eine rasch erledigte äußerliche Hilfe, dazu manchmal noch vom eignen Überfluß oberflächlich gegeben, entzieht man sich oft der wirklichen, tiefen, inneren Hilfe. Das griechische Urtextwort meint für „Almosengeben" oder „Wohltätigkeit üben", „unter bereitwilliger Selbstopferung, der Seele und dem Leib des Mitmenschen zu helfen versuchen."

Ein anderes sei noch gesagt: Nirgends ist die Gefahr des Selbstbetrugs so groß, die Gefahr der niederen Beweggründe so stark wie bei dem „Wohltätigkeit üben". Es können unter der frommen und freundlichen und gütigen Oberfläche ganz unfromme Beweggründe hausen. Es ist etwas Unheimliches um diese versteckten, unreinen Motive, die sich zu leicht in das Denken, Fühlen und Wollen des geltungssüchtigen Ichs hineinschleichen. Das ist der raffinierteste Betrug, wenn frommes „Wohltätigkeit üben" zum Mittel wird, sich selber zu sehen und das Gefühl zu nähren: „Ich habe etwas Edles getan." „Ich bin besser als die anderen; wenn alle so wären wie ich, dann würde es besser aussehen in der Welt." —

So sehr verborgen sei all der Liebesdienst der Jesus-Nachfolger, daß, wenn der Herr sie bei dem Jüngsten Gericht zu sich ruft (weil sie den Hungrigen und Elenden gedient haben), sie erstaunt fragen: „Wann haben wir dich leidend gesehen und dir gedient?" Sie sind sich ihrer Liebesdienste, ihrer Almosen gar nicht bewußt.

II. Im rechten Beten zeigt sich das Neue Leben als Dienst des Mundes Gott gegenüber.

Zu Vers 5: Mt 23, 6. 7

Zu Vers 6: 2 Kö 4, 33 Jes 26, 20

Zu Vers 7: Jes 1, 15 Mk 12, 40 Lk 20, 47

Zu Vers 8 V 32

5 **Und wenn du betest, sollst du nicht sein wie die Heuchler; denn sie**
lieben es, in den Synagogen und an den Ecken der breiten Straßen stehend
zu beten, damit sie von den Menschen gesehen werden. Wahrlich, ich sage
6 **euch, sie haben ihren Lohn dahin. * Du aber, wenn du betest, so geh in deine**
Kammer, und nachdem du deine Tür geschlossen hast, bete zu deinem Vater,
der im Verborgenen ist; und dein Vater, der im Verborgenen sieht, wird dir
7 **vergelten. * Wenn ihr aber betet, sollt ihr nicht plappern wie die Heiden,**
denn sie meinen, daß sie um ihres Wortschwalles willen werden erhört wer-
8 **den. * Seid ihnen nun nicht gleich; denn euer Vater weiß, was ihr bedürfet,**
ehe ihr ihn bittet.

In das Verborgene hinein gehört auch das Gebet. Die Öffentlichkeit des Gebets war ebenso wie die der Wohltätigkeit Brauch bei den Juden. Weil die Gebetszeiten festlagen, morgens, mittags und abends, sah man oft auf der Straße einen Beter stehen. Die Gebetszeit wurde damit pünktlich und treu innegehalten. Der Beter sprach dabei nicht laut (das war verboten), sondern flüsterte sein Gebet! [2])

Der Herr verwirft den Öffentlichkeitscharakter des Gebets. Er sagt Vers 6: Wenn du betest, dann geh in deine Kammer, in dein Tameion hinein und schließe die Tür zu und bete zu deinem Vater im Verborgenen (Krypta).

Was ist das Tameion?

[2]) Ein Rabbinischer Traktat sagt: „Das Morgengebet ist besonders wichtig. Es hat 4 Stunden zu dauern. Wenn man das Morgengebet aus irgend einem Grunde nicht in der Synagoge beten kann, dann muß es dort gebetet werden, wo man sich gerade befindet. Es sind darum Bestimmungen herausgegeben, wie man beten muß, wenn man gerade auf einem Esel reitet, wenn man auf einem Schiff fährt, oder auf einem Karren sitzt." (Berachoth IV, 5.)

Das Tameion = Kammer ist die Vorratskammer, der versteckte, geheime Raum, das innerste Gemach, weil der Vorrat vor Dieben und wilden Tieren gesichert sein muß. Diese Vorratskammer ist die einzige Stube im palästinischen Bauernhaus, die man verschließen kann. Auch besitzt sie kein Fenster. Sie ist also in doppelter Weise geeignet, den Sinn des „Verborgenen" zu veranschaulichen, und zwar insofern, als niemand weder hinein gehen, noch hineinsehen kann. — Wie fein wird hiermit von Jesus das Wesen des Gebets im Unterschied zum Gebet des Pharisäers charakterisiert! Wie oft suchte Jesus selbst zum Gebet die Einsamkeit der Nacht auf.

Das Gebetskämmerlein, von dem Jesus spricht, kann aber auch als Einsamkeit mitten im Lärm der Welt und mitten unter den Menschen sein. Aber nur dann, wenn man sich zunächst nach Jesu Rat in heiliger Gewohnheit zum Gebet ins Kämmerlein zurückzieht. [3])

Wie trefflich wird auch, mit dem Wort vom Kämmerlein, die Stellung Gottes zu solch einem verborgenen Gebet angedeutet. „Gott will's vergelten", sagt der Bibeltext. Der griechische Ausdruck für „vergelten" bedeutet „Empfangenes wieder zurückgeben", „Schuldiges abtragen". Gott sieht also das Gebet als unser Geschenk an ihn an, das er uns wieder zurückgibt, als Schuld, die Er bei uns hat und die er wiedererstattet, und zwar in göttlicher Weise.

Mit diesem Wort, von dem Gebet im Verborgenen, will Jesus aber anderseits niemals gesagt haben, daß seine Jünger nur im Kämmerlein beten dürfen. Das Gemeindegebet in der Synagoge hat Jesus nicht untersagt. Er selbst ging nach seiner Gewohnheit auch zur Synagoge.

Neben der einen Gefahr, „mit der Gebets-Frömmigkeit öffentlich scheinen zu wollen", macht Jesus noch auf eine andre Gefahr aufmerksam, nämlich auf die Unsitte der gedankenlosen Häufung der Gebetsworte.

Die Gebetsübungen der Juden waren damals so ins Übertriebene gesteigert, daß durch die fortwährende Wiederholung des vorgeschriebenen Wortlautes aus dem Gebet „Wortplapperei" entstand. Es wurde täglich gefordert:

1. Das dreimalige Hersagen des Achtzehnbittengebetes [4]) um 9 Uhr vormittags, 3 Uhr nachmittags und abends.
   (Dies Gebet war zehnmal so lang wie das Vaterunser = 970 Worte.)

---

[3]) Tersteegen sagt: „Ich suchte einstmals Ort und Zeit zum Beten und zur Einsamkeit, nun bet' ich stets in meinem Sinn und bin nun einsam, wo ich bin."

Luther sagt: „Denn ein Christ ist an keine Stätte gebunden und mag wohl überall beten, es sei auf der Straße, im Felde, im Gotteshaus. Denn ein Christ hat allezeit den Geist des Gebets bei sich, daß sein Herz in solchem steten Seufzen und Bitten stehet zu Gott, ob er gleich isset, trinket, arbeitet usw. Denn sein ganzes Leben ist dahin gerichtet, daß er Gottes Namen, Ehre und Reich ausbreite; das, was er sonst tut, muß alles unter dem gehen."

„Also ist auch nicht immer als nötig geboten, daß man allezeit müsse in ein Kämmerlein gehen und sich verschließen, wiewohl es fein ist, wenn einer beten will, daß er allein sei, da er kann frei und ungehindert sein Gebet zu Gott ausschütten."

[4]) Das Achtzehnbittengebet, auch Tephilla genannt, lautet im Auszug wie folgt: Gepriesen seist du, Jahve, Gott Abrahams, Gott Isaaks und Gott Jakobs, höchster Gott, Gründer von Himmel und Erde, unser Schild und Schild unserer Väter. Gepriesen seist du, Jahve, Schild Abrahams.

Du starker Held, ewig Lebender, ernährend Lebendige, lebendig machend die Toten. Gepriesen seist du, Jahve, der da lebendig macht die Toten.

Heilig du und furchtbar dein Name, und es gibt keinen Gott außer dir. Gepriesen seist du, Jahve, heiliger Gott.

Habe Wohlgefallen, Jahve, unser Gott, und wohne in Zion, und es mögen dir dienen deine Knechte in Jerusalem. Gepriesen seist du, Jahve, denn dir wollen wir dienen in Furcht.

Wir danken dir, Jahve, unser Gott, für alle Guttaten der Güte. Gepriesen seist du, Jahve, dem zu danken gut ist.

Leg deinen Frieden auf Israel, dein Volk, und segne uns alle insgesamt. Gepriesen seist du, Jahve, der da macht den Frieden usw. usw.

Dies ist nur ein ganz kurzer Auszug, um den Charakter des großen Achtzehnbittengebetes kennen zu lernen.

2. Das tägliche Glaubensbekenntnis, das zweimal gesprochen werden mußte. Es wird auch „Schema" genannt.[5])
3. Die Wiederholungen der Tischgebete.
4. Bei jedem Anlaß die Doxologie (Lobpreisung Gottes).

Jesus meint weiterhin mit dem „Plappern" oder dem „gedankenlosen Beten" oder „ehrfurchtlosen Beten" dieses, daß man glaubte, Gott würde durch die vielen Worte genötigt werden, den Wünschen der Beter zu willfahren. Das wortreiche Gebet sei gewissermaßen das Zaubermittel, um sich damit den Himmel zu verdienen. Das ist heidnisch, meint der Herr.

Wenn der Herr das leere, gedankenlose, viele Worte machende (abergläubische) Gebet voll und ganz verurteilt, so denkt er aber anderseits nicht im entferntesten daran, das lange, inbrünstige, vertrauensvolle Gebet, das Gebetsringen, das unter besonderen Umständen auch eine ganze Nacht währen kann, zu untersagen. (Vergl. Jakobs Gebet bis zum Aufgang der Morgensonne.)

Wenn Paulus sagt: „Betet ohne Unterlaß", dann meint er das ganz im Sinne seines Meisters, daß solch anhaltendes Beten nicht in mystische Frömmigkeit, in Schwärmerei ausarte, sondern stets unter die Zucht des Geistes gestellt sei, stets in biblischer Nüchternheit geschehe.

Trotzdem bleibt die Tatsache bestehen, daß „das Beten ohne Unterlaß" das Handwerk des echten Christen ist und bleibt. Denn „beten" heißt nicht nur morgens und abends einige Minuten dem Gebet widmen, sondern beten heißt: eine neue Existenz, eine neue Daseinsweise gefunden zu haben, und zwar eine solche, die das ganze Leben beherrscht. Beten heißt, das ganze Leben ist zu einer Zwiesprache mit Gott geworden, zu einer Zwiesprache, die fortdauert bis in die Ewigkeiten und selbst durch den Tod nicht eine einzige Sekunde unterbrochen wird.

Wer dieser fortwährenden Zwiesprache sich bedient, der nimmt alle seine Lebensführungen nicht gedankenlos hin, nicht als Zufall oder Schicksal, oder Mißgeschick, sondern als Gabe aus Gottes Hand, auch Trübsal und Leid. Alles, das Größte und das Kleinste, die geistige Segnung und das Stückchen Brot empfängt der Beter von Gott und bezieht alles auf Gott. Der Gebetslose sieht stets des Teppichs, des Kirchenfensters verkehrte Seite, sieht alles unklar und kraus. Der Beter sieht des Teppichs prächtiges Muster, des Kirchenfensters klar leuchtendes Bild. Auch im Unbegreiflichen sieht er Gottes Spur.

Der Einschub: Das Vaterunser.[6])

9 **Nun betet ihr so: Unser Vater, der du bist in den Himmeln, geheiligt**
10 **werde dein Name; * dein Reich komme; dein Wille geschehe, wie im Him-**
11 **mel also auch auf Erden. * Unser Brot, das zum Leben notwendig ist, gib**
12 **uns heute; * und vergib uns unsere Schulden, wie auch wir vergeben haben**
13 **unsern Schuldnern; * und führe uns nicht in Versuchung, sondern errette uns**

Zu Vers 9:
2 Mo 20, 7
5 Mo 32, 6
Jes 63 16
Jer 3, 19
Hes 36, 23
Lk 11, 2
Jo 1, 12; **17, 6**
20, 17
Zu Vers 10:
Mt 26, 42; 7, 21
Lk 11, 2; 22, 42
Apg 21 14
Hbr 13, 20. 21
Offb 22. 20
Zu Vers 11.
Spr 30, 8
Lk 11, 3
Jo 6, 13
Zu Vers 12:
Ps 32, 1. 5
Sir 28, 2
Mt 6, 14. 15
Mt 18, 21—35
Eph 4, 32
1 Jo 1, 9
Zu Vers 13:
Mt 13, 19; 26, 41
Lk 8, 13; 11, 4
Jo 17, 11. 15
1 Ko 10, 13
Eph 4, 23
2 Th 3, 3
2 Tim 4, 18
2 Pt 2, 9
Jk 1, 13—15
Offb 3, 10

[5]) Das Schema (Glaubensbekenntnis), das am Morgen stehend und am Abend liegend gebetet werden mußte, nach 5. Mo 6, 7, bestand aus 3 Teilen, aus 5. Mo 6, 4—9, 5. Mo 11, 13—21 und 4. Mo 15, 37—41. Wie der Inhalt dieser drei genannten Schriftstellen zeigt, will das Schema nicht ein Gebet, sondern ein Glaubensbekenntnis sein. Es ist das Grundbekenntnis Israels zu dem einen Gott und zu seinen Geboten. — Das Schema wurde von liturgischen Einkleidungen umrahmt. Das Morgen-Schema hatte 2 Einleitungen und 2 Ausleitungen. — Eine solche Einleitung lautete zum Beispiel: „Wahr und gewiß und fest und bleibend und richtig und zuverlässig und geliebt und beliebt und wert und lieblich und fruchtbar und herrlich und recht und angenehm und gut und schön ist dieses Gebet (das Schema)" usw. — Der Lohn des Schema-Betens bestand in folgendem: Es ist ein Schutzmittel gegen die bösen Geister, es verlängert das Leben des Menschen, es verbürgt dem Menschen die zukünftige Welt . . . Was sollen wir hierzu sagen? Wir sagen: Wie veräußerlicht ist doch hier das Gebetsleben als Leistung!

Hinsichtlich der Vorbereitung zum Gebet ist folgendes zu sagen: Die Beter pflegten eine Stunde zu warten und dann eine Stunde zu beten und wiederum eine Stunde zu warten.

[6]) Der Wortlaut des Vaterunsers ist zweimal überliefert worden, in der längeren bei Matthäus und in der kürzeren bei Lukas, bei dem die 3. und die 7. Bitte fehlt und die Anrede nur Vater heißt.— Nur toter Buchstabenglaube kann daran Anstoß nehmen. — Wir glauben, daß Matthäus den ursprünglichen Wortlaut hat. (Begründung im Kommentar zum Matthäus-Evangelium.)

ZuVers 14 u. 15:
Sir 28, 2
Mt 18, 21—35
Mk 11, 25. 26
Ko 3, 13
1 Pt 4, 8

14 von dem Bösen. * Denn wenn ihr den Menschen ihre Vergehungen vergebet,
15 so wird euch euer himmlischer Vater auch vergeben; * wenn ihr aber den
Menschen nicht vergebet, so wird auch nicht euer Vater eure Vergehungen
vergeben.

Die einzigartige Bedeutung des Vaterunsers besteht darin, daß Jesus den Vaternamen zum ureignen Namen Gottes für seine Jünger und damit für seine Gemeinde macht. Für sie ist fortan „Vater" der erste und ureigne Name Gottes, und nicht Jahve (Jehova).

Im jüdischen „Achtzehn-Bitten-Gebet" (auch das „Gebet der achtzehn Segnungen" genannt), kommt der Name „Jahve" im ganzen 27 mal vor, der Name „Gott" 13 mal und nur 2 mal, also ganz „nebenbei", der Name „Vater".

Für den Jünger ist durch Jesus der Name „Vater" der beseligende Ausdruck alles dessen, was Jesu Erlösungswerk vollbracht hat. Was die AT Propheten ahnend angedeutet haben [7]), das ist in Jesus herrlichste Erfüllung geworden. Im AT wird Gott nur 11 mal „Vater" genannt, im NT 155 mal!

„*Vater in den Himmeln*" bedeutet, daß es uns dringend verwehrt ist, Gott-Vater zum „Papa" zu machen. „Vater in den Himmeln" verbindet vertrauenerweckende Güte mit heiligster Ehrfurcht. Alle plumpe und falsche Vertraulichkeit ist von vornherein ausgeschlossen. Das Vatervertrauen darf nie zur ehrfurchtslosen Vatervertraulichkeit werden. Denn der Vater in den Himmeln ist und bleibt der Heilige.

In Jesu Mund ist also das Wort „Vater" das Evangelium, das er brachte. Im AT war Gott der Vater des „*Volkes*"! Israel war sein Sohn! Jesus sieht Gott als den Vater des einzelnen an. Der Einzelne steht im Gebet persönlich mit Gott, dem *Vater*, in Verbindung. Das ist etwas ganz Großes und total Neues. Wiederum betet aber der Einzelne als Glied der Gemeinde Jesu. Darum das Wort: „*Unser* Vater." Dieser Einzelne wird nun gleich ganz von sich abgelenkt und ausschließlich auf *Gott* gelenkt.

Die drei ersten Bitten des Vaterunser reden von dem, was Gott *will*. Alle persönlichen Anliegen der Jünger werden zunächst beiseitegestellt. Es wird nicht von *ihrem* eignen Willen und von *ihrer* eignen Seligkeit gesprochen, sondern von *Gottes* Willen, und zwar ganz allein!

Dadurch wird das Gebet von vornherein von jeder *Eigenwilligkeit* und Selbstsucht *gereinigt*.

Durch das Wort „Unser", „unser Vater" weitet sich der Blick über das eigne stille Gebets- und Herzenskämmerlein hinaus zur Christus-Gemeinde, die auf dem ganzen Erdenrund sich ausbreitet. Das Gebet im „Verborgenen" wird damit zum Gebet, „das die Welt umspannt". Die Gefahr der frommen Ichsucht ist damit gebannt.

Mit heiligster Ehrfurcht und weltweitem Priestertum gilt es also, das Vaterunser zu beten, das darum in Wahrheit nur von dem „Wiedergeborenen" gebetet werden kann; nur der Jünger, nur das Kind Gottes kann „Vater" sagen.

Was das kostbare Wort „Vater" bedeutet, wird am besten dadurch gekennzeichnet, daß man das Wort „Vater" vielleicht vor jeder der Bitten noch einmal besonders setzt. Also:

Vater, heilige deinen Namen, d. h. bringe deinen Namen bei uns und auch bei mir zur Geltung, voll und ganz, täglich und stündlich.

Vater, führe deine Königsherrschaft herbei, d. h. hilf mir, daß du bei uns und auch bei mir fort und fort als König und Herr regierst!

Vater, laß deinen Willen geschehen, und zwar ebenso wie im Himmel auch auf Erden, d. h. des Vaters Wille hat bei mir im Alltag fort und fort

[7]) Jes 9, 6. Er heißt „Ewig-Vater", 63, 16. „Du unser Vater und Erlöser". Jer 3, 4. „Mein Vater, du Freund meiner Jugend", und 3, 19: „Ihr werdet mir zurufen: Mein Vater" usw. Vergl. 31, 9; Maleachi 1, 6 und 2, 10 und Psalm 68, 6; 89, 27.

zu geschehen, nicht der eigene Wille. „Nicht wie i c h will, sondern wie d u willst", ist des Kindes tägliche Bitte an den Vater im Himmel.

D r e i funkelnde Edelsteine leuchten hell auf. Die Heiligung des göttlichen Namens, die Durchführung der Königsherrschaft Gottes und die unbedingte Erfüllung des göttlichen Willens bei mir und bei der Gemeinde des Herrn im Alltag; das soll der Jünger Jesu mit höchster Inbrunst erflehen!

Gottes Verherrlichung soll sich im Leben des Jüngers in den drei Edelsteinen widerspiegeln. [8])

Nachdem nunmehr die Interessen Gottes vorangestellt sind, folgen jetzt die Anliegen des Jüngers selbst, die sich auf die Erhaltung seines irdischen Lebens beziehen!

Auch hier wieder steht der Einzelne vor dem V a t e r im Himmel, aber jetzt auch als Glied der G e m e i n d e, darum das Wort: U n s e r täglich Brot . . . Und in dem Folgenden: Vergibt uns u n s e r e Schuld usw.

In der Urtextforschung hinsichtlich der schwierigen Übersetzung der 4. Bitte, ob man übersetzen soll: „Vater, gib das für den k o m m e n d e n Tag bestimmte und ausreichende Brot", oder „gib das für d i e s e n Tag bestimmte und ausreichende Brot", ist die Entscheidung gefallen zu Gunsten der Übersetzung „das Brot für den k o m m e n d e n Tag gib uns heute", d. h. das zur E x i s t e n z n o t w e n d i g e B r o t, das T a g e s b r o t, gib uns heute. (Vergl. 1. Ti 6, 8.)

Der Hinweis des Theologen Zahn auf den Tagelöhner ist für das Verständnis der vierten Bitte wertvoll. Der Tagelöhner gehört zu den Leuten, die jeden Tag ihr Brot „vom Bäcker kaufen müssen", d. h. die nicht, wie die Wohlhabenden, ihr Brot für eine ganze Woche backen können. Versetzen wir uns nun in seine Lage hinein und denken wir uns ihn als den Ernährer der Familie, die von der Hand in den Mund leben muß, dann ist es wahrhaftig nicht Kleinglaube, wenn er nur darum bittet: Laß mich heute soviel verdienen, daß wir, ich und die Meinen, uns morgen davon satt essen können.

Es sei in diesem Zusammenhang auch erinnert an das Wort: *„Dein Wort ist meines F u ß e s Leuchte"*, d. h. nur der Ort, wo mein Fuß hintritt, braucht erleuchtet zu sein. Sowohl das *„W o r t"* als auch das *„B r o t"* mögen nur Schritt für Schritt, Tag für Tag uns geschenkt werden.

Dazu kommt noch folgender Gedanke: Das Vaterunser ist in seinem Wortlaut nicht im entferntesten irgendwie übergeistlich, schwärmerisch, übernatürlich in dem Sinne, als ob das B r o t nicht in ein Gebet hineinpasse, sondern sein Sinn ist sehr natürlich für die Belange der täglichen, leiblichen Bedürfnisse.

Und weiter: Das schlichte Wort „B r o t" warnt vor allem Luxus, aller Genußsucht und mahnt zur Einfachheit und zur Bedürfnislosigkeit. — Und noch weiter: Luthers Erklärung zur 4. Bitte sieht im Brot alle irdischen Bedürfnisse wie: gut Wetter, gut Regiment, treue Nachbarn usw. miteinbegriffen.

Doch das Vaterunser-Gebet schreitet vom Leiblichen zum Geistigen fort!

„Gib Brot — Vergib Schuld." Das ist als Doppelbitte die ganze Sehnsucht des Menschen. Denn der Mensch besteht aus Leib und Seele.

5. Bitte: **„Vergib uns unsere Schulden!"** Das Verhältnis vom „Gläubiger zum Schuldner" wird auf Gott übertragen. Der Schuldner muß zahlen, das ist

[8]) Viele Ausleger meinen, die drei ersten Bitten des Vaterunsers bezögen sich nur auf die Endzeit, auf das zukünftige Gottesreich, kurz, diese drei Bitten seien nur „e s c h a t o l o g i s c h" zu verstehen! Wir lehnen das ab und meinen: Obwohl das Reich Gottes etwas Zukünftiges ist, das der Gläubige ersehnt und erfleht und auf das er sich Tag für Tag von ganzem Herzen freut, so gehört doch auch zum Wesen der Gottesherrschaft, des Gottesreiches, daß es schon jetzt Gegenwartsgut ist, schon jetzt angebrochen ist, „mitten unter uns ist" (Lk 17, 21), und zwar in seinem ersten Anfang und gleich einem Senfkorn sich entwickeln wird, gleich einem Sauerteig sich entfalten wird. — Die Bürger des Reiches Gottes haben schon jetzt auf Erden den Namen Gottes zu heiligen, das Reich Gottes schon jetzt bei sich zur Verwirklichung kommen zu lassen, dem Willen Gottes schon jetzt in ihrem Alltag zur unbedingten Geltung zu verhelfen, nicht bloß Herr, Herr zu sagen — sondern den Willen des Vaters zu tun. (7, 21)

eine unbedingte Verpflichtung. — Tut er das nicht, dann ist das Bruch des Rechts. Und Rechtsbruch wurde im Altertum streng bestraft.

Schulden entstehen Gott gegenüber, wenn IHM nicht gegeben wird, was IHM gehört! Erlaß von Schulden ist unerhörte Güte, die nicht groß genug im Altertum gesehen werden kann.

Ein Jünger steht vor Gott immer als Schuldner da, denn es mangelt ihm immer in allem, fort und fort an dem, was Gott zusteht und gebührt.

Der göttliche Schuldnererlaß wird dem Beter nur dann gewährt, wenn er dem nächsten ebenso seine Schulden ihm gegenüber erläßt, nicht sieben mal, sondern 7 mal 70 mal, also immer und immer wieder.

Wer also betet: „Vater, vergib uns unsere Schulden", der kann diese Bitte nur dann vor Gott bringen, wenn er all denen (es sind die Weltmenschen miteingeschlossen, vergl. Vers 14 und 15), die sich an dem Beter versündigt haben, schon vergeben **„hat"**. Das Perfekt steht im Urtext. Wer nicht bereits dem andern vergeben hat, darf nicht und kann nicht das Vaterunser beten.

Die tragende Geduld und vergebende Liebe der Jünger gilt nicht nur den Schwächen und Gebrechen der Mitmenschen, sondern gilt auch ihren verwerflichen Handlungen. Nur dem fortwährend Vergebenden kann Vergebung geschenkt werden.

Wie wichtig dem Herrn Jesus gerade diese Bitte ist, beweist die Tatsache, daß der Herr nach dem „Vater-unser-Gebet" noch in Vers 14 und 15 eine Erklärung hinzufügt: „Wenn ihr den Menschen ihre Vergehungen vergebt, so wird euch euer himmlischer Vater auch vergeben. Wenn aber nicht, dann wird auch euer himmlischer Vater eure Vergehungen nicht vergeben." Eine sehr ernste Erklärung Jesu.

Es ist eine unheimliche Tragik, ein furchtbares Geheimnis, daß der Vater im Himmel, der doch allmächtig ist, gewissermaßen machtlos wird, wenn sein Kind, sein Jünger hier auf Erden nicht verzeihen kann.

Das ist jedoch keine Verzeihung, wenn nur ein Kompromiß geschlossen ist, wenn das Mißtrauen, der Trennungsstrich, der Riß bestehen bleibt. — Das Glaubensband mit dem himmlischen Vater ist nur dann vorhanden, wenn das Liebesband wieder mit dem Nächsten geknüpft worden ist. [9])

Während sich nun die Vergebung der Schuld auf das Vergangene bezieht, bezieht sich die folgende Bitte auf das Zukünftige.

Die sechste Bitte: **„Führe uns nicht in Versuchung"** denkt an all die Nöte und Anfechtungen, die bei dem Christen darin bestehen, daß es immer wieder Tatsache wird, „daß das Fleisch gelüstet wider den Geist". (Vergl. auch dazu Jk 1, 13.) Die immer wieder vorkommenden Anfechtungen und Versuchungen, die dem Christen als Bewährungsproben dienen, sind eine Forderung der göttlichen Erzieherweisheit und Gerechtigkeit. Freude und Schmerz, Trübsal und Widerwärtigkeiten, Enttäuschungen, Hunger und Elend und Verfolgung bergen nämlich fort und fort große Gefahren in sich. Im Bewußtsein seiner eigenen Ohnmacht und Schwäche wendet sich das Gotteskind darum zum Vater, er möge sein Kind der verführerischen Macht aller dieser Versuchungen entziehen. Und Gott bewirkt kraft seiner Treue, daß die Versuchung nicht zum Falle führen muß, sondern überstanden werden kann. (1. Kor. 10, 13.)

Die siebente Bitte: **„Rette uns vor dem Bösen"** heißt: Rette uns, daß wir und das Böse voneinander getrennt bleiben. Das Böse ist eine Macht, hinter der der Böse, der Satan, steht. Darum ist das Getrenntsein und Getrenntbleiben

[9]) Es bleibt als selbstverständliche und gewaltige Tatsache jedoch bestehen, daß zwischen der vergebenden Liebe Gottes uns gegenüber und der Vergebung der Menschen und Christen untereinander ein gar nicht zueinander in Beziehung zu bringender Unterschied klafft. Ebenso wenig wie die gegenwärtige Trübsal gar nicht im entferntesten irgendwie in Beziehung gesetzt werden kann zur zukünftigen Herrlichkeit, ebenso unmöglich ist auch unser Vergeben mit dem Vergeben Gottes zu vergleichen! Darüber ausführlich in Lk 15.

vom Bösen etwas, was täglich nur durch die rettende und schützende Hand Gottes möglich ist. Vater, halte uns fest an deiner Hand. [10])

Wir sind am Ende des „Vater-unser". In keinem anderen Gebet bergen wenige und schlichte Worte den allerherrlichsten und allerreichsten ewigkeitsumspannenden Inhalt. Es ist darum mehr als ein Gebet. Es ist eine ganze Hochschule des Gebets, aus der wir fort und fort lernen, wie wir beten dürfen und sollen.

III. Im rechten Fasten zeigt sich das Neue Leben als Dienst unserer Seele ihrem inneren Kampf gegenüber.

Vers 16—18.

Zu Vers 16:
Jes 58, 3—9
Apg 13, 2. 3
ZuVers 17 u. 18:
2 Sam 12, 20
Pred 12, 14
Mt 6, 4. 5
Lk 18, 12
1 Ko 9, 27
Ko 3, 23. 24

16 **Wenn ihr aber fastet, so sehet nicht trübe drein, wie die Heuchler; denn**
sie entstellen ihre Gesichter, damit sie dem Menschen als Fastende erscheinen.
17 **Wahrlich, ich sage euch, sie haben ihren Lohn dahin. * Du aber, wenn du**
18 **fastest, so salbe dein Haupt und wasche dein Gesicht, * damit du nicht den**
Menschen als ein Fastender erscheinest, sondern deinem Vater im Verborgenen; und dein Vater, der im Verborgenen sieht, wird dir vergelten.

Die Juden zur Zeit Jesu hatten für das ganze Volk zwei Fasttage: Den Versöhnungstag und den 9. Ab. [11]) Der letztere Fastentag wurde zur Erinnerung an die 1. und 2. Zerstörung des Tempels gehalten (die erste Zerstörung unter Nebukadnezar 586 vor Chr. und die 2. durch Titus 70 nach Chr.). — Dazu kamen dann noch Fasten, die bei großen Nöten angeordnet wurden, z. B. bei Ausfall des Regens, bei Seuchen, Krieg, Heuschreckenplage usw. Hierzu wurde als Fastentag der Montag und der Donnerstag bestimmt. Es fanden öffentliche Gottesdienste auf der Straße statt. — Am strengsten war das Fasten am Versöhnungstage. „Wer am Versöhnungstage so viel wie eine Dattel ißt, oder wer so viel trinkt, wie sein Schluck beträgt, der ist schuldig." An diesem Tage durfte man sich auch nicht waschen. Auch mußte das Salben des Körpers unterbleiben. Man bestreute sich dagegen mit Asche, ging barfuß und nahm eine traurige Miene an. — Man wollte unscheinbar erscheinen, um vor den Leuten um so mehr zu scheinen. (So ist im griechischen Urtext das Wortspiel.) Für gewöhnlich dauerte das Fasten von Sonnenaufgang bis Sonnenuntergang. — Einzelne Fromme luden sich freiwillig noch besondere Privatfasten auf. Denn solch freiwilliges Fasten stand in höchster Wertschätzung. Man glaubte durch Fasten sich bei Gott ein besonderes Verdienst zu erwerben und meinte, durch Fasten die Aufhebung göttlicher Gerichtsbeschlüsse erlangen zu können. Man fastete darum auch für die Sünden des Volkes, um Gottes Zorn vom Volk abzuhalten! — Man trieb solches Fasten oft recht auffällig, um die Blicke der Mitmenschen auf sich zu lenken. — Jesus sagt: Solch Fasten ist Heuchelei und darum verwerflich. — Rechtes Fasten ist innerste Bußgesinnung und Herzensbeugung vor Gott — die in keuscher Zurückhaltung geübt werden muß, wo nach außen hin nichts zu merken ist, sondern der Fastende dem Nächsten vielmehr „Freudenstimmung" zeigt. (Vergl. Mk 2, 18.)

[10]) Die Worte: „denn dein ist das Reich und die Kraft und die Herrlichkeit in Ewigkeit! Amen", stehen in der Koine und in manchen anderen Handschriften. (Was Koine bedeutet, steht in den Richtlinien). Wir finden diese Doxologie auch in der „Lehre der 12 Apostel", entstanden um das Jahr 100. — In dieser Lobpreisung wird die Gewißheit der Erhörung unseres Gebetes auf Gottes Macht und Herrlichkeit gestellt. — In der Form eines Reimes sei die Doxologie dargestellt: Sein ist das Reich, das wollen wir bauen, Sein ist die Kraft, der dürfen wir trauen, Sein ist die Herrlichkeit, die dürfen wir schauen.

[11]) Der 9. Ab war im Monat August.

Was ist mit jenem „Fasten" nun heute und gegenwärtig gemeint? Es gibt ein freiwilliges Fasten, und es gibt ein Fasten, in das wir hineingeführt werden. Beide Fastenarten bergen die Gefahren in sich, von denen Jesus hier spricht.

Das freiwillige Fasten besteht in allerlei Entsagungen, die man sich auferlegt hat, z. B. Vereinfachung in Essen und Trinken, Vereinfachung in Kleidung und Wohnung, äußerste Sparsamkeit, Verzicht auf mancherlei Dinge, wie Zigarre, ein Gläschen Wein, Musik, Kunst, Gesellschaft usw. Ist der Grund eines solchen Fastens dieser, daß solche freiwilligen Entsagungen bezwecken sollen, „mehr für die Dinge des Reiches Gottes opfern zu können"? Oder ist der Grund der, mit solch einem Entsagen und Verzichten ein Gesetz aufzustellen, welches angeben soll, daß nur solch ein Leben der Einschränkung allein echtes biblisches Glaubensleben bedeute? Wenn letzteres der Fall ist, dann ist solch Fasten Heuchelei, Schauspielkunst. Dieses Fasten hat seinen Lohn dahin. Neben dem freiwilligen Fasten gibt es auch noch ein Fasten, das ohne eigenes Zutun auferlegt wird. Es ist ein „Opferbringenmüssen", ein erzwungenes Verzichten, ein gewaltsames „Sich-los-lösen" von dem, was uns lieb und wert ist, sei es der Tod engster Familienglieder, Verlust aller Habe und der geliebten Heimat, Ehe-Zerwürfnisse, Erschütterungen im Beruf, Verlust der Gesundheit, lastende innere Nöte und Spannungen, Krieg und Hungersnot und Seuchen und Krankheit und Kälte und Konzentrationslager und Denunziation und Verfolgung.

Wie soll solch erzwungenes Fasten und Verzichten getragen werden? Soll es so geschehen, daß der Gesichtsausdruck in der Absicht so entstellt wird, daß die Mitmenschen den Kummer auch sehen? Soll von dem Leid überall erzählt werden, damit die Menschen Mitleid haben? Ist nicht vielfach ein solches „zur Schau tragen" des eignen Leidenmüssens, des Verzichtenmüssens große Ichsucht? Man will beachtet, bemitleidet werden, man will vor den Leuten etwas darstellen!

Ist nicht solches Verhalten anderseits aber auch Lieblosigkeit, wenn man z. B. sucht, durch die eigne Trauerstimmung sämtliche Familienglieder, oder Freunde, oder Berufskollegen niederzudrücken? Man verwundet den andern mit der eigenen Wunde.

Gewiß, im Zusammenleben der Menschen ist es etwas ganz Großes, daß einer des andern Last trägt. Und wenn Gott in Seiner Gnade dem Leidenden seelsorgerliche Mitmenschen gibt, dann soll und darf man sich aussprechen, dann bringt solch Kundgeben der Lasten oft Entlastung. Das ist aber etwas ganz anderes, als das oben geschilderte „Fasten", das zur Schaustellung benutzt wurde, um die Blicke auf das entstellte Angesicht zu lenken.

Jesus fordert, anstatt des „Zeigens" vor den Leuten, „das gesalbte Haupt", das befreiend gewaschene Angesicht, das froh dreinschaut und dennoch im Verborgenen fastet und Leid und Kummer im Stillen vor dem himmlischen Vater trägt, der in das Verborgene sieht.

Ist aber solch Gebaren nicht Heuchelei? Heuchelei in anderer Art? Unwahrhaftigkeit, die nach außen hin ganz etwas anderes zeigt, als man in Wahrheit ist?

Nein, solch Verbergen des Fastens und Leidtragens ist nicht Unaufrichtigkeit und Heuchelei, sondern ist heilige Zucht und Verpflichtung der Liebe dem Nächsten gegenüber. Was vor Menschen verhüllt wird, wird vor dem Vater im Himmel umsomehr enthüllt, vor dem, der in das Verborgene sieht. Wenn der Mund lächelt und die Augen fröhlich dreinschauen, während im Herzen die Kämpfe toben, dann liegt die Ursache der Freude nicht bei dem Leidenden und Fastenden selbst, sondern in Gott. Der leidende Christ weiß in felsenfester Gewißheit, daß auch die dunkelste Fastenzeit ihm zum Besten dient. (Rö 8, 28.)

So lernt er dann fasten mit leuchtendem Gesicht, lernt leiden mit Lobliedern auf seinen Lippen.

Zu Vers 19:
Lk 12, 16—21
1 Tim 6, 9—11
Jk 5, 2
Zu Vers 20:
Sir 29, 11
Mt 19, 21
Lk 12, 33. 34
Kol 3, 1. 2
1 Tim 6, 19; 6, 7. 18
Hbr 10. 34;
1 Pt 1, 3—5
Zu Vers 21:
Ps 62, 10
Ps 73, 25
Mt 6, 24. 28
Lk 12, 15—21
Zu Vers 22:
Lk 11, 34—36
Jo 12, 35—40
Eph 1, 18
Zu Vers 23:
Mk 7, 22
Jo 11, 10
1. Tim 6, 9. 10
Zu Vers 24:
1 Kö 18, 21
Lk 16, 9. 13
2 Ko 6, 14. 15
Jk 4, 4
Zu Vers 25:
Lk 12, 22—31
Jo 12, 25
Ph 4, 6
1 Tim 6, 6. 8
1 Pt 5, 7
Hb 13, 5 f
Zu Vers 26:
Hio 38, 41
Ps 147, 9
Mt 10, 29—31
Zu Vers 27:
1 Kö 3, 14
Mt 5, 36
Lk 12, 25. 26
ZuVers 28 u. 29:
1 Kö 10, 1 ff
Zu Vers 30:
Ps 90, 5. 6
Zu Vers 31:
Ps 127, 2
Lk 12, 30
Zu Vers 32:
1 Kö 17, 16
Lk 10, 41. 42
Rö 14, 17
Zu Vers 33:
1 Kö 3, 13. 14
Ps 37, 4. 25
Ps 145, 16
Mt 13, 45
Lk 12, 31
Apg 17, 27
Rö 2, 7
Rö 14, 17
1 Tim 4, 8
Zu Vers 34:
2 Mo 16, 4;
Hio 7, 1; 14, 6

Drei Hauptgefahren des Neuen Lebens!

Vers 19—34 und 7, 1—5.

19 Sammelt euch nicht Schätze auf der Erde, wo Motte und Rost (Motten-
20 fraß) sie zerstören, und wo Diebe nachgraben und stehlen. * Sammelt euch
aber vielmehr Schätze im Himmel, wo sie weder Motte noch Rost (Motten-
21 fraß)zerstören und wo Diebe nicht nachgraben noch stehlen; * denn wo dein
Schatz ist, da wird auch dein Herz sein.
22 Die Leuchte des Leibes ist das Auge; wenn nun dein Auge gesund [12]) ist,
23 so wird dein ganzer Leib licht sein; * wenn aber dein Auge krank [13]) ist. so
wird dein ganzer Leib finster sein. Wenn nun das Licht, das in dir ist,
Finsternis ist, wie groß muß die Finsternis sein!
24 Niemand kann zwei Herren dienen; denn entweder wird er den einen
hintansetzen und den andern vorziehen, oder er wird einem anhangen und
den andern verachten. Ihr könnt nicht Gott dienen und dem Mammon.
25 * Deshalb sage ich euch: Seid nicht besorgt für euer Leben, was ihr essen
und was ihr trinken sollt, noch für euren Leib, was ihr anziehen sollt. Ist
nicht durchaus das Leben mehr als die Speise, und der Leib mehr als die
26 Kleidung? * Sehet hin auf die Vögel des Himmels: sie säen nicht und ernten
nicht, und sammeln nicht in Scheunen, und euer himmlischer Vater er-
27 nähret sie. Seid ihr denn nicht viel mehr wert als sie? * Wer aber unter
28 euch vermag mit Sorgen seiner Körpergröße eine Elle zuzusetzen? * Und
warum seid ihr um Kleidung besorgt? Betrachtet die Lilien des Feldes, wie
29 sie wachsen: sie mühen [14]) sich nicht, auch spinnen sie nicht. * Ich sage euch
aber, daß selbst Salomo in all seiner Herrlichkeit nicht bekleidet war wie
30 eine von diesen. * Wenn aber Gott das Gras des Feldes, das heute ist und
morgen in den Ofen geworfen wird, so kleidet, wird er das nicht vielmehr
31 euch tun, Kleingläubige? * So seid nun nicht besorgt, indem ihr saget: was
sollen wir essen? oder: was sollen wir trinken? oder: was sollen wir an-
32 ziehen? * Denn nach all diesem trachten die Heiden; denn euer himmlischer
33 Vater weiß, daß ihr dies alles bedürfet. * Trachtet aber zuerst nach dem König-
reich (der Himmel) **und nach seiner Gerechtigkeit, und dies alles wird euch**
34 hinzugefügt werden. * So seid nun nicht besorgt um den morgenden Tag,
denn der morgende Tag wird seine eignen Sorgen haben. Ein jeder Tag hat
an seiner eignen Plage genug.

Dem Leben in der Nachfolge Jesu drohen

drei Hauptgefahren.

1. Der Mammon. 2. Die Sorge. 3. Das Richten.

1. Der Mammon.

Der Herr wendet sich an die Reichen und an die Armen. Der Reichtum hat die Eigenschaft der zunehmenden Begierde. Je mehr er hat, je mehr er will. — Die Armut hat die Eigenschaft der zunehmenden Verzagtheit, Sorge, Kleingläubigkeit, Depression!

Jesus mahnt: Unklug ist das Anhäufen von Besitz und irdischen Gütern, denn Motten und Rost vernichten die kostbaren Stoffe, und Diebe können die aufgespeicherten Kostbarkeiten stehlen. (Für Rost steht im Griechischen das Wort Brosis, das auch mit „Fresser" oder „Mottenfraß" übersetzt werden kann. Vielleicht ist an Holztruhen gedacht, in denen die prächtigen Gewänder und allerlei Schmuck aufbewahrt wird. Diese Truhen kann der Holzwurm nagend durchlöchern, das Gewand selbst die Motte zerstören.)

[12]) Wörtlich: „einfältig"
[13]) böse
[14]) sie leisten „weder Männerarbeit noch Frauenarbeit".

Dagegen gilt es, Schätze im Himmel zu sammeln, d. h. bei der Verwaltung unseres irdischen Vermögens und Einkommens in heiligster Verantwortung vor Gott zu stehen. Von. Gesichtspunkt der Ewigkeit würden wir nämlich mit dem Mammon Besseres und Klügeres anfangen, als ihn festzuhalten oder ihn zur Sicherung, zum Raffen, zum „Immer-mehr-haben-wollen“ zu gebrauchen!

Natürlich wollte Jesus mit diesen Worten vom Schätzesammeln, vom Vermögen und Besitz, nichts gegen den Besitz als solchen sagen. Auch Joseph und Maria besaßen ihr Haus und ihre Werkstätte in Nazareth mit all den Werkzeugen und Materialien, die ein Zimmermann, wenn er ein rechter Verwalter und ordentlicher Handwerker sein will, haben muß. Aber ihr Besitz diente ihnen nur als Mittel zur Erhaltung ihrer irdischen Existenz, nicht aber so, daß sie ihrem Besitz dienten.

Jesus sieht den Fluch des Geldes nicht in der Menge eines aufgehäuften Reichtums; denn es kann einer viel besitzen und ist doch frei, Gott und Seiner Sache mit seinem Gelde jederzeit und reichlich zu dienen. Es kann andrerseits einer wenig besitzen und doch mammonsgebunden sein. Denn der eigentliche Fluch des Geldes liegt in der Gefahr, daß das Herz versklavt werden kann vom Irdischen, gefesselt sein kann von der Begierde nach Geld, so daß die Seele des Menschen erstickt wird im Geldstaub und Weltstaub.

Die Zaubermacht des Irdischen ist so groß, daß der Mensch sein wahres Lebensziel verfehlt. — Das verdeutlicht der Herr nun an dem Gleichnis vom gesunden und kranken Auge!

Im Auge des Menschen zeigt es sich, wie er sich zu seinem Vermögen verhält. Am Blick wird sichtbar, ob er gern gibt oder geizig ist. Das Auge kann also den Segen oder Unsegen offenbaren, den die Freigebigkeit oder die Habsucht über den Menschen bringen.

In noch anderer Weise kann das Gleichnis vom „Auge“ etwas veranschaulichen. Das Auge ist „einfältig“ (so kann „gesund“ auch übersetzt werden), d. h. unser Auge ist so beschaffen, daß es immer nur e i n e n Gegenstand ganz erfassen und schauen kann. Das Auge kann nicht zugleich 2 Dinge ganz schauen und deutlich wahrnehmen. Der Autofahrer kann nicht z u g l e i c h beides sehen: Die Straße vor sich und die wunderbare Landschaft um sich. Tut er es dennoch, dann wird sein Fahren unsicher. Denn der Blick des Auges ist gespalten, ist zwiefältig, nicht einfältig im Sinne von: „n u r e i n e F a l t e“, „n u r e i n e R i c h t u n g“ kann geschaut werden: entweder g e r a d e a u s oder s e i t w ä r t s. — Jesus meint also: Wenn das Auge einfältig ist, d. h. nur in einer Richtung klar und aufmerksam blickt, dann wird auch der ganze Leib sicher und recht vom Auge gelenkt, d. h. der Glaubensweg wird licht und klar sein. Ist aber das Auge böse, schlecht, d. h. auf 2 Gegenstände gleichzeitig gerichtet, also zwiefältig, dann wird auch der ganze Leib ins Unsichere, ins Dunkle geführt; der Glaubensweg wird verworren, finster sein.

Nicht nur das Herz kann also nicht gleichzeitig zwei sich widerstreitenden Herren dienen, sondern auch nicht das Auge. Der Blickpunkt des inneren Auges kann entweder nur auf das Irdische oder nur auf das Ewige gerichtet sein. In der Tatsache seiner persönlichen Bedürfnislosigkeit und Anspruchslosigkeit offenbart Jesus uns den ganzen Wahn irdischer Schatzanhäufung. Als wollte er sagen: „Wenn ihr Gott als die wirkliche Wirklichkeit anerkennt, dann ist kein Platz mehr da für irgend einen Nebenbuhler, sei es der Mammon oder — und damit kommt Er zum zweiten — „die Sorge“.

2. D i e S o r g e.

Das ist das Wort an die Armen. Was meint der Herr mit der Sorge? Heißt: „Sorget nicht“, soviel wie: „Arbeitet nicht“, „legt die Hände in den Schoß“? Nein, denn immer wieder wird in der Bibel von der A r b e i t und vom Segen der Arbeit gesprochen. „*Wer nicht arbeiten will, der soll auch nicht essen. Und gehe hin zur Ameise, du Fauler, und lerne von ihr.*" Also: sorgen und arbeiten ist grundsätzlich etwas ganz Verschiedenes.

Mit dem Wort „sorgen" meint der Herr das grüblerische, quälerische Sichabsorgen und Ängstigen — nicht das „Fürsorgen". In dreifacher Weise widerspricht der Herr diesem falschen, qualvollen, grübelnden, Herz und Nerven zermürbenden Sorgen.

1. Er weist uns hin auf die Offenbarung Gottes im eignen Leben.
2. Er weist uns hin auf die Offenbarung Gottes in der Schöpfung.
3. Er weist uns hin auf die Offenbarung Gottes in Seinem Reich.

1. Der Hinweis auf uns selber: **„Ist nicht das Leben mehr als die Speise und der Leib mehr als die Kleidung?"** Beides, Leben und Leib, bekamen wir ohne unser Zutun. Gott hat es gegeben, Gott hält es in Seiner Hand. Der das Große gibt, Leib und Leben, sollte der nicht auch für das Kleine sorgen?

Denn vor Gott ist keine Not zu groß, als daß Er sie nicht meistern könnte, und keine Not zu klein, als daß Er sie nicht sehen könnte. Vor Gott sind (im Bilde gesprochen) der höchste Berg der Erde und die tiefste Tiefe des Meeres und ein kleiner Maulwurfhügel ganz gleich. Denn Gott steht über allen Raummaßen und Zeitmaßen dieser Welt. Vor Ihm gibt's keine großen Dinge und keine kleinen Dinge. Es fällt kein Sperling vom Dach ohne Seinen Willen. Er kümmert sich mit größter Aufmerksamkeit um jeden Augenblick unseres Lebens. Der Vater im Himmel, der die Sternenwelten und Sonnensysteme des Universums lenkt, hat auch das Allerkleinste in der Hand, was in nächster Stunde auf mich zukommt. Es kann mir „nichts" geschehen (das „nichts" ist total zu fassen), als was Er hat ersehen, und was mir h e i l s a m ist. (Vergl. Jes 40, 26—31.) Es ist Gotteslästerung, ängstlich sich zu sorgen und zu grämen. Es ist „heidnisch", solches zu tun. (Vergl. Vers 32.) Es ist „unnütz", denn mit allen Sorgen wird nichts verändert oder gebessert. (Vers 27.) Im Gegenteil: Wir machen unser Kreuz und Leid nur größer durch die Traurigkeit.

2. Der Hinweis auf die Schöpfung lautet:

Sehet hin auf die Vögel des Himmels: sie säen nicht und ernten nicht und sammeln nicht in Scheunen, und euer himmlischer Vater ernähret sie . . . Betrachtet die Lilien des Feldes, wie sie wachsen: sie mühen sich nicht, auch spinnen sie nicht. (Sie leisten „weder Männerarbeit noch Frauenarbeit".) Ich sage euch, daß selbst Salomo in all seiner Herrlichkeit nicht bekleidet war, wie eine von diesen."

Da steht das Wort: „Sie mühen sich nicht, d. h. sie arbeiten nicht, sie säen nicht . . ." Müßte nicht daraus gefolgert werden: Wir arbeiten nicht und säen nicht und legen die Hände in den Schoß und lassen uns vom Vater im Himmel ernähren? Wie die Vögel nicht säen, so haben auch wir säen und ernten nicht nötig?

Welch eine Torheit! Machen wir uns das Bild mit den Vögeln recht klar. Ein Vogel kann nicht säen, aber doch muß er die Gaben, die Gott in ihn hineingelegt hat, benutzen, um zu seiner Nahrung zu kommen. Er darf nicht faul auf dem Neste sitzen, bis ihm Gott das Futter in den Schnabel wirft. Die Nahrung kommt nicht herbeigeflogen. Er muß vielmehr zur Nahrung hinfliegen und sich fleißig das suchen, was er braucht.

Und die Lilien, sie können nicht wie der Vogel fliegen und arbeiten, um sich Nahrung zu suchen, und doch müssen sie die Regentropfen und Tautropfen, die auf sie fallen, aufsaugen und den Sonnenstrahlen sich öffnen. Wenn sie das nicht täten, gingen sie zugrunde.

Aber über ihre Vogelnatur und Liliennatur hinaus brauchen Vogel und Lilie sich nicht zu beunruhigen. Obwohl sie nicht säen, nicht ernten, sich nicht mühen, gibt ihnen Gott, was sie brauchen. Soll nun das Gotteskind auf Grund seiner Gotteskindnatur sorgen? Nein, aber a r b e i t e n, das soll es. Echte Gotteskinder sind darum stets die allerfleißigsten und arbeitsfreudigsten Menschen.

Ja, wenn aber bei allem Fleiß das Nötigste fehlt? Was tun die Vögel im Wettersturm? Sie verbergen sich, so gut sie können und warten. Das Gotteskind tut das auch! Wenn das Wetter stürmt, verbirgt es sich in Jesu Schutz —, und wartet. „Ich glaube, daß uns Gott in jeder Notlage soviel Widerstandskraft geben will, wie wir brauchen. Aber Er gibt sie nicht im voraus, damit wir uns nicht auf uns selbst, sondern allein auf Ihn verlassen. In solchem Glauben müßte alle Angst vor der Zukunft überwunden sein." (Bonhoeffer)

3. Wir kommen zur dritten Kundgebung. Der Herr sagt: **„Wenn aber Gott das Gras des Feldes** (wozu auch die Lilien des Feldes gehören), **das heute ist und morgen in den Ofen geworfen wird, also kleidet, wird er das nicht vielmehr euch tun?"**

Mit diesen Worten tritt der Herr so ganz und gar vor uns hin, schaut einem jeden von uns ins Auge und stellt uns durch diesen dritten Hinweis auf eine Höhe, die alles Irdische mit allen Sorgen weit hinter sich läßt: Ihr seid teuer erkauft und gehört in den Himmel, nicht in den Ofen; ihr seid für eine Ewigkeit bestimmt. Auch nicht zum Selbstmord bestimmt, wie die Stoiker es sagten, wenn die Lasten des Lebens zu schwer geworden waren.

Es gibt nur eine einzige Sorge, die berechtigt ist, das ist die „Himmelssorge", und von dieser spricht der Herr am Schluß.

Sie heißt: **„Trachtet zuerst nach dem Königreich** (der Himmel) **und nach seiner Gerechtigkeit, und dies alles wird euch hinzugefügt werden."** „Königreich der Himmel" ist die Herrschaft Gottes, ist die Gegenwart Gottes. Dieses Reich will jetzt schon unsichtbar Einzug halten. Alles, was ist, ist nur ein kleiner Anfang, ein ahnungsvoller Hinweis auf den großen, sichtbaren Vollendungszustand, wo Gott sein wird alles in allem, wo das vollkommene Reich Gottes in sichtbarer Größe die Erde umfassen wird. Auf dieses zukünftige Reich soll alles Trachten gerichtet sein.

Trachten heißt, sich jetzt schon füllen lassen mit dem ganzen Reichtum dieses herrlichen zukünftigen Reiches Gottes.

Kapitel 7

3. Das Richten

Mt 7, 1—5.

Zu Vers 1:
Rö 2, 1—3
1 Kor 4, 5
Zu Vers 2:
Mt 12, 37
Mk 4, 24
Lk 6, 37
Rö 14, 4. 10
1 Kor 4, 5; 5, 12
Gal 6, 1
Jk 4, 11; 5, 9
Offb 18, 6

1 **Richtet nicht, auf daß ihr nicht gerichtet werdet, * denn mit welchem**
2 **Gericht ihr richtet, werdet ihr gerichtet werden, und mit welchem Maße**
ihr messet, wird euch gemessen werden.

Jesu Wort: „Richtet nicht" heißt nicht blind sein gegen all das Unrecht, was die Menschen tun. Richtet nicht, heißt auch nicht, jeder Urteilsbildung über das Verhalten des Menschen sich enthalten. Nein, „Prüfen und Wachen und Achthaben" auf alles das, was vor Gott nicht recht ist, ist Aufgabe des einzelnen Christus-Nachfolgers, als auch Pflicht der Gemeinde Jesu fort und fort. Darin liegt auch der sogenannte „Öffentlichkeitsanspruch des Evangeliums" begründet. Ein Johannes der Täufer hat recht getan, wenn er sagte: „Es ist nicht recht, daß du, Herodes-Antipas, Ehebruch treibst." (Vergl. Mt 14, 4.) Und Jesus selbst hat fort und fort die Heuchler scharf gerichtet. Auch die Umkehr, die Bekehrung ernst predigen und die Sünde aufs härteste verurteilen ist nicht „Richten".

Was meint der Herr nun mit dem „Richten", das verwerflich ist? — Er meint mit dem verwerflichen Richten das lieblose Richten, das besonders gern hinter dem Rücken des Nächsten geschieht. Und was ist oft der Grund solch eines lieblosen Richtens und Verdammens hinter dem Rücken des Nächsten? Es ist die geheime Schadenfreude am Unglück des Nächsten. Das eigne Ich will von dem dunklen Hintergrund des vermeintlichen Unrechts des andern um so heller sich abheben! Wir machen gern den anderen klein, um selber groß zu scheinen. Die Überschätzung der eignen Glaubenserfahrung und Erkenntnis ist der immer wieder vorkommende Ausgangspunkt eines lieblosen Richtens über den Nächsten! Man meint, der andere stehe nur dann „richtig im Glauben", wenn er genau dieselben Zeichen von Bekehrung, Wiedergeburt, genau dieselben Glaubenserlebnisse usw. aufzuweisen habe. Daraus folgt der Richtgeist und der Bekehrungseifer. — Gerade dann, wenn das Neue Leben im Glauben angefangen hat, heißt es, in diesem Punkte aufmerken und achtgeben. Im Augenblick ist es geschehen, daß man sich eine Art Aufseherrolle über den „noch nicht im Glauben Stehenden" angeeignet hat. Man hat sich unversehens zum Kontrolleur befördert, guckt dem andern auf die Finger, schaut ihm „aufs Maul" und notiert und richtet und verdammt. Dieses Umsichblicken in der Aufseherrolle ist das lieblose Richten, das Jesus verwirft. Solch Richten verrät den heimlichen Pharisäismus, die Todsünde der Frommen.

Der Christus-Nachfolger hat die Aufgabe, an die Stelle des Richtens den brüderlichen Hilfsdienst zu setzen. Nicht Kontrolleur, nicht Scharfrichter — Samariter gilt es zu sein. Den Holzsplitter unterm Fingernagel oder den Fremdkörper im Auge kann nur die Samariterhand des Bruders entfernen und nicht die Moralpredigt oder das Urteil eines lieblosen Richtens.

Das helfende Bußwort der Liebe kann nur dann heilsam gesagt werden, wenn das aufrichtige Bewußtsein der eignen Schuld und Unvollkommenheit dahinter steht.

Daß es um dieses Wissen des eignen Unrechtes, der eignen Schuld oft nicht recht bestellt ist, dazu haben uns Vers 3—5 etwas zu sagen.

3 **Was aber siehst du den Splitter, der in deines Bruders Auge ist, den**
4 **Balken aber in deinem Auge nimmst du nicht wahr? *Oder wie wirst du**
zu deinem Bruder sagen: Erlaube, ich will den Splitter aus deinem Auge
5 **ziehen; und siehe, der Balken ist in deinem Auge? *Heuchler, ziehe zuerst**
den Balken aus deinem Auge, und dann wirst du klar sehen, um den
Splitter aus deines Bruders Auge zu ziehen.

Mt 6, 2
1 Kor 2, 15

Unser eignes Unrecht sehen wir mit dem Verkleinerungsglas, das Unrecht des andern dagegen mit dem Vergrößerungsglase. Die Beurteilung über uns selbst fälschen wir gern zu unserm Besten. Die Beurteilung des andern fälschen wir oft zu seinen Lasten. Es ist verwerflich, das Böse am andern immer gleich scharf und groß zu sehen und zu bekämpfen und nicht zuerst gegen unsere eigene Sündhaftigkeit unerbittlich hart und streng zu sein.

Wenn Jesus die Schuld als Balken oder Splitter im Auge bezeichnet, dann heißt das, daß sie ein Fremdkörper ist, der bis in die empfindlichsten Organe des Menschen eingedrungen ist. Wer nicht unterscheiden kann zwischen dem Organ selbst, d. h. dem Sünder und dem Fremdkörper in dem Organ, d. h. der Sünde, ist nicht geschickt zum Seelsorger oder Seelenarzt.

Jesus hat wunderbar bei all den Zöllnern und Sündern immer unterschieden, was Gottes Geschöpf ist und was Fremdkörper, d. h. die Sünde, ist. Darum sind alle seine Heilungen „Scheidungen des Eigentlichen von dem Fremden!"

Wer meint, das Bußwort bald und schnell gegen den andern sagen zu müssen, der gerät auch immer in Gefahr, den andern mit Gewalt bekehren zu wollen. Jesus verbietet jedes Aufdrängen und Zwängen.

Es gibt bei den andern oft unübersteigbare Mauern, die kein missionarischer Eifer durchstoßen kann. Alles eigenmächtige Wirken, so gut es auch vielleicht gemeint ist, ist da Entweihung des Heiligen. Im damaligen frommen Judentum hatte sich beides vereinigt: Menschlich gewalttätiger Richtgeist und menschlich gewalttätiger Bekehrungseifer. Jesus bedient sich zur Veranschaulichung eines Gleichnisses.

Das Neue Leben zeigt sich noch einmal in einem Dreifachen

(Vergl. Mt 6, 1—18.)

Das neue Leben ist 1. ein rechtes Eifern (Vers 6), 2. ein anhaltendes Beten (Vers 7—11), 3. ein vorbildliches Tun (Vers 12).

1. Vom rechten Eifern.

Spr. 9, 8
Mt 10. 11—14;
15, 26
Phi 3, 2
2 Pt 2, 22

6 Gebet nicht das Heilige (Opferfleisch) **den Hunden; werfet auch nicht eure Perlen vor die Schweine, damit sie dieselben nicht etwa mit ihren Füßen zertreten und sich umwenden und euch zerreißen.**

Jesus meint, es kann bei einem Menschen ein solcher Zustand der Unempfänglichkeit gegenüber allem Göttlichen eintreten, daß ein solches Herz so beziehungslos zum Evangelium steht wie das Schwein zur Perle und der Hund zum Heiligtum. Diese Beziehungslosigkeit zum Göttlichen braucht nicht nur bei den lasterhaften Menschen vorhanden zu sein, sondern findet sich auch bei sogenannten feingebildeten Menschen vor.

Das Schweigen und Zurückhalten der heiligen Botschaft des Evangeliums den oben geschilderten Menschen gegenüber ist keine Feigheit oder mangelnder Eifer für den Herrn oder versäumte Bekenntnispflicht. Wohl sind die Worte wahr: (Mt 10, 32 ff.) *„Ein jeder, der mich bekennt vor den Menschen, den werde auch ich bekennen vor meinem Vater, der in den Himmeln ist. Wer mich aber verleugnet vor den Menschen, den werde auch ich verleugnen vor meinem Vater, der in den Himmeln ist."* — Aber es gibt Stunden, wo man einfach schweigen muß! Auch Jesus schwieg vor dem Hohenpriester und antwortete zunächst nichts (Mk 14, 60 ff.), sprach auch nichts zu den Kriegsknechten, die Ihn verhöhnten und anspien und schlugen (Mk 14, 65; 15, 16 ff.), und gab ebenso dem Pilatus zuletzt keine Antwort mehr (Mk 15, 4 ff.; Jo 19, 9), weil hier alles Reden umsonst war und einem „Perlen vor die Säue werfen" gleichgekommen wäre.

Andrerseits gilt aber ebenso deutlich und ernst Jesu Wort vom Wirken, solange es Tag ist, bevor die Nacht kommt, da niemand wirken kann.

Wenn wir erleben müssen, wie unser Berichten von dem, was unser Heiligstes und Köstlichstes ist und was uns so reich und glücklich gemacht hat, bei dem andern nicht im geringsten Verständnis findet, sondern uns nur Verachtung und Verhöhnung einbringt, dann zeigt uns Jesus in unsere Trauer und Ohnmacht hinein die einzig wahre und wirkliche Quelle der Kraft und des Trostes. Es ist das Gebet.

2. Vom anhaltenden Gebet. Vers 7—11.

Zu Vers 7:
5 Mo 4, 29
1 Chr 28, 9
Je 29, 13. 14
Mt 18, 19; 21, 22
Mk 11, 24
Lk 11, 9—13;
13, 25; 15, 6
Apg 17, 27
Jk 1, 5
Zu Vers 8—11:
Mt 15, 19
Jk 1, 5—7. 17

7 Bittet, und es wird euch gegeben werden; suchet, und ihr werdet finden;
8 klopfet an, und es wird euch aufgetan werden. * Denn jeder Bittende emp-
fängt und der Suchende findet, und dem Anklopfenden wird aufgetan wer-
9 den. * Oder welcher Mensch ist unter euch, der, wenn sein Sohn ihn um ein
10 Brot bitten würde, ihm einen Stein geben wird? * und wenn er um einen
11 Fisch bitten würde, ihm eine Schlange geben wird? * Wenn nun ihr, die ihr
böse seid, euren Kindern gute Gaben zu geben wisset, wieviel mehr wird
euer Vater, der in den Himmeln ist, Gutes geben denen, die ihn bitten!

Hier wird uns gesagt, daß wir keine großen Überlegungen anstellen müssen, sondern einfach bitten, suchen, anklopfen sollen. Das ist unsere Aufgabe, das andere ist das Werk Gottes. Es wird uns hier klar und unmißverständlich versichert, wenn wir bitten, dann wird uns gegeben, wenn wir suchen, dann werden wir finden, und wenn wir anklopfen, dann wird uns aufgetan.

Wenn uns nun aber entgegengehalten wird: Das stimmt aber nicht mit unseren Erfahrungen überein! Es war oftmals auf all unser Bitten nur ein großes Schweigen Gottes zu vernehmen! Dann gilt es zu prüfen, ob wir richtig gebeten, richtig gesucht und richtig angeklopft haben, oder ob wir nur an unser liebes Ich und seine irdischen Belange gedacht haben. Wenn das der Fall ist, dann dringt unser Gebet, und sei es noch so dringend, niemals zum Thron der Gnade.

Doch, wenn unser Gebet den Bannkreis des eignen Ichs durchbrochen hat, dann ist uns in Christus das „Gute" schon alles zuvor bereitet; alle guten Gaben sind für uns schon da, ehe wir darum gebeten haben. Das Erlösungswerk ist vollbracht. — Durch die dreimalige Wiederholung sollen diese Worte vom „Bitten, Suchen und Anklopfen" auch das anhaltende und ernstliche Beten veranschaulichen.

Das letzte Bild vom „Anklopfen" betont besonders die heilige Majestät Gottes.

Das Anklopfen ist der Ausdruck der Achtung, die ich vor dem andern habe. Das Anklopfen bedeutet, daß ich nicht einfach „eintreten darf", wie ich das in meiner eignen Wohnung zu tun pflege, wo ich nach Belieben von dem einen Zimmer ins andere treten kann, ohne anklopfen zu müssen. Aber dort, an der Tür des andern, wo ich anklopfe, da beginnt der Hoheitsbereich einer anderen Person, und dieser Hoheitsbereich gebietet mir, Halt zu machen vor der Tür und, bevor ich eintrete, auf das „Herein" zu horchen! So ist das Gebet auch ein Anklopfen und Horchen auf das „Herein" des Andern. Denn mit dem Gebet beginnt der Hoheitsbereich der allerhöchsten Person, nämlich Gottes, des Herrn. Da gilt es, Halt zu machen in Ehrfurcht und Beugung; da gilt es, zu horchen still und wartend, bis daß das „Herein" ertönt und die Tür aufgetan wird. — Und die Tür wird aufgetan, fort und fort, so oft ich auch immer komme! Christus ist die Tür zum Vater. Das ist das große und kostbare Wunder der Erlösung, daß er die Tür ist, daß ich eintreten und mit dem Vater sprechen darf in großer Freimütigkeit und in ganzem Vertrauen.

Die Ermahnung zum dringlichen und anhaltenden Gebet wird in den Versen 9—11 mit einem Gleichnis aus dem Alltagsleben noch unterstrichen.

Von dem Verhalten des irdischen Vaters wird auf den Vater im Himmel geschlossen. Jesus meint: Wohl kann der Mensch in seiner Bosheit dem andern Schaden zufügen. Aber dennoch zerstört diese seine Bosheit nicht die Macht der anhaltenden Bitte, weil die dem Menschen mitgegebene Liebe der Eltern zu den Kindern dem Kinde nichts Böses geben kann. Da im Blick auf Gott jeder Gedanke an Bosheit völlig und ganz wegfällt, darf die an ihn gerichtete, anhaltende Bitte erst recht und ganz der Erhörung gewiß sein.

Der Schlußsatz: **„Wieviel mehr wird euer Vater, der in den Himmeln ist, Gutes geben denen, die ihn bitten"** ist eine heilsame Richtigstellung gegenüber allen falschen Vorstellungen von „Gebetserhörungen". Gott erhört jedes Gebet ganz gewiß, aber er erhört es nicht nach dem von uns zurechtgelegten Programm, sondern nach seinem Willen. Und der ist immer und ohne Ausnahme gut. (Vergl. Rö 8, 28.)

3. Vom vorbildlichen Tun.

Mt 22, 39. 40
Rö 13, 8—10
Gal 5, 14

12 **Alles nun, was immer ihr wollt, daß euch die Menschen tun sollen, also tut auch ihr ihnen; denn dies ist das Gesetz und die Propheten.**

Nach dem Heilandswort für unser Verhalten vor Gott (Bittet! Suchet! Klopfet an!) folgt die Liebesregel für unser Verhalten zu den Mitmenschen und damit die Zusammenfassung aller Hauptstücke der Bergpredigt. Auch hier wird die Weisung des AT nicht aufgelöst, sondern erfüllt. (Vergl. Kp 5, 17.) Im AT hieß es in freier Übersetzung: „Was du nicht willst, das man dir tu, das füg' auch keinem andern zu." (Vergl. To 4, 16.) Wir kennen dies Wort auch als deutsches Sprichwort. Jesus verlangt mehr. Er hat den negativen Satz des AT umgewendet und ihn positiv geprägt. Nun heißt es also nicht nur: Du sollst dem Nächsten nichts Böses tun; jetzt heißt es vielmehr: „Tu dem andern

Gutes! Erfreue ihn! Liebe ihn!" Denn du willst ja auch von den andern Menschen freundlich und in guten und schlechten Tagen mit Liebe behandelt werden. So handle auch du dem andern gegenüber! Versetze dich also jeweils in Gedanken in die Lage des andern. Wie du in seiner Lage behandelt werden möchtest, so handle du jetzt selbst gegen ihn! Dann handelst du immer richtig. Genau wie Roseggers Mutter ihrem Jungen beim Abschied sagte: „Peter, wenn du einmal einem andern was tun willst und weißt nicht, ob's recht oder unrecht ist, so mach die Augen zu und denk', du wärest der andere."

Das Wort **„Alles nun, was immer ihr wollt, daß euch die Menschen tun sollen, das tut auch ihr ihnen"**, ist auch die Lösung der sozialen Frage, die Grundregel des gemeinschaftlichen Lebens, das Geheimnis des persönlichen und gesellschaftlichen Wohlbefindens und Friedens überhaupt! — Wie unerhört weit sind Welt und Gemeinde Jesu noch von dem Befolgen des Wortes entfernt.

Mit sieben Bildworten kommt der gewaltige Inhalt der Bergpredigt zu seinem Abschluß:

1. Das Gleichnis von der engen und weiten Pforte.
2. Das Gleichnis von dem schmalen und breiten Wege.
3. Das Gleichnis von den Wölfen und den Schafen.
4. Das Gleichnis von den Dornen und Disteln.
5. Das Gleichnis von dem guten und schlechten Baum.
6. Das Beispiel von den „Herr-Herr-Sagern".
7. Das Gleichnis von dem klugen und törichten Baumeister.

In diesen sieben Schlußworten kommt der unerhörte Ernst der Bergpredigt noch einmal zum deutlichen und tiefen Ausdruck. In sieben Bildworten der großen Scheidungen und Entscheidungen hält der Herr heiliges Gericht über die Gottfernen und Gottnahen, über die lauteren und die unlauteren Glieder Seiner Gemeinde. Das Gericht der Scheidung geht auch mitten durch die Gemeinde Jesu hindurch, ja sogar mitten durchs Herz des Jüngers.

Die ersten zwei Bildworte

Vers 13—14.

ZuVers 13 u. 14:
Ps 118, 20
Mt 19, 24; 22, 14
Lk 13, 24
Jo 10, 7. 9

13 **Gehet ein durch die enge Pforte; denn weit ist die Pforte und breit der**
14 **Weg, der ins Verderben führt, und viele sind, die auf ihm hineingehen. * Wie eng ist die Pforte und schmal der Weg, der ins Leben führt, und nur wenige sind es, die ihn finden.**

In diesem Gleichnis ist von einer hohen Stadtmauer die Rede, die ein breites und hohes Stadttor und ein enges und kleines Nebentor hat. Durch das große Stadttor geht auf breiter Straße, die dem allgemeinen Verkehr dient, die Menge. Durch das unscheinbare Nebentörchen gehen auf schmalem Pfad nur die Einzelnen, die Wenigen.

Soweit das Bild. Nun die Deutung: Neben der kleinen Jüngerschar stand die geschlossene Mehrheit des Volkes. Die Masse des israelitischen Volkes forderte einen Messias als einen Brotkönig, als einen äußeren Messias. Die Jüngerschar dagegen wußte bald um den Schmachweg des Galgentodes ihres Meisters, wußte um die Drangabe ihres ganzen Eigenwesens und Eigenseins. Das war eine schwere Sache, ein radikales Opfer, das vom Herrn gefordert wurde: Ganz anders zu handeln, ganz anders zu denken, als die große Masse handelt und denkt. Wir denken an all die radikalen Worte und Beispiele aus Mt 5 und 6 und 7, wie der Herr darin die Umwertung aller Werte proklamiert hatte. Die Forderungen Jesu standen ja allem Bisherigen gerade entgegengesetzt.

Dem Weg der Masse, dem Ichweg, dem Selbstbehauptungsweg der breiten Straße steht der Gottesweg der Wenigen, steht der Jesusweg des schmalen Weges schnurstracks entgegen. Aber dieser Bergpredigtweg, der unser ganzes Leben radikal auf das enge Gleis des schmalen Weges weist, ist der einzige Weg, der zum Leben führt. Und weil das ewige Leben auf dem Spiele steht, ist es Torheit, sich nach der breiten Straße umzusehen. Weil es ums Leben geht, darum ist kein Opfer zu groß, um für die Gewinnung des Zieles eingesetzt zu werden.

Mit diesen Bildworten von der engen und weiten Pforte, von der engen und weiten Straße hat Jesus die große Scheidung beschrieben, die sein Kommen unter den Menschen hervorgerufen hat. Der schmale Weg, das ist Er selbst, der *„der Weg, die Wahrheit und das Leben ist"*. — Die breite Straße, das ist der Satan! — Aus der großen Masse, die den Ichweg, den Weg der Sünde, das ist das Losgelöstsein von Gott geht — ruft Jesus alle die heraus, die den Jesusweg pilgern, Ihm nachfolgen, fernab der großen Straße ihre Pfade ziehen. —

Aber noch einmal nimmt Jesus eine Scheidung vor, weil auch in der kleinen Schar, die den schmalen Weg geht, nicht alle wirklich zu der kleinen Schar gehören. — Jesus veranschaulicht diese schmerzliche Tatsache an dem Bilde einer Schafherde. Nicht alle, die wie ein Schaf aussehen, sind Schafe.

Das dritte Bildwort

Vers 15 und 16a.

Zu Vers 15:
Jer 14, 14
Mt 10, 16;
24, 4. 5. 11. 24
16. 24. 4
Mk 13, 6
Lk 10, 3
Jo 10, 12
Apg 20, 29
Rö 16, 17
2 Tim 3, 5
2 Pt 2, 1. 2
1. Jo 4, 1

15 **Hütet euch aber vor den falschen Propheten, die in Schafskleidern zu**
16a **euch kommen, inwendig aber sind sie reißende Wölfe. * An ihren Früchten werdet ihr sie erkennen.**

Es ist vom Propheten die Rede! Propheten sind solche, die im Namen Gottes reden. So treten auch diese Propheten mitten in der Gemeinde Christi auf als solche, die zwar heilige Worte gebrauchen und wohl im Namen Gottes reden. — Und doch ist das, was sie sagen und was sie tun, nicht göttlich, weil ihre inneren Beweggründe finster und unheilig sind. Darum gleichen sie den raubgierigen Wölfen, die im Gewand der Schafe einhergehen und als die schlimmsten Feinde der Herde die Gemeinde des Herrn zerspalten.

Wie viel leichter wäre das Leben in der Nachfolge Jesu, das Wandern auf dem schmalen Wege, wenn nicht in der Gemeinde Jesu selbst immer wieder Ehrsucht und Eigennutz, Geltungsbedürfnis und Zwietracht hervorbrächen, so daß die einzelnen auch gegeneinander auf der Hut sein und acht haben müssen auf sich selbst und auf die „Herde".

Das Erkennungszeichen, was Wolf und was Schaf ist, gibt Jesus mit den Worten: **„An ihren Früchten werdet ihr sie erkennen!"** Steht die Gemeinde des Herrn recht im Gebet und im Wächteramt, dann wird bald offenbar, welches die geheimen finsteren Kräfte und Beweggründe der „Wölfe in Schafskleidern" gewesen sind. Sie haben ihr eigenes Werk getrieben und nicht Gottes Werk. Es wird sich zeigen, wo es Geist aus Gott war oder der Geist von unten, ob sie Glauben wirkten oder Unglauben, ob sie Frieden schafften oder Streit, ob sie der Heiligung nachjagten oder nicht, ob sie zu Gott hinführten oder an sich selber banden, ob sie den Willen Gottes klar und deutlich vertraten oder eigensüchtige Ziele verfolgten.

Wirkungen und Früchte des Heiligen Geistes können nur wachsen auf dem Boden des Heiligen Geistes, nicht auf dem Wüstensand des unheiligen Geistes. Um das noch einmal deutlich zu veranschaulichen, bedient sich der Herr eines neuen Gleichnis-Paares von den Dornenhecken und den schlechten Bäumen in Verbindung mit ihren Früchten.

Das vierte und das fünfte Bildwort

Vers 16b bis 20

Zu Vers 16: Hio 31, 40; Lk 6, 43—45; Jo 15, 16; Gal 5, 19—23; Eph 5, 9; Phi 1, 11; Jk 3, 12
Zu Vers 17—20: Mt 3, 10; 12, 33; Lk 3, 7; Jo 15, 2—6

16b **Liest man etwa von Dornen Weintrauben, oder von Disteln Feigen? *Also**
17 **bringt jeder gute Baum gute Früchte, aber der faule Baum bringt schlechte**
18 **Früchte. * Ein guter Baum kann nicht schlechte Früchte bringen, noch ein**
19 **fauler Baum gute Früchte. * Jeder Baum, der nicht gute Frucht bringt, wird**
20 **abgehauen und ins Feuer geworfen. * Deshalb, an ihren Früchten werdet ihr**
sie erkennen.

Genau so wie es unmöglich ist, daß die Frucht des Baumes eine andere sein kann als der Baum selbst, ist es auch unmöglich, daß der Teufel der Heiligung nachjagt und das Unrecht das Recht gebiert und die Lüge die Wahrheit hervorbringt und der falsche Beweggrund eine Förderung im Glauben tätigt und der Streit den Frieden schafft und die Eigensucht die Agape-Liebe erzeugt.

Denn, obwohl wir nicht ins Herz des Menschen sehen können, so können wir doch aus dem, was aus ihm „herauskommt", mit der Zeit feststellen, was ihn innerlich bewegt hat. Denn wie die Frucht, die der Baum herausgibt, genau dem entspricht, was der Baum seinem Wesen nach ist, so ist auch alles das, was der Mensch tut, zutiefst an das gebunden, was er seinem Wesen nach ist. Hat er den Geist Gottes nicht empfangen, dann kann er auch nicht Früchte des Geistes tätigen, auch dann nicht, wenn er sein Reden und Tun mit dem Namen Gottes „umrahmt".

Gottes Gericht wird solche Scheinfrüchte und falschen Früchte mitsamt dem faulen Baum verbrennen. Die Gemeinde Jesu hat sich aber sobald wie möglich von solch einem „falschen Propheten", von solch einem „Wolf in Schafskleidern" zu trennen. Das fordert die Zucht, denn der Heilige Geist ist ein Geist der Zucht.

Das sechste Bildwort

Vers 21—23

Zu Vers 21, 22 und 23: Ps 6, 9; Jer 27, 15; Mt 12, 50; 21, 29; 24, 24; 25, 41; Lk 10, 20; 13, 25—27; Jo 15, 14; Jo 10, 14. 27; Rö 2, 13; 1 Ko 8, 3; 12, 3; 2 Tim 2, 19; 1 Jo 2, 17; Jk 1, 22—25; 2, 14

21 **Nicht jeder, der zu mir sagt: Herr, Herr! wird in das Königreich der**
Himmel eingehen, sondern wer den Willen meines Vaters tut, der in den
22 **Himmeln ist. * Viele werden an jenem Tage zu mir sagen: Herr, Herr! haben**
wir nicht durch deinen Namen geweissagt und durch deinen Namen Dämo-
nen ausgetrieben und durch deinen Namen viele Wunderwerke getan?
23 *** Darauf [1]) werde ich ihnen bekennen: Ich habe euch niemals gekannt; weichet**
von mir, ihr Übeltäter!

Noch einmal scheidet der Herr den Kreis derer, die ihm nachfolgen, in zwei Gruppen. Obwohl beide Gruppen Glaubende und Nachfolger sind und sich zu ihm bekennen, und zwar nicht nur mit dem Wort, sondern auch mit der Tat, ja sogar mit solchen Taten, die das Siegel Gottes tragen, also Wundertaten, Teufelaustreibungen sind, — so scheidet Jesus doch die eine Gruppe von dem „Königreich der Himmel" aus.

Warum tut der Herr das? Und nach welchem Gesichtspunkt wirkt Jesus solch einen Scheidungsprozeß innerhalb seiner Zeugenschar und damit auch seiner Gemeinde?

a) Wir fragen angesichts eines solch erschütternden Ernstes: Gibt es denn das überhaupt: In Jesu Namen biblische Weissagungen ausgesprochen zu haben, in Jesu Namen „Teufelaustreibungen" vollführt zu haben, in Jesu Namen viele Wunder (Krankenheilungen, Sturmes-Stillungen, Schlangenvertreibungen, Unschädlichmachung des getrunkenen Giftes, Toten-Auferweckungen Mk 16, Hebr 11) getan zu haben (wie wichtig ist hier die dreimalige Wiederholung des „in Jesu Namen") und dennoch verworfen zu werden? Wir fragen: Gibt es denn das überhaupt? Aus Mk 16 und der Apostelgeschichte, sowie aus den Briefen wissen wir, wie das Bekenntnis zu Jesus als

[1]) Griech. tote. Vergl. 2, 7.

dem Christus und Herrn wirksame Wundertaten zur Folge hat. Es bewahrheitet sich: Das Reich Gottes besteht nicht in Worten, sondern in Erweisung des Geistes und der Kraft. (Siehe 1. Ko 4, 20 und 2, 4.) Mit anderen Worten: Das Handeln im Namen Jesu offenbarte sich nicht in „Theorie und Exegese", sondern mächtig „in Tat und Wort". Und dennoch, obwohl Jesus all dieses machtvolle Wirken und Handeln seiner Nachfolger als geschehen und wirklich anerkennt, so will er von solchen machtvollen Wundertätern nichts wissen, sondern sie voll und ganz verwerfen. Ist das nicht eine Unmöglichkeit? Nein! Denn Jesus sagt es. Obwohl sich diese Zeugen des Herrn vor den Dämonen nicht gefürchtet hatten, und immer wieder in Krankheit und Not machtvoll Hilfe brachten und somit die Macht ihres Herrn kraftvoll unter Beweis stellten, so wird der Herr sie dennoch von sich stoßen und sagen: „Ich kenne euch nicht!" — Johannes der Täufer hatte einst die Wirkung des Christus durch das Gleichnis beschrieben, „daß der, der nach ihm als der Christus kommen wird", die Worfschaufel nehmen und die Gemeinde reinigen und die Spreu verbrennen wird. Und mit diesem harten und ernsten Wort, an seinen Jüngerkreis gerichtet und damit auch seiner Gemeinde gesagt, bewahrheitet der Herr, daß Er auch diesen Teil des Wortes des Täufers mit ganzem Ernst im Jüngsten Gericht hinausführen wird.

Welches ist der Ausgangspunkt, von dem aus der Herr diese letzte und ernsteste Scheidung Seiner Gemeinde vorzunehmen gedenkt?

Er spricht es mit den schlichten und doch so tief ernsten Worten aus: „die nicht den Willen meines Vaters tun, der in den Himmeln ist." Das ist das Ausschlaggebende! Was heißt das: den Willen des Vaters tun? — das heißt: Es kann eine noch so erfolgreiche Wirksamkeit für den Herrn trotz alledem dennoch unter seiner Verwerfung stehen, wenn der Jünger nicht mit ganzem Herzen und ganzem Ernst der persönlichen Heiligung nachgejagt ist. Denn das ist der Wille Gottes, „eure Heiligung" (1. Th 4, 3; vergl. 2. Ko 7, 1 und He 12, 14). Der Zwiespalt zwischen den erfolgreichen Wirkungen und dem persönlichen Wandel in der Heiligung wird ihnen zum Gericht werden. Wie ernst hat Paulus diese Mahnung seines Herrn verstanden, als er 1. Ko 9, 24—27 von seinem persönlichen Heiligungskampf in den drei Bildern des Rennkampfes, des Faustkampfes und des Ringkampfes sprach, die er dann ausklingen läßt mit den Worten: *„. . . auf daß ich nicht, nachdem ich andern gepredigt habe, selbst verwerflich werde."*

Ja, es gibt eine erfolgreiche christliche Wirksamkeit, die unter dem verwerfenden Urteil Jesu steht, wo er sagen wird: „Nie kannte ich euch. Fort von mir, die ihr die Sünde gewirkt habt." Es gibt eine Grenze, eine heilige Grenze zwischen dem Eigenstreben und dem Streben: „Gottes Ehre allein." Wer diese Grenzlinie nicht achtet, der wird unweigerlich scheitern. Es sei in diesem Zusammenhang erinnert an die dritte Versuchung in der Versuchungsgeschichte des Herrn in Mt 4. —

Das bitterernste Wort Jesu Vers 21—23, daß auch die erfolgreichste und glänzendste Wirksamkeit, verbunden mit großen Zeichen und Wundern, keine Garantie ist für die Aufnahme ins Königreich der Himmel und kein Ersatz für die Veruntreuung des persönlichen Heiligungsernstes, dieser Grundsatz des Herrn bekommt noch einmal in Kp 16, 26 eine ebenso gewaltige Wucht und seinen tiefen Ernst. (Vergl. Lk 10, 17—20.)

Das siebente Bildwort

(Vom törichten und klugen Baumeister)

Jesus steht am Ende seiner Rede. Ein letztes Bildwort soll das Ziel seiner Rede nochmals deutlich und wuchtig veranschaulichen. Es ist nochmals ein Scheidungswort. Es ist an seine Jünger und an die gerichtet, die dem Herrn zuhörten. Vers 24—27.

Zu Vers 24—27:
Spr 1, 27; 12, 7
He 13, 10—15
Sir 22, 16
Mt 10, 16
Lk 6, 47—49;
8, 21
Jo 13, 17
Rö 2, 13
1 Kor 3, 11
1 Jo 3, 7
Jak 1, 22—25;

24 **„Jeder nun, der diese meine Worte hört und tut sie, der wird einem**
25 **klugen Manne gleichen, der sein Haus auf den Felsen baute; * und der wol-**
kenbruchartige Regen fiel hernieder, und die Fluten kamen und die Winde
wehten und stürzten auf jenes Haus; und es fiel nicht, denn es war auf den
26 **Felsen gegründet. * Und jeder, der diese meine Worte hört und sie nicht tut,**
der wird einem törichten Manne verglichen werden, der sein Haus auf den
27 **Sand baute; * und der Wolkenbruch-Regen fiel hernieder, und die Fluten**
kamen und die Winde wehten und stießen gegen jenes Haus; und es fiel, und
sein Fall war groß."

Auf das Tun kommt alles an. Wer das Wort des Herrn in die Tat umsetzt, nur der ist klug. Wer n u r hört und n i c h t tut, der ist töricht. Das Hören allein bringt nur Scheinbesitz, der gerade dann zerbricht, wenn er sich beweisen soll. Aber demjenigen Hörer wird Jesu Wort zu einer Kraft und zur Segensmacht, der das Gehörte v e r w i r k l i c h t. Solch ein Verwirklichen wird ein inneres Besitztum und innerer Reichtum, der einem Haus auf Felsengrund gleicht und auch in der schwersten Sturmesnot und Wassersnot der Trübsale und Anfechtungen seine Probe bestehen wird.

Der Schluß

ZuVers 28 u. 29:
Mt 11, 1; 13, 53.
54; 19, 25; 21,
23; 22, 33
Mk 1, 22. 27;
11, 18
Lk 4, 32
Jo 7. 46
Apg 13, 12

28 **Und es geschah, als Jesus diese Worte vollendet hatte, da waren die**
29 **Volksmengen außer sich über seine Lehre. * Denn er lehrte sie wie einer, der**
Vollmacht hat, und nicht wie ihre Schriftgelehrten.

Der Eindruck der Bergpredigt war überwältigend und tief anhaltend. Das besagt auch die Zeitform des Imperfekts im griechischen Urtext. Das Imperfekt drückt ja die D a u e r einer Handlung oder eines Eindrucks aus. „Die Volksscharen waren ganz außer sich." Sie waren wie betäubt, wie gelähmt! Entsetzen und Bewunderung, tiefe innere Ergriffenheit und ein einfach Nicht-fassen- Können packte ihr Herz. So etwas hatten sie noch nie gehört. —

Auch unter den Schriftgelehrten gab es berühmte Persönlichkeiten und gewaltige Redner. Namen wie die der beiden großen Gesetzeslehrer, Schammai und Hillel, die kurz vor Jesus gelebt hatten, waren noch lebendig in aller Erinnerung. Aber sie waren nichts vor dem, der jetzt als der „Herr" mit Vollmacht redete.

Jene mochten in vorsichtigen Redewendungen und gewundenen Ausdrücken allerlei moralische Einzelvorschriften verkünden, Jesus aber wirft aus Seiner göttlichen Vollmacht heraus alles, was jene geredet hatten, über den Haufen. Er stellt Seinen Hörern eine Felswand hin, eine Felswand aus der Ewigkeit, eine Granitwand, die alles bisher Gesagte und Geredete zerdrückte und zerschmetterte. Keine Rede, die je über Menschenlippen gekommen war, war umstürzender und wuchtiger als diese. Sie war im wahrsten Sinne „die Umwertung aller Werte". Sie war und ist das umfassendste und radikalste Paradoxon, d. h. das allem Bisherigen schnurstracks Entgegengesetzte, was je auf Erden gesagt worden ist. —

Was vorher „weiß" war, das nennt der Herr „schwarz", was „schwarz" war, nennt der Herr „weiß". Wo man früher „Zuoberst" meinte, liegt jetzt das „Zuunterst", und wo früher das „Zuunterst" geschaut wurde, da steht nunmehr das „Zuoberst". „Verglichen mit dem Umsturz, den die Bergpredigt brachte, sind die größten Revolutionen der Erde nur Kindergefechte." Alle Religionen der Erde bemühen sich, Gesetze aufzustellen, die im Bereich des Menschenmöglichen liegen. Jesus fordert das, was a u ß e r h a l b des Bereiches des Menschenmöglichen liegt. Aber, was bei dem Menschen unmöglich ist, das ist bei Gott möglich, möglich „im Christus", in Ihm allein!

Die Bergpredigt ist, um ein Bild aus der Musik zu gebrauchen, einer gewaltigen Symphonie vergleichbar, die von den ersten Takten an ohne jegliche Vorbereitung mit Einsatz des vollen Orchesters beginnt. Und alle Instrumente bringen fort und fort das Hauptthema zur Tönung, das Hauptthema, das in unerhörtester Weise und grundverschieden von allen anderen Orchestern entwickelt wird, nämlich das Thema: „Der Mensch ist nichts — Gott ist alles; der Mensch kann nichts — Gott aber kann alles."

Bis zu dem Zeitpunkt, wo die Bergpredigt gesprochen wurde, da hatten die Orchester der Juden zur Zeit Jesu jene Melodie ertönen lassen, die da unter der Führung der Pharisäer und Schriftgelehrten hieß: „Gerechtigkeit gibts aus eigner Leistung, aus eignem Verdienst. (Vgl. das zu Seite 64 ausführlich Gesagte.) Religion ist Selbsterlösung! Es gilt nur, all die Forderungen, die die Religion stellt, pünktlich zu erfüllen, so daß das Plus der Gebotserfüllungen das evtl. kleine Minus der Gesetzesübertretungen überragt; ist das der Fall, dann sieht Gott (so meinten die Gesetzeslehrer) einen solchen als einen Gerechten an, der sich den Himmel auf Grund seines Schatzes von überschüssigen Gebotserfüllungen voll und ganz verdient hat. Der Mensch also kann's schaffen und schaffts auch wirklich allein, bedarf weder der Gnade, noch der Erlösung. — Das war die Melodie, die bis zu dem Zeitpunkt, wo die Bergpredigt gesprochen wurde, allüberall ertönte.

Bis zu dem Zeitpunkt, wo die Bergpredigt gesprochen wurde, hatten weiter alle Orchester der Menschen noch jene Melodie ertönen lassen, die heißt: „Alle menschliche Seligkeit besteht darin: Reichtum ist Glück, Sattheit ist Lebensinhalt, Ehre ist „Etwas-Sein-Wollen", Religion ist Selbstbefriedigung, Gottesdienst ist Leistung, womit ich mir selbst den Himmel erwerben kann."— Die Bergpredigt dagegen verkündet vom ersten Takt an im Volleinsatz aller Instrumente deutlich und klar, ob auch der Hörer dabei erbleicht: „Des Menschen Seligkeit liegt nicht im Reichtum, sondern in der Armut, die Sättigung nicht im Genügen, sondern im Hunger, die Ehre nicht im „Etwas-Sein-Wollen", sondern im Dienen. Gottesdienst ist nicht Leistung, sondern Gnade. Religion ist nicht Menschenbefriedigung, sondern Gottes Frieden und Gotteskraft. Nur denen, die nichts sind, nichts haben, nichts können, **in sich selbst**, denen und nur denen gehört der unerforschliche und ewige Reichtum Gottes und des Christus. Nur die Schwachen, Hungernden und Trauernden und Armen in sich — sie sind reich in Gott, reich in alle Ewigkeit. Nur die, die ganz ernst und ganz aufrichtig bis in die letzte Faser ihres Herzens „nach dem Reiche Gottes" trachten, die ihrem Herrn und Gott es in jeder Situation des Alltags recht machen wollen, die, und zwar unter Inanspruchnahme der Kräfte von oben, Seine Gottesliebe zur Verwirklichung bringen im Druck und Dunkel der Welt, nur denen gehört das Himmelreich und alles irdisch Notwendige dazu, und zwar so, wie Gott es will!

Also erst Gott und noch einmal Gott und wiederum Gott ganz allein, das ist, was die Bergpredigt, als Symphonie gehört, in ihrem Hauptthema im Volleinsatz aller Instrumente fort und fort verkündigen läßt. Und nur der, der sich selbst vergißt und nur des Christus gedenkt, wird selig. — Nur der, der aus Gnaden selig werden will, aus Gnaden ganz allein, der wird gerecht, der wird gerettet für Zeit und Ewigkeit. Im Christus, in Ihm allein!

Kap. 8, 1 — 9, 34

Die Bevollmächtigung Jesu zeigt sich machtvoll durch Taten und Wunder

Die Bergpredigt hatte Jesu Vollmacht und Großmacht bezeugt, „denn er lehrte sie wie einer, der Generalvollmacht hat, und nicht wie ihre Schriftgelehrten". Nun kommt zur Vollmacht und Großmacht der **Rede** noch hinzu die „Dynamit"-Kraft (wie der Urtext sagt), d. h. die Kraft der **„Taten und Wunder und Zeichen"** (Apg 2, 22).

In zwei Reihen erfolgen jedesmal 5 Wunderberichte.

Es ist in Kap 8:
1. Die Heilung des Aussätzigen
2. Die Heilung des Knechtes vom Hauptmann zu Kapernaum
3. Die Heilung der Schwiegermutter des Petrus
4. Die Stillung des Sturmes
5. Die Heilung der beiden Gadarener

Es ist in Kap 9:
1. Die Heilung des Gelähmten
2. Die Auferweckung der Tochter des Jairus
3. Die Heilung der blutflüssigen Frau
4. Die Heilung der zwei Blinden am Wege
5. Die Heilung eines Stummen

Es sind im ganzen 10 Wunder, von denen Matthäus berichtet. Vielleicht denkt Matthäus an jene 10 Wunder im AT, die Gott an Israel bei seiner Befreiung aus Ägypten vollbracht hatte. Die rabbinische Theologie wußte davon, indem sie sagte: „Zehn Wunder geschahen unsern Vätern in Ägypten und zehn am Meere . . . Zehn Wunder geschahen unsern Vätern im Heiligtum."

Und hat für Matthäus nicht die Zahl 10 auch eine symbolische Bedeutung? Zehn ist das Symbol Gottes, der der Anfang und das Ende aller Dinge ist. In der Zahl 10 beginnen die Einheiten und kehren wieder zur Einheit zurück! (Näheres im Abschnitt **„Zahlensymbolik"** und im Schlußabschnitt nach Kap 9, wo von dem **Sinn der Wunder** die Rede ist.)

Nach den allgemeinen Ausdrücken, in denen die Evv. von den Wundern Jesu berichten (Mt 4, 23 f; 9, 35; 12, 15; Mk 1, 32 ff; Lk 5, 17; 7, 21) hat Jesus Tausende von Wundern gewirkt. Ausführlicher werden aber in den Evv zwanzig Heilwunder, sieben Teufelaustreibungen, drei Totenerweckungen und acht Naturwunder beschrieben. Bis auf eines fanden alle Wunder während des irdischen Lebens Jesu statt, nur eines nach seiner Auferstehung.

Für das Wort Jesu gilt genau so wie für das Wort, das Gott am Anfang der Schöpfung aussprach: „So er spricht, so geschieht's, und so er gebeut, so steht's da!" Auch dem Tode geweihte Kranke, ja, Tote selbst wurden im Augenblick durchs Wort gerettet. Das war Jesus, der Herr, der kyrios, d. h. der Mächtige, der Souveräne, der Herrscher, der Gebieter. Und des Gebieters Wort hat schöpferische Wirkung! Welche Nöte es auch immer gewesen sein mochten — das Wort Jesu erwies sich vollmächtig und stark.

Die innere Verbindungslinie der ersten drei Wunderberichte ist wertvoll zu beachten.

1. Die erste Hilfe, vollmächtig und stark, die Jesus nach seiner Bergpredigt einem Menschen zuteil werden läßt, geschieht an einem Ausgestoßenen, an einem von den Menschen und (nach jüdischer Meinung) auch von Gott Verworfenen und Verfluchten, an einem hoffnungslos dahinsiechenden Aussätzigen, einem Jammerbild menschlichen Elends, das als Auswurf der Menschheit galt.

2. Die zweite Hilfe, in der Jesus seine Vollmacht offenbarte, wird einem Heiden zuteil, einem Heiden, der ebenfalls wie der Aussätzige nach jüdischer Meinung zum Auswurf der Menschheit gehörte. (Die Juden verachteten die Heiden ja als Hunde). Beide, der Aussätzige und der Heide, waren durch das Gesetz von der israelitischen Gemeinde getrennt. Da aber, wo das Gesetz die unüberbrückbare Schranke der Trennung ein für allemal aufgerichtet hatte, da fängt gerade die Vollmacht und Heilmacht Jesu an und macht weder vor dem Aussätzigen, noch vor dem Heiden halt.

3. Die dritte Hilfe, die Jesu Herrlichkeit offenbarte, galt einer Frau, (der Schwiegermutter des Petrus), einer Frau, die ebenfalls vom jüdischen Kultus zurückgesetzt war.

Das vollmächtige **Wort** „ich aber sage euch" der Bergpredigt bekommt durch die vollmächtige **Tat** der Wunderheilungen seine gewaltige und einzigartige Fortsetzung. [1]

Heilung des Aussätzigen

Kap. 8, 1—4 (Vergl. Mk 1, 40—45; Lk 5, 12—14)

Mt 5, 1

1 **Als er aber vom Berge herabgekommen war, folgten ihm große Volksmengen.**

Vom Berge der Bergpredigt im galiläischen Bergland, nahe bei Kapernaum, steigt Jesus herab, nicht allein, sondern von Volksscharen umgeben, die, obwohl von Entsetzen gepackt, nicht von ihm weichen. Jesus zieht in Kapernaum ein.

Zu Vers 2: 3 Mo 13; Hio 7, 5; 2 Kö 5, 7
Zu Vers 4: 3 Mo 14, 2—32; Mt 9, 30; Mk 7 36; Lk 17 14

2 **Und siehe [2], ein Aussätziger kam herzu und warf sich vor ihm nieder und**
3 **sprach: Herr, wenn du willst, kannst du mich reinigen. * Und er streckte [3]**
4 **seine Hand aus, umarmte [4] ihn und sprach: Ich will; sei gereinigt! * Und**
sofort wurde sein Aussatz gereinigt. * Und Jesus spricht zu ihm: Paß auf,
sage es niemand; sondern geh hin, zeige dich dem Priester und bringe die
Opfergabe dar, die Moses angeordnet hat, ihnen zum Zeugnis.

Das Wörtlein „Und siehe" (idu) zeigt das Unerhörte, das Überraschende und Plötzliche an, nämlich, daß ein Aussätziger, [5] allen gesetzlichen Vor-

[1]) Die drei genannten Wunder geschahen, wie auch viele späteren Wunder, in Kapernaum. Kap. lag am Nordwestufer des Sees Genezareth, eine Stunde von der Mündung des Jordans. Kapernaum war zur Zeit Jesu wohl die größte Ortschaft am Ufer des Sees und hatte eine Besatzung und wegen des lebhaften Verkehrs eine Zollstätte (Mt 9, 9). Der Herr weilte oft darin, und sie wird darum **„seine Stadt"** genannt (Mt 9, 1). Kapernaum! Welch eine bevorzugte Stadt! Es ist der einzige Ort, von dem in der Wirkungszeit Jesu gesagt wird, daß er da Wohnung nahm (Mt 4, 13). Jesus hatte dort schon gelehrt (Lk 4, 31) und viele Heilungswunder vollbracht (Lk 4, 38 ff.). „Große Dinge" hat Jesus in dieser Stadt getan, wie wir aus seinen eigenen Worten (Lk 4, 23) entnehmen. Ganz besonders dieser Stadt war das große Licht aufgegangen (vergl. Mt 4, 15 f.). Aber obwohl Kapernaum mehr von seinen Zeichen sah und von seinen Worten hörte als sonst irgend ein Ort, fand er doch nur vereinzelte Anhänger; es kam nicht zu einer allgemeinen Umkehr zu Gott und Erneuerung des Sinnes. Darum ruft der Herr (Mt 11, 23) sein Wehe über die Stadt herab. Buchstäblich sind diese Worte in Erfüllung gegangen. Der Ort ist jetzt nur noch ein Trümmerfeld, Tell Hum, genannt. Große schwarze Basaltquader liegen umher, teils einzeln, teils in Mauerresten.

[2]) Vergl. das zu 1, 20 Gesagte.

[3]) Markus hat hier die starke Gemütsbewegung des Herrn mit erwähnt. Also so: „Und er streckte voll Erbarmen (d. h. das Herz drohte ihm vor Mitleid fast zu brechen) seine Hand aus . . .
Obwohl hier das Wort „erbarmte sich" fehlt, wird es sonst an 4 Stellen im Matthäus-Evangelium berichtet.

[4]) Hinsichtlich der Übersetzung „umarmte" siehe Fußnote [6]).

[5]) Lukas der Arzt bezeichnet Lk 5, 12 diesen Kranken als einen Mann, der „voll Aussatzes" war, (pleres lepras) d. h. im letzten Stadium der Krankheit sich befindend. Als Mediziner wußte Lukas um diesen völlig hoffnungslosen Fall, der vom unmittelbar bevorstehenden Tode gekennzeichnet war — Obwohl Jesus viele Aussätzige geheilt hat, so werden doch nur 2 ausführlich erwähnt. (Hier und Lk 17.)
In Israel bildeten die Aussätzigen eine Angelegenheit des alleräußersten Abscheus. In dreifacher Hinsicht war der Aussatz die schlimmste Krankheit.
1. In physischer Hinsicht: Weißliche Blattern zernagten das Fleisch, ein Glied wurde nach dem andern ergriffen und endlich selbst die Knochen zerfressen. Ein hitziges Fieber mit Schlaflosigkeit und schweren Träumen quälte furchtbar den Kranken. Die Krankheit führte sicher zum Tode. Wegen dieser völligen Hoffnungslosigkeit glich der Kranke einem lebenden Leichnam. Die jüdischen Gesetzeslehrer rechneten den Aussätzigen zu den Toten. (Vier werden einem Toten gleichgeachtet: Der Arme, der Aussätzige, der Blinde und der Kinderlose; St-B I, 751.) — Wenn vielleicht einmal aus irgend einem Grunde eine Heilung eintrat, dann glich solch eine Genesung einer Auferweckung eines Toten.
2. In sozialer Hinsicht: Wegen des außerordentlich ansteckenden Charakters der Krankheit war der Kranke von seiner Familie getrennt und von dem Umgang mit den Menschen ausgeschlossen und nur auf die Gesellschaft anderer, ebenso unglücklicher Kranker beschränkt. Die Aussätzigen lebten in der Regel truppweise zusammen, in einiger Entfernung von bewohnten Orten (2 Kö 7, 3; Lk 17, 12). Man legte ihnen ihre Nahrung an verabredete Plätze hin. Wenn sie nahten, floh alles mit Entsetzen. Man nannte diese schrecklichste aller Krankheiten: den Tyrann aller Krankheiten. Die Aussätzigen gingen barhäuptig einher, mit verhülltem Kinn, mußten ihre Kleider einreißen und mußten bei der Annäherung von Begegnenden sich als Aussätzige ankündigen und laut rufen: „Unrein, unrein!" Das heißt: Ich bin verpestet, vergiftet, ansteckend, ich bin ein Ausgestoßener, halte dich fern! — Nicht genug, daß der Kranke aussätzig ist, sondern er muß seinen Jammerzustand auch noch selbst laut verkündigen. (Vergl. 3 Mo 13, 45 und 46.) Zum Dank

schriften zuwider, — ohne Furcht, gesteinigt zu werden — (nicht laut rufend: „Unrein, verpestet, haltet euch fern"), sich in die Stadt zu schleppen gewagt hatte, um auf alle Fälle, koste es, was es wolle, eine Begegnung mit Jesus zu haben. Der Glaube bricht durch Stahl und Stein. Alle drei Evangelisten berichten diesen Vorgang. Als die Volksmenge diese Jammergestalt sah, war sie voll Entsetzen und Furcht geflohen. Auch die Jünger sind aller Wahrscheinlichkeit nach davongeeilt.

Nur Jesus, der immer ganz anders Handelnde, bleibt stehen. So stehen sich der Aussätzige und Jesus allein gegenüber und zwar auf menschenleer gewordener Straße. Nur von ferne schaut die Menge diesem ungewöhnlichen Bilde zu.

Der dem Tode Geweihte stürzt sich zu Jesu Füßen nieder und ruft: **„Herr, wenn du willst, kannst du mich reinigen."** Er mußte wohl von Jesus, dem Helfenden und Heilenden gehört haben. Und wenn er sagt: **„Du kannst mich reinigen"** und nicht sagt: **du kannst mich heilen** — so ist mit dem Wort **„reinigen"** auf die innere Not hingewiesen, auf die entsetzliche Not, „von Gott verflucht zu sein".

Aber auch noch in anderer Hinsicht bedeutet das Wort des Aussätzigen: **„Herr, wenn du willst, kannst du mich reinigen"** etwas Wesentliches. Diese Bitte des Aussätzigen veranschaulicht das Wesen des echten Glaubens. Echter Glaube hat zwei Seiten, eine aktive und eine passive Seite. Die aktive Seite zeigt sich als felsenfeste Glaubensgewißheit. Der Glaube weiß, daß Gott Gebete erhört. — Die passive Seite des Glaubens offenbart sich darin, daß der Glaube die Art der Erhörung nicht von sich aus bestimmt. die Hilfe des Herrn nicht gewaltmäßig an sich rafft, als habe der Glaube ein Recht auf Jesu Hilfe, Verfügungsgewalt über die Macht des Herrn. Nein, echter Glaube überläßt die Art und Weise der Erhörung ganz und gar dem Herrn. (Vergl. das zu 6, 5—13 und zu 7, 7—11 Gesagte.)

Der Heide will in seinem Gebet seinen Götzen sich gefügig machen. Deshalb unterstützt der Heide sein Gebet durch Opfer, Geschenke, Kasteiungen. Fasten. Sein Götze muß umgestimmt, muß für ihn gestimmt, muß bestochen werden.

Der Christ dagegen spricht in seinem Gebet: „So du willst, Herr . . . Nicht der eigne Wille und Wunsch, sondern Gottes Wille und Wunsch sollen zur Geltung kommen. Das ist Jünger-Glaube, ist echter Glaube. Der Christ weiß, er darf jede Hilfe Gott zutrauen, aber keine einzige ihm vorschreiben.

Solch echten Glauben hat auch der Ausgestoßene. „Wenn du **willst,** kannst du mich reinigen." Und was tut der Herr? Er streckt seine Hand aus nach diesem Unglücklichen und greift ihn fest an mit seiner Hand, ja um-

---

für den traurigen Warnungsruf schickte man den Aussätzigen in ihre Einsamkeit etwas Speise. Näherte sich der Aussätzige jedoch irgend einer menschlichen Siedlung, dann wurde er rücksichtslos gesteinigt.

3. In religiöser Hinsicht: Der Aussatz machte levitisch unrein. Die Unreinheit des Aussätzigen übertraf jede andere gesetzliche Unreinheit. Denn er machte nicht nur das unrein, was er berührte, sondern schon seine Anwesenheit genügte, alles, auch ohne jede Berührung, an dem betreffenden Orte zu verunreinigen. „Wenn ein Aussätziger in ein Haus eintritt, so sind mit dem Augenblick seines Eintretens alle Geräte darin unrein, selbst bis zu dem obersten Balken hinauf. Zum Zeichen seiner Unreinheit, „soll er", so verlangt das Gesetz, „seine Kleider einreißen, sein Haupthaar ohne Pflege wachsen lassen und seinen Bart verhüllen . . ." Der Aussatz war wegen dieser ganz besonderen Unreinheit auch ein Grund dafür, daß die Ehefrau sich scheiden lassen konnte. — Der Aussatz erschien, und das war das Allerfurchtbarste, als **eine unmittelbare göttliche Strafe,** und zwar als Strafe für Verleumdung (Ps 101, 5), Hochmut (2 Kö 5, 1 und 2 Chro 26, 16 und 19), für Blutvergießen (2 Sam 3, 29), für falschen Schwur (2 Kö 5, 23 und 27), für Unzucht (1 Mo 12, 17), für Rauben (3 Mo 14, 36) usw. Das war das Entsetzlichste für den Aussätzigen, daß er sich als **ein von Gott Verfluchter,** als ein von Gott Verstoßener ansehen mußte. Und solange die Krankheit anhielt, lag auch das Verdammungsurteil Gottes über ihm. Und da die Krankheit in den allermeisten Fällen mit dem schrecklichen Tode endete, so starb ein solch Unglücklicher in der vollen Nacht der Verzweiflung, von Gott auf ewig verworfen, bestimmt, der ewigen Verdammnis und Hölle nun entgegengehen zu müssen. Der zeitlichen Qual folgte die ewige Qual.

armt ihn, umschließt ihn und drückt ihn, den Unreinen, an seine reine Brust, an sein Heilandsherz.[6])

Dieses Umfassen des armen Aussätzigen kann auch symbolisch gedeutet werden. Im Kreuzessterben auf Golgatha hat der Herr „die unreine Menschheit mit ihrem Sünden-Aussatz umschlossen und die Sünde der Welt auf sich genommen, um sie hinwegzutragen."

Vgl Jes 53
Jo 1, 29
2 Ko 5, 21

Jesus sagt: Ich will. Ein Wort der Vollmacht, ein Wort, das göttliche Schöpferkraft enthält. Und im Augenblick stand der, welcher einem verwesenen Leichnam glich, in Reinheit und Gesundheit vor dem Herrn. Der Ausgestoßene war wieder in die menschliche Gemeinschaft aufgenommen. Das war das Wunder der Heilung.

Und weil Jesus in der Bergpredigt gesagt hatte: Ihr sollt nicht wähnen, daß ich gekommen bin, das Gesetz aufzulösen, sondern zu erfüllen" (vergl. Mt 5, 17), darum sendet er den Gesundgewordenen zu den Priestern: **„Paß auf, sage es niemand, sondern geh hin, zeige dich dem Priester und bringe die Opfer-Gabe dar,** [7]) **die Moses angeordnet hat, ihnen zum Zeugnis."** Das Verbot Jesu, die Heilung niemand zu sagen, soll bekunden, daß es Jesus hauptsächlich um die Erfüllung der gesetzlichen Vorschrift (bezüglich der Heilung der Aussätzigen) zu tun war. Jesus befürchtet, der Geheilte könne meinen, (nachdem sein Aussatz auf so einzigartige Weise beseitigt worden war), **auch** von der gesetzlichen Unreinheit befreit zu sein und der vom Gesetz vorgeschriebenen Reinigungserklärung nicht mehr zu bedürfen. (3 Mo 14, 2 f.) Das will Jesus nicht. Das Gesetz muß genau befolgt werden. So bekommen also die Schlußworte: „Zum Zeugnis für sie" einen ganz einfachen Sinn, nämlich **zum Zeugnis für die Priester** und nicht für das Volk. Dies Priester-Zeugnis ist der Beweis dafür, daß Jesus das mosaische Gesetz, welches das „Opfer" des Aussätzigen fordert, genau beachtet.

Auch wollte Jesus nicht das Lob der Menge, wollte nicht einen falschen Glauben züchten, einen Glauben, der sich nur an Zeichen und Wunder hängt und darum nicht wirklicher und echter Glaube ist. Darum verbot der Herr dem Gesundgewordenen das „Weitersagen!"

Wie eigentümlich! Die Gegner müssen das Wunder amtlich bestätigen (da gibt's keine Deutung noch Drehung), aber den Herrn selbst erkennen sie nicht, besser gesagt: wollen sie nicht anerkennen! Niemand ist schwerer von der Wahrheit zu überzeugen als die sogenannten offiziellen **„Vertreter der Wahrheit."**

Die Sendung an die Priester hatte aber noch einen weiteren, tieferen Sinn, und zwar in doppelter Beziehung:

a) Jesus nimmt durch diese Handlung eine klare Stellung zum Priestertum ein.

b) Jesus verlangt vom Priestertum eine klare Stellung zu seiner Person.

a) Er läßt dem Priesterstand seine amtlichen Funktionen. Er tritt nicht als gegenpriesterlicher Revolutionär auf. Damit schafft er sich Wirkungsmöglichkeiten, ohne von den Priestern in rechtlicher Beziehung gehemmt werden zu können. Mag er Aussätzige heilen, solange er sie zum Priestertum schickt und die Opfergabe den Geheilten sogar zur Pflicht macht, können sie von Rechts wegen nichts dagegen tun.

b) Aber Jesus will auch, daß sie **hören**: „Er ist da, der die Aussätzigen heilt. Der Messias ist da!" Damit sie aufmerksam darauf gemacht werden, daß das Reich Gottes mitten unter ihnen ist.

[6]) Das Wort, das Luther mit „rührte ihn an" übersetzt hat, kann hier mit „umarmen" übersetzt werden. Wir vergleichen mit dieser Übersetzung Mk 10, 13 und 16. Dort wird „berühren", „sich bemächtigen" in Vers 16 veranschaulicht mit „in die Arme nehmen". — Siehe Pape: Griech. Dtsch. Wörterbuch S. 721, dazu Schlatter: Markus S. 189, Matthäus S. 271! Vergl. auch 1 Jo 5, 18.

[7]) Über die Opfergabe lies nach in 3 Mo 14. Die Wiederaufnahme des Geheilten vollzog sich in 2 Stufen. 1. Stufe: Die Wiederaufnahme in die Volksgemeinschaft, Vers 2—8. 2. Stufe: Die Wiederaufnahme in die Gottesgemeinschaft, Vers 9—31.

Nach diesem Wunder der Heilung des Aussätzigen geht Jesus, wie Lukas berichtet (5, 16), in die Einsamkeit, um zu beten. Jesus ließ es sich immer wieder angelegen sein, seine Tätigkeit vor aller geistigen Entartung zu bewahren, indem er einen großen Teil seiner Zeit dem Gebet widmete. Durch dieses Mittel suchte er zugleich die durch seine Predigt und namentlich durch seine Wunder verursachte Aufregung unter dem Volk zu bekämpfen. Das Gebet war das Gegengewicht, welches er allen Gefahren, die fortwährend von innen oder von außen sein Werk bedrohten, entgegenstellte. Die Schilderung des betenden Jesus schließt sich sowohl an das Vorhergehende als an das Folgende an. Wir finden hier einen jener Ruhepunkte, die besonders für das Evangelium des Lukas charakteristisch sind (vergl. die Erklärungen dort zu Lk 4, 42 und Lk 6, 12).

In all dem beispiellosen Sturm und Drang der Arbeit blieb Jesus der ganz große und ganz einzigartige Beter. Gewaltsam schier schafft er sich Raum zum Gebet. Er verkürzt den Schlaf, er löst sich aus der Menschen Treiben, aus der Gemeinschaft seiner Jünger und sucht die Einsamkeit, sucht seinen Gott und Vater auf in der Stille der Nacht.

Heilung des Knechtes des Hauptmanns von Kapernaum

Kap. 8, 5—13 (Vergl. Lk 7, 1—10)

5 **Als er aber in Kapernaum eintrat, ging ein Hauptmann auf ihn zu,**

Als die Erregung des Volkes (hervorgerufen durch die Heilung des Aussätzigen) sich gelegt hatte, da kehrte Jesus aus der Einsamkeit wieder nach Kapernaum zurück. Der Hauptmann (Centurio) ist ein römischer Offizier. [8]) Kapernaum war mit einer römischen Abteilung von 100 Mann Soldaten besetzt. Der Grund hierfür liegt darin, daß Kapernaum Grenzort war. Die Nordgrenze Galiläas mußte wegen des Judenhasses in den syrischen Dörfern und wegen der Zölle militärisch besetzt gehalten werden.

Zu Vers 8: Lk 7, 6

Zu Vers 10: Mt 15, 28; Mk 6, 6

Zu Vers 11: Jes 49, 12; Lk 13, 28. 29

6 **der ihn bat und sprach: Herr, mein Sklave liegt zu Hause gelähmt und**
7 **wird schrecklich** (von Nervenschmerzen) **gequält. * Und Jesus spricht zu ihm:**
8 **Ich will kommen und ihn heilen. * Der Hauptmann aber antwortete und**
sprach: Herr, ich bin es nicht wert, daß du unter mein Dach trittst, sondern
9 **sprich nur ein Wort, und mein Sklave wird gesund werden. * Denn auch ich**
bin ein Mensch unter Befehlsgewalt und habe Soldaten unter mir; und sage
ich zu einem: Geh hin, so geht er, und zu einem andern: Komm, so kommt
er; und zu meinem Sklaven: Tu dies, so tut er es.
10 **Als aber Jesus es hörte, verwunderte er sich und sprach zu denen, welche**
nachfolgten: Wahrlich, ich sage euch: Bei niemandem in Israel habe ich so
11 **großen Glauben gefunden. * Ich sage euch aber, daß viele von Osten und**
Westen kommen und mit Abraham und Isaak und Jakob zu Tische sitzen [9])

[8]) Ein Centurio ist ein Befehlshaber über eine Centurie = 100 Mann. Das römische Heer gliederte sich in Legionen, eine Legion (6000 Mann) hatte 10 Kohorten, eine Kohorte = 6 Centurien.

[9]) Der Ausdruck **„zu Tische sitzen"** lautet im Urtext **„zu Tische liegen"**. Dieser Ausdruck könnte uns befremden. Es sei darum hier als Erklärung folgendes aus St. B. mitgeteilt: Zu den notwendigsten Ausstattungsgegenständen eines Speisesaales gehörte vor allem der Speisetisch, auf dem die einzelnen Gerichte nacheinander aufgetragen wurden. Wir haben uns diese Tische durchaus nach Art unsrer Tische vorzustellen, nur daß sie **niedriger** als die unsrigen waren, da man ja an ihnen zu Tische **lag** und nicht **saß**. Bei den täglichen Familienmahlzeiten hat man im **Sitzen** gegessen. Erst wenn die Gäste im Speisesaal eine geschlossene Tischgenossenschaft darstellten, wurde im Liegen gespeist. Diese Sitte wird für Jesu Tage bezeugt (Mt 8, 11; 22, 10 und 11; Mk 2, 15; 14, 3; Lk 5, 29; 7, 36. 37. 49; 11, 37; 14, 8. 10; betreffs des Passahmahles s. Mt 26, 20; Mk 14, 15. 17; Lk 22, 12. 14; vergl. auch Jo 13, 23; 21, 20. Über die Bedeutung des Liegens beim Passahmahl, s. Belege aus der älteren jüdischen Literatur bei Lk 22, 27). Die Sitte verlangte das Liegen auf der linken Seite;dabei diente der linke Arm als Stütze, während der rechte zum Essen frei blieb, die Füße waren nach hinten ausgestreckt. Als Unterlage diente dem zu Tische Liegenden ein Speisepolster. Je reicher ein Haus war, desto kostbarer waren seine Speisepolster; es wird gelegentlich sogar von silbernen und goldenen Polstern gesprochen. Die Anordnung der Polster um die Speisetafel scheint in Gruppen von je drei Lagerstätten erfolgt zu sein. Mit ihr hing aufs engste die Platzordnung zusammen. Zum Speisepolster selbst gehörte dann noch ein Kissen, das dem zu Tische Liegenden als Stütze diente.

Zu Vers 12:
Ps 112, 10
Mt 13, 42. 50; 22, 13; 24 51; 25, 30
Zu Vers 13:
Mt 9, 29; 15 28

12 **werden in dem Königreiche der Himmel. * Aber die Söhne des Königreiches**
werden hinausgeworfen werden in die Finsternis draußen. Dort wird das
13 **Weinen und das Zähneknirschen sein.** (Zeichen des größten Entsetzens.) *** Und**
Jesus sprach zu dem Hauptmann: Geh hin, und wie du geglaubt hast, so
geschehe dir. Und sein Sklave wurde in jener Stunde geheilt.

Nach alledem was die Fußnote [10]) als geschichtlichen Hintergrund deutlich zu machen versucht hat, leuchtet der Glaube des römischen Hauptmanns nunmehr noch heller auf. Er sah und wußte, mit welcher Verachtung und mit welchem Haß und Hohn die Römer auf die Juden blickten. Er sah und wußte aber auch, wie grauenvoll der Haß der Juden gegen die Heiden war. In dieses Stammland der Juden war er nun von Amtswegen berufen worden, in dieses Land des Abschaums der Menschen, der Schande des menschlichen Geschlechts.

Was sah er nun im Lande Palästina? Zunächst nur Sünde, Ekel und Schmutz. Die religiösen Vertreter, die Pharisäer und Schriftgelehrten beobachtete er. Mit maßlosem Stolz schauten sie voller Verachtung auf die Armen des eignen Volkes, auf die Heiden (die Römer), die man nach ihrer Meinung belügen und betrügen soll, wo sich nur immer die Gelegenheit dazu bietet. Dann sah der römische Hauptmann die Zöllner, die ihre eigenen Landsleute betrogen, soviel es nur möglich war; dann sah er auch die grenzenlose Armut, das Dirnentum und die vielen Krankheiten. Das sah der Hauptmann, so daß der stolze Römer dem Judenhaß seiner Kollegen eigentlich nur voll und ganz zustimmen konnte.

Lukas erzählt diese Geschichte ausführlicher und eingehender. Es liegt ihm anscheinend sehr am Herzen, den heidnischen Hauptmann in seiner Menschenfreundlichkeit zu zeichnen. Dem Evangelisten Matthäus dagegen hat sich in eindrucksvoller Weise das Wort des Heilandes eingeprägt. — Unterstrichen wird diese eindrucksvolle Erinnerung des Matthäus durch die Tatsache, daß Jesus hier zum erstenmal ein scharfes Wort über Israels Unglauben aussagt und ein verheißungsvolles Wort über die Heiden, die in die Tischgemeinschaft von Israels Glaubensvätern aufgenommen werden.

---

10) Um die Geschichte vom Hauptmann besser verstehen zu können, muß ein kurzer zeitgeschichtlicher Abriß gegeben werden. Daß zur Zeit Jesu überhaupt noch ein jüdisches Volk bestand und nicht untergegangen war wie andere Völker (wie auch die 10 Nordstämme), ist ein Wunder Gottes, der Geschichte macht. Nirgends gibt es in der Geschichte der Völker ein Beispiel, daß ein Volk, das 70 Jahre lang in einem fernen, fremden Land unter harten Bedingungen gefangen gehalten worden ist, in seiner zweiten und dritten Generation wieder heimziehen durfte, um Heimatstadt und Heimattempel wieder aufbauen zu können.

Im Heimatlande Palästina lebten zur Zeit Jesu etwa eine Million Juden, im Auslande, d. h. im römischen Weltreich ohne Palästina, drei Millionen (davon in Ägypten allein eine Million). Die Gesamtbevölkerung des römischen Weltreiches betrug damals 60 Millionen. Der 15. Teil des Gesamtreiches waren Juden, oder anders ausgedrückt, 7 Prozent. Wie es zu diesem riesenhaften Anschwellen der Judenschaft hat kommen können, ist und bleibt, auch nach Meinung der Gelehrten, ein Rätsel.

Die Stellung der Heidenwelt zu den auch im Geschäftsleben sehr rührigen Juden **war keineswegs freundlich.** Die römischen Dichter Horaz, Ovid und Juvenal nahmen die Juden zur Zielscheibe ihres beißenden Spottes. Es ist das Verbot des Genusses von Schweinefleisch und die Feier des Sabbats, an dem sie besonders ihre Witze ausließen. Die Juden seien die Dümmsten der Barbaren, die nie eine nützliche Erfindung gemacht hätten. Moses sei der größte Betrüger gewesen. Bekannt ist auch das Wort des Kaisers Augustus: „Er wolle lieber des Herodes Schwein sein, als sein Sohn." Der Sinn ist, daß Herodes seine Kinder mordete, während er sich des Schweinefleisches enthielte. Die Geschichte des jüdischen Volkes ist voll von Verfolgungen und Massentötungen jeglicher Art. Die Skizze der jüdischen Geschichte, die Tacitus seinen Historien eingefügt hat, atmet die volle Verachtung des kultivierten Römers gegen dieses Götter und Menschen hassende, einem absurden und schmutzigen Aberglauben ergebene, verächtlichste aller Sklavenvölker.

Wie dachten aber andererseits die **Juden über die Heiden?** Die Heiden wurden Hunde genannt. Sünder, Dirnen, Landesverräter, Verbrecher und Heiden standen auf gleicher Linie bei den Juden. Mit unendlicher Verachtung schaute man auf das absurde und schmutzige Heidentum. Den Heiden zu ärgern, wurde von den Rabbinern gefordert. Den Heiden unter Eid zu belügen, war ebenfalls gestattet. Die Heiden sind Gottes Feinde, Israel ist Gottes Freund. Einem Heiden darf man nicht einen Weg zeigen. Ausdrücklich gestattet war es, in Gegenwart von Heiden unehrerbietige Worte über einen Götzen zu sagen. Es ist verboten, jüdisches Vieh in einem heidnischen Gasthause einzustellen. Die Jüdin darf der Heidin keine Geburtshilfe leisten usw. usw. Ins Tausendfache könnte man diese Beispiele vermehren. Es hat wohl niemals ein solch fanatischer Haß zwischen 2 Völkerschaften bestanden wie der zwischen Juden und Heiden damals!

Und doch hinter all der schmutzigen und dunklen Fassade sah er etwas, was ihn aufhorchen ließ — den **Glauben der Juden an den einen Gott**, an den lebendigen Gott. Der Vielgötterei seiner römischen Religion war er satt geworden. Seine Seele hatte Ruhe gefunden in dem wahrhaftigen Gott. Und allen „Gewalten und politischen Bedenken zum Trotz" wurde er Proselyt, Proselyt des Tores.[11]) Und ob auch die römischen Offiziere ihn belächelten und vielleicht verspotteten — so bekannte er sich doch zu dem Glauben des verachteten Volkes Israel. Aber nicht nur das tat er, sondern noch viel mehr. Er baute den Juden eine Synagoge. Die dienstbeflissene Art, wie nach Lk 7, 1—5 die Ältesten sich bei Jesus für ihn verwenden und voll Dankbarkeit sagen: **„Er hat unser Volk lieb"** zeigen, wie hoch er in der Achtung der Juden stand. Ein rabbinischer Ausspruch sagt: Wenn jemand eine Synagoge baut, dann gehört er auch zur Synagoge.[12]) So gehörte der Hauptmann ebenfalls zur Synagoge. In Kapernaum hatte er auch von dem kommenden Messias gehört, von den Hoffnungen auf das wirkliche Heil der Welt. Immer mehr wurden ihm die Augen geöffnet für die unsichtbare Herrlichkeit des Gottesreiches. Keine Furcht vor Schmach und Spott seiner Landsleute hielt ihn von der Teilnahme an den Gottesdiensten zurück.[13])

Dem Synagogen-Bau des Hauptmanns ist größere Ehre zuteil geworden als dem Tempel Salomos. Denn diese Synagoge wurde wie keine andere der Mittelpunkt der Lehrtätigkeit Jesu. War der Hauptmann vorher schon ein fleißiger Gast in dieser Synagoge gewesen, so wird er jetzt, seit dem Kommen Jesu, die Synagoge noch viel fleißiger und mit tiefstem Herzensverlangen besucht haben, um den gewaltigen Reden Jesu zu lauschen. (Lk 4, 32.)

Aber doch fehlte ihm noch die persönliche Gemeinschaft mit Jesus. Darum sandte der Herr eine **Not.** Sein Sklave wurde krank. Sonst wurden bei den Römern die Sklaven kaum noch als Personen angesehen, sondern nur als Gegenstände, die man kaufen und verkaufen konnte. Aber der Hauptmann sah den Knecht an wie „sein eigenes Kind",[14]) ging darum persönlich zu Jesus und bat um Hilfe. Lukas berichtet, daß der Hauptmann durch die Ältesten seine Bitte unterstützen ließ, weil ihm die Qual des Knechtes durchs Herz schnitt. Der arme Sklave wurde behandelt, als ob er der wichtigste Mann der Stadt wäre. Wie beschämt dieser Heide viele Christen! Die soziale Frage, die Dienstbotenfrage, hat dieser Hauptmann glänzend gelöst, weil er Gott fürchtete.

Jesus ist gleich bereit, zu kommen und zu helfen. Da hören wir aus dem Munde des Hauptmanns eine merkwürdige Antwort: **„Ich bin es nicht wert, daß du unter mein Dach trittst."** Der reiche Offizier fühlt sich unwürdig, daß der Herr in sein Haus kommt. Das Betreten eines heidnischen Hauses wurde von den Juden als eine Verunreinigung angesehen. Aus dieser Erkenntnis heraus

[11]) Der Hauptmann von Kapernaum war ein Proselyt des Tores. Man unterschied:
1. **„Proselyten des Tores"**, d. h. Nichtjuden, Fremdlinge, die sich zu den sogenannten noachischen Geboten verpflichtet hatten, welche untersagten: 1. Die Gotteslästerung, 2. den Götzendienst, 3. den Mord, 4. die Blutschande, 5. den Raub, 6. die Empörung, 7. das Essen vom Blut und vom Erstickten (Apg 15; 13, 43; 13, 50; 16, 14; 17, 4 usw.)Proselyten des Tores waren Kornelius, Lydia, der Kämmerer aus dem Mohrenland u. a.
2. **„Proselyten der Gerechtigkeit"** oder des Bundes. Das waren solche, die sich der Proselyten-Taufe und der Beschneidung unterzogen hatten und so auch in die jüdische Nationalität aufgenommen waren; den andern Israeliten also in allem gleichgestellt.

[12]) Über „Synagoge" siehe Lexikon zur Bibel, Artikel „Schule".

[13]) Vom Hauptmann Kornelius heißt es: „Er war fromm, fürchtete Gott, machte für das Volk manche gute Stiftung und betete" (Apg 10, 1 ff.). Man muß diese Beschreibung sich vergegenwärtigen, um verstehen zu können, was sich diese Leute, obwohl sie viel für die Juden getan hatten und deswegen angesehen und beliebt waren, doch noch gefallen lassen mußten von seiten der Juden, weil sie sich aus irgendeinem Grunde nicht hatten beschneiden lassen. Es war z. B. folgendes: Trat nämlich ein Israelit in das Haus eines Proselyten des Tores, dann verunreinigte er sich. Das wußte der Hauptmann und darum seine Bitte an den Herrn, doch mit einem Wort es bewenden zu lassen.

[14]) Im Griechischen steht dreimal das Wort „pais" d. h. Sohn. Vers 6, 8 und 13. So lieb war ihm der Sklave. Nur Vers 9 steht „doulos" d. h. Sklave.

verstehen wir die demütige Antwort: **„Ich bin nicht wert, daß du unter mein Dach trittst."** Man sollte vielleicht viel eher die Rede erwarten: „Es wäre mir peinlich und unangenehm, wenn du, der du, Jesus, doch ein **Jude** bist, in mein Haus kämst. Meine Bekannten würden Anstoß nehmen, mich zur Rechenschaft ziehen, wenn ich einen Juden ins Haus ließe. Meine Stellung verlangt die nötige Vorsicht. Kannst du nicht aus der Ferne helfen? Dann vermeiden wir alles unnötige Aufsehen und die Sache bleibt unter uns."

So ähnlich würde vielleicht mancher wohl heute reden. — Denn man ist außerordentlich bang, man könnte in das Gerede der Leute kommen, wenn man sich zu Christus bekenne. Man meint, man könne in unangenehme Verwicklungen mit Verwandten und Nachbarn geraten. Man könne doch auch „unbemerkt" ein Christ sein.

Voll Glaubensmut sagt der Hauptmann zu Jesus: **„Sprich nur ein Wort, so wird mein Knecht gesund!"** Herr, du hast ja gar nicht nötig, in mein Haus zu kommen. Und wie begründet er dies? Mit folgendem Bild: Ich bin ein Mensch — du bist der Herr! Ich bin ein Untergeordneter und habe der Obrigkeit zu gehorchen — du bist der Herr über alles. Ich habe unter mir wenige Kriegsknechte — dir ist alles untertänig. Wenn ich einen Befehl gebe, dann wird er sofort ausgeführt. Die Soldaten gehen, kommen und tun alles, was ich sage. — Der Gehorsam ist so pünktlich, daß keine Fragen aufgeworfen werden, kein Zögern geduldet wird. Nicht ein einziger aus der Truppe wagt zu sagen: „Ich tue es nicht!" Soweit des Hauptmanns Bild.

Er zieht aus dieser seiner Illustration nun den Schluß: Jesus ist Hauptmann, ist Befehlshaber im Reiche der Heilkräfte. Wenn er ein Wort spricht, dann muß es geschehen. Wer könnte ihm widerstehen? Wenn du, Jesus, zu Krankheit und Schwäche sagst: Geht hin!, dann gehen sie, zu Gesundheit und Kraft: Kommt her!, dann kommen sie. Und die Macht des Todes muß weichen.

Diese großartige, durchaus originelle Glaubensanschauung, verbunden mit einer ebenso großen Demut, setzt den Herrn Jesus selber in Erstaunen, und er äußert, zu seinen Nachfolgern gewendet: **„Wahrlich, ich sage euch, solchen Glauben habe ich bei niemand in Israel gefunden!"**[15])

Der Herr benutzt diese Begegnung mit dem Hauptmann, um den Gesichtskreis seiner Jünger zu erweitern, indem er ihnen die Versicherung gibt: **„Viele werden kommen aus dem Osten und Westen und werden zu Tische sitzen mit Abraham, Isaak und Jakob im Königreiche der Himmel.**[16]) **Aber die Söhne des Königreiches**[17]) **werden hinausgeworfen werden in die Finsternis draußen, da wird das Geheul und das Geknirsch der Zähne sein."**[18])

[15]) Zweimal wird vom Herrn Jesus berichtet, daß er sich „gewundert" habe. Hier über den Glauben des heidnischen Hauptmanns und Mk 6, 6 über den Unglauben seiner Vaterstadt Nazareth.

[16]) Über das Zukunftsmahl der Gerechten im bildlichen und eigentlichen Sinn wird in der rabbinischen Theologie oft unter dem Bilde des Essens, als eines Mahles gesprochen. Henoch 42, 14: Der Herr der Geister wird über ihnen, den Gerechten und Auserwählten, wohnen, und sie werden mit jenem Menschensohn (Messias) essen, sich niederlegen und erheben bis in alle Ewigkeit. — Der Sinn der letzten Worte ist, daß die Seligkeit der Gerechten in der dauernden Lebensgemeinschaft mit dem Messias bestehen werde. Für das Mahl unseres Gottes, das er in der Zukunft den Gerechten bereiten wird, gibt es kein Ende, wie es heißt Jes 64, 4: „Kein Auge hat einen Gott gesehen, außer dir, der sich wirksam erwiese für den auf ihn Harrenden." (Vgl. auch Jes 25, 6; Mt 22, 1—13; Lk 22, 30.)

[17]) Die Bezeichnung „die Söhne des Königreiches" drückt im Rabbinischen das Verhältnis der Zugehörigkeit und der Abhängigkeit und der Wesensgemeinschaft aus. — Zu „Söhne" ist zu vergleichen „die Söhne des Brautgemaches" (9, 15), „die Söhne des Bösen" (13, 38), „Söhne des Donners" (Mk 3, 17), „Söhne des Höchsten" (Lk 6, 35), „Sohn des Friedens" (Lk 10, 6), „Söhne dieses Zeitalters" (Lk 16, 8; 20, 34), „Söhne des Lichtes" (Lk 16, 8), „Söhne Gottes" (Lk 20, 36), „Söhne der Auferstehung" (Lk 20, 36), „Sohn des Verderbens" (Jo 17, 12) usw. usw. Hier in all diesen Stellen wird das oben angedeutete Verhältnis der Zugehörigkeit und der Abhängigkeit zum Ausdruck gebracht. Ähnlich, wenn auch wir sagen: „Du bist ein Kind des Todes", und damit meinen, daß der Betreffende bereits dem Tode angehört, mit ihm schon in Wesensgemeinschaft steht. Wenn die Israeliten „Söhne des Königreiches" heißen, dann ist damit ausgesagt, daß sie Gott in ganz besonderer Weise angehören, daß sie das von ihm auserwählte Volk sind, welches mit dem ganz besonderen Auftrag für die Welt ausgerüstet ist.

Jesus sieht eine neue Trennungslinie durch die Menschheit gehen. Bisher war es das auserwählte Volk, Israel, zu dem sich Gott bekannte auf Grund seiner Gnadenwahl (Jes 41, 8 u. a.) und des Bundes, den er mit ihm geschlossen hatte. Die Juden waren als „Söhne des Königreiches im Sinne von Priestern" (2 Mo 19, 6) dazu bestimmt, mit Abraham, Isaak und Jakob im Himmelreich zu sitzen. Sie waren „drinnen" und die Heiden „draußen" (Ps 147, 13. 20; Apg 14, 16); die Juden waren die Nahen und die Heiden die Fernen, Israel war in den „Bündnissen der Verheißung" — die Heiden waren „fern vom Bürgerrecht Israels" (Eph 2, 12).

Nun ist aber der Messias gekommen mit seiner Botschaft: (Mt 4, 17) *„Das Himmelreich ist nahe herbeigekommen"* und fordert Glauben (Mt 9, 28; Mk 4, 40; 11, 22; Lk 5, 20; Jo 10, 37 f.). Da versagen „die Söhne der Königsherrschaft" (Jo 5, 37 f.; 8, 45 f.).

Wie lehnten doch gerade die Schriftgelehrten und Pharisäer und, von ihnen verführt, die Mengen des Volkes den Herrn Jesus und seinen Messiasanspruch ab — und diese Ablehnung fand ihren stärksten Ausdruck in dem *„Hinweg mit diesem"*, *„Kreuzige ihn!"* (Jo 19, 15.)

Dagegen findet der Christus bei den Heiden Glauben: bei den halbheidnischen Samaritern (Jo 4, 42); hier bei dem Hauptmann, bei dem kananäischen Weib (Mt 15, 28). Auch der Samariter unter den zehn Aussätzigen zeichnet sich aus (Lk 17, 15—19).

Und nun wird nicht mehr zwischen Israel und den Heiden die Scheidelinie verlaufen, sondern zwischen Gläubigen und Ungläubigen, und diese Scheidelinie wird mitten durch Juden und Heiden hindurch gehen.

So wird es geschehen, daß vom Morgen und vom Abend viele Heiden kommen werden (wie schon Jes 49, 12 verheißen), um als Gläubige mit den Glaubens-

Hier steht wie in Kap. 4, 23 und 6, 33 „Königreich" ohne den Zusatz „der Himmel". „Königreich" ohne den Zusatz „der Himmel" steht im Matthäus noch einige Male. (Näheres darüber in Rienecker: „Begriffl. Schlüssel".) Das Wort: „Die Söhne des Königreichs", d. h. die Israeliten, werden in die „äußere Finsternis getan" ist ein sehr hartes Wort des Herrn, ist ein Wort der Verurteilung Israels, so wie Johannes der Täufer es in Kap. 3, 9 u. 10 schon angedeutet hat. Schlatter sagt so ernst und trefflich: „Somit beginnt die Verurteilung Israels mit einem besonders starken Bekenntnis zu seiner Gottes-Zugehörigkeit. Das ist ein ähnlicher Vorgang, wie wenn Jesus ein neues Gebot mit dem Bekenntnis zum AT beginnt. (Vgl. 5, 17 mit 23, 2.) Jesus stellt mit dem harten Wort von der „äußeren Finsternis" das Volk Israel auf die gleiche Stufe mit den Gottlosen und Heiden."

Über den Ort der Finsternis, nämlich den einen Teil der Scheol, sei Folgendes gesagt: Die Septuaginta hat Scheol mit Hades wiedergegeben. Scheol (hebräisch) und Hades (griechisch) heißen „Totenreich". Gehenna dagegen ist der Strafort des Höllenfeuers.

Die ursprüngliche Scheolvorstellung des AT ist durch den **Auferstehungsglauben** des NT umgestaltet. Einen nachhaltigen Einfluß auf die alttestamentlichen Scheolvorstellungen hat der Auferstehungsglaube und der mit ihm eng verbundene Vergeltungsgedanke ausgeübt. Indem der Aufenthalt in der Scheol durch den Auferstehungstermin zeitlich befristet wurde, verlor die Scheol den Charakter einer ewigen Behausung; sie wurde jetzt für die Frommen zu einer vorläufigen Wohnstätte, ausschließlich für die Dauer des Zwischenzustandes, d. h. für die Zeit zwischen Tod und Auferstehung. Und indem der Vergeltungsgedanke ein unterschiedliches Los der Gerechten und der Gottlosen nicht bloß für die Zeit nach der Auferstehung, sondern bereits während des Zwischenzustandes forderte, hörte die Scheol auf, ein für alle ihre Bewohner gleichgearteter Aufenthaltsort zu sein. **Sie wurde jetzt für die Gerechten bis zur Auferstehung eine Stätte des Ausruhens und des Friedens und für die Gottlosen bis hin zum Endgericht der Ort der vorläufigen Strafvergeltung,** nach dem Endgericht aber der der ewigen Verdammnis. (Darüber dann später noch ausführlich.) (Vgl. St—B., Bd 4, II 31. Exkurs.)

[18]) Schlatter („Der Evangelist Matthäus" S. 280) sagt: Die heftige Erschütterung des Körpers, die das Klappern der Zähne hervorbringt, kann Wut sein oder Angst. Es wird nicht von körperlicher Qual gesprochen; denn hier erfand nicht die Wollust der Grausamkeit einen schrecklichen Strafvollzug. Das Ziel Jesu ist erreicht, wenn der Hörer ermißt, was er, wenn er dem Verderben verfällt, verloren hat. Matthäus hat die Formel noch fünfmal wiederholt, immer von Begnadeten, die die Berufung umsonst empfingen. Daneben hat er keine antithetisch entsprechende Formel für die Wonne der Erwählten und ewig Lebenden. Auch das kennzeichnet sein religiöses Ziel; es gilt, das Empfangene zu bewahren, damit die Begnadigung nicht in Reue ende. Dazu, daß auch den Gerichteten ein menschlicher Leib zugeschrieben wird, siehe 5, 29; 10, 28.

vätern Abraham, Isaak und Jakob im Reich der Himmel zu sitzen. Nun werden Heiden *„vermöge der Gnade gerettet durch den Glauben"* (Eph. 2, 8) — die Juden aber sind durch ihren Unglauben in den Stand der Heiden getreten (Eph. 2, 2), „Söhne des Ungehorsams" geworden. So sind die „Söhne der Königsherrschaft" „Söhne des Ungehorsams" geworden und werden deshalb ausgestoßen in die Finsternis, „die draußen ist". Dort wird Heulen und Zähneknirschen sein: der Ort des Schreckens!

Der Glaube aber erfährt die Erfüllung seiner Erwartung. Niemand setzt sein Vertrauen vergeblich auf Jesus Christus. Wenn der Mensch durch seinen Unglauben Unheil über sich bringt, so widerfährt dem Glaubenden Heil, Erhörung, Errettung.

„Gehe hin, dir geschehe, wie du geglaubt hast!" Und Jesu Wort beweist seine Kraft: **„Und sein Knecht** (im Urtext „sein Sohn") **wurde gesund in jener Stunde."**

Die Heilung der Schwiegermutter des Petrus und andere Heilungen am Abend.

Mt 8, 14—17 (Vgl. Mk 1, 29—34 und Lk 4, 38—41)

Zu Vers 14:
1 Ko 9, 5

14 **Und als Jesus in das Haus des Petrus gekommen war, sah er dessen**
15 **Schwiegermutter fieberkrank darniederliegen. * Und er ergriff ihre Hand, und**
das Fieber verließ sie; und sie stand auf und wartete ihm bei Tisch auf.

Es ist nach Lk 4, 31—39 gerade Sabbat. Von der Synagoge, in der Jesus gelehrt und einen Besessenen geheilt hatte, begibt er sich in das Haus, das dem Simon gehört, und zwar in Kapernaum.

Wir erfahren aus dieser Begebenheit, daß Petrus verheiratet ist. Es ist eine merkwürdige Fügung, daß wir von diesem ersten Apostel, und zwar gerade von Petrus, mit Bestimmtheit wissen sollen: **Auch in seiner apostolischen Wirksamkeit hat er seine Ehe fortgesetzt** (1 Ko 9, 5) (Klemens von Alexandrien weiß auch von Kindern des Petrus zu berichten. In den Akten des Nereus und des Achillaus wird eine Tochter des Petrus mit Namen genannt. Sie hieß: Petronilla.)

Die Schwiegermutter des Petrus lag in heftiger Fieberglut krank zu Bett. Aus diesem Umstand schließen wir, daß Jesus erst jetzt in das Haus gekommen war, nicht früher, sonst hätte er sie früher geheilt. Das Fieber, woran diese Frau litt, bezeichnet nur Lukas mit dem echt medizinischen Ausdruck „pyretós mégas" (große Fieberhitze). Nur er zeichnet mit drei Worten die Haltung des Arztes am Krankenbett. (Siehe dort zu Lk 4, 37—39.)

Die Geschichte von dieser Heilung wird von allen drei Evangelisten erzählt. Sie muß sich bei allen dreien wohl sehr tief eingeprägt haben. —

Hier darf man einmal einen Blick tun in des Petrus Haus. Es hat wirklich etwas bedeutet, wenn die Apostel (soweit sie Väter gewesen sind), als die Ernährer ihrer Familien aus Beruf und Stellung herausgegangen sind, um mit Jesus im Lande umherzuziehen. Vielleicht hat die Schwiegermutter diese neue Tätigkeit ihres Schwiegersohnes nicht ganz verstehen können. — Und nun ist zu all der Arbeit „zu Hause", die ja ohne männliche Hilfe von Mutter und Tochter allein bewältigt werden mußte, noch Krankheit hinzugekommen. Weil die Krankheit sich zusehends verschlimmerte, ist die Not wohl aufs Höchste gestiegen. Da, in dieser höchsten Not, kommt Jesus und hilft!

Wir fragen: Sollte diese Hilfe des Herrn nicht vielleicht richtunggebend sein für seine Jünger hinsichtlich ihrer Nachfolge Jesu?

Seinen Jüngern hatte Jesus gesagt, sie würden darüber nicht zu kurz kommen, daß sie alles verlassen hätten, um ihm nachzufolgen. Er wird die von ihnen zurückgelassene Familie nicht vergessen. — Im Hause des Petrus hat man nun auch ein herrliches Wunder erlebt.

Liegt der Sinn dieser Wunderheilung also nicht vielleicht darin, daß dieses Wunder programmatisch, richtungweisend geworden ist für das Verhältnis Jesu zu den Angehörigen seines Jüngerkreises?

16 **Als es aber Abend geworden war, brachte man viele Besessene[19]) zu ihm.**
17 **Und er trieb die Geister aus mit einem Wort und heilte alle Leidenden. * So erfüllte sich das Wort des Propheten Jesaja: „Er selbst nahm unsere Schwachheiten weg und trug unsere Krankheiten fort."**

Kapernaum war an jenem Tage in einer wunderbaren Aufregung. Um die Zeit des Sonnenunterganges, also in dem Augenblick, in dem (nach Lk 4, 31—39) die Sabbatruhe ihr gesetzliches Ende erreicht hatte und das Tragen auch einer schweren Last gestattet war, brachte man eine große Anzahl Kranker, Leidender zu Jesus, die er sämtlich nach Lk 4, 40, *„jedem einzeln die Hand auflegend"*, heilte.

Wir haben hier einen jener Augenblicke im Leben des Herrn, wo seine Wundermacht sich besonders reich entfaltete (Lk 6, 19). Solche Höhepunkte kommen auch im Leben der Apostel vor (vgl. bzgl. des Petrus Apg 5, 15. 16; des Paulus Apg 19, 11. 12). — Der Bericht lautet hier bei den drei Synoptikern fast ganz gleich. So tief hatte sich die Erinnerung an diesen Abend den drei Evangelisten eingeprägt.

In diesem Umdrängtsein von Vielen kommt aber nun mehr zum Vorschein als nur „ein Wunder". Es ist der „Heiland", der die Abgründe verschließen kann, der hilft und aus den Banden des Satans freimacht. Es ist derselbe Heiland, der auch heute und alle Zeit für die Besessenen, die Gebundenen und Leidenden Zeit hat, der noch heute und alle Zeit für die, welche ihn suchen, jenes geringe und unscheinbare, in Wahrheit allmächtige „Mittel" hat, das hier so unauffällig namhaft gemacht wird: **„das Wort"**. Wenn durch irgend etwas, so wird dadurch angedeutet, daß Jesus kein „Zauberer" ist, keiner, der über besondere geheime Mittel, über interessante Kräfte verfügt, denen man nur nachspüren könnte und sollte. Er hilft mit dem **„Wort"**, mit demselben mächtigen Wort, durch das Gott die Welt geschaffen hat, durch das Gott auch die Welt erhält. Es ist das **Wort**, das auch heute noch zu neuem Leben erweckt, das fort und fort an Leib und Seele wirkt und ausrichtet, wozu es ausgesandt wird, nämlich: „ewiges Leben" zu geben und „ewiges Leben" zu fördern.[20])

[19]) Es ist ein Irrtum der bibelkritischen Theologie, wenn sie meint, daß es **keine Besessenen** gibt und daß Jesus sich hinsichtlich dieser Erscheinung den damaligen Zeitvorstellungen angepaßt habe. Nach sämtlichen Berichten, in welchen die Heilungen genauer erzählt sind, ist das Wesentliche an diesem Zustand der **Verlust des persönlichen Selbstbewußtseins;** das Bewußtsein des Kranken ist von einer fremden Persönlichkeit sozusagen absorbiert (d. h. aufgesogen). Wir können dies oft an der Form **„wir"** sehen, durch die sich der Besessene mit den Dämonen und allen andern gleichartigen Wesen identifiziert (siehe Vers 29—32). Daher ist es Jesus bei der Heilung zuallererst darum zu tun, diese zwei Persönlichkeiten zu trennen, von denen die eine gleichsam die andere in Besitz genommen hat. Diese Grundtatsache scheint uns ganz einzig in ihrer Art dazustehen und den Gedanken an gewöhnliche Nervenstörungen auszuschließen. Die Besessenen bilden dann auch in den Evangelien, wenn sie gleich als Kranke betrachtet werden, unter diesen doch immer **eine besondere Klasse.**

Physisch-psychische Zerrüttung, an welcher diese Personen leiden, kommt von einem tiefer liegenden Übel her, das dem Gebiet des geistigen Lebens angehört. Dies war auch die Anschauung Jesu. Er nahm also wirklich ein eigentliches Besessensein an. Sollte er sich etwa getäuscht haben? Nein. Wie hätte er sonst eine so unbeschränkte Macht über eine Art von Krankheit ausüben können, deren Wesen er so grundfalsch beurteilt hätte!

Man hat gegen die Wirklichkeit dieser Tatsachen das Stillschweigen des Evangelisten Johannes geltend gemacht. Allein, sein Evangelium schließt mit den Worten: „Es gibt noch viele und andere Wunder, die nicht in dieser Schrift erzählt worden sind" (Jo 20, 30). In seinem Briefe 1 Jo 3, 8 sagt er: „Dazu ist der Sohn Gottes erschienen, daß er die Werke des Teufels zerstöre." — Man fragt, ob solche Zustände auch heute noch vorkommen? Darauf antworten Irrenärzte mit **„ja"**. „Nach meiner Ansicht", sagt Godet, **„sind** Geistesstörungen nur in jenen außergewöhnlichen Fällen als wirkliche Besessenheit anzusehen, wo der Wille wie durch eine unbekannte Macht gebunden und gelähmt erscheint und das Selbstbewußtsein mehr oder weniger entzogen ist." (Vgl. Godet, Lk Kom.)

[20]) Trillhaas fragt zu dieser Stelle: „Muß man darauf hinweisen, daß dieses „Wort" mit und ohne „Vollmacht" gesprochen werden kann? Daß dieses Wort geistesmächtig oder lahm, tot oder lebendig verkündigt werden kann? Muß man darauf hinweisen, daß um dieser Sachverhalte willen nicht jeder Prediger sein Wort und seinen Predigtdienst mit diesem **vollmächtigen** Handhaben des **Wortes** durch Jesus gleichsetzen darf? Wenn Jesus anderwärts sagt: „Diese Art fährt nicht aus als nur durch Gebet und Fasten" (Mt 17, 21), so deutet er an, daß „etwas dahinter stecken muß", wenn unser Dienst **Gewalt** haben soll."

Man möchte am Schluß dieser Verse 16 und 17 noch die Frage stellen, ob Matthäus das Jesaja-Zitat nicht falsch angewendet hat. Denn Jesaja denkt doch in seinem 53. Kapitel bei dem „Wegnehmen unserer Gebrechen und dem Wegtragen unserer Krankheiten" nicht an die Wundertätigkeit Jesu während seines Umherziehens durch Städte und Dörfer, sondern doch nur an das stellvertretende Leiden und Sterben auf Golgatha!

Luther hat hier eine rechte Antwort gegeben. Er sagt: „Es scheint, als ob Matthäus den Spruch Jesajas nicht in seinem eigentlichen Sinne anführe, indem Jesaja von dem Leiden Christi und nicht von der Gesundmachung der Kranken redet. — Aber", so fährt Luther fort, „darauf ist zu antworten, daß Matthäus den Jesaja anführt von dem „ganzen" Christus und allen dessen Stücken, d. i. nicht allein von dem dreitägigen Leiden, sondern von dem ganzen Leben Christi. Das ganze Leben Christi aber bestand darin, daß er unser Ungemach auf sich genommen und getragen hat. Also trägt er auch hier Mitleiden mit den Besessenen und Kranken und trägt im Herzen ihr Ungemach, auf daß er sie erlöse . . ." Soweit Luther.

Zu diesem, was Luther so trefflich angedeutet hat, gilt es aber doch noch ein anderes ins Auge zu fassen, nämlich ganz grundsätzlich die unerhörte Bedeutung der Wunder Jesu überhaupt zu schauen.

Doch darüber dann am Schluß von Kapitel 9, wo in einem Rückblick der Wunderberichte von Kapitel 8 und 9 besonders gedacht werden soll.[21])

Bedingungen echter Jesus-Nachfolge.

Mt 8, 18—22 (Vgl. Lk 9, 57—60)

Zu Vers 18: Mk 4, 35; Lk 8, 22
Zu Vers 20: 2 Ko 8, 9

18 **Als aber Jesus eine Volksmenge um sich sah, befahl er, an das jenseitige**
19 **Ufer zu fahren. * Da kam ein Schriftgelehrter herzu und sprach zu ihm:**
20 **Lehrer, ich will dir nachfolgen, wohin du auch gehst. * Jesus spricht zu ihm:**
Die Füchse haben Höhlen und die Vögel des Himmels Nester, aber der Menschensohn[22]) hat nicht, wo er das Haupt hinlege.

[21]) Matthäus bringt mit der Anführung von Jes 53 einen Zug, der in den bisherigen Erzählungen zu fehlen schien. Bisher erschienen die Wunder Jesu als Zeichen unumschränkter Macht. Jetzt werden sie **als ein Stück vom Leiden des Knechtes Gottes** beschrieben. Daß Matthäus diese Anführung des Prophetenwortes so meint, zeigt die weitere Verwendung von Jes 53, **überhaupt** von Jesaja bei ihm (12, 17 ff.; 11, 5; 35, 5 u. 6 und 61, 1) und in der Urgemeinde (Apg 8, 32 f.; 1 Pt 2, 22 ff.). Die Anführung des AT ist für Mt die Form, in der er seine eigene Verkündigung bringt. Diese Verkündigung kommt dem nah, was vor allem von Mk und Jo bezeugt wird. Jesus, der seine Taten aus Gottes Vollmacht tut (Mk 2, 10; Jo 5, 19 u. ö.), handelt dennoch in seinen Wundern als der von Gott Empfangende, auf Gott Angewiesene, als der Leidende (Mk 9, 19), schon in seinem Erdenleben zum Kreuz Gehende (Mk 9, 12). Nach allen Evangelien stehen die Züge majestätischer Vollmacht und williger Niedrigkeit in Jesu Leben und Handeln dicht nebeneinander. Jesus ist für alle Evangelisten schon als der Irdische der Gekreuzigte; aber auch schon als der Irdische ist er der, dessen Vollmacht (Mk 2, 10; Mt 7, 29) die Vollmacht des Auferstandenen (28, 18; Da 7, 14) voraufnimmt. So ist auch in Jes 53 Leiden und Erhöhung in eins gesehen (Jes 52, 12; 53, 11 ff.), und die Auslegung zum NT urteilt an der Stelle (Apg 8, 32 f.) nicht anders. NTD S. 109.
Schlatter sagt („Der Evangelist Matthäus" S. 283): „Fällt die Beziehung des jesajanischen Spruchs auf die Heiltätigkeit Jesu unter das Urteil, Matthäus **verdunkle das Kreuz Jesu** und weiche der Aussage des Propheten aus, daß der Knecht Gottes der um der Sünde willen Sterbende und dadurch Vergebung Bewirkende und Gerechtigkeit Schaffende sei? Matthäus ist auch hier bei der Anrufung der Schrift von dem Motiv geleitet, das die früheren Zitate veranlaßte. Er stellt wieder ein Schriftwort neben die Ereignisse, weil das Verhalten Jesu gegen die befestigte messianische Dogmatik verstieß. Mit seinem heilenden Wirken geschah das, was Paulus das **„er erniedrigte sich selbst"** nannte. Er nahm sich derer an, die der Hilfe bedurften, tat, was die jetzt sich an ihn herandrängende Not verlangte, mit Verzicht auf alle in die Zukunft übergreifenden und nach Großem strebenden Pläne. Deshalb zitiert Matthäus dasjenige prophetische Wort, das den Christus als den Helfer unter die kranke Gemeinde stellte. So tat Jesus Gottes Willen und ging den von der Schrift gezeigten Weg und erwies sich eben dadurch als den, der „sein Volk von seinen Sünden rettete" (1, 21), daß er ihm nicht nur mit Worten vergab und ihm auch nicht nur die Hoffnung auf die kommende Gnade schenkte, sondern von ihm nahm, was als Gericht und Strafe auf ihm lag. Damit sagt Matthäus nicht, daß Jesus in Jes 53 nicht noch anderes las."

[22]) Kurz sei noch etwas gesagt zu dem Wort Menschensohn, das hier bei Matthäus zum **erstenmal** auftritt. Der Ausdruck „Menschensohn" (wörtlich: „der Sohn des Menschen", vor beiden Hauptwörtern steht der bestimmte Artikel) findet sich in allen vier Evangelien, und zwar 30 mal bei Matthäus, 14 mal

Die in den Versen 18—22 folgenden kurzen Begebenheiten zwischen Jesus und zwei Männern, die ihm nachfolgen wollen, stehen zu den vorausgehenden Wunderberichten in einem gewaltigen Gegensatz. In den drei großen Wundererzählungen (Heilung des Aussätzigen, des Knechts des Hauptmanns, der Schwiegermutter des Petrus) steht Jesus da als der, welcher aus der überquellenden Fülle der Kraft von oben den Reichtum der helfenden Liebe Gottes verschenkt.

In den Versen 18—20 erscheint Jesus als der, der selbst nichts hat und nichts für sich begehrt. Jede Sensations-Hascherei und Glückseligkeits-Träumerei, jede Überbewertung von Gesundheit und Wohlbehagen, was sich alles leicht an die Wundertätigkeit hängen kann,. wird in der folgenden Begebenheit von vornherein grundsätzlich abgewiesen. Der alles gebende Reichtum der heilenden Gnade und die auf alles verzichtende Armut gehören bei dem Herrn zusammen. Der Herr, der Sohn Gottes, vollmächtig in Taten und Worten, ist zugleich der Knecht, der Mensch, der nichts für sich beansprucht, sondern als der Obdachlose und Heimatlose und Verachtete durchs Land zieht. Vollmächtig und machtvoll kann Jesus nur dadurch sein, daß er arm und ohnmächtig auf alles Eigene verzichtet, daß er nichts hat und nichts für sich begehrt.

Aus den Worten nachher in Vers 21 *„Ein anderer von den Jüngern"* kann man vielleicht schließen, daß der Schriftgelehrte in Vers 19 dem Herrn schon längere Zeit als beständiger Zuhörer nachgefolgt war. Durch die Vollmacht seiner Reden und seiner Wundertaten gepackt, wollte er von jetzt ab für immer sich dem Herrn anschließen. Und frei und offen bekennt er es dem Herrn: **„Lehrer, ich will dir nachfolgen, wohin du auch gehst."** — Das ist ein mutiges Bekenntnis. Es ist der einzige Schriftgelehrte, der so zu ihm sprach. Selbst Nikodemus kam nur des Nachts und kam mit Fragen und Zweifeln. Dieser aber tritt am Tag hervor, und sein Wort ist ein freies Bekenntnis. Der Schriftgelehrte, der Theologe findet in Jesus die Krönung aller Theologie, findet in Jesus den größten aller Theologen, ausgerüstet mit der Vollmacht göttlicher Rede und der Vollmacht göttlicher Taten. Ihm will er fortan folgen, wohin der Herr auch immer gehen mag, um täglich und stündlich das Große seiner Reden und Taten zu erfahren und sich daran zu erquicken und zu erbauen.

Aber es überrascht uns, daß Jesus diesen „Mann vom Fach", diesen begeisterten Theologen, der nicht wie seine Kollegen ein Gegner des Herrn war, sondern mit Freuden dem Herrn anhing — diesen Mann nicht in seine Jünger-Nachfolge aufnahm, nicht voller Freude ja sagte zu dem beglückenden An-

bei Markus, 25 mal bei Lukas, 11 mal bei Johannes, im ganzen 80 mal; außerdem noch in Apg 7, 56. Sonst begegnen wir dem Namen nirgends im NT, denn Offb 1, 13; 14, 14 sowie Jo 5, 27 sind nicht hierher zu rechnen, weil der Name an diesen Stellen im Urtext ohne das bestimmte Geschlechtswort steht und deshalb nicht der Menschensohn, sondern nur ein Menschensohn heißt. —

Es ist ferner beachtenswert, daß der Name Menschensohn in den Evangelien immer nur im Munde Jesu selbst vorkommt, abgesehen von Jo 12, 34, wo ihn das Volk aus Jesu Rede aufgreift, ohne ihn zu verstehen. Nie wird Jesus in den Evangelien mit diesem Namen von irgend jemand angeredet oder bekannt; dafür finden sich vielmehr die Ausdrücke: „Sohn Davids, Sohn Gottes, der Heilige Gottes, der Auserwählte Gottes, Christus, Herr". Abgesehen von Apg 7, 56, findet sich der Name Menschensohn auch nicht in dem Sprachgebrauch der von Jesus redenden ältesten christlichen Gemeinden. (Vgl. Albrecht NT. Ausführlich bei Rienecker: „Begrifflicher Schlüssel z. NT".)

Was bedeutet der Name „Menschensohn"? In dem Titel **„Sohn Gottes"**, den er bei der Taufe erhielt, war sein Verhältnis zu Gott ausgedrückt. In der Bezeichnung **„Sohn Davids"** war sein Verhältnis zu Israel festgelegt. Den dritten Namen **„Menschensohn"**, den der Herr Jesus aus Daniel 7 auf sich bezogen hat, gebraucht er, um sein Verhältnis zur ganzen Menschheit auszudrücken. Das Wort **„Menschensohn"** bezeichnet in der Schrift den wahren Sohn und Repräsentanten des menschlichen Geschlechts (vgl. Ps 8, 4—9; Hes 3, 10—17). Mit dem Artikel „der Menschensohn" kann dieser Ausdruck nur den **Menschen im höchsten Sinne**, den **einzigartigen Menschen**, den **normalen Repräsentanten** der Menschheit bezeichnen: ein wahrer und zugleich der wahre Mensch. Indem Jesus sich so nannte, erklärte er sich allerdings für den Messias, aber nur implicite (ohne Nennung des Namens); es war die einzige Form, in welcher er es damals tun konnte. Zugleich gab er mit diesem Namen dem Gefühl der Liebe Ausdruck, mit welcher er die ganze Menschheit umfaßte, die er zu seiner Familie gemacht hat.

gebot des Schriftgelehrten, welches doch so prachtvoll lautete: **„Lehrer, ich will dir nachfolgen, wohin du auch (immer) gehst.“** Wie groß ist doch dies Letzte: „Wohin du auch immer gehst!“ Zeugt dies Wort nicht von einer ganz einzigartigen Bereitschaft, alles daranzugeben?! Und doch?! Jesus kannte das Herz des Schriftgelehrten besser, als dieser selbst es kannte. Um Jesus nachfolgen zu können, reicht eine Bereitschaft, die aus der Begeisterung kommt, nicht aus. Jesus fordert mehr. (Vgl. das zu Kap 16, 24 und 25 Gesagte.)

Die Frage nach Begeisterung und berauschender Erquickung, die Frage nach Sättigung geistreicher Ideale, die Frage nach Geltung und Ansehen und Behagen hat überhaupt keine Daseinsberechtigung, hat bei Jesus jeden Sinn und Zweck verloren.

Solange es aber Menschen gibt, denen die Christus-Nachfolge und der unbedingte und strikte Gehorsam gegenüber seinen Forderungen wichtiger ist als die ganze Welt, birgt eine solche Nachfolge eine beispiellose Kraft in sich, die ihresgleichen in der ganzen Völker- und Weltgeschichte nicht aufzuweisen hat.

Der Schriftgelehrte in unserer Geschichte lebt in hohen, schönen Gedanken und meint, bei Jesus deren Vollendung zu finden. Jesus dagegen lebt in schmerzlicher Arbeit: „Unsere Schwachheiten hat er genommen, und unsere Krankheiten hat er getragen“ (vgl. Vers 17). Ein großes Leidensreich liegt vor ihm, das muß er durchziehen, von einem Ende zum andern. Wo Menschen ohne Frieden sich finden, da stellt er sich ein; wo Traurige sind, da muß er hinkommen. Hat er dem einen den Frieden geschenkt und dem andern die Tränen getrocknet, dann zieht er weiter ohne Ruhe und Heimat. Davon hat der Schriftgelehrte keine Ahnung, was das für eine Theologie sei, die sich in saurer Arbeit abmüht um die Errettung der Seelen und auf Anerkennung und Behagen völlig verzichtet. Das aber war die Theologie Jesu. Eine Theologie des Dienens, nicht der Theorie und geistreicher Gedanken.

Der Schriftgelehrte ist zurückgeblieben. Kein Evangelium berichtet davon, daß unter den Jüngern ein Theologe war. Später hat Jesus zwar einen Theologen in seiner Nachfolge gehabt, und sogar als *„auserwähltes Rüstzeug“*. Dieser Theologe aber mußte anfangen wie die andern Jünger, nämlich mit Zittern und Zagen am Boden liegend fragen: *„Was willst du, Herr, daß ich tun soll?!“* Dieser Theologe legte dann die Trümmer seiner eigenen Theologie dem Herrn Jesus zu Füßen und ließ sich von ihm die neue Theologie geben, und zwar die der Arbeit an den verlorenen Seelen, nicht ohne das heilige Siegel: *„Ich will ihm zeigen, wieviel er leiden muß um meines Namens willen.“* Aus der Theologie der Tatsachen erwuchs ihm von selbst das Bekenntnis von der „Liebe Christi, die alle Erkenntnis übertrifft“. (Vgl. Laible: Ev. für jeden Tag.) — Und wie tief des Paulus Theologie war, zeigen seine Briefe, die bis heute noch nicht tief genug erforscht und ergründet worden sind und auch jemals ergründet werden können. Und warum? Weil sie die echte Theologie der echten Nachfolge Jesu enthalten.

21 **Ein anderer aber von den Jüngern sprach zu ihm: Herr, erlaube mir, zu-**
22 **vor hinzugehen und meinen Vater zu begraben. * Jesus aber spricht zu ihm:**
Folge mir nach und laß die Toten ihre Toten begraben.

Die Entschuldigung, die der Jünger hier vorbringt, scheint begründet zu sein und die Antwort Jesu dem Gefühl natürlichen Anstandes und kindlicher Pietät zu widersprechen.

Jesus selbst hat die Übertretung des 4. Gebotes hart gestraft (Mk 7, 10 ff.). Um die beiden Verse recht zu verstehen, können wir von zwei Möglichkeiten ausgehen.

1. Möglichkeit: Der Vater war hier gar nicht gestorben. Im Morgenlande findet das Begräbnis noch am Todestage statt, manchmal schon nach zwei Stunden. Der Jünger will sagen: „Laß mich noch solange zu Hause bleiben, bis mein Vater gestorben ist.“ Der Herr will aber den Jünger zu rascher, sofortiger Entscheidung nötigen. Einmal in den Kreis seiner Familie und seiner Geschäfte

zurückgekehrt, wird er sich bald davon umstrickt sehen und nicht mehr die Kraft haben, alles zu verlassen. Es gibt im sittlichen Leben kritische Augenblicke, wo das, was nicht sogleich geschieht, gar nicht mehr geschieht. Der Wind weht. Ist er einmal vorbei, so wird das Segelschiff nicht mehr flott.

2. Möglichkeit: Wir nehmen den Fall an: Der Vater ist wirklich soeben gestorben, und der Sohn muß sofort nach Hause eilen, um seiner Sohnes- und Liebespflicht zu genügen. Ist dann das Wort Jesu, den Vater nicht zu begraben, sondern dem Herrn sofort und auf der Stelle nachzufolgen, nicht unendlich hart und schroff? Wir antworten mit Ja, denn eine solche Forderung war für jüdisches Empfinden schlechthin „schändlicher Frevel".

Mit dieser unerhört harten und schroffen Forderung will aber Jesus gewaltig jede den Jünger bindende Sohnespflicht sprengen, wenn es um die Person Jesu geht. Jesus verlangt von dem Jünger die vollständige und alleinige Bindung an ihn. Das Gesetz entband den Hohepriester und den Nasiräer von den Pflichten gegenüber den Toten, selbst gegenüber Vater oder Mutter (3 Mo 21, 11; 4 Mo 6, 6 ff.).

Der Hohepriester ist der Nachfolger Aarons. Ihm war das Zeichen der Trauer verboten. Als der oberste Diener des Gottes des Lebens soll er mit nichts, was Tod heißt, in Berührung kommen! (Nach Stuttg. „Jubiläums-Bibel".) Wie viel gilt, das Leben selbst, das Jesus ist und bringt, zu achten!

Das Reich Gottes steht also noch höher als der Gottesdienst des Tempels. Wenn der Herr in seine Nachfolge, in seinen Dienst ruft, dann gilt es, noch heute zu tun, was morgen vielleicht zu spät ist (Hbr 3, 7—18). Eine rasche Entscheidung ist hier die notwendigste und dringendste Bedingung des Heils und des Lebens.

Der Doppelsinn des Wortes: „Die Toten", auf dem die Antwort Jesu beruht, zeugt von Jesu Urteil über den Menschen vor seiner Erneuerung durch das Evangelium. Vor dem Gläubigwerden sind wir nach der Heiligen Schrift tote Menschen. Ebenso sagt Paulus: „Ihr waret tot in euren Fehlern und Sünden."[23]

Von der Bergpredigt her in Kap 7, 13 und 14, also von dem Wort des breiten und schmalen Weges, wo nur der schmale Weg zum „Leben" (Zoe) führt — von diesem Wort her wird klar, was „Leben" ist und was „Tod" ist. Jesus sieht sein Volk als ein Volk der Toten an, weil sie auf dem breiten Wege wandeln, weil sie auf Jesus nicht hören wollen. (Wie erschütternd bestätigt sich das Wort in Kap 23, 37.) Die Jünger dagegen sind durch den Anschluß an Jesus die „Lebenden". Und weil sie das sind, sind sie herausgelöst aus allen anderen Beziehungen und von ganzem Herzen mit Jesus vereint. Und um des „Lebens" willen muß jedes andere an die zweite Stelle gerückt werden.

Die Stillung des Sturmes.

Kap 8, 23—27 (Vgl. Mk 4, 36—41; Lk 8, 23—25)

Zu Vers 24: Ps 4, 9

Zu Vers 26: Ps 107, 25—29 Mt 14, 31; 16, 8

23 u. 24 Als er in das Schiff gestiegen war, folgten ihm seine Jünger. * Und
siehe, es erhob sich ein großes Unwetter auf dem See, so daß das Schiff von
25 den Wellen bedeckt wurde. Er aber schlief. * Da traten sie heran, weckten
26 ihn und sprachen: Herr! Rette! Wir gehen unter! * Er spricht zu ihnen: Was
seid ihr furchtsam! Ihr Kleingläubigen! Dann stand er auf, schalt die Winde
27 und den See; und es trat völlige Stille ein! * Die Menschen aber verwunderten sich und sprachen: Was für einer ist dieser, daß auch die Winde und der
See ihm gehorchen?

Wir kommen jetzt abschließend in der Reihe der Wunderberichte zu einer Reihe von Erzählungen, die auch die beiden andern Evangelisten Markus und

[23]) Schniewind in „NTD" faßt das Heilandswort „Laß die Toten ihre Toten begraben" nicht im geistlichen Sinne auf, sondern buchstäblich und wörtlich. Wir können dem nicht ganz zustimmen, denn auch das Rabbinat gebraucht „tot" im übertragenen Sinne = „geistlich tot". Vgl. Lk 15, 24; Hes 37; Jo 5, 24 und 1 Jo 3, 14.

Lukas zusammengestellt haben: die Stillung des Sturmes, die Heilung der beiden Besessenen, die Auferweckung des Jairus' Töchterlein und die Heilung des blutflüssigen Weibes.

Matthäus hat zwischenein noch die Heilung des Gelähmten (Kap 9, 1—8) und die Berufung des Matthäus mit anschließender Mahlzeit und Unterredung (9, 9—17) gestellt.

Jesu Wunder-Vollmacht kommt zu ihrem Gipfelpunkt. Jesus hat Vollmacht über Naturgewalten, zeigt seine Vollmacht über dämonische Gewalten (8, 28—34) und über Todesgewalten (9, 18—26).

Auf Grund des Kap. 8, 18 angegebenen Planes wollte Jesus auch in der Gegend jenseits des galiläischen Meeres in dem Zehnstädteland das Evangelium predigen. Durch das lange Reden zum Volk am diesseitigen Ufer war er so müde geworden, daß er nach dem sehr genauen Bericht des Markus nicht einmal das Schiff verließ, von dem aus er gelehrt hatte. Seine Jünger hatten ihn, „so wie er war", d. h. im Schiffe sitzend, fortgeführt. Noch einige andere Schiffe fuhren mit, so daß sie zusammen eine kleine Flotte bildeten. Das Wetter war ruhig. Jesus, der Müdigkeit nachgebend, schlief ein. Der Pinsel des Markus hat uns das Gemälde genauer erhalten. Jesus lag auf dem Hinterteil des Schiffes, sein Haupt ruhte auf einem Kissen, das ihm von freundlicher Hand hingelegt worden war. Das Wort „schlief er ein" bedeutet im Urtext „in tiefen Schlaf versinken". Es gehört dem späteren Griechisch an.

Auf den von Bergen umschlossenen See kommen oft, besonders gegen Abend an heißen Tagen, plötzliche, heftige Stürme von den nahen Höhen herab. Diese bekannte Erscheinung deutet das Wort „stieß herab" in Lk 8, 23 laut Urtext an. Matthäus drückt das „Plötzliche und Überraschende des Sturmes" wieder durch das Wort „Und siehe" aus. (Vgl. das zu 1, 18 Gesagte.) Plötzlich war das Unwetter hereingebrochen.[24])

Die Verse 25—27 zeigen ein Gemälde, wie kaum je ein solches auf Erden gesehen worden ist.

Es geht nun mit Jesus hinein in den Sturm, und zwar ganz plötzlich hinein in die Not, in die allerhöchste Gefahr, in die allergrößten Schwierigkeiten.

Was tun die Jünger zuerst? Sie arbeiten. Es sind ja Männer vom Fach. Sie lenken das Schiff, wie es Sachverständige tun. Sie sind ja des Sturmes und des Wetters kundig. Solche Stürme sind schon manchesmal plötzlich auf sie herabgestoßen. Auch diesmal wieder solch ein Orkan! Die Sturzwellen gehen hoch, die Schiffer spannen ihre Kraft an, mit Not und Sturm fertig zu werden. Sie setzen sich ein, sie schaffen fleißig, sie versorgen die Segel usw.

Ist das verkehrt? Nein, denn arbeiten, das soll der Christ. Er soll der fleißigste Arbeiter sein.

Was müssen die Jünger einsehen? Die Not ist größer als ihre Kraft, die Schwierigkeiten übersteigen ihr Können.

Was tun nun die Jünger? Sie werden nervös! Sie schreien und verlieren die Fassung. Ihre allergrößte Not ist jedoch diese: Der Herr Jesus schläft, er schweigt! Das bringt sie in noch größere Erregung, daß

[24]) Über die Orkane, denen namentlich der See Genezareth ausgesetzt ist, liest man folgendes: „Die Windstöße entfesseln sich durch die von Norden und Nordosten herabsteigenden Schluchten und sind nicht nur heftig, sondern auch plötzlich; sie brechen oft herein, wenn das Wetter ganz hell ist." Das hängt damit zusammen, daß das galiläische Meer so tief unter dem Spiegel des Mittelmeeres gelegen ist, daß daselbst die Luft durch die Sonne außerordentlich verdünnt ist. Nachdem der Wind die große im Umkreis gelegene Hochfläche durcheilt und eine ungewöhnliche Heftigkeit erreicht hat, stürzt er, an den Rand dieser ungeheuren Einsenkung angekommen, mit unglaublicher Gewalt herab. Man sieht dann gleichermaßen „die Windwirbel auf den See fallen". Dalman schreibt in seinem Buch „Orte und Wege Jesu" folgendes: „Die Fischer fürchten den Westwind . . . sie halten zuweilen inne und lauschen, ob er nicht schon in der Höhe vernehmbar ist, ehe er sich auf die Wasserfläche herabstürzt." — Der See Genezareth liegt 208 m unter dem Meeresspiegel.

er schläft, daß er so leichtsinnig sein kann, in dieser Not zu schlafen. Das ist Lieblosigkeit und Rücksichtslosigkeit und Gleichgültigkeit; da ärgern sie sich an ihm. Vielleicht werden sie sogar zornig!

Ist solch Gebaren recht? Ist das Glaube? Nein, denn Glaube ist nicht Verwirrung, nicht Nervosität, nicht Ärger, nicht Aufbegehren, nicht Toben und Schreien. Jesus sagt selbst nachher zu ihnen: **„O ihr Kleingläubigen!“** (nach Mt) — „O ihr Ungläubigen, ihr Glaubenslosen!“ (nach Mk und Lk). Aus welchem Grund tut der Herr das Wunder? Um ihres Glaubens willen oder um ihres Unglaubens willen? Um ihres Unglaubens willen! Das ist merkwürdig.

Ein sehr ernstes Wort! Was ist Unglaube oder Kleinglaube? Kann man die Jünger Ungläubige nennen?

1. Sie sind doch bei Jesus, mit ihm zusammen auf den See gefahren.
2. Sie haben ihn in der Not angerufen.
3. Sie haben mit seiner Hilfe gerechnet.

Und doch sind sie ungläubig, sind ohne Glauben. Darum werden sie vom Herrn gescholten!

Warum nennt der Herr solches Verhalten „Unglauben“?

1. Weil sie in der Not nervös werden, die Ruhe verlieren, verwirrt schreien, sich ärgern!
2. Weil sie Gott zwingen wollen, sofort zu helfen, und so zu helfen, wie sie es dachten, wie ihr Programm es war.[25])
3. Weil ihre Schwierigkeiten beseitigt werden sollten.

An Jesus wird uns gezeigt, was echter Glaube ist.

1. Im echten Glauben geht's oft sehr menschlich zu! Auch bei dem Herrn. Ein Tag ermüdender Arbeit lag hinter ihm. So groß war der Zudrang gewesen, daß er *„nicht einmal Zeit fand, um zu essen“*, wie Markus erzählt. Am Abend hatte er vom Schiff aus gelehrt. Er war nun der Ruhe bedürftig. So wie er war, im Schiff sitzend, führten sie ihn fort. Am Lande hatte er in der Tat nicht, wo er sein Haupt hinlegen konnte. — Müde und abgespannt schläft er ein. Nur einmal lesen wir, daß Jesus geschlafen hat, (obwohl er nachts natürlich des Schlafes pflegte). Jesu volle Menschlichkeit wird uns auch hier wieder nahegebracht.

Er war Mensch, gleich wie wir, hat gehungert, gedürstet, geweint, Mitleid gehabt, hat gearbeitet bis zur völligen Erschöpfung, ist gewandert in Sonnenglut auf staubiger Straße. Im echten Glauben geht's sehr menschlich zu! —

2. Im echten Glauben geht's oft sehr unmenschlich zu! Unser ganzes Programm, alles, was wir planten und überlegten, wird manchmal kurzerhand über den Haufen geworfen. Wir hatten uns soviel Mühe gegeben, und dennoch wird nur negativ über uns geurteilt. Alles wird entstellt und zu Boden getreten.

[25]) Man überschätzt auch heute noch oft die „Erfahrung“. Und Gott schenkt manchmal auch heute noch sofort die Beseitigung der Schwierigkeiten und gibt Erfahrungen. — „Glückselig aber sind, die nicht sehen und doch glauben!“

Wird es dann stille um dich und in dir, dann stimme nicht großartige Loblieder an vor den Leuten von der erfahrenen Durchhilfe; bleibe vielmehr in der Stille und lausche auf die vorwurfsvolle Frage deines Herrn. Nicht dazu begegnet dir die Drangsal und Ausweglosigkeit, damit Gott seine **Allmacht** beweise. **Die beweist er jede Stunde für den, der Augen hat,** zu sehen. Drangsal und Schwierigkeit und Ausweglosigkeit begegnen dir, damit „die Erprobung deines Glaubens viel köstlicher erfunden werde als das Gold, das vergeht, aber durch Feuer erprobt wird“ (1 Pt 1, 7). Wenn Glauben im Herzen ist, dann gibt es keine Bestürzung und keine Verwirrung. Der Glaube der Jünger versagt und verschwindet da, wo er gerade einsetzen sollte. Der Glaube bei heiterem Himmel ist noch kein Glaube. Wenn aber alles zu wanken und zu brechen droht, wenn sicherer Untergang vor Augen zu stehen scheint, dann heißt es glauben. Die Jünger hätten unbedingt festhalten müssen: „Jesus kann unmöglich eine Beute der Wellen werden. Ist er doch von Gott in die Welt gesandt. Wie kann er weggerafft werden, bevor das Werk vollbracht ist, das ihm Gott aufgetragen hat!“

Wie nötig hatte der Herr den Schlaf. Draußen auf dem stillen See hofft er, endlich einmal ungestört ruhen zu können. Da wird er von den Jüngern so lieblos gestört, mitten im Schlaf. Aber keinen Augenblick ist er über diese plötzliche Störung ungehalten. Im echten Glauben gibt es keine Nervosität, keine Aufgeregtheit, keine Verstimmung, keine Klage, kein Aufbegehren und Murren.

3. Im echten Glauben weiß man: Alles wird gelenkt vom allerbesten Regenten, alles liegt in den allerbesten Händen.

Die Jünger meinen: Wind und Wellen hätten über ihr Leben zu verfügen. Der echte Glaube weiß: Nicht Wind und Wellen, nicht Menschen verfügen über uns, sondern Gott ganz allein!

Alles wird regiert. Auch im Sturm hat Jesus als einziger seinen Stand in Gott bewahrt. Er sah das „Tosen der Natur-Elemente" mit der Gewißheit: Dies alles ist regiert! Jesus braucht sich nicht erst mühsam an den Vater zu erinnern; vielmehr so, wie er erwacht ist und sein Auge die Gefahr erfaßt, sieht er sogleich ebenso gewiß auch den Vater. Nicht nur der Sturm ist da. Auch der Vater ist da und regiert. Die Natur liegt biegsam in seinen Händen; denn sie ist ja sein Geschöpf. Über dem Gesetz der Natur waltet ein Wille, der Wille des Vaters; und die Unendlichkeit der Welträume ist umfaßt von seiner Hand. Wind und Wellen und was sonst alles die Natur hat, ist Gottes Eigentum und steht deshalb ohne Unterlaß in seinem Dienst. Das war nicht nur die Lehre Jesu. Das wurde auch gewiß durch seine Tat.

Die Heilung der Besessenen von Gadara.

Kap 8, 28—34 (Vgl. Mk 5, 1—17; Lk 8, 26—37)

28 Und als er an das jenseitige Ufer gekommen war, in das Land der Ga-
darener, begegneten ihm zwei Besessene, die aus den Felsen-Grabhöhlen her-
vorkamen, sehr gefährlich, so daß niemand jenes Weges vorbeizugehen ver-
29 mochte. * Und siehe, sie schrien und sprachen: Was willst du mit uns, Sohn
30 Gottes? Bist du hierher gekommen, uns vor der Zeit zu quälen? * Es war aber
31 weit fort von ihnen eine Herde vieler Schweine auf der Weide. * Die Dämonen
aber baten ihn und sprachen: Wenn du uns austreibst, so sende uns in die
32 Schweineherde. * Und er sprach zu ihnen: Gehet hin. Sie aber fuhren aus und
fuhren in die Schweine hinein. Und siehe, die ganze Herde stürmte den Ab-
33 hang hinab in den See, und sie starben in den Wassern. * Die Hüter aber
flohen und kamen in die Stadt und meldeten alles, auch das von den Besesse-
34 nen. * Und siehe, da kam die ganze Stadt heraus, Jesus entgegen, und als
sie ihn sahen, baten sie ihn, er möge aus ihrem Gebiet weggehen.

Zu Vers 29:
Mt 4, 24
Mk 1, 24
Lk 4, 41
2 Pt 2, 4
Offb 20, 2. 10

Diese Erzählung enthält vieles, was uns sehr befremdlich vorkommt. Sie zeigt uns einen noch ergreifenderen Sieg der Vollmacht Jesu, als der vorhergehende in Vers 23—27 es war. Denn der Schauplatz des Kampfes ist hier nicht die Natur, sondern die menschliche Seele. Dieser Wunderbericht findet sich ausführlich bei den drei Evangelisten Matthäus und Markus und Lukas, aber mit Unterschieden. — Der auffallendste Unterschied ist aber der, daß Matthäus von zwei Besessenen redet, statt, wie Markus und Lukas, von einem Besessenen.[26])

Um diese uns sehr befremdliche Geschichte zu verstehen, müssen wir zunächst einmal die Situation als solche feststellen.[27]) Wo geschieht die Tat, und

[26]) Vielleicht haben Markus und Lukas deshalb nur den einen erwähnt, weil nur der eine nachher an den Herrn die Bitte um Aufnahme in die Jüngerschaft gerichtet hat. (Vgl. Lk 8, 38. 39 und Mk 5, 18—20.) Jesus hat ihm jedoch den Auftrag gegeben, in dem Gebiete der Gadarener zu verkündigen, wie große Dinge Gott an ihm getan habe.

[27]) Von all den vielen Deutungsversuchen dieser merkwürdigen Geschichte meinen wir, daß der Deutungsversuch von Prof. Bornhäuser in „Das Wirken des Christus" S. 80ff. der beste ist. — Wir lehnen uns im Folgenden darum an Bornhäuser an. Der Unvollkommenheit der Auslegung sind wir uns dabei voll und ganz bewußt. Wenn jemand aber eine bessere Auslegung weiß und Antwort auf die mancherlei schwierigen Fragen dieser Geschichte zu geben meint, der soll uns dies gern mitteilen.

wer ist dabei? Sie geschieht im Ostjordanland am jenseitigen Ufer des Sees Genezareth, Kapernaum schräg gegenüber[28]) bei einem Gräberfeld auf einem Wege, den niemand zu gehen wagt. Die Straße ist also leer. Nur Jesus und seine Jünger und die zwei Besessenen sind zugegen. Das zu beachten ist wichtig. Auch die Schweineherde ist weit entfernt samt ihren Hirten. Dies ist die Situation.

Der Vorgang wird von allen Evangelisten, die die Geschichte erzählen, mit besonderer Sorgfalt beschrieben, am farbigsten ist der Markusbericht.

Die Besessenheit, um die es sich hier handelt, ist eine ganz besondere, keine gewöhnliche. Nicht nur ein Dämon ist da, sondern eine Legion, wie Lukas schreibt.

Die Dämonen sind dienstbare Geister des Teufels (Kap 25, 41). Und was allgemein von den Engeln hinsichtlich ihres Seins und Verhaltens gilt: sie sind ausgesandt, den Menschen zu dienen, ist auch, aber im Gegensatz, von den Dämonen zu sagen. Sie sind gefallene Engel, ausgesandt, die Menschen zu quälen. (Vgl. das Henochbuch 61, 1. Dort steht: Die Dämonen dürfen die Menschen quälen bis zum Tage des großen Endgerichts.)

Kaum haben die Dämonen den Herrn erblickt, so schreien sie: **„Was willst du von uns, du Sohn Gottes![29]) Bist du hierher gekommen, uns vor der Zeit schon der Pein zu übergeben?“**

Diese Wendung bedarf der Erläuterung. Lukas gibt sie. Die Dämonen bitten den Herrn Jesus, daß er ihnen nicht befehle, in den „Abgrund“ zu fahren. Es gibt in dem großen Bewahrungsort der Geister eine Abteilung für die bösen Geister. Die bösesten unter ihnen warten dort gefesselt auf den Tag des Gerichts (Jud 6). Andere haben noch das Recht, auf der Erde sein zu dürfen. Am liebsten sind sie dort im Menschen. Müssen sie einen der armen, von ihnen besessenen Menschen verlassen, so suchen sie ihre Wohnung, wenn irgend möglich, wiederzugewinnen.

Diese Anschauung tritt uns in der Schilderung in Mt 12, 43—45 und Lk 11, 24—26 entgegen. *„Wenn der unreine Geist ausgeht vom Menschen, so zieht er durch wasserlose (Urtext) Stätten, Ruhe zu suchen, und findet sie nicht. Hierauf spricht er: Ich will in mein Haus zurückkehren, wovon ich ausgegangen bin. Und wenn er kommt, findet er es leer, gescheuert und geschmückt. Hierauf geht er hin und nimmt zu sich sieben andere Geister, die schlimmer sind als er selbst, und sie ziehen ein und wohnen daselbst, und das Ende jenes Menschen ist schlimmer als der Anfang.“*

Wenn der Messias kommt und sein Reich aufrichtet, dann wird er gewaltig in die Macht dieser Dämonen eingreifen. Dies wissen die Dämonen. Deshalb möchten sie nicht schon vor der Zeit in den Hades gefesselt fahren. (Über Hades siehe S. 99.) Nun können sie Jesus nicht bitten, daß er es ihnen erlaube, in andere Menschen zu fahren. Aber da drüben sind ja die Schweine[30]), nach Markus „zweitausend an der Zahl“, also etwa ebenso viele, wie sie selber sind, so bitten sie: **„Laß uns in diese fahren.“** Und Jesus spricht zu ihnen: **„Fahrt**

[28]) Schlatter schreibt: „Die südliche Hälfte des östlichen Ufers des Sees war die Hippene, das Gebiet von Hippos. Auf der Südseite war dieses vom tief eingeschnittenen Tal des Jarmuk begrenzt. Auf der Höhe südlich vom Jarmuk lag Gadara. Die Stadt war nicht jüdisch. Ein Teil des Strandes am See hieß: „Land der Gadarener“. Nach Josephus Flavius hieß das ganze Gebiet „die Gadaritis“. Markus u. Lukas nennen das Gebiet Gergesa. Nach Origenes soll aber auf einem Berge nahe des Sees eine Stadt oder ein Dorf mit Namen Gergesa gewesen sein. Nach dieser kleinen, dem See am nächsten gelegenen Ortschaft haben Markus und Lukas die Gegend benannt, während Matthäus sich in seinem Bericht nach dem größeren, etwas weiter entfernten Ort Gadara gerichtet hat.“

[29]) Der Name Jesu ist: Sohn Gottes (V. 29). Dieser Name, den Jesus selbst verborgen hält, den erst Petrus (16, 16) ihm im feierlichen Bekenntnis entgegenbringt, ist den Dämonen bekannt; sie wissen ja um Gott (Jak 2, 19), aber als seine Feinde. („NTD“)

[30]) Schweinezucht war den Juden verboten. Man muß deshalb die Besitzer dieser Schweineherden wohl unter den Heiden von Gadara suchen. Das Schwein galt als unrein. Man sagte sogar: Verflucht der Mann, der Schweine züchtet. (Wie verächtlich das Heidentum galt, zeigt das Wort, daß man die nichtisraelitische Welt und besonders die Stadt Rom kurzweg als „Schwein“ bezeichnete.)

hin." Sie fahren aus von den Besessenen und fahren in die Schweine, und siehe, die ganze Herde stürzt sich den Abhang hinab in den See, und **sie** starben in den Wassern.

Wir fragen uns nun: Wer starb? Wenn wir es ganz genau übersetzen, dann müssen wir sagen, nicht die Herde starb, indem sie ertrank, sondern sie, die Dämonen, starben.[31]) Aber, so werden die allermeisten Leser versucht sein, jetzt zu fragen: Wie können denn Dämonen sterben? Das ist doch unmöglich! Doch nicht so ganz. Man muß nur wissen, was bei den Juden „sterben" heißt. Wenn der Mensch stirbt, dann stirbt nicht sein Geist, sondern es wird der Geist aus den Beziehungen, in denen er bis dahin sein Leben hatte, herausgenommen. Der Geist des Frommen kommt ins Paradies, die andern Geister kommen in den Hades. Sie existieren aber alle bewußt weiter, obwohl sie gestorben sind, nur unter anderen Verhältnissen und Beziehungen. In ähnlicher Weise kann man auch von einem Sterben der Dämonen reden. Ihr Lebenselement ist die Luft der Erde (Eph 2, 2). Werden sie nun aus diesem Lebenselement und aus den Beziehungen, die sich durch ihr Sein in der Luft auf der Erde ergeben, herausgetrieben, dann ist das für sie ein „Sterben". Die Engelgeister, von denen Judas 6 sagt: *„Daß sie auf das Gericht des großen Tages mit ewigen Fesseln unter Finsternis, d. h. von Finsternis umschlossen, verwahrt"* sind, sind solche „gestorbenen", d. h. im Hades befindlichen Engel.

Sollte diese Deutung richtig sein, dann bleibt immer noch eine Frage übrig, nämlich die: Wie kam es dazu, daß sich die Schweine in den See stürzten? Der Vorgang des Ausfahrens aus den beiden Menschen und des Hineinfahrens in die Herde Säue war so tumultartig, daß die Schweine erschreckt in den See sprangen (vgl. Mk 5, 13).

Die Dämonen, auf ihren eigenen Wunsch in die Schweine hineingesandt, müssen mit in das Wasser und bereiten sich so, nachdem sie die beiden armen Menschen lange genug gequält haben, selbst den Untergang. Sie werden nie wieder jemand quälen. Sie sind fortan da, wo sie wegen ihrer besonderen Bosheit hingehören, im Abgrund.

Sollte es ganz von ungefähr sein, wenn es Kap 12, 43 heißt, der ausgetriebene Dämon gehe durch wasserlose Stätten („wasserlos" laut Urtext)? Warum geht er dorthin, wo kein Wasser ist? Weil Wasser für ihn „Sterben" bedeutet.

Zur Erzählung selbst sei noch folgendes gesagt: „Die Dämonen rechnen damit, daß sie ins Gefängnis, in den „Abgrund" gesandt werden. Sie fragen entsetzt: Kamst du hierher, um uns schon vor der Zeit der Fesselung und Folterung im Hades zu übergeben? Sie bitten um Aufschub und meinen, ein Wohnen in den Schweinen sei dieser Aufschub, diese Gnadenfrist. Daher ist es ausgeschlossen, daß sie in ihrer Bosheit selbst die Schweine alsbald töteten, indem sie sie den Fels hinabstürzten. Sie würden ja damit als „dumme Teufel" selbst ihr letztes Haus auf der Erde vernichtet haben. Durch den großen Tumult beim Hineinfahren in die Schweine haben sie sich jedoch **gegen** ihre Absicht selbst den Untergang bereitet." — (Hätte Jesus das Eigentumsrecht hier verletzt, so hätten die Pharisäer das als Belastungsmaterial gegen Jesus später in Jerusalem vorgebracht.)

Die Hirten eilen in die Stadt und erzählen, was sie erlebt haben. Alles strömt hinaus, Jesus entgegen, aber nicht, um ihn als Sieger über die Dämonen will-

[31]) Der Urtext heißt wörtlich:

Mt 8, 32—33: Und siehe, die ganze Herde stürmte den Abhang hinab in das Meer hinein — und sie starben (nicht sie starb = die Herde) in den Wassern. — Sie starben kann sich nur auf Dämonen beziehen.

Mk 5, 13: Und die Herde stürmte den Abhang hinab in das Meer hinein (etwa 2000). Und sie ertranken im Meer. (Die Dämonen)

Lk 8, 33: Und die Herde stürmte den Abhang hinab in den See hinein. Und ertrank. — Lukas hat nicht die Mehrzahlform „sie ertranken", sondern die Einzelform „sie ertrank". — Wir möchten aber der Schreibweise des Matthäus und Markus den Vorzug geben.

kommen zu heißen, sondern um ihn zu bitten, daß er aus ihrer Gegend wieder weiche. Die Veranlassung zu dieser Bitte hat man gewöhnlich darin gesehen, daß Jesus an der Vernichtung der zweitausend Schweine schuld gewesen sein soll. (Vgl. hierzu Mk 5, 13). Dies ist aber nicht richtig, auch wenn man den[32]) in der Fußnote vorgetragenen Ausgang der Geschichte nicht annimmt. Sie kommen zu Jesus, sehen die beiden Besessenen, die die „Legion Teufel" in sich gehabt haben, bekleidet und vernünftig dasitzen und fürchten sich. Dann erzählen ihnen die Hirten, die es gesehen hatten, wie es mit den zwei Besessenen und den Schweinen zugegangen ist. Sie aber freuen sich nicht darüber, daß die zwei Menschen gesund geworden sind. Sie erkennen an der wunderbaren Heilung nicht, daß ein Prophet Gottes zu ihnen gekommen ist. Es wird ihnen nur unheimlich über dem Geschehenen, und sie bitten: „Geh weg von uns!" (Vgl. hierzu Bornhäuser „Das Wirken des Christus durch Taten und Worte".)

Welch ein gewaltiger Kontrast liegt doch in dieser Geschichte von der Heilung der Besessenen in Gadara zwischen dem Anfang und dem Ende derselben. Am Anfang unheimlich düstere, finstere Nacht — am Ende Licht und Sonnenglanz. Am Anfang wütende Hölle — am Ende ein Bild himmlischer Seligkeit. Am Anfang zwei Männer ohne Kleidung und Wohnung, sich in Höhlen und Gräbern bei den Leichen aufhaltend, schlimmer als die Tiere, voll quälender Schmerzen, laut aufschreiend in rasender Wut, gepeinigt und gefoltert von Tausenden von bösen Geistern, ein wildes, unnatürliches Gebaren, kurz, ein grausiges Schauspiel der schrecklichen Hölle, ein entsetzlicher Schrecken der ganzen Umgebung, über die Maßen gefürchtet. — Und am Ende der Geschichte zwei Männer, geheilt und ruhig, bekleidet und vernünftig, voll freundlicher Dankesworte, frei und gelöst, Diener des Höchsten, ein herrlicher Segen der ganzen Umgebung, treue und eifrige Prediger auf einsamem Posten, in fernem Lande, aber doch getrost und voller Zuversicht, Seelen für Jesus zu werben. Und wer hatte dies alles getan? Gott hat es getan, durch Jesus Christus, seinen Sohn!

Kapitel 9

Die Heilung des Gelähmten.

Kap. 9, 1—8 (vgl. Mk 2, 1—12 u. Lk 5, 17—26)

Zu Vers 1:
Mt 4, 13; 11, 23

Zu Vers 4:
Mt 12, 25
Joh. 2, 25

Zu Vers 6:
Joh. 5, 8

1 u. 2 Er stieg in ein Schiff, setzte über und kam in seine Stadt. * Und
siehe, sie brachten einen Gelähmten zu ihm, der auf einem Bette lag. Als
Jesus ihren Glauben sah, sprach er zu dem Gelähmten: Sei guten Mutes,
3 Kind, deine Sünden sind vergeben. * Und siehe, etliche von den Schrift-
4 gelehrten sagten bei sich selbst: Dieser lästert. * Und als Jesus ihre Ge-
5 danken sah, sprach er: Warum denket ihr Böses in euren Herzen? * Denn was
ist leichter, zu sagen: Deine Sünden sind dir vergeben, oder zu sagen: Stehe
6 auf und gehe umher? * Auf daß ihr aber wisset, daß der Sohn des Menschen
Vollmacht hat auf Erden Sünden zu vergeben — sagt er darauf[1]) zu dem
7 Gelähmten: Stehe auf, nimm dein Bett auf und geh in dein Haus. * Und er
8 stand auf und ging fort in sein Haus. * Als aber die Volksmengen es sahen,

[32]) Von einem Zurückschwimmen der Schweine ist nichts im Text enthalten, aber es steht auch nichts davon da, daß die Bewohner der Stadt, die augenscheinlich die Besitzer der Herde sind, Jesus einen Vorwurf wegen der Vernichtung der großen Anzahl wertvoller Tiere gemacht und von ihm Schadenersatz verlangt hätten. „Jedermann kann wissen, daß Schweine ausgezeichnet schwimmen, und diese am See geweideten Schweine waren nicht zum erstenmal im See. Es ist darum erwägenswert, — Bornhäuser sagt ausdrücklich **„erwägenswert"** — ob der Vorfall nicht schließlich so geendet hat, daß die im Wasser sterbenden Dämonen die Schweine verlassen mußten und diese wieder an Land zurückgeschwommen sind. Es heißt, die Hirten flohen. Sie erschraken augenscheinlich wegen der merkwürdigen Vorgänge."

Kapitel 9
[1]) „tóte", siehe das zu 2, 7 Gesagte.

fürchteten sie sich und priesen Gott, der solche Vollmacht den Menschen gegeben hat.

Diese Geschichte wird vom Evangelisten Lukas ausführlich berichtet. Man lese auch dort die ausführliche Erklärung. Hier nur kurz einiges.

Die Bezeichnung **„seine Stadt"** bedeutet nach jüdischer Ausdrucksweise den Wohnort.[2]) Jesus kam also wieder nach Kapernaum zurück, und zwar aus dem „Lande der Gadarener". Des Heilandes Verhältnis zur Gemeinde in Kapernaum bleibt ein beständiges Verhältnis.

Das Wörtlein **„Und siehe"**[3]) leitet wieder etwas Plötzliches und Unvorhergesehenes ein. Einen Gelähmten (Paralytiker) bringen vier Männer zum Herrn. Als Jesus ihren Glauben sah, d. h. den Glauben der Träger und des Kranken, sprach er zu dem Gelähmten: **„Sei guten Mutes, Kind, deine Sünden sind vergeben!"**

Dieses Wort Jesu schlug wie eine Bombe ein bei den anwesenden Schriftgelehrten. Sie wurden blaß vor Schreck über dieses Wort: Dir sind deine Sünden vergeben! Dieser Jesus von Nazareth spricht ja eine Gotteslästerung aus.

Was diese Satzungsmenschen empörte, das war die Tatsache, daß er dem Gelähmten von sich aus unmittelbar Sünden vergab. Das heißt ja, in ein Majestätsrecht Gottes eingreifen, wenn sich einer unterfängt, jetzt und hier (auf Erden) Sünden zu vergeben, zumal wenn noch die bestehende Tatsache des Gelähmtseins offenkundig dartut, daß Gott noch nicht vergeben hat. — Hätte dieser Jesus von Nazareth wenigstens noch gesagt: „Gott vergibt dir" oder „Gott vergebe dir", oder hätte er ein Gebet zu Gott gerichtet, — das wäre alles noch erträglicher gewesen. Nun sagt er aber von sich aus: „Dir sind deine Sünden vergeben." Das ist unerträglich, das ist ja Gotteslästerung! Darauf steht die Todesstrafe der Steinigung.

Dem Heiland waren die Gedanken und Reden der Schriftgelehrten nicht unwillkommen. Sie gaben ihm Anlaß, all sein bisheriges Helfen und so auch noch die folgende Tat an dem Gelähmten ebenfalls als Tatsachentext zu behandeln und demselben nun die Auslegung in gewichtiger Weise folgen zu lassen.

„Was ist leichter, zu sagen: Dir sind deine Sünden vergeben! oder: Stehe auf und gehe umher!?" Mit diesem Fragenpaar trifft er scharf den Punkt. — Was ist leichter? Wenn es auf das bloße äußerliche Sagen ankommt, dann ist es leichter, zu sagen: „Dir sind deine Sünden vergeben!" Denn es sieht ja „äußerlich" niemand! Der Sinn ist hier: „Meinet ihr, es seien leere Worte, wenn ich sage: deine Sünden sind dir vergeben? Nun, so seht selbst, ob der Befehl, den ich jetzt ausspreche, auch ein leeres Wort ist!" — Und laut und deutlich folgen die Worte des Herrn Jesus: **„Auf daß ihr aber wisset, daß des Menschen Sohn Vollmacht hat, auf Erden Sünden zu vergeben", sagt er darauf zu dem Gelähmten** (wie gespannt horchen die bösen Gewissen alle auf dieses große Wort!): **„Stehe auf, nimm dein Bett und geh in dein Haus!"**

Man muß sich zwischen den Worten: **„Auf daß ihr..."** und dem Befehl: **„Stehe auf"** einen Augenblick feierlichen Stillschweigens denken, einen Augenblick gespannter Erwartung, den der Erzähler durch die Worte ausgefüllt hat: **„sagt er zu dem Gelähmten..."** Diese auf unmittelbarer Anschauung beruhende Erzählungsform findet sich gleicherweise in den drei Berichten. Sie hatte sich in dem Gedächtnis aller unauslöschlich tief eingeprägt. Die Heilung wurde dadurch, daß sie zuvor angekündigt war, zu einer unwiderleglichen Beweisführung. Mit den Worten **„auf Erden"** erklärt sich Jesus für den Stellvertreter dessen auf Erden, welcher im **Himmel** vergibt.

Sünde zu erlassen steht nur dem zu, gegen den sie begangen worden ist. Nur der Gläubiger hat das Recht, die Schuld zu schenken. Der Gläubiger ist Gott

[2]) Vgl. das in Fußnote 1 zu Kap. 8 über „Kapernaum" Gesagte.
[3]) Vgl. das zu 1, 20 Gesagte.

im Himmel. Aber es gibt auch einen auf Erden, durch den Sünden weggenommen werden, das ist der „*Menschensohn*". Er ist ganz Mensch, doch einzigartig unvergleichlich, so daß kein Mensch sich neben ihn stellen kann, denn er ist Gottessohn und der *Bevollmächtigte* Gottes. Was er tut, tut er nicht in eigner Machtvollkommenheit, obwohl er der Sohn Gottes selbst ist. Nein, er tut nur *das*, was er den Vater tun sieht (Jo 5, 19).[4])

Die königliche Autorität Christi brach dem begnadigten Sünder eine Bahn durch die Menge. Christus hatte an seinen Füßen *sichtbar* bewiesen, was er vorher an seinem Herzen *unsichtbar* getan hatte.

Furcht erfaßte sie alle, wohl auch besonders die Schriftgelehrten. Wer würde nicht auch so empfinden, wenn Gott, der Schöpfer, so gewaltig eingreift und spricht! Sie priesen Gott. Daß *niemand* Jesus preist, ist merkwürdig. Aber es fiel auch gewiß niemandem ein, *Jesus* zu preisen.

Aber daß Jesus eines Menschen böse Vergangenheit mit „*einem Worte*" gutmachen kann, ihm die Sünde vergeben darf, diese Wohltat, nach der jedes bedrückte Gewissen lechzt, war ihnen jetzt an diesem Beispiel offenbar geworden, und die gewaltige Beglaubigung sagt es jedem laut ins Herz: „Wem er vergibt, dem ist vergeben."

So war nun das große *Wort* von der „*Vergebung der Sünden*", *das Wort*, das alle verirrten Kinder zum Vater zurückbringen will, hoch und hell auf den Leuchter gestellt worden.

Wir haben nicht zu untersuchen, inwiefern der Krankheitszustand des Geheilten zusammengehangen hat mit seiner Sünde. Daß er mit seinem Schuldbewußtsein zusammenhing, ist zweifellos. Dem wahrhaft nach Rettung sich sehnenden Menschen wird es immer ein erstes Bedürfnis in seinem Leiden sein, sich zunächst mit Gott über seine Sünden zu versöhnen. Die Sünde ist ihm das größte Leid, nicht die Krankheit, und diese Stellung vor allen Dingen faßt Christus mit Erbarmen ins Auge und geht auf sie heilbringend ein.

Jesus erhebt den Anspruch, als der zwischen Gott und Mensch stehende und handelnde Versöhner, „*die Wende der Zeiten*" zu sein. Das ist ebenso wie das Wort: **„Sei guten Mutes, Kind, deine Sünden sind vergeben!"** in der Tat so einzigartig, so ungeheuer, so anstößig, daß man nur daran glauben kann oder sich „ärgern" muß! — Und die Pharisäer, sie glaubten nicht daran, sie ärgerten sich!

Die Berufung des Zöllners Matthäus,

mit anschließendem Gastmahl bei den Zöllnern und Sündern.

Kap. 9, 9—13

(vgl. Mk 2, 13—17 und Lk 5, 27—32).

9 **Als Jesus von dort weiterging, sah er einen Menschen, namens Matthäus,**
am Zollhause[5]) sitzen und spricht zu ihm: Folge mir nach! Da stand er auf
und folgte ihm.
10 **Als er (Jesus) im Hause** (des Matthäus) **zu Tische saß, siehe, da kamen**
viele Zöllner und Sünder und saßen zu Tische mit Jesus und seinen Jüngern.
11 ***Als die Pharisäer das sahen, sprachen sie zu seinen Jüngern: Warum ißt**
12 **euer Lehrer mit den Zöllnern und Sündern? *Als Jesus es aber hörte,**
sprach er: Die Gesunden bedürfen nicht eines Arztes, sondern die Kranken.
13 ***Gehet hin und lernet** (verstehen), **was es heißt: „Ich will Liebe und nicht**

Zu Vers 11:
Lk. 15, 2; 19, 7

Zu Vers 13:
1 Sam 15, 22
Hos 6, 6
Mt. 12, 7; 18, 11
1 Tim 1, 15

4) Zu „Menschensohn" vgl. das zu Kap. 8, 20 Gesagte. S. 102/3.

5) Vermutlich hatten auch in Kapernaum die dortigen Zöllner vor allem die eingebrachten Fische zu verzollen. Das hatte Matthäus schon, ehe er Zöllner war, mit den Jesus begleitenden Fischern bekannt gemacht. Die Aufnahme eines Zöllners in den Kreis der Zwölf schuf für die Judenschaft, in der der Abscheu vor den Zöllnern heftig war, bleibend einen starken Anstoß, und Matthäus blieb sich dessen bewußt. (Schlatter S. 302)

(freiwilliges) **Schlachtopfer"; denn ich bin nicht gekommen, Gerechte zu rufen, sondern Sünder.**

Kapernaum lag an der Straße, die aus dem Innern Asiens an das Mittelländische Meer führte; es muß daher in dieser Stadt ein bedeutendes Zollamt (des Herodes Antipas) gewesen sein. Es lag außerhalb der Stadt nahe am See; so erklärt sich der Ausdruck des Lukas: *„Er ging hinaus"*, und der des Markus: *„Er ging wiederum hinaus an den See."* Damit stimmt auch hier die Schilderung der Sachlage bei Matthäus überein. Jesus mußte dringende, wichtige Gründe haben, um einen Mann aus dieser Klasse in die Zahl seiner Vertrauten aufzunehmen.

Die vorhergegangene Geschichte von der Heilung des Gelähmten hatte gezeigt, daß die Feindseligkeiten gegen ihn schon ausgebrochen waren. Jesus fürchtet sich aber nicht; er geht seinen geraden, vom Himmel gewiesenen Weg. Er beruft einen Zöllner[5a)] in seine Nachfolge und macht ihn zum Apostel. Damit tut er etwas für die Juden und besonders für die Pharisäer und Schriftgelehrten ganz Unerhörtes.

Zweimal kommt in diesen fünf Versen der Ausdruck vor: „Zöllner und Sünder." Zöllner sind das Symbol der Unehrlichkeit, der Willkür, der Habsucht und Rachgier. Zöllner sind Menschen, die, um schnell reich zu werden, im Dienst der Vaterlandsfeinde stehen. Es sind Menschen, die Volk, Vaterland und Glauben verraten.

Wer Zöllner werden wollte, der mußte wissen, daß er

1. sich von Gott, Volk und Vaterland bewußt trennt,
2. sich gegen Gott, Volk und Vaterland bewußt und fortgesetzt schwer versündigt,
3. die Verachtung aller anständigen Menschen auf sich nehmen muß, und
4. nach jüdischer Anschauung ewige Höllenstrafen zu erwarten hat.

Zöllner sind darum den Wucherern, Räubern, Mördern, Plünderern, Wegelagerern, Dirnen gleichzusetzen. Es sind solche Menschen, von denen es heißt: Sie sind verflucht! (Jo 7, 49.)

Aus dieser Gesellschaft der Verfluchten und Verruchten ruft nun Jesus einen zu sich heraus. Man könnte meinen, ungeschickter und taktloser hätte der Herr wirklich nicht sein können. Man könnte fragen: Sanktioniert nicht gerade durch solch ein Benehmen der Herr den Verbrecher? Schlimmer konnte der Herr die Anständigen und Frommen nicht vor den Kopf stoßen. Mußte denn der Herr wirklich so und nicht anders, so radikal handeln? Die Fischer, die als Jünger ihm nachfolgten, waren doch noch ehrenwerte Leute, waren Israeliter, in denen *„kein Falsch"* war. —

Aber hier? Aus solch einer verlogenen und hoffnungslos verlorenen Gesellschaft sich einen Freund zu suchen? Das ist eine unerhörte, unbegreifliche Handlungsweise! — Wie diese Handlungsweise die Menschen vor den Kopf gestoßen hat, zeigt eine Notiz, die sich noch nach 150 Jahren in einer Spottrede findet, die Celsus über die Christen gehalten hat und in der er sagt: „Jesus hat schurkenhafte Zöllner zu seinen Schülern gemacht."

Wir kehren zu unserer Geschichte zurück. Die Berufung des Matthäus hat etwas so Rasches und Ungewöhnliches, daß man jedenfalls nicht zweifeln darf, daß Jesus einen unmittelbaren Antrieb von oben erhalten hat. Der höhere

[5a)] Da Matthäus Zöllner war, war er doppelsprachig. Der Zollbeamte mußte mit allen verkehren, mit den Einheimischen und den Wandernden.

Auch für den Zeitpunkt, wann das Matth.-Ev. geschrieben ist, ist das wichtig. Jugendliche Schreiber gab es in der palästinischen Welt nicht. Diese verehrte das Alter; hier haben die Presbyter das Wort, vollends dann, wenn es sich schriftlich an die ganze Gemeinde wendet. Auch der besondere Auftrag, der dem Apostel gegeben war, entwurzelte die von der Sitte gebotene Schätzung des Alters nicht, wie 1 Pt 5, 1. 2 und 3 Jo 1 zeigen. Da aber Matthäus schon vor seiner Berufung im Dienst des Herodes in Geldgeschäften tätig war, war er damals nicht mehr Knabe, und wir brauchen nach dem Tod Jesu nicht mehr als rund 20 Jahre, damit Matthäus in der Lage sei, als Presbyter zur Gemeinde zu reden. (Vgl. Schlatter, S. 304)

Charakter der Berufung zeigt sich ebenso in der Entschiedenheit und Raschheit, mit der die Berufung angenommen wird.

Jesus spricht: **„Folge mir nach."** Das griechische Verb akolutheo = „nachfolgen" hat zunächst den Sinn von **„hinterhergehen"**. Im Orient geht die Frau hinter dem Manne her. Der Prophetenschüler ging hinter seinem Meister her. Das drückt die Verehrung aus, die man dem Höhergestellten entgegenbringt. Diese Sitte hatte sich auch bei den Rabbinen eingebürgert. Der Lehrer ging vor den Schülern her oder ritt auf einem Esel. Hiervon haben auch die Jünger diese Sitte übernommen. Nun bestand zwischen der Nachfolge Jesu und der der Rabbinen ein grundlegender Unterschied. Die Rabbinenschüler lösten nach ein bis zwei Jahren, wenn der Unterricht vorbei war, dieses Verhältnis zu ihren Lehrern.

Diese Möglichkeiten sind bei Jesus ausgeschlossen. Jesu Ruf ist total. Er geht auf Lebenszeit. Er bindet den Jünger mit seiner ganzen Existenz an sich. Unabhängig von Jesus hört die Jüngerexistenz auf. Jesu Ruf ist aber nicht nur Forderung, sondern „Gabe und Forderung" zugleich. Nur der Jesus-Ruf hat die Kraft, einen Menschen aus seiner natürlichen Existenz und aus seiner Gebundenheit herauszulösen.

Auf das traurige Blatt seiner Zöllner- und Sünder-Lebensgeschichte folgte ein anderes Blatt. Es fing an, licht zu werden. Matthäus hatte andere betrogen. Nun sah er ein, daß er selbst der Betrogene ist. Was ihm früher eine Lust war, wurde ihm zur Last. In diesem inneren Zustand sah ihn der Herr Jesus, der Freund der Zöllner und Sünder. Ausdrücklich heißt es von Matthäus: **„Er stand auf."** Unzählige Male ist er wohl aufgestanden und hat sich wieder gesetzt. Diesmal aber war es ein Aufstehen, um nie wieder den bisherigen Platz einzunehmen. Es war bei Matthäus eine entschiedene und ganze Wendung. Er erhob sich nicht nur ein wenig von seinem Sitz, nein, er stand auf und folgte Jesus nach. Die Brücke war abgebrochen, ein „Zurück" gab es nicht mehr. Es gibt auch heute noch zweierlei Arten von Menschen, solche, deren Leben einem Sitzen gleicht, und andere, deren Leben ein Gehen und Eilen ist, ein vorwärtsschreitendes Nachfolgen hinter Jesus her.

Jesus hält ihm sein bisheriges Leben und Treiben nicht vor. Menschen, die in ihrem Gewissen geschlagen sind wie Matthäus, soll man nicht noch weiter schlagen. Ein Freudenstrahl war in des Matthäus Herz gefallen. **„Er verließ alles"**, ein großes Wort, denn er besaß mehr als die Fischer am See Genezareth!

Matthäus hatte seine Jüngerlaufbahn begonnen und sein Zöllnerleben beschlossen. (Matthäus heißt soviel wie „Theodor", das bedeutet: „Gottgeschenkter".) An diesem Scheidepunkt seines Lebens gab er dem Herrn ein festliches Mahl. Gewiß geschah es im tiefsten Einverständnis mit Jesus, daß bei diesem Mahl nicht nur Jesus mit ihm allein, sondern auch die Jünger Jesu mit vielen der alten Genossen des Matthäus, mit Zöllnern und Sündern zusammentrafen. Dort sitzt Jesus mitten in der Welt, mitten unter den Menschen dieser Welt. Mit diesem Abschaum der Menschheit pflegt er Tischgemeinschaft. Die Tischgemeinschaft ist im Orient viel mehr als bei uns „Symbol der Freundschaft und Lebensgemeinschaft". Mit dem Wort: „Ich pflege Tischgemeinschaft mit dem und jenem" will ich sagen: Diese Leute sind meine Freunde, sie sind „mein Verkehr", sie sind „mein Umgang".[6])

Als die Pharisäer dies sahen, daß er mit den Zöllnern und Sündern aß, sprachen sie zu seinen Jüngern: **„Warum ißt euer Lehrer mit den Zöllnern und Sündern?"** (In Mt 11, 19 nennen ihn die Gegner gehässig sogar: „Schlemmer und Weinsäufer.") Was zog den Herrn zu diesen verachteten Menschen? Liebte er

[6]) Indem Jesus die Verschuldeten an seinem Mahl teilnehmen ließ, hob er jede Trennung zwischen sich und ihnen auf. In der Hervorhebung der Bedeutung, die Jesus der von ihm den Sündern gewährten Tischgemeinschaft gab, erscheint ein für den Aufbau der Gemeinde wichtiger Vorgang. Auch dort war die Tischgemeinschaft das Wahrzeichen der mit Jesus und miteinander vereinigten Bruderschaft. (Vgl. Schlatter)

die Sünde, den Schmutz, die Lumpen? Kann man ihm vorwerfen: Sage mir, mit wem du umgehst, und ich sage dir, wer du bist? Nein, er liebte an den Zöllnern nicht das Unrecht, am Bettler nicht die Lumpen, sondern er liebte den Menschen als solchen. Er verkehrte nicht mit ihnen als ihresgleichen, sondern sah als der rechte Seelenarzt ihre tiefe Seelenkrankheit. Viele dieser Zöllner trugen ein tiefes Sehnen in sich, aus dem „alten Schlendrian" herauszukommen. Viele fühlten ganz stark das, was Schuld und Unrecht ist, sahen ein, daß sie gefesselt waren, erkannten, daß es so nicht mehr weiter gehen konnte, waren davon überzeugt, daß sie krank, elend, unheilbar seelisch krank waren. Viele wußten, daß sie eines Heilandes bedurften, waren darum willig zu hören und bereit zur Hingabe an ein neues Leben.

„Da das Jesus hörte, sprach er zu ihnen: Die Gesunden bedürfen keines Arztes, sondern die Kranken. Ich bin nicht gekommen, Gerechte zu rufen, sondern die Sünder." — Die Pharisäer sahen sich als die Gesunden an, als die Guten und Edlen, die immer im Recht waren, die das Rechte dachten und sprachen und taten. Sie sahen sich als solche an, die immer besser waren, als die andern, die Gottes nicht bedurften; die wohl Gottes gedachten, aber als eines Partners. Gott war für sie derjenige, der immer und immer wieder ihre guten Taten zur Kenntnis nahm und diese Taten als Guthaben verbuchte. Auf Grund all dieser Guthaben war es für sie eine Selbstverständlichkeit, Teilhaber des Himmels zu werden (vgl. Bergpredigt Kap. 5, 20 ff.).

„Gott, ich danke dir, daß ich nicht bin wie dieser oder jener" (Lk 18, 11).

Der Zöllner dagegen fühlte, wie er im Unrecht war und wie Gott recht hatte. Darum fühlte sich Jesus für den im Unrecht sich Wissenden, für den in der Seele Kranken und nicht für den Gesunden, der seiner nicht bedurfte, gerufen. **„Ich bin nicht gekommen, Gerechte zu rufen, sondern Sünder zur Buße."** Welch eine Umwertung aller Werte und Umkehrung aller Maßstäbe! Die Sünder sind gerufen und die Gesunden scheiden aus.[7])

Wie erschütternd ist dieses Wort für alle selbstgerechten und satten Menschen, die auf ihre treue Pflichterfüllung pochen und sich auf ihr korrektes, einwandfreies Verhalten viel zugute tun, aber so wenig selbstlose Liebe und herzliches Erbarmen in sich haben!

Daß wir so kalt sind, etwa einem Hausgenossen oder einem Arbeiter oder Mitarbeiter gegenüber, der täglich auf ein freundliches Wort von uns wartet, kommt nur daher, daß wir Gott verloren haben. Wir sind wie ein amputiertes Glied, das losgerissen ist von dem warmen Lebensorganismus, welcher die „Agape" = „Liebe" heißt. Wenn wir bei Gott wären, ganz nahe bei ihm, dann würde ein Liebesstrom von uns ausgehen, auch mitten im größten Elend, *„denn Gott ist Liebe. Und nur, wer in der Liebe bleibt, der bleibt in Gott und Gott in ihm"*. Wenn wir in Gott blieben, dann müßten die Menschen es spüren, daß eine große Liebe in uns lebt. Daß wir von Gott so ferne sind, das ist die Krankheit, an der wir alle leiden. — Darum die Kranken, wir Kranken bedürfen des Arztes Jesus Christus so dringend (vgl. Karl Heim, Predigten).

Die Fastenfrage der Johannesjünger.

Kap. 9, 14—17 (vgl. Mk 2, 18—22 u. Lk 5, 33—39)

Zu Vers 14:
Mt 6, 16; 4, 2
Lk 18, 12
Zu Vers 15:
Joh. 3, 29

14 **Darauf kommen die Jünger des Johannes zu ihm und sagen: Warum**
15 **fasten wir und die Pharisäer (oft), — deine Jünger aber fasten nicht? *Und**

[7]) „Ich bin nicht gekommen, Gerechte zu rufen, sondern Sünder." Jerusalem war die Stadt der Gerechten. Darum ist sie bei Matthäus nicht der Ort der werbenden Arbeit Jesu, sondern nur der seiner Passion. (Schlatter)

Jesus sprach zu ihnen: Können die Söhne des Brautgemaches[8]) (freier übersetzt: **die Gefährten des Bräutigams) traurig sein, so lange der Bräutigam bei ihnen ist? Es werden aber Tage kommen, wo der Bräutigam von ihnen weggenommen sein wird, dann werden sie fasten.**

Wer waren die Johannesjünger? Ihr Führer Johannes der Täufer lag bereits im Gefängnis. Wenn wir uns klarzumachen versuchen, wie seine Gefangennahme auf seine Jünger wirken mußte, so begreifen wir, daß sie um diese Zeit mehr als früher danach strebten, sich nach Jesus umzusehen.

Aber sie waren über Jesus enttäuscht. Wenn Jesus ein stürmisches Wirken begonnen hätte, wenn er ihnen, den Johannesjüngern, Aussicht gemacht hätte, daß er bald die Gefängnistüren der Feste Machärus (in welcher ihr Meister gefangen saß) sprengen werde, dann, ja dann hätten sie sich voll und ganz mit ihm und seinem Wirken einverstanden erklärt. Es fiel ihnen oft schwer aufs Herz, wenn sie sehen mußten, wie das Volk den Herrn umwogte und so ausschließlich seinen Tritten folgte, als ob es keinen Täufer Johannes mehr in der Welt gäbe. Und wenn sie nun vollends bemerkten, daß auch Jesus nicht auf die Befreiung des großen Mannes hinwirkte, sondern im Gegenteil sogar Gastmahle mit Zöllnern feiern konnte, während sie meinten, er solle um den gefesselten Täufer Johannes Leid tragen und fasten, dann war es nur zu natürlich und erklärlich, wenn ihre Verstimmung gegen Jesus zu bitterer Gereiztheit wurde. Wir können ihre Frage verstehen: Wie kommt es, daß wir als Jünger des Johannes und auch die Pharisäer so häufig fasten, und deine Jünger fasten gar nicht? Deine Jünger essen und trinken und halten frohe Gelage!

So, wie oft zwei gegeneinander gerichtete Parteien sich in einer gemeinsamen Verstimmung gegen eine dritte Person miteinander befreunden, so geschah es auch hier. Johannesjünger, Pharisäer und Schriftgelehrte waren einig in ihrer Stellung, in ihrer Gereiztheit gegen Jesus. — Weil die Johannesjünger stehen geblieben waren bei ihrem Meister, dem Vorläufer des Herrn Jesus, darum waren sie zurückgegangen und sogar Kritiker des Herrn Jesus geworden.

Der Herr Jesus sprach zu ihnen: **„Können denn die Gefährten des Bräutigams trauern, solange der Bräutigam bei ihnen ist? Es werden aber Tage kommen, wo der Bräutigam weggenommen sein wird, dann werden sie fasten."**

Die Antwort Jesu scheint um so schlagender, wenn man sich an das letzte Zeugnis des Täufers (Jo 3, 29) über ihn erinnert: *„Wer die Braut hat, der ist der Bräutigam. Der Freund des Bräutigams aber, welcher dasteht und ihm zuhört, ist hocherfreut über des Bräutigams Stimme."* So hatte der Täufer die Geistesherrlichkeit Jesu und sein Verhältnis zu ihm dargestellt. Da wollte Jesus jetzt den Johannesjüngern gegenüber nur jene Rede ihres Meisters fortsetzen, indem er erwiderte: **„Können denn die Gefährten des Bräutigams** (oder die Hochzeitsgäste) **Leid tragen oder fasten, solange der Bräutigam bei ihnen ist?"** Das wäre doch verständlich selbst für das Gefühl der Johannesjünger. Der Messias feiert jetzt noch sein Hochzeitsfest.

8) „Söhne des Brautgemachs" sind die zur Hochzeit geladenen Freunde des Bräutigams. Die Hauptpflicht der Freunde des Bräutigams bestand darin, daß sie zur Hochzeitsfeier beitrugen, was nur immer in ihren Kräften stand. — Die Hochzeitsfeier begann mit der Heimführung der Braut aus ihrem Elternhause. Sobald der Bräutigam und seine Hochzeitsfreunde erschienen sind, setzt sich der Hochzeitszug unter Musik und Paukenschlag in Bewegung. Die Braut und der Bräutigam sind bekränzt. Die Braut wird in einer Sänfte getragen, die der Bräutigam mit seinen Freunden umringt. Man läßt es sich nicht nehmen, die Schönheit der Braut zu rühmen. Frohe Hochzeitslieder ertönen. Man singt, scherzt und tanzt vor der Braut her, bis der Zug am Hause des Bräutigams angekommen ist. Die Hochzeitsfeier dauert bei einer jungfräulichen Braut sieben Tage, bei einer Witwe 3 Tage. Täglich erscheinen neue Hochzeitsgäste. Nur die „Söhne des Brautgemaches", die Freunde des Bräutigams, müssen die volle Woche bei dem Brautpaar ausharren. Andere Hochzeitsbräuche siehe später Mt 25 und Jo 2. (Aus St—B 504)
Zu „Söhne des Brautgemachs" siehe auch das zu Mt 8, 12 unter Fußnote 17 Gesagte. S. 98.

Vielleicht gestatteten die Pharisäer für Hochzeitsfestwochen eine Abweichung von der Regel des Fastens. Wäre es nicht eine Qual, wenn am Hochzeitstage gefastet werden sollte?

Dieses Gastmahl Jesu bei Matthäus mit den Zöllnern ist für den Herrn wie ein Hochzeitsmahl. Jesus bezeichnet sich selbst als den Bräutigam.

Das sagt viel. Er stellt sich hiermit Gott gleich, der im AT häufig der Bräutigam und Eheherr des Volkes Israel genannt wird. Er stellt sich ferner über alle sonstigen Gottesboten und Propheten. Diese lösten einander ab. Ein Bräutigam dagegen kann nicht einen oder etliche neben sich haben oder durch einen anderen ersetzt werden, solange er lebt. Jesus aber lebt ewiglich. Die Gemeinde als Braut hat zu ihm ein ausschließliches Verhältnis und er zu ihr. Jesus hat keinen neben sich. Die Gemeinde ist auf ihn allein angewiesen für immer und ewig.

Aber plötzlich verdunkelt sich der Blick des Herrn Jesus. Ein Bild scheint an seinem Auge vorüberzuziehen. **„Es werden Tage kommen . . .“** sagt er in feierlichem Ton, und mitten im Satz hält er inne, wie vor einem furchtbaren Geheimnis. **„Es werden Tage kommen, da wird der Bräutigam weggenommen sein!“** Am Schluß dieser frohen Hochzeitswoche wird also der Bräutigam plötzlich mit Gewalt weggenommen werden. Dann kommt die harte Zeit des Fastens für die, die sich heute freuen. Man wird nicht nötig haben, es ihnen aufzulegen. Sie werden es von selbst tun.

In dieser tiefsinnigen Antwort kündigt Jesus zum ersten Mal bei den Synoptikern seinen gewaltsamen Tod an. Die Zeitform und das Wort, welches Jesus hier gebraucht, bezeichnen einen plötzlichen Schlag, von welchem das Subjekt des Verbums getroffen werden wird. — Das künftige Fasten, welches Jesus hier dem in Israel gewöhnlichen, gesetzlichen Fasten entgegenstellt, ist kein bloß äußerlicher und gesetzlicher Brauch, sondern Ausdruck eines tiefen Schmerzes. Dies Fasten geht hervor aus dem Zustand der Bedrängnis, in welcher sich die Gemeinde, der Leib Christi, durch den Hingang des Hauptes inmitten der Welt versetzt sieht, und hat den Zweck, das Beten um so ernstlicher zu gestalten und den himmlischen Beistand, den Heiligen Geist, den Parakletos, um so sicherer zu erlangen. Dieser Ausspruch Jesu bezieht sich also auf die ganze Geschichte der Christus-Gemeinde bis zu seiner Wiederkunft. Diese Worte des Herrn vom **„Bräutigam“** und vom **„Fasten“** haben sich den Herzen der Jünger tief eingeprägt und sind in die Evangelien übergegangen. Daher lauten sie auch bei den drei Evangelisten Matthäus, Markus, Lukas, fast ganz gleich.

Des Täufers Jünger sollten ahnen und lernen, daß der Tod Christi eine größere Bedeutung für des Herrn Jünger und für die Welt gewinnen werde, als das Märtyrerleid Johannes' des Täufers. Das aber war der zarteste Gedanke dieses Wortes Christi, daß man in seinem Geiste Freudenfeste des Himmels feiern könne über die Errettung der Sünder auch während der Gefangenschaft eines Propheten, ja auch im Vorgefühl des eigenen, nahen Todes. — Der Herr Jesus hatte wahrlich das Festmahl bei Matthäus nicht gehalten um des Gastmahles willen, sondern ihn hatte gehungert und gedürstet nach Menschenseelen. Und hier hatte er sehnende Menschenseelen gefunden.

Vom Flicken und vom alten Schlauch.

Kap. 9, 16. 17 (vgl. Mk 2, 21. 22 und Lk 5, 36—39)

16 **Niemand aber setzt einen Flicken von neuem Tuch auf ein altes Kleid; denn sein Aufgeflicktes reißt von dem Kleide ab und der Riß wird schlimmer.**
17 ***Auch füllt man nicht neuen Wein in alte Schläuche;[9]) sonst zerreißen die Schläuche, und der Wein fließt aus, und die Schläuche gehen verloren. Son-**

[9]) Die Schläuche bestanden aus einer Tierhaut, die als Ganzes von einem Schaf oder einer Ziege abgezogen war. Die am Hals und an den Beinen dadurch entstehenden Löcher wurden zugenäht oder, soweit sie als Füll- oder Ausgußöffnungen benutzt wurden, mit einem Riemen zugebunden.

dern man füllt neuen Wein in neue Schläuche, und beide werden zusammen erhalten.

Von dem eben besprochenen Gegensatz zwischen dem gesetzlichen Fasten und dem künftigen Fasten der messianischen Gemeinde geht Jesus auf einen tieferen Gegensatz über, der zwischen der alten und der neuen Gestalt des Reiches Gottes liegt. Er redet davon in zwei Gleichnissen, und zwar im Bildwort vom Kleiderflicken und vom Weinschlauch.

Man darf die beiden Gleichnisse von dem Flicken aus neuem Tuch und vom neuen Wein nicht von der vorherigen Satzfolge trennen, an die sie sich bei unsern drei Synoptikern anschließen; zugleich aber muß man den Umstand in Betracht ziehen, daß Jesus dabei die Zukunft im Auge hat: **„Es wird die Zeit kommen, wo der Bräutigam von ihnen weggenommen sein wird."** Hierauf soll das Neue kommen! Wie er so spricht, steigt vor dem Auge des Erlösers das Bild des neuen Lebens und der neuen Wesensart seiner Gemeinde auf. Die völlig neue Ordnung der Christusgemeinde kann erst dann eintreten, wenn das neue Leben an die Stelle des alten getreten ist. Nur ein Stück vom neuen Wesen auf das alte draufsetzen wollen, ist unmöglich. Das Wesen des Geistes ist etwas aus einem Guß. Hier heißt es: ganz oder gar nicht. Das halbe Wesen bringt nur Schaden. Man geht eine Strecke mit und fällt wieder zurück. Man bildet sich ein und gibt sich den Anschein, als hätte man das Neue. Aber es ist nur Flickwerk, nicht geworden und gewachsen. Die Dürftigkeit und Schadhaftigkeit des Alten ist nur etwas überdeckt.

Nachdem Jesus im ersten Gleichnis die Notwendigkeit der Umgestaltung dargelegt und veranschaulicht hat, schildert er jetzt die Organe, in denen sich das Neue bewegen soll. Man wirft ihm vor, daß er mit den Zöllnern zu verkehren pflege; aber wen soll er zu Organen des Lebens des Geistes wählen, das einem neuen, lebenschaffenden Weine gleicht? Sollen es die alten, vom Bewußtsein ihres eigenen Verdienstes erfüllten Pharisäer sein? Oder sollen es die Schriftgelehrten sein, deren ganze Kunst darin besteht, das Alte Testament in ein Gesetzesbuch zu verwandeln? Solche Leute, so wie sie sind, an seinem Werk teilnehmen zu lassen, das wäre der beste Weg, um es durch die Vermischung mit dem gesetzlichen Verdienstgedanken und den veralteten Vorurteilen zu verfälschen. In Bälde würde alles zugrunde gehen.

Es geht um Inhalt und Form, d. h. die alten Formen vermögen Jesus nicht zu fassen!

Diesen Gedanken legt Jesus selber in jener Bitte nieder, die er aus Anlaß der Sendung der 70 Jünger ausspricht: *„Vater, ich danke dir, daß du solches Weisen und Verständigen verborgen hast und hast es Unmündigen geoffenbart!"* Gott hatte ihm diese armen, unwissenden Galiläer zu Werkzeugen gegeben. Er preist ihn dafür: *„Ja, Vater, denn also war es wohlgefällig vor dir!"*

Der Herr Jesus will das Judentum als solches nicht reformieren, und er will das neue Leben nicht in die jüdischen Formen des Fastens und der Satzungen oder des klerikalen Priestertums einzwängen, nein, er will etwas ganz Neues schaffen und wirken. Die alten Formen würden doch nur unter seiner neuen Geistesweise zerreißen.

Es ist der Ordnung gemäß, daß man neuen Wein in neue Schläuche gießt. Auf diese Weise werden beide erhalten. Der Wein durch die Schläuche, die Schläuche durch den Wein. So erklärt also der Herr Jesus zugleich, daß er den neuen Wein nicht den alten Schläuchen, d. h. den neutestamentlichen Lebensgeist nicht den alten jüdischen Formen anvertrauen kann.

Dieses Wort Christi ist von höchster Bedeutung für alle Zeiten. Es zeigt uns, wie sehr der Herr die Bedeutung der Form für den Inhalt hervorgehoben hat. Wie sehr hat der Herr es als eine Notwendigkeit erkannt, daß die Form des Christentums seinem inneren Wesen entsprechen müsse.

Für alle Zeiten steht die Warnung Christi fest, daß man ihm das echte Leben seiner Gemeinde nicht dadurch verderben soll, daß man es in festgefahrene Formen zwängt, d. h. die Form höher stellt als das Leben, mit der Organisation krampfhaft den sprudelnden Geist fesselt.

Aber auch das liegt in seinem Ausspruch, daß die echt christlichen Formen mit dem Inhalt sollen erhalten werden.

Die Auferweckung des Jairus' Töchterlein und Heilung der Blutflüssigen.

Kap. 9, 18—26 (vgl. Mk 5, 21—43 u. Lk 8, 40—56)

Zu Vers 18: Mk 5, 23. 35

Zu Vers 20: 3 Mo 15, 25 ff.

Zu Vers 21: Mt 14, 36; 23, 5

Zu Vers 24: Jo 11, 11

Zu Vers 26: Lk 7, 17

18 Während er dies zu ihnen redete, siehe,[10]) da kam ein (Synagogen-)**Vor-**
steher herein und huldigte ihm fußfällig und sprach: Meine Tochter ist so-
eben gestorben; aber komm und lege deine Hand auf sie, und sie wird leben.
19 u. 20 *Jesus stand auf und folgte ihm mit seinen Jüngern. *Und siehe, eine
Frau, die 12 Jahre an Blutfluß litt, trat von hinten herzu und rührte die
21 Quaste seines Kleides an, * denn sie sprach bei sich selbst: Wenn ich nur
22 sein Kleid anrühre, so werde ich geheilt werden. * Jesus aber wandte sich
um, und als er sie sah, sprach er: Sei guten Mutes, Tochter; dein Glaube hat
dich geheilt. Und die Frau war geheilt von jener Stunde an.
23 Und als Jesus in das Haus des Vorstehers kam und die Flötenspieler und
24 die lärmende Volksmenge sah, * sprach er: Gehet fort, denn das Mägdlein
25 ist nicht gestorben, sondern es schläft. Und sie verlachten ihn. * Als aber die
Volksmenge hinausgetrieben war, ging er hinein und ergriff ihre Hand, und
26 das Mägdlein stand auf. * Und diese Kunde ging in jenes ganze Land.

Es kommt einer der Synagogenvorsteher[11]) von Kapernaum, also ein Mann von Ansehen in der Stadt, zu Jesus. Alle drei Evangelien nennen auch seinen Namen: Jairus. (Jairus heißt: „Lichtbringer"). Er hat eine einzige Tochter von zwölf Jahren. Ihretwegen kommt er zu Jesus. So wie er Jesus findet, fällt er zu seinen Füßen nieder und bittet aufgeregt mit vielen Worten, er möge doch eilend in sein Haus kommen. **„Meine Tochter ist soeben gestorben"**, jammert er, und dann wieder sich selbst berichtigend und in der Hoffnung, daß noch ein Lebensfunke in ihr sei, fleht er: **„Komm, und lege deine Hand auf sie, und sie wird leben."**

[10]) Vgl. das zu Mt 1, 20 Gesagte.

[11]) Das Wort „Synagoge" wird in mehrfacher Bedeutung gebraucht. Einmal als Ausdruck für das Haus, wo die gottesdienstliche Versammlung stattfand (Gebetsstätte), sodann für diese gottesdienstliche Versammlung der Juden als Gemeinde selbst, und dann auch für eine Versammlung der Vertreter dieser Gemeinde. In der Zeit vor der babylonischen Gefangenschaft scheint es noch keine Synagogen gegeben zu haben. 2 Kö 4, 23 hören wir, daß man einen Propheten aufsuchte, um ihn nach dem Gesetz zu fragen. Es war noch kein Bedürfnis nach einem besonderen Versammlungshaus vorhanden.

Wann zum erstenmal ein solches „Gebetshaus" errichtet wurde, ist unbestimmt. Es scheint zur Zeit der babyl. Gefangenschaft geschehen zu sein, wo die Juden ohne Tempelgottesdienst waren und somit gottesdienstliche Erbauungsstätten brauchten.

Im NT war die Synagoge als „sehr alte Einrichtung" bekannt. Zur Zeit Jesu gab es überall Synagogen, selbst in kleinsten Orten (Nazareth, Mk 6, 2). In Jerusalem sollen sehr viele (4—500) gewesen sein. Jede einzelne Landsmannschaft hatte ihre eigene; selbst auf dem Tempelberg wird eine Synagoge erwähnt. Dazu kamen die Synagogen hin und her in der Diaspora (Apg. 14, 21).

Die Gemeindewesen waren verpflichtet, Synagogen zu errichten; die Einwohner waren gezwungen, sich daran zu beteiligen. Auch war es Heiden und Proselyten nicht verboten, sich finanziell dabei zu betätigen (Lk 7, 5) und an den Gottesdiensten teilzunehmen.

Die Bauart der Synagogen war in der Regel eine dreischiffige. (Kapernaum hatte sogar eine fünfschiffige.) Es waren vermutlich mehrere Eingänge; jedes Schiff hatte einen besonderen. Durch Ausgrabungen in Galiläa hat man dies ziemlich sicher festgestellt. Nach dem Eingang kamen die Sitzreihen, die die Blicke der Gemeinde dem Inneren (der Tür entgegengesetzten Seite) zuwandten.

Dort stand gewöhnlich hinter einem Vorhang das Heilige. Dies war eine Lade mit der Thorarolle und den anderen heiligen Schriften. Sie alle waren auf Pergament geschrieben und ebenfalls eingerollt. Während des Gottesdienstes wurde das Heilige sichtbar gemacht.

In Blickrichtung der Gemeinde befand sich auch ein erhöhter Platz mit Pult für den Vorleser und Vorbeter. (Man hatte auch meistens die Kinderschule in der Synagoge untergebracht.)

Dieser Weg des Jairus zu Jesus war sicher keine Kleinigkeit für ihn. Denn er mußte ja immer wieder sehen, daß, wenn dieser Jesus in der Synagoge war und redete, die Räume sich dichter füllten mit Hörern, und daß dieser Jesus weit mehr galt in Kapernaum als er, der Synagogenvorsteher. Vielleicht hat er das Tun all der Leute, die in ihren Krankheiten sich an Jesus wandten, nicht so recht billigen können, denn so etwas war doch bisher noch nie dagewesen. War das eines rechten Israeliten würdig?

Aber sein Stolz hilft ihm nichts! Die Krankheit der Tochter verschlimmert sich zusehends, und da eilt er zu Jesus und fällt vor ihm nieder bis auf sein Angesicht. Er, der hohe Synagogenvorsteher, schämt sich nicht vor allem Volk, nun auch Jesus in Anspruch zu nehmen, auch Jesus herzlich zu bitten, mit in sein Haus zu seiner kranken Tochter zu kommen.

Wenn man die Berichte der drei Evangelien kombiniert, so geben sie das anschaulichste Bild der höchsten Aufregung, des innerlichen Zusammenbruchs dieses Mannes. Als er seine Tochter verließ, lebte sie noch. Allein die Zeichen des Todeskampfes schienen sich eingestellt zu haben. Daher konnte er unter den vielen Worten, die er nach Markus machte, in seiner verwirrten Rede auch das Wort fallen lassen, das Matthäus berichtet, soeben sei seine Tochter gestorben, und dann konnte er doch wieder überspringen zu der Hoffnung, sie werde wohl noch leben und zu retten sein. Daß seine Tochter tot sei, und daß der Herr sie als Tote auferwecken solle, das lag allerdings nicht in seiner ausgesprochenen Bitte. Allein, daß Jesus sie in den letzten Zügen noch retten könne, dessen war er gewiß, und in den Selbstwidersprüchen seiner Aufregung sprach sich unbewußt doch ein großes Vertrauen aus.

Man raubt daher dieser Geschichte einen ihrer lebendigsten Züge, wenn man hier den Matthäus gegen den Markus ausspielt, um nur den Jairus einen recht klaren, wohlgesetzten Bittantrag stellen zu lassen, der nicht so gut auf ihn paßt, wie die verwirrte Rede aus höchster Vaterangst um sein Kind.

Der Herr geht sofort mit ihm. Ihm nach folgen die Jünger und eine Menge Volks, das ihn fast zum Ersticken umdrängt. Wer möchte nicht dabei sein und sehen, ob Jesus auch diesmal wieder helfen wird! — Da stockt plötzlich der Zug. Jesus hält inne. Warum? Eine hilfsbedürftige Frau, die sich schämt, ihre Krankheit öffentlich zu nennen, war auf den Gedanken gekommen, nur heimlich das Gewand des Herrn zu berühren, um gesund zu werden. Sie ergreift den Saum seines Kleides in heimlicher Furcht. (Zur Quaste des Kleides lies 4 Mo 15, 38.)[12]) Man vgl. auch Apg 5, 15; 19, 11.

Der Gottesdienst der Synagoge selbst bestand aus Schriftverlesung, Gebet und Predigt. Bei der Schriftverlesung wurde gestanden, die Predigt wurde sitzend angehört. Selbst 12jährige Knaben durften sich an der Lesung beteiligen. Eine Predigt konnte jeder Mann halten, der über 30 Jahre alt war und beim Vorsteher sich dafür meldete. Diese Gelegenheit haben der Herr Jesus und seine Jünger oft benutzt, um das Evangelium zu verkündigen.

Der Synagogen-Vorsteher, der immer einer der angesehensten Männer war, wurde unter den Gemeindeältesten gewählt. Seine Aufgabe war es, für die Ordnung im Gottesdienst zu sorgen, Vorleser und Prediger zum Dienst einzuladen, Unordnungen zu rügen und abstellen zu lassen.

Dem Synagogen-Vorsteher war der Synagogenwärter oder -diener untergeordnet. Dieser rief die ihm vom Synagogen-Vorsteher namhaft gemachten Vorleser, Vorbeter und Prediger heran, ihres Amtes zu walten; er brachte ihnen die heiligen Schriften und verwahrte nach Gebrauch diese wieder sorgfältig in der heiligen Lade. Er vollzog auch die Strafe der Geißelung in der Synagoge, doch ob er auch als Kinderlehrer dort angestellt war, ist nicht nachzuweisen.

An den Türen zur Synagoge wurden Almosen gesammelt, die von einem dazu ernannten Almosen-Pfleger verwaltet wurden. Dieses Amt wurde auch oft von den berühmtesten Rabbinen und angesehensten Männern bekleidet, aber rangmäßig waren diese den Synagogen-Vostehern nachgeordnet.

12) Das Obergewand des Herrn Jesus war an vier Zipfeln mit vier Quasten verziert. Dieses Kleidungsstück wurde im Judentum auch „Gebetsmantel" genannt. Die Quasten waren eine Art Fransen aus blauer und weißer Wolle und sollten die Zugehörigkeit zu Jehova und den Willen zur treuesten Gesetzeserfüllung dartun. Die Pharisäer liebten daher die Schaustellung sehr langer Quasten. (Eine Länge von ca. 8—10 cm galt als normal.) Es heißt in der Überlieferung: Mose gab uns am Kleide die Merkzeichen des Gedenkens an Gott, und dies sollte von allen getragen werden.

Auch Jesus hielt sich an diese Vorschrift und trug solch einen vorgeschriebenen Mantel.

Dieses Mantel-Berühren der Frau empfinden — verstehen — und genehmigen, das war das Werk eines Augenblicks in der Seele Jesu. Die Frau fühlte sich erschüttert von der Berührung und war der Heilung sofort auch gewiß. Jesus aber, der mit Bewußtsein (Mk 5, 30) die eigene Lebensbewegung und somit das Ausströmen einer Heilkraft empfunden hatte, wandte sich um und sprach: **„Sei guten Mutes, Tochter, dein Glaube hat dich geheilt."** (Am Schluß dieser Betrachtung kommen wir auf die Heilung dieser Frau eingehend zurück.)

Das Verweilen Jesu bei dieser Verhandlung läßt fast vergessen, daß er auf dem Wege zu einem Sterbebett ist. Es erinnert an eine spätere Zögerung, die seinen Freundinnen Maria und Martha in Jo 11 zur schweren Prüfung wurde. Auch für den Jairus war diese Pause eine schwere Prüfung. Er scheint geschwiegen zu haben, und das wurde ihm ohne Zweifel sehr angerechnet.

Das Haus ist erfüllt von dem Trauerlärm der Flötenspieler und Klageweiber.[13]) Jesus befiehlt ihnen: **„Gehet fort, das Mägdlein . . . schläft!"** Sie lachen ihn aus: Die ist tot, dafür bürgen wir!

Den Ausdruck: **„Und sie verlachten ihn"** haben alle drei Evangelisten gemeinsam. Wie merkwürdig, diese uns heute so widerwärtigen, schreienden Weiber müssen Zeugnis ablegen dafür, daß seine Größe offenbar wird.

Das Volk muß hinausgeschickt werden. Jesus will kein öffentliches Schauwunder tun. Er tut es aber auch nicht hinter verschlossener Tür. Er tut seine Wunder vor Zeugen. Drei Zeugen hat er nach Lukas mitgenommen: Petrus, Jakobus und Johannes. Aus zweier oder dreier Zeugen Mund ist jede Sache gewiß. „Am besten hat man drei Zeugen. Die drei Apostel sind Jesu Zeugen da, wo er zwar Wert darauf legt, Zeugen zu haben, aber nicht mehr haben will, als nötig sind." (So auch bei der Verklärung.) Zu den Jüngern kommen noch Vater und Mutter. Wahrscheinlich spielt auch eine Rolle, daß Jesus sich der Sitte beugt. Die fordert, daß ein Mann nicht mit einem Mädchen allein sei (nach Markus war es zwölfjährig, d. h. mannbar)!

Das Haus ist jetzt still und einsam geworden. Zwei Seelen standen gläubig und hilfeflehend neben dem Mägdelein. Es sind der Vater und die Mutter. Seine Gemeinde aber sieht der Herr durch seine drei vertrauten Freunde vertreten. Und nun folgt die feierliche Erweckung. Das *„Talitha kumi"* hat den Petrus und durch ihn den Markus in seiner ursprünglichen Kraft erschüttert, so daß es in ihrer Überlieferung durch die Gemeinde forttönt bis ans Ende der Welt.

Mit königlicher Majestät gebietet Jesus dem Tode, seine Beute wieder herzugeben. Laut spricht er nach Markus: *„Mägdelein, ich sage dir, stehe auf!"* Kein Flüstern, keine Formel, nicht einmal ein Gebet, sondern nur: *„Ich sage dir!"* Wie er den Dämonen befiehlt, so befiehlt er auch dem Tode, und er weicht; so ruft er dem „Geiste", und er kommt wieder.

Das Mägdlein stand auf und ging im Zimmer umher. Und Vater und Mutter stehen starr da, die Augen voll Tränen des Staunens und des Dankes.

Die Weisung, dem Kind zu essen zu geben, haben Markus und Lukas. Es wird dadurch die vollkommene Ruhe des Herrn bei dieser großartigen Wundertat hervorgehoben. Er handelt einfach wie der Arzt, der dem Kranken den Puls gefühlt hat und nun die Diät für den Tag verordnet. An solchen Zügen erkennt

[13]) Das Auftreten der Flötenspieler und Klageweiber gehörte zu dem notwendigsten Zubehör einer Begräbnisfeier. Selbst der ärmste Mann konnte gezwungen werden, bei der Bestattung seiner Frau mindestens zwei Flötenspieler und eine Klagefrau mitwirken zu lassen. Da der Synagogen-Vorsteher ein angesehener Mann war, so waren bei ihm viele Flötenspieler und Klagefrauen anwesend. Das Getümmel war groß. Die Flötenspieler leiteten die Klagelieder ein. Die Klagefrauen traten auf dem Wege vom Sterbehaus nach der Begräbnisstätte in Tätigkeit, und zwar besonders, wenn der Leichenzug haltmachte, um die Träger der Bahre sich ablösen zu lassen. Aber auch im Sterbehause selbst ließen sie ihre Klageweisen vernehmen. Dieser Klagegesang war entweder Chorgesang oder Wechselgesang. Die letztere Weise scheint stark erschütternd gewirkt zu haben.

man den Bericht eines Augenzeugen, dem die Stimme Jesu in den Ohren nachklingt, und welcher das Kind noch hin und her gehen sieht. —

Die Heilung der blutflüssigen Frau haben wir oben nur beiläufig erwähnt. Sie bedarf jedoch besonderer Berücksichtigung. Die Geschichte ist bei Matthäus verhältnismäßig knapp erzählt. In großer Anschaulichkeit und auf viele Einzelzüge hinweisend, berichten sie Markus und Lukas.

In 3 Mo 15, 25 ff. lesen wir (in freier Übersetzung): „Wenn ein Weib den Blutfluß eine lange Zeit hat, so wird sie unrein sein, solange sie ihn hat. Alles Lager, worauf sie liegt, die ganze Zeit ihres Flusses, soll unrein sein. Alles, worauf sie sitzt, soll unrein sein. Jeder, der sie anrührt, soll unrein sein und seine Kleider waschen und sich mit Wasser baden und unrein sein bis auf den Abend. Wird sie aber rein von ihrem Fluß, dann soll sie zwei junge Tauben oder zwei Turteltäubchen nehmen und sie zum Priester bringen, und der Priester soll aus einer machen ein Sündopfer, und aus der andern ein Brandopfer und sie versöhnen vor dem Herrn über den Fluß ihrer Unreinigkeit. So sollt ihr die Kinder Israel warnen vor ihrer Unreinigkeit, daß sie nicht sterben."

Nun stelle man sich einmal vor, daß diese Bestimmungen auch für die Frau unserer Geschichte gelten. Sie war diese zwölf Jahre hindurch dann fast wie eine Aussätzige gewesen. Sie war selber unrein. Was sie anrührte und jeder, den sie anrührte, wurde unrein. So war sie von dem Verkehr mit Menschen ausgeschlossen und von ihren eigenen Angehörigen gemieden. Und dazu kam die drückende Frage: Durch welche Sünde habe ich mir das zugezogen?

Nun vermögen wir erst die Geschichte in all ihren einzelnen Zügen, die Markus so anschaulich mitteilt, zu verstehen. Die unter dem Druck des Leidens, der Vereinsamung und der vermeintlichen Schuld stehende Frau hört das, was man sich von Jesus erzählt. Er ist der große Wundermann und der Freund der Sünder und Sünderinnen. Ob er ihr nicht auch helfen würde? Aber wie es anfangen? Sie darf ja nicht unter die Menschen, und sie kann auch nicht vor allen Leuten über ihr Leid sprechen. Da denkt sie sich es so aus: Ich will sein Kleid berühren. Ist er wirklich das, was man von ihm sagt, dann kann mir das auch helfen. Nun ist Jesus an jenem Tage von einer großen Menschenmenge umgeben. Da drängt sie sich durch die Massen und rührt von hinten seinen Mantel an. Sofort steht der Blutfluß still, und sie merkt an ihrem Leibe, daß sie geheilt ist.

Jesus hat ein Fernwissen und Zugleichwissen, denn er ist der Prophet (Lk 7, 39). So weiß er um die Gedanken der Frau, ehe sie ihn anrührt. Er sagt: **„Dein Glaube hat dich geheilt."** Jesus tadelt nicht die Einfalt der Frau, sondern segnet das große Zutrauen, das ja im Grunde nicht ein Zutrauen zur Heilkraft seines Mantels, sondern zu ihm persönlich ist, mit Erhörung. (Alles Weitere dann in der Erklärung zur Markus-Stelle.)

Heilung der zwei Blinden.

Den Wunderbericht über die zehn Wunder von Kap. 8 und 9 beschließt Matthäus mit zwei wunderbaren Heilungen:

a) der Heilung der zwei Blinden

b) der Heilung des Taubstummen.

Beide Erzählungen gehören zum Sondergut des Matthäus, d. h. nur Matthäus allein erzählt diese Wunderberichte, und zwar „mit viel Liebe". — Chronologisch reihen sich diese zwei Berichte unmittelbar an die letzten Ereignisse des großen Tages an, der im Lande der Gadarener begonnen hat.

Der Herr hat natürlich noch viel mehr Blinden als den beiden Genannten das Augenlicht wieder geschenkt. In seiner ausführlichen Abhandlung über die Blinden der Evangelien weist der Arzt Knur nach, daß zur Zeit Jesu im jüdischen Volk die Zahl der organisch Erblindeten bedeutend größer gewesen sein muß als heutigentags.

Kap. 9, 27—31.

Zu Vers 27: Mt 1, 1; 15, 22; 20, 29—34; 20, 31

27 **Und als Jesus von dort weiter ging, folgten ihm zwei Blinde, welche**
28 **schrien und sprachen: Erbarme dich unser, Sohn Davids! * Als er aber zu**
Haus angekommen war, traten die Blinden zu ihm, und Jesus spricht zu

Zu Vers 29:
Mt 8, 13; 15, 28
Zu Vers 30:
Mt 8, 4; 12, 16
Mk 1, 44

ihnen: Glaubet ihr, daß ich dieses tun kann? Sie sagen zu ihm: Ja, Herr!
29 *Dann rührte er ihre Augen an und sprach: Euch geschehe nach euerm Glau-
30 ben. * Und ihre Augen wurden aufgetan; und Jesus schärfte ihnen streng
31 ein: Sehet zu, daß niemand es erfahre. * Sie aber gingen aus und machten
ihn bekannt in jenem ganzen Lande.

Kaum hat der Herr das Haus des Jairus verlassen, um selbst nach Hause zu gehen, d. h. in das Haus des Petrus in Kapernaum zu kommen (dieses Haus war ja seine Wohnung in Kapernaum), da sind schon wieder zwei Bittsteller und zwar zwei Blinde hinter ihm her mit dem lauten Rufe: **„Erbarme dich unser, Sohn Davids!“**

Es begegnet uns hier zum erstenmal der Name „Davids Sohn“, und zwar ausgesprochen von zwei Israeliten. Mit dem Wort „Davids Sohn“ ist sein Verhältnis zu Israel angedeutet. Er ist der verheißene Erbe des „Königs David“. Und als Nachfolger Davids, des Königs in Israel, wird sein Anspruch auf die kommende Herrschaft über Israel bekundet. Die unerhörten Wunder wurden als das Kennzeichen dafür angesehen, daß Jesus der im AT verheißene Messias und der Gesalbte und König sei. Da aber der Name „Davids Sohn“ politisch mißdeutet werden kann, hat der Herr ihn niemals als Selbstbezeichnung gebraucht. Und auch um der veräußerlichten irdischen Deutung willen wollte der Herr hier in Galiläa diesem Namen gegenüber zurückhaltend sein.

Der Herr empfängt darum die beiden Blinden[14]) erst in seiner Wohnung. Nachdem er ihren Glauben geprüft hat, gewährt ihnen der Herr ihre dringende Bitte. Die Heilung erfolgt unter fester Berührung der Augen, um denen, die nicht sehen können, sich bemerkbar zu machen.

Symbolisch will er ihnen das Geschenk des Sehens andeuten. Gerade hier zeigt sich, daß Matthäus nicht nur von einer einzigen Art und Weise der Heilungen etwas wissen will, also nur von einer Heilung durch das bloße und vollmächtige „Wort“. In Wirklichkeit herrscht nach ihm bunte Mannigfaltigkeit im Verfahren der Heilungen. Bald heilte der Herr durchs bloße Wort (z. B. Mt 8, 13), bald durch das Wort und die Umarmung (z. B. Mt 8, 3), bald durch die Berührung allein (Mt 8, 15 und 9, 25), bald ohne jede äußere Handlung (Mt 9, 33).

Das Wunder tritt ein. Die beiden Blinden werden sehend. Nun wiederholt sich das, was wir schon mehrfach gelesen haben. Jesus schärft den Geheilten aufs strengste ein: **„Sehet zu, daß niemand es erfahre!“** Niemand soll es wissen. Was? Daß die blinden Männer nun sehen können! Warum tut das der Herr? Er tut es deshalb, damit sein Wundertun nicht falsch verstanden wird. Nicht Wundersucht soll gepflegt werden, sondern Glaube an ihn, den Herrn! Nicht Schaulustige, die vom Messias nichts anderes erwarten als die Befriedigung ihrer irdischen Bedürfnisse, will er um sich scharen, sondern solche, denen es ernst ist um die wesenhafte Nachfolge, um die eigentliche Erkenntnis seiner wirklichen und wahrhaftigen Aufgabe und Erlösermission. (Vgl. das zu 8, 4 Gesagte über das Verbieten des Zeugnisses der Wunderheilung.)

Heilung eines Stummen.

Kap. 9, 32—34 (vgl. Lk 11, 14—16)

Zu Vers 32:
Mt 12, 22

Zu Vers 34:
Mt 12, 24
Mk 3, 22
Lk 11, 14 f.

32 Als sie aber herausgingen, siehe, da brachten sie einen stummen Menschen
33 zu ihm, der von einem Dämon besessen war. * Und als der Dämon aus-
getrieben war, redete der Stumme. Und es wunderten sich die Volksmengen
34 und sprachen: So etwas ist in Israel noch niemals gesehen worden. * Die
Pharisäer aber sprachen: Durch den Führer der Dämonen treibt er die Dämo-
nen aus.

[14]) Das harte Los der Blindheit kennzeichnet treffend ein Zitat der Rabbinischen Theologie wie folgt: „Vier werden wie ein Toter geachtet: Der Arme, der Aussätzige, der Blinde und der, welcher keine Kinder hat.“

Wie im Telegramm-Stil wird auch dieses Wunder noch hinzugefügt. Es ist ähnlich der Heilung des besessenen Stummen in Lk 11, 14—16. Mit Mt 12, 22—24 hat diese Geschichte nichts zu tun. Denn dort ist von einem Besessenen die Rede, der blind und stumm war. Auch unterscheiden die Evangelien genau zwischen „Stummen" und „besessenen Stummen". In Kap. 15, 30 und Mk 7, 31—37 ist die Rede von einem normalen Fall von Stummsein. Hier aber ist Besessenheit der Grund des Übels. Die Stummheit ist hier dämonischer Natur. Das ist etwas ganz anderes! Der Urtext bedient sich darum auch des Wortes ekbállein, d. h.: er warf den Dämon hinaus. Auch dieses Wunder geschieht wie die Heilung der zwei Blinden zu Hause (bei Petrus).

Welch ein machtvolles Wirken des Heilandes! Blinde traten ins Haus des Heilandes und kamen als Sehende heraus. Ein besessener Stummer wurde in die Wohnung des Heilandes gebracht — und als Redender tritt er wieder heraus. Die Volksscharen bekennen: Solches hat man in Israel noch nicht erlebt.

Die Bemerkung der Pharisäer, Jesus stünde im Bunde mit dem Satan, zeigt an, wie der Feind bereits am Wühlen und Hetzen ist. — Jesus würdigt sie diesmal keiner Antwort. Erst später hören wir von einer Antwort in Kap. 12, 24 ff.

Eine lange inhaltsreiche Arbeit seit dem Abend vorher und einer stürmischen Nachtfahrt auf dem Meer nach Gadara und wieder zurück ist damit zu Ende gegangen. — Matthäus hält für einen Augenblick ein in seiner Schilderung.

Zehn gewaltige Wunder hat Matthäus in Kap. 8 und 9 herausgestellt, zehn Wunder von großer Bedeutung. (Es sei erinnert an die zehn Wunder des Auszugs aus Ägypten.)

Und der Erfolg bei den Pharisäern? Sie halten den Herrn für einen, der im Dienste des Teufels steht. Der hat ihm Macht gegeben, auch über die Dämonen zu befehlen. Da die Pharisäer die Wirklichkeit seiner Taten nicht bestreiten können, müssen sie die Ursache solcher Machtgeschehnisse als teuflisch inspiriert diffamieren. Wie verblendet und entstellt sie doch ihr Haß!

Nach diesem großen Wunderbericht in Kap. 8 und 9 erzählt Matthäus bis zum Petrusbekenntnis in Kap. 16 nur noch von sechs Wundern — danach dann nur noch von zwei Wundern (die Verfluchung des Feigenbaums ist hier wegen ihrer besonderen Eigenart nicht mitgezählt).

Zusammenfassung von Kapitel 8 und 9 hinsichtlich der Wunder.

Die Wunderberichte von Kap. 8 und 9 zeigen den tiefen Sinn der Wunder Jesu als solcher an. Wir können zunächst von einer dreifachen Bedeutung der Wunder sprechen.

a) Die Wunder sind ein Stück von der Enthüllung seiner Herrlichkeit.

„Die Krankheit ist nicht zum Tode, sondern zur Verherrlichung Gottes, auf daß der Sohn Gottes durch sie verherrlicht werde." Und wunderbar: Seine Herrlichkeit offenbart sich immer da am deutlichsten, wo die Situation am hoffnungslosesten ist, wo die Hilfsmöglichkeiten dieser Welt am Ende sind.

b) Die Wunder sind ein Stück vom Leiden Gottes. Vgl. hierzu die Erklärung zu Kap. 8, 17, Seite 102.

c) Die Wunder sind ein Stück des Einbruches vom Kommenden, sind einbrechende Eschatologie, sind Verheißungen zur vollendeten Herrlichkeit Gottes und seines Reiches im kommenden Äon.

Die Wunder haben also programmatische Bedeutung. Sie weisen hin auf das einstige Ganze der Schöpfung, auf ihre Wiederherstellung, ihre Aufrichtung und Neurichtung. Die Seele samt dem Leib, der Mensch samt der ganzen Schöpfung sollen wieder heil werden. Hier bei den Wundern des Herrn ist incognito begonnen, was nachher publice, d. h. öffentlich und in Größe, vollzogen wird. Was hier im Wunder geschieht, das hat der Psalmist schon prophetisch geahnt:

„Der dir alle deine Sünden vergibt u n d heilet alle deine Gebrechen." In diesem „ u n d " steckt das Entscheidende, das Neue Gottes. Da steckt die ganze Erlösung, darin steckt das große „Und" Gottes, in dem er Himmel und Erde zusammenbringt und sein Geschöpf wieder „ h e i l " macht. Leib und Seele und Schöpfung werden erlöst.

Jede Gruppe der Zeichen deutet in ihrer Weise auf einen Wesenszug des kommenden Äons hin:

Die K r a n k e n h e i l u n g e n verkündigen: In der zukünftigen Welt Gottes gibt es kein Kranksein und Siechtum mehr. Der Herr wird alle Leibesnot und allen Schmerz abtun (Offb 21, 4).

Die D ä m o n e n a u s t r e i b u n g e n bezeugen: Die Macht des Satans und aller finsteren Gewalten ist grundsätzlich schon gebrochen (Lk 10, 18; 1. Jo 3, 8).

Die N a t u r w u n d e r verheißen die Wiederherstellung des ursprünglichen Gottesfriedens, auch innerhalb der außermenschlichen Kreatur (Rö 8, 20 ff.). Sie sind nicht etwa Störung der Harmonie der Natur, wie z. B. Spinoza meinte, sondern gerade ihre Heilung.

Die T o t e n e r w e c k u n g e n endlich weisen darauf hin, daß nicht Tod und Verwesung, sondern Leben und unvergängliches Wesen Gottes letzter Wille mit seiner Schöpfung ist. Der Tod wird als letzter Feind aufgehoben werden (1 Ko 15, 26; Offb 21, 4) und soll in der „Stadt Gottes" nicht mehr herrschen. „Das Weltenostern kommt!" (Vgl. Gerhard Schmidt in „Katechetische Anleitung").

Die Wunderberichte zeigen mächtig und deutlich, daß Christus eingebrochen ist in die Zeit. Die Wunder des Herrn sind Vorspiel und Vorschmack, Angeld und Anleitung, Anfang und Auftakt zu dem, was der neue Himmel und die neue Erde umfassen.

In Apg 2, 22 stehen die d r e i griechischen Ausdrücke zusammen, die im NT für Wunder gebraucht werden. Die Stelle aus der Pfingstpredigt des Petrus lautet: *„Ihr Männer von Israel, hört meine Worte: Wie ihr wißt, ward Jesus von Nazareth von Gott vor euch beglaubigt durch M a c h t t a t e n, W u n d e r und Z e i c h e n, die Gott in eurer Mitte durch ihn gewirkt hat."*

Vom Urtext her können diese drei Ausdrücke für Wunder auch so übersetzt werden: Jesus ward beglaubigt von Gott her unter euch durch K r a f t - w i r k u n g (dynamis) und durch bedeutungsvolle H i n d e u t u n g e n auf die Zukunft und durch A n z e i c h e n (des Kommenden).

Die Wunder Jesu gleichen, im Bilde gesprochen, kleinen Muscheln, die man ans Ohr halten muß, eine nach der andern. In einer jeden hört der Lauschende die Meere der Ewigkeit rauschen, die Gewißheit der zukünftigen Herrlichkeit!

Rückblick und Ausblick auf die weitreichende Arbeitstätigkeit des Herrn.

Kap. 9, 35—38 (vgl. Kap. 4, 23—25)

Zu Vers 35:
Da 2, 44
Mt 4, 23; 3, 2

35 **Und Jesus zog umher durch alle Städte und Dörfer und lehrte in ihren Synagogen und predigte das Evangelium des Königreiches, und heilte jede Krankheit und jedes Gebrechen.**

Mit diesen Worten wiederholt Matthäus das, was er in Kap. 4, 23—25 über die weitreichende Wirksamkeit des Herrn bereits ausgesagt hat. (Seite 49) Vers 35 kennzeichnet in fast wörtlicher Übereinstimmung mit Kap. 4, 23 in vier Tätigkeitswörtern das Tun des Herrn. Es ist

1. das Umherziehen,
2. das Lehren,
3. das Evangelisieren,
4. das Heilen.

Diese vier Tätigkeiten zeigen uns den r e d e n d e n und a r b e i t e n d e n Christus, also Jesu Wirksamkeit in W o r t und T a t, in S e e l s o r g e und L e i b s o r g e.

Zu 1: **„Jesus zog umher"**. Er sucht die Menschen dort auf, wo sie zu Hause sind. In allen Städten und Dörfern sind Menschen zu Hause. Er *wartet* nicht auf die Menschen, daß sie zu *ihm* kommen (wie Johannes der Täufer!), sondern *er geht* hin zu ihnen und *sucht* sie auf, so merkwürdig und verborgen sie auch in ihrer Art sein mögen. Er macht *„Hausbesuche"*, so würden wir heute sagen. Samuel Keller sagte einmal: Der Schlüssel zu den Seelen der Menschen hängt bei ihnen zu Hause. Darum gilt es, zu ihnen hinzugehen, sie aufzusuchen in ihrem Alltag, in ihrer Not, in ihrem Kranksein, in ihrem Alleinsein.

Drei Momente werden nun als Kennzeichen des Umherziehens, des Aufsuchens in ihrem Alltag hervorgehoben.

Zu 2: Das Lehren. Dieses Lehren betrifft die Unterrichtung des Volkes (Auslegung des Wortes Gottes!), betrifft die Auseinandersetzung mit den Pharisäern und Schriftgelehrten.

Aus der *Vollmacht* heraus soll das Volk unterrichtet werden, nicht aus „Menschensatzungen" heraus. Das Wort und wiederum das Wort, *das vollmächtige Wort* des Geistes kann nicht hoch genug geschätzt werden. Wie soll der gute Hirte seine Herde denn anders erreichen als durch das Ertönen seiner Stimme?

Zu 3: Neben dem „*Lehren*" steht als zweites die „*Verkündigung*", die *Freudenproklamation* vom Königreich. Wer diesen Heroldsruf, diese Freudenproklamation vernommen hat, muß wissen, daß er aufgerufen ist, Bürger dieses Königreiches zu werden, dieses Reiches, das sein wird bis in die Ewigkeiten der Ewigkeiten.

Zu 4: Das *Lehren* und *Verkündigen* ist zugleich das *Wirken* und die *Tat*. Denn Gottes Reich steht in „Kraft". Wo der Herr sein Wort spricht, da fallen die Fesseln der Sünde, die Schlösser des Mammon, die Burgen der Krankheit, ja die Bande des Todes. — Jesus verbietet uns, die große leibliche, soziale, wirtschaftliche Not der Massen links liegen zu lassen, als gingen sie uns nichts an, als könne man auch abgesehen davon das Evangelium vom Königreich hören und glauben. Jesus verbietet uns, diese Notlage als eine von Gott her sanktionierte anzusehen. Sie gehört vielmehr auch zu den gottlosen Bindungen, in die hineinzustoßen Jesus uns die großen Worte *„vom Salz und vom Licht"* gegeben hat.

Zu Vers 36:
4 Mo 27, 17
1 Kö 22, 17
Hes 34, 4 ff.
Sach 10, 2
Mt 14, 14
Mk 6, 34

Zu Vers 37:
Lk 10, 2
Jo 4, 35
Rö 15, 16
1 Ko 3, 9
2 Ko 3, 4 f.
Gal 1, 15 f.
Eph. 2, 10

36 **Als er aber die Volksmengen sah, wurde er innerlich bewegt über sie,**
weil sie ermattet und niedergeworfen waren, „wie Schafe, die keinen Hirten
37 **haben". * Darauf spricht er zu seinen Jüngern: Die Ernte zwar ist groß,**
38 **der Arbeiter aber sind wenige. * Bittet nun den Herrn der Ernte, daß er**
Arbeiter aussende in seine Ernte.

Von Vers 35 zu Vers 36 vollzieht sich ein Wechsel der Schilderung des Matthäus. In einem ergreifenden Stimmungsbild zeigt uns Jesus sein herzliches Mitleid mit dem Volke. Er *sah* das Volk. *Nicht jeder* sieht das Volk. Der römische Dichter Horaz sagte: „Ich hasse das gemeine Volk und halte mich fern von ihm" — der Pharisäer sagte: „Das Volk, das nichts vom Gesetz weiß, ist verflucht" (Jo 7, 49).

Jesus aber *sah* das Volk, und es *jammerte* ihn des Volkes. Genau so heißt es Lk 15, 20. Bei diesem tiefen Mitleid „dreht sich in dem Herrn (wörtlich mit einem ganz starken Ausdruck) *das Herz im Leibe herum*". Krankheit und Leiden aller Art, wirtschaftliche Verelendung und Fremdherrschaft waren noch nicht einmal die schwersten Übel. Das schlimmste war: Das Volk war in der *Seele* krank. Es fehlte ihm an Trost und Zuversicht, an Glaube, Liebe, Hoffnung. Das allerdings sahen die meisten nicht. Der Herr sieht es mit dem Blick der Heilandsliebe. Es jammerte ihn über die Maßen.

Das ist das Geheimnis des Punktes, von dem aus die „Welt gesehen und erlebt werden muß". Wer wirklich nahe an Jesus herankommt, der spürt etwas von diesem Standpunkt. Hier kann keiner verharren in seinem alten Urteil und Wesen, in seiner Herzenshärtigkeit und pharisäischen Gerechtigkeit.

Dies „es jammert ihn" ist der wahre Erweis seiner Königswürde. Der König gehört zum Volk. So sieht der gute Hirte seine Herde! Im Vergleich dazu wird erst deutlich, was die falschen Führer mit „seinem Eigentum" angerichtet haben. Da sind die Treiber, die das arme Volk immer weiter hetzen, schlagen, jagen, da sind die Klugen und Gescheiten, die, den Freunden Hiobs gleich, ihre frommen, dogmatisch sauberen Reden halten — und sind doch *„alle leidige Tröster"* (Hio 16, 2). Da begegnet das Elend allen, denen es nur je auf Erden begegnen kann, den „Priestern und Leviten" — aber nirgends trifft es auf das, worauf es trifft, wenn es Gott begegnet, auf die große Barmherzigkeit Gottes.

Das Bild der irregeleiteten, abgehetzten und am Boden liegenden Herde ist aus Hes 34 und Sach 11 entnommen. „Die hirtenlose Herde wird von den wilden Tieren, von Insektenschwärmen gejagt, zerreißt sich in Dornen und Hecken und liegt schließlich erschöpft darnieder." Die Schafe sind „zerschunden" und „am Boden liegend". Und doch liegt in dem Bild der heimliche Hinweis auf die Rettung. Denn der rechte Hirte ist „erweckt", die „Verheißung Gottes geht in Jesus in Erfüllung." H. J. Iwand in „Göttinger Predigt-Meditationen".

Von dieser Hoffnung redet Vers 37. Die Notzeit ist in Wahrheit Vor-Erntezeit. Gerade weil die Not so groß ist, ist das Feld zur Ernte reif. Das Auge des Heilandes sieht: **„Die Ernte ist groß!"** Christus sagt es für sein Volk und für alle Völker. Er sagt es damals und heute. Erntezeit ist es, weil Gottes Verheißung sich erfüllt hat und Christus gekommen ist.

Die Ernte selber ist ständiges Bild für das kommende Gericht. Aber wiederum, wo immer Gottes Wort machtvoll verkündet wird, fallen jetzt schon letzte Entscheidungen, jetzt schon die Entscheidungen des Jüngsten Gerichts. An der Stellung zu Christus entscheiden sich tatsächlich jetzt schon Leben und Tod, Heil und Unheil.

„Die Ernte ist groß, aber wenige sind der Arbeiter." Das Denken Jesu äußert sich in einer starken und tiefen Bewegung, in einem packenden Kontrast. Am Aufblick zu Gott entsteht das Urteil: die Ernte ist groß und reif — am Tiefblick zur Menschheit die Klage über die „geschundene, am Boden liegende Herde" und die fehlenden Erntearbeiter. Denn es ist bittere Not, wenn der reichen Ernte die Schnitter fehlen.

Ihre Lösung findet diese Spannung, diese tiefe Herzensbewegung, dieser Kontrast zwischen Aufblick und Tiefblick im Gebet, im ernsten anhaltenden Gebet: Bittet den Herrn der Ernte, daß er Arbeiter in seine Ernte **„hinauswerfe"**, so wie es im Urtext hart und deutlich heißt.

„Der Herr der Ernte sucht in der Erntezeit außer seinen tätigen Leuten noch besondere Erntehelfer, um sie wegen der Fülle der Arbeit zur Unterstützung in seine Ernte hineinzuwerfen (ekballein), so wie ein Feldherr seine Reserven hineinwirft in die entscheidende Schlacht. Jünger Jesu, die, von Gottes Geist getrieben, mit einem starken Glauben erfüllt, mit einer heiligen Liebe beseelt mit dem Blick Jesu begabt, nämlich mit dem Blick des Erbarmens und der Hoffnung, mitbauen wollen am Reiche Gottes, sind vonnöten. Sie müssen sich von Gott selber berufen wissen. Nur er kann solche Persönlichkeiten schenken! Und er schenkt sie, wenn darum gebetet wird. Sie sind die Frucht vieler Gebete. Wunderbar, was Gott alles in unsere Hand legt und von unserer Mitwirkung abhängig macht. Sogar den Einsatz seiner Boten und Mitarbeiter! Echte Fürbitte richtet Großes aus im Reiche Gottes. Sie öffnet Herzen, Mund und Hände zum Dank und zum Dienst. Sie treibt zur Mission und Diakonie. Sie gibt uns das rechte Wort und die rechte Tat." Münchmeyer

Kapitel 10

Der zweite Redeabschnitt:

Jesus, der Baumeister seiner Gemeinde durch seine Boten.

Die Berufung der Apostel.

Mt 10, 1—4 (Vgl. Mk 3, 14—19; Lk 6, 13—16 und Apg 1, 13)

Jesus steht auf dem Höhepunkt seiner Arbeit in Galiläa. Über Galiläa hinaus will er seine Tätigkeit ausdehnen. Darum will er seine Tätigkeit „vervielfältigen" und zwar durch die Sendung seiner zwölf Jünger in ganz „Israel" hinein.

Zu Vers 1: Mt 17, 19 Lk 10, 17 Apg 19, 15

1 **Und als er seine zwölf Jünger herzugerufen hatte, gab er ihnen Vollmacht über unreine Geister, um sie auszutreiben und jede Krankheit und jedes Gebrechen zu heilen.**

Der Ausdruck proskaléo heißt „zu sich rufen", „herzurufen". So hat auch Markus geschrieben. — Lukas gebraucht das Wort: synkaléo, d. h. „zusammenrufen".[1]) — Dem Ausdruck des Lukas „er rief zusammen" ist zu entnehmen, daß die Vorstellung von dem gemeinsamen Leben Jesu und der Apostel nicht übertrieben werden darf, als ob dasselbe nicht manchmal bei Tag wie bei Nacht durch kurze Trennungen und Abwesenheit einzelner unterbrochen gewesen wäre. In Kapernaum wohnten Petrus und Andreas, die Söhne des Zebedäus, und der Zöllner Matthäus in verschiedenen Häusern. Wenn nun sämtlichen Aposteln etwas gesagt werden sollte, dann mußten sie erst eigens zusammengerufen werden. Das geschah diesmal auf feierliche Weise.

Jesus ruft die Zwölf zu sich. Bevor die Zwölf ihren Dienst antreten, ihren missionarischen Dienst, müssen sie zuerst zum Herrn kommen, um von ihm Berufung und Vollmacht zu erhalten. Dann erst können sie ihre Mission, ihren Auftrag erfüllen, dann erst können sie zu den Menschen gehen. Das ist beachtenswert. Sendung ist nur möglich durch persönliche Berufung.

Wo persönliche Berufung nicht da ist, hängt die Sendung in der Luft. Nur durch den Herrn selbst bekommt die Sendung Grund, Macht und Ziel. Die Zwölf bilden von nun an einen festen Begriff, eine Einheit, und zwar so sehr, daß der Name: „Die Zwölfe" noch stehen bleibt nach dem Ausscheiden des Judas. Die Zahl „zwölf" hat einen tiefen Sinn. Der Alte Bund war auf den zwölf Stämmen Israels aufgebaut. Der Neue Bund sollte aufgebaut werden auf den zwölf Aposteln. — Wie nun der Hohepriester Israels auf dem Brustschild seines Amtsgewandes die Namen der zwölf Stämme trug, so trägt Christus als der neue und wahrhaftige Hohepriester die Namen der zwölf Apostel in seinem Herzen. — Die Offenbarung des Johannes spricht von den zwölf Toren des neuen Jerusalems, auf denen die Namen der zwölf Stämme geschrieben stehen. Zwischen je zwei Toren befindet sich ein mächtiger Quaderstein als Fundament der Stadtmauer, und auf diesem mächtigen Quaderstein steht weithin leuchtend je ein Name der zwölf Apostel geschrieben. So ist die Einheit des Alten Bundes und des Neuen Bundes gegeben. In der Berufung der Zwölf ist diese Einheit dokumentiert. (In der Berufung der Zwölf erhebt Jesus auch Anspruch auf ganz Israel!)

In jüdischer Beziehung zeigt sich die höchste Machterweisung darin, „Wunder zu tun." Damit fängt also der Apostel-Auftrag des Herrn Jesus an. Die

[1]) Bei den rabbinischen Theologen genossen die Schüler nicht nur den theoretischen Unterricht ihrer Lehrer, sondern sie befanden sich als ihre Diener und Nachfolger gern in ihrer Nähe, um so aus ihrem Tun und Lassen die Halacha, das sind die Einzelsatzungen der Schriftgelehrten, möglichst durch die Praxis kennen zu lernen. — Zu den Dienstleistungen des Schülers gehörte auch, daß er seinen Lehrer auf dessen Ausgängen und Reisen begleitete. Daher die immer wiederkehrende Ausdrucksweise „der und der ging hinter dem und dem her". Damit wird der „Hinterher-Gehende" als Schüler desjenigen Lehrers bezeichnet, dem er nachfolgt. Nachfolgen ist also zunächst ganz wörtlich gesehen ein „hinter dem Führer hergehen". (St—B Bd. I S. 527) Aber das „Nachfolgen" Jesu nach erfaßt das ganze Leben!

Dämonen werden den Aposteln zu gehorchen haben kraft ihrer Apostel-Autorität, und ihnen auch wirklich Gehorsam leisten kraft ihrer Apostel-Macht.

Zu Vers 2—4: Mk 3, 14—19 Lk 6, 12—16 Jo 1, 40—49 Apg 1, 13 Mt 4, 21

2 **Die Namen der zwölf Apostel aber sind: Der erste Simon, der Petrus**
genannt wird, und Andreas, sein Bruder; Jakobus, der Sohn des Zebedäus,
3 **und Johannes, sein Bruder; *Philippus und Bartholomäus; Thomas und**
Matthäus, der Zöllner; Jakobus, der Sohn des Alphäus, und Thaddäus;
4 ***Simon, der Kananäer, und Judas, der Iskariot, der ihn auch verriet.**

Nicht nur an dieser Stelle, sondern auch an andern Stellen des NT finden wir Apostelverzeichnisse. Diese Verzeichnisse (in Mk 3, 14—19; Lk 6, 13—16 und Apg 1, 13) und dazu hier Mt 10 sind sich in drei Zügen ähnlich.

1. Sie enthalten die gleichen Namen, mit Ausnahme des Judas **Jakobus**, den Lukas sowohl im Ev., als auch in der Apg. hat. Statt dessen steht bei Matthäus und bei Markus Thaddäus! Die Bezeichnung „Lebbäus, genannt Thaddäus", steht im Nestle, Griech. Text, 1950 nicht, wohl aber in der Koine.

2. Diese zwölf Personen sind in den vier Verzeichnissen in drei Gruppen von je vier verteilt, ohne daß eine Umstellung eines einzelnen Apostels von einer Gruppe in die andere vorkommt. Es scheint daraus hervorzugehen, daß das Apostelkollegium aus drei konzentrischen Kreisen gebildet war, deren inniges Verhältnis zu Jesus ein stufenweise abnehmendes war.

3. Es sind immer dieselben Apostel, die an der Spitze jedes Vierers stehen: Erster Vierer Petrus, zweiter Vierer Philippus und dritter Vierer Jakobus, des Alphäus Sohn. Außer dieser Einteilung nach Vieren gibt hier Matthäus eine nach Paaren. In der Apostelgeschichte sind die vier ersten Apostel durch „und" einzeln verbunden, die acht andern nach Paaren gruppiert. (Vgl. ausführlich in Rienecker Pr. Handk. zum Lukas-Evangelium).

Die große Aussendungsrede Jesu an seine Jünger.

Kap. 10, 5—42

Matthäus bringt den ausführlichsten Bericht über die Aussendungsrede Jesu. Wir teilen sie in zwei Abschnitte:

1. Teil: Vers 5—15. **Die sieben Aufträge der ersten Missionstätigkeit innerhalb Israels.**

2. Teil: Vers 16—42. **Die sieben Ermunterungsworte für die Verfolgungszeiten der späteren Missionstätigkeit.**

Der 1. Teil der Aussendungsrede Jesu:

Vers 5—15 (Vgl. Mk 6, 7—11; Lk 9, 1—5)

Die sieben Aufträge der ersten Missionstätigkeit innerhalb Israels.

1. Auftrag: Gehet nur zu den verlorenen Schafen des Hauses Israel.

Zu Vers 5 u. 6: Mt 28, 19 Lk 9, 52 Jo 10, 16 Apg 13, 46 Mt 9, 36 Mt 15, 24 Mt 18, 12 Jer 50, 6

5 **Diese Zwölf sandte Jesus aus und befahl ihnen und sprach: Gehet nicht**
auf einen Weg der Heiden und gehet nicht hinein in eine Stadt der Samariter;
6 ***gehet aber vielmehr zu den verlorenen Schafen des Hauses Israel.**

Zuerst grenzt der Herr das Arbeitsgebiet ab. Er erteilt strenge Weisung, weder zu den Heidenstädten, noch zu den Städten der Samariter zu gehen! Die Samariter-Städte wurden von den damaligen Juden auf gleiche Stufe mit den Heidenstädten gestellt. — Trotz dieser engen Begrenzung des Auftrages hier in Kap. 10 bleibt dennoch der Gedanke an die Heidenmission durch das ganze Matthäus-Evangelium hindurch deutlich bestehen. (Vgl. Kap. 2, 1—12; 3, 9; 8, 11 ff.; 12, 18; 21, 43; 22, 7—14; 24, 14.)

Wie hat sich der Herr gemüht, auch durch diese Jünger-Anweisung zu bekunden, wie lieb er sein Volk hat! — Wie wehe muß ihm die allgemeine Ablehnung des Volkes und der Haß der Pharisäer getan haben!

Zwei Bilder werden in Vers 6 ineinander verwoben. Es ist zunächst das Bild vom **Hause Israel,** dann das Bild von den **verlorenen Schafen Israels.** Wer sind nun die verlorenen Schafe Israels? Nach Kap. 9, 13 sind es die Zöllner und Sünder.

Die Jünger werden also nicht zu den Gerechten, zu den „Gesunden" gesandt, sondern zu den „Kranken", den geistlich Kranken, die des Arztes und Heilandes bedürfen.

Nach Kap. 9, 36 sind die verlorenen Schafe vom Hause Israel das gesamte Volk Israel, aber auch sicher unter Ausschluß der Pharisäer und Schriftgelehrten gesehen.

Zu Vers 7:
Mt 3, 2

2. Auftrag: Predigt des Evangeliums vom Himmelreich.

7 **Gehet hin, prediget und sprechet: Das Königreich der Himmel ist nahe gekommen.**

Die Nähe des Königreiches der Himmel ist zu bezeugen. Und weil die Heilszeit im Anbruch ist, gilt es, sich zu bekehren. Das ist Jesu eigener Ruf, den nun die Apostel-Stellvertreter aufnehmen sollen! Das Wort der Gemeinde ist Jesu eigenes Wort. Obwohl der Umkehrruf hier nicht ausdrücklich erwähnt ist, darum bleibt doch aus dem Vorangehenden (siehe Bergpredigt) bestehen, daß nur Umkehr allein die Eingangspforte zum Himmelreich ist. Mk 6, 12 sagt es ausdrücklich: *„Und sie gingen aus und verkündigten, man solle sich bekehren."*

Zu Vers 8:
Apg 9, 34–40
Mk 16, 17

3. Auftrag: Heilt Kranke!

8 **Heilet Kranke, wecket Tote auf, reinigt Aussätzige, treibet Dämonen aus: Geschenkweise habt ihrs empfangen, geschenkweise gebet es.**

Die Sendung der Zwölf umfaßt ein Doppeltes. Das erste ist enthalten in Vers 7, es ist die **Verkündigung (Kerygma);** das zweite ist enthalten in Vers 8, es ist die **Fürsorge.** Also Predigt vom Königreich der Himmel und Dienen und Helfen. **Worthilfe** und **Tathilfe,** das sind die beiden Seiten der Sendung. — (Jesu eigenes Wirken sollen die Jünger fortsetzen.)

Rechte Sendung, rechter Glaube hat immer zwei Hände. Die rechte Hand bringt das **Wort** — die linke Hand die **Liebe,** die rechte Hand das Lebensbrot — die linke Hand das tägliche Brot.

Zu Vers 9:
2 Kö 5, 16
Apg 8, 20; 20, 33

4. Auftrag: Machts umsonst.

9 **Erwerbt euch nicht Gold, noch Silber, noch Kupfer für eure Gürtel.**

Was ist der Gürtel? Der Gürtel diente nicht nur zum Zusammenhalten des Obergewandes und Untergewandes, sondern auch zur Aufnahme von Geld und sonstigen Wertsachen. Der Gürtel wurde manchmal geradezu „Geldbeutel" genannt.

Der Jünger soll nicht nur keinen Lohn und keine Bezahlung für seinen Verkündigungsdienst und sein heilendes Helfen fordern — sondern auch nicht einmal Geschenke annehmen. Der fromme Jude war sehr gebefreudig. Er gab gern und reichlich. Der Tempel war überfüllt mit Geld, und die Erzpriester, die Archipriester wurden durch die großen und wertvollen Geschenke reich. — Jesu Forderung ist, daß der Jünger arm und bescheiden bleibe. Er darf aus seiner Arbeit im Reiche Gottes keinen Vorteil für sich selbst ziehen. An jene Gefahr, von welcher bei der 1. Versuchung Jesu in Mt 4 die Rede ist, wird hier angeknüpft, jene Gefahr, die darin besteht, daß Eigensucht und Reichsgottesarbeit sich miteinander mengen.

Zu Vers 10:
Lk 10, 4
2 Th 3, 9
1 Tim 5, 18
4 Mo 18, 31
Mt 24, 45
Lk 10, 7
Apg 28, 10
Jak 5, 4

5. Auftrag: Trefft keine Reisevorbereitungen.

10 **Erwerbt euch keine Reisetaschen für den Weg, noch zwei Untergewänder, noch Sandalen, noch einen Stab; denn der Arbeiter ist seiner Nahrung wert.**

In anschaulicher Weise zählt Jesus nun die ganze Ausrüstung eines Wanderers auf. — Unter péra-Tasche ist die Hirtentasche oder die Tasche der Wanderer gemeint. — Ein frommer jüdischer Wanderer trug immer einen Wanderstab, eine Tasche oder Ranzen — und das Thorabuch bei sich.

Die Aufforderung **„Erwerbet euch keine Reisetasche für den Weg"** will sagen: „Macht keine Vorbereitungen, wie man sie gewöhnlich vor einer Reise trifft. — Kauft nicht erst eine Reisetasche, sondern geht so, wie ihr seid." Die weiteren Aufforderungen, welche lauten: **„Erwerbt euch nicht zwei Untergewänder, noch Sandalen, noch einen Stab"**, wollen auch besagen, daß nichts von all diesen Dingen gekauft werden soll, sondern so, wie sie sind, sollen die Jünger gehen!

Jesu Worte sind aber auch nicht so zu verstehen, daß die Jünger z. B. ohne Untergewänder, ohne Sandalen, ohne Stab gehen sollten, sondern daß die Jünger das, was sie bereits besitzen, benützen und tragen, aber keine Neuanschaffungen machen sollen.

Hinsichtlich des Untergewandes ist zu sagen, daß der gewöhnliche Mann unter dem Oberkleid (oder Mantel) nur ein Unterkleid trug. Das Oberkleid diente, wie wir schon Mt 6, 34 lasen, des Nachts als Bettdecke, denn Betten kannte man nicht, sondern eine für die Nacht ausgebreitete Matte war das „Unterbett". Das Oberkleid oder der Mantel war das „Oberbett". — Das Unterkleid, oder Leibrock genannt, war ein sehr langes, mit Ärmeln versehenes und mit einem Gürtel aufgeschürztes Hemd aus Wolle oder Leinwand. Bessere Leute hatten darunter noch als zweites Unterkleid das eigentliche Hemd aus Leinen. (Eitle Frauen trugen 3—6 Hemden.)

Alle diese Weisungen Jesu in Vers 10 konnten die Apostel täglich am Beispiel Jesu selbst beobachten. — Die Antwort der Apostel in Lk 22, 35: *„Und er sprach zu ihnen: So oft ich euch ausgesandt habe, ohne Beutel, ohne Tasche und ohne Schuhe, habt ihr auch je Mangel gehabt? — Sie sprachen: ‚Niemals!'"* — Diese Antwort der Apostel beweist, daß der Herr für alles treu gesorgt hat.

Obwohl weder Lohn, noch Geschenke angenommen werden dürfen, so soll doch der Arbeiter seiner Nahrung wert sein! Die Verpflegung des „Dieners am Wort" ist notwendige Pflicht.

6. Auftrag: Sucht die Wohnhäuser als eure Missionszentren aus.

11 **Aber in welche Stadt, oder in welches Dorf ihr eintretet, erforschet, wer**
12 **darinnen würdig ist; und daselbst bleibt, bis ihr weggehet. * Wenn ihr**
13 **aber in das Haus eintretet, so grüßet es. * Und wenn nun das Haus würdig**
ist, so komme euer Friede auf das Haus; wenn es aber nicht würdig ist, so
wende sich euer Friede zu euch zurück;

Zu Vers 12: Lk 10, 5 u. 6
Zu Vers 13: Jo 20, 19; 2 Jo 10

Zwei Erfahrungen werden die Jünger machen, entweder wird ihre Botschaft auf Annahme oder auf Ablehnung stoßen, sie selbst (als Person) in einem Hause Aufnahme oder Abweisung finden. Eine Neutralität gibt es nicht! Da, wo man sie aufnimmt, sollen sie wissen, daß sie den Frieden, den wirklichen und wahren Frieden ins Haus bringen.

Vers 13a spricht von der Möglichkeit einer Aufnahme. Wenn die Verkündiger am „Wort" in einem Hause Zugang gefunden haben, dann sollen sie in diesem Hause bleiben und es zum Ausgangspunkt ihrer Arbeit für den Herrn machen. Der Ausgangspunkt aller Arbeit für den Herrn ist das Haus, die Familie.

7. Auftrag: Schüttelt bei Nichtaufnahme den Staub von euren Füßen!

13b **wenn es aber nicht würdig ist, so wende sich euer Friede zu euch zurück.**
14 ***Und wenn euch jemand nicht aufnehmen, noch eure Worte hören will — so**
gehet hinaus aus jenem Hause oder jener Stadt und schüttelt den Staub von
euren Füßen.

Zu Vers 14: Lk 10, 10—12; Apg. 13, 51; Apg 18, 6

Diese Verse sprechen von der Möglichkeit einer Ablehnung. Das Evangelium drängt sich nicht auf; als elastische Kraft dringt es ein, wo es Aufnahme und Entscheidung findet, und zieht sich zurück, wo es zurückgestoßen wird. So hat es Jesus selbst während seines Lehramtes erfahren und dann auch danach gehandelt (Lk 8, 37; Jo 3, 22).

Wenn die Juden aus heidnischen Ländern ins gelobte Land zurückkehrten, pflegten sie an der Grenze den Staub von ihren Füßen zu schütteln. Es war dies das Bild des Abbrechens aller Gemeinschaft mit der abgöttischen, heidnischen Welt. Die Apostel sollen es gegenüber ihren Landsleuten in den Städten, die ihre Predigt von sich stoßen, ebenso machen. Sogar den Staub, das Geringste, was es gibt, sollen sie abschütteln. Mit dieser Handlung sollen sie erklären, daß sie nichts zu schaffen haben mit dem Schicksal, das dieser Leute wartet.

Zu Vers 15:
Mt 11, 24
1 Mo 19, 4 ff.
Rö 9, 29
2 Pt 2, 6
Jud 7

15 **Wahrlich, ich sage euch, es wird dem Lande von Sodom und Gomorra erträglicher ergehen am Tage des Gerichts als jener Stadt.**

Ein sehr hartes Wort. Ist es nicht zu hart?

Nein, Jesus wußte, was er sagte. *„Wem viel gegeben ist, von dem wird viel gefordert."* Die Bewohner der Städte Israels kennen das AT, ihnen ist also viel mehr gegeben, als den Leuten von Sodom und Gomorra. Dazu kam noch, daß sie Jesus selbst in seinen überwältigenden Wundern und Predigten erlebt hatten und weiterhin Jesu Apostel als ihren persönlichen und lieben Besuch erfahren durften. Wie überreich war ihnen also Gelegenheit geschenkt worden! — Und die Antwort? Sie verachteten den Ruf Jesu und seiner Apostel. Wie unbegreiflich böse ist doch solch ein Gebaren gewesen. Weil sie das allergrößte persönliche Angebot der Gnade in Jesus und seinen Aposteln zurückstießen — darum wird sich die Gnade in furchtbares Gericht für sie verwandeln. — Denn, wem viel gegeben ist, von dem wird viel gefordert.

Wir sind am Schluß der kurzen Betrachtung der sieben Aufträge Jesu an die Zwölf hinsichtlich ihrer ersten Missionstätigkeit innerhalb Israels. — Hinter der Schlichtheit und Armut dieser ersten Sendboten steht nicht eine gemachte Bettlerarmut, sondern die Einfachheit und Bescheidenheit dessen, der gelernt hat, Gott in allem restlos zu vertrauen. Er (der Herr), der selbst seine Arbeiter in die „Ernte" sendet, wird sie im Dienst versorgen! Jesu Ruf zur Schlichtheit und Einfachheit hat den Sinn, alle egoistischen Nebenabsichten, alle materialistischen Wünsche und jedes „Sich-zu-sehr-Stützen" auf die natürlichen Hilfsmittel zu unterbinden. Ihr Vertrauen soll allein sich stützen auf den Herrn der Ernte, Jesus Christus.

Und weiterhin hat auch die Art und Weise, wie die Zwölf missionieren sollen, ihren tiefen Sinn. Sie sollen im Kleinen anfangen, bei dem Einzelmenschen, in Privathäusern, nicht in der Öffentlichkeit, etwa in der Synagoge. Dieser Anfang im Kleinen und Verborgenen soll die erste Aussendung der Zwölfe kennzeichnen! Die Familie, das Haus soll der Ausgangspunkt der Unternehmung sein. Das Reich Gottes beginnt immer im Verborgenen, klein und unscheinbar!

Der Gruß „Friede komme auf euch" wird keine leere Formel sein, sondern eine Macht bedeuten, ein kostbares Geschenk sein, das denen, die sich diesem Gruß öffnen, zum tiefen und wunderbaren Besitztum wird!

Wohl oft hat Jesus selbst diesen Gruß: „Friede sei mit dir" gesprochen. Er hat diesen Gruß als Segensspende gegeben, die sich erfüllen wird bei denen, die Ihn aufnehmen.

Das Wort „Friede" ist ein Ausdruck, ganz geeignet, die Fülle dessen, was Gott uns Menschen sein und schenken will, in ein Wort zusammenzufassen!

Aber dazu gibt Gott seinen Frieden, daß der Beschenkte den Gottesfrieden, der höher ist als alle irdische Vernunft, hineinstrahle in die friedlose Welt. Daß er nicht nur sich selbst als ein Mensch des Friedens zeige, sondern daß er andere mit dem von oben geschenkten Frieden erquicke, das will der Friedensgruß auch sagen.

Der zweite Teil der großen Aussendungsrede Jesu.

Kap. 10, 16—42 (Vgl. Kap 24, 9—14; Mk 13, 9—13; Lk 12, 11 u. 12; 21, 12—19)

A. Die sieben Ermunterungsworte für die Verfolgungsleiden der späteren Missionstätigkeit, die eingeleitet werden von einer dreifachen Art des Hasses:

1. Der allgemeine Haß. 2. Der obrigkeitliche Haß. 3. Der Familien-Haß.

Zu Vers 16:
Lk 10, 3
Apg 20, 29
Rö 16, 19
Phil 2, 15
Eph 5, 15
Mt 7, 24
1 Mo 3, 1

16 **Siehe, ich sende euch wie Schafe inmitten von Wölfen; so seid nun klug wie die Schlangen und makellos wie die Tauben.**

1. Der allgemeine Haß:

Der Haß im Verkehr mit Außenstehenden und die Entgegnung.

Das Wort „ich" steht im griechischen Urtext betont. Also: „Paßt auf, ich, ich selber sende euch wie Schafe . . ." Ganz unverhohlen hat's der Herr gesagt, daß Er es ist, der solches tut. Wehrlos müssen die Jünger in einer Umgebung sich bewegen, die voll Raubgier, Bosheit und Niedertracht sie vernichten will. — Weder mit der Gewalt der Faust und des Schwertes, noch mit der Waffe des ungeistlichen, aufgeregten Wortes, sollen die Apostel ihren Feinden entgegentreten — sondern mit Lauterkeit und Klugheit soll der Bosheit und Niedertracht der Menschen begegnet werden! Zu meiden sind alle List und Diplomatie, alle menschliche Weisheit und Schläue, alles Hinken auf beiden Seiten, alles „Kompromisse- und Konzessionenmachen!"

Die gefährliche Situation der Jünger **„als Lämmer mitten unter den Wölfen"** und ihr Verhalten in solch einer Lage veranschaulicht Jesus symbolisch in Vers 16 durch das Bild „Lamm und Wolf" und Vers 17 durch das Bild „Schlange und Taube".

Die Sendung wird also keine angenehme und leichte Angelegenheit sein, sondern voller Gefahr für Leib und Leben. Welch ein unheimliches Bild: Ein Lamm mitten unter Wölfen! Die Wirklichkeit dieser Tatsache ist weithin von den Christusboten nicht immer genügend berücksichtigt worden, nämlich, daß dieses Bild „Lamm unter Wolf" nicht das anormale, sondern das normale ist. — Und da gilt es dann, nicht Haß gegen Haß, Gewalt gegen Gewalt zu setzen, sondern „das freudige Martyrium". *„Hier ist Geduld und Glaube der Heiligen"* (Offb 13, 10). Jesu Wort: **„Ich sende euch"** hat einzigartige Bedeutung.

Das Bild „Schlange und Taube" ist ein anderes Bild als das erste: „Lamm und Wolf". Wir fragen: Inwiefern? „Lamm" bezeichnete den Apostel — „Wolf" deutete hin auf den Feind. — In dem zweiten Bild „Schlange und Taube" beziehen sich beide Bildworte auf ein und dieselbe Person, nämlich auf den Apostel. Der Sendbote Jesu braucht Klugheit, um in all den schwierigen Situationen immer wieder das Rechte zu finden und den Menschen recht zu begegnen. Diese Klugheit muß aber immer mit Lauterkeit und Aufrichtigkeit und Geradheit gepaart sein, damit nichts geschehe, was den Feinden Handhabe zur berechtigten Klage werde. Die Sendboten Jesu stehen ja unter harten Widersachern, die keine Rücksicht kennen, die ohne Gnade über die Apostel herfallen, falls sich irgendwie ein kleiner Anlaß bietet. Darum gilt es, nach Schlangenart den Gegner scharf im Auge zu halten, wachen Auges und nüchternen Sinnes die Situation zu übersehen und dann ohne List und lügnerische Taktik, lauter und wahr in allen Handlungen und Worten, Herr der Situation zu bleiben, also Taubenart unter Beweis stellen.

Klugheit und Lauterkeit ergeben die rechte Weisheit. Klugheit, welche Taktik ist, d. h. die die Grenze zwischen Wahrheit und Lüge ein wenig verwischt und die um des Zweckes willen das Mittel, auch das nicht ganz korrekte Mittel, heiligt, — Klugheit, welche solche Taktik ist — ist keine biblische Klugheit, ist einseitig nur Schlangenart. Es muß die Aufrichtigkeit der Taubenart hinzukommen! — Jesus will also eine Klugheit, mit der wir uns nicht beflecken, (nicht Taktik, nicht Diplomatie, nicht Politik, nicht Kompromisse machen), und Jesus will eine Lauterkeit, mit der wir unseren Dienst nicht belasten (d. h. unkluge Ehrlichkeit und unvorsichtige Offenherzigkeit, die also nicht darauf bedacht ist, Schwierigkeiten aus dem Wege zu räumen). Anders ausgedrückt: Das schlichte Vertrauen auf Gottes Hilfe schließt die kluge Vorsicht den Menschen gegenüber nicht aus.

2. Der Haß im Verkehr mit der Obrigkeit und die Entgegnung in Vers 17—20

a) Die jüdische Obrigkeit.

Zu Vers 17—22: Mt 24, 9—14 Mk 13, 9—13 Lk 21, 12—17

Zu Vers 17: Apg 5, 40; 6, 12 2 Ko 11, 24

17 **Hütet euch aber vor den Menschen, denn sie werden euch an die Synedrien überliefern und in ihren Synagogen euch geißeln.**

„Hütet euch vor den Menschen!“ Es ist eigenartig und ergreifend zugleich, wie derselbe Herr, der seine Apostel zu den „**Menschen**“ sendet, sie im gleichen Atemzuge vor den „**Menschen**“ warnt. **„Hütet euch vor den Menschen!“** Nehmt euch vor ihnen in acht! Ein ernstes Wort für die zu den Menschen gesandten Boten. Ein Wort, das sie ihren Weg einsam gehen läßt! Ein Wort, das sie ganz auf den Herrn, den Auftraggeber, wirft. Nur weil er der Auftraggeber, der Sendende ist, können sie die Last und Verantwortung ihres Auftrages tragen und auch ertragen, daß ihre Hilfe nur bei dem Herrn ist und nicht bei den Menschen. „Nehmt euch vor den Menschen in acht.“ Dieses Jesuswort ernst zu beachten gilt auch heute noch. Alle Sentimentalität, weichliche Vertrauensseligkeit und gefühlvolles „Sichanbiedern und Schmeicheln“ sind vom Übel. — „Männlichkeit“ ist des Christen Zierde!

Das Wort: Nehmt euch vor den „**Menschen**“ in acht! Seid vorsichtig! ist ein sehr wichtiges Wort, das viel zu wenig beachtet wird. Trotz Bekennermut ist **Vorsicht** geboten! Wir werden an Epheser 5, 15 erinnert. „... *Wandelt vorsichtig* (korrekt und genau), *nicht als Unweise, sondern als Weise*“.

Verfolgung und Gericht wartet auf die Sendboten. Alle Machtmittel, die der Judenschaft zur Verfügung stehen, werden zur Verurteilung der Apostel in Anwendung gebracht werden! Mit den „Gerichten“ sind die jüdischen, örtlichen Gerichtshöfe gemeint. Neben dem großen, aus 71 Mitgliedern bestehenden Synedrium in Jerusalem (Näheres darüber Seite 21) gab es in den Städten, die mindestens 120 erwachsene Mitglieder zählten, kleinere Gerichtshöfe, die aus 23 Mitgliedern bestanden. An diese kleineren und örtlichen jüdischen Gerichtshöfe ist hier in Vers 17 gedacht. Die Mehrzahl von Synedrium = Synedria zeigt uns das auch so an.

Das Urteil dieser örtlichen Gerichtshöfe wird über die Jünger lauten: **Geißelung.** Daß es in der Tat auch praktisch durchgeführt wurde, zeigt Apg. 22, 19. Paulus, der ehemalige Christenverfolger, verantwortet sich vor dem jüdischen Volk in Jerusalem mit folgenden Worten: „... *Die Juden wissen selbst, daß ich die Christen gefangen legte und geißeln ließ die, welche an den Herrn Jesus glaubten, in den Synagogen hin und her ...!*“ Nach 2 Ko 11, 24 sagt Paulus von sich: „*Von den Juden erhielt ich fünfmal vierzig Geißelhiebe weniger eins.*“ Vgl. weiter zur „Synagogengeißelung“: Mt 23, 43; Mk 13, 9; Apg. 22, 19; 26, 11. — Von dieser „Synagogengeißelung“ ist zu unterscheiden die durch die Römer vollzogene, noch viel grauenhafter durchgeführte „Staatliche Geißelung", die die Kreuzigung einleitete und an Jesus vollzogen wurde. (Vgl. hierzu das zu Mt. 27, 26 Gesagte.)

Die „Synagogengeißelung" war eine nicht seltene und sehr entehrende Strafe. Der zu Züchtigende mußte sich über eine (etwa einen Meter) hohe Säule beugen, an deren Seiten seine Hände angebunden wurden. Als Geißel diente ein aus vier zusammengelegten Lederstreifen verfertigter, handbreiter Riemen, mit dem der Synagogendiener neununddreißig Schläge versetzte, ein Drittel auf die Brust, zwei Drittel auf den Rücken. Doch mußte der zu Geißelnde vorher beobachtet werden, ob er diese Zahl ertragen könne oder nicht. Konnte er die Anzahl der Hiebe nicht ertragen, dann wurde die Zahl vermindert. Eine ganze Anzahl von Vergehungen wurden auf diese Weise bestraft: verschiedene Unzuchtsünden, aber auch wer Unreines oder nicht rituell Geschlachtetes oder nicht Verzehntetes gegessen, wer am Passahfest Gesäuertes aß oder das Versöhnungsfasten brach (vgl. Lauck S. 153).

b) Die heidnische Obrigkeit.

Zu Vers 18: Apg 27, 24; 25, 23

18 **und auch vor Statthalter und Könige werdet ihr geführt werden um meinetwillen, ihnen und den Heidenvölkern zum Zeugnis.**

Die „Statthalter", das waren damals die römischen Prokuratoren, wie Pontius Pilatus, Felix, Festus, (Apg 24, 25 usw.), und die „Könige", das waren zunächst die Herodier, wie z. B. Herodes Agrippa. Die herodeischen Könige werden, obwohl sie äußerlich das Judentum angenommen hatten, zu den Vertretern des Heidentums gezählt.

Weil der Jünger Jesu vor den Statthaltern und den Königen die Sache des Reiches Gottes vertritt, ist er ein Märtyrer, d. h. ein Zeuge (vgl. das zu Mt 8, 4 Gesagte). Märtyrer sein ist in der Urchristenheit zunächst einmal ein Zeuge sein. Später ist aus Märtyrer der „Blutzeuge" geworden, d. h. derjenige, der mit dem Leben seinen Glauben an den Christus besiegelt. Aus mártys = Zeuge ist Martyrium gleich Leiden um Jesu willen geworden. — In Vers 18b steht, daß die Verfolgungsleiden der Jünger auch vor den Juden ebenso wie vor den Heiden bezeugt werden sollen. Es klingt mit diesem doppelten Zeugnisgeben das Wort des Paulus schon hier an: 1 Ko 1, 23: „*Wir predigen Christus als den Gekreuzigten, für die Juden ein Ärgernis* (Skandal), *für die Heiden eine Torheit* (Dummheit)."

Zu Vers 19: Luk 12, 11 f.
Zu Vers 20: Jo 14, 26; 1 Ko 2, 4; Ph 1, 19

19 **Wenn sie euch aber überliefern, so seid nicht besorgt, wie oder was ihr**
reden sollt; denn es wird euch in jener Stunde gegeben werden, was ihr reden
20 **sollt. * Denn nicht ihr seid die Redenden, sondern es ist der Geist eures**
Vaters, der in euch redet.

Wenn nun die Apostel trotz aller Vorsicht dennoch vor Gericht erscheinen müssen, dann dürfen sie sich des Beistandes des Heiligen Geistes getrösten.

Der Jünger steht vor seinen irdischen Richtern nicht allein, sondern wird von einem Rechts-Anwalt begleitet; dieser Rechts-Anwalt ist der Paraklet, der Heilige Geist (vgl. hierzu Mt 6, 25). Jesus sagt also dem, der bekümmert sich ängstlich überlegt, wie er reden und was er sagen soll, weil er ja die allerwichtigste und allergrößte Sache vertritt und um sein Leben redet — Jesus sagt ihm also: „Laß dich nicht in Umtriebe ein, biete nicht besondere Künste auf, sieh dich nicht nach Hilfsmitteln um!"

Es ist merkwürdig, daß Jesus in den Worten Vers 19 und 20, wo sich der Jünger in der Todesgefahr zu seinem Meister bekennt, nicht sagt: „meines Vaters Geist wird es sein, der durch euch reden wird" — sondern „eures Vaters Geist wird es sein, der reden und mitzeugen wird."

Wie deutlich kommt auch hier der ganz große und einzigartige Unterschied zwischen Jesus und uns im Verhältnis zum Vater im Himmel zum Ausdruck.

3. Der Haß im Verkehr mit den eigenen Familiengliedern und die Entgegnung.

Zu Vers 21: Mt 10, 35; 24, 10 Mk 13, 12 f. Mk 14, 27 Micha 7, 6

Zu Vers 22: Mt 24, 13 Jo 15, 18. 21 Jo 16, 2 Offb 13, 10

21 **Es wird aber der Bruder den Bruder zum Tode überliefern, und der Vater**
das Kind; und Kinder werden sich erheben wider Eltern und sie zu Tode
22 **bringen. *Und ihr werdet von allen gehaßt werden um meines Namens wil-**
len. Wer aber ausharrt bis ans Ende, wird errettet werden.

Das Verfolgungsleiden wird immer intensiver. Zunächst wurde von den Verfolgungen durch die Außenstehenden, dann von der Verfolgung durch die Behörde gesprochen. Jetzt wird als drittes geredet von der Bedrückung im eigenen Familienkreis. Das ist die schlimmste Not, wenn seitens der nächsten Blutsverwandten todbringender Haß aufglüht und der Bruder seinen Bruder, der Vater sein Kind durch Denunziation dem Tode ausliefern wird. Und weiter: Kinder werden sich gegen Eltern in empörender Weise auflehnen und die eigenen Eltern in den Tod bringen. — Mi 7, 6 tritt in Erscheinung. Neben der Ausstoßung aus Volk und Vaterland geht Hand in Hand die Ausstoßung aus der häuslichen Gemeinschaft. — „Bei der leidenschaftlichen Ächtung, mit der die Judenschaft die Denunzianten schändete, malt der Spruch die grausame Unversöhnlichkeit der Entzweiung mit besonders starken Farben. Die Ausrottung des Bekenntnisses zu Jesus erscheint selbst auch den Blutsverwandten als die erste und heiligste Pflicht." — (Vgl. Schlatter.)

Den Gipfel aber erreicht die Verfolgung, wenn die Nachfolger und Jünger des Herrn von allen, d. h. ohne jede Ausnahme gehaßt werden. Aber all das „Gehaßtwerden" geschieht „um meines Namens willen", wie der Herr wörtlich sagt.

Die **Entgegnung** auf dieses Hassen von allen Seiten, im allgemeinen, von den Behörden und von den engsten Verwandten, soll nicht Bitterkeit, Gekränktsein, Unversöhnlichkeit, Unfreundlichkeit, Lieblosigkeit, Hartherzigkeit und Kälte sein, sondern soll sich im **Ausharren in der Liebe** (der agape-Liebe) **bis ans Ende zeigen** (Vers 22b). Es sei erinnert an Mt 5, 44–47.

Eine **andere Art der Entgegnung** auf all die Verfolgungen wird in folgendem Vers gezeigt:

Zu Vers 23: Mt 23, 34 Apg 8, 1; 14, 6 Mt 16, 28 Mt 24, 30 Mt 26, 64

23 **Wenn sie euch aber verfolgen in dieser Stadt, so fliehet in die andere; denn wahrlich ich sage euch, ihr werdet mit den Städten Israels nicht zu Ende sein, bis der Sohn des Menschen gekommen sein wird.**

Diese andere Art der Entgegnung ist also die **Flucht.** Flucht muß also nicht immer Kleinglaube oder Unglaube sein, sondern kann der Forderung Jesu folgen. Flucht ist dann Klugheit und Vorsicht. Die Jünger sollen in der Verfolgung aus der einen Stadt in die andere fliehen. Jesus versichert für dieses Fliehen aus einer israelitischen Stadt in eine andere israelitische Stadt nun ganz ausdrücklich, es wird den Jüngern bis zur Wiederkunft Christi immer noch eine Stadt in Israel übrig bleiben, wohin sie sich retten könnten.

Ganz unvermittelt spricht hier der Herr von seiner Wiederkunft. Wie ist dieses Wort zu verstehen? Wir können wohl nicht anders, als es vielleicht so zu verstehen, daß der Herr hier wie auch an anderen Stellen (16, 28 u. 24, 34) seine Wiederkunft zum Gericht mit dem Untergang Jerusalems zugleich sieht.[2])

[2]) Ausführlich in Heft 7 in „Biblische Studien und Zeitfragen": „Haben Jesus und die Apostel hinsichtlich der nahen Wiederkunft Christi sich geirrt?"

Daß übrigens Matthäus diese Worte hier so wiedergibt, ohne irgend einen Anstoß daran zu nehmen und ohne eine Aufklärung zu geben, ist auch ein Zeichen dafür, daß das Matthäus-Evangelium v o r 70 geschrieben wurde.

B. Von den sieben Ermunterungsworten des Herrn für die Verfolgten.

1. Ermunterungswort: Der Jünger ist nicht über den Meister.

Zu Vers 24: Lk 6, 40; Jo 13, 16; 15, 20
Zu Vers 25: Mt 9, 34; Mt 12, 24. 27

24 Ein Jünger ist nicht über den Lehrer, und ein Knecht nicht über seinen
25 Herrn. * Es ist dem Jünger genug, daß er werde wie sein Lehrer, und der
Knecht wie sein Herr. Wenn sie den Hausherrn Beelzebub genannt haben,
wieviel mehr seine Hausgenossen!

Am Beispiel des Herrn selbst wird dem Jünger die Notwendigkeit des Leidens gezeigt. Der Jünger kann nicht über seinen Meister hinauswachsen. Des Jüngers Los ist zu leiden, wie sein Herr! — Er stand als Lamm mitten unter den Wölfen. Seine Feinde schleppten ihn von Gericht zu Gericht, erst vor das h e i d n i s c h e Gericht (Pilatus), dann vor das j ü d i s c h e Gericht (Herodes). Seine eigenen Brüder erhoben sich gegen ihn — ein Apostel verriet ihn und überlieferte ihn dem Tode. Das Wort **„der Jünger ist nicht über seinen Meister"** steht im NT noch dreimal: Jo 15, 20; Lk 6, 40; Jo 13, 16

Wenn die Menschen in ihrer Bosheit sogar soweit gegangen sind den Herrn selbst als B e e l z e b u b, d. h. als einen Teufelsfürsten, zu bezeichnen, dann dürfen die Jünger auch nichts anderes erwarten. Der Vorwurf der Feinde, Jesus sei von Beelzebub oder von einem Dämon besessen, steht Mk 3, 22; Lk 11, 15; Jo 7, 20; daß er im Bunde mit Beelzebub die Teufel austreibe, dieser Vorwurf steht Mt 12, 24. (Die Erklärung der Wirksamkeit Jesu . . . Schlatter S. 343.)

Der Ausdruck Hausgenossen deutet darauf hin, daß Jesus mit seinen Jüngern eine H a u s g e m e i n d e, d. h., eine Familie bildet. Hier wird die neue Gemeinde sichtbar. An die Stelle des Hauses Israel tritt das Haus Jesu, und dieses Haus ist nun „Gottes Haus" geworden hier auf Erden (vgl. die Paulinischen Briefe).

2. Ermunterungswort: Die jetzt nur im kleinen Kreis bekannte Botschaft wird dereinst in aller Welt verkündigt.

Zu Vers 26—33: Lk 12, 2—9
Zu Vers 26: Mk 4, 22; Lk 8, 17

26 Fürchtet euch nicht vor ihnen. Denn es ist nichts verdeckt worden, was
27 nicht enthüllt, und verborgen, was nicht erkannt werden wird. * Was ich
euch sage in der Finsternis, redet im Lichte, und was ihr höret im Ohr, rufet
aus auf den Dächern.

Die jetzt gewaltsam niedergehaltene Verkündigung vom Königreich der Himmel wird einmal in ihrer ganzen Herrlichkeit und Kraft hervortreten. Die Jünger sollten das, was der Heiland ihnen ins Ohr gesagt, d. h. im kleinen Jüngerkreis mitgeteilt hat, dann, wenn er einmal von ihnen geschieden sein wird, von den Dächern herabpredigen. Dies Bild vom Dach erinnert an die flachen orientalischen Dächer, von denen aus man leicht zu einer großen Menge herab sprechen konnte.

Vielleicht ist auch an folgende Sitte gedacht: „Vom höchsten Dach der Stadt pflegte der Synagogendiener dreimal durch Posaunenschall den Anbruch des Sabbats zu verkündigen, damit die Leute vom Felde heimkamen und den Sabbat vorbereiteten." (vgl. Strack-Billerbeck Bd. 1).

Zur Erklärung des Ausdrucks **„Was ihr höret im Ohr"** sei folgendes gesagt: Das Aussterben des Hebräischen als Muttersprache der palästinischen Judenschaft machte die Ü b e r t r a g u n g der gottesdienstlichen Gesetzeslektion in die a r a m ä i s c h e U m g a n g s s p r a c h e zur Notwendigkeit. Bei dieser Übersetzung galt als Regel, daß der V o r t r a g e n d e im Gottesdienst der Synagoge selbst saß — (daher die Formel auch von Jesus: *„Als er das Buch zutat,* *gab er's dem Diener und setzte sich*" (Lk 4, 20). — Der Dolmetscher, der das Hebräische in die aramäische Sprache übersetzte, mußte aber stehen, und zwar in unmittelbarer Nähe des Vortragenden, damit er dessen Worte deutlich hörte. Der Vortragende sprach nämlich nicht laut, sondern im Flüsterton, so daß der Dolmetscher sich zu ihm niederbeugen mußte, um ihn richtig zu verstehen. Was ihm so gewissermaßen in sein Ohr geflüstert wurde, das verkündigte er dann mit lauter Stimme der versammelten Gemeinde in ihrer Muttersprache (St.—B. S. 185 Bd. 4, 1).

Damit ist der Ausdruck: „Was ihr höret ins Ohr, das rufet aus auf den Dächern" begreiflicher geworden.

3. Ermunterungswort. Es kann ja doch im schlimmsten Fall nur der Leib getötet werden, nicht aber die Seele.

Zu Vers 28:
Hes 3, 9
a) 1 Pt 3, 14
Offb 2, 10
b) Lk 23, 40
Hbr 10, 31
Jak 4, 12
Offb 14, 7. 10

28 **Und fürchtet euch nicht vor denen, die den Leib töten, die Seele aber nicht zu töten vermögen; fürchtet aber vielmehr den, der sowohl Seele als Leib zu verderben vermag in der Hölle.**

Dieses Ermunterungswort beginnt mit einem **„Fürchtet euch nicht"**. Es ist das zweite **„Fürchtet euch nicht"**. Das erste stand Vers 26. Das dritte steht Vers 31. —

Während sonst im neutestamentlichen Urtext Seele = Psyche für **leibliches** Leben steht (vgl. auch Vers 39), so ist hier mit „Seele = Psyche" das bleibende und unzerstörbare, das **ewige Leben** gemeint, das vom vergänglichen Leibe unterschieden wird (vgl. Lk 12, 4 u. 5).

Das **„Fürchten vor dem, der Leib und Seele zu verderben vermag"**, ist nicht zitternde Angst und Verzweiflung, sondern ehrfurchtsvolle Sorge, den heiligen Gott in keiner Weise zu betrüben. Lieber fortwährend Unrecht leiden als nur ein einziges Mal Unrecht tun und dem Herrn dadurch Schmerzen bereiten.

4. Ermunterungswort: Der Vater im Himmel wacht mit unendlicher und liebevoller Fürsorge über jeden einzelnen Sendboten.

Zu Vers 30:
1 Sam 14, 45
2 Sam 14, 11
Lk 21, 18
Apg 27, 34
Zu Vers 31:
Mt 6, 26; 12, 12

29 **Werden nicht zwei Sperlinge um ein Assarion verkauft? Und nicht einer**
30 **von ihnen fällt auf die Erde ohne euren Vater; * an euch aber sind selbst**
31 **die Haare des Hauptes alle gezählt. * Fürchtet euch nicht, ihr seid vorzüg-**
licher als viele Sperlinge.

Gottes liebevolle, tägliche und stündliche Fürsorge wacht über dem Kleinsten und Wertlosesten in dieser Welt. Anschaulich und drastisch wird diese herrliche Tatsache der Treue Gottes veranschaulicht an den zwei Beispielen:

a) vom Sperling,

b) vom Haupthaar.

Im Kleinsten ist Gott am größten. Nach 3 Mo 14, 4 ff. gehörten zwei reine Vögel, zu denen man auch die Sperlinge rechnete, zum Reinigungsopfer des Aussätzigen. Der Einkauf von zwei Sperlingen war etwas Geringfügiges; zwei Sperlinge kosteten ein „assarion". Ein assarion oder „As" hatte einen Wert von rund sechs Pfennigen. Die Geringfügigkeit des Wertes war sprichwörtlich. Mit der steigenden Zahl verminderte sich der Kaufpreis. Also 2 Sperlinge kosteten 6 Pfennige, 5 Sperlinge kosteten 10 Pfennige (vgl. hierzu Lk 12, 6). Wie wußte doch auch der Herr Bescheid in den kleinen Dingen des Alltags!

Und wenn auch ein Sperling etwas Geringes und Wertloses ist, so fällt doch kein einziger Sperling etwa durch Hunger oder Kälte ermattet vom Baum, ohne daß Gott es nicht nur weiß, sondern auch seine Hand das lenkt. Wir werden an Mt 6, 26 erinnert. — „Das göttliche Wirken bestimmt das ganze natürliche Geschehen, auch die Lebensdauer eines Sperlings" (Schlatter).

Das zweite Beispiel, das Jesus gebraucht, ist das vom Haupthaar. **„Bei euch sind sogar die Haupthaare alle gezählt. So fürchtet euch denn nicht!“** Es gilt also, das ganze Vertrauen auf den Vater im Himmel zu setzen. Der Vater weiß um alles, und zwar total und ganz, auch um das Kleinste und Wertloseste. Das will, wie auch schon fort und fort an anderen Stellen gesagt, nicht heißen, daß dem Christen kein Leid zustößt — sondern wir sollen neu lernen: „Was auch immer uns treffen und begegnen mag, es kommt aus Gottes Vaterhand.“ — Dieses Thema klingt immer wieder, fort und fort, an! —

5. Ermunterungswort: Wer trotz aller Anfeindungen durch die Welt mutig und furchtlos sich zu Jesus bekennt, zu dem bekennt sich auch der Herr vor dem himmlischen Vater in der Herrlichkeit.

Zu Vers 32:
1 Jo 4, 2. 3. 15
1 Sam 2, 30
Zu Vers 33:
Mk 8, 38
Lk 9, 26
2 Tim 2, 12
1 Jo 2, 22; 4, 3
Jud 4

32 Ein jeder nun, der mich vor den Menschen bekennen wird, den werde auch
33 ich bekennen vor meinem Vater, der in den Himmeln ist. * Wer mich aber
vor den Menschen verleugnen wird, den werde auch ich verleugnen vor
meinem Vater, der in den Himmeln ist.

In Vers 19 wurde gesagt, daß der Beistand und Helfer, der Paraklet, der Heilige Geist sei. Hier ist Jesus selbst der Beistand! Jesus bekennt sich zu seinen Jüngern. — Auch im Evangelium Johannes ist der Heilige Geist der Paraklet, der Beistand der Jünger in ihrem Verkehr mit der Welt, und Jesus ist ihr Paraklet vor Gott, falls sie sündigend fallen. —

„Und ob jemand sündigt, so haben wir einen Parakleten, einen Anwalt, bei dem Vater, Jesus Christus, der gerecht ist . . .“ (1 Jo 2, 1). Für ihre Gemeinschaft mit Gott gründen die Jünger ihren Glauben auf die Parusie = Gegenwart Jesu bei Gott, für ihren Kampf mit der Welt auf die Gegenwart des Heiligen Geistes. (Anders Paulus in Rö 8, 20.) Und Jesus selbst spricht auch von einem Beistand, den er dem Jünger gibt gegenüber der Welt (Mt 28, 20b).

6. Ermunterungswort: Jesus, der Friedebringer, bringt auch das Schwert.

Zu Vers 34—36:
Luk 12, 51—53
Zu Vers 35 u. 36:
Mi 7, 6
Zu Vers 37 u. 38:
Lk 14, 26 u. 27
5 Mo 33, 9
Zu Vers 38:
Mt 16, 24
Zu Vers 39:
Lk 9, 24

34 Wähnet nicht, daß ich gekommen sei, Frieden auf die Erde zu bringen;
35 ich bin nicht gekommen, Frieden zu bringen, sondern das Schwert. * Denn
ich bin gekommen, den Menschen zu entzweien mit seinem Vater, und die
Tochter mit ihrer Mutter, und die Schwiegertochter mit ihrer Schwieger-
36 mutter; * und des Menschen Feinde werden seine eigenen Hausgenossen sein.
37 *Wer Vater oder Mutter mehr liebt als mich, ist meiner nicht würdig;
38 und wer Sohn oder Tochter mehr liebt als mich, ist meiner nicht würdig. * Und
wer nicht sein Kreuz aufnimmt und mir nachfolgt, ist meiner nicht würdig.
39 *Wer sein Leben finden will, wird es zugrunde richten, und wer sein Leben
zugrunderichtet um meinetwillen, wird es finden.

Auf Grund von Jes 9, 6 und vielen anderen Stellen im AT wird der Messias der Friedensfürst genannt. Die Botschaft der Engel in der Weihnacht in Bethlehem lautet auch „Frieden“. In der Bergpredigt werden die Jünger als die Friedensstifter und Friedenbringer glückselig gepriesen. Auch dem, der sich Jesus anschließt, will der Herr „Frieden schenken, wahren, wirklichen Frieden, den die Welt nicht kennt“ (Jo 14, 27). Und so geht es fort und fort durch das ganze NT hindurch. Das Wort „Friede“ steht im NT etwa 100mal. Wie kommt es aber, daß Jesus jetzt plötzlich nicht das Wort vom Frieden sagt, sondern vom „Schwert?“ **„Ich bin nicht gekommen, Frieden zu bringen, sondern das Schwert.“** Wie ist dieses Wort zu verstehen? — Es ist so zu verstehen, daß nur der zu diesem Frieden gelangt, der höher ist denn alle Vernunft, der im ernsten und unerbittlichen Kampf gegen sich selbst liegt.

Und wenn der Herr vom S c h w e r t spricht, dann ist das nicht so gemeint, als ob der Jünger nun das Schwert ergreifen müßte, sondern das S c h w e r t n i m m t d e r G e g n e r, er will die Christenheit ausrotten. — Der Kampf bis aufs äußerste ist die natürliche und notwendige Folge aus der Wirksamkeit Jesu. Die „Botschaft vom Frieden" greift den natürlichen Menschen an. Weil der Friedebringer Jesus Christus fort und fort die stolze und friedelose Ichfestung angreift, darum weicht der Herr dem Kampf nicht aus, sondern schließt ihn in seine Sendung mit ein. Der Gegner wird zum Schwert greifen *„wider den Herrn und seinen Gesalbten"* (Ps 2). „Die Überzeugung, daß der Kampf, in den die Gemeinde Jesu gestellt wird, von Jesus selbst gewollt und bewirkt ist, half den Jüngern dazu, ruhig und willig zu leiden und, wenn es gefordert wird, auch freudig in den Tod zu gehen. Und alle Ermutigungsworte des 10. Kapitels haben denselben Ton, nämlich den, w i e d e m S c h w e r t d e s G e g n e r s z u b e g e g n e n i s t."

Noch einmal wird der Verfolgungskampf geschildert bis hin zum Familien-Zwiespalt. Die junge Generation wird sich gegen die alte erheben, der Sohn gegen den Vater, die Tochter gegen die Mutter, die Schwiegertochter gegen die Schwiegermutter. Um Jesu willen werden die Alten von den Jungen bedrückt und verfolgt werden. Lk sagt 12, 52: *„Von den fünf im Hause werden drei wider zwei sein und zwei wider drei."* —

Wer in solchen Bedrückungen die Liebe zu dem Herrn hintenansetzt, der ist nicht würdig, zu den Jüngern Jesu zu gehören. Der Anschluß an Jesus hebt jede andere Gebundenheit auf (vgl. hierzu die sehr ernste Begebenheit von 8, 22). —

Wer Vater oder Mutter mehr liebt ... außer den Eltern noch Sohn oder Tochter (Lukas fügt in seiner schärferen Fassung die Geschwister und besonders die eigene Frau noch hinzu), der ist des Herrn Jesus nicht wert.

Mit der schweren Forderung, selbst die Bande des Blutes zu zerreißen, wenn sie seiner Nachfolge im Wege stehen, verbindet der Heiland die Mahnung an die Jünger, freiwillig das Kreuz, an dem er zu sterben bereit ist, auf sich zu nehmen und ihm nachzufolgen im Kreuztragen und im Kreuzestod. Hat Jesus in diesen Worten sein eignes Leben als Vorbild hingestellt, dann liegt hier eine Weissagung vor.

Dieses bittere und harte Bildwort vom Nachfolgen im „Kreuztragen und Kreuzestod" will ein deutliches Gleichnis sein für die volle Entschlossenheit, mit der der Jünger alles dahinten lassen und nicht nur der Freundschaft der Welt und der Familien entsagen soll, sondern, wenn's gefordert wird, auch den apostolischen Beruf fahren zu lassen und für den Meister freudig in den Tod zu gehen.

Das in den Evangelien mannigfach gebrauchte Wort vom *„sein Kreuz auf sich nehmen"* (vgl. Mt 16, 24; Lk 9, 23; 14, 27) und das Wort vom „Verlieren und Finden der Seele" (vgl. Mk 8, 35 mit Mt 16, 25 u. Lk 9, 24; Lk 17, 33 u. Jo 12, 25) fordern die ganze und totale Hingabe an den Herrn.

Diese Forderung Jesu vom Ganzeinsatz des Jüngers für seinen Herrn täglich und stündlich, ja bis zum Tode durchs Kreuz, ist zuerst des Herrn e i g n e r Wille und Weg. Diese Forderung der G a n z h i n g a b e wird nicht nur den Jüngern „aufgelegt", sondern vom Herrn selbst e r f ü l l t. „Sein eignes Wirken ist ein Gang in den Tod, und er geht ihn mit vollendeter Entschlossenheit. Diese beruht aber auf seiner Gewißheit des Sieges über den Tod, und er macht auch für die Jünger aus ihrer Verpflichtung zum Sterben die Verheißung des L e b e n s. Damit ist erläutert, warum Jesus auch für sich aus diesem Zukunftsbild nicht den Verzicht auf das Wirken, nicht die Preisgabe der Judenschaft, nicht das Schweigen ableitet, sondern unverändert seinen Weg fortsetzt; denn auch für ihn ist der Verlust der Seele ihr Gewinn und das Kreuz der Eintritt in das Leben" (Schlatter, Matthäus, S. 351).

7. Ermunterungswort. Ein Verheißungswort, das dem Jünger zum Bewußtsein bringt, daß der Jünger denen, die ihn aufnehmen, das Allergrößte bringt, nämlich Gott selbst.

Zu Vers 40:
Mt 18, 5
Lk 9, 48; 10, 16
Jo 13, 20; 12, 44
2 Ko 2, 10
Gal 4, 14
Zu Vers 41:
Mt 13, 17
3 Jo 8
Zu Vers 42:
Mt 6, 2; 25, 40
Mk 9, 41

40 Wer euch aufnimmt, nimmt mich auf, und wer mich aufnimmt, nimmt
41 den auf, der mich gesandt hat. * Wer einen Propheten aufnimmt in eines
Propheten Namen, wird eines Propheten Lohn empfangen; und wer einen
Gerechten aufnimmt in eines Gerechten Namen, wird eines Gerechten Lohn
42 empfangen. *Und wer irgendeinen dieser Kleinen nur mit einem Becher
kalten Wassers tränken wird in eines Jüngers Namen, wahrlich, ich sage euch,
er wird seinen Lohn nicht verlieren.

Der Arbeit des Apostels wird die allergrößte Gabe verschafft. Dadurch, daß der Apostel zu den Menschen kommt, wird den Menschen die Möglichkeit bereitet, Jesus aufzunehmen, und mit Jesus nimmt der Mensch Gott selbst bei sich auf. Eine größere Gabe gibt es weder im Himmel noch auf Erden. Denn es handelt sich um Gott. Die Annahme des Christus ist die Einigung mit Gott, die Beherbergung Gottes.

Jesus will nicht die Gläubigen zu freundlicher Aufnahme der Apostel ermuntern; denn die Rede ist nur an die Apostel gerichtet. Er will vielmehr den Mut seiner Getreuen stärken: Sie sollen wissen, was sie in Gottes Augen gelten. Jesus betrachtet in der Tat die Aufnahme, die man den Aposteln gewährt, als eine ihm selbst, ja sogar Gott erwiesene Wohltat. Der Herr hat nicht bloß gastliche Aufnahme (vgl. Vers 42 einen Becher kalten Wassers), sondern auch Annahme der Predigt im Auge.

Wer einen Propheten aufnimmt um seiner geistlichen Gaben willen, empfängt eines Propheten Lohn. Wer einen Gerechten aufnimmt um seiner Gerechtigkeit willen, empfängt eines Gerechten Lohn. Wer das Wort dieser Propheten gläubig hinnimmt und ihre gerechte Sache vertritt, empfängt denselben Lohn wie die Propheten und die Gerechten selbst, er nimmt teil an dem ewigen Herrlichkeitssegen der Apostel (3 Jo 8). Die Jünger sind „diese geringen Leute", was nicht etwa ihre Demut oder gar ihre Notlage, sondern ihre niedere Stellung gegenüber den Großen, Mächtigen, Angesehenen dieser Welt (denen jedermann einen Gefallen tun will), zum Ausdruck bringt. Aber gerade auf diesen von der Welt verächtlich angesehenen Leuten ruht Gottes Wohlgefallen und fürsorgendes Auge. —

Der Evangelist kündigt 11, 1 ähnlich wie bei der Bergpredigt den Schluß der Aussendungsrede an, unterläßt aber hier, den Eindruck der Rede mitzuteilen, sagt auch nichts von einem Antritt ihrer Wanderung oder von einer Rückkehr (vgl. Mk 6, 30; Lk 10, 17). Ihm liegt mehr am Herzen, dem Leser die überraschende Tatsache mitzuteilen: Nachdem der Herr den Aposteln diese Anweisungen gegeben, nahm er seine Wirksamkeit an anderen Orten (Galiläas) wieder auf. Der Messias hat die Zwölf nicht ausgesandt, um seinerseits jetzt persönlich zu ruhen, er wollte vielmehr seine Tätigkeit durch Berufung neuer Arbeitskräfte vervielfältigen. — Die an Mt 4, 23; 9, 35 anklingenden Schlußworte dieses Abschnittes lassen erkennen, daß jetzt das messianische Lebensprogramm in den 4, 12 ff. angekündigten Umrissen zur Darstellung gekommen ist. Die bereits 11, 2 ff. beginnende Wende, der Widerspruch und der Widerstand gegen den Messias, knüpft sich wieder an den Namen des Täufers (vgl. wiederum 14, 1 ff.).

Kapitel 11

Abschluß der Aussendungsrede von Kapitel 10

Kap. 11, 1

Zu Vers 1:
Mt 7, 28; 13, 53
19, 1; 26, 1

1 **Und es geschah, als Jesus seine Anordnungen an seine zwölf Jünger beendet hatte, ging er von dort weiter, um in ihren Städten zu lehren und zu predigen.**

Dieser Vers bildet den Abschluß von Kapitel 10, wie Kapitel 9, 36—38 die Einleitung zu diesem ganzen Abschnitt war.

In Kapitel 10 hat Jesus seinen Jüngern Missionsauftrag und Missionsvollmacht gegeben. Nun folgt er selber ihnen nach. Das Missionszeugnis der Jünger wollte er durch seine eigne Unterweisung in Lehre und Predigt bekräftigen, denn er ist gekommen, „zu lehren und zu predigen". (Vgl. das über „Lehren und Predigen" Gesagte in Kapitel 4, 23—25, Seite 47.) Auch unser Zeugnis und Dienst an Menschenseelen muß von unserm ganzen Fleiß und Einsatz begleitet sein. Unser Herzblut muß alles durchpulsen — nur dann kann der Herr auch heute noch sich herablassen und unseren Dienst bestätigen. Der Ausdruck **„in ihren Städten"** bedeutet, dort, wo die Jünger gearbeitet hatten, dort war er ihnen gefolgt.

Die Frage Johannes des Täufers und Jesu Antwort

Mt 11, 2—15 (Vgl. Lk 7, 18—35)

Zu Vers 2:
Lk 7, 18—35
Mt 14, 3
Jo 7, 31
Zu Vers 3:
Mt 3, 11
Mal 3, 1
Hab 2, 3

2 **Als aber Johannes im Gefängnis die Werke des Christus**[1] (des Messias)
3 **hörte, sandte er durch [2]seine Jünger zu Jesus hin *und sprach zu ihm: „Bist du der, welcher kommen soll** (oder „der Kommende") (d. h. der verheißene Messias), **oder sollen wir auf einen anderen warten?"**

Der Täufer hatte bereits einen ganzen langen Winter hindurch in der einsamen Bergfeste Machärus, jenseits des Toten Meeres, gesessen. Durch seine Jünger hatte er Botschaft bekommen von Jesu Taten und Reden.

Vielleicht waren die Gedanken und Fragen des Johannes in jener Einsamkeit folgende:

Wenn es wirklich wahr ist, was meine Jünger über die Auferweckung von Toten und über die wunderbaren Krankenheilungen berichten, so ist dies allerdings groß; aber warum scheint denn kein Licht in mein dumpfes Gefängnis? Wenn es wahr ist, daß der Meister von sich gesagt hat: „Ich bin gekommen, zu predigen den Gefangenen, daß sie los und frei sein sollen", (Lk 4), wenn das wirklich wahr ist, warum befreit der Herr nicht seinen Diener, der nun schon so lange im Gefängnis schmachtet? Der Diener wartet, nichts geschieht, nicht einmal einen Besuch stattet ihm der Meister ab. Jesus scheint sich so gar nicht um seinen Diener und Herold zu bekümmern. Das ist doch für ein Menschenherz unfaßbar. Wo will das hinaus? An wen soll ich mich wenden in meiner Not? So grübelt und kämpft vielleicht schwer in Ungeduld der gefangene Johannes. Er kann seines Herzens Fragen und Sehnen nicht loswerden, nur ein Gedanke beschäftigt ihn stetig: Was ist das nur mit diesem Jesus? Sollte der nicht die Wurfschaufel nehmen und dazwischengehen, zwischen die himmelschreiende Ungerechtigkeit eines Herodes, dem er (Johannes) doch so klar und gründlich die Wahrheit gesagt hat?

Wie sich an einem Sommerabend der Himmel umdüstert und alle Wolken sich zuletzt zu einer dunklen Wetterwolke zusammenballen, aus der der Blitz zuckt, so ballen sich für Johannes alle Gedanken, die ihm über Jesus gekommen sind, zu einem letzten Entschluß zusammen. Er ruft zwei seiner Jünger zu sich und sendet sie zu Jesus und läßt ihm sagen: **„Bist du wirklich, der da kommen soll, oder sollen wir auf einen anderen warten?"**

[1]) Andere Handschrift: „Des Jesus Christus"

[2]) Anstelle von „durch" hat die Koine „zwei".

Was meint nun Johannes mit dieser Frage? Ist er etwa an Gott irre geworden? Wir schauen ins Alte Testament. Elia hatte, als er sich damals vor der grausamen Königin Isebel flüchtend in der Höhle des Berges Horeb verbarg, fast ebenso gefragt: „Bist du es, Jehova, der da kommen soll?" Moses zeigte dem Herrn einmal auch seinen tiefen Unmut. Hiob zeigte seine ganze Verzweiflung, indem er den Tag seiner Geburt verfluchte. Jeremia erzittert im tiefen Erdbeben unter der furchtbaren Strenge Gottes. In allen diesen Fällen kann natürlich nicht im entferntesten von Zweifeln am Dasein Gottes gesprochen werden. Diese Männer des Alten Bundes reden mit ihrem Gott, weil er ihnen ein lebendiger, persönlicher Gott ist und sie in einem lebendigen Verhältnis zu ihm stehen. Sie sind zu treu, als daß sie von Gott abfallen sollten, aber auch zu erschüttert durch das ihnen Unverständliche seines Waltens, als daß sie ihm ihr blutendes, schreiendes Herz, ja ihr Befremden nicht zeigen müßten. Was nicht Gebet ist in ihren Äußerungen, das ist Beichte. Da sie von Gott nicht lassen wollen, so dürfen sie sich ihm zeigen, wie sie sind.

Weil sie sich in ihrer höchsten Not nicht an irgend einen Menschen, sondern an ihren Gott gewandt haben, darum sind sie keine Gefallenen, keine Ungläubigen, keine Verzweifelten geworden, sondern haben getan, was sie nur tun konnten.

Wie nun — und damit kommen wir zu Johannes zurück — die Knechte des Alten Bundes in ihren großen Versuchungen und Erschütterungen sich nicht geängstigt der Welt zugewandt haben, sondern mit ihrem Gott darüber sprachen, und durch ein solches Aufschreien zu IHM getröstet und gerettet worden sind, so ist es auch mit Johannes dem Täufer. Daß es sich wirklich so verhält, das beweist seine Botschaft an Jesus. Wenn er den Unmut, den er gegen die Wirkungsweise Jesu fühlte, als Groll in seinem Herzen bewahrt hätte, so hätte der Groll ihn zu Fall bringen können. Aber das Ventil riß er auf, damit all das herauskam, was ihn quälte. Vor allem Volk sprach der große Herold mit seinem großen König. Vor allem Volk hat er einst von ihm gezeugt, darum mußte sein Verhältnis zu ihm auch vor allem Volk im klaren bleiben. Er wagte es vor allem Volk, ihn durch seine Diener zu fragen: **„Bist du, der da kommen soll, oder sollen wir auf einen andern warten?"**

Und wie lautet nun die Antwort des Herrn Jesus auf die Beichte seines Dieners? Wir lesen:

4 **Gehet hin und berichtet dem Johannes, was ihr hier höret und sehet.**
5 ***„Blinde sehen wieder, Lahme gehen. Aussätzige werden von ihrem Aussatz heil, Taube hören, Tote stehen auf, Armen wird frohe Botschaft** (Evangelium)
6 **verkündigt * und selig ist, wer an mir keinen Anstoß nimmt."**

Zu Vers 5:
Mt 15, 31
Jes 35, 5. 6; 29, 18; 61, 1
Lk 7, 22
2 Ko 1, 20

Zu Vers 6:
Mt 13, 57
Mt 26, 31
Lk 7, 23
Jo 6, 61

Das war die Antwort des Herrn Jesus. War das nun alles, ist das nun Trost? Ist das eine freundliche Ermunterung, ein freundliches Gedenken: „Lieber Johannes, ich denke an dich, sei nicht verzagt?" Zu den Zöllnern und Sündern sagt der Herr: *„Kommet her alle, die ihr mühselig und beladen seid"*, zu dem Verbrecher am Kreuz sagt es: *„Wahrlich, ich sage dir, heute noch wirst du mit mir im Paradies sein!"*

Zu dem getreuen Herold Johannes aber, der in der Bergfeste unschuldig schmachtet, sagt der Herr keinen Trost, kein Stärkungswort. Was Jesus dem Johannes sagen läßt, das haben ihm seine Jünger längst gesagt. An diesen Großtaten Jesu hat Johannes ja gerade Anstoß genommen. Das war es ja gerade, was ihm so unendlich viel Seelenkämpfe bereitet hatte, die ganze lange Gefängniszeit!

Im ersten Augenblick scheint tatsächlich die Antwort des Herrn Jesus an Johannes rätselhaft zu sein — aber beim Darüber-Nachdenken finden wir, daß ein wunderbarer Trost für Johannes tief in diesen Worten Jesu verborgen liegt. Diese Worte weisen ganz deutlich hin auf Jes 35, 5. 6, auf die Stellen, die Johannes ganz gewiß auswendig wußte. (Prof. Bornhäuser meint, daß Johannes den ganzen Jesaja im Gedächtnis hatte — die dreißigjährige Stille der Wüste gab Zeit dazu.) Diese Worte des Jesaja sagten scharf und klar die Aufgabe des Messias voraus. „An der Erfüllung dieser Weissagung", meint Jesus, „kannst du, Johannes, merken und sehen, daß ich der verheißene Messias, der da kommen soll, auch wirklich bin."

Aber nicht nur das eben Gesagte, die Rückerinnerung an Jes 35, 5. 6 sollte Johannes betend sich durch sein Inneres gehen lassen, sondern noch viel mehr, viel Bedeutenderes, sollte Johannes aus den Worten Jesu lernen. Was will Jesus wohl mit jenem geheimnisvollen Wort noch sagen?

Um dies verstehen zu können, müssen wir uns erinnern lassen an ein Wort, das Jesus dem Thomas einmal im Evangelium des Johannes gesagt hat: *„Selig sind, die nicht sehen und doch glauben."* (Joh. 20, 29.)

Es gibt, man möchte sagen, zwei Stufen des Glaubens, einen Anfangszustand, in dem sich alle die befinden, die sich Jesus zugewendet haben, die angefangen haben, in seine Nachfolge zu treten; über dieser Zeit steht die Überschrift: *„Dieweil du gesehen und erfahren hast, so glaubst du"* — und einen Fortgangszustand, eine tiefere Stufe des Glaubens. Diese tiefere Stufe des Glaubens ist die, zu der die Gläubigen erst allmählich heranreifen sollen. Von dieser gilt es: *„Selig sind die, die nicht sehen und doch glauben"* oder, wie das Lied es sagt: „Wenn ich auch gar nichts fühle von deiner Macht, du führst mich doch zum Ziele, auch durch die Nacht."

Der Herr Jesus weiß, wir können nicht gleich in die tiefere Stufe des Glaubens hineingelangen, wo wir unabhängig sind von alledem, was uns zuwiderläuft, und nur abhängig sind von unserm Gott. Das ist das Trostvolle in unserer Geschichte, daß Jesus den Täufer nicht verdammt, sondern daß er ihn hineinsenken möchte in die tiefere Stufe des Glaubens, wo er nicht sehen, fühlen und erfahren soll, sondern wo er blind glauben lernt: Jesus ist der verheißene Messias, der verheißene Gottessohn, auch wenn alles äußerlich gegen ihn spricht und dem Johannes völlig unverständlich ist.

Dieses Ruhen in Gott, diesen Glauben, welcher köstlicher ist denn das vergängliche Gold, lernen wir nur dann, wenn uns Gott den Boden unter den Füßen fortzieht und uns in Tiefen hineinführt, wo wir ihn nicht mehr verstehen. Es muß an der Gestalt Jesu und auch an unserm eigenen Leidenswege etwas übrigbleiben, was wir in diesem Leben **nie** verstehen werden. Nur dann können wir erfahren, was in dem Wort enthalten ist: „Selig ist, wer nicht an mir Anstoß nimmt, wer sich durch nichts an mir irremachen läßt". — Wer nicht über seine Führungen murrt und klagt und seufzt, sondern dankbar spricht: „Wenn ich auch gar nichts fühle von deiner Macht, du führst mich doch zum Ziele, auch durch die Nacht", und: *„Wenn mir gleich Leib und Seele verschmachtet, so bist du dennoch meines Herzens Trost und mein Teil"*, der wird tief hineingesenkt in die tiefere Stufe des Glaubens. (Vgl. hierzu Karl Heim, Predigtbände).

Das Wort: **„Selig, wer nicht an mir Anstoß nimmt"**, ist zugleich das letzte Wort Jesu an Johannes. Es beweist, daß Jesus den Johannes wirklich in einer Stunde der Not und Anfechtung erblickt, aber zugleich, daß er ihn gerettet wußte. Der Herr spricht kein Wehe aus über den, der sich an ihn klammert, sondern eine **Seligpreisung**, denn Jesus kannte seinen Diener und Herold und wußte, wie die Botschaft auf ihn wirken würde.

Johannes soll lernen, mit gefaßter Seele als ein Herold des Lammes Gottes still und getrost zu werden und blind zu glauben, komme, was auch kommen mag.

Auch wir müssen uns darauf gefaßt machen, daß wir in der Entwicklung unseres Glaubens manchmal dahin gelangen werden, wo wir nichts mehr zusammenreimen können und wo uns sozusagen der Verstand stillsteht, wo man nichts mehr begreift und die Sache nicht mehr einfädeln kann, und wo man, wenn man dann um Aufschluß bittet, keine andere Antwort bekommt, als die Bestätigung der Dinge, wie sie sind, und keine Lösung und Befreiung aus der augenblicklichen schweren Situation erfolgt und alles dunkel bleibt und sich nichts ändert und bessert. „Bei dem allen laß dich nicht herausbringen, ärgere dich nicht an dem Herrn und seinem Wort. Der Herr Jesus will dich in die Tiefe des Glaubenslebens führen, wo der Glaube köstlicher erfunden werden soll denn das vergängliche Gold, das durchs Feuer bewähret wird zu Lob, Preis und Ehre, wenn nun offenbar wird Jesus Christus. Der Herr Jesus wollte seinen Johannes loslösen von dem, was er an andern tut und wie er andere ganz anders führt als ihn." —

Zu Vers 7: Mt 3, 1. 5.
Zu Vers 8: Mt 3, 4.
Zu Vers 9: Lk 1, 76; Lk 20, 6
Zu Vers 10: Mal 3, 1; 2 Mo 23,20; Mk 1, 2; Jo 3, 28
Zu Vers 11: Mt 13, 17; Mt 18, 1; Lk 1, 15
Zu Vers 12: Lk 13, 24; Lk 16, 16;
Zu Vers 13: 1 Pt 1, 10
Zu Vers 14: Mt 17, 10—13; Lk 1, 17; Jo 1, 21; Mal 3, 23
Zu Vers 17: Spr 29, 9
Zu Vers 18: Mt 3, 4
Zu Vers 19: Mt 9, 11; Mt 9, 14. 15; Joh 12, 37

7 **Als diese** (die Boten des Johannes) **fortgingen, fing Jesus an, zu den Volks-**
mengen über Johannes zu reden: „Was seid ihr damals in die Wüste gegangen?
Wolltet ihr ein Schilfrohr ansehen, das vom Winde hin und her bewegt wird?
8 ***Oder wozu seid ihr eigentlich hinausgegangen? Einen Menschen zu sehen,**
der in weiche Gewänder gekleidet ist? Siehe, die (Leute), **welche weiche**
(Kleider) **tragen, sind in den Palästen der Könige** (zu finden), **und nicht in**
9 **der Wüste. * Aber wozu seid ihr** (denn eigentlich) **hinausgegangen? Einen**
Propheten zu sehen? — Nun wohl, ich sage euch, mehr als einen Propheten
10 (habt ihr gesehen)! ***Denn dieser ist's, von dem geschrieben steht: „Siehe, ich**
sende meinen Boten vor deinem Angesicht her, der deinen Weg vor dir bereiten
11 **wird." *Wahrlich, ich sage euch, unter den von Frauen Geborenen ist kein**
Größerer aufgetreten als Johannes der Täufer; der Kleinste aber im König-
12 **reich der Himmel ist größer als er. *Aber von den Tagen Johannes des Täufers**
an bis jetzt wird das Königreich der Himmel mit Gewalt erstürmt, und Ge-
13 **walttäter reißen es an sich. *Denn alle Propheten und das Gesetz bis auf**
14 **Johannes haben geweissagt. *Und wenn ihr es annehmen wollt: Er ist Elias,**
15 **der kommen soll** (als Vorläufer des Christus). ***Wer Ohren hat, zu hören,**
der höre!

16 **Wem aber soll ich dieses Geschlecht vergleichen? Es ist Kindern gleich,**
17 **die auf den Märkten sitzen, und ihren Gespielen zurufen *und sagen: Wir**
haben euch gepfiffen, und ihr habt nicht getanzt; wir haben (euch) **Klagelieder**
18 **gesungen, und ihr habt nicht gewehklagt.** (Genau so dieses Geschlecht). ***Denn**
Johannes ist gekommen, der weder aß noch trank, und sie sagen: Er hat
19 **einen Dämon. *Der Sohn des Menschen ist gekommen, der da ißt und trinkt,**
und sie sagen: Siehe ein Mensch, (welcher ist) **ein Fresser und Weinsäufer,**
ein Freund der Zöllner und Sünder — und die Weisheit ist gerechtfertigt
worden von ihren Werken. [3])

Als die Jünger des Täufers mit der Antwort Jesu fortgezogen waren, da legt der Herr ein gewaltiges Zeugnis über seinen Herold und Diener ab.

Der Täufer hatte Anstoß genommen an der Weise Christi. Aber dieser starke, öffentliche Anstoß des Johannes an Jesu Weise brachte den Herrn nicht im geringsten aus seiner Fassung. Der Herr fühlte es, daß der Täufer sich selber mehr weh getan hatte vor dem Volk, als daß er den Herrn verletzt hatte. Darum nahm der Herr das Ansehen des Johannes sozusagen in Schutz gegen seine eigene Botschaft, indem er anfing, ihn zu preisen und zu rühmen!

[3]) Die Handschriftengruppe Koine hat: Von ihren Kindern.

Der Täufer hatte ja damals in der Wüste am Jordan bei der Tauftätigkeit für ihn, den Herrn, ein glänzendes Zeugnis abgelegt. Der Herr benutzt jetzt diese Gelegenheit, seinem Vorläufer gleichfalls öffentlich Ehre zu erweisen. Er durfte um so weniger die Gelegenheit dazu vorübergehen lassen, als zwischen seiner Aufgabe und der des Johannes ein enger Zusammenhang bestand. Die Rede Jesu über Johannes ist sozusagen seine „Begräbnisrede" gewesen; Johannes ist ja bald danach getötet worden. Jesus zeigt in dieser Rede zuerst die hervorragende Bedeutung des „Täufers" im Reich Gottes, trotz seiner Stellung im Vergleich mit den Angehörigen der neuen Weltzeit. Dann schildert er das Verhalten des Volkes gegenüber den beiden göttlichen Kundgebungen, die um jene Zeit an das Volk Israel ergangen sind, der Amtstätigkeit des Täufers und seiner eigenen, also des Herrn Tätigkeit selber.

Mit den Worten: **„fing Jesus an . . ."** wird auf das Feierliche der Rede Jesu aufmerksam gemacht. In diesen Lobsprüchen über Johannes erkennen wir aufs beste den Seelenmeister Jesus. **„Was seid ihr hinausgegangen zu sehen in der Wüste?"** sprach er zu dem Volk. **„Ein Schilfrohr, vom Winde bewegt?"** Das Volk war nicht hinausgegangen, weil es etwa Neigung gehabt hätte, das Schilfrohr am Jordan wiegen zu sehen, etwas, was man alle Tage sehen kann. Nein, es muß etwas ganz anderes gewesen sein. Der eisenstarke Charakter des Täufers hatte das Volk überwältigt, und jetzt, da Johannes wirklich zu schwanken schien, sollte das Volk sich jenes Eindrucks erinnern, damit es nicht mit Unrecht jetzt ein vom Spiel des Windes bewegtes Rohr, sondern vielmehr eine vom Sturm geschüttelte Zeder in ihm sehe. Es sollte also nicht glauben, Johannes schwanke in seinem Zeugnis, in seiner Meinung über Christus hin und her, sondern das Volk sollte jener großen feierlichen Erklärung des starken Mannes nach wie vor vertrauen. —

Darum heißt es weiter: **„Was seid ihr hinausgegangen zu sehen? Etwa einen Menschen, in weiche Kleider gekleidet?** Jesus setzt hinzu: **„Siehe, die weiche Kleider tragen (die Leute des Wohllebens), sind in den Palästen der Könige!"** Sie haben ja gesehen, daß der Täufer in der Wüste schon in freier Wahl ein Kleid von Kamelhaaren angelegt hatte und mit einem ledernen Gürtel umgürtet war, und wie er dem König nicht geschmeichelt, sondern ernst die Wahrheit gesagt, darum brauchen sie jetzt nicht zu sorgen, er werde seinem Beruf (weil er als Zeuge der Wahrheit im Kerker des Herodes schmachten mußte), untreu werden! Hätte er den weichen Sinn, aus dem die Schmeichler erwachsen, so würde ihn auch wohl „ein weiches Kleid zieren in des Königs Schloß." Aber in seinem starken Sinn wird er standhaft ausharren in rauhem Gewande „in des Königs Kerker". Er wird es zeigen, daß er seinem Beruf gewachsen ist!

So hat Jesus das Volk beruhigt über die Stärke und Konsequenz des Täufers, sowohl über die Zuverlässigkeit seines Zeugnisses, als auch über die Schwere seines Geschickes, über das Unvermeidliche seines Berufes.

Zum drittenmal fragt Jesus: **„Was wollt ihr sehen? Einen Propheten?"** Jesus antwortet: **„Ja, einen, der mehr ist als ein Prophet!"** Und inwiefern mehr als ein Prophet? Jesus erklärt nun dem Volke, Johannes sei der Engel des Herrn, von welchem der Prophet Maleachi (3, 1) geweissagt, welcher dem kommenden Herrn bahnmachend vorangehen solle, **„und keiner unter allen von Menschen Geborenen ist größer als er, der Täufer!"** So war also der Täufer zuerst vor allen Propheten durch seine einzigartige Stellung im Reiche Gottes ausgezeichnet, erschloß den Alten Bund und eröffnete den Neuen Bund. Unter allen Propheten verdient Johannes der größte genannt zu werden, weil er der Gesandte war, von dem Maleachi gesprochen hatte. Und doch erhebt Jesus den kleinsten seiner Jünger über den größten der Propheten. Warum? Weil der Jesusjünger durch das Geschenk der Erfahrung der erlösenden Kraft tiefere Einsicht in das Wesen, den Entwicklungsgang und die Segnungen des Himmelreiches gewonnen hat, als es dem Johannes je zuteil geworden war. Gilt dies schon von denen, die damals an Jesus glaubten, wieviel mehr von uns, denen durch die Geschichte der Jahrhunderte Jesu Größe und Herrlichkeit noch um so wunderbarer geoffenbart ist.

Mit den letzten Erklärungen hat Jesus dem Volke die eigentliche Bestimmung des Täufers, nämlich den Messias anzukündigen, klar genannt. Somit hat er es denn zugleich allen nahe ans Herz gelegt, daß der Messias nun erschienen sei, und daß er es sei.

Es fiel dem Herrn schwer aufs Herz, wie sehr sie beide, der Bahnbrecher und der Stifter des Königreichs der Himmel, von den Häuptern des Volkes und dann später vom irregeleiteten Volke verkannt wurden. Und darüber hielt er seinen Zuhörern eine ernste Strafpredigt in einer Gleichnisrede. **„Wem soll ich dies Geschlecht vergleichen? Den Kindlein sind sie zu vergleichen, die auf dem Markte sitzen. Die rufen ihren Genossen zu: Wir haben euch vorgepfiffen, und ihr habt nicht getanzt! Wir haben euch Klagelieder gesungen, und ihr habt nicht gewehklagt." (Genau so dieses Geschlecht.)**

Man hat wohl zu beachten, daß diese Kinder als launische dargestellt werden, die in einem Atemzug jetzt „Hochzeit", dann „Begräbnis" spielen wollen mit ihren Genossen, und sich darüber beklagen, daß ihre Genossen nicht gleich darauf eingehen. Damit ist das Geschlecht jener Zeit bezeichnet, wie es sich dem Täufer und Christus gegenüber stellte. Sie wollten wie die Kinder, die verlangen, daß die Kameraden nach „ihren Pfeifen tanzen" sollen, daß Johannes eine heitere Hochzeitsmelodie vorspielen sollte, während Johannes das Volk doch zu einem Buß- und Trauerfeste berief. Sofort, in demselben Atemzuge, aber wollten sie mit dem Herrn Jesus eine Totenklage halten, während Jesus das Volk **zum heiteren Hochzeitsfest der neutestamentlichen Gnade berufen wollte.**

Johannes trat auf, aß und trank nicht, er stellte in seiner strengen Enthaltsamkeit den tiefsten Lebensernst dar, und obwohl das Volk von der Macht seines Geistes erschüttert wurde, so hieß es doch allmählich: „Er ist uns zu streng, zu düster", und zuletzt wandten sich die meisten von ihm ab, indem sie erklärten, er sei von einem Dämon des Trübsinns besessen. (Siehe Vers 18).

Jesus trat auf und aß und trank, er nahm mit Freiheit und hingebender Liebe an ihren Gastmählern teil, um zu verkündigen „Frohe Botschaft". Allein da hieß es: **„Siehe, ein Mensch, welcher ist ein Fresser und Weinsäufer, ein Freund der Zöllner und Sünder;"** der pharisäische Geist tat ihn als einen gesetzlosen Menschen in den Bann. Und so gab man ihn wieder auf. (Siehe V. 19a).

In diesen Zügen des Gleichnisses hat Jesus die immer wieder vorkommenden Erfahrungen gezeichnet, welche die Predigt des Himmelreichs immer von neuem in der Welt macht.

Die Predigt des Gesetzes findet man zu ernst, zu unmenschlich und alle Lebensheiterkeit zerstörend, in der Predigt von der Versöhnung aber eine Begünstigung des Leichtsinns, der Sünde. Und immer müssen die Gottesboten es sich gefallen lassen, daß sie von der Kritik der Welt verworfen werden.

Vers 19b: **Die Weisheit ist gerechtfertigt worden von ihren Werken.**

Allein, diese traurige Erfahrung ist doch nur eine bedingte. Immer gibt es einzelne, die die himmlische Weisheit aufnehmen, die sie vertreten und ihres Geistes Kinder werden. Diese aber sind von jeher für sie eingestanden und haben das Recht dieser Frohbotschaft unter Beweis gestellt und haben die Frohbotschaft gerechtfertigt durch ihr Wort und Werk! Die Kinder der Weisheit stehen stets für das Recht derselben ein, wie Kinder für ihre Mutter einstehen!

Es war eine bedenkliche Stunde, in der Jesus die Worte zu dem Volke sprach. Johannes hatte in seiner Frage durch seine Sendung das Ansehen Christi und sein eigenes bei dem Volke gefährdet. Das Volk konnte sich jetzt versucht fühlen, die Frage des Täufers leidenschaftlich aufzugreifen, und demzufolge die Autorität Jesu antasten, oder das Volk konnte anfangen, an beiden Propheten irre zu werden. Diesen scheinbaren Fehler des Täufers macht Jesus wieder gut, ja er benutzt die Gelegenheit, um dem Volke den Unterschied zwischen dem Standpunkt des Täufers und dem seinigen und die höhere Einheit beider Standpunkte in der Begründung des Himmelreichs klarzumachen, und ihm dann zu zeigen, wie es sich zwiefach verschuldet habe, zuerst an dem Täufer, dann an ihm. Die vollendetste Klugheit hätte also dem Vorfall keine bessere Wendung geben können, als der Herr Jesus es tat. Hier aber war diese Klugheit die Klugheit des Fürsten des Himmelreichs, diejenige, die vollkommen Wahrheit und Liebe in eins ist.

Diese Rede ist eine von denjenigen, welche am besten zeigen, was Jesus als Volksredner war. Das Denken wird in Anspruch genommen, das Interesse angeregt durch die Frageformen, die Aufmerksamkeit eingenommen durch lebendige, anmutsvolle Bilder. Endlich, die Anwendung ist schlagend für das Gewissen: „Johannes hat nichts ausgerichtet durch seine Strenge. Ich richte auch nichts aus durch meine Freundlichkeit. Ihr wollt nichts wissen von Gott, weder in der einen, noch in der anderen Form." Dennoch aber gibt es Leute, deren Verhalten zu Jesus und deren Hören und Eingehen auf Jesu Wort und Werke „Gott rechtfertigt und euch verdammt!"

Jesu Wehrufe über die Städte Chorazin, Bethsaida und Kapernaum.

Vers 20—24

20 Darauf fing er an, auf die Städte zu schelten, in welchen seine meisten
21 Wunderwerke geschehen waren, weil sie sich nicht bekehrt hatten. *Wehe
dir, Chorazin! Wehe dir, Bethsaida! Denn wenn zu Tyrus und Sidon die
Wunderwerke geschehen wären, wie unter euch geschehen ist, längst hätten
22 sie in Sack und Asche sich bekehrt. *Doch ich sage euch: Tyrus und Sidon
23 wird es erträglicher ergehen am Tage des Gerichts als euch! *Und du, Kaper-
naum, wirst du nicht bis zum Himmel erhöht werden? Nein, bis zum Hades
wirst du hinabgestoßen werden. Denn wenn in Sodom die Wunderwerke ge-
schehen wären, die in dir geschehen sind, es wäre geblieben bis auf den
24 heutigen Tag. *Doch ich sage euch: Dem Sodomer Lande wird es erträglicher
ergehen am Tage des Gerichts als dir.

Zu Vers 20-24:
Lk 10, 12—15
Jo 12, 37

Zu Vers 21:
Jon 3, 6
Da 9, 3

Zu Vers 23:
Mt 4, 13
Mt 8, 5; 9, 1
Jes 14, 13—15
Hes 26, 20

Zu Vers 24:
Mt 10, 15

Diese Verse sind Abschiedsworte an die Städte, wo Christus gepredigt hatte. Chorazin ist weder im Alten Testament noch bei Josephus genannt. Dagegen wird die Stadt unter dem Namen Chorazin von der jüdischen Tradition erwähnt. Nach Eusebius ist Chorazin drei Stunden von Kapernaum entfernt gewesen, nach Hieronymus 40 Minuten. Dalman sagt: „An der Stelle des einstigen Chorazin ist heute eine öde Basaltwildnis. Jedenfalls muß Chorazin eine wichtige Stadt gewesen sein, da Jesus sie mit Tyrus und Sidon vergleicht und sie auf eine Linie mit Kapernaum stellt. — Von den hier vorausgesetzten zahlreichen Wundern ist uns keines bekannt, von denen von Bethsaida nur eins. Die beiden zerstörten Städte, welche zur Vergleichung dienen, sind personifiziert und vorgestellt als zwei Frauen, welche, mit dem Sack bekleidet und mit Asche bestreut, als Abzeichen der Trauer dasitzen. Tyrus und Sidon werden auch schuldig erfunden werden; nur in einem geringeren Grade als sie."

Ein noch größeres Gewicht bekommen diese Worte gegen die zwei unbußfertigen Städte Chorazin und Bethsaida, wenn wir in Hes. 27 und 28 das Klagelied über den Fürsten von Tyrus und auch über Sidon lesen. Wie muß da erst das Los dieser unbußfertigen Städte sein, wenn schon über die Orte, denen es im Gericht besser gehen soll, ein solches Klagelied ausgesprochen wird.

Das Wehe, das Christus hier ausspricht, ist nicht so sehr im Sinne einer Androhung zu verstehen, als vielmehr der Ausdruck tiefsten Schmerzes, den Jesus hier über die Unbußfertigkeit dieser Städte empfindet. Es ist der leidende Christus, dem wir hier begegnen (Schlatter); der Christus, der nicht nur am Kreuze die körperlichen Schmerzen litt, sondern der auch während der Zeit seines Wirkens das Krankheitsleid und die Nöte seines Volkes in jeder Beziehung trug, und der besonders unter der Unbußfertigkeit immer wieder zu leiden hatte. (Vgl. hier auch das zu Kap. 8, 17 Gesagte Seite 101 f.).

Als dritte der unbußfertigen Städte wird Kapernaum genannt. Es nimmt eine ganz besondere Stellung ein. Es ist die Stadt, in der Jesus seine Wirksamkeit begann. Er ging nach seiner Versuchung über Nazareth nach Kapernaum und ließ sich dort nieder (Mt 4, 13). Es ist die Stadt, wo zum ersten Mal die Botschaft vom nahen Himmelreich verkündigt wurde, die Stadt, in der das Hauptquartier des Königs war. In Mt 9, 1 wurde Kapernaum sogar „seine Stadt" genannt.

In welch einzigartiger Vorzugsstellung hat sich also diese Stadt befunden. Sie durfte dem Sohne Gottes für seine Erdenzeit ein Heim bieten. Sie sah ihn so oft wie sonst keine Stadt durch ihre Straßen gehen. Sie sah so viele seiner Wundertaten. Männer aus ihr waren des Meisters Gefolgsleute. Und doch hat dieses alles die Stadt Kapernaum nicht zur Anerkennung Jesu und damit zur Buße gebracht. Jetzt wird das Urteil gesprochen. Und zwar nach dem Grundsatz, daß von dem, dem viel gegeben ist, auch viel gefordert wird. Welch eine Stellung hätte Kapernaum einnehmen können, wenn es nicht nur äußerlich seine Stadt und seine Wohnung gewesen wäre, sondern wenn es auch innerlich „seine Stadt" geworden wäre. Es wäre in das Königreich Jesu eingegangen als die Erstlingsfrucht, als der Anfang der neuen Zeit, als „seine Stadt" in des Wortes tiefster Bedeutung. Das aber hat die Stadt sich nun durch ihr Verhalten verscherzt. Sie wird nicht bis zum Himmel erhoben werden, alle ihre großen Möglichkeiten sind dahin.

Wie groß die Schuld Kapernaums ist, zeigt die Gegenüberstellung mit der Stadt Sodom, die bekannt ist durch das Gottesurteil und Gottesgericht, welches sie vom Erdboden vertilgte. Diese Stadt würde noch heute stehen, d. h. sie hätte auf das Geschehen hin, das Kapernaum gesehen hat, ohne weiteres Buße getan und abgelassen von all ihrem sündigen Tun.

Das Gerichtswort Jesu ist auch hier in diesem Verse ein Zitat aus dem Alten Testament, und zwar aus Jes 14, 13—15. Dort wird der Fall des Königs von Babel besungen.

Die Worte in Vers 24: **„Doch ich sage euch, daß es dem Lande Sodom erträglicher ergehen wird am Tage des Gerichts als dir"**, erhalten ihr furchtbares Gewicht dadurch, daß es der Richter selbst ist, der sie spricht. Das Land Sodom, das durch das schrecklichste Gericht, welches wir kennen, vom Erdboden vertilgt wurde, wird es einmal im Endgericht besser haben als diese Stadt Kapernaum, die den Herrn der Welt in ihren Mauern beherbergte und ihn doch nicht anerkannt hat.

Wir sehen die ganze Schwere der Schuld, die auf der Ablehnung der bezeugten Gnade liegt. Nichts, keine noch so große und verwerfliche Sünde, ist damit zu vergleichen. Wer die Botschaft von der Erlösung durch das Blut Christi gehört hat und dennoch seinen eigenen, gottfeindlichen Weg geht, der hat größere Schuld auf sich geladen als der größte Verbrecher. Das ist keine menschliche Beurteilung, sondern die Beurteilung des heiligen, gerechten und unbestechlichen Gottes selber. Wir Menschen würden gewiß ein ganz anderes Urteil fällen. Bei uns würde eine sichtbare moralische oder sittliche Untat viel, viel mehr gelten als eine ungeschehene Beugung vor dem heiligen Gott. Wir verurteilen die Menschen, die sich sittlich vergangen haben, viel stärker als die, die in selbstherrlicher Eigengesetzlichkeit durch ihr Leben gehen.

Hier sehen wir, daß unsere Maßstäbe, weil von der Sünde verdorben, falsch sind.

Wie schwer mag dies den Jüngern gewesen sein, solche Worte zu hören! Sie sahen ihre geliebte Heimat hinter sich in Flammen aufgehen, während sie im Begriff waren, dieselbe zu verlassen. Das *Wehe* des Herrn über die geliebten Heimatstädte, welches zuerst sein eigenes Herz betrübt hatte, hallte wie ein erschütternder Donner auch in ihren Herzen wider. Es war ihnen weh um die geliebte Heimat. Und doch mochten und konnten sie nicht umkehren, denn auch sie waren dort nicht mehr zu Hause und wohl aufgenommen, wo man ihren Herrn und Meister so ungläubig aufgegeben hatte. Sie blickten also betrübt *zurück*!

Jesu Lobrufe und Heilandsrufe.

Vers 25—30

Zu Vers 25—27: Lk 10, 21. 22
Zu Vers 25: Apg 17, 24 Jes 29, 14 Mt 21, 16 1 Ko 1, 19. 21. 26—29
Zu Vers 27: Mt 28, 18 Jo 3, 35; 17, 2 Phil 2, 9
Zu Vers 28: Mt 12, 20 Mt 23, 4 Jer 31, 25
Zu Vers 29: Mt 5, 5 Mt 21, 5 2 Ko 10, 1 Jes 28, 12 Jer 6, 16
Zu Vers 30: Apg 15, 10 1 Jo 5, 3

25 Zu jener selben Zeit antwortete Jesus und sprach: Ich preise dich, Vater,
Herr des Himmels und der Erde, daß du dies vor Weisen und Klugen ver-
26 borgen hast, und hast es Unmündigen geoffenbart. *Ja, Vater, denn also
27 war es wohlgefällig vor dir. *Alles ist mir übergeben von meinem Vater,
und niemand erkennt den Sohn, als nur der Vater, noch erkennt jemand den
28 Vater, als nur der Sohn und wem es der Sohn offenbaren will.[4] *Kommet
her zu mir, alle ihr Mühseligen und Beladenen, und *ich* werde euch *Ruhe*
29 geben. *Nehmet auf euch mein Joch und lernet von mir, denn ich bin sanft-
mütig und von Herzen demütig, und ihr werdet Ruhe finden für eure Seelen,
30 *denn mein Joch ist brauchbar, und meine Last ist leicht.

Anstelle von Vers 25 hier in Matthäus **„zu jener Zeit antwortete Jesus ..."** sagt *Lukas* 10, 21: *„Zu jener Zeit frohlockte Jesus . . . und sprach: Ich preise dich . . ."* Lukas spricht **betont** von der **Freude** Jesu. Das Wort Jesu: **„Ich preise dich, Vater . . ."** ist zeitlich eingeordnet: **„zu jener Zeit."** Wir wollen diese **zeitliche Einordnung nicht übersehen.**

Welche Zeit ist denn gemeint?

Nach Vs. 20 fing Jesus an, die *Städte zu tadeln*. Es folgten die **„Wehrufe"**. Er verkündigte das *Gerichtswort* über Kapernaum (Vers 23.) — Denn seine Wunderwerke zu Chorazin, Bethsaida und Kapernaum waren *umsonst* geschehen. Umsonst? — Nein! — Zum *Gericht* waren die Wunder geschehen. Zu dieser Zeit also — preist Jesus seinen Vater! Gegenüber der Nacht des Gerichts gibt es doch etwas, was Freude macht, nämlich es gibt den hellen, lichten Tag der *Annahme* des Heils! So heben sich Vers 25—30 ab von dem *dunklen Hintergrund des Gerichtes* von Vers 20—24.

[4] Die Worte 27b: „Niemand erkennt den Sohn als nur der Vater . . .", nennt man das „Johanneische Wort" in den Synoptikern (Mt, Mk u. Lk) vergl. Jo 10, 15. 17. 25.

Bei Lukas ist die zeitliche Einordnung dieser Stunde eine andere. (Siehe Lukas 10, 21 ff.).

Also auf den Weheruf und den Gerichtsspruch Jesu in Vers 20—24 folgt jetzt ein **Dankgebet.** Aus dem Zusammenhang und der Tatsache, daß dieses Gebet hier überliefert ist, müssen wir schließen, daß es nicht ein Gebet ist, welches in der Einsamkeit gesprochen wurde, sondern daß es vor der versammelten Menge gebetet wurde.

Der Ausdruck: „antwortete Jesus" besagt nicht, dieses Gebet sei eine Antwort auf irgend einen Einwand oder eine Frage eines Jüngers oder Zuhörers, sondern führt uns hinein in die innige Verbindung zwischen Vater und Sohn.

Alles, was Jesus tut, spricht, lehrt, betet und „antwortet" ist gewissermaßen Resonanz auf das, was er von oben, vom Vater hört, ist Antwort an den Vater. Wie eng und bis ins Feinste hineingehend muß diese Bindung gewesen sein. Und wie ist uns dies gerade ein Vorbild für unseren Christenstand.

Der Inhalt des Gebetes ist ein Lobpreis Gottes. Christus redet Gott zuerst mit Vater an. Für uns heute ist das Wort „Vater" in bezug auf Gott sehr gebräuchlich und damit — leider — oft gar nichts Besonderes mehr. Wir müssen uns aber hier vergegenwärtigen, daß Jesus vor Juden dieses Wort „Vater" ausspricht, und zwar vor Juden, die nicht einmal wagen, den Namen Gottes nur auszusprechen vor Angst, sich zu versündigen. Wie muß das auf sie gewirkt haben, wenn hier ein Mensch vor ihnen steht, der nicht nur frei den Namen Gottes nennt, sondern ihn sogar mit „Vater" anspricht. Aber wer hätte auch mehr Recht zu diesem Wort „Vater" als der Sohn Gottes selber? Er, der Eingeborene!

Als zweites nennt Jesus Gott „Herr Himmels und der Erde". Das tut Jesus wohl deshalb, weil der Grund seines Lobpreises das Handeln dieses Herrn Himmels und der Erde ist.

Der Grund seines Lobpreises ist die Weisheit Gottes, die, um ihre Ziele zu erreichen, oft für uns Menschen unverständliche Wege geht.

Gott hat es den Weisen (das sind die berufsmäßigen Schriftgelehrten) und Klugen dieser Welt verborgen, und es den Unmündigen offenbart. Damit wird zuerst einmal die Feststellung gemacht, daß es zwei Gruppen von Menschen gibt: „Die Weisen bezw. die Klugen" und „die Unmündigen".

Für die zweite Gruppe ist das Wort népios = „unmündig" gebraucht. Das bedeutet eigentlich „Kinder, die noch nicht volljährig sind oder die geistig noch nicht auf der Höhe eines erwachsenen Menschen stehen".

Nun ist es nicht so, daß Gott eine dieser beiden Gruppen ungerechterweise bevorzugen würde. Nein, im Gegenteil. Indem Gott seine Wahrheit den Unmündigen offenbart und sie den Weisen und Klugen verhüllt, bringt er die beiden Gruppen wieder in ein rechtes Verhältnis zueinander und hebt gewissermaßen jede Bevorzugung auf. Denn bei den Unmündigen liegt es nicht in ihrer Macht, weise zu werden, zu derjenigen Urteilsfähigkeit zu gelangen, die die Weisen haben. Wohl aber liegt es in der Macht der Klugen und Weisen, so werden zu wollen wie die Unmündigen, d. h. alle Vorurteile, alle intellektuellen Voreingenommenheiten abzulegen und die volle eigene Unzulänglichkeit Gott gegenüber anzuerkennen.

Man muß auf das Fehlen des Artikels vor „Weise" und „Kluge" aufmerksam machen. Der Sinn ist: „Weise", nicht: die Weisen. Die Ausschließung ist in dieser Form keine absolute. Es können nämlich solche

Weise darunter sein, welche in ihren eigenen Augen unwissend und arm werden und so in die Kategorie der Kleinen fallen; wie es umgekehrt Unwissende geben kann, die sehr anmaßend sind und sich für sehr weise halten, so daß ihnen Gott nichts offenbaren kann, weshalb der Artikel auch vor nepiois (= Unverständige) fehlt.

Eine Frage in Vers 25 ist noch nicht beantwortet. Nämlich was meint Jesus mit dem kleinen Wörtlein „dies"?

Die meisten Ausleger sehen in dem „dies" die Botschaft vom Königreich der Himmel, die Jesus verkündigt hat, also die Gesamtbotschaft Jesu. (So Zahn und NTD u. a.).

Mit Recht weist aber gerade das NTD darauf hin, daß dann eigentlich eine entsprechende Rede- und Spruchreihe vorangegangen sein müßte. Dies ist aber hier nicht der Fall. Der Bibelausleger Schniewind führt dann weiter aus, daß Jesus Gott dankt für den „Mißerfolg". Er weiß, daß in dem Mißerfolg bei dem Volke Israel das Heil der ganzen Welt beschlossen liegt. Er sieht in seinem israelitischen Mißerfolg den Plan des Vaters, der nicht nur das jüdische Volk, sondern die ganze Menschheit im Auge hat.

Der Vers: **„Ja, Vater, denn so war es wohlgefällig vor dir"**, betont, daß das Verbergen vor den Weisen und Klugen nicht ein Zufall oder auch nur ein nebensächliches Geschehen ist, sondern daß es dem Wohlgefallen Gottes entspricht. Sein Ratschluß steht hinter dem Geschehen. Es ist Weisheit Gottes, wie es wörtlich in 1. Kor 1, 21 heißt, daß die Welt Gott nicht durch ihre Weisheit erkannte.

Das **„ja, Vater"**, das Jesus hier spricht, ist nicht nur eine gewöhnliche Zustimmung, sondern es ist Ausdruck und Bezeugung einer Haltung, die Jesus während seines ganzen Erdenlebens eingenommen hat.

„Ja, Vater", so hat der Herr zu allem gestanden, was vom Vater kam, sei es Freud oder Leid, Erfolg oder Mißerfolg. Es ist die völlige Unterwerfung unter den Willen Gottes, die hier zum Ausdruck kommt und die Jesus so ganz und gar zu seinem Erlösungswerk befähigte. Es ist die Haltung, die im genauen Gegensatz zu der Haltung der gefallenen Menschheit steht, die dem Götzen des Ichs frönt. Jesus sagt „ja, Vater" und kehrt damit zu dem Punkt zurück, wo sich die Wege Gottes und die Wege der Menschheit trennten, weil die Menschen nicht mehr „ja, Herr, Gott" sagen wollten. Und von diesem Punkte aus geht Jesus den Weg weiter, den die ersten Menschen hätten gehen sollen, nämlich im völligen **„Ja"** zum Vater, im absoluten Vertrauen. Und mit diesem „ja, Vater" in seinem ganzen Leben bricht Jesus die Bahn für alle die Vielen, die seinen Fußstapfen folgen werden durch die Jahrtausende hindurch mit dem von ihrem Meister gelernten Gebet auf den Lippen: „Dein Wille geschehe im Himmel, also auch auf Erden".

Die freudige Herzensergießung von Vers 25 und 26 macht jetzt einer ruhigen Betrachtung Platz. Nachdem die Anbetung den Herrn gleichsam bis an das Herz des Vaters versetzt hat, lehnt sich der Sohn nunmehr enger und fester an den Vater an. Die Wonne der ewigen Gotteinheit durchzieht seine Seele.

Jesus sagt: **„Alles ist mir übergeben von meinem Vater, und niemand erkennt den Sohn als nur der Vater, und niemand erkennt den Vater als nur der Sohn und der, dem es der Sohn offenbaren will."**

Jesus tritt als der vollmächtige Sohn des Vaters auf. Alles ist ihm übergeben. Unter diesem „alles" haben wir zuerst einmal die gesamte Vollmacht Jesu zu verstehen: seine Macht, Sünden zu vergeben (Mt 9, 6), die Macht über die

Natur (Mt 14, 22), die Macht über die Krankheiten (Mt 9, 27 ff.), seine Gewalt der Rede (Mt 7, 29) und seine Macht über den Tod (Joh 11, 43).

Dies „alles" war ihm vom Vater übergeben. Im Lichte der Paulusbriefe dürfen wir aber dieses Wort „alles" in einer noch viel umfassenderen Weise verstehen. Das Neue Testament bezeugt, daß ihm wirklich das All unterworfen ist, vom Vater übergeben ist. Er ist der Herr des Alls. Aber dies ist Jesus geworden nach seiner Himmelfahrt!

Wir haben aber in dem „alles" hier in Vers 27 noch etwas zu beachten. Es geht ja hier in diesen Versen um Offenbarung, welche „Weisen und Klugen verborgen und Unmündigen enthüllt" ist. Alle Offenbarung geht durch ihn, den Sohn. Außer ihm gibt es keine Offenbarungsquelle mehr. Wer an einem anderen Ort seine Erkenntnis sucht, der kann sicher sein, daß er betrügerischen Geistern und Dämonen zum Opfer fällt.

Dieser Gedanke wird dann im zweiten Teil unseres Verses 27 ganz klar ausgesprochen. Niemand erkennt den Vater außer dem Sohn **„und wem es der Sohn offenbaren will"**. Es gibt keinen anderen Weg zu Gott als den Weg über den Sohn.

Aber dieser Sohn selbst ist ein Geheimnis, das niemand erkennt als nur der Vater. Und deshalb muß dieses Geheimnis zuerst einmal offenbart werden.

Hier sehen wir, daß das Erkennen Christi nicht von uns Menschen abhängt, sondern ganz Geschenk vom Vater ist. Ja, dieses Erkennen vom Sohne steht heute an erster Stelle, vor allem anderen. Zuerst kommt diese geschenkte Erkenntnis, und dann erst kann alles andere kommen, wie Erkenntnis Gottes, seines Werkes und Willens.

Aber wir müssen uns hüten, beides auseinanderzureißen, die Erkenntnis vom Vater und vom Sohn zu trennen. Beides gehört unzertrennbar zusammen, bildet eine Einheit.

Der Artikel vor den Worten „Vater" und „Sohn" verleiht dem Verhältnis von Vater und Sohn den einzigartigen, wesentlichen und absoluten Charakter und verbietet uns, diese Wörter „Vater und Sohn" in dieselbe Kategorie zu stellen, wie andere analoge Verhältnisse, z. B. wie dasjenige zwischen Gott und den Menschen oder den frommen Israeliten oder den theokratischen Königen.

Wie das Wesen des Sohnes für das Auge des Vaters nichts Geheimnisvolles ist, so ist das Wesen des Vaters für das Auge des Sohnes nichts Verborgenes und Unergründliches. In der Tat kann hier die geschilderte, ganz einzigartige Lebensgemeinschaft nur stattfinden unter der Bedingung vollkommenster Wesenseinheit. Die durch die Ausdrücke „Vater" und „Sohn" bezeichnete Verschiedenheit der Stellung löst sich in eine vollkommene Einheit des Denkens und Wollens auf. —

Das ist der tiefste Grund, weshalb der Vater alles dem Sohne übergeben hat. Im gleichen Sinn erklärt der Vorläufer Johannes von Jesus: *„Der Vater liebt den Sohn und hat ihm alles in seine Hände gegeben"* (Joh 3, 35). „Lieben" und „erkennen" sind nur zwei Seiten einer und derselben geistigen Tätigkeit. Wenn Gott dem Sohn alles übergibt, so tut er es, weil er ihn als Sohn erkennt und liebt. Das Verhältnis des Vaters zum Sohn begründet das Verhältnis des Sohnes zum Vater. — Alle diese Worte geben Zeugnis davon, daß die Existenz und das Wesen des Sohnes ein Geheimnis ist und bleibt und nicht mit dem Verstande ergrübelt werden kann.

Nach diesen so wichtigen Worten Jesu in Vers 27 über sich selbst können wir keine Verschiedenheit zwischen dem Jesus der Synoptiker und dem des Johannes feststellen. Man sieht, daß der Sohn nach Matthäus, Markus, Lukas und nach Johannes **wesentlich** zum Vater gehört, wie der Vater zu dem Sohne. Daher ist das Sein und Wirken des einen in der Ewigkeit des andern eingeschlossen.

Wie hohe Vorstellungen auch die Jünger von der Person und dem Werk Jesu hatten, so waren sie doch noch weit entfernt, seine Erscheinung in ihrer ganzen Bedeutung zu würdigen. Jesus sucht ihnen darüber die Augen aufzutun. Aber er redet nur halblaut mit ihnen; denn es ist ein Geheimnis, das er ihnen anvertraut. Er selbst ist die vollkommene Offenbarung des Vaters, nach welcher sich die Besten im Alten Testament gesehnt haben. (Vgl. Godet).

Durch dieses letzte Wort bekommt dieser Abschnitt einen herrlichen Abschluß. Diese einzigartige Freudenstunde Jesu endet mit dem kostbaren Heilandsruf: **„Kommt her zu mir alle, die ihr mühselig und beladen seid ..."** (Vers 28—30).

28 **Kommet her zu mir alle, die ihr ermüdet und belastet seid, und ich werde euch Ruhe schenken.**

Dieser mit allen Vollmachten ausgerüstete Sohn, dem alles übergeben ist, ruft nun hier zum Kommen auf. Und das im Anblick all der Menschen und Städte, die die Gnade verachten, die ihnen geschenkt ist, und Jesus ablehnen.

Er läßt sich weder entmutigen noch von seiner Aufgabe durch Mißerfolge ablenken. In aller Anfeindung und Ablehnung steht er da und ruft die Botschaft hinaus: Kommt alle, ich will euch Ruhe schenken!

Zwei Kennzeichen sind von denen genannt, die kommen sollen. Sie müssen müde und beladen sein. kopiáo ist ein Müdesein, welches nach schwerer körperlicher Arbeit eintritt, während das portizo das schwer beladen sein mit Verantwortung ausdrückt.

Auch den innerlich Müden und Beladenen wird die Ruhe des Christus geschenkt werden. Sie werden keine unerfüllbaren und drückenden Gesetzesforderungen mehr zu tragen haben. Sie werden befreit sein von der mühsamen Arbeit des Haltens der Satzungen. Sie alle dürfen kommen und gewiß sein, daß sie die Ruhe in Ihm finden.

Niemand braucht irgendeine Angst zu haben, daß seine Kraft und Fähigkeiten nicht ausreichen werden, diese Ruhe zu erringen. Sie braucht überhaupt nicht errungen zu werden, wir Menschen müssen gar nichts dazu tun. Diese Ruhe ist Geschenk. Und zwar Geschenk von dem, der in göttlicher Vollmacht hier sagt: „ICH werde sie euch schenken". Es ist nicht Menschenwerk, sondern Gottestat, die der Mensch geschenkweise bekommt.

29 **Nehmt auf euch mein Joch und lernet von mir, denn ich bin sanftmütig und von Herzen demütig, und ihr werdet Ruhe finden für eure Seele.**

Die Forderung, „das Joch zu nehmen", ist in keiner Weise zu vergleichen mit den Forderungen, die das Gesetz an den Menschen stellt. Dieser Imperativ wächst ganz aus dem Indikativ des vorhergehenden Verses heraus. Der Herr Christus fordert nicht, ohne vorher geschenkt zu haben. Und zwar so geschenkt, daß der Mensch die Forderung, die folgt, erfüllen kann aus der Kraft des Geschenkten. Und selbst in der Forderung liegt schon wieder Verheißung und Kraft.

Zuerst wird hier das Bild vom „Joch" gebraucht, welches die Zugtiere tragen, um ihre Last zu ziehen. An diesem Bild können wir eine ganze Anzahl von Wahrheiten erkennen.

Das Erste, was vom Joch gesagt werden kann, ist, daß es zur Arbeit da ist. Hier erkennen wir gleich eine wichtige Anweisung für den Jünger Jesu. Der Jünger ist nicht da zum Selbstzweck. Der Herr Christus hat ihm nicht die Ruhe geschenkt, daß er dann schön still und ruhig durchs Leben gehen soll und wartet, bis der Herr ihn heimholt zu ewigen Freuden. Nein, der Christ trägt ein „Joch" und das ist da zum Arbeiten. Der Christ ist der, der die frohe Botschaft von der Liebe Gottes weitertragen soll in Wort und Wandel. Dazu ist er erlöst. Er ist herausgeholt aus der großen Schar der Menschen, um seinem Herrn zu dienen, um zu arbeiten für ihn.

Aber das Joch sagt uns noch mehr. Ein Joch „erleichtert" auch die Arbeit um ein Beträchtliches. Wie würde es den Tieren ergehen, wenn sie einen schweren Wagen ziehen sollten, ohne ein Joch zu haben. Die Stricke würden ihnen die schmerzhaftesten Wunden in ihr Fleisch schneiden. Ja, sie wären gar nicht imstande, ihre Last zu ziehen. Und genau so ist es mit dem Joch, das Christus seinen Gefolgsleuten auferlegt. Es erleichtert die Arbeit, ja macht erst fähig, sie zu tun.

Dann gibt das Joch auch noch eine Zielsicherheit für den, der es trägt. Was würde wohl das Tier für Seitensprünge machen und auf welche Abwege würde es geraten, wenn es nicht vom Joch und von dem, der das Joch lenkt, immer wieder fein in die richtige Richtung gelenkt würde.

Und auch der Christ darf froh sein, wenn er immer wieder die Korrektur durch das Joch empfängt.

Vielleicht dürfen wir hier auch noch an den Gedanken des Doppeljochs denken. Oft gehen unter einem Joch zwei Tiere. Eines hilft dem anderen ziehen und arbeiten. Und so geht es auch dem Christen unter seinem Doppeljoch. Und der Zweite, der neben ihm geht und tragen und ziehen hilft, das ist der Herr Christus selber.

Als zweites fordert Jesus hier auf, von ihm zu lernen, d. h. sein Nachfolger zu werden. Er ist sanftmütig und von Herzen demütig. Beides muß sich auch im Leben seiner Jünger finden. Sowohl die Sanftmut, die gegen jeden Menschen die gleiche ist, ob er nun ein Armer oder ein Reicher, ob er Freund oder Feind ist, als auch das Demütigsein. Und gerade dies ist ja im ganzen Leben des Herrn wie ein helles strahlendes Licht durch alle seine Tage mit ihm gegangen. Diese seine Demut war keine äußere Maske, keine angelernte Höflichkeitsgeste, nein, sie kam aus seinem Herzen, aus dem Innersten seines Wesens. Nicht ein äußerer Zwang trieb ihn zu dieser Stellung, sondern innerste Notwendigkeit.

Wir können auch anders sagen: Die Sanftmut ist mehr die nach außen gerichtete Art einer Handlung, während das „demütig von Herzen sein" mehr die innere Stellung meint, die hinter allem Handeln stand.

Wenn der Jünger diesem Imperativ gehorsam ist, dann erwächst ihm daraus wieder „Ruhe". Zwar ist die Ruhe manchmal nach außen hin nicht gleich so sichtbar, denn auch der Jünger steht ja ganz in seiner Zeit, in der Welt mit all ihrer Hast und Geschäftigkeit und kann sich dem nicht immer entziehen. Aber die Ruhe der Seele, eine innere Sicherheit und Festigkeit allem Äußeren gegenüber, darf der Jünger immer wieder geschenkt bekommen. Diese „innere Ruhe" kommt aus der Nähe dessen, der mit unter dem Joch geht, und der der „Herr des Alls" ist.

30 **„Denn mein Joch ist brauchbar (angenehm) und meine Bürde ist leicht."**

In diesem 30. Vers kommt der Herr Christus noch einmal auf das Joch zurück. Mit dem brauchbaren Joch wird noch einmal der Gedanke angeschnitten, der im vorigen Vers schon ausgeführt wurde. Das Joch ist nicht eine überflüssige Sache, auch nicht ein Ding, das hindert, sondern es ist sehr brauchbar. Brauchbar für den Tragenden selbst, denn es gibt ihm Halt, Hilfe, Ziel und Sinn seines Lebens, brauchbar aber auch für die Sache des Herrn Christus, der sein Reich mit diesen „Jochmenschen" baut.

Auch hier sehen wir wieder, daß alles, was der Jünger hat, alles, was er auch für seinen Meister tut, Geschenk ist von oben. Die ganze Jüngerexistenz umschließt ein Wort, das Gnade heißt.

Die leichte Bürde zeigt noch einmal den Gegensatz zum Alten, zum Gesetz. Dort waren keine leichten Bürden. Dort war nur schweres Muß und untragbare Last.

Und am Weg des Gesetzes lagen die Zusammengebrochenen, nämlich die, die das Gesetz wahrhaft und wirklich ernst genommen hatten und daran verzweifelt waren. Gegen diese Bürden ist die Bürde Jesu leicht.

Kapitel 12

In der Auseinandersetzung mit den Feinden.

Erster Sabbatstreit.

Vers 1—8

Zu Vers 1—8:
Mk 2, 23—28
Lk 6, 1—5
Zu Vers 1:
5 Mo 23, 26
5 Mo 5, 14
Zu Vers 2:
2 Mo 20, 10
Zu Vers 3:
1 Sam 21, 7
Zu Vers 4:
3 Mo 24, 5—9
Zu Vers 5:
4 Mo 28, 9
Joh 7, 22
Zu Vers 6:
Mt 24, 2
Jo 2, 19. 21
Zu Vers 7:
1 Sam 15, 22
Hos 6, 6
Mt 9, 13; 23, 23

1 **Zu jener Zeit ging Jesus am Sabbat durch die Kornfelder; seine Jünger**
aber hatten Hunger, und sie fingen an, Ähren abzupflücken und (die Körner)
2 **zu essen. *Als aber die Pharisäer das sahen, sprachen sie zu ihm: Siehe, deine**
3 **Jünger tun, was am Sabbat nicht erlaubt ist. * Er aber sprach zu ihnen: Habt**
ihr nicht gelesen, was David tat, als er Hunger hatte und seine Begleiter
4 **auch? * Wie er in das Haus Gottes ging und die Schaubrote aß, welche zu**
essen ihm nicht erlaubt war, noch denen, die bei ihm waren, sondern allein
5 **den Priestern? * Oder habt ihr nicht in dem Gesetz gelesen, daß an den Sabba-**
ten die Priester in dem Tempel den Sabbat entheiligen und doch als schuld-
6 **los gelten? * Ich sage euch aber: Größeres** (d. h. einer, der mehr ist) **als**
7 **der Tempel ist hier. * Wenn ihr aber erkannt hättet, was das bedeutet: „Ich**
will Barmherzigkeit und nicht Schlachtopfer", so würdet ihr die Schuldlosen
8 **nicht verurteilt haben. * Denn der Sohn des Menschen ist Herr des Sabbats.**

Die Situation ist folgende: Der Herr Jesus wandert mit seinen Jüngern durch die Kornfelder in Galiläa. — Mit ihnen gingen feindselig gesinnte Pharisäer, um Jesus und seine Jünger zu beobachten. So weit war es also schon gekommen, daß Christus auch im Felde zwischen reifenden Saaten mit seinen Jüngern nicht mehr frei bleiben konnte von der Überwachung durch seine Widersacher.

Es war Sabbat. Die Jünger hatten sich vielleicht bei der raschen Rückkehr an diesem Tage kaum die Zeit nehmen können, irgendwo zu speisen. Sie fühlten Hunger. Da rupften sie sich etliche Ähren ab und aßen sie, indem sie die Ähren mit den Händen zerrieben. — Israels Privatrecht betr. des Grundbesitzes wurzelte in dem Wort Gottes: *„Das Land ist mein."* Der menschliche Besitzer war nur **Verwalter, Nutznießer.** Deshalb durfte auch der Hungrige bescheidentlich von den Früchten genießen. Und speziell der Rand eines Kornfeldes war den Armen vorbehalten (3. Mos. 19, 9).

Das alttestamentliche Gesetz erlaubte also, vom Erntefeld oder Weinberg im Vorübergehen etwas zu genießen. **Nur** sollte man nichts in einem Gefäß oder Beutel nach Hause schaffen. Das wäre Diebstahl (5. Mos. 23, 25. 26). Das göttliche Gesetz hat den Eigentumsbegriff nicht so stark festgelegt und so hoch hinaufgeschraubt, daß für die Liebe kein Raum mehr bleibt.

Die Handlung der Jünger an und für sich war also durch das Gesetz gestattet und durchaus nichts Verwerfliches. Aber, daß es am **Sabbat** geschah, das war das Verbrechen. Ähren ausreißen, zerreiben, das heißt ja nach Meinung der Pharisäer ernten, mahlen, arbeiten! Es war eine Übertretung einer ihrer neununddreißig allgemeinen Regeln, aus denen das Sabbatgesetz der Pharisäer zusammengesetzt war. Diese Handlung des „Arbeitens" wurde nun von den feindseligen Pharisäern, die dem Herrn nachschlichen, aufgegriffen. Sie spielten ihre Rolle als „Spürhunde" gut. —

Wie lautete denn eigentlich das alttestamentliche Sabbatgebot? 2. Mos. 31, 14: *„Haltet meinen Sabbat, denn er soll euch heilig sein. Wer eine Arbeit darin tut, dessen Seele soll ausgerottet werden von seinem Volk"* (2 Mo 31, 15; 35, 2). Vgl. auch 3. Mos. 23, 30; Jer. 17, 27. Auf Sabbatschändung stand also die Todesstrafe. Lies 4. Mos. 15, 32. 36; Neh. 13, 15. 16. 17. 18; Hesek. 20, 15. 16; Jeremia 17, 21. 22!

Auf Grund dieser alttestamentlichen Stellen schienen die Pharisäer im Recht zu sein; denn Ährenausraufen ist nach ihrer Meinung **„Arbeit". Arbeit** ist Sabbatschändung, und auf diese steht der Tod durch Steinigung. Hatten die Pharisäer mit dieser Auffassung recht oder nicht? Wir antworten: „Nein." Denn ausdrücklich steht in 2 Mo 12, 16: *„Keinerlei Arbeit darf an diesem Tage verrichtet werden; nur was einer zum Essen nötig hat, das allein darf von euch zubereitet werden!"* Hier ist also ausdrücklich gesagt, daß Essensvorbereitungen **am Sabbat keine Arbeit sind.** Wo in aller Welt kann denn **„Hungerstillen"** gleichkommen mit **Arbeiten?** Der naive, nüchterne Verstand lehnt das schon ohne weiteres ab! Das Beispiel Davids zeigt, daß der Hunger der Jünger **ernst** zu nehmen ist.

Es ist immer wieder dasselbe „traurige Lied", das wir von den Pharisäern hören. Das Gesetz, welches Mittel zum Zweck, Wegweisung und Hinweisung, Zuchtmeister auf Christus sein sollte, ist den Pharisäern **Selbstzweck** geworden, um sich durch dessen peinliche Befolgung den Himmel zu verdienen. Statt einmal in sich zu gehen, beschäftigen sie sich haßerfüllt mit der „Sünde" der **„Arbeit des Ährenausraufens"** am Sabbat und stürzen auf den Herrn — mit der Anklage: **„Siehe, deine Jünger tun, was am Sabbat nicht erlaubt ist!"** Der Herr nimmt seine Jünger in Schutz.

Das von ihm aus 1. Sam. 21 hergenommene David-Beispiel ist sehr passend. Nach der Überlieferung geschah auch dies am Sabbat! Das Verhalten Davids beruht auf dem Gedanken, daß in den Ausnahmefällen, wo eine sittliche Pflicht (in diesem Falle die Erhaltung des Lebens Davids) mit einem Zeremonialgesetz kollidiert, das Zeremonialgesetz zurücktreten muß. Die Verkehrtheit des Pharisäismus bestand also darin, daß der Zweck (die Essensbereitung) dem Mittel (Sabbatheiligung) zum Opfer fiel. Der Hohepriester mußte (in jenem AT Beispiel) das Leben Davids, des rechtmäßigen Vertreters der Theokratie, und seiner Genossen erhalten, selbst auf Kosten eines Zeremonialgebotes.

Jesus führt bei diesem Vorfall des Ährenausraufens seitens der Jünger noch ein zweites Beispiel von Sabbatverletzung für die Pharisäer an, nämlich die Dienste der Priester im Tempel am Sabbat bei Darbringung der Brandopfer und bei anderen gottesdienstlichen Verrichtungen.

Für die Tempelpriester wird es sogar zur Pflicht, den Sabbat aufzuheben. Sie bleiben unschuldig, weil der **Tempel** dem Sabbat **übergeordnet** ist. Darum fügt Jesus (sich selbst damit meinend) die Erklärung hinzu: **Hier ist einer, der auch den Tempel überragt,** d. h. einer, in dessen Dienst also weit eher noch eine solche Befreiung von dem Sabbatgesetz eintreten kann. Hätten auch die Jünger wirklich die Sabbatruhe gebrochen, so hätten sie darum doch nicht gesündigt; denn

a) des Menschen Sohn (in dessen Dienst sie stehen) ist Herr des Sabbats,

b) Essensvorbereitungen zu treffen am Sabbat ist keine Arbeit.

Vers 9—14

Zu Vers 9—14: Mk 3, 1—6 Lk 6, 6—11
Zu Vers 10: Lk 14, 3
Zu Vers 11: Lk 13, 15 Lk 14, 5
Zu Vers 12: Mt 10, 31
Zu Vers 14: Jo 5, 16. 18

9 **Und er ging von dort weiter und kam in ihre Synagoge. * Und siehe,**
10 **da war ein Mensch, der eine dürre (gelähmte) Hand hatte. Und sie**
fragten ihn und sprachen: Ist es erlaubt, an den Sabbaten zu heilen?
11 **auf daß sie ihn verklagen könnten. * Er aber sprach zu ihnen: Welcher**
Mensch wird unter euch sein, der e i n (einziges) Schaf hat und, wenn dieses
am Sabbat in eine Grube fiele, es nicht ergreifen und heraufziehen wird?
12 ***Wieviel wertvoller ist nun ein Mensch als ein Schaf! Also ist es erlaubt,**
13 **an den Sabbaten Gutes zu tun. * Hierauf spricht er zu dem Menschen: Strecke**
deine Hand aus. Und er streckte sie aus, und sie ward wiederhergestellt,
14 **gesund wie die andere. * Die Pharisäer aber gingen hinaus und hielten Rat**
wider ihn, wie sie ihn umbrächten.

Es ist wieder Sabbat. Der Heiland steht in der Synagoge. Er sieht einen Mann mit einer gelähmten Hand. Auch die Schriftgelehrten und Pharisäer sehen ihn. Ein gewöhnlicher Mensch fühlt wohl Mitleid mit diesem armen Gebrechlichen und denkt: „Du lieber Mensch, gottlob, daß ein Heiland da ist, der schon so vielen Heilung geschenkt hat. Durch ihn wird Gott auch dir helfen." Die Pharisäer denken so nicht. Ihr Herz ist unter der Kruste der Vorschriften und Ansichten, der „Zäune und Wälle", erstickt und gestorben.

Wird er auch am Sabbat heilen? Das ist die einzige Frage, die sie beschäftigt. **„Heilen"** sehen sie ihn immer. Heilen ist aber für die Pharisäer eine **Arbeitsleistung** wie backen, hobeln, zimmern.

Über die Krankenhilfe am Sabbat gab es genaue Vorschriften. Die strengste Schule, die des Schammai, verbot sogar, an diesem Tage „Kranke zu trösten". Am Sabbat durfte nur dann geheilt und geholfen werden, wenn Lebensgefahr vorhanden war. War das jedoch nicht der Fall, dann war Krankenhilfe am Sabbat Entheiligung des Sabbats, worauf der Tod der Steinigung stand.

Unser Kranker hier in dieser Geschichte befand sich **nicht in Lebensgefahr!** Am nächsten Tag wäre noch Zeit gewesen, ihm zu helfen. Da die Pharisäer bereits durch das vorausgegangene Ährenausraufen am Sabbat scharfe Aufpasser geworden waren, so wäre es menschliche Klugheit gewesen, jetzt vorsichtig zu sein, um den Zorn der Gegner nicht unnötig herauf zu beschwören.

Was tut Jesus? Er läßt es absichtlich „auf Biegen oder Brechen" ankommen, er ruft den Widerstand heraus, er w i l l die Entscheidung, er fordert die Gegner heraus und spricht: **Welcher Mensch wird unter euch sein, der ein Schaf hat und, wenn dieses am Sabbat in eine Grube fiele, es nicht ergreifen und herausziehen wird? Wieviel wertvoller ist nun ein Mensch als ein Schaf!** Die Gegner **schweigen.** Dies Schweigen ist entweder Ratlosigkeit oder der Haß des lauernden Feindes. Es ist vielleicht mehr als Haß, vielleicht schon V e r s t o c k t h e i t, die sich nichts mehr sagen läßt und die b e w u ß t in Haß, Zorn und Lüge v e r h a r r t. *„Und Jesus sah sie umher an mit Zorn und ward betrübt über die Härte ihres Herzens"*, so lesen wir in M a r k u s 3, 5. Da für Jesus das A und O seines Handelns ist: A l l e Z e i t, d. h. zu jeder Zeit, also auch am Sabbat, gilt es, das Gute zu tun, ganz gleich, was für Folgen dies auch haben könnte, sprach er zu dem Menschen: **„Strecke deine Hand aus!"** Für Jesus gibt es nur das eine: Das Gute m u ß getan werden, und zwar sofort!

Das ist's, was wir hier an Jesus lernen wollen, diesen kompromißlosen Mut. Jesus lehrt uns, in keiner Position vor dem Bösen zu kapitulieren, sondern in der Kraft von oben mit Hilfe der „Dynamis" und der göttlichen „Energeia" zum Angriff überzugehen. Christus zeigt uns, wie in die Satansherrschaft hinein die Gottesherrschaft zu setzen ist, wie die verdorrte, vertrocknete, tote Hand *umzuwandeln* ist in die lebendige, heilende, opfernde, betende, ringende Hand. Wo solche Haltung eingenommen wird, da ist *Verwandlung* am Werke, da tritt die Dynamis Gottes in Erscheinung und zeigt sich das, was in Wahrheit *Gemeinde Jesu Christi* ist.

Die Folge solcher Verwandlungen, die Folge eines solchen Angriffes von oben ist aber immer der Haß der Welt. Das letzte Wort in dieser Geschichte lautet: **„Und sie hielten Rat wider ihn, wie sie ihn umbrächten."**

Dieses Ratschlagen der Pharisäer am Sabbat, wie sie Jesus **"umbrächten"**, *das war für sie nun keine Entheiligung des Sabbats.* Wie verblendet waren doch die Feinde Jesu! Sie betrachten Jesus, weil er am Sabbat etwas Gutes getan hatte, als einen *Schänder* des Sabbats. Sie selber aber überlegen gar nicht, daß gerade sie den Sabbat schänden durch ihre Mordgedanken. Und Mord- und Haßgedanken sind gleichzusetzen dem Mord selber (nach Mt 5, 21. 22).

Also am Sabbat einen „*töten*", das ist keine Sabbatschändung, aber einen armen kranken Menschen heilen, das ist *Sabbatschändung*. Wie furchtbar diese Verblendung!

Was Jesus von dem Sabbat hält, das mag man daraus sehen, daß man ihn regelmäßig findet, wo man Gottes Wort hören kann und wo er dann selbst die Schrift auslegen darf, in der Synagoge. Wie man den Sabbat nützen soll, das hat er, der wachsenden Verschwörung unerschüttert ins Auge schauend, an der verdorrten Hand des Unglücklichen gezeigt.

Verfolgt von den Feinden, geliebt von dem Vater.

Vers 15—21

Jesus zieht sich zwar äußerlich zurück. Er verbietet sogar denen, die er heilt, das Wunder der Heilung bekannt zu machen. Wie zeigt doch der Herr die seinen Jüngern in Kapitel 10 empfohlene Klugheit. Als Jesus von dem Mordplan seiner Gegner erfuhr, stellte er sich ihnen nicht entgegen im Sinne eines selbstvermessenen Pochens auf die Hilfe Gottes, auf das Recht des göttlichen Beistandes, sondern zog sich zurück; seine Stunde war noch nicht gekommen.

Aber gerade in der Zurückgezogenheit, in der Stille und Verborgenheit offenbart er seine Macht als Wundertäter und Heiland, und zwar in solch einem Maße, daß Matth. sich veranlaßt fühlt, an Jesajas 42, 1—4 zu erinnern, wo Jesaja vom Knecht Gottes aussagt, daß des Heilandes Werk in der Stille ohne Lärm und marktschreierische Auffälligkeit geschieht.

Wir lesen Vers 15—21:

Zu Vers 15 u. 16: Mk 3, 7—12; Lk 6, 17—19
Zu Vers 17: Jes 42, 1—4
Zu Vers 18: Jes 41, 9; Mt 3, 17; Apg 3, 13. 26; Apg 4, 27. 30

15 Als Jesus davon erfuhr, zog er von dort fort, und es folgten ihm viele,
16 und er heilte sie alle. * Und er bedrohte sie, daß sie ihn nicht bekannt
17 machen sollten. * So sollte erfüllt werden, was durch Jesaja, den Propheten,
18 geredet ist, welcher spricht: * „Siehe, mein Knecht, den ich erwählt habe,
mein Geliebter, an welchem meine Seele Wohlgefallen gefunden hat; ich
werde meinen Geist auf ihn legen, und er wird den Heidenvölkern das Recht
19 verkündigen. * Er wird nicht streiten noch schreien, und niemand wird seine
20 Stimme auf den Straßen hören; * ein zerknicktes Rohr wird er nicht zer-

Zu Vers 21:
Apg 4, 12

brechen, und einen glimmenden Docht wird er nicht auslöschen, bis er das
21 **Gericht** (das Recht) **zum Siege hinausführe; *und auf seinen Namen werden**
die Heidenvölker hoffen."

Der Heiland, der Messias, wird nicht lärmen und zanken, nicht auf den Gassen schreien. — Und darum wird er „der Geliebte Gottes" genannt werden, der Geliebte, an welchem Gott Wohlgefallen gefunden hat. Das zerknickte Rohr wird er nicht brechen, den glimmenden Docht nicht löschen. Nicht nur die Zurückgezogenheit Jesu in die Stille, wegen der Feindschaft der Führer Israels, zitiert Matthäus aus der Weissagung des Jesaja, sondern auch das Ausstrahlen seines Namens unter den Heidenvölkern. Mt führt diese Jesaja-Stelle teilweise sehr frei an — aber doch sinngemäß. Vielleicht hat Mt dabei an Sacharja 12, 10 und Hab. 1, 4 gedacht: Jesus ist wirklich der von Gott auserwählte „Knecht", sein „Geliebter"! Im hebräischen Urtext steht „*Einziger*"! Die Septuaginta hat daraus „*Geliebter*" gemacht. Der auf dem Knecht Gottes ruhende Geist Gottes beweist sich in Zurückgezogenheit und Verborgenheit. Gottes Recht und Gerechtigkeit wird er aber trotz seiner Stille und Verborgenheit dennoch unter die Völker bringen. Der Gerechtigkeit Gottes wird er in aller Welt zum Siege verhelfen — durch sein Leiden und Sterben! Im griechischen Urtext heißt es, „*daß die Gerechtigkeit Gottes machtvoll hinausgeführt wird*".

Das wunderbare Bild, das Mt hier vom Heiland gemalt hat, wird neu Trost und Kraft geben für das eigene Leben. Es gilt, den Weg, den Gott einem jeden vorgezeichnet hat, *still zu gehen*, ohne nach rechts und nach links zu schauen, nicht eigene Ziele und Wünsche im Sinne führend, sondern einzig und allein dem Willen des Vaters gehorsam entsprechend, bescheiden und doch fest und bewußt, anspruchslos und doch bestimmt, demütig und doch sicheren Schrittes dem Ziele zu durch alle Hindernisse und Schwierigkeiten hindurch seinen Weg Ihm nach zu gehen!

Der Haß bringt furchtbarste Folgen.

Vers 22—30

Zu Vers 22—32:
Mk 3, 22—30
Lk 11, 14—23
Zu Vers 23:
Jo 7, 31
Mt 9, 27
Zu Vers 24:
Mt 9, 34
2 Th 2, 9
Zu Vers 25:
Mt 9, 4
Zu Vers 28:
Lk 17, 20
1 Jo 3, 8
Zu Vers 29:
Jes 49, 24
1 Jo 4, 4
Zu Vers 30:
Mk 9, 40
Jo 11, 52

22 **Dann wurde ein Besessener zu ihm gebracht, blind und stumm; und er**
23 **heilte ihn, so daß der (Blinde und) Stumme redete und sah. *Da gerieten**
die Volksmengen alle außer sich und sagten: Sollte dieser nicht doch der
24 **Sohn Davids sein? *Die Pharisäer aber sagten, als sie es hörten: Dieser treibt**
die Dämonen nur mit Hilfe des Beelzebub, des Obersten der Dämonen, aus.
25 ***Er aber durchschaute ihre Gedanken und sprach zu ihnen: Jedes Reich, das**
gegen sich selbst entzweit ist, wird verwüstet (geht allemal zu Grunde); **und**
jede Stadt oder jedes Haus (jede Familie), **die gegen sich selbst entzweit sind,**
26 **werden nicht bestehen. *Und wenn der Satan den Satan austreibt, so ist er**
27 **doch gegen sich selbst entzweit. Wie wird dann sein Reich bestehen? *Und**
wenn ich durch den Beelzebub die Dämonen austreibe, durch wen treiben eure
28 **Söhne sie aus? Darum werden sie eure Richter sein. *Wenn ich aber durch den**
Geist Gottes die Dämonen austreibe, so ist also die Königsherrschaft Gottes zu
29 **euch gekommen. *Oder wie kann jemand in das Haus des Starken eindringen**
und seinen Hausrat rauben, wenn er nicht zuvor den Starken bindet? Erst
30 **dann wird er sein Haus ausrauben. *Wer nicht mit mir ist, ist wider mich,**
und wer nicht mit mir sammelt, der zerstreut.

Was dem Jesuskinde geweissagt ward, erfüllt sich an dem Mann. Er wird mehr und mehr zu einem *Zeichen*, dem widersprochen wird. Die *Klagen* der Pharisäer verwandeln sich in die noch schwerere *Anklage* des Wirkens durch Beelzebub, die aus Veranlassung der Heilung gegen Jesus erhoben wird. Die Stummheit und Blindheit in V 22 war nicht physischer Natur, sondern eine Folge der Besessenheit.

Da werden inmitten des von Verwunderung ergriffenen Volkshaufens Stimmen laut, die die ärgste Anklage erheben.

Die Pharisäer behaupten: Es besteht ein Bund zwischen Jesus und dem Satan. Satan habe ihm, um ihn zu beglaubigen, über seine Untergebenen Macht verliehen. (Wir schließen uns im Folgenden den Gedankengängen Godets, Lukas-Komm. an.)

Aus Matthäus und Lukas scheint hervorzugehen, daß man in der Tat in den pharisäischen Kreisen übereingekommen war, Jesus als Besessenen zu behandeln. Weil er denjenigen die Wahrheit sagte, die sich als dic privilegierten Vertreter der Wahrheit und der Heiligkeit betrachteten und ein Monopol auf die Güter des Reiches Gottes zu haben meinten, müßte er ein Helfershelfer Satans und der Lüge sein. Das Urteil der Hierarchie in Jerusalem über Jesus stand fest. Gesetzeslehrer, die von Jerusalem kamen und die feindliche Stimmung der Judenpartei in der Hauptstadt repräsentierten, werteten das in Galiläa und Peräa schon hervorgetretene Gemunkel zur öffentlichen Anklage aus. Jene Leute aus Jerusalem meinten, Jesus treibe den Teufel einzig und allein durch Beelzebub, den Obersten der Teufel, aus. Diese Anklage ist nicht eine im Ärger über den Eindruck der Taten Jesu auf das Volk planlos ausgestoßene Schmähung, sondern ist ein gegen die Wurzel der Heiltätigkeit Jesu gerichteter Hieb.

Um die Falschheit der gegen ihn erhobenen Beschuldigung zu beweisen, beruft sich Jesus zuerst auf den gesunden Menschenverstand. Seine Ankläger hatten nicht gewagt, ihren Gedanken gegen ihn selbst auszusprechen. Sie hatten ihn nur untereinander geäußert! Aber Jesus durchschaute sie. Bei Lukas führt Jesus ein Beispiel an, nämlich das eines Staates, in dem Bürgerkrieg herrscht und der durch innere Zwistigkeit zugrundegerichtet wird. Matthäus dagegen berichtet das Beispiel von der Stadt, von dem Hause, von der Familie. — Das Reich des Satans ist diesem Gesetz auch unterworfen. Der Satan kann aber nicht seinen eigenen Untergang herbeiführen wollen.

Nachdem Jesus die Sinnlosigkeit dieser Beschuldigung dargetan hat, beweist er, daß diese Behauptung allein in der Böswilligkeit der Pharisäer ihren Grund hat.

Wir wissen aus dem NT und von Josephus, daß es zur Zeit Jesu bei den Juden zahlreiche Exorzisten gab, die das Austreiben der Dämonen um Geld zum Gewerbe machten (vgl. Apg 19, 13. „Etliche der herumziehenden Beschwörer ...") Neben Josephus erwähnt auch der Talmud diese Exorzisten. Solche Leute bezeichnet Jesus mit dem Ausdruck „eure Söhne". Dieser Ausdruck „eure Söhne" bedeutet also: „Eure eigenen Volksgenossen (euer Fleisch und Blut), welche ihr nicht gesonnen seid, zu verleugnen, sondern deren ihr euch vielmehr rühmt. Ihr verdächtigt diese Heilungen nicht." Sie werden einst am Tage des Gerichts die jetzigen Ankläger Jesu zuschanden machen. Denn sie werden die jetzigen Ankläger der Parteilichkeit in der Beurteilung gleichartiger Tatsachen überführen. („Gleichartig" zwar nur dem äußeren Schein nach.)

Nachdem Jesus die Unrichtigkeit der Erklärung seiner Gegner durch Berufung auf den gesunden Menschenverstand und an dem Beispiel der Exorzisten dargetan hat, gibt er jetzt die entscheidende Erklärung: Wenn also das Werk Jesu nicht dasjenige des Satans ist, so ist es das Werk Gottes, und daraus geht hervor, daß der Satan hier eine entscheidende Niederlage erleidet. Durch den Geist Gottes, sagt Jesus, d. h. ohne alle diese Kunstgriffe und Zauberformeln, die die Exorzisten anwenden, vollführe ich meine Heilungen, treibe ich die Dämonen aus. Er braucht bloß den Finger aufzuheben, so wie Lukas (11, 20) den Herrn sagen läßt: *„So ich aber durch den Finger Gottes die Teufel austreibe"*, so verläßt der Satan seine Beute. Diese Redeweise vom Finger Gottes ist das Symbol der unbedingten Herrschaft und Übermacht über Satan; (vgl. den Ausdruck der Zauberer Pharaos beim Anblick der Wunder des Mose; 2. Mo 8, 19).

„Wenn aber ich durch den Geist Gottes Dämonen austreibe, so ist also die Königsherrschaft Gottes zu euch gekommen." Nicht nur der Ausdruck des Vordersatzes stammt aus 2. Mo 8, 19, sondern Jesus sagt damit auch, daß seine Heilungen Besessener nach ihrer Art wie nach ihrer Zahl ebensosehr alle Leistungen der jüdischen Exorzisten übertreffen, wie nach dem Bekenntnis der ägyptischen Zauberer deren Künste durch die Wundertaten des Moses übertroffen wurden und als schwächliche Versuche sich erwiesen. Jesu Wundertaten ebenso wie die Taten des Mose stellen sich dar als reine Wirkungen Gottes durch seinen treuen Knecht. Als solche waren mehr als andere seiner Heilungstaten die Heilungen Besessener durch Jesus dadurch gekennzeichnet, daß Jesus gerade bei diesen sich keinerlei Mittel bediente, denen man die Heilwirkung hätte zuschreiben können. Er brachte nur durch das gebietende Wort allein seinen und Gottes Willen zum Ausdruck, ohne daß jemals der Erfolg ausgeblieben wäre. Ist es aber der Geist Gottes, oder „der Finger Gottes", oder die durch Jesus wirkende Kraft Gottes (5, 17; 6, 19) und der durch Jesus sich verwirklichende Wille Gottes, welchem alle bösen Geister wehrlos und widerstandslos weichen, „so soll man daraus auch schließen, daß die von Jesus und seinen Jüngern gepredigte Gottesherrschaft nicht nur den Hörern des Evangeliums nahegekommen sei (Lk 10, 9. 11), sondern zu den Zeitgenossen überhaupt gekommen ist und angefangen hat, eine gegenwärtige Wirklichkeit zu sein. In Wort und Tat Jesu hat Gott angefangen, wie nie zuvor, sich als der alleinige Herr in der Welt zu zeigen". (Zahn)

Unter diesen Umständen mögen die Pharisäer sich in acht nehmen. Es ist jetzt ein entscheidungsvoller Zeitpunkt. Das Reich des Satans stürzt zusammen, weil das Reich Gottes gekommen ist. Bisher haben die Gegner Jesu gemeint, das Reich Gottes werde mit äußerem Gepränge kommen. Nun ist es da, ohne daß die Pharisäer es ahnen. Und was tun sie? Sie schleudern gegen den, der es bringt, ihre gotteslästerliche Anklage. Die Verse 29 und 30 bestätigen durch ein drastisches Bild den in V. 20 ausgesprochenen Gedanken. Das Eigentum des Satans (die Besessenen) ist augenblicklich der Plünderung preisgegeben (die Heilungen derselben); daraus geht hervor, daß der Eigentümer selbst durch einen Gegner, der stärker ist als er, besiegt worden ist. Andernfalls ließe der Satan sich nicht so berauben. Dieses Bild von zwei Helden, von denen der eine den andern bindet, bevor er den Hausrat des starken Hausbesitzers raubt, ist aus Jesaja 49, 24 f. genommen. Der Prophet wendet es auf Jehova an, der sein Volk den Händen des heidnischen Unterdrückers entreißt. Es liegt eine recht gewaltige Majestät in der Schilderung der beiden Gegner, und wir kennen keinen Ausspruch Jesu, in welchem er das ihn beseligende Gefühl von der Größe seines Werkes in so ergreifender Weise ausdrückt.

In V. 30 könnten sich die Ausdrücke „sammeln" und „zerstreuen" auf eine Ernte beziehen: das Getreide sammeln oder zerstreuen. Allein im Zusammenhang ist es besser, sie auf eine Herde (Jo 10, 13—16) oder auf ein Heer zu beziehen. Statt Israel zu Gott zurückzuführen und so an seiner Sammlung zu arbeiten, liefern es die Exorzisten schädlichen Einflüssen aus, die es von Gott weiter entfernen und dem Reich des Satans zuführen.

„Alle Zuhörer des Herrn Jesu sollen bedenken, daß, wer nicht ein Bundesgenosse Jesu ist, eben damit sein Gegner ist oder wird, und wer nicht mit ihm sammelt, eben damit zerstreuend wirkt."

Der erste dieser Sätze setzt voraus, daß die Berufsarbeit Jesu ein fortgesetzter Kampf gegen das Böse ist, welchen kein Zeitgenosse als Unparteiischer mitansehen kann und, als ginge dieser Kampf ihn nichts an, so oder anders beurteilen wird.

Der zweite Satz gibt die Vorstellung, daß die Lebensaufgabe Jesu in der Sammlung seiner Gemeinde besteht. „Je rücksichtsloser die entschlossenen Gegner Jesus schmähen und sein Werk zu hindern suchen, um so dringender wird die Forderung an die Menge der Unentschiedenen, in dem Kampf Jesu gegen alle Wirkungen Satans sich auf Jesu Seite zu stellen und wie seine Jünger mit ihm zu kämpfen und zu arbeiten, wenn sie nicht wollen, daß Jesus sie als seine Gegner ansehen muß."

Die Verblendung der Pharisäerkreise hat sich, wie wir gesehen haben, schon aufs furchtbarste geoffenbart. Den, der von Gott ihnen gesandt war als der Messias, als der Erretter, als der eingeborene Sohn des ewigen Vaters, voller Gnade und Wahrheit, der wird von ihnen als ein Besessener, als ein Beauftragter des Teufels angesehen. Wir fragen erschüttert: Ist das nicht entsetzlich? Ist das überhaupt denkbar, überhaupt möglich? Menschen, die wie kein anderes sterbliches Geschöpf so unmittelbar, so absolut, so wirklich und tatsächlich die Nähe des Herrn Jesu geschaut, in sein Auge geblickt, ihn von Angesicht zu Angesicht gesehen, seine Reden gehört haben, Reden, die weder vor ihm noch nach ihm je ein Mensch auf Erden gehalten hat; seine Wunder, ja sogar Totenauferweckungen erlebt haben, Wunder, die in solcher Macht und Gewalt weder vor ihm noch nach ihm je wieder gesehen worden sind — wie ist das nur möglich, daß solche Menschen zu solch einem, an Irrsinn grenzenden Urteil über Jesus gekommen sind? Wie ist das nur möglich, so fragen wir uns immer wieder?!

Nur **eins** macht uns, nachdem wir lange darüber nachgedacht, das Rätsel verständlich. Die Pharisäer **wollen** nicht auf die Gedanken Gottes eingehen. Und immer wieder abgewiesene Gnade wird dann zum Gericht der Verblendung und Verstockung.

Das andere, was uns der vorstehende Abschnitt zeigt, ist Jesu unermeßliche Geduld mit den Pharisäern. Bevor er sie schilt und hart gegen sie vorgeht, bemüht er sich, sie zu retten und aufzuklären in Unterredungen, bei Mahlzeiten, und gibt sich auch jetzt wieder die größte Mühe, in ruhiger und sachlicher Weise das Widersinnige ihrer Behauptungen nachzuweisen.

Was ist „Lästerung wider den Heiligen Geist?"

Vers 31 und 32

Zu Vers 31:
Hbr 6, 4—6
Hbr 10, 26
1 Jo 5, 16
Zu Vers 32:
Mk 3, 28. 29
Lk 12, 10
1 Tim 1, 13

31 **Deshalb sage ich euch: Jede Sünde und Lästerung wird den Menschen vergeben werden; aber die Lästerung des Geistes** (gegen den Geist) **wird den**
32 **Menschen nicht vergeben werden. *Und wer ein Wort** (eine Schmähung) **wider den Sohn des Menschen ausspricht, dem wird es vergeben werden; wer aber wider den Heiligen Geist redet, dem wird nicht vergeben werden, weder in diesem Zeitalter, noch in dem zukünftigen.**

Mit diesem furchtbaren Wort „*von der Sünde wider den Heiligen Geist*" deutet Jesus auf die vorausgegangene gehässige und scheußliche Anklage der Pharisäer gegen ihn. Sie behaupteten, Jesus sei besessen, er treibe seine Wunderwerke im Namen und Auftrag des Teufels. Diese Werke, aus denen die Heiligkeit und Macht des göttlichen Geistes hervorleuchtete, dem Beelzebub zuzuschreiben, das hieß wissentlich und willentlich das göttliche Wesen verhöhnen, von dem alles Licht und alles Gute ausgeht.

Gegen Jesus, der sich in einer so demütigen, von dem Bild des erwarteten irdischen Messias so gänzlich verschiedenen Gestalt den Blicken darstellt, ein *Schmähwort* sagen, ist ein Vergehen, eine Schuld, aber eine solche, die nicht immer notwendig aus *bösem* Willen hervorgehen muß. Einem aufrichtig frommen Juden, der aber von pharisäischen Vorurteilen beherrscht wird, welche mit der Muttermilch eingesogen sind, konnte es wohl begegnen, daß er Jesus für einen ungöttlichen Menschen, für einen Sabbatschänder und somit für einen Betrüger ansah. Es ist die gleiche Sünde, die auch der junge Saulus in der Zeit *vor* seiner Bekehrung beging. Jede derartige Beleidigung, die nur Jesu Person betrifft, will Jesus in dieser oder in der andern Welt verzeihen, aber die gegen das Göttliche als solches, nämlich gegen den Heiligen Geist, gerichtete Schmähung, welche die *Werke* des Heiligen Geistes auf Rechnung des bösen Geistes schreibt, nennt Jesus den „Heiligen Geist lästern", und das erklärt er für eine unverzeihliche Sünde. Die Wahrheit dieser Drohung hat sich in der Geschichte Israels erwiesen. Nicht darum wurde das Volk Israel so furchtbar bestraft, weil es Jesus ans Kreuz geschlagen hat —, sonst wäre der Todestag Jesu der Tag seines Gerichts gewesen und Gott hätte ihm nicht noch 40 Jahre lang die Vergebung dieser Sünde angeboten —, sondern die Verwerfung der apostolischen Predigt, der hartnäckige, vorsätzliche Widerstand gegen die Wirkungen des Pfingstgeistes hat das Maß der Sünde Jerusalems voll gemacht. Die wahrhaft unverzeihliche Sünde ist nicht die Verwerfung der Wahrheit infolge eines Mißverständnisses, sondern es ist der Haß gegen Gott überhaupt, der z. B. dahin führt, daß man den Ursprung des Evangeliums auf Betrug, mit einem Wort, auf den bösen Geist zurückführt, es ist der Haß gegen das Heilige als solches. Das ist nur möglich, wenn man den heiligen Eindruck, den es in jedem aufrichtigen Herzen hervorruft, *bewußt* zerstört und vernichtet. Jedenfalls handelt es sich hier nicht um einen *einzelnen Akt*, sondern um den inneren *Zustand*, in welchem sich der Mensch befinden wird, wenn er vor Gott erscheinen muß. (Näheres darüber Lk 12.)

Vom Baum und seinen Früchten.

Vers 33—37 (Vgl. Lk 6, 43—45)

Zu Vers 33: Mt 7, 17

33 *Entweder erklärt man den Baum für gut und seine Frucht ist gut,* oder man erklärt den Baum für faul und seine Frucht ist faul; denn aus der Frucht wird der Baum erkannt.

Zu Vers 34: Mt 3, 7; 15, 11

34 Otternbrut! wie könnt ihr Gutes reden, da ihr böse seid? Denn wovon das Herz voll ist, davon redet der Mund.

35 Der gute Mensch bringt aus dem guten Schatze Gutes hervor, und der böse Mensch bringt aus dem bösen Schatze Böses hervor.

Zu Vers 36: Jak 3, 1. 6

36 Ich sage euch aber, daß von jedem unnützen Worte, das die Menschen
37 reden, sie Rechenschaft geben müssen am Tage des Gerichts; * denn aus
deinen Worten wirst du gerechtfertigt werden, und aus *deinen Worten wirst du verurteilt werden.*

Trillhaas sagt hierzu treffliche Worte der erklärenden, praktischen Nutzanwendung:

Wir heutigen Menschen sind durchweg gewohnt, die Taten erheblich ernster zu nehmen als die Worte. In der althergebrachten Trias „Gedanken, Worte und Taten" pflegen wir eine Steigerung zu erblicken. Was sind Worte! Durch Presse und Propaganda sind wir an eine Inflation des Wortes gewöhnt worden. Wir nehmen den, der viel Worte macht, nicht ernst. Seit Tayllerand sind wir gewohnt, daß in der Politik gilt, Worte seien dazu da, die Gedanken zu verbergen.

Das erste, was wir aus diesem Text lernen, ist also dies, daß wir das gesprochene Wort viel ernster nehmen müssen, als wir es tun. „Laß kein unnützlich Wort aus meinem Munde gehen." Wir können mit unseren Worten großen Schaden anrichten, worüber im Jakobusbrief das Nötige zu lesen steht. Wir können Wohltäter unserer Mitmenschen werden, wenn wir unsere Worte gewissenhaft wählen, wenn wir das Beste vom andern sprechen, wenn wir auch zu schweigen verstehen. Wenn das Wort der Bote eines gütigen Herzens wird, dann wird das Wort eine Wohltat dem andern, der dieser Güte bedarf.

So wird für Jesus das Wort ein Symptom für das Wesen des Menschen. An der Frucht wird man den Baum erkennen. Schon in der Bergpredigt hat Jesus davon geredet. Er hat dort Kap. 7, 16—20 die Gemeinde als Pflanzung Gottes sehen gelehrt: Gute Bäume, die nun auch gute Früchte bringen müssen. Welche Enttäuschung würde es bedeuten, wenn ein Baum, der dieser Gottespflanzung angehört, nicht hält, was er verspricht, nicht leistet, was er soll. Welche Enttäuschung für die Welt! Denn die Welt soll ja viel erwarten von der Gemeinde Jesu, und nun lautet ihre Kritik: diese Bäume haben keine gute Frucht gebracht. Die Worte sind Früchte des Baumes, sie sind Folgen des Wesens eines Menschen. Und wenn das Gesetz gilt: **„ein guter Mensch bringt aus einem guten Schatz nur Gutes zutage"** (V. 35), so läßt sich dieser Satz auch umdrehen. Die Zucht, die wir unseren Worten zuteil werden lassen, wirkt zurück auf unser Wesen. Es gibt nicht nur einen Weg von innen nach außen, es gibt auch einen Weg von außen nach innen. Die innere Verwahrlosung des modernen Menschen hängt mit der Verwahrlosung seines Äußeren, seiner Worte, seiner Gebärden, seines Benehmens, seiner ganzen Kultur zusammen.

Diese Zusammenhänge muß man im Auge behalten, wenn man die Verse 35 und 36 verstehen will. Jesus sagt, daß wir im Gericht von jedem bösen Wort Rechenschaft geben müssen. Ja, er stellt die ungeheuerliche Behauptung auf, daß Menschen aus ihren Worten gerechtfertigt und aus ihren Worten gerichtet werden können. Wort und Wesen, Wort und Glaube hängen auf das engste zusammen. Es war für Paulus selbstverständlich, daß der Glaube an Jesus Christus, den Herrn, sich auch vor der Welt in Worten kundtun müßte: Rö 10, 9. Der Mensch ohne Glaube und Überzeugung muß auch zu einem Menschen von hohlen Worten werden. Mögen also die Worte auch nur kleine Symptome für das Wesen des Menschen sein, mögen sie nur ein äußerer Ausdruck für das Herz sein, so kommt es doch auf die „Kleinigkeiten" an. Nichts ist nebensächlich, auch das Wort, das wir auf der Straße zu einem andern sagen, ist wichtig. Was die Menschen miteinander sprechen, steht unter einer absoluten Verantwortung. Wieviel Schlimmes kann aus einem faulen Geschwätz entstehen. Wieviel Segen kann daraus erwachsen, wenn wir uns mit unseren Worten jederzeit füreinander verantwortlich wissen. Soweit Trillhaas.

Zu Vers 38:
Mt 16, 1

Zu Vers 40:
Jona 2, 1. 2

Zu Vers 41:
Jona 3, 5

Zu Vers 42:
1 Kö 10, 1—13

Die Zeichenforderung der Pharisäer.

V. 38—42 (Vgl. Lk 11, 29—32)

38 Da antworteten ihm etliche der Schriftgelehrten und Pharisäer und spra-
39 chen: Lehrer, wir möchten ein Zeichen von dir sehen. * Er aber antwortete
und sprach zu ihnen: Ein böses und ehebrecherisches Geschlecht begehrt
ein Zeichen, und kein Zeichen wird ihm gegeben werden als nur das Zeichen
Jonas, des Propheten.
40 Denn wie Jona drei Tage und drei Nächte in dem Bauche des großen
Fisches war, also wird der Sohn des Menschen drei Tage und drei Nächte in
41 dem Herzen der Erde sein. * Männer von Ninive werden aufstehen im
Gericht mit diesem Geschlecht und werden es verurteilen, denn sie bekehrten
42 sich auf die Predigt Jonas; und siehe, hier ist mehr als Jona. * Die Königin
des Südens wird auftreten im Gericht mit diesem Geschlecht und wird es ver-
urteilen, denn sie kam von den Enden der Erde, um die Weisheit Salomos
zu hören; und siehe, hier ist mehr als Salomo.

Man begehrt von Jesus ein Zeichen vom Himmel. Es ist so, als ob die Pharisäer und Schriftgelehrten nun doch erschrocken waren durch die vorhergehenden, furchtbar ernsten Worte des Herrn. Es ist, als wollten sie mit dieser Forderung sagen: Gib uns doch ein Zeichen vom Himmel, damit wir endlich genau wissen, ob du wirklich von Gott kommst!

Jesus erwidert: „Ein solches Zeichen wird allerdings stattfinden; aber es wird kein bloßes Schauwunder sein wie das, welches ich nach eurem Wunsch in diesem Augenblick bewirken soll." Es wird ein göttlicher Akt sein, der ein wesentliches Element des Erlösungswerkes bilden wird, das Jesus auf Erden auszurichten hat (Rö 4, 25). Jesus denkt an seine Auferstehung. Diese Bedeutung seiner Auferstehung legt Jesus auch in Jo 2, 19 dar. Der Sinn ist also: „Wie Jonas, dem Tod entrissen, den Niniviten predigte, so wird auch der Menschensohn als Auferstandener der ganzen Welt das Heil ankündigen." Der Tod und die Auferstehung Jesu werden dann zu einem Zeichen, dem teils widersprochen, teils Glauben geschenkt wird.

Wenn aber das Volk Israel so wäre, wie es sein sollte, so würde es, um an Jesus zu glauben, nicht erst ein außerordentliches Zeichen abwarten. Seine bloße Gegenwart würde ihm genügen. Dieser neue Gedanke wird im folgenden Abschnitt dann weiter entwickelt. *Salomo* hat der „Königin des Südens" kein himmlisches Zeichen getan, *Jona* hat in Ninive kein einziges Wunder verrichtet, und doch haben sie beide Glauben gefunden. Die Weisheit des Salomo und die Predigt des andern waren hinreichend, um die Heiden als Zuhörer zu gewinnen und zur Buße zu bewegen.

An die „Jonas-Geschichte" schließt sich das Beispiel der Königin von Südarabien an, die, durch den Ruhm der Weisheit Salomos angelockt, aus weiter Ferne nach Jerusalem kam (1. Kö 10, 1—13). Durch diesen Beweis ihres Verlangens nach der in Israel vorhandenen, auf Gottes Offenbarung beruhenden Erkenntnis Gottes wird diese Heidin, wenn sie im Endgericht (zugleich mit den jüdischen Zeitgenossen Jesu) sich vor Gott zu verantworten hat, ein tatsächliches Verdammungsurteil über das jüdische Volk fällen; dieses Israel hat *Jesus*, der mehr ist als Salomo —, (weil die in ihm erschienene Weisheit Gottes höher steht als diejenige Salomos) — nicht angehört und ist gleichgültig und verständnislos an ihm vorübergegangen.

Die Niniviten, gleichfalls Heiden, taten Buße auf die Predigt des Jonas hin. Diese Toten richten sich auf und stehen als Belastungszeugen wider die Juden vor dem Gericht. Wie dramatisch ist in diesen Worten Jesu alles geschildert! Die beiden Beispiele ergänzen einander: bei der Königin von Saba die Wahrheitsliebe, bei den Niniviten die Reue über das begangene Böse und die Furcht vor dem Gericht.

Und woher kommt dieser Mangel an Verständnis, den das jüdische Volk soeben an den Tag legt und der es hindert, in der Erscheinung Jesu eine göttliche Offenbarung zu erkennen?

Ist etwa diese Erscheinung nicht genug ans Licht gestellt worden? Sind die einzig dastehenden Wunder der Krankenheilungen und Totenauferweckungen nicht Merkmal und Zeichen genug? Hat Jesus nicht *„geredet wie nie einer vor ihm?"* (Jo 7, 46.) Heißt es nicht Mt 7, 28f: *Als Jesus diese Reden vollendet hatte, waren die Volksscharen ganz betroffen, denn er lehrte sie wie einer, der göttliche Vollmacht,* (d. h. göttlichen Beruf und Auftrag) *hat?* Fehlt es dem israelitischen Volk am natürlichen Verstand? Nein, die Ursache liegt wo anders, sie liegt im inneren Zustand des Volkes. Sie wollen nicht. Sie fallen immer mehr dem Zustand der Verstockung anheim! Der Grund hierzu ist in der Erklärung zu Vers 30 schon angegeben.

Gleichnis vom Rückfall.

Vers 43—45 (Vgl. Lk 11, 24—26)

43 Wenn aber der unreine Geist von den Menschen ausgefahren ist, so durch-
44 wandert er wasserlose Stätten, Ruhe suchend, und findet sie nicht. * Dann
spricht er: Ich will in mein Haus zurückkehren, von wo ich ausgegangen bin;
45 und wenn er kommt, findet er es leer, gekehrt und geschmückt. * Dann geht
er hin und nimmt sieben andere Geister mit sich, böser als er selbst, und
sie gehen hinein und wohnen daselbst; und das Letzte jenes Menschen wird
schlimmer als das Erste. Also wird es auch diesem bösen Geschlecht ergehen.

Zu Vers 45: 2 Pt 2, 20

Wie ernst es dem Herrn Jesus mit seinem Bußruf an das Volk Israel ist, das soll uns dieses Gleichnis vom Rückfall zeigen. — Der Messias ist gekommen, um aus Israel den Teufel der Ablehnung Jesu auszutreiben, wie der Herr in diesem Gleichnis von einem einzelnen Besessenen berichtet, von dem der böse Geist ausgetrieben ist. Wenn das Volk Israel durch seinen Unglauben Jesus, den Messias, ablehnen wird, dann wird das Ende dieses Volkes schlimmer sein als der Anfang. Das Kommen des Herrn wird für das Volk Israel nicht zum Heil, sondern zum Unheil ausarten. Der vertriebene Teufel kommt mit siebenfacher Verstärkung. Je höher das Gnadenangebot, desto furchtbarer der Sturz. Wie sehr ernst ist auch für jeden Christen dieses Wort!

Von den wahren Verwandten Jesu.

Vers 46—50 (Vgl. Mk 3, 31—35. Lk 8, 19—21)

46 Als er aber noch zu den Volksmengen redete, siehe, da standen seine
47 Mutter und seine Brüder draußen und wünschten, ihn zu sprechen. * Und
es sprach einer zu ihm: Siehe, deine Mutter und deine Brüder stehen draußen
48 und wünschen dich zu sprechen. * Er aber antwortete und sprach zu dem,
49 der es ihm sagte: Wer ist meine Mutter, und wer sind meine Brüder? *Und
er streckte seine Hand aus zu seinen Jüngern und sprach: Siehe (diese hier
50 sind) meine Mutter und meine Brüder. * Denn wer den Willen meines Vaters
tut, der in den Himmeln ist, der ist mein Bruder und meine Schwester und
meine Mutter.

Zu Vers 48: Lk 2, 49

Zu Vers 50: Rö 8, 29

Den eigentlichen Zweck dieses Besuches wüßten wir nicht, wenn nicht in diesem, wie in mehreren anderen Fällen, der Bericht des Markus die Berichte der andern Synoptiker ergänzte. Nach Markus war zu den Brüdern Jesu das Gerücht gedrungen, er befinde sich in einem an Wahnsinn grenzenden Zustand der Aufregung; es war das Echo der Anklage der Pharisäer (V. 24): **„Er treibt die Teufel aus durch Beelzebub."** Seine Brüder kamen daher in der Absicht, ihn nach Hause zu bringen (Mk 3, 21). Auch bei Jo sehen wir ebenso wie bei Mk die Brüder Jesu um dieselbe Zeit eine zweifelnde, ja feindliche Haltung gegen ihn einnehmen. Von Maria ist nirgends gesagt, daß sie die Gesinnung ihrer Söhne teilte. Aber da sie vielleicht einen unangenehmen öffentlichen Auftritt zwischen ihnen voraussah, wünschte sie wohl, denselben zu mindern, vielleicht gar verhindern zu können.

Wir wollen hier diese Frage nicht erörtern, wer nun im einzelnen diese Brüder waren. (Siehe zu Jo 2, 12 unsere Auslegung). Sicher ist, daß die Erklärung des Ausdrucks **„Bruder"**, wie er hier neben **„Mutter"** steht, ganz **natürlich** und **wörtlich** zu nehmen ist. Man unterbrach den Herrn in seinem Vortrag, indem man ihm meldete, seine Mutter und Brüder stünden draußen und begehrten mit ihm zu reden. Jesus verstand sogleich die Bedeutung dieser Botschaft. Jetzt war einer der schmerzlichsten Momente seines Lebens für ihn gekommen. Er mußte seinen göttlichen Beruf behaupten **gegen** Mutter und Brüder. Er durfte sie nicht anerkennen in ihrem Anliegen. Sie versuchten, ihn vor allem Volk zum Wanken zu bringen, wohl ohne es selber zu ahnen. Er mußte also durch unerschütterliche Haltung nicht nur seine Aufgabe behaupten, sondern auch ihren Glauben retten. Diese Strenge übte er jedoch aus in der schonendsten Form. Er blickte auf seine Jünger, die rings um ihn her saßen, und sprach feierlich: „Meine Mutter und meine Brüder sind nur die, **die den Willen tun meines Vaters im Himmel."**

In dieser Erklärung behauptet er vor allen Dingen seinen höchsten Lebensgrundsatz, nämlich den Willen des Vaters im Himmel. Sodann tröstete er sich seiner geistlichen Familie, seines Jüngerkreises, der in diesem Augenblick nicht an ihm zweifelte, während seine leibliche Familie zu schwanken schien. Endlich drittens nennt er die Voraussetzung, unter der er die Brüder wieder zu begrüßen hofft. Er erwartet, daß sie zu dem vollen Vertrauen und Gehorsam gegen den Vater im Himmel zurückkehren würden. Und so ist es geschehen. Unter den Ostergläubigen findet man die Mutter und Brüder Jesu. Die zarte Ablehnung mit ihrer versteckten Mahnung war ein Evangelium an sie: „Tut Buße und glaubet an mich!" (Vgl. Kähler: „Kommt und sehet".)

Die Antwort Jesu schließt also keineswegs eine **Verleugnung** des Familiensinnes in sich. Für Jesus gibt es aber noch engere Bande als die des Blutes. Namentlich für ihn konnte das Familienleben von seiner Taufe an nur einen untergeordneten Wert haben, da ihm ein die ganze Menschheit umfassender Beruf übertragen worden war. Doch in den Frauen, die ihn begleiteten und mütterlich für ihn sorgten, und in den Jüngern, die sich an seinem Werk hingebend beteiligten, hatte er ja längst eine F a m i l i e gefunden, die ihm diejenige ersetzte, die er hatte verlassen müssen. Um diese neue Verbindung von geistiger, ewiger Natur ist ja das wahre Band geschlungen, während das des Blutes nur äußerlich und vergänglich ist. Es spricht sich in diesem Wort eine tiefgehende Anhänglichkeit und Dankbarkeit für diese sich aufopfernden Menschen aus. Von einem Vater redet Jesus in diesem geistlichen Sinn nicht; denn diese Stellung gebührt nur Gott.

Kapitel 13

Der dritte Redeabschnitt:

Jesus, der Förderer seiner Gemeinde oder die Scheidung.

Die sieben Gleichnisse bestehen aus

1. Vier Gleichnissen vor dem Volk 13, 1—35

2. Drei Gleichnissen für die Jünger 13, 36—52

(Vgl. Mk 4, 1—34)

Dieser dritte Redeabschnitt ist wie die Aussendungsrede von Kap. 10 eine Einheit. Sieben Gleichnisse liegen vor. Die ersten vier Gleichnisse werden dem Volk und den Jüngern vorgetragen, aber die Erklärung dieser vier Gleichnisse wird **nur** den Jüngern dargeboten. Die letzten drei Gleichnisse sind nur an die **Jünger** gerichtet. — Ihnen wird in besonderer Weise die unvergleichliche Herrlichkeit des Reiches Gottes gezeigt. Es ist das Königreich der Himmel wahrhaftig des Total-Einsatzes seitens des Menschen wert. Seine ganze unaussprechliche Schönheit und Größe wird erst in der Zukunft offenbar. So reden die sieben Gleichnisse sowohl von dem irdischen Anbruch des Reiches Gottes, als auch von der eschatologischen Vollendung.

Gleichnis vom vierfachen Ackerfeld oder vom Säemann.

Zu Vers 1—23:
Mk 4, 1—20
Lk 8, 4—15
Zu Vers 2:
Mt 13, 34
Mk 3, 9
Zu Vers 6:
Jo 15, 6
Jak 1, 11
1 Pt 1, 24
Zu Vers 7:
Hbr 6, 8

1 An jenem Tage ging Jesus aus dem Hause hinaus und setzte sich an den
2 See. * Und es versammelten sich viele Volksmengen um ihn, so daß er in
ein Schiff stieg und sich darin niederließ, während die ganze Volksmenge am
3 Ufer stand. * Und er redete vieles in Gleichnissen zu ihnen und sprach:
4 Siehe, der Säemann ging aus zu säen; *und indem er säete, fiel etliches an
5 den Weg, und die Vögel kamen und fraßen es auf. * Anderes aber fiel auf
felsigen Grund, wo es nicht viel Erde hatte; und es ging schnell auf, weil es
6 nicht tief im Boden lag. * Als aber die Sonne aufging, ward es versengt, und
7 weil es keine Wurzel hatte, trocknete es aus. * Anderes aber fiel unter die
8 Dornen, und die Dornen schossen auf und erstickten es. * Anderes aber fiel
auf die gute Erde und gab Frucht: das eine hundert-, das andere sechzig-,
9 das andere dreißigfältig. * Wer Ohren hat zu hören, der höre!

Das Gleichnis vom vierfachen Ackerfeld bringen außer Matthäus noch Markus (4, 1—20) und Lukas (8, 4—15). Matthäus bringt die Gleichnisrede ausführlicher und vor allem in Anlehnung an das AT 5. Mo 29, 3 und Je 6, 9—10. Der 14. Vers des Matthäus-Kapitels weist noch ganz besonders auf die erfüllte Weissagung des Jesaja hin, wodurch der ganze Ernst dieser Gleichnisrede im Matth.-Evangelium gegenüber den anderen Evangelien zum Ausdruck kommt.

Das Gleichnis vom Säemann, sowie die anderen Gleichnisse vom Himmelreich sind von Jesus im Hafen von Kapernaum gehalten worden. Da der Herr in Kapernaum wohnte, hat die Stadt weit mehr von den Reden und Taten Jesu gehört und gesehen als die anderen Städte. Damit ist auch in diesem Punkte die Weissagung Jesajas in Erfüllung gegangen (Je 8, 23; Mt 4, 12—17). Jesaja hatte geweissagt, daß gerade den Bewohnern jener Gegend — (nämlich Sebulon, Naphtali, jenseit des Jordans, und das heidnische Galiläa, d. h. Kapernaum und Umgebung) —, das Licht des Evangeliums zuerst und in besonders hellem Maße aufgehen werde. Nun sahen sie das Licht in den „Himmelreichspredigten", die Jesus dort etwa über ein Jahr lang gehalten hat. Des Herrn Herberge war das Haus des Jüngers Petrus und seiner Schwiegermutter. Dorthin kehrte er von seinen Wanderungen zurück (Mt 8, 14). Jesus nannte Kapernaum sogar seine Stadt. (Mt 9, 1). —

Da am Ufer im Hafen sich diesmal eine sehr große Menschenmenge zusammendrängte, die den Meister hören wollte, stieg Jesus in ein Boot, setzte sich dort nieder und ließ sich ein klein wenig vom Ufer wegrudern, damit er die Zuhörer besser überblicken und sie ihn besser hören konnten.

Die Verse 3b—8 bilden das von Jesus gesprochene Gleichnis vom Säemann. Schon das erste Wort „s i e h e" ist bedeutsam. Es ist ein Ausruf, durch den Jesus die Wichtigkeit der darauffolgenden Botschaft herausstellen will und die Zuhörer zu gesteigerter Aufmerksamkeit und besonderem Nachdenken veranlassen möchte. Bei Matthäus kommt dieses Wort 62 mal vor. (Vgl. das auf Seite 18 unter Fußnote 12 Gesagte.)

Die umliegende Gegend bietet dem Herrn das Bild der vier Klassen von Menschen dar, die er in seinem Gleichnis vor Augen hat. Vom Meeresufer steigt das Gelände mehr oder weniger steil an. An solchen Abhängen kommt es nun oft vor, daß der obere Teil eines Feldes nur eine dünne Schicht Mutterboden hat, während, je mehr man aber zu der Ebene hinabsteigt, der Mutterboden tiefer wird. Daher die angegebenen Unterschiede.

Wir könnten dem Sämann nun den Vorwurf machen, daß er ungeschickt säte, weil so viele Körner verloren gingen. Man muß wissen, daß man in Palästina v o r dem Pflügen sät. Der Sämann des Gleichnisses schreitet also über das ungepflügte Stoppelfeld. Absichtlich sät er auf den Fußpfad, den die Dorfbewohner über das Stoppelfeld getreten haben, weil der Fuß-Pfad mit umgepflügt wird. Absichtlich wird der Same in die Dornen gestreut, weil auch sie mit umgepflügt werden. Und daß die Samenkörner auch auf Felsiges fallen, verwundert nicht; denn das Felsige ist erst dann unter der dünnen Ackerkrume zu sehen, wenn die Pflugschar knirschend aufstößt. — Somit ist der Vorwurf der Ungeschicklichkeit des Sämanns widerlegt, weil die Arbeitsweise des Orientalen anders ist als beim Europäer.

Es wird in diesem Gleichnis von Jesus noch gesagt, daß sogar die Ernte auf dem guten Ackerboden verschieden ausfällt: Lukas gibt den höchsten Grad der Fruchtbarkeit an: Hundertfältig. Matthäus und Markus erwähnen auch die geringeren Grade, Markus in aufsteigender, Matthäus in absteigender Ordnung. Die Ackerkrume ist in der Zusammensetzung und in der Güte nicht immer gleichwertig. Stellenweise ist der Untergrund gut, stellenweise schlechter. Daher erhält der Landmann in unserem Gleichnis teils hundertfältige, teils sechzigfältige und teils dreißigfältige Frucht. — Mit Vers 8 bricht Jesus das Gleichnis kurz ab mit den Worten: „Wer Ohren hat, der höre!" —

Gewiß haben alle, die am Ufer standen, Ohren gehabt und haben das Gleichnis gehört. Doch haben diese Worte einen tieferen Sinn. Jesus weist die Menschen darauf hin, daß es jetzt um das sogenannte „i n n e r e O h r" geht. Ohne das i n n e r e H ö r e n wird uns das Gleichnis nichts sagen. Ja, im Gegenteil, wir werden vielleicht über diese simple Geschichte lächeln. Wir werden vielleicht sogar auf den Herrn ärgerlich sein, der uns eine solche nichtssagende Geschichte vorsetzt. Genau so oder ähnlich mag vielleicht das Volk von Kapernaum gedacht haben, als es das Gleichnis gehört hatte. — Jesus weiß also um den Unterschied der H ö r e r m i t und o h n e „G e h ö r".

Der Mensch ist gesegnet, dem das Ohr geöffnet wird. David dankt dem Herrn, daß ihm seine Ohren aufgetan wurden (Ps 40, 7b). In Jes 50, 5 bekennt der Prophet: „Der Herr hat mir das Ohr geöffnet". Bevor Jesus die Gleichnisse vom Königreich der Himmel predigte, wollte er das Volk durch seine Wirksamkeit für das innere Ohr vorbereiten. Darum konnte er am Schluß des Gleichnisses sagen: „Wer Ohren hat, der höre!"

10 **Und die Jünger kamen her zu ihm und sprachen: Warum redest du zu ihnen in Gleichnissen?**

Mit dieser Frage der Jünger kommen wir zu einem ganz bedeutenden Abschnitt. — Die Jünger fragten nicht nur um ihrer selbst willen, sondern um des Volkes willen.

Bevor wir die Frage der Jünger beantworten, haben wir uns zu fragen: Was ist ein Gleichnis? Das Gleichnis schildert in dem Bilde eines Vorganges aus der Natur oder aus dem irdischen Leben geistliche Wahrheiten und Vorgänge aus dem Reiche Gottes. Vom einfachen Bild und Vergleich unterscheidet sich das Gleichnis durch seine Form. Es verdeutlicht einen Hauptgedanken. Der Hauptgedanke kann noch durch nebengeordnete Züge veranschaulicht werden, wobei dann diese nebengeordneten Züge keine selbständige Bedeutung haben. Die Auslegung hat sich darauf zu beschränken, den bzw. die Hauptgedanken herauszuarbeiten. — Es wird bei den großen Gleichnissen Jesu oft eine ganze Erzählung geboten. Solche Erzählung bezeichnet man als Gleichniserzählung oder Parabel (griech.: parabolé = Nebeneinanderstellung). Die Synoptiker haben alle das Wort „parabolé" (im ganzen 44 mal). — Johannes hat das Wort paroimia = proverbium = Sprichwort, Bildrede (Vgl. Jo 10, 6; 16, 25; 16, 29).

Wichtig ist für uns, daß wir den Unterschied zwischen dem Gleichnis und der Allegorie kennen (Allegoria = bildliche Rede), damit wir nicht „Gleichnis" mit „Allegorie" verwechseln und umgekehrt. Bei einer reinen Allegorie wird nicht wie beim Gleichnis ein Hauptgedanke durch eine Erzählung veranschaulicht, sondern es sind hier alle einzelnen Züge auf Auslegung angelegt. Eine reine Allegorie ist ein außerordentlich kunstvolles Gebilde. Wohl kommt es vor, daß auch Gleichnisse, wie wir schon sagten, nicht nur einen Grundgedanken veranschaulichen wollen, sondern daß sie auch noch weitere Grundgedanken enthalten, die nach einer Ausdeutung verlangen.

Es gibt also Gleichnisse mit mehr oder weniger allegorischem Charakter. Das reine Gleichnis ist darum nicht so häufig, wie man meint. Das ist auch für die Gleichnisse Jesu hier in Kap. 13 zu beachten.

Wenn wir nun festgestellt haben, was ein Gleichnis und was eine Allegorie ist, so wissen wir noch nicht, warum Jesus jetzt in Gleichnissen redete. Was ist der gemeinsame Sinn der sieben Gleichnisreden von Mt 13?

Die Jünger fragten nicht zu Unrecht, denn sie dachten an das Volk.

Was sollte das Volk mit dem Gleichnis Jesu anfangen, wenn er es dem Volk nicht erläutert? Wie sollen die Menschen die Worte verstehen, wenn sie erst nach dem Sinn des Gesagten grübeln müssen? Wie sollen sie da zum Glauben kommen? Das ist wahrlich eine sehr ernste Frage! Auch gerade für heute! An wem liegt es denn, wenn sich die Menschen nicht zu Christus bekehren? Liegt es an der Botschaft, an der Auslegung, an der Person des Predigers oder an den Hörern? Vielleicht mag uns das Forschen nach dem Sinn der Gleichnisrede eine Antwort für alle diese Fragen geben. —

Die Gleichnisse Jesu sind, aufs ganze gesehen, doch so einfach und klar erzählt, daß sie sogar von einem Kinde verstanden werden können. Und doch besteht die Schwierigkeit, hinter ihren Sinn zu kommen.

Es ergibt sich noch eine weitere Textfrage, nämlich die, ob das griech. Wort „parabolé" = Parabel (Vers 3 und 10), das mit „Gleichnis" übersetzt wird, den Sinn der Gleichnisrede Jesu auch wirklich ganz trifft. Es existiert ein entsprechendes hebräisches Wort: „Maschal", welches dem Sinn der Gleichnisrede Jesu vielleicht näher kommt. Maschal heißt nämlich soviel wie „**Rätselwort**". Dieses Wort „Maschal" = Rätselwort steht in deutlicherer Beziehung zum Inhalt des Gleichnisses, nämlich zu dem Rätselhaften des Geheimnisses „des Königreichs der Himmel", als das Wort „Gleichnis". Denn es erklärt die Frage der Jünger: Warum redet der Herr in Gleichnissen „deutlicher". Man müßte also statt „Gleichnis" besser „Rätselwort" sagen.

Zu Vers 11:
1 Ko 2, 10
Zu Vers 12:
Mt 25, 29
Mk 4, 25
Lk 8, 18
Lk 19, 26
Zu Vers 13:
Mt 11, 4
Mk 8, 18
Jo 6, 36
Jer 5, 21
5 Mo 29, 3
Zu Vers 14:
Lk 19, 42
Jo 9, 40; 12, 40
Apg 13, 40;
28, 26. 27
Jes 6, 9. 10

10 **Und die Jünger traten herzu und sprachen zu ihm: Warum redest du**
11 **in Gleichnissen zu ihnen? * Er aber antwortete und sprach zu ihnen: Weil**
euch gegeben ist, die Geheimnisse des Königreichs der Himmel zu erkennen,
12 **jenen aber ist es nicht gegeben; * denn wer da hat, dem wird gegeben**
werden, und er wird Überfluß haben; wer aber nicht hat, von dem wird
13 **selbst das, was er hat, genommen werden. * Darum rede ich in Gleichnissen**
zu ihnen, weil sie sehend nicht sehen und hörend nicht hören, noch ver-
14 **stehen. * So geht an ihnen die Weissagung Jesajas in Erfüllung, welche sagt:**
„Mit dem Gehörsinn werdet ihr hören und doch nicht verstehen, und sehend
15 **werdet ihr sehen und doch nicht wahrnehmen** (erkennen); *** denn das Herz**
des Volkes ist stumpf geworden, und mit den Ohren sind sie schwerhörig
geworden, und ihre Augen haben sie geschlossen, damit sie nicht mit den
Augen sehen und mit den Ohren hören und mit dem Herzen verstehen und
sie sich nicht bekehren und ich sie heilen könnte."

Noch einmal stellen wir die oben schon aufgeworfene Frage: **Warum redet der Herr in Rätselworten?**

Auf das Grundsätzliche gesehen, kann man zwei Antworten auf diese Frage geben.

1. Wenn ich den Ton auf die Jesaja-Stelle 6, 9 und 10 („Verstocke das Herz dieses Volkes") lege, dann zeigt mir die **Gleichnisform seiner Rede** oder, besser gesagt, das **„Rätselwort"** seiner Verkündigung **den Anfang des Gerichtes über Israel.**

2. Wenn ich den Ton auf das Wort **„Geheimnis"** (Vers 11) lege, dann zeigt mir das Rätselwort seiner Verkündigung **den Anfang der Sichtung und Scheidung** in solche, die dem Herrn mit Ernst nachfolgen wollen, und in solche, die dem Herrn **nicht nachfolgen wollen.**

Zur 1. Antwort:

Wir lesen noch einmal die Worte Jesu Vers 13—15.

Es ist erschütternd, wie das Ringen des Jesaja in Kap. 6, 9 und 10 um sein Volk umsonst gewesen ist, daß es durch das Gnadenwort nur noch mehr in das Gericht getrieben wurde. Es ist kaum vorstellbar, daß die Gnadenverkündigung gerade die **gegenteilige** Wirkung im Menschen auslöst, wenn sich der Mensch mit unbußfertigem Herzen von Gott abwendet.

Wie hat sich doch der Herr selbst um sein eigenes Volk bemüht. Wie schmerzlich muß es ihm gewesen sein, hier auf das Gericht hinzuweisen. Auch die Gnade Gottes hat ihre Grenzen. Sie verschwendet sich nicht an Menschen, die von ihr nichts wissen wollen. Aus dem **Nicht-wissen-wollen** folgt dann — das **Nichtkönnen!**

Die Worte vom Haben und Nichthaben in Vers 12 veranschaulichen uns noch einmal den tiefen Ernst seiner Worte:

12 **„Denn jeder, der hat, dem wird gegeben, daß er es im Überfluß haben wird. Aber jedem, der nicht hat, wird das noch weggenommen werden, was er hat."**

Es soll hier gesagt werden: Gott schenkt dem Menschen keinen ruhenden Besitz. Es gibt kein Stillstehen vor ihm, sondern es geht entweder um ein Haben im Überfluß, oder um ein Nichthaben in der völligen Leere. Natürlich wird jedem Menschen die Gabe des Wortes Gottes zum Empfang gegeben; diese Gabe muß Besitztum werden. Nun gilt es, diesen Besitz auszubauen und damit zu wirken. Das wissen wir schon aus dem irdischen Leben. Wenn ich einen Acker habe, so muß ich ihn bearbeiten, um von ihm leben zu können. Wenn ich jedoch nichts tue, so bleibt der Acker brach liegen, und er bringt mir **keine Frucht.** Das gilt noch mehr von der Gnade Gottes, die in seinem Wort und in seinem Wirken zu uns kommt. – So hat auch Israel von altersher durch Gottes reiches Wort und später durch das Wirken Jesu viel empfangen. Aber es hat das „Wort Gottes", das Jesus war und brachte, nicht aufgenommen, geschweige denn damit gewirkt und gewuchert. – Darum wird sich das Wort Jesu erschütternd erfüllen: **„Jeder, der nicht hat, dem wird auch noch genommen, was er hat."**

Das ist **Gericht!** – Wie ernst: **„Wer das Wort nicht reichlich auf sich wirken läßt, dem wird auch das noch genommen, was er hat."**

Dies Ergebnis war aber, wie Riggenbach sagt, **„für Israel weder der erste noch der letzte Wille Gottes"**, sondern ein **dazwischenkommender Ratschluß einer Züchtigung.** Wenn das Herz sich dem ersten Leuchten der Wahrheit nicht aufgeschlossen hat, so wird es durch den nachfolgenden Schein derselben, statt erleuchtet zu werden, **verblendet;** und diese Wirkung ist ein **Gericht.** Da Pharao nach den ersten Warnungen sich weigerte, sich zu unterwerfen, wurde er durch die folgenden **gerichtet.** Wenn er sich nicht bekehren will, soll er wenigstens durch seine augenfällige Züchtigung zur Bekehrung der andern dienen. – Dies war der Zustand des jüdischen Volkes zur Zeit des **Jesaja.** Eben dieser Zustand wiederholte sich in dem kritischen Zeitpunkt des Lehramtes **Jesu,** bei welchem wir jetzt in Mt 13 angekommen sind: **Israel als Nation** stieß das in Jesus leuchtende Licht mehr und mehr von sich, deshalb bedeckte sich dieses Licht mit dem **Schleier** des Gleichnisses, des Rätselwortes, das das sich erfüllende Erlösungswerk den Blicken der Gleichgültigen und Unbußfertigen **verhüllte.**

Zu 2. Wir kommen zur zweiten Auslegung, die bestimmt ist von dem Wort **„Geheimnis" des Königreiches der Himmel.** – Das Geheimnis besteht darin, daß das Rätselwort der Verkündigung Jesu **Sichtung** und **Scheidung** auslösen soll in solchen, die sich mit **Ernst entscheiden wollen,** auf Jesu Willen einzugehen oder nicht.

Jesus redet in seinen Gleichnissen nicht vom Evangelium im allgemeinen, sondern von den **Geheimnissen** des Königreiches der Himmel, das heißt von dem geschichtlichen Werk der Gründung, Entwicklung und Vollendung des Reiches Gottes (Mt 13, 11; Mk 4, 11; Lk 8, 10). Dieser von Jesus absichtlich gewählte Ausdruck **„Geheimnis"** hat sich in den drei Berichten erhalten. Über dies göttliche Geheimnis des Königreichs der Himmel konnte Jesus das Volk nicht in gewöhnlicher Rede belehren. Selbst seine viel weiter vorangeschrittenen Jünger konnten nur **allmählich** in dasselbe eingeweiht werden. Und doch nahte das Ende der Arbeit Jesu. Es war der Augenblick gekommen, wo er die unvermeidliche **Sichtung** vorbereiten mußte zwischen den **empfänglichen Seelen,** die in die neue Ordnung eintreten und zu dieser göttlichen Veranstaltung mitwirken sollten, und der bis dahin unempfänglich gebliebenen Masse, welche dem **Verstockungsgericht entgegenging** und nicht dem **Heil.** Diese **Sichtung** war der Zweck des Gleichnisses, ein Zweck, der mit der ganzen damaligen Sachlage übereinstimmte.

Die empfänglichen Herzen, durch die Bilder der Gleichnisse **angezogen,** kamen zu Jesus, um sich über den Sinn derselben Aufschluß geben zu lassen, und traten so in den Kreis der Jünger ein. Die satten und feindseligen Elemente dagegen, denen alles **ernstliche** Interesse an dem beginnenden Werke Gottes fehlte, gingen, wenn sie die Gleichnisse gehört hatten, **hinweg** und bereiteten damit das **Gericht vor,** so wie wir es in unserer ersten Antwort ausgeführt haben.

Von diesem Gesichtspunkt aus gesehen, stehen die von uns ausgeführten **zwei** Auslegungen hinsichtlich des **„Warum"** der Gleichnisreden Jesu nicht im **Widerspruch** zueinander, sondern bilden ein Verhältnis der **Folge** und zwar so: Das, was die erste Auslegung sagt (die Gleichnisreden bedeuten Gericht und Verstockung), ist die **Folge** der zweiten Auslegung, die Gleichnisreden bedeuten **„Scheidung".**

Die Gleichnisse enthüllen und verhüllen, je nach dem Zustand des Hörers — gleich der Wolkensäule, die den Ägyptern **dunkel** und den Israeliten **hell** erschien, — **die Wahrheit des ewigen Lebens.** (Man vergleiche hierzu B. Weiß: „Das Leben Jesu", II. S. 27—30.)

Alle Evangelisten geben in dem Gleichnis vom Säemann Jesu Wort wieder: **„Wer Ohren hat zu hören, der höre!"** In ihr, der Wahrheit des ewigen Lebens, hat das **Gerichtswort** noch den **Zug des Evangeliums.** Wer Ohren hat, zu hören, für den mag das Dunkel des Gleichnisses ein Ansporn sein, auf die Rede Jesu in Gleichnissen aufzumerken. Ein solcher Mensch wird nach Antwort und Klärung suchen. Und die Antwort wird nicht ausbleiben. — **Denn Gott will nicht, daß Menschen sich verstocken und sich nicht bekehren.** Das ist eine gotteslästerliche Rede, zu sagen, Gott will, daß Menschen verstockt werden und sich nicht bekehren sollen. **Gott will, daß allen Menschen geholfen werde** und sie zur Erkenntnis der Wahrheit kommen. (1 Tim 2, 4.)

Weil aber **Gott das so will,** muß sich der Mensch **für diesen Willen** Gottes **entscheiden.** Und der Wille Gottes ist, daß die Menschen zur Erkenntnis der Wahrheit kommen — und wie erkennt man die Wahrheit? Dadurch, daß man die **Wahrheit hört und tut. —**

Zu den Jüngern sagt Jesus:

Zu Vers 16:
Mt 16, 17
Lk 10, 23
Spr 20, 12

Zu Vers 17:
Lk 10, 24
Jo 8, 56
1 Pt 1, 10. 12
1 Jo 1, 2. 3

16 **Aber eure Augen sind glückselig** (zu preisen), **weil sie sehen, und eure Ohren, weil sie hören.**

17 **Denn wahrlich, ich sage euch: Viele Propheten und Gerechte haben begehrt zu sehen, was ihr anschauet, und haben es nicht gesehen; und zu hören, was ihr höret, und haben es nicht gehört.**

Jesus spricht noch immer zu den Jüngern und schließt sie ganz besonders in den Kreis seiner Worte ein, obwohl auch diese Worte all den Menschen gelten, die den Messias gehört und seine Wunder gesehen haben. Natürlich meint Jesus nicht allein das natürliche Sehen und Hören, sondern vielmehr das innere Hören und innere Sehen. Es wird von dem besonderen Vorzug der Jünger gesprochen, daß sie erwählt sind, das „Geheimnis" der Gottesherrschaft zu erkennen. Seine Jünger haben mehr empfangen als alle Propheten und „Gerechten", womit die wahrhaft „Frommen" gemeint sind, die Gott in ihrer Weise dienten. Die Gläubigen des Alten Bundes haben den Tag und die Stunde herbeigesehnt und haben auf diese Hoffnung hin geglaubt und gelebt. Sie haben den Einbruch der Königsherrschaft nicht mehr erlebt.

Jesus will mit dieser Seligpreisung (Vers 16) die ganze Größe der **Gnade** am Vorrang der Jünger zeigen. Es ist also nicht ihr Verdienst, sondern allein die Gnade Gottes. Die Gnade hat sie berufen und erwählt. Wie denn auch Petrus nicht aus sich heraus den Messias erkennen konnte (Mt 16, 13—20), sondern durch die Gnade Gottes. Mit diesen Worten Jesu wird auch der scheinbare Widerspruch zu Jo 20, 29 aufgehoben, wo Christus die selig preist, die nicht sehen und doch glauben. Der tiefe Sinn liegt darin, daß es der Geist Gottes ist, der das innere Sehen möglich macht. — Obgleich Jesus in den Gleichnis-Worten nicht auf sich selbst hingewiesen hat, so hören wir doch heraus, daß ER, CHRISTUS, gemeint ist, den die Jünger sehen. Darum kann auch Johannes immer wieder vom Sehen sprechen. So Jo 1, 14: Wir sahen seine Herrlichkeit. Tausende der Zeitgenossen Jesu haben auch die Herrlichkeit Jesu in seinen Taten und Worten gesehen — **und doch nichts gesehen:** weil sie nicht sehen **wollten!**

Deutung des Gleichnisses vom Säemann oder vom vierfachen Ackerfeld.

18 Höret nun das Gleichnis vom Säemann. * Zu jedem, der das Wort des
19 Königreiches hört und es nicht versteht, kommt der Böse und reißt weg, was
20 in seinem Herzen gesäet war; dieser ist's, der an den Weg gesäet ist. * Der
aber auf felsigen Grund gesäet ist, dieser ist's, der das Wort hört und es
21 schnell mit Freuden aufnimmt, *hat aber keine Wurzel in sich, sondern ist
nur für eine Zeit; und wenn Drangsal entsteht oder Verfolgung um des
22 Wortes willen, kommt er schnell zu Fall. * Der aber unter die Dornen
gesäet ist, dieser ist's, der das Wort hört, aber die Sorge dieses Zeitalters
und der Betrug des Reichtums ersticken das Wort, und er bringt keine Frucht.
23 *Der aber auf die gute Erde gesäet ist, dieser ist's, der das Wort hört und ver-
steht, welcher wirklich Frucht bringt; und der eine trägt hundert-, der
andere sechzig-, der andere dreißigfältig.

Zu Vers 22:
Mt 6, 19—34
Lk 14, 18—20
Mk 4, 19
1 Tim 6, 9
Tit 3, 14
2 Pt 1, 8

Erste Deutung des Gleichnisses

Jesus nennt das Gleichnis vom viererlei Acker auch „Gleichnis vom Säemann." — Und hierin liegt ein wichtiger Fingerzeig zur Deutung, und zwar zur Deutung des Gleichnisses nicht vom „Acker" aus, sondern im Hinblick auf den „Säemann".

1. Der Säemann ist nämlich ein vorbildlicher Säemann. Er hat bei seiner Säearbeit sehr viel Mißerfolg. Dreiviertel seiner ausgestreuten Saat geht verloren! Die Eigenart des galiläischen Bodens und die Besonderheit seiner Bewirtschaftung zwingt den Säemann dazu, die unvermeidliche Tatsache mit einzurechnen, daß nur sehr wenig Samen guten Boden finden wird. — Daß nun der Säemann sich durch keinen Mißerfolg, wie groß er auch sei, irgendwie in seinem Fleiß und seiner Treue bei der Arbeit beeinflussen läßt, das macht uns den Säemann groß und setzt ihn uns zum Vorbild. Der Säemann läßt sich durch keinen Mißerfolg entmutigen oder verbittern, er denkt nicht an die vielen Hemmnisse und Widerwärtigkeiten, die seiner ausgestreuten Saat im Wege stehen, er rechnet mit der Ernte. Als ein nüchterner Wirklichkeitsmensch weiß er um die Gefahren und um die Enttäuschungen. Er unterschätzt sie nicht. Die Vögel und der Felsenboden, die Dornen und die Hitze werden seiner ausgestreuten Saat zu schaffen machen. Der Säemann unterschätzt die Gefahren nicht, er überschätzt sie aber auch nicht. Er ist weder Pessimist, noch Optimist, sondern Realist. Er nimmt die Bedrängnisse und Schwierigkeiten nicht wichtiger, als sie genommen werden dürfen. Er sieht nicht schwarz in schwarz, sondern tut in aller Stille und Treue fleißig und beharrlich seine Pflicht.

Aber auch der Erfolg wirft ihn nicht um, indem er stolz und hochmütig wird. Nach keiner Seite gibt er sich falschen Erwartungen hin. Ihn erschüttert nichts. Seine Aufgabe treu zu erfüllen in letzter Verantwortung des Dienstes und ganzer und ernster Bereitschaft zum Höchsteinsatz, das ist das Leitmotiv aller seiner Handlungen und das macht ihn zum Vorbild für uns, das stempelt ihn zum wahrhaft „guten Säemann".

2. Wir fragen: Ist Jesus der Säemann? oder, anders gefragt: Kann Jesus sich selbst mit dem Säemann gemeint haben? — Viele Ausleger haben diese Frage mit ja beantwortet, indem sie sagen, das Gleichnis zeige, „wie Jesus über den Erfolg seiner Arbeit dachte, wie er sich tröstete über vergebliche Mühe, wie er sich freute über den Erfolg".

Wir glauben, dieser Auslegung nicht zustimmen zu können.

Wir meinen, daß Jesus hier in diesem Gleichnis seine Kümmernisse und seine Freuden nicht vor den Jüngern und dazu noch in Form eines Gleichnisses ausgebreitet hat. — Das hat er an anderer Stelle getan, ohne in Gleichnissen zu sprechen. Wir denken an Stellen wie die folgenden:

Lk 10, 21: *In eben dieser Stunde jubelte Jesus durch den heiligen Geist mit den Worten: „Ich preise dich, Vater, Herr des Himmels und der Erde, daß du dies vor Weisen und Klugen verborgen und es Unmündigen geoffenbart hast; ja, Vater, denn so ist es dir wohlgefällig gewesen."*

Mt 11, 25. 26: *Zu jener Zeit hub Jesus an und sagte: „Ich preise dich, Vater, Herr des Himmels und der Erde, daß du dies vor Weisen und Klugen verborgen und es Unmündigen geoffenbart hast; ja, Vater! denn so ist es dir wohlgefällig gewesen."*

Nach unserer Auffassung glauben wir, daß Jesus bei dem Säemann nicht an sich, sondern in erster Linie wohl an die Jünger gedacht hat, und zwar nicht nur an die Zwölf, sondern darüber hinaus an jeden, der in der Nachfolge des Herrn sich befindet. Denn die Pflicht, das Reich Gottes zu verkündigen, ist nicht allein auf die Zwölf beschränkt, ist auch nicht Angelegenheit nur des Predigerberufes, sondern jedem, der zu Jesus gekommen ist, gilt der Ruf: *„Du aber gehe hin und verkündige das Reich Gottes!"* Und zwar dort, wo du stehst: in deiner Familie, in deiner Verwandtschaft, in deinem Kollegenkreis, in deinem Ort. Jeder gläubige Christ ist Säemann, ist Verkündiger des Evangeliums, und zwar nicht in erster Linie durchs Wort allein, sondern in erster Linie durch die Tat, und dann durchs Wort. Ja, bei dem Herrn selbst steht die Tat zuerst und dann das Wort.

Lies Apg 1, 1: *Meinen ersten Bericht habe ich, lieber Theophilus, über alles das verfaßt, was Jesus getan und gelehrt hat von Anfang an ...*

Hier wird also zuerst die „Tat" Jesu genannt und dann das „Wort" Jesu.

Ja, das NT kennt sogar eine Verkündigung „des Wortes ohne Worte":

1 Pt 3, 1: *Ebenso, ihr Frauen: seid euren Ehemännern untertan, damit auch solche, die dem Wort ungehorsam sind, durch den Wandel ihrer Frauen auch ohne Worte gewonnen werden, wenn sie euren in Gottesfurcht sittsamen Wandel wahrnehmen.*

Und in Gottes Augen ist „Liebe ohne Worte" wertvoller als „Worte ohne Liebe".

Echtes Glaubensleben ist Säemannsleben, trägt fort und fort Verpflichtungscharakter, weiß sich immerdar als Schuldner gegenüber den anderen. Vergl. dazu das Wort vom Licht und Salz usw. und Paulus' Wort: *„Den Griechen wie den Barbaren, den Gebildeten wie den Ungelehrten bin ich verpflichtet ..."* Rö 1, 14.

Und in dieser Säemannsarbeit gilt es, sich den guten Säemann des Gleichnisses immerdar zum Vorbild zu nehmen in seiner Beharrlichkeit und seiner Treue, in seinem Fleiß und seinem Ernst und seiner steten Bereitschaft zum Volleinsatz. Es gilt, durch nichts sich entmutigen zu lassen. Auch wenn Treue und Einsatzbereitschaft, Opfersinn und Liebe kein Echo finden, sondern nur Undank und Verachtung, ja Ausstoßung einbringen, dann wissen die Christusnachfolger dennoch ganz gewiß: *„Sein Wort wird nicht leer zurückkommen, sondern ausrichten, wozu es gesandt ist"* (nach Jes 55, 11).

Dazu kommt noch folgendes: Der Nachfolger Jesu ist genau so wie Jesus nicht nur Säemann, sondern — und das sei auch noch als Deutung hinzugefügt — „Same" selbst. Denn jeder an Christus Gläubige **soll** nicht nur Verkündiger des Wortes in Tat und Rede sein, sondern zutiefst und zuletzt auch das „Wort" selbst.

Über diese Deutung, daß die Jünger Jesu selbst „Wort" Gottes sein sollen, darüber dann eingehend in der nun folgenden zweiten Deutung des Gleichnisses.

Zweite Deutung des Gleichnisses.

Die zweite Deutung bezieht sich auf das Wort vom viererlei Acker. Unter dieses Wort gilt es sich nunmehr zu stellen.

Vier verschiedene Ackerarten werden im Gleichnis geschildert. Diese vier verschiedenen Ackerarten sind Beispiele für vier verschiedene Arten, **wie man dem Worte Gottes begegnet.** Denn bei dem Gleichnis vom viererlei Acker handelt es sich nicht um solche, die nie das Wort Gottes gehört haben, sondern um solche, die fort und fort die Predigt des Wortes vernommen haben, und zwar sowohl die, welche dem hartgetretenen Wege gleichen, ferner die, welche dem steinigen Boden, dann die dem dornigen Boden, dann die dem guten Boden gleichen. Allen vier Ackerarten ist der Same des Wortes Gottes in Fülle geschenkt worden.

Und wie nun die vier verschiedenen Reaktionen des menschlichen Herzens auf die Fülle des Wortes Gottes aussehen, davon berichtet ernst das Gleichnis. — Die Hörer des Wortes sind nämlich nicht von Hause aus ein „hartgetretener Weg", ein „steiniger Boden", ein mit „Unkraut durchsetztes Ackerfeld" —, sondern die Hörer des Wortes „werden" erst solch ein Ackerboden, je nachdem sie sich zum Worte Gottes eingestellt haben. — Mit anderen Worten: Der vierfache Acker bedeutet keine verschiedene Beschaffenheit des Herzens, sondern eine verschiedene Stellungnahme zum Wort Gottes.

Zu 1. Vielleicht denken manche, der harte Weg, das sind die, bei denen die Predigt überhaupt nicht herankommt. — Wir meinen jedoch. die Hartgetretenen, die Harthörigen und Hartherzigen, das sind solche, an die das Wort Gottes nicht herankommt, obwohl sie es fort und fort gehört haben. Mit hörenden Ohren hören sie nicht. Woran ist das feststellbar? Antwort: Es verhält sich mit dem Worte Gottes immer ganz genau so, wie mit dem Nächsten. — So, wie ich mich zum Nächsten verhalte, so verhalte ich mich zum Wort Gottes. *„Denn wer seinen Bruder nicht liebet, den er siehet, wie kann er Gott lieben, den er nicht siehet?"* (1 Jo 4, 20). — Kommt der Nächste wirklich an mich heran, oder bleibe ich ihm gegenüber immer kalt, abgeschlossen, steif und stolz? Grolle ich meinem Nächsten? — Bin ich ihm verbittert? Laß ich ihn links liegen? — Sind wir dazu da, einander wehe zu tun oder einander wohlzutun? — einander zu fördern oder zu hindern? — einander hart oder hilfreich zu begegnen? — einander Wegweiser zu sein oder Baumstümpfe zu sein, über die der Nächste stolpert — einander Lasten aufzulegen oder Lasten abzunehmen, einander das Leben zu erschweren oder zu erleichtern? — Aufs Tun kommt es an! Das Tun ist der Maßstab des echten Hörens.

Zu 2. Es ist das Bild vom steinigen Ackerboden, wie der Herr in der Deutung sagt: „Das Wort wird aufgenommen mit Freuden!" Auch wir haben das Wort mit Freuden aufgenommen, sind aus einer Predigt begeistert fortgegangen, — — aber sobald der Alltag kam mit seinen Anfechtungen und Widerwärtigkeiten und Schwierigkeiten, ist es mit jener Begeisterung für das gehörte Wort vorbei gewesen. Wir stellen fest: Begeisterung gehört nicht ins Gotteshaus. Das Wort Gottes begeistert nicht. Das Wort Gottes tötet. *Das Wort Gottes ist ein Hammer, der Felsen zerschmeißt.* (Jer 23, 29.) *Das Wort Gottes ist ein zweischneidiges Schwert* (Hbr 4, 12) — ist aber auch *Salbe aus Gilead* (Jer 8, 22). Aber es begeistert nicht! Begeisterung gehört in die Parteiversammlung, wo man für Parteiprogramme begeistert werden soll. Wer vom Wort Gottes getroffen wird, der wird nüchtern. Alle Illusionen werden beseitigt, ganz besonders die Illusion über sich selbst, über die eigne Tüchtigkeit und Frömmigkeit; auch die Illusionen über die Welt und alle ihre Programme werden völlig zerstört. — Das Wort Gottes macht nüchtern und sagt, daß ich ohne Christus ein Verdammter bin. — Da ist es aus und vorbei mit jeder Begeisterung; da gibt es nur Beugung und Niederstürzen vor der Heiligen Majestät!

Der Begeisterte ist ein Mensch des Augenblicks. Begeisterung hält nicht stand. Wie wenig ist oft nötig, um verzagt, verstimmt, mürrisch, verbittert, aufgeregt zu werden. — Die Widerstandskraft eines Baumes gegen Wind und Sturm entspricht seiner Verwurzelung. — Die Widerstandskraft gegen Widerwärtigkeiten und Ungerechtigkeiten entspricht der Verwurzelung im Wort. — Das Tun im Alltag, die konkrete Situation ist der Maßstab dafür, ob jemand hineingewurzelt ist ins Wort, oder ob nur ein oberflächliches Hören stattgefunden hat, nur steiniger Ackerboden das Bild des menschlichen Herzens ist.

Zu 3. Die dritte Art des Ackerbodens ist der Dornen und Unkraut tragende Boden. Die Dornen und das Unkraut sind die eignen charakterlichen Schwierigkeiten, die Erbanlagen des Temperamentes, die Anlagen zum Zorn, zur Schwermut, zur Empfindlichkeit, zur Eifersucht, zur Verzagtheit: Wir haben am Morgen im Gebet und Gottes Wort uns fest unserm Herrn für den Tag anvertraut — aber bald ist das, was wir in der Morgenstunde mit Gott in der Stille geredet haben, von den Schwierigkeiten und Geschäften des Tages überdeckt und verdeckt. Und je mehr der Tag fortschreitet, desto weiter kommen wir weg von Gott und „Seinem Wort."

Der Alltag mit seinem Druck erdrückt und zerdrückt das Wort Gottes in unseren Herzen, so daß die Saat schließlich ganz erstickt wird.

Woher kommt das?

Weil wir nicht taten, was jeder Gärtner tut, nämlich das Unkraut ausrotten. Es gilt, all das Unkraut unserer Temperamentfehler und Gebrechen im Glaubenskampf in der Kraft von oben auszureißen und dann das Wort Gottes so in den Alltag hineinzustellen, daß nicht die erblichen Belastungen, sondern das Wort Gottes überhandnimmt und Temperament und Charakter bestimmt und prägt. Aufs Tun kommt's an!

Zu 4. Von dieser vierten Art des Ackerbodens sagt Jesus: *„Selig sind, die Gottes Wort hören und bewahren* und *Frucht bringen* (Lk 11, 28; Jo 15, 2. 5. 16). — Ein Dreifaches wird also ausgesagt von denen, die dem rechten

Ackerboden gleichen. — 1. Das rechte Hören ist ein Hinhören und Gehorchen. — 2. Das Bewahren ist ein Hineinnehmen in den Alltag, ein Sichprägenlassen vom Wort. 3. Das Fruchtbringen ist ein „zum Wort Gottes selbst werden", ein Brief Christi werden, nicht mit Tinte geschrieben, sondern mit dem Heiligen Geist (2. Ko 3. 3). —

Wir sind am Schluß dieser 2. Deutung des Gleichnisses vom Säemann. Wie überaus ernst ist das Gleichnis. Von denen, die das Wort Gottes gehört haben, kommt nur der vierte Teil zurecht. Mit anderen Worten: Die Scheidungslinie, von der wir eingangs sprachen, geht mitten durch die Hörer des Wortes hindurch. Fast möchte man bei dem Ernst der Situation an die Frage der Jünger denken: *„Wer kann dann selig werden?"* (Mt 19, 25.)

Das ist ja gerade die große Not der Gemeinde Jesu, daß ein so trauriges Mißverhältnis besteht zwischen der Predigt, die man hört, und der **Predigt, die man in die Tat umsetzt, kurz, zwischen Lehre und Leben,** zwischen Wort und Tat.[1])

Die dritte Deutung des Gleichnisses ist die weit verbreitete evangelistische Deutung. Es ist der Weckruf an die, die noch „draußen" sind, der Ruf Gottes an die Menschen unserer Umgebung, deren Herzen dem vierfachen Ackerfeld gleichen.

„Vierfach ist das Ackerfeld.
Mensch, wie ist dein Herz bestellt?!"

Gleichnis vom Unkraut unter dem Weizen.

Matth. 13, 24–30

Zu Vers 24: Mk 4, 26 u. 27

Zu Vers 29: Mt 15, 13

Zu Vers 30: Mt 3, 12

24 Ein anderes Gleichnis legte er ihnen vor und sprach: Mit dem Königreich
25 der Himmel verhält es sich wie mit einem Menschen, *der guten Samen
auf seinen Acker säete. Während aber die Leute schliefen, kam sein Feind und
26 säete Unkraut mitten unter den Weizen und ging davon. *Als aber die
27 Saat aufging und Frucht ansetzte, da erschien auch das Unkraut. *Da traten
aber die Knechte des Hausherrn herzu und sprachen zu ihm: Herr, hast du
nicht guten Samen auf deinen Acker gesäet? Woher hat er denn das Un-
28 kraut? *Er aber sprach zu ihnen: Ein feindseliger Mensch hat das getan. Die
Knechte aber sprachen zu ihm: Willst du nun, daß wir hingehen und es zu-
29 sammenlesen? *Er aber sprach: Nein, damit ihr nicht beim Zusammenlesen
30 des Unkrautes zugleich auch den Weizen ausreißet. *Laßt beides zusammen
wachsen bis zur Ernte, und zur Zeit der Ernte werde ich den Schnittern sagen:
Leset zuerst das Unkraut zusammen und bindet es in Bündel, um es zu ver-
brennen; den Weizen aber sammelt in meine Scheune.

Dieses Gleichnis vom Unkraut unter dem Weizen ist Sondergut des Matthäus. Matth. hat dieses Gleichnis allein. Wir sind im Matthäus-Evangelium schon manchmal einigen Sondergutabschnitten begegnet, z. B. 1, 1–2, 23; 6, 1–4 und 11, 28–30.

Dieses Gleichnis vom Unkraut unter dem Weizen ist der längste Sondergut-Abschnitt des Matthäus. Andere Gleichnisse, die Matth. allein bringt, sind 13, 44–46 und 47–50, dann 18, 23–35; 20, 1–16; 21, 28–32; 25, 1–13.

Der Bau des Himmelreichs ist nicht nur bedroht von der inneren Stellungnahme der Herzen, sondern auch bedroht von außen her! Die Gemeinde Jesu steht immer in einem Zweifrontenkrieg, in einem Kampf gegen den inneren Feind, der von innen her, vom Ich her, der

[1]) Vgl. zu dieser Gleichnis-Deutung: Emil Brunner „Saat und Frucht", Zürich 1946

Gemeinde Jesu zu schaffen macht, und in einem Kriege gegen den äußeren Feind, den Teufel, der von außen her die Gemeinde bedrängt. Die Gefahr von außen und die Stellung der Gemeinde dazu wird in diesem Gleichnis vom Herrn dargelegt.

Die Deutung des Gleichnisses folgt erst später, und zwar nach den beiden Gleichnissen vom Senfkorn und vom Sauerteig. Die Deutung finden wir in den Versen 34—43.

Hier zunächst nur einige Fragen zum eigentlichen Gleichnis selbst.

1. Frage: Ist die Frage der Knechte: „Woher hat denn der Acker das Unkraut?" nicht töricht?[2])

Knechte der Landwirtschaft müßten doch wissen, daß Unkraut wie von selbst wächst — aber daß hier ein Sonderfall vorliegt, liegt in dem Umstand, daß der von den Knechten vom Unkraut gereinigte Ackerboden in früheren Jahren nicht eine solch auffallende Menge von Lolch, (das ist „Teufelsweizen") getragen hat wie dieses Mal. Auf normalem Wege war das nicht möglich! — Gustav Dalman erzählt in „Arbeit und Sitte in Palästina II S. 308": „Es ist meistens eine Folge menschlicher Nachlässigkeit, wenn Unkraut in großer Menge auf einem Felde steht! Aber", so erzählt Dalman weiter, „auch die Bosheit eines Feindes kann manchmal die Ursache von Unkraut sein, wie es in Mt 13, 25 und 28 vorausgesetzt ist". —

2. Frage: Woher weiß denn der Grundbesitzer so bestimmt, daß, während alle schliefen (also niemand auf dem Felde war), der böse Feind das Unkraut (den Lolch) des Nachts gesät hat? Antwort: Der Grundbesitzer muß seinen schlimmen Feind, der das Unkraut in solchen Mengen auf den Acker gesät hatte, sicher sehr gut kennen.

3. Frage: Kann solch ein Feind nicht auf bequemere Art seinen Nachbar schädigen?

Antwort: Aus den damaligen Sitten und Gebräuchen ist es bekannt, daß solche unerhörten Untaten im Orient nicht selten vorkommen. Selbst das römische Recht enthält Bestimmungen gegen solche Fälle. (Fonck S. 134) Gustav Dalman erzählt in „Arbeit und Sitte in Palästina" II S. 308 folgendes Beispiel:

Ein armer Bauer, der sein Vieh hatte auf fremdem Land weiden lassen, wurde von einem andern dem Besitzer desselben angegeben. Er erzählt selbst, wie er sich am Angeber rächte. „Am Ende des Sommers ging ich in das Tal hinunter, in welchem es „Schilfgras" gibt, mannshoch und mit Samenrispen wie das Kafferkorn. Ich pflückte die Rispen, bis ich meinen Mantel gefüllt hatte, zog die Zipfel durch die Achsellöcher (des ärmellosen Mantels), ging hin, rieb sie und blies sie ab, ging zu dem Feldgarten des abu jasin, der frisch gepflügt war (und an der Quelle von en sinja lag, also der Feuchtigkeit nicht entbehrte), und warf den Schilfgrassamen hinein. Ehe das nächste Jahr kam, war er dicht voll Schilfgras. Und von jenem Tage bis heute sind zwanzig Jahre vergangen, ohne daß der Besitzer darin eine Furche ziehen konnte wegen der Menge des Schilfs. Die Ölbäume (die da standen) verdorrten, und er hieb sie ab."

4. Frage: Wie ist Vers 26 zu verstehen? Antwort: Nachdem das Getreide Frucht angesetzt hatte, ist auch der Lolch in seiner Eigenart voll sichtbar geworden, so daß seine dünnen Ähren mit den vollen Ähren des Weizens nicht mehr verwechselt werden können! —

5. Frage: Warum lehnt der Grundbesitzer die Frage der Knechte ab: „Willst du nun, daß wir hingehen und das Unkraut zusammenlesen?" Antwort: Weil, wie die Antwort des Grundbesitzers in Vers 29 es bestätigt, sonst beides zusammen ausgerissen werden könnte. Denn der Weizen hat schwächere Wurzeln als der Lolch. Die stärkeren Wurzeln des Lolch würden bei dem Herausreißen auch den Weizen mit seinen schwächeren Wurzeln herausziehen. Zu der in

[2]) Vgl. hierzu Michaelis in „Es ging ein Säemann . . ."

Vers 26 angedeuteten Zeit des Fruchttragens von Weizen und Unkraut ist auch die Wurzelbildung der beiden Pflanzenarten eine fortgeschrittene und eine Verflechtung der Wurzeln sehr leicht gegeben. In der Gegend von Hebron läßt man heute noch beides stehen bis zur Ernte.

6. Fage: Wie ist Vers 30 zu verstehen? Die Sitte, Unkraut durch Feuer zu vernichten, ist uralt. —

Beim Ernten wird der Lolch von den Schnittern fallen gelassen, damit er nicht mit in die Garben hineingerate. Die liegen gelassenen Unkrautstengel werden zuerst in Bündeln gesammelt, um sie dann auf dem Felde gleich zu verbrennen. Der Weizen wird sodann in die Vorratsräume gebracht.

Während das Gleichnis vom viererlei Acker eine paradigmatische Parabel ist (das Beispiel eines guten Säemannes und der verschiedenen Aufnahme des Wortes wird dort gezeigt), ist das Gleichnis vom „Unkraut unter dem Weizen" eine eschatologische Bildrede, die auf das eschatos, d. h. auf das Ende, auf die Erntezeit des Jüngsten Gerichts, hinweist. Der Schwerpunkt des Gleichnisses liegt auf der **Ernte**, die ausdrücklich als das Ende der gegenwärtigen Weltzeit angesehen wird. (Vgl. 13, 49; 24, 3 und 28, 20.) Dies muß bei der Deutung des Gleichnisses von vornherein gesehen werden, denn nur von dort her erklären sich manche auftretende Fragen, die bei Nichtberücksichtigung des Schwerpunktes unbeantwortet bleiben würden! Wir geben im Verlauf der Deutung solche Fragen an.

Die Deutung des Gleichnisses vom Unkraut unter dem Weizen siehe nach den Versen 36—43.

Gleichnisse vom Senfkorn und Sauerteig.

Vers 31—33

Zu Vers 31—32:
Mk 4, 30—32
Lk 13, 18. 19
Zu Vers 31:
Mt 17, 20
Zu Vers 32:
Hes 17, 23
Ps 104, 12
Zu Vers 33:
Mt 16, 6
Lk 13, 20. 21
1 Ko 5, 6

31 Ein anderes Gleichnis legte er ihnen vor und sprach: Das Königreich der
Himmel ist gleich einem Senfkorn, welches ein Mensch nahm und auf seinen
32 Acker säete; *es ist dies zwar kleiner als alle Samen-Arten; wenn es aber
herangewachsen ist, dann ist es größer als die anderen Gartengewächse und
wird ein Baum, so daß die Vögel des Himmels kommen und in den Zweigen
nisten.
33 Ein anderes Gleichnis redete er zu ihnen: Das Königreich der Himmel ist
gleich einem Sauerteig, den eine Frau nahm und unter drei Maß Mehl mengte,
bis es ganz durchsäuert war.

A. Das Gleichnis vom Senfkorn steht bei allen drei Synoptikern, und zwar bei Mk, Kap. 4, 30—32 und bei Lk, Kap. 13, 18—19.

Vom Senfkorn wird gesagt, daß es das kleinste von allen Samenkörnern ist. Das ist zwar nicht buchstäblich der Fall, aber sprichwörtlich. Wenn man etwas winzig Kleines bezeichnen wollte, dann sprach man in sprichwortartiger Weise vom „Senfkörnlein". — Wenn dies Senfkörnlein aber zu einem „Baume" herangewachsen war, dann wurde es eine „Staude" von 3—4 Meter Höhe, die noch heute von den Arabern „Senfbaum" genannt wird. Diese gewaltigen Senfbäume wachsen auch jetzt noch an den Ufern des Jordans.

Welches ist der Sinn dieses Gleichnisses? Antwort: Wer nur das Senfkorn vor sich sieht, der kann sich nicht denken, daß aus diesem unscheinbaren, winzigen Körnlein ein Baum entstehen würde, der an Höhe und Größe alle Gartengewächse überragt. Der Gegensatz zwischen der Unscheinbarkeit des Körnleins und der Größe des Baumes, in deren Schatten die Vögel sich aufhalten, ist sicher der Grundzug des

Gleichnisses. Aus diesem Gegensatz könnte man zu der Deutung kommen, daß das Reich Gottes nur am Anfang seines Entstehens klein und unscheinbar sei, um dann am Ende machtvoll und glanzvoll aufzuleuchten. Das Reich Gottes gleiche einem irdischen Reich, das klein angefangen hat und dann ein Weltreich geworden ist! Solche Deutungen könnte man mutmaßen.

Aber wir müssen sie ablehnen. Das Reich Gottes ist in seiner Entwicklung völlig verschieden von der Entwicklung irdischer Reiche und Mächte. — Der Gemeinde Jesu sind auf Erden nicht machtvolle Glanzzeiten zugesagt. Wohl sind ihr die allergrößten Verheißungen gegeben, jedoch in einer ganz anderen Beziehung, die mit irdischer Größe und irdischem Glanz nichts zu tun hat. Der Gemeinde Jesu Christi ist wohl verheißen, daß die Pforten des Totenreiches (Hades) sie nicht überwältigen werden (Mt 16, 18) — aber ihr Weg hier auf Erden wird nicht der Weg der Macht und Größe sein, sondern der Weg des Dienens, des Opferns, des Unterliegens. Und wenn von den Vögeln des Himmels die Rede ist, die in den mächtigen Zweigen des Senfbaumes Schatten und Nistung finden werden, dann darf das nicht gedeutet werden auf die Heidenvölker, die nun zur Gemeinde Jesu herzukommen, um bei ihr nun „ein geruhsames und friedliches Leben" führen zu können. Nein, nicht „Genießerei" bietet die Gemeinde denen, die in ihr Aufnahme finden, sondern die eben gesagte Verpflichtung zum Dienen und Opfern! Die Gemeinde Jesu bietet wohl allen denen, die zu ihr kommen, den wahren „Herzensfrieden", den *„Frieden, der höher ist als alle Vernunft"* (Phil 4, 7), aber nicht irgendwelche äußere Bequemlichkeit und Ruhe.

Wir fassen zusammen:

Das Gleichnis vom Senfkorn ist in seiner Beziehung zum Reiche Gottes nicht in der Weise zu deuten, als ob es sich entwickle und ausbreite wie irdische Mächte und Reiche, sondern — daß bei dem Bau des Reiches Gottes vom eschatologischen Ziel, vom ewigen Ziel her geschaut werden muß. Das ewige Ziel „am Ende des Aeons" wird über alle Maßen herrlich sein. Alle irdischen Reiche werden vor diesem himmlischen Reich in Nichts vergehen. Die Gemeinde Jesu, hier unten wegen ihrer Schwachheit und Armut für nichts geachtet, — wird dann mit Ihm *„dargestellt als eine Gemeinde, die herrlich sei, die nicht habe einen Flecken oder Runzel oder des etwas, sondern heilig und unsträflich"* (Eph 5, 27).

Das Gleichnis vom Senfkorn kann vielleicht auch noch eine zweite Deutung finden, und zwar auf das „**Wort** vom Reich". So meint es Michaelis in seinem Werk: „Es ging ein Säemann aus zu säen seinen Samen"[3]) — Das „**Wort** vom Reich" wäre dann wie ein Senfkorn und zwar **„wie das kleinste von allen Samenkörnern auf Erden."** — Es ist ein schwaches und kleines Wort neben den starken und lauten Worten, die die Welt erfüllten. Es ist ein Wort, das „mit Schwachheit" gepredigt wird, auch wenn es *„in Beweisung des Geistes und der Kraft" geschieht* (1 Ko 2, 4). Wer wollte von diesem Wort aus einen Schluß ziehen auf die Größe und Kraft, die in ihm liegt? Dennoch bleibt es bei der Verheißung: *„Himmel und Erde werden vergehen, aber meine Worte werden nicht vergehen!"* (Mt 24, 35) vgl. 2. Pt 3, 13. —

Noch eine dritte Deutung des Gleichnisses vom Senfkorn hat Michaelis erwähnt. Das Gleichnis vom Senfkorn deutet auf Jesu eigenes Leben, und zwar auf die Niedrigkeit seines Erdenwandels und auf die Herrlichkeit seiner Erscheinung einst (2. Th 1, 10) in Zukunft hin!

[3]) Auf dieses zweibändige Werk (im Furche-Verlag erschienen) sei an dieser Stelle empfehlend hingewiesen. Wir haben uns in vielem daran angelehnt. Die beiden Bücher heißen: „Es ging ein Säemann . . ." und „Das hochzeitliche Kleid".

„An die Armut seines Erdenlebens wird man denken dürfen bei seinem Wort: „Die Füchse haben Gruben, und die Vögel unter dem Himmel haben Nester; aber des Menschen Sohn hat nicht, da er sein Haupt hinlege" (Mt 8, 20). Und doch wird aus dem Senfkorn ein Baum, in dessen Zweigen „die Vögel des Himmels nisten" können. „Der Stein, den die Bauleute verworfen haben, der ist zum Eckstein geworden. Von dem Herrn ist das geschehen, und es ist wunderbar vor unseren Augen" (Ps 118, 22 f; Mt 21, 42). Auch bei dieser Erklärung würde die Beziehung auf das Reich Gottes gewahrt sein; denn die Herrlichkeit des Menschensohns ist die Herrlichkeit des Reiches Gottes (Lk 9, 26 f.)."

B. Das Gleichnis vom Sauerteig schließt sich dem Gleichnis vom Senfkorn voll und ganz an. Auch hier wird der Gegensatz des Anfanges und des Endes, der Kleinheit zu Beginn und der Größe am Schluß, gezeigt.

An eine verderbliche Wirkung des Sauerteigs hinsichtlich des Mehles ist nicht gedacht. Das Bild vom Sauerteig ist auch in den anderen neutestamentlichen Stellen nicht im negativen Sinne gebraucht, sondern in all diesen Stellen ist von der großen Kraft der Durchsäuerung die Rede. Der Sauerteig als solcher ist neutral zu fassen. Aber seine ungeheure Durchsäuerungskraft ist das, was im Blickfeld des Gleichnisses und auch der übrigen Bibelstellen des NT liegt. Wir sehen solche Bibelstellen an:

1. 1 Ko 5, 6: *Wisset ihr nicht, daß schon ein wenig Sauerteig den ganzen Teig durchsäuert?*

2. Gal 5, 9: *Ein wenig Sauerteig versäuert den ganzen Teig.*

3. Mt 16, 6: *Hütet euch vor dem Sauerteig der Pharisäer.*

In all diesen Stellen wird von der ungeheuren Durchsäuerungskraft des Sauerteiges gesprochen. Dieses Bild hatte sprichwörtliche Verbreitung. Auch im Rabbinat fand man dieses Sprichwort vor! Man meinte damit, daß ein scheinbar geringfügiger Vorgang für die Gesamtheit Wichtigkeit bekommen könnte. —

So meint Jesus auch das Gleichnis vom Sauerteig.

Die drei Scheffel Mehl — (im Urtext saton = hebräisches Getreidemaß, „Sat" = 13 Liter — in Mt 5, 15 steht médios, lat. Lehnwort = Scheffel = Getreidemaß etwa 9 Liter nach Mk 4, 21 und Lk 11, 33) — sind zusammen etwa 40 Liter, das sind etwa 40 Pfund Mehl, eine große Menge Mehl, die von einem kleinen Stücklein Sauerteig durchsäuert wird.

Die ungeheure umgestaltende Macht des „Wortes vom Reich" wird hier im Gleichnis zur Darstellung gebracht. Der Glaube an diese dem Wort Gottes innewohnende Dynamit- und Energie-Kraft ist es gewesen, die den Boten Jesu zu allen Zeiten immer wieder Mut gegeben hat, einer ganzen Welt und ihren feindlichen Mächten zu trotzen!

1 Ko 1, 27—29: *„Was töricht ist vor der Welt, das hat Gott erwählt, daß er die Weisen zu Schanden mache; und was schwach ist vor der Welt, das hat Gott erwählt, daß er zu Schanden mache, was stark ist; und das Unedle vor der Welt und das Verachtete hat Gott erwählt, und das da nichts ist, daß er zunichte mache, was etwas ist; auf daß sich vor ihm kein Fleisch rühme."*

Zu Vers 34: Mk 4, 33. 34

Zu Vers 35: 1 Ko 2, 7; Ps 78, 2

**34 Dies alles redete Jesus in Gleichnissen zu den Volksmengen, und ohne
35 Gleichnis redete er nicht zu ihnen; *so daß erfüllt würde, was durch den
Propheten geredet ist, welcher spricht: „Ich werde meinen Mund auftun in
Gleichnissen; ich werde aussprechen, was von Grundlegung der Welt an verborgen war."**

Matthäus will in diesen Versen sagen, wieviel Jesus, der gewaltigste Prediger der Zeiten, seinem Volk *auch durch diese Gleichnisse nahegebracht* hat. — Wie reich wären die Israeliten geworden, wenn sie Ihn angenommen hätten. Nun begründet der Evangelist, wie das so seine Art ist, warum der Herr dem Volk nur noch *Gleichnisse* verkündigte (vgl. Mt 21, 28). Matthäus begründet diese Redeweise Jesu mit dem Alten Testament. Es ist Psalm 78, auf den Matth. zurückgreift. Asaph gibt im Psalm 78 einen Überblick über die Geschichte Israels vom Auszug aus Ägypten an bis zu David und Salomo. Dem Volk Israel wollte Asaph damit Anschauungsunterricht geben, aus dem Ungehorsam der früheren Zeiten zu lernen für die Gegenwart. Darum sagt Asaph am Eingang des Psalmes, daß er in Gleichnissen und Rätselworten reden wollte. — Matth. gibt nun jenen Eingangsvers zu Psalm 78 in absichtlich freier Übersetzung wieder, um recht deutlich anzuzeigen, wie der Psalmist in dieser seiner Lehrart ein rechtes Vorbild auf Christus ist. Während Asaph nur *Bilder* aus der früheren Geschichte seines Volkes bringt, um es für seine Gegenwart zu unterrichten, greift Jesus in seinen Gleichnissen auf **Geheimnisse** zurück, die seit Gründung der Welt in Gottes Heilsplan verborgen waren. Es sind die Gleichnisse des Reiches Gottes. Der Name Asaph ist von Matthäus nicht genannt. Er sagt nur „das Wort des *Propheten*". Einige alte Handschriften, z. B. der Sinaiticus, setzen hier ein „*Jesaja*" als Prophet. — Der griechische Nestle-Text (1950 und auch frühere Ausgaben) haben diese Notiz „*Jesaja*" fallen lassen.

Wir geben zu, daß weder bei Matthäus, noch sonst im Neuen Testament in einem alttestamentlichen Zitat dem Sänger eines *Psalmes* der Titel „*Prophet*" gegeben ist. — Wir fragen, liegt hier bei Matthäus vielleicht ein Irrtum vor? Strack-Billerbeck gibt uns die Antwort (S. 670). „Als *Prophet* konnte jeder bezeichnet werden, durch den der Heilige Geist redete. Darum heißt schon 2. Chronika 29, 30 derselbe Asaph „*Prophet*"."

Matth. rechtfertigt also Jesu Redeweise durch Gleichnisse aus der *Schrift*. — „Es ist wieder ein Zug aus der Niedrigkeit Jesu, den Matth. darum beleuchtet, daß Israel für sein Wort nicht empfänglich war und Jesus nicht *offen* mit Israel von Gottes Heilsplan reden konnte, sondern sein Wort *verhüllen* mußte." (Schlatter)

Nicht nur auf den *Strafcharakter* dieser Gleichnisform sei hingewiesen, sondern auch auf den *letzten Ruf zur Entscheidung*: „Wer Ohren hat, zu hören, der höre!"

Deutung des Gleichnisses von dem Unkraut unter dem Weizen.

Vers 36—43

Zu Vers 36:
Mt 13, 24—30
Zu Vers 38:
Jo 8, 44
1 Ko 3, 9
Zu Vers 39:
Mt 13, 49
Mt 24, 3. 31
Hbr 9, 26
Zu Vers 40:
Mt 3, 10
Zu Vers 41:
Mt 25, 31—46
1 Ko 6, 9
Ze 1, 3

**36 Dann entließ er die Volksmengen und ging nach Hause; und seine Jünger
traten zu ihm und sprachen: Deute uns das Gleichnis vom Unkraut des
Ackers.
37 Er aber antwortete und sprach: Der den guten Samen sät, ist der Sohn des
38 Menschen; * der Acker aber ist die Welt; der gute Same aber, dies sind
die Söhne des Königreiches; das Unkraut aber sind die Söhne des Bösen;
39 *der Feind aber, der es gesät hat, ist der Teufel; die Ernte aber ist die Be-
40 endigung des Aeons; die Schnitter aber sind Engel. * Gleichwie nun das
Unkraut zusammengelesen und im Feuer verbrannt wird, so wird es auch
41 sein bei der Beendigung des Aeons. * Der Sohn des Menschen wird seine
Engel senden, und sie werden in seinem Königreich alle „Ärgernisse" und**

Zu Vers 42:
Mt 8, 12
Ps 112, 10
Zu Vers 43:
Ri 5, 31
2 Sam 23, 4
Da 12, 3

42 die Täter der Gesetzlosigkeit zusammenlesen (Zeph 1, 3); ***und sie in den**
43 Feuerofen werfen: dort wird sein Heulen und das Zähneknirschen. *Dann
werden die Gerechten aufleuchten wie die Sonne in dem Königreiche ihres
Vaters. Wer Ohren hat, der höre!"

Die Deutung des Gleichnisses zerfällt in zwei Teile:

Der erste Teil reicht von Vers 36—39. Er beschäftigt sich mit der allegorischen Deutung der einzelnen Züge der Parabel.

Der zweite Teil reicht von Vers 40—43. Er beschäftigt sich mit der Beschreibung der „Ernte".

Der erste Teil:

Deutung der einzelnen Züge. Nicht gedeutet werden die Knechte des Grundbesitzers, ihr Schlafen und ihr Gespräch mit dem Grundbesitzer. Es ist auffällig, daß die Knechte nicht gedeutet werden. Will man trotzdem die Deutung von sich aus nachholen, dann bleibt nichts anderes übrig, als die Knechte als die Jünger Jesu zu deuten. Das würde besagen, daß die Jünger Jesu es sind, die das Unkraut sehen und es sofort ausreißen möchten. Durch das Gleichnis werden sie aber von dem Herrn eines Besseren belehrt. — Weil also die Jünger sich in den Knechten vielleicht wieder sahen, darum braucht es einer Deutung der Knechte als Jünger durch den Herrn nicht.

Der Mann, der den guten Samen sät, ist Jesus selbst. Er redet von sich in der dritten Person und nennt sich „der Menschensohn". Matthäus hat diese Selbstbezeichnung Jesu einschließlich dieses Gleichnisses bisher siebenmal gebraucht. Zum ersten Mal steht der Titel „Menschensohn" in Mt 8, 20, wo der Herr sagt: *„Die Füchse haben Höhlen ... aber des Menschen Sohn hat nicht, wo er sein Haupt hinlege".* — Dann finden wir den Ausdruck in 9, 6; 11, 19; 12, 8; 12, 32; 12, 40 und hier. Die Jünger kannten diesen Ausdruck schon und wußten, daß der Herr sich selbst damit meint, und zwar nicht nur endzeitlich, sondern auch gegenwärtig! In unserm Gleichnis ist der Ausdruck „Menschensohn" im Blick auf die gegenwärtige Tätigkeit zu sehen (Vers 37) und zugleich hinsichtlich der endgeschichtlichen Erntezeit (Vers 41).

Der „Same" wird in diesem Gleichnis anders gedeutet als in dem Gleichnis vom viererlei Acker. Dort war der gute Same das „**Wort vom Reich**" — hier sind die guten Samenkörner „die **Söhne** des Reiches"! Im Unterschied zu dem ausdrücklich als gut bezeichneten Samen wird hier, was im vorigen Gleichnis naturgemäß gar nicht nötig war, der schlechte Same dem guten Samen gegenüber gestellt, der als Unkraut, und zwar als besondere schlechte Pflanze (Lolch-Tollkorn) genannt wird.

Mit diesem Unkrautsamen sind die „Söhne des Bösen" gemeint.

Als Säemann dieses besonders schlimmen Unkrautsamens wird der Teufel genannt. Das Unkraut ist nicht von selbst gewachsen, sondern wird absichtlich und in der Nacht zwischen den eben gesäten Weizen als Saat geworfen! Die Söhne des Bösen sind seine „Saat".

Der gute Same und das furchtbare Unkraut sind die beiden großen Gruppen, in welche die Menschheit eingeteilt wird. Eine dritte Gruppe von Menschen gibt es nach diesem Gleichnis nicht. Die „Söhne des Reichs" sind diejenigen, die am Schluß des Gleichnisses „die Gerechten" genannt werden (Vers 43). Und die „Söhne des Bösen" werden am Schluß der Geschichte als „Ärgernisse" und als die „Täter der Gesetzlosigkeit" bezeichnet. Denken wir an Mt 5, 45, so entdecken wir die Gerechten und die Ungerechten von dort hier in den Söhnen des Reichs und in den Söhnen des Bösen wieder. Für „Söhne des Reichs" könnte man auch „Kinder des Reichs" sagen. Und der Ausdruck „Kinder des Reichs" entspricht dem bei uns geläufigen Wort „Du bist ein Kind des Todes", welches bedeuten soll: der Tod hat schon ganz und gar Besitz genommen von dem betreffenden Menschen. — In diesem Sinne ist auch der Ausdruck „Söhne des Reichs" zu verstehen.

„Söhne des Reichs", das sind die, die von dem Herrn Christus ganz und gar in Besitz genommen worden sind, die ganz und gar ihm gehören, und „Söhne des Bösen" sind solche, die vom Teufel mit Beschlag belegt und seine Sklaven geworden sind und seine Art mehr und mehr angenommen haben.

An „Erwählung" hier vielleicht zu denken, ist nicht ratsam, weil, wenn im NT von Erwählung gesprochen wird, nur von Gott her davon gesprochen werden kann, aber nie und nimmer vom Teufel. — Und Gottes Erwählung, welche will, daß allen Menschen geholfen werde, hat im Kreuz von Golgatha ihren einzigartigen und klarsten Ausdruck gefunden. „In Jesus Christus liegt nicht nur das Mittel, sondern auch der Grund unserer Erwählung." Karl Barth.

Zinzendorf singt: „In deiner Wunden Nägelmale erkenn ich meine Gnadenwahl."

Wir kommen zur Hauptfrage des Gleichnisses.

Wenn der Herr warnt, die Scheidung zwischen Gerechten und Ungerechten, zwischen den „Söhnen des Reiches" und den „Söhnen des Bösen" nicht schon jetzt vorzunehmen — soll dann vielleicht daraus der Schluß gezogen werden, daß man Gute und Böse, Bekehrte und Unbekehrte, überhaupt nicht unterscheiden sollte und könnte? Das ist nicht vom Herrn gesagt. Das gesamte NT spricht fort und fort von der Erkennbarkeit der Gerechten und Ungerechten. *„An ihren Früchten sollt ihr sie erkennen!"* (Mt 7, 16.) Und Früchte sind immer sichtbar. Man kann in diesem Zusammenhang auch nicht von einer unsichtbaren Kirche sprechen. Die Kirche Jesu Christi ist in ihren einzelnen Gliedern immer eine sichtbare Kirche, obwohl sie als Gesamtheit jetzt noch unsern Augen verborgen sein wird. Aber der einzelne, der dem Herrn Jesus mit Ernst nachfolgt, kann und muß sich von einem solchen, der es nicht ernst meint oder gar nicht an Nachfolge denkt, unterscheiden, wenn auch Tarnungen (Engel des Lichts) oder Enttäuschungen bisweilen unsern Blick täuschen können! So besteht denn die Tatsache der Erkennbarkeit zu Recht, obwohl wir irrende Menschen sind und auch wissen, daß nicht alles „Gold ist, was glänzt", daß nicht alles an der Gemeinde Jesu Sichtbare zur echten Sichtbarkeit gehört, und ebenso wissen, daß die Gemeinde Jesu als der Leib Christi als solcher noch nicht offenbar ist (1. Jo 3, 2) und noch verborgen ist, weil Christus in Gott, d. h. in seiner ganzen Sichtbarkeit und Herrlichkeit, erst noch offenbar werden wird. — Obwohl wir dies wissen, gibt es dennoch grundsätzlich schon hier auf Erden „Sichtbarkeit" der Gemeinde Jesu mit allen ihren Erkennungszeichen hin und her!

Wenn also laut Gleichnis mit der Vernichtung des Unkrautes bis zur Ernte gewartet werden soll, dann hat solch eine Aufforderung zum Warten nicht darin ihren Grund, daß Unkraut und Weizen nicht voneinander unterschieden werden könnten oder sollten oder nicht erkennbar wären; sondern der Grund des Wartens bis zur Ernte ist allein der, daß die Jünger nicht von sich aus die beiden Gruppen von Menschen scheiden sollen, scheiden in dem Sinne des Richtens, des Verdammens und Verwerfens; so wie Johannes und Jakobus es sich dachten, wo sie, als der Herr in Samarien keine Herberge erhielt, Feuer vom Himmel herabfordern wollten und die Leute verbrannt werden sollten. (Lk 9, 52 ff.) Vernichtung der Bösen steht den Jüngern nicht zu, sondern Gott allein, der dies durch den Menschensohn tun wird am Tage seines Gerichts.

Die Jünger sollten wohl unterscheiden, aber nicht scheiden im Sinne der Verwerfung und Austilgung der Unbekehrten.

Wohl müssen die Unterschiede der beiden Menschengruppen klar und deutlich beachtet und dürfen nicht mißachtet werden. Denn Sünde ist Sünde und Unrecht bleibt Unrecht und Lüge kann nicht in Wahrheit verkehrt werden! Der Sünde, dem Unrecht und der Lüge gilt voll und ganz die Bußpredigt, gilt das aufklärende, schneidende und scheidende Wort. Die Sünde aufdecken und herausstellen und den Weizen als Weizen und das Unkraut als Unkraut ansehen, heißt nicht Gottes Urteil sich im Pharisäerstolz anmaßen und „vor der Zeit richten", wie auch Paulus 1 Ko 4, 5 meint mit den Worten: *„Richtet nicht vor der Zeit, bis der Herr kommt ..."*

Auch ist die Warnung des Herrn, das Unkraut nicht schon vor der „Ernte" herausreißen und verbrennen zu wollen, so zu verstehen, daß die Gemeinde Jesu nicht mit irgendwelchen fleischlichen Mitteln oder sogar mit Gewaltmitteln, mit Zwang oder Druck bzw. Drohung gegen die Bösen dieser Welt eine Scheidung herbeiführen sollte (wie z. B. ein Calvin in Genf); denn *„die Waffen unserer Ritterschaft sind nicht fleischlich, sondern göttlich"*, sagt Paulus in 2 Ko 10, 4, um die Haltung der Gemeinde Jesu gegenüber den Bösen zu charakterisieren. Der Gemeinde Jesu steht es nicht zu, ein Gericht schon vor dem Jüngsten Gericht sich anzumaßen! Sie hat zu warten bis zur Ernte!

Noch bleiben zwei Fragen offen:

1. Wenn beide, „die Bösen und die Guten", ruhig zusammen bleiben sollen bis „zur Ernte", wie ist es dann mit der Frage der Gemeindezucht?

2. Wie ist es, wenn alle Sicherheiten sich doch immer nur als unvollkommen, ja sogar als falsch oder gefährlich ausweisen, mit der Frage über die Heilsgewißheit?

Zu 1: Die Frage der Gemeindezucht wird in diesem Gleichnis nicht angeschnitten, weil ja hier nicht die Gemeinde als solche im Mittelpunkt der Erörterung steht, sondern die Gemeinde in ihrem Verhältnis zu den „Söhnen des Bösen", zu denen, die draußen stehen. — Die Frage der Gemeindezucht wird Mt 18 gelöst.

Zu 2: Die Heilsgewißheit ist etwas ganz anderes als das Sich-Bemühen um Sicherungen und Garantien. —

Die Frage der Heilsgewißheit wird in diesem Gleichnis geweckt für den, der das Gleichnis recht versteht, in dem Sinne, daß das Überlegen und Prüfen beginnt mit dem Heraushören des Rufes: Gehöre ich zum Unkraut oder zum Weizen? Die Sehnsucht nach Gewißheit, nach Heilsgewißheit wird im ehrlich Suchenden geweckt.

Der zweite Teil:

Das Gleichnis enthält in Vers 39—43 die Schilderung des Endgerichtes. Das Jüngste Gericht wird dargestellt unter dem Bild einer Ernte. Schon im AT finden wir dieses Bild. Wir lesen Joel 4, 13: *„Leget die Sichel an, denn die Ernte ist reif; kommet, stampfet, denn die Kelter ist voll, die Kufen fließen über! Denn groß ist ihre Bosheit."* —

Jes 27, 12: *„Und es wird geschehen an jenem Tage, da wird der Herr Getreide ausschlagen von der Strömung des Euphrat bis zum Bache Ägyptens; und ihr werdet zusammengelesen werden, einer zu dem anderen, ihr Kinder Israel."*

Das Bild der Ernte als Endgericht hat auch das Gleichnis von der selbstwachsenden Saat in Mk 4, 26—29. — Auch Johannes der Täufer sieht das Gericht unter dem Bilde der Scheuer, und die Verurteilung des Bösen zum ewigen Verderben sieht er ebenfalls im Bilde des Feuers. Mt 3, 12. — Von dem „Feuerofen" ist auch noch Mt 13, 50 die Rede.

Den Ausdruck „B e e n d i g u n g d e s A e o n s" gebraucht Matth. noch dreimal und zwar in Mt 13, 49. 50a und 24, 3, wie auch in 28, 20.

Mt 13, 49—50a: *„Also wird es in der Vollendung des Zeitalters sein: die Engel werden ausgehen und die Bösen aus der Mitte der Gerechten aussondern und sie in den Feuerofen werfen . . ."*

Mt 24, 3: *„Als er aber auf dem Ölberge saß, traten seine Jünger zu ihm besonders und sprachen: Sage uns, wann wird dieses sein, und was ist das Zeichen deiner Ankunft und der Vollendung des Zeitalters?"*

Mt 28, 30: *„. . . und lehrt sie, alles zu bewahren, was ich euch geboten habe. Und siehe, ich bin bei euch alle Tage bis zur Vollendung des Zeitalters."*

Die Beendigung des Aeons ist der Abschluß dieses Aeons und der Anbruch des zukünftigen Aeons. — Die Schnitter sind die Engel. Sie werden seine Engel genannt, d. h. die Engel des Menschensohnes. — Als die Diener und Boten des Menschensohnes werden sie die Ärgernisse und Übeltäter aus seinem Königreiche sammeln, so wie man Unkraut zusammenliest (a), während sonst der Menschensohn selbst die Scheidung der Gerechten und Ungerechten vollzieht (b).
Zu (a):

Mt 25, 31: *„Wenn aber der Sohn des Menschen kommen wird in seiner Herrlichkeit, und alle Engel mit ihm, dann wird er auf seinem Throne der Herrlichkeit sitzen. . ."*

Mt 24, 31: *„Und er wird seine Engel aussenden mit starkem Posaunenschalle, und sie werden seine Auserwählten versammeln von den vier Winden her, von dem einen Ende der Himmel bis zu ihrem andern Ende."*

Mk 13, 27: *„Und dann wird er seine Engel aussenden usw."*, wie Mt 24, 31.
Zu (b):

Mt 3, 12: *„. . . dessen Worfschaufel in seiner Hand ist, und er wird seine Tenne durch und durch reinigen und seinen Weizen in die Scheune sammeln, die Spreu aber wird er verbrennen mit unauslöschlichem Feuer."*

Mt 25, 31—33: *„Wenn aber der Sohn des Menschen kommen wird in seiner Herrlichkeit, und alle Engel mit ihm, dann wird er auf seinem Thron der Herrlichkeit sitzen; und vor ihm werden versammelt werden alle Völker, und er wird sie von einander scheiden, gleichwie der Hirt die Schafe von den Böcken scheidet. Und er wird die Schafe zu seiner Rechten stellen, die Böcke aber zur Linken."* —

So tun es hier (a) seine Engel auf Grund seines Befehles. Es entspricht hier dem Inhalt des Gleichnisses, daß die S c h e i d u n g des Unkrautes vom Weizen und die V e r b r e n n u n g des Unkrautes durch die E n g e l des Menschensohnes geschieht, während sonst, wie wir schon sagten, der Menschensohn persönlich das Gericht vollzieht. (b)

Der Ausdruck „Ü b e l t ä t e r" oder „d i e T ä t e r d e r G e s e t z l o s i g k e i t" ist aus Zeph 1, 3 genommen: *„Ich werde Menschen und Vieh wegraffen, ich werde wegraffen die Vögel des Himmels und die Fische des Meeres und die Ärgernisse samt den Gesetzlosen, ich werde die Menschen ausrotten von* *der Fläche des Erdbodens, spricht der Herr."* Dazu Psalm 7, 9: *„Laß doch ein Ende nehmen die Bosheit der Gesetzlosen und befestige den Gerechten! Es prüft ja Herz und Nieren der gerechte Gott."*

Bei Matth. ist dieser Ausdruck „Übeltäter" schon Kap. 7, 23 gebraucht: *„... und dann werde ich ihnen bekennen: Ich habe euch niemals gekannt; weichet von mir, ihr Übeltäter!"*

Dort werden solche, die nur „Herr, Herr, sagen", „Täter der Gesetzlosigkeit" — „Übeltäter" genannt. Wie ernst! Die Hörer des Wortes, die nur „Fromm-Redenden" werden am Schluß der Bergpredigt denen gleich gestellt, die hier in Mt 13, 41 die „Söhne des Teufels" sind. Und was haben doch jene in Mt 7 alles geleistet? Sehr viel haben sie getan im Namen Jesu. „Wunder getan", im Namen Jesu sogar auch Teufel ausgetrieben, Prophetisches verkündigt — und doch — „Übeltäter". Wie ernst!

Zu den „Übeltätern" am Schluß der Bergpredigt sagt der Herr: *„Ich habe euch niemals gekannt. Weichet von mir!"* —

Und die „Übeltäter" hier werden in den Feuerofen geworfen. Der Feuerofen das ist die Hölle, die Gehenna.

Vgl. Mt 5, 22, Mt 18, 8 f und Mk 9, 43—48.

Zu dem Wort vom „Heulen und Zähneknirschen" vergleiche das zu 8, 12 Gesagte Seite 96 ff.

Der Schluß der Deutung lenkt hin auf „die Söhne des Reiches", die hier von Jesus „die Gerechten" genannt werden. — Das herrliche Los, das ihnen zuteil wird, ist dem Aufstrahlen der Sonne zu vergleichen. So wie ein Sonnenaufgang, von den Gipfeln der Alpenwelt aus gesehen, ein unvergleichliches, unvergeßliches Naturschauspiel ist, so herrlich wird einst das Aufleuchten der Gerechten sein, droben im ewigen Königreich des himmlischen Vaters. Ein Aufstrahlen und Aufleuchten im überirdischen Glanz von Ewigkeit zu Ewigkeit!

Wer Ohren hat, der höre und bete an!

Dieser Vers 43b lenkt wieder zu Vers 9 zurück (Vgl. Michaelis, z. St.)

Vom Schatz im Acker und der köstlichen Perle.

Zu Vers 44:
Mt 19, 21
Lk 14, 33
Apg 12, 14
Phil 3, 7

Zu Vers 45:
Spr 2, 4
Spr 8, 10. 11

44 Das Königreich der Himmel ist gleich einem im Acker verborgenen Schatz, welchen ein Mensch fand und verbarg. Vor Freude darüber geht er hin und verkauft alles, was er hat, und kauft jenen Acker.
45 Wiederum ist das Königreich der Himmel gleich einem Kaufmann, der
46 schöne Perlen sucht; * als er aber eine sehr kostbare Perle gefunden hatte,
ging er hin und kaufte sie.

Diese beiden Gleichnisse sollen in der Reihe der sieben Gleichnisse vom Himmelreich von dem hohen Wert und der verborgenen Art des himmlischen Besitzers berichten. Die Anmarschwege zum Himmelreich sind in jedem Fall gleich, Gott tritt selbst in das Leben der Menschen ein. Nicht das Vorleben ist entscheidend, es ist gleich, ob da einer Gottsucher gewesen ist oder ob er in aller Sünde steckte. Der Schatz im Acker wurde zufällig gefunden. Obwohl nie danach gesucht wurde, so wurde er dennoch entdeckt. Beim Kaufmann dagegen wurde gesucht, ein langes Suchen ging voraus, bis dann doch völlig unerwartet die eine köstliche Perle gefunden war.

In jedem dieser beiden Fälle fiel den Findern die köstliche, verborgen gewesene Gabe nur aus der Gnade Gottes heraus zu. Mithin werden die Menschen nur durch die Gnade allein gläubig, und der Schatz kann gefunden werden, ohne daß danach gesucht wurde, oder er wird gesucht und nach langem Suchen endlich gefunden. Gott schenkt und offenbart sich zuerst, und dann erwächst daraus unter freier Willensentscheidung des Menschen der Glaube. Immer und in allen Fällen hat der himmlische Besitz soviel Wert, daß alles andere dafür hergegeben werden kann.

Zum Gleichnis vom Schatz im Acker:

Genau wie der Schatz im Acker vergraben ist und vielen Augen verborgen bleibt, genau ebenso rennen Millionen Menschen an dem Acker vorbei, der das Himmelreich birgt. Wie war der Heiland doch Tag für Tag mitten unter den Menschen des Volkes Israel gewandelt, aber die frommen Juden sahen den nicht, in dem das Himmelreich selbst gekommen war. —

Beispiele für Findende, die zuvor nicht suchend waren, haben wir in der Samariterin, in Paulus und dem Kerkermeister. In Rö 10, 11 heißt es: *„Ich bin gefunden von denen, die mich nicht gesucht haben, und bin erschienen denen, die nicht nach mir gefragt haben"* und Jes 65, 1: *„Ich werde gesucht von denen, die nicht nach mir fragten; ich werde gefunden von denen, die mich nicht suchten; und zu den Heiden, die meinen Namen nicht anriefen, sage ich: Hier bin ich, hier bin ich!"*

Zum Gleichnis von der köstlichen Perle:

Dem Gleichnis vom verborgenen Schatz, der vollkommen unerwartet gefunden wurde, steht nun das Gleichnis von der köstlichen Perle gegenüber. Der Kaufmann hat danach gesucht und nun gefunden. Dem Suchenden wurde dieser Fund als ersehnte Frucht seines Suchens zuteil. Es blieb nicht bei einem vergeblichen Suchen. Ein Suchender war Kornelius, von dem Ap 10 berichtet, und die Lydia, von der gesagt ist, daß der Herr ihr das Herz auftat (Ap 16, 14). Dies sagt uns, daß wir mit ganzem Ernst Gott suchen müssen und mit ganzer Treue ihn festhalten sollen, denn sonst werden wir nicht teilhaben an Jesus. Und wem die Sache Gottes nicht jedes Opfer wert ist, der wird die Kostbarkeit der Perle nie begreifen. Die kostbare Perle ist unzerstörbar, unverlierbar, und sie wird schon hier auf Erden gewonnen, damit sie unser Herz himmelwärts ziehe. Die Apostel Paulus und Matthäus hatten auch alles dahingegeben, als sie den Reichtum Jesus erkannten. Die Perle ist nichts anderes als Jesus selbst. Er ist die Perle, in der alle Herrlichkeit des Vaters verborgen ist! —

Nun noch einige Fragen:

1. Worin besteht die Übereinstimmung der beiden Gleichnisse?

Die Übereinstimmung der beiden Gleichnisse vom Schatz und der kostbaren Perle besteht in folgendem:

1. Beide Finder gehen hin und verkaufen alles und erwerben das Gut.
2. In beiden Fällen handelt es sich um etwas sehr Wertvolles. Der Wert ist so groß, daß alles andere eingesetzt werden kann und muß.

2. Worin bestehen die Unterschiede der beiden Gleichnisse?

Das 1. Gleichnis spricht vom zufälligen Finden des Schatzes;

das 2. Gleichnis vom suchenden Finden des Schatzes.

Was für ein Sinn ergibt sich daraus hinsichtlich des Suchens und Findens?

Das Reich Gottes ist das allergrößte Geschenk; nicht etwas, was verdient werden muß.

Die Tatsache dieses Geschenkes ist nicht gegeben auf Grund des Suchens, der Leistung. Die Tatsache dieses Geschenkes ist aber nur dem gegeben, der sucht, d. h. sich nach dem Reiche Gottes sehnt, der nach dem Königreich der

Himmel trachtet. Und doch ist dieses Suchen und Trachten nicht Leistung, sondern Gnade. Daß es nicht am Suchen liegt, das zeigt das Gleichnis vom Schatz im Acker. Dem armen Tagelöhner kam seine Entdeckung ganz unerwartet. So überwältigend unerwartet kommt dem Menschen seine Bekehrung, die seine Armut in Reichtum verwandelt (Offb 3, 12—19).

Der reiche Kaufmann war zwar auf der Suche nach schönen Perlen, aber daß er eine solche über alles Erwarten kostbare Perle finden würde, das hatte er sich nicht träumen lassen.

3. Ist das Handeln und Benehmen des Tagelöhners vorbildlich?

a) Worin besteht die Vorbildlichkeit? Er verzichtet auf allen Besitz wegen des einen Schatzes.

b) Worin besteht die eventl. Nichtvorbildlichkeit? Hätte der Tagelöhner nicht seinen Fund dem Besitzer anzeigen müssen? Bei dem Kauf des Ackers hat er nichts von dem wertvollen Besitz gesagt. Er hat den Wert unterschlagen. Er hat die wahre Absicht des Kaufes verschleiert. Hatte der Tagelöhner überhaupt es nötig gehabt, den Acker zu kaufen? Hätte er nicht einfach den Fund sich aneignen können, ohne den Acker zu kaufen? — (Wir hätten es bestimmt so gemacht.)

Antwort: Jesus ist nicht Rechtsanwalt, nicht Rechtsgelehrter, als er dieses Gleichnispaar erzählt. Jesus will nur einen praktischen Gedanken veranschaulichen, nämlich den: Er ging hin und verkaufte **alles**, was er hatte, um in den Besitz des Schatzes zu gelangen. Der unerhörte Wert des Reiches Gottes soll demonstriert werden. Das Reich Gottes steht oben an! —

Das Reich Gottes ist nicht ein Gut neben anderen — nicht ein Wert neben anderen — ist nicht etwas, was auf der gleichen Ebene mit anderen Werten liegt, sondern steht allem anderen gegenüber, und zwar so radikal gegenüber, wie ewiges Leben dem diesseitigen Leben!

Paulus sagt: „*Was mir Gewinn war, das habe ich um Christi willen für Verlust geachtet. Ja, ich achte es noch alles für Verlust, gemessen an dem Größeren, an der Erkenntnis Jesu, des Verheißenen, meines Herrn, um dessentwillen mir alles zum Verlust wurde*“ (Phil 3, 7. 8).

Der Besitz, den jemand verlassen muß, ist in jedem Fall verschieden. Es können äußere Bindungen sein. Es können seelische Bindungen sein. — Es muß verzichtet werden auf das, woran der Mensch sein Herz hängt. Der reiche Jüngling sollte sich lösen von seinem Reichtum. Von Abraham wurde sein Isaak gefordert, den galt es zu opfern!

Die Lösung aus irdischen Beziehungen bedeutet aber nicht die Vernachlässigung irdischer Pflichten. Also die Forderung „Vater und Mutter zurückstellen hinter Jesus“, heißt nicht Auflösung des 4. Gebotes.

Andererseits heißt es: Nur, wer den Nächsten liebt, liebt Gott. Die Liebe zum Nächsten ist geradezu der Prüfstein der Liebe zu Gott. Vgl. 1. Joh. 4, 16—20.

Wir fügen zum Schluß noch einige praktische Gedanken von Emil Brunner an (in „Saat und Frucht“ 1946, S. 43 ff.).

Wir sagten vorhin: Jesus ist die köstliche Perle. Brunner meint:

„Jesus kam in sein Eigentum, aber die Seinen nahmen ihn nicht auf. Er lud sie zum Gastmahl, aber die Geladenen entschuldigten sich alle. Sie kamen nicht. Sie „sahen“ alle die große Perle, aber sie „erwarben“ sie nicht Warum nicht?“

Auf diese Frage gibt unser Gleichnis die Antwort. Die Perle kostet unheimlich viel. Vom vernünftig menschlichen Standpunkt aus, ist es eine viel zu gewagte Sache, sie zu kaufen. Es ist, um in der Sprache des Gleichnisses weiterzureden, eine geradezu wahnsinnige Spekulation. Man muß nämlich alles auf eine Karte setzen. Das ist der Grund, warum so viele sie im Schaufenster stehen lassen, warum so viele der Einladung zum Gastmahl nicht Folge leisten, sondern sich entschuldigen.

„Der Weg ist zu schmal, die Pforte ist zu eng, die zum Leben führt." „Wer mein Jünger sein will, der verleugne sich selbst und folge mir nach", blindlings. Blindlings dem trauend, der da sagt: Ich will dir alles geben, wenn du alles läßt — das ist der Kaufpreis!

Was müssen wir verkaufen, um die Perle kaufen zu können? Nochmals: „Alles." Aber was will damit gesagt sein? Will es heißen: Du mußt deinen Beruf aufgeben, dein Haus verkaufen, deine Möbel, deine Bildung, alle deine Kulturgüter, alle beruflichen Interessen? Antwort: „Nein, das alles mußt du nicht hergeben, nur dein Herz will Gott."

Aber in der Bibel wird nie das Innerliche vom Äußerlichen getrennt. Wer Gott wirklich das Herz, das Leben hingibt, bei dem wird auch das sogenannte Äußerliche mitmüssen. Die Entscheidung für Jesus Christus wird auch ihre äußeren Folgen haben, wenn sie wirklich echt, wenn sie nicht bloß eine Scheinentscheidung, ein leeres Wortmachen ist.

Aber richtig verstanden, ist es allerdings so: Die Perle kostet nichts als dein Herz, deine Person, dich selbst. Von dir selbst mußt du lassen, dich selbst loslassen, aufhören, dein eigener Herr zu sein, und Gott deinen Herrn sein lassen. Aufhören, dich selbst zu rechtfertigen, und Gott allein rechtgeben. Aufhören, dich selbst wichtig zu nehmen, um allein Gott wichtig zu nehmen. Aufhören, irgend etwas für dich zu behalten, von dem du weißt, daß Gott es nicht will. Das heißt glauben und gehorchen, das heißt Gottes Wort aufnehmen. Das heißt alles verkaufen, um die eine Perle zu kaufen. Also dich selbst loslassen. Dieses Sichselbstloslassen haben die Apostel mit einem ganz ungeheuren Wort bezeichnet: Sterben. Mit Christus sterben, sein Kreuz als Gericht über dich als deine Verurteilung anerkennen, aber zugleich seine Auferstehung als dein eigenes neues Leben wissen. Wer wirklich sich losläßt, mit Christus stirbt, der ist auch bereit, das Seine loszulassen, so, wie Gott es will: Güter, Ehre, Leben, Gesundheit, Stellung oder was es sonst ist, das ihm früher die Hauptsache war.

So ist das Wort des Herrn zu verstehen: „Wer sein Leben sucht, wird es verlieren; wer es aber verliert um meinetwillen, der wird es finden."

Das also ist die Art und Weise, wie das Wort Gottes als „Schatz und Perle" von uns Besitz ergreift. Wir sind dabei nicht passiv, wie einer, der den Tod erwartet. Sondern wir sind im Gegenteil zur höchsten Anspannung herausgefordert, zum kühnsten, schwersten und ungeteiltesten Einsatz. Aber dieser ganze Einsatz besteht eben gerade darin, daß wir zu uns nein sagen, auch zu unserem Können, daß wir nichts von uns selbst, sondern alles von Gott erwarten.

Soweit einiges aus Brunners „Saat und Frucht".

Gleichnis vom Fischernetz.

Zu Vers 47:
Mt 22, 9. 10
Lk 5, 10
Hab 1, 14—17
Zu Vers 49:
Mt 13, 39
Mt 25, 32
Ps 1, 5
Zu Vers 50:
Mt 8, 12; 13, 42

47 Wiederum ist das Königreich der Himmel gleich einem Netze, das ins
48 Meer geworfen wurde und von jedem Geschlecht zusammenbrachte. * Die
(Fischer) zogen es, als es voll war, ans Ufer herauf; und sie setzten sich nieder
und lasen die Guten in Gefäße zusammen, aber die faulen warfen sie da-
49 neben. * Also wird es in der Vollendung des Zeitalters sein: Die Engel
werden ausgehen und die Bösen aus der Mitte der Gerechten aussondern,
50 *und sie in den Feuerofen werfen: da wird sein das Weinen und das Zähne-
knirschen.

Wie hat der Meister beim letzten der sieben Gleichnisse vom Himmelreich sich an Bekanntes der Jünger angelehnt. Einige aus dem Jüngerkreis waren ja Berufsfischer und wurden dadurch an ihren alten Beruf erinnert. Zu den Menschenfischern wurden sie berufen bei jenem wunderbaren Fischzug am See Genezareth. Petrus, als der damalige Fischer Simon, und seine drei Fischergesellen wurden dort überhaupt die ersten Jünger, die Jesus in seine Nachfolge rief. Es waren die beiden Brüderpaare Petrus und Andreas, Jakobus und Johannes. Durch das Gleichnis will Jesus seinen Jüngern, — und das gilt auch heute noch uns —, sagen, daß erst in der Ewigkeit es zutage tritt, wer erbt. Sie sollen nicht schon scheiden wollen, sie haben nur zu fischen, alles was erreichbar ist; dem Jüngsten Gericht bleibt es vorbehalten zu scheiden.

Mit großen Schleppnetzen wurden die Fische eingefangen. Das Netz ist die Mission, die Botschaft von Jesus. Das Auswerfen des Netzes ist das Predigen des Evangeliums. Durch die Boten Jesu, die die Mitarbeiter am Bau und bei der Ausbreitung des Himmelreiches sind, wird das Netz in das Völkermeer ausgeworfen, um Menschenseelen zu fangen. Das Meer sind alle Menschen, und durch dieses Völkermeer wird das Netz gezogen und dabei werden die Fische eingefangen. Das Einfangen erfolgt auf Grund des Missionsbefehls Jesu: *„Geht hin in alle Welt und predigt das Evangelium aller Kreatur. Wer da glaubet und getauft wird, der wird selig werden; wer aber nicht glaubet, der wird verdammt werden."*

Gottes Gnade sucht alle und ist allen angeboten, und deshalb können alle ins Netz. Wem es zum Gewinn und wem es zum Verderben wird, das zu entscheiden bleibt Gott vorbehalten. So ist es während des Einfangens unmöglich, eine reine Gemeinde darzustellen. Die letzte Scheidung erfolgt erst in der Ewigkeit. Wo das Salz des Wortes Gottes nicht gegen die Ichfäulnis wirkt, da ist Gefahr, daß das neue Leben zurückgeht, daß das Glaubensleben faul wird. Die Bösen werden in den Feuerofen geworfen. Feuerofen ist ewiges Verderben. In Mt 25, 41 ist gesagt: *„Gehet hin von mir, ihr Verfluchten, in das ewige Feuer, das bereitet ist dem Teufel und seinen Engeln."* Lies dazu noch die Stellen Mt 5, 22. 29. 30; 10, 28; 18, 9; 23, 15 und 33. Damit stimmen die Schilderungen der Offenbarung überein, die vom feurigen Pfuhl berichten, in den einmal der Teufel, alle Verführer und Verführten geworfen werden. Offb 19, 20; 20, 10. 14 und 15. *„So jemand nicht ward gefunden geschrieben in dem Buch des Lebens, der ward geworfen in den feurigen Pfuhl."*

Jesu Schlußworte zu den Gleichnissen.

Vers 51 und 52

51 Und Jesus sprach zu ihnen: Habt ihr das alles verstanden? Sie sprachen:
Ja, Herr.

Die Jünger haben verstanden, was diese Gleichnisse vom Himmelreich bedeuten sollen. Sie haben etwas ahnen und fassen dürfen von den göttlichen

Wahrheiten. Im Volk Israel war den Schriftgelehrten das Verstehen versagt, weil sie nicht zum Herrn Jesus Ja sagen wollten. Deshalb standen sie nicht mehr im Himmelreich, sondern bereits draußen. Im 23. Kapitel des Matthäus-Evangeliums bringt Jesus den Weheruf über die Lehrer des Volkes.

Zu Vers 52:
Mt 12, 35
Lk 12, 42
1 Ko 4, 1

52 **Da sprach er: Darum ein jeglicher Schriftgelehrter, zum Königreich der Himmel gelehrt, ist gleich einem Hausvater, der aus seinem Schatz Neues und Altes hervorträgt.**

Wenn die Jünger den Meister recht verstanden haben, dann sind sie auch die rechten Lehrer. Sie haben verstanden, daß sie Mitarbeiter Jesu sein sollen. Von diesen „Schriftgelehrten, zum Königreich der Himmel gelehrt", spricht Jesus in Mt 23, 24: *„Darum siehe, ich sende zu euch in Israel Propheten und Weise und Schriftgelehrte; und deren werdet ihr etliche töten und kreuzigen, und etliche werdet ihr geißeln in euren Schulen und werdet sie verfolgen von einer Stadt zu der andern."* Jesus führt seinen Jüngern ihre ganze große Verantwortlichkeit betreffs der empfangenen Wahrheit vor Augen. Sie sind als rechte Schriftgelehrte ausgebildet, zum Himmelreich gelehrt, also sollen sie die frohe Botschaft von Jesus weitertragen. So erhalten die Jünger den Namen eines angesehenen Lehrers, ihnen wird das bevollmächtigte Lehramt übertragen. Sie sind ja Lehrer, die willig sind, von oben sich lehren zu lassen. Weil sie ihren Meister nicht erreichen oder gar überbieten können, bleiben sie Schüler des Meisters, die aber nichts für sich behalten wollen.

Der Hausvater benutzt den Schatz, um andern davon mitzuteilen; und durch die Benutzung nimmt der Schatz zu. Dies darf jeder wahre Verkündiger erfahren. Während er das Brot des Lebens austeilt, empfängt er selbst reichlich. Ein rechter Gottesmann schließt ans Alte an. Die Gemeinde Jesu Christi ist die wahre Fortsetzung des Offenbarungsglaubens vom Volk Israel. Gott hat sich das Volk Israel auserwählt, in ihm sich offenbart und die Verheißungen gegeben. Jetzt aber sind alle Verheißungen in Jesus Christus erfüllt. Darum gibt Jesus den Jüngern neuen Vorrat, aber sie sollen nur ja nicht den alten Vorrat, das AT, verachten. Das große Schatzhaus der Wahrheit ist das Wort Gottes Alten und Neuen Testamentes. Das AT ist ohne das NT nicht vollständig. Das Blut, welches beim Opfern im jüdischen Gottesdienst vergossen wurde, wies hin auf das Blut des großen Opferlammes Jesus. Jesus, wie er durch den Opferdienst versinnbildlicht und von den Propheten offenbart wurde, ist der Schatz des AT. Jesus in seinem Leben, seinem Tode und seiner Auferstehung und offenbart durch den Heiligen Geist ist der Schatz des NT. Unser Heiland ist also beides, das AT und auch das NT. Und dieses Evangelium in seiner Fülle sollten die Jünger predigen.

Jesus hat seine Predigt vom Himmelreich vollendet und verliert keine Zeit. Er geht von dannen!

53 **Und es begab sich, da Jesus diese Gleichnisse vollendet hatte, ging er von dort weg.**

Jesus hat nun die sieben Himmelreichsgleichnisse beendet. So vollkommen, wie eben nur Jesus vollkommen sein kann, ist auch seine Verkündigung. Seine Gleichnisse hatten es zu tun mit dem Geheimnis des Königreiches. Sein Wort ist vollendet. Alles ist getan. Das erste Gleichnis brachte den Säemann. Jesus ist selber der Säemann. Er streut den Samen seines Herrenwortes aus, und wer demselben sich öffnet, wird reiche Früchte ernten.

Das nächste Gleichnis stellt uns vor die Tatsache, daß Jesus nur guten Samen ausstreut. Aber auch der Feind ist sehr geschäftig. Seine Arbeit geschieht im Verborgenen. Der Feind wirkt, wenn es dunkel um uns ist. Da streut er seinen Unkrautsamen aus. Beide Samen-Sorten wachsen anfangs im Verborgenen, Kraft wohnt ihnen inne zur Vervielfältigung, und so tritt auch das Unkraut in Erscheinung.

Das dritte Gleichnis unterstreicht, daß das Ende des göttlichen Lebens Herrlichkeit ist. Der Anfang ist senfkornartig, erscheint klein und gering, aber es wächst zum Baum heran. Ausdehnende Kraft wohnt dem Worte Gottes inne und zersprengt jede Sündenfessel. Wenn der Herr den unvergänglichen Samen in uns gepflanzt hat, so ist seine Wirkung eine große und ewige. Eine gesegnete Entwicklung wird uns vollenden, bis wir in sein Bild gestaltet sind.

Das vierte Gleichnis bringt einen Vergleich des Himmelreichs mit einem Sauerteig. Wie schwach erscheint der Sauerteig des „Wortes" in der Menge Mehl der Welt, und doch wirkt er fort und fort in der Masse der Welt, in uns und um uns.

Das fünfte Gleichnis sagt uns, daß das Himmelreich ohne eigne Leistung gefunden wird. Wer den Reichtum des Evangeliums entdeckt, der verkauft freudig das bisherige Eigentum des Eigenlebens.

Das sechste Gleichnis macht uns darauf aufmerksam, daß die köstliche Sache nicht zufällig gefunden wurde, sondern nach verständigem Suchen. Der Kaufmann im Gleichnis ist ein nachdenkender, ernster Mensch, der die beste Perle *begehrt*. Darum überlegt und sucht er. Auch hier wird wieder, wie beim *unerwarteten Finden* im Gleichnis zuvor, *alles* verkauft, um den unvergleichlichen Schatz ganz zu gewinnen. So gilt es, alles für Christum aufzugeben, *nicht* gezwungen, sondern *willig*, damit der Schatz des Himmelreichs uns fürs Leben reich mache.

Das letzte Gleichnis weist zunächst auf die Wirkung der Verkündigung hin. Das Missionsnetz fängt und wird voll, jedoch ist der Inhalt desselben verschiedenartig. Solange Gnadenzeit ist, müssen wir als Menschenfischer fischen und arbeiten. Am Ende der Welt kommt erst das Niedersitzen mit den Engeln, um den Fang zu sondieren. Manche versuchen das letztere zuerst zu tun, sie wollen in dieser Zeit niedersitzen, um den Fang zu sondieren. Dies ist nicht unsere Aufgabe. Die Wertlosen, Nutzlosen, Verdorbenen werden weggeworfen werden, trotzdem sie auch im Netz der Gemeinde Jesu gewesen sind, aber die überwunden haben, werden aus dem Netz genommen und ihrem Herrn dargebracht. *Nicht der Anfang, nur das Ende krönt des Christen Lauf.*

Jesus hatte eine ganz vollkommene Predigt an das Volk und insbesondere an seine Jünger gerichtet. Nun hört Jesus auf, er bleibt nicht am Ort. Was getan ist im Guten und im Segen, das soll nicht durch überflüssige Worte gefährdet werden. Darum, wenn des Herrn Jesu Predigt an einem Ort beendigt war, dann ging er von dannen, dann zog es ihn weiter, um auch an anderen Orten vom Himmelreich zu verkündigen.

Jesus lehrt in seiner Vaterstadt Nazareth und wird von seinen Landsleuten verworfen.

Vers 54—58

Zu Vers 54—58:
Mk 6, 1—6
Lk 4, 16—20
Zu Vers 54:
Mt 7, 28

54 **Er kam in seine Vaterstadt und lehrte sie in ihrer Synagoge, also auch daß sie sich entsetzten und sprachen: Woher kommen diesem solche Weisheit und Machttaten?**

In Nazareth war Jesus aufgewachsen. Und nun war er in diese seine Vaterstadt gekommen, um dort zu lehren. Mit welchen Gefühlen wird der Heiland dorthin gekommen sein! Niemand soll vom Himmelreich ausgeschlossen sein. So ist er in ihrer Synagoge, um auch dort das Evangelium vom Reich zu verkündigen. Das Lukasevangelium hat uns festgehalten, daß Jesus aus dem Jesajabuch vorlas. Lk 4, 18—19:

„Der Geist des Herrn ist bei mir, darum, daß er mich gesalbt hat; er hat mich gesandt, zu verkündigen das Evangelium den Armen, zu heilen die zerstoßenen Herzen, zu predigen den Gefangenen, daß sie los sein sollen, und zu verkündigen das angenehme Jahr des Herrn."

Da steht Jesus nicht als Mitbürger in Nazareth, sondern er erhebt Anspruch, daß in Ihm diese messianische Heilszeit angebrochen ist.

Man war sehr wahrscheinlich in die Synagoge geeilt, hatte sich dort versammelt, um den jungen Landsmann zu hören, der im Volk hin und her so große Aufregung hervorrief. Wie war man zunächst erstaunt, und zwar darüber, wie meisterhaft Jesus predigte und große Machttaten verrichtete. Seine Predigt war gewaltig, aber sie brachte nach dem Staunen dann das Entsetzen. —

Daß Jesus Weisheit und Macht besaß, das leugnen die Nazarener nicht. Jesus besitzt sie, weil Gott sie ihm gegeben hat — „denn in ihm war die Fülle der Gottheit leibhaftig". Er war also mehr, als sie selbst in Nazareth waren. Dies aber durfte nicht sein, „daß er mehr ist als sie". Jesu „Vater" war ja der Zimmermann des Ortes „Nazareth" gewesen. Die Mutter und die vier Brüder: Jakobus, Joseph, Simon und Judas sind den Leuten von Nazareth wohl bekannt. Ebenfalls auch die Schwestern. Vielleicht waren sie in Nazareth verheiratet gewesen. Die Leute fragen und sprechen:

Zu Vers 55:
Mt 12, 46
Lk 3, 23
Jo 6, 42
Apg 12, 17
Zu Vers 56:
Jo 7, 15. 46. 52

55 Ist er nicht eines Zimmermanns Sohn? Heißt nicht seine Mutter Maria?
56 und seine Brüder Jakob, Joseph und Simon und Judas? * Und seine Schwestern, sind sie nicht alle bei uns? Woher kommt ihm denn das alles?

Bei allem Verwundern und Fragen erschien ihnen der Stammbaum von Jesus zu gering; dies war doch ein zu niedriger Stand. Er war ja der bekannte Zimmermannssohn, ja selber ein Zimmermann, wie Mk 6, 3 berichtet. Auch seine Mutter war doch die einfache Maria, und seine Geschwister und Verwandten ganz gewöhnliche Menschen. Bei den Nazareth-Leuten war das Wissen um Jesus, und daß sie ihn der Person nach leibhaftig kennen, kein Antrieb zum Glauben, sondern ein Grund zum Unglauben geworden. Sie verweilten bei dem Familiennamen und machten das ungewiß, was sie nicht begreifen konnten, obwohl alles so offenbar vor ihren Augen lag. Statt des Glaubens brachte das Wort Jesu ihnen den Unglauben. Wie sollte dieser Zimmermannssohn in der Werkstatt das gelernt haben, was man sonst unter den Rabbinern als Ausbildung fand? Nein, seiner Rede konnten sie nicht zuhören!

Zu Vers 57:
Mt 11, 6
Jo 4, 44

57 Und sie ärgerten sich an ihm. Jesus sprach aber zu ihnen: Nirgends ist ein Prophet ohne Ehre als in seinem Vaterlande und in seinem Hause.

Die Leute aus Nazareth sind nun ebenso wie alle anderen Menschen auch. Wer ihnen etwas sagen will, der muß aus der Ferne kommen, der muß ein Examen gemacht haben, der muß seinen Titel haben! Weil aber Jesus aus Nazareth stammt und ohne anerkannte Ausbildung und Titel ist, darum will man sich nicht vor Ihm beugen! Man will es nicht für wahr halten, daß Gott hinter ihm steht und daß Gott ihn über sie erhöht hat. Man ärgert sich. Man ist in der eigenen Ehre gekränkt, ist neidisch, eifersüchtig, will nicht, daß einer von ihresgleichen größer ist als sie, daß einer aus ihren Reihen es wagt, von sich den Anspruch zu erheben, der Anfänger der messianischen Heilszeit zu sein, ja noch mehr, **der zu sein**, in dem das ganze AT (Thora und Propheten) nunmehr seine Erfüllung gefunden hat! —

Sie **wollen** nicht, daß dieser über sie herrsche. Sie wollen nicht, daß Jesus von Nazareth der Messias ist. Sie wollen nicht, was Gott will. Sie verbieten Gott, Jesus zu ihrem Retter und Heiland zu setzen! —

Das Herz des Menschen ist immerdar das gleiche böse Herz. Es will nicht Gott in seinem göttlichen Willen anerkennen. Es will selbst im Eigenwillen verharren und bestimmen!

Wenn ein Mensch nicht glauben kann, dann liegt es daran, daß er nicht glauben will. Wenn man Ernst mit dem Glauben macht, dann führt der Weg aus dem Staunen nicht in die Verärgerung, sondern in den Glauben hinein. In Gottes Plan ist auch der irdische Stammbaum Jesu eingeschlossen. Wie viele stolpern auch heute noch darüber. Die Herkunft Jesu erscheint ihnen zu niedrig, und sie wollen Jesus damit erledigen. Jesu Brüder haben die gleiche Haltung gezeigt wie die Nazarener. Jo 7, 5 sagt: *„Denn auch seine Brüder glaubten nicht an ihn."* Beim Glauben gehts also immer auch um den Willensakt eines Menschen, daß er sich vor dem Herrn Jesus beuge. Das ist die ernste Seite.

Welch ungeheure Not und Tragik birgt dieser Aufenthalt Jesu in Nazareth in sich. Er, der von Gott gesandt war zum Heil der Welt, zu den verlorenen Schafen vom Hause Israels, gesandt zur Vergebung der Sünden für viele, wird für viele ein Anstoß und Anlaß zur Sünde.

Wie schmerzlich klingt darum das Wort Jesu: **„Nirgends ist ein Prophet ohne Ehre als in seiner Vaterstadt und in seinem Hause."** Weil Jesu Brüder auch zu denen gehörten, die ihn nicht anerkennen, darum redet Jesus nicht bloß von der Heimat des Propheten, sondern auch von seinem „Haus".

58 **Und er tat daselbst nicht viele Zeichen um ihres Unglaubens willen.**

Der Heiland hatte sonst immer offene Hände, hier aber band der Unglaube ihm die Hände. Warum sollte er seine göttliche Macht an denen beweisen, die Ihn doch nicht wollten? Dort, wo der Unglaube ist, da tut Jesus keine Zeichen, denn seine Wunder sollen vorhandenen Glauben vertiefen. Aber hier fehlte die Voraussetzung dazu. Gerne läßt Jesus den Glaubenden das Höchste erleben. Aber dem Unglauben wird nichts gewährt. Wer nicht begehrt, der empfängt auch nichts; wer nichts sehen will mit Glaubensaugen, der sieht auch nichts mit seinen natürlichen Augen. Dort, wo der Heiland so gern am meisten getan hätte, da war er gezwungen, am wenigsten zu tun.

Zu Vers 1—12:
Mk 6, 14. 17—30
Lk 9, 7—9
Lk 8, 19. 20
Zu Vers 2:
Lk 16, 14
Zu Vers 3:
Mt 4, 12
Mt 11, 2
Mt 19, 9
Zu Vers 4:
3 Mo 18, 16
3 Mo 20, 21
Zu Vers 5:
Mt 21, 26
Zu Vers 8:
Sir 25, 18. 21

Kapitel 14

Von der Ermordung des Täufers Johannes.

Mt 14, 1—12

1 **Zu jener Zeit hörte Herodes, der Vierfürst, die Kunde von Jesus**
2 ***und sprach zu seinen Hofleuten: Dieser ist Johannes der Täufer; er ist**
von den Toten auferstanden, und deshalb wirken solche Wunderkräfte in ihm.
3 ***Denn Herodes hatte Johannes festgenommen, ihn gefesselt und ins Gefängnis**
4 **gesetzt, um der Herodias willen, der Frau seines Bruders Philippus. *Denn**
5 **Johannes hatte ihm gesagt: Es ist dir nicht erlaubt, sie zu haben. *Und als**
er ihn töten wollte, fürchtete er die Volksmenge, weil sie ihn für einen
6 **Propheten hielten. *Als nun Herodes Geburtstag hatte, tanzte die Tochter**
7 **der Herodias vor ihnen, und sie gefiel dem Herodes; *weshalb er mit einem**
8 **Eide zusagte, ihr zu geben, um was sie bitten würde. *Sie aber, von ihrer**

Zu Vers 9:
Sir 20, 24
Zu Vers 10:
Mt 17, 12

Mutter aufgehetzt, sagte: Gib mir hier auf einer Schüssel das Haupt Johannes
9 des Täufers. * Und der König ward traurig; aber um der Eidschwüre und um
10 derer willen, die mit zu Tische saßen, befahl er, es zu geben. * Und er
11 sandte hin und ließ den Johannes im Gefängnis enthaupten. * Und sein
Haupt wurde auf einer Schüssel gebracht und dem Mägdlein gegeben, und sie
12 brachte es ihrer Mutter. * Und seine Jünger kamen herzu, hoben den Leib
auf und begruben ihn. Und sie kamen und meldeten es Jesu.

Der Ausdruck „zu jener Zeit" ist eine sehr allgemeine Zeitbestimmung bei Matthäus. Die genauere Zeit gibt Markus an. Siehe dort Mk 6, 14—29. Markus hat unmittelbar vorher den Bericht von der Aussendung der Apostel und deren Wirksamkeit gegeben.

Herodes hieß „der Vierfürst" (der Tetrarch), weil er nur über einen Teil des Landes seines Vaters, des Herodes des Großen, herrschte. (Vgl. S. 30. Dort ist eine Übersicht der Söhne des Vierfürsten Herodes gegeben.) Der vollständige Name des Vierfürsten Herodes ist Herodes Antipas. Er regierte von 3 vor bis 39 nach Christus. Ihm waren unterstellt die Länder Galiläa im Norden und Peräa im Osten. — Herodes Antipas hat meist in der von ihm erbauten Stadt Tiberias, am Westufer des Sees Genezareth, gewohnt. Die Stadt Tiberias hatte er zu Ehren des Kaisers Tiberius erbaut. Ab und zu weilte er auch auf seiner Burg Machärus (am Toten Meer) im südlichen Peräa. — Nördlich von Tiberias in und um Kapernaum hatte Jesus seine Haupttätigkeit entfaltet. Kapernaum wird in 8, 1 geradezu „seine Stadt", d. h. des Herrn Stadt, genannt. Nach 4, 13 hatte er in Kapernaum Wohnung genommen. —

Mancherlei hatte Herodes Antipas von Jesus gehört. Jedoch war er persönlich nicht daran interessiert. Nach der Aussendung der Zwölfe drangen öfter Nachrichten über Jesus an das Ohr des Herodes Antipas. Die verschiedensten Vermutungen über diesen eigenartigen Mann von Nazareth wurden seitens des Herodes und seiner Hofleute angestellt. Vgl. Mk 6, 14 und 15 und Lk 9, 7 und 8. Bald nach der Hinrichtung des Johannes des Täufers hatte das Gerücht über Jesus folgende Gestalt angenommen. Die Meinung am Hofe des Königs Herodes Antipas war: „Jesus ist der von den Toten wieder auferstandene Johannes der Täufer." —

Der jüdische Geschichtsschreiber Josephus Flavius berichtet von Herodes Antipas, daß er ein abergläubischer Mann sei, der überall Gespenster sah. Und auch Jesus schien ihm solch ein Gespenst zu sein.

Die Neugierde hatte ihn jedoch sehr stark angetrieben, Jesus einmal selbst zu Gesicht zu bekommen. In Lk 9, 9b lesen wir: *„Herodes begehrte Jesus zu sehen."*

Der Evangelist Matthäus holt nun in den Versen 3—11 den Bericht über die Einkerkerung und Ermordung des Johannes des Täufers nach. Wer ist nun die Herodias, die in dem Mordbericht über Johannes eine solch grausame Rolle spielt? Herodias ist die Tochter des Aristobul, eines Sohnes von Herodes dem Großen. Im Jahre 7 vor Chr. ist Aristobul von seinem Vater hingerichtet worden. Herodias war also eine Enkelin Herodes des Großen. — Schon im 7. Lebensjahr wurde Herodias mit Herodes Philippus I., einem Bruder des von seinem Vater Herodes dem Großen ermordeten Aristobul, verlobt und später verheiratet. Herodias hatte also ihren Onkel heiraten müssen. Herodes Philippus I., den Matthäus und Markus kurz nur Philippus nennen, lebte als Privatmann in Jerusalem. Aus dieser Ehe stammte Salome, die als 20jähriges Mädchen jenen verhängnisvollen Tanz ausführte, der Johannes den Täufer das Leben gekostet hat. Salome wurde später mit Herodes Philippus II., einem anderen Bruder des Herodes Antipas, verheiratet. Des Herodes Philippus' II. Herrschaftsgebiet lag östlich vom See Genezareth am oberen Jordan und nördlich von Peräa. —

Wie war nun der mit einer Tochter des Königs der Nabatäer (südöstlich am Toten Meer gelegen) — namens: Aretas — verheiratete Herodes Antipas zur Herodias gekommen? Die Antwort ist folgende: Als einmal Herodes Antipas bei seiner Reise nach Rom im Hause seines Bruders Herodes Philippus I in Jerusalem eingekehrt war und seine Schwägerin und zugleich Nichte Herodias sah, stellte er ihr einen Heiratsantrag, auf welchen sie sofort bereitwillig einging. Es wurde verabredet, daß Herodes Antipas nach der Rückkehr von Rom seine Gemahlin, die Tochter jenes Aretas, verstoßen und mit Herodias dann Hochzeit machen sollte. Herodes Antipas ging auf alles ein und Herodias wurde seine Frau.

Johannes der Täufer hatte in seiner Geradheit dem Herodes Antipas gesagt: **„Es ist nicht recht, daß du sie zum Weibe hast."** Die Frau des Bruders, die diesem ein Kind geboren hat, zu heiraten, galt nach dem israelitischen Gesetz (3 Mo 20, 21) als Blutschande, abgesehen von dem doppelten Ehebruch in diesem Falle. Das wollte sich Herodes nicht bieten lassen und die Herodias erst recht nicht. So ließ Herodes den Täufer zunächst einmal gefangen setzen. Nach Josephus Flavius tat er das auch aus Furcht vor dem Einfluß des Johannes auf das Volk. Beide Gründe mögen zusammengewirkt haben. Dazu stimmt auch, daß Herodes wiederum aus Furcht vor dem Volk sich doch lange Zeit nicht zur Hinrichtung entschließen konnte. Denn die Gefangennahme war schon erfolgt im Winter vor dem zweiten Osterfest der öffentlichen Tätigkeit Jesu. Die Verse 12 und 13 zeigen an, daß gerade eben erst die Hinrichtung des Täufers erfolgt war. Also befand sich Johannes über ein Jahr in Gefangenschaft, und zwar wie Josephus Flavius berichtet, in der Bergfestung Machärus im südlichen Peräa, östlich vom Toten Meer. Die Festung lag auf einem hohen Felsen, auf drei Seiten von tiefen Abgründen umgeben. Herodes der Große hatte sie überdies noch künstlich befestigt und sich in der kleinen sie umgebenden Stadt auch einen Palast gebaut. Allzu hart wird die Gefangenschaft für den Täufer nicht gewesen sein. Denn Johannes konnte mit seinen Jüngern verkehren (vgl. 11, 2 ff.). Ja, nach Markus unterhielt sich Herodes selbst, der ihn wegen seiner „Gerechtigkeit und Heiligkeit" schätzte, gern und oft mit ihm und hielt ihn sozusagen in einer Art Schutzhaft vor der Herodias, die seit jenem Wort einen tiefen Groll gegen Johannes hegte (Mk 6, 19 und 20). Dieses widerspruchsvolle Benehmen und Empfinden paßt ganz zu dem von Sinnlichkeit und Befürchtungen hin- und hergezerrten willensschwachen und entschlußunfähigen Fürsten gegenüber dem starken, klaren Charakter des Täufers. Aber die Herodias verfolgte ihr Ziel mit der Konsequenz eines in seinem Ehrgeiz gekränkten Weibes. Und die „günstige Gelegenheit" (Mk 6, 21) kam. Ihre Tochter Salome, die sie vom ersten Mann her hatte und die damals wohl noch nicht ganz 20 Jahre zählte, mußte helfen sie auszunützen. Am Geburtstag des Fürsten, der offenbar in Machärus gefeiert wurde, erscheint sie auf einmal mitten in der glänzenden Festgesellschaft und führt vor den Augen des Königs und all der Großwürdenträger, hohen Offiziere und sonstigen Vornehmen des Landes (Mk 6, 21) einen üppigen Solotanz auf. Das war allerdings für das griechische = römische Anstandsgefühl etwas Unerhörtes. Aber es führte zum Ziel. Herodes ist durch den Anblick seiner tanzenden Stieftochter so sinnestrunken, daß er ihr unter Eidschwüren alles verspricht, selbst die Hälfte seines Reiches. Und „von ihrer

Mutter angestiftet", stellt sie dann ihre entsetzliche Bitte: **„Gib mir hier auf einer Schüssel das Haupt Johannes des Täufers"**, der der schwache Herodes aus falschem Ehrgefühl willfährt. Matthäus erzählt von dem furchtbaren und grausigen Geschehen und berichtet dann weiter, wie die Johannesjünger, nachdem sie ihren Meister bestattet hatten, Jesus diese Vorkommnisse berichteten, worauf Jesus den Entschluß faßte, sich in die Einsamkeit zurückzuziehen.

Zu Vers 13—21:
Mk 6, 31—44
Lk 9, 10—17
Jo 6, 1—13
Zu Vers 13:
Mt 4, 12

13a **Als Jesus diese Kunde vernahm, zog er sich von dort in einem Boote nach einem Wüstenstrich in die Einsamkeit zurück.**

Johannes der Täufer war einer Henkershand zum Opfer gefallen. So war er auch in seinem Tode der Vorläufer Christi. So wie die Menschen den Täufer gemordet hatten, so werden sie es später auch mit dem Messias selber tun. — Es ist darum zu verstehen, daß es Jesus in die Einsamkeit — in die Stille — trieb, als ihm die Kunde von der Ermordung des Johannes überbracht wurde.

Es wäre aber unrecht zu meinen, Jesus habe sich aus Angst aus Kapernaum entfernt. Denn Jesus zog sich nicht wegen etwaiger Nachstellungen durch Herodes zurück, sondern weil er mit seinen Aposteln die Stille suchte. Die Nachricht von der Ermordung des Täufers wurde Jesus wohl zur gleichen Zeit überbracht, als seine Jünger zurückkamen, um mit ihm in die Einsamkeit zu gehen. Diese Kunde — (bei Lukas kommen die Jünger von ihrer Aussendung zurück und vermitteln dem Meister ihre Eindrücke) — machte es besonders notwendig, sich der Stille zu widmen. Dem Herrn war wohl diese Zeit vertrauter Unterhaltung willkommen, da er besonders stark an die Nähe seines eigenen Todes erinnert wurde.

Wie der Gang in die unbewohnte Gegend jenseits des Sees auch höherer Führung unterstellt war, zeigen uns die folgenden Verse.

Von dem einzigartigen Hausvater und Hauspriester.

13b **Als die Volksscharen das vernahmen** (nämlich daß Jesus sich in die Einsamkeit in einen Wüstenstrich zurückgezogen hatte), **folgten sie ihm nach aus den Seestädten auf dem Fußwege.**

Die Parallelstelle des Lukas gibt das Ziel der Bootfahrt Jesu mit seinen Jüngern an. Es ist eine unbewohnte Gegend in der Nähe von Bethsaida. Diese Stadt ist aber nicht die durch die Evangelien bekannte Stadt in der Nähe von Kapernaum an der Westseite des Sees.

Ehedem war diese Stadt ein kleines Fischerdorf mit dem Namen Bethsaida. Dann aber hatte der Vierfürst Philippus dieses Fischerdorf zu der Stadt Bethsaida Julias ausbauen lassen. — Diesen Kurs hatte also das Boot eingeschlagen, als es über die Wellen des Sees glitt.

Man wundert sich oft, wie schnell eine Botschaft von Mund zu Mund weiter eilt. Ohne Radio, Presse und Telefon zu besitzen, war es auch diesen Leuten bald bekannt, daß Jesus mit seinen Jüngern Galiläa verlassen hatte. Manche werden ihn bei der Abfahrt des Bootes gesehen haben. Auch sein Ziel scheint ihnen bekannt gewesen zu sein. Viele hingen ihm in Galiläa an und waren entschlossen, ihm nachzueilen. Da hatten auch schon die ersten bemerkt, daß das Boot wohl Bethsaida anlaufen würde. Nun war für sie „alles klar". Den Weg von Kapernaum nach Bethsaida konnte man auf dem Landwege genau so schnell zurücklegen, wie im Boot über den See. So setzte sich die Schar in Bewegung, der See sollte im Fußmarsch umgangen werden. Viele Ortschaften umsäumten den See. Überall nun, wo diese Eilenden durchzogen, entstand ein Fragen und Antworten. „Natürlich", hieß es, „wenn der Messias so nahe ist, wollen wir ihn auch sehen". Alles andere wurde vergessen, man brach auf und schloß sich der Volksmenge an. Von Ort zu Ort verstärkte sich der Trupp der Wandernden.

Was hat wohl der Herr empfunden, als er diesen Volkshaufen am Ufer wahrnahm? Er wollte doch mit seinen Jüngern die Stille aufsuchen. Hätte er nicht ein Recht gehabt, diese Volksmenge zurückzuweisen? Der Herr tut es nicht! Obwohl die Volksmenge sein Programm restlos umstößt, bleibt er ruhig und still und wartet der Dinge, die da kommen.

Nun läuft das Boot auf den Sand, und zur gleichen Zeit treffen die ersten Ankömmlinge bei der Landungsstelle ein. (Markus schreibt: So kam es, daß aus allen Städten dort, wohin das Boot steuerte, Leute zu Fuß zusammenliefen und noch vor dem Boot den Ort erreichten.) —

Was sagt der Herr zu ihnen? Jedenfalls nichts von dem, was vom menschlichen Gesichtspunkt aus begreiflich gewesen wäre.

Ist sein Plan, die Einsamkeit aufzusuchen, auch vereitelt, so begegnet er ihnen doch in L i e b e. Er ist gerührt. Er sieht die Volksmenge als die Herde ohne Hirten, und empfängt sie mit herzlicher Freundlichkeit.

Zu Vers 14:
Mt 9, 36
Mt 15, 32

14 **Als Jesus an Land ging, sah er eine große Volksschar, empfand tiefes Mitleid und heilte ihre Kranken.**

Der Herr ging also auf das lehr- und liebebedürftige Sehnen dieser Menschen ein. Ein großes Erbarmen erfüllte ihn und trieb ihn zu diesem Volk. Man könnte hier gleichsam zwei Seiten in seinem Erbarmen aufzeigen:

a) Die Volksmenge glich (wie am Ende des 13. Verses angedeutet wird), einer Schafherde, die keinen Hirten hat;

b) Jesus sieht das Volk mit seinem Hoffnungsblick. Es gleicht einem verheißungsvollen Erntefeld (Jo 4, 35).

Jesus geht auf alle Nöte seiner Zuhörerschaft ein. Auch die Kranken, die mitkamen, werden geheilt. Doch an erster Stelle steht bei Jesus immer die Predigt, bei allen Nöten bleibt sie das Wichtigste. Die Krankenheilungen sollen mit zur Glaubensvertiefung dienen. Nicht, daß wir körperlich gesund sind, ist die Hauptsache, sondern die V e r k ü n d i g u n g der Frohen Botschaft, damit durch Christi Wort zerbrochene Herzen geheilt werden und das ewige Leben ererben, das ist das Wichtigste! So half Jesus den Menschen in ihren inneren und äußeren Nöten. Er hatte immer Zeit für sie. —

Aber Jesus hatte noch einen Liebesgedanken in seinem Herzen. Während er hier im hohen Galiläa weilte, rückte die Zeit des Passahfestes heran. In Jerusalem haßte man ihn so sehr, daß er sich jetzt dort wohl nicht hätte zeigen dürfen. Während des ganzen Vormittags kamen Scharen von Menschen zu ihm (Jo 6, 5). Dieses unerwartete Zusammenlaufen erinnerte ihn an die Festscharen, die jetzt nach Jerusalem zogen. So faßte er den Entschluß, ein Fest in der Wüste zu feiern, als Entschädigung für das Passah-Fest.

15 **Als es aber Abend geworden war, traten seine Jünger zu ihm und sprachen: Die Gegend ist Wüste und die Stunde des abendlichen Mahles ist schon da. Entlasse die Scharen, damit sie in die Dörfer gehen und sich Speise kaufen.**

Das Volk war in seiner Begeisterung dem Heiland gefolgt, ohne Speise mit sich zu nehmen. Nun sinkt schon die Sonne im Westen, und noch immer verweilt das Volk lauschend bei Jesus. Sie hören gespannt den Ausführungen des Meisters zu. Er stillt ihren Hunger nach Gottes Wort. An leibliche Bedürfnisse scheint die Menge gar nicht zu denken. Doch da machen sich die Jünger bemerkbar und fühlen sich verpflichtet, für das Volk zu sorgen. Sie fragen sich: „Soll Jesus vielleicht von den Mengen verlangen, daß sie ohne Speise bis in die Nacht hinein verharren?" Sie ahnen natürlich nicht, daß Jesus die Lage seiner Zuhörer bereits erwogen hat und daß er alle bei sich behalten will, weil er sich bevollmächtigt weiß, alle Zuhörer heute als seine Gäste zu speisen.

Aber der Jünger Besorgtheit entspricht nicht den Gedanken des Meisters. Sie wollen, daß sich das Volk selbst versorge, während Christus von sich aus für das Volk sorgen will. Sie sind in großer Sorge, obwohl ihr Herr und Meister zugegen ist. Dies ist mangelnder Glaube.

Weil sie keine Selbsthilfe sehen, so klagen sie ihre Sorge dem Herrn. Soll man erst dann zum Herrn kommen, wenn das eigene Können zu Ende ist?

Die Jünger wenden sich mit ihrer Not und ihrer Besorgtheit an den Meister, als es Abend geworden war. Der griechische Ausdruck ophia bedeutet „die erste Abendzeit", die von der neunten bis zur zwölften Tagesstunde dauert. Diese erste Abendzeit ist unserm Spätnachmittag gleichzusetzen (15 bis 18 Uhr). In Vers 23 ist dann die zweite Abendstunde gemeint, die Zeit von 18 Uhr bis zum Beginn der Nacht, die eigentliche Abendzeit. — Mit „die Stunde" meinten die Jünger die Zeit bzw. den Zeitpunkt, wo man die Menge hätte entlassen sollen, damit sie sich hätten noch Brot kaufen können.

16 **Doch Jesus sprach: Sie haben nicht nötig, wegzugehen, gebt ihr ihnen zu essen.**

Die lauschende Menge von ihrem himmlischen Meister fortzudrängen wegen des täglichen Brotes, dieses Tun wäre in Jesu Augen falsch. Denken wir an die Antwort, die der Herr der Martha erteilte (Lk 10, 41 f.). Das gute Teil ist eben das Hören auf das Wort Gottes. Das „Hören" hat dem „Schaffen" vorauszugehen.

So erteilte der Herr seinen Jüngern die Antwort nach dem zuvor gefaßten Plan: **„Gebt ihr ihnen zu essen."** Jesus will die Menge nicht bis in die Nacht ohne Speise lassen. Gebt ihr ihnen zu essen, das war seine Aufforderung an seine Jünger. Diese haben aber seine Aufforderung nicht verstanden. Woher sollten sie auch für so viele Menschen Speise nehmen? Bald bricht die Dunkelheit herein, und man befindet sich an einem einsamen Ort. Die Wege zum Einkaufen sind weit. — Ist es ihnen da zu verdenken, wenn sie das Volk in die bewohnte Gegend verweisen wollen? Daß Christus ein Wunder tun würde, das hatten sie nicht bedacht.

17 **Sie erwiderten ihm: Wir haben nichts hier, als nur fünf Brote und zwei Fische.**

Sie wollen damit ihrem Herrn die Nutzlosigkeit, die Volksmenge zurückzuhalten, zeigen, denn damit kann man ja niemand nähren. Was ist das auch unter so viele Menschen? Aber dem Herrn Jesus lag es daran, daß seine Schüler mit ihm auf den Reichtum Gottes blicken möchten. Um das Speisungswunder zu vollbringen, hätte er die fünf Brote und die zwei Fische auch nicht nötig gehabt. Der Herr aber wollte sie aus ihrer eigenen Ohnmacht zum göttlichen Reichtum führen. Sie sollten sehen: Wir haben so viel wie nichts, aber bei Ihm ist Reichtum, und aus diesem Reichtum und dieser himmlischen Fülle dürfen wir schöpfen!

18 **Er sprach zu ihnen: Bringet sie hierher.**

Jesus beginnt zu handeln. Er schlägt einfach über alle Sorgen der Jünger hinweg eine Brücke. Er verlangt von ihnen diese Tagelöhner-Speise: **„Fünf Brote und zwei Fische."** Und Gott vermehrt in den Händen der Jünger so sehr das

Geringe, daß noch zwölf Körbe übrigbleiben. An dem Stoff dieser spärlichen Nahrungsmittel hatte die göttliche Liebe und Allmacht gewirkt nach göttlichen Gesetzen.

Zu Vers 19: Jo 11, 41 Jo 17, 1

19 **Er ließ dann die Volksscharen sich im Grase lagern, nahm die fünf Brote und die zwei Fische, blickte auf zum Himmel, dankte, brach und gab sie den Jüngern, und die Jünger gabens dem Volk.**

Er lädt also die Leute ein, sie sollen sich setzen. — Die Bergflächen hinter Bethsaida — Julias prangen im schönsten Frühlingsgrün. In Palästina beginnt der Frühling schon Mitte Februar. So war also schon vorgerückte Frühlingszeit, nach den Worten: *„Es war aber nahe Ostern, der Juden Fest"* (Jo 6, 4). An diesem Frühlingsabend tritt nun der feierliche Augenblick ein. Der Herr hält Brote und Fische in seinen Händen. Er steht in der Mitte des Volkes und erinnert uns an das Handeln eines Familienvaters. Er sagt Dank, wie es der Vater im Kreise der Seinigen tut. Dieser Segensspruch geschieht nicht, weil es Sitte ist, sondern weil der Spruch durch Christus mit neuem Gehalt gefüllt wird. Das ist seine Gegenwart, die den offenen Zugang zum Vater bahnt (Jo 1, 51). —

Der Sohn sagt dem himmlischen Vater Dank für seine Wohltaten in der Natur und in seiner Offenbarung. Dieser Augenblick muß wohl einen besonderen Eindruck auf die Anwesenden gemacht haben. Das Volk, ja auch seine Jünger müssen es offenbar so angesehen haben, daß das Danksagen Jesu Wunder bewirkt habe. Für das Wenige, was man hat, zu danken, das ist das wunderbare Mittel, welches Segen bringt. —

Nach jüdischer Sitte hielt der Hausvater zu Anfang jeder Mahlzeit über dem Brote, das er brach, ein Dankgebet, welches man „Segen" nannte. Diese jüdische Sitte griff bis in die graue Vorzeit zurück. Den Urahnen, die aus Ägypten auszogen, gab Gott schon reichlich Gelegenheit zu Dank und Lobpreisung. In der Wüste zeigte er seinem Volk seine Macht und Gnade. Auch dort hatte im AT Gott gleich einem Hausvater sie mit Fleisch, Brot und Wasser versorgt. So wie sich Gott einst im AT bezeugt hatte, so stand nun Jesus wieder vor dem Volke und reichte ihnen Speise dar.

Zu Vers 20: 2 Kö 4, 44

20 **Sie aßen alle und wurden satt. Dann hoben sie auf den Überrest von den Stücken, zwölf Körbe voll.**

Das Ergebnis der Speisung durch Jesus war, daß es reichte, und zwar nicht knapp, sondern es blieb mehr übrig, als sie zuvor in den Händen gehabt hatten. In enger Beziehung zum Dankgebet steht die Anordnung Jesu, die Brosamen in Körbe zu sammeln. Ein so gewonnenes Gut darf nicht geringschätzig behandelt werden.

21 **Es hatten aber ungefähr 5000 Mann gegessen, ohne Frauen und Kinder.**

Der letzte Vers gibt uns die Zahl der Anwesenden an. Da das Passahfest nahe war (das Wunder geschah ein Jahr vor dem Tode des Herrn), so fing das Volk schon an, in größeren Scharen auszuziehen. Daher ist es erklärlich, daß Pilger, die nach Jerusalem wollten, sich der lauschenden Volksschar angeschlossen hatten. Innerhalb kurzer Zeit hatte sich darum die Volksmenge, die sich aus den Seestädten versammelt hatte, schnell vergrößert. Die Synoptiker teilen uns die Zahl mit: Fünftausend Männer. Der Zusatz „ohne Weiber und Kinder" hat folgende Bewandtnis: Die morgenländische Sitte verpflichtet die Frauen und Kinder, sich abgesondert zu halten. Das erklärt uns, daß sich nur die Männer „in der angegebenen Ordnung" niedergelassen haben. Es waren aber weitaus mehr Menschen als fünftausend, daher der Nachsatz des Verses:

„ohne Frauen und Kinder". Nun waren die Jünger in ihrem Kleinglauben beschämt. Wie war ihnen wohl zumute? —

Im Orient schweigt man während des Essens. Das begünstigte das Nachsinnen.

Man kann sich gut denken, daß die Versammelten einen unvergeßlichen Eindruck vom Herrn mit nach Hause genommen haben. — Nach Jo 6 hat dieser Eindruck spontan eine seelische, vom Herrn nicht gewollte Begeisterung ausgelöst.

Diese Geschichte von der Speisung der Fünftausend ist die einzige aus der ganzen galiläischen Tätigkeit, die allen vier Evangelien gemeinsam ist (Mt 14, 13 ff.; Mk 6, 30; Lk 9, 10—17; Jo 6). Sie bildet daher eine wichtige Klammer, die synoptische und die johanneische Darstellung zu vereinigen. In allen vier Evangelien ist dieses Wunder als Höhepunkt der galiläischen Tätigkeit hingestellt. Unmittelbar danach fängt Jesus bei den Synoptikern an, seinen Aposteln das Geheimnis seines baldigen Leidens zu offenbaren (Mt 16, 3—28; Mk 8, 27 bis 38; Lk 9, 18—27).

Bei Johannes wird durch dieses Wunder eine entscheidende Krisis in dem Werk Jesu in Galiläa herbeigeführt, und die darauf folgende Rede Jesu in Jo 6 deutet auf den nahen, gewaltsamen Tod hin.

Rückfahrt der Jünger über den See.

Vers 22—24

Zu Vers 22—36:
Mk 6, 45—56
Jo 6, 15—21

Zu Vers 23:
Lk 6, 12
Lk 9, 18

22 **Und alsbald zwang er die Jünger, in das Schiff zu steigen und ihm an das jenseitige Ufer vorauszufahren, bis er die Volksmengen entlassen habe.**

23 **Und als er die Volksmengen entlassen hatte, stieg er auf den Berg, um für sich allein zu beten. Es war aber Abend geworden, er war dort allein.**

Der Vers 22 überrascht. Warum drängt der Herr so sehr, daß ihn seine Jünger sofort nach der Speisung der Fünftausend verlassen sollten? Sonst hat doch die Anwesenheit der Jünger den Herrn bei der Verabschiedung der Volksmengen nicht gestört?! (Vgl. 13, 36 und 15, 39.) — Antwort auf die obige Frage gibt der Bericht des Evangelisten Johannes in Jo 6, 14 f. Dort erzählt Johannes, daß die Volksmengen nach dem Speisungswunder Jesum zum König machen wollten. Weil die Jünger genau so wie das Volk immer wieder den irdischen Messiasgedanken in sich trugen, mußte der Herr befürchten, die Jünger könnten vielleicht mit in den Strudel der Volksbegeisterung hineingezogen werden. Darum drängt der Herr zur Abfahrt.

Er selbst zog sich auf einsame Berghöhen zurück zum Gebet! — Es war bereits Nacht geworden. Noch immer verblieb der Herr im Gebet allein auf einsamer Berghöhe. —

Seine Jünger mußten inzwischen mit Sturm und Wellen schwer kämpfen. Sie waren mitten auf dem See! Ganz allein! Ohne ihren geliebten Meister. Er selbst war es ja gewesen, der seine Jünger von sich getrieben hatte. Sie sollten ohne Jesus ihren Weg gehen auf dem gefahrvollen Meer. Das war den Jüngern unverständlich und unbegreiflich. Er, der ihr Freund war, ihr ein und alles, hatte sich von ihnen verabschiedet. Allein fuhren die Jünger in die Nacht aufs dunkle Meer hinaus, und bald ist das Schiff auf dem See räumlich weit weg von dem Herrn. —

Ist das nicht auch unsere Situation? Jesus ist auch für uns unsichtbar. — Würden wir nicht die Leiden des Lebens leichter tragen können, wenn Gott uns sichtbar wäre, wie unsere Mutter, unser Freund, unser Gatte sichtbar sind?

Wir antworten: Christus-Nachfolger führen ein Leben des Glaubens und nicht des Schauens. Es gilt, einem unsichtbaren Herrn zu vertrauen!

Zu Vers 24:
Mt 8, 24

24 Das Schiff aber war schon viele Stadien weit vom Lande entfernt und litt Not vor den Wellen, denn der Wind war ihnen zuwider.

Die äußere Not beginnt. Das Schiff war schon mitten auf dem Meer und *litt Not vor den Wellen*, denn der Wind war ihnen zuwider! Jesus ist weit weg, ist unsichtbar. Und nun beginnt ihre *Not*. Sie werden bedrängt durch die Wellen. Und der Wind ist so ganz entgegengesetzt. Die Not wächst. Die Gefahr, von den Wellen verschlungen zu werden, steigert sich. Angst und Grauen packt die Jünger mitten auf dem weiten Meer in dunkler Nacht. — Wir finden wieder einmal bestätigt, daß an denen, die Christus in ihr Herz und Leben aufgenommen haben, die Not, die Angst und die Unruhe nicht vorübergehen! Auch sie kommen mitten hinein in Angst und Not. Die echte Glaubenshaltung weiß, daß der Christ teilnimmt an den Ängsten und Todesnöten dieser Welt. Gewiß kann Gott seine Hand über seine Kinder halten, kann sie bewahren in Krankheitsnöten und Todesgefahren, kann wunderbar erhalten, ob sie durch Feuer oder Wasser gehen, kann nähren und erquicken in der Wüstenzeit des Lebens, aber die Christen dürfen aus solchen Taten Gottes nie und nimmer einen *Anspruch* auf einen leidenslosen Verlauf ihres irdischen Daseins herleiten. — Christen leiden genau so unter den äußeren Nöten, leiden auch unter den Angstzuständen, die hervorgerufen werden durch Naturkatastrophen.

Zu Vers 25:
Ps 77, 20
Hio 9, 8
Jes 43, 16
Zu Vers 26:
Lk 24, 37
Apg 12, 15

25 In der vierten Nachtwache aber kam er, auf dem See wandelnd, auf sie zu.
26 Als die Jünger ihn auf dem See einherwandeln sahen, gerieten sie in Angst und Schrecken und sprachen: Es ist ein Gespenst. Und sie schrien (krächzten) vor Furcht.

„In der vierten Nachtwache" bedeutet, daß die Jünger in den ersten drei Nachtwachen in die Nacht hinaus geschrien und gebetet und um Hilfe und Rettung gefleht haben und keine Hilfe und Rettung sich blicken ließ. Jesus schien die Seinen vergessen zu haben, schien sich gar nicht mehr um sie zu kümmern! —

Gott schweigt lange zu unserer eigenen Not. Gott schweigt lange zu all dem Schrecklichen und Grausigen. Das ist *innere Not!* — Christenleben ein Innenleben, ausgefüllt mit Not, mit Seelenkämpfen und Glaubenskämpfen. —

Ein Unglück aber bleibt nie allein. Denn mitten im nächtlichen, grausigen Sturm erschien plötzlich ein Gespenst. Die Jünger erschraken und *schrien vor Furcht*. — Man erzählte sich, daß um Mitternacht auf dem Meer Gespenster umgingen und die Schiffer in die Tiefe zögen. Daraus erklärt sich der Ausdruck: „*Sie erschraken und schrien vor Furcht.*"

Zu Vers 28:
Lk 22, 33
Zu Vers 31:
Mt 6, 30
Mt 8, 26
Mt 28, 17
Zu Vers 32:
Mt 14, 14
Zu Vers 33:
Mt 16, 16

27 Alsbald aber redete Jesus zu ihnen und sprach: Seid gutes Mutes, ich
28 bin's; fürchtet euch nicht! *Petrus aber antwortete ihm und sprach: Herr,
29 wenn du es bist, so befiehl mir, zu dir zu kommen auf dem Wasser. * Er aber
sprach: Komm! Und Petrus stieg aus dem Schiff und schritt auf dem Wasser
30 und kam zu Jesus hin. * Als er aber den starken Wind gewahrte, erschrak
31 er, und als er anfing zu sinken, schrie er und sprach: Herr, rette mich! *Als-
bald aber streckte Jesus die Hand aus, ergriff ihn und spricht zu ihm: Klein-
32 gläubiger, warum hast du gezweifelt? * Und als sie in das Schiff gestiegen
33 waren, legte sich der Wind. * Die aber in dem Schiff waren, kamen und hul-
digten ihm fußfällig und sprachen: Wahrhaftig, du bist Gottessohn!

Während Markus und Johannes nur von dem Wunder des wandelnden Jesus und von der raschen Landung des Bootes erzählen, berichtet Matthäus von einem zweiten Wunder, nämlich von dem Wandeln des Petrus auf dem Meer. Christenwandel ist ein Glaubenswandel, ein Wandeln auf dem Meer. — Die Geschichte zeigt uns in verschiedenen Stadien, was Glaubenswandel heißt. —

1. Glauben heißt: Christum in Not und Bedrängnis erleben und erfahren. In der 4. Nachtwache heißt: In letzter und höchster Not morgens 3 Uhr kommt der Herr. Wo die Not am größten, ist Gott am nächsten. Das erlebten die Jünger, das erleben auch oft die Gläubigen. Wo gar kein Ausweg sich zeigt, da kommt dennoch eine Rettungsmöglichkeit. „Weg hat er allerwege, an Mitteln fehlt's ihm nicht!" Die Jünger erleben Jesus. Seine Stimme erklingt (in Vers 27): **„Ich bin's!"** Christus ist und bleibt im Sturm, in der Not, in den Führungen des Lebens der Herr! Er kommt durch die Wellen, mitten durch die Not. Da, wo wir ihn nicht vermuten, in dem Ungestüm des Windes und der Wogen kommt der, der größer ist als all die erschreckenden elementaren Gewalten. Der Notleidende sieht nur die Not, aber der Herr kommt gerade in der Not und spricht: „Ich bin's!" „Gottes Weg ist in den Flüssen und in großen Wassergüssen, und du spürst nicht seinen Fuß. So auch in dem Meer der Sorgen hält Gott seinen Pfad verborgen, daß man nach ihm suchen muß." Christus sagt: Seid getrost, fürchtet euch nicht. Was heißt Glauben? Christus sehen in der Not.

2. Glauben heißt zu Christus gehen. Petrus ruft laut: Herr, heiße mich zu dir kommen auf dem Wasser (Vers 28). Glauben heißt zu Christus gehen. —

3. Glauben ist ein Wagnis. Solcher Glaube ist freilich ein Wagnis — ein „über-das-Wasser-zu-Christus-Gehen", und zwar nicht in dem Sinn, in dem man vielleicht vom Glauben spricht, als sei er ein Sprung ins Dunkle, ein Wagnis ins Ungewisse hinein. Nein, Gott verlangt von uns nicht, daß wir uns in bodenlose Dunkelheit hineinstürzen sollen. Petrus geht nicht ins Ungewisse hinein, sondern geht auf das Geheiß seines Herrn ins Allergewisseste hinein, nämlich zum Herrn selbst. Petrus geht, weil er in der Dunkelheit den Herrn stehen sieht und seinen Befehl „Komm!" hört. Aber dann geht er und wagt es!

4. Glauben ist ein Sichlösen, sich vom Schiff lösen, sich lösen vom letzten Halt. Glaube ist immer ein Sichlösen. Gott nimmt die Sicherungen weg, an die wir uns, mehr als wir oft ahnen, anklammern. Vielleicht hat Gott das Schwerste gefordert, daß die Hand loslassen muß, was Halt und Stütze uns war. Dann bricht jedesmal die Frage auf, ob man im wagenden Glauben, weil Gott es so will, bereit ist, loszulassen und — über das Wasser zu gehen.

5. Glauben ist ein Sehen auf Jesus. Wenn Petrus auf die hereinstürzenden Wellen sieht, beginnt er zu sinken. Aber wenn er im Glauben ruft: „Herr hilf mir; rette mich!" so reckt Jesus alsbald seine Hand aus und hält ihn und hilft ihm. Jesus und Petrus traten ins Schiff, und der Wind legte sich. Er kann machen, daß der heulende Sturm sich legt und das wirre Durcheinander der elementaren Gewalt sich glättet. Ihm ist gegeben alle Gewalt über das Große und Kleine, über die Menschenherzen und über die Völker, auch über die Natur und ihre Elemente.

Aber vielleicht glättet sich nicht alles. Vielleicht tut der Herr es nicht! Vielleicht um unsertwillen! Dann braust weiter das Meer — aber versinken läßt er uns nicht. Darum ist man auf Glauben gestellt wie Petrus. Dann gähnt wohl weiter die Tiefe, dann droht wohl weiter der Tod, dann zieht es mit Macht hinab, dann schlägt es über uns zusammen. Aber dann ist Jesus da, der barmherzige Helfer, und hält. Glauben ist ein Sehen auf Jesus.

6. Glauben ist Anbetung. Vers 33 heißt es: Nicht nur Petrus, sondern auch alle anderen im Schiff fielen vor Jesus nieder und sprachen: Du bist wahrlich Gottes Sohn!

Immer wieder das gleiche Bild: Der helfende Heiland.

34 Und als sie hinübergefahren waren, kamen sie in das Land Genezareth.
35 *Und als ihn die Männer jenes Ortes erkannten, schickten sie in die ganze
36 Umgegend und brachten alle Leidenden zu ihm. *Und sie baten ihn, daß
sie nur die Quaste seines Kleides anrühren dürften: und so viele sie anrührten, wurden völlig gesund.

Zu Vers 36:
Mt 9, 21
4 Mo 15, 38
Mk 6, 56
Lk 6, 19

Man liest aus diesen Versen noch deutlicher als aus den Versen Mk 6, 53—56, daß Jesus möglichst unerkannt bleiben wollte, um in aller Zurückgezogenheit das Land zu durcheilen, wie auf einer Flucht vor der Öffentlichkeit (Mt 14, 13). Aber all dieses Mühen, in der Stille und unerkannt zu bleiben, half ihm nichts. Er wurde erkannt und nahm das Erkanntwerden auch aus der Hand des Vaters.

Kapitel 15

Unterredungen mit Juden und Heiden.

Mt 15, 1—9

1 Dann kommen Pharisäer und Schriftgelehrte von Jerusalem her zu Jesus
2 und sagen: *Warum übertreten deine Jünger die Überlieferung der Älte-
3 sten? Denn sie waschen sich nicht die Hände, wenn sie Brot essen. *Er aber
antwortete und sprach zu ihnen: Warum übertretet ihr das Gebot Gottes
4 um eurer Überlieferung willen? *Denn Gott hat geboten und gesagt: „Ehre
den Vater und die Mutter!" und: „Wer Vater oder Mutter schmäht, soll des
5 Todes sterben." *Ihr aber sagt: Wer zu dem Vater oder zu der Mutter spricht:
„Als Weihegabe (als Gottesopfer) **bestimme ich das, was dir** (gemeint sind Vater oder Mutter) **von mir aus Unterstützung gibt", wird keineswegs seinen**
6 Vater oder seine Mutter verunehren. *Dann habt ihr das Gebot Gottes
7 ungültig gemacht um eurer Überlieferung willen. *Heuchler! hat Jesaja über
8 euch geweissagt, indem er spricht: *„Dieses Volk ehrt mich mit den Lippen,
9 aber ihr Herz ist weit entfernt von mir. *Vergeblich aber verehren sie mich,
lehren als Lehren Menschengebote."

Zu Vers 1—20:
Mk 7, 1—23
Zu Vers 2:
5 Mo 4, 2
Lk 11, 38
Kol 2, 8
Zu Vers 4:
2 Mo 20, 12
2 Mo 21, 17
5 Mo 5, 16
3 Mo 20, 9
Spr 28, 24
1 Tim 5, 8
Zu Vers 8:
Jes 29, 13
Ps 78, 36. 37
Jo 5, 42; 16, 3
Zu Vers 9:
Kol 2, 22
Tit 1, 14

Nach Mk 7, 1 — wo wir lesen: *„Die Pharisäer und einige von den Schriftgelehrten, die aus Jerusalem gekommen waren"* — müssen wir sagen, daß zu den Pharisäern, die in Galiläa zu Hause waren, sich solche Schriftgelehrte hinzugefunden hatten, die eigens zu dem Zweck aus Jerusalem gekommen waren, um Jesus auszuhorchen. Also die amtlich hochstehenden, maßgebenden Persönlichkeiten aus der Hauptstadt waren herzugeeilt. Immer mehr hat man sich in der Hauptstadt mit dem schweren Problem: „Was ist es um diesen Jesus von Nazareth?" befaßt. — Die Anklage, gegen Jesus, die bis zur höchsten geistlichen Behörde nach Jerusalem gedrungen war, lautete: „Die Jünger Jesu übertreten die Überlieferungen, d. h. die aus dem mosaischen Gesetz abgeleiteten rabbinisch-pharisäischen Satzungen der Alten." Die Nichtbeachtung dieser zur Zeit Jesu noch mündlich weitergegebenen Vorschriften, später aber im Talmud schriftlich festgelegten rabbinischen Sonderverordnungen war ein schweres Verbrechen. Diese Vorschriften galten für so verpflichtend streng, daß nach dem Talmud sogar die Verbannung (Exkommunikation) auf die Übertretung gesetzt war. Es galt in Israel zur Zeit Jesu und auch schon lange vor Jesu Auftreten neben dem Gesetz des Moses (der Thora), das im Alten Testament stand, noch das andere Gesetz, und zwar in gleicher Wertung wie die Schrift, nämlich die sogenannte Satzung der Alten oder die Überlieferung! Neben der Schrift hatten die Pharisäer auch die Alten zu ihren Führern gemacht, d. h. was die führenden Lehrer der Vorzeit zu den einzelnen Worten der Bibel als Erläuterung oder Ergänzung gesagt hatten, das erhoben die Nachfahren zum Gebot Gottes selbst, das sogar über das im Gesetz Mose festgelegte Gottesgebot zu stellen war und unbedingt gehalten werden mußte. Der Zweck dieser Ergänzungen und Auslegungen war es, einen „Zaun für die Thora" zu bilden, d. h. durch diese besonderen, über das Gesetz Mose hinausgehenden Vorschriften das Übertreten des eigentlichen Gesetzes völlig unmöglich zu machen. Mit der Zeit aber wurden diese „Satzungen der Alten" so wichtig, daß sie in der Folgezeit nicht mehr als Ergänzung der Thora angesehen wurden, sondern völlig Eigenwert erhielten, ja sogar die Bibel verdrängten. Das beweist z. B. ein Talmudspruch, der da lautete: „Die Worte der Thora enthalten Verbotenes und Erlaubtes, leichte und schwere Gebote, aber die Worte der Schriftgelehrten sind alle schwer!" (Jischmael)

Ein wichtiges Stück der Überlieferungen der Ältesten betraf das Gesetz der Reinheit, wie wir es in 3 Mo 15 lesen. Das Gesetz verbot nur, Heiliges, d. h. geopferte Gaben, mit ungewaschenen Händen zu essen. Die Schriftgelehrten aber geboten, vor jeder Mahlzeit die Hände zu waschen. Brot essen ist nämlich im Hebräischen soviel wie „eine Mahlzeit halten". Denn das Brot galt als die Hauptspeise. Nicht nur, weil man es zu jedem Gange aß, sondern man wickelte auch die andern Speisen in die Brotfladen ein, da Messer und Gabel nicht im Gebrauch waren.

Wie die Händewaschung zu geschehen habe, darüber bestanden bis ins Kleinste gehende, peinliche Vorschriften. Die Hände mußten zweimal bis zum Handgelenk aus irgend einem Gefäß mit Wasser übergossen werden. Denn bis zum Handgelenk waren sie unrein. Zu jeder Abspülung war etwas über ein Deziliter Wasser vorgeschrieben.

Bei der ersten Abspülung durfte aber nichts auf der Hand liegen, wie etwa ein Holzsplitter oder ein Steinchen, sonst wäre diese Stelle und somit die ganze Hand unrein geblieben.

Noch genauer mußte man bei der zweiten Abspülung aufpassen. Denn da nur die erste Abspülung die Hände selber reinigte, die zweite Abspülung aber lediglich das Wasser, welches durch die erste Abspülung nun selber unrein geworden war, entfernen sollte, so konnte leicht eine neue Verunreinigung entstehen. Auch sonst noch bestand eine Menge Vorschriften über die Art des Gefäßes, über die Weise des Aufgießens, wieviel Personen sich gemeinsam aufgießen lassen durften, wer zum gültigen Aufgießen geeignet sei usw. usw. Über diese nach Meinung der Pharisäer und Schriftgelehrten sehr wichtigen Satzungen hatten sich nun einige Jünger Jesu hinweggesetzt.

Diese Tatsache der Mißachtung der pharisäischen Theologie nötigt die Vertreter der rabbinischen Theologie zu der Frage: **„Weshalb übertreten deine Jünger die Überlieferung der Alten? Denn sie waschen die Hände nicht, wenn sie Brot essen."** Die Frage der Gegner beantwortet Jesus mit einer Gegenfrage: **„Warum übertretet ihr das Gebot Gottes um eurer Überlieferung willen?"** — Der Sinn dieser Gegenfrage Jesu ist folgender: Jesus meint, auch die Pharisäer sind Übertreter. Aber, und das soll mit aller Deutlichkeit gesagt werden: Sie übertreten die Gebote **Gottes**, was doch viel ärger ist als die Übertretung der Satzungen der Ältesten. Und weiter: Noch ärger ist's, denn um menschlicher Überlieferungen willen werden die Gebote Gottes mißachtet. Menschengebot steht ihnen, wie wir schon sagten, höher als Gottes Gebot.

Für Jesus kommt ganz allein „das Gebot Gottes" in Frage. Und weiter nichts. Die Überlieferungen der Alten sind Menschensatzungen und darum nicht bindend.

Weil die Schriftgelehrten es aber nicht für wahr halten, daß sie mit ihren Satzungen die Gebote Gottes aufheben,weist Jesus ihnen nun an einem krassen Beispiel nach, wie sehr die Pharisäer das Wort Gottes durch ihre Satzungs-Theologie zerstören. Als Beispiel nennt Jesus das Gebot der Ehrung der Eltern. Scharf stellt Jesus gegenüber:

Hier Gottes Gebot:

Du sollst Vater und Mutter ehren ... (2 Mo 20, 12) ... *und des Todes soll sein, wer seine Eltern schmäht* (2 Mo 21, 17).

Hier Menschensatzung:

Ein Kind, das seine alten Eltern unterstützen soll, kann sich aus dieser Verpflichtung lösen, wenn es dem Herrn ein Geldopfer gelobt, das dem Tempel gegeben wird. — (Die Unterstützungsgabe an die Eltern nannte man Korban, d. h. „Armengut".) —

Die Satzungen der Alten besagen also, daß das Gottes-Opfer vor der Unterstützungsgabe an die Eltern liege. Das bedeutet: Die Bosheit der Kinder tritt dann im Gewande besonderer Frömmigkeit auf. Der Sohn sagt seinen Eltern ins Gesicht hinein: „Du Vater und du Mutter, ihr bekommt nichts mehr an Unterstützung von mir!" Das wird sogar mit einem Eide bekräftigt. — Die Pharisäer nennen solch einen Eid nicht gottlos und ungültig, sondern recht, ja sogar fromm. Sie sagen: „Was du gelobt hast, gehört Gott an." Die Eltern brauchen nicht mehr geehrt zu werden. Die Auflösung des Eltern-Gebotes wird sogar als ganz besonderes religiöses Plus bezeichnet, weil ja das Tempelopfer an die Stelle der Eltern-Unterstützung getreten ist.

Jesus nennt solches Gebaren „Heuchelei". Dieses heuchlerische grundverderbliche Wesen des Pharisäismus brandmarkt Jesus mit den Worten des Propheten Jesaja (Jes 29, 13), welcher das gewaltige Bußwort seinen Zeitgenossen zugerufen hat: *„Eure Frömmigkeit ist Lippendienst, euer Herz hält sich fern von Gott. Menschengebote werden hochgehalten und Gottes Gebote werden preisgegeben."*

Ist das so geschilderte Gebaren nicht immer eine Gefahr des frommen Menschen überhaupt?

„Man spielt in frommen Vereinen eine große Rolle, man muß in alle religiösen Veranstaltungen laufen, man schwätzt sehr fromm, man umzieht Land und Wasser, um einen Proselyten zu machen (Mt 23, 15), und versäumt die natürlichen, von Gott gegebenen Pflichten in Haus und Beruf, die Pflege der Kinder und der Kranken. Dies erfordert Selbstverleugnung, bei jenem wird das Ich, das fromme Ich erbaut und gepflegt!" (Joh. Lohmann)

Das harte Wort vom „Heuchlertum" trifft die Pharisäer bis ins Innerste. Dies hatte bisher noch niemand gewagt, sie — (die Vertreter der höchsten geistlichen Behörde in Jerusalem) „Heuchler" zu nennen. Das ist unerhört. Das muß er büßen. — Vers 12 berichtet uns, daß sich die Schriftgelehrten geärgert hatten! —

10 **Nachdem der Herr die Volksmenge herbeigerufen hatte, sagte er zu**
11 **ihnen: Höret zu und bemüht euch, es zu verstehen. *Nicht das, was in den**
Mund hineingeht, verunreinigt den Menschen, sondern, was aus dem Munde
herauskommt, das macht den Menschen unrein.

Zu Vers 11:
Mt 12, 34
Apg 10, 15; 11, 8
1 Tim 4, 4
Tit 1, 15
Eph 4, 29
Jak 3, 6

Der Herr begnügt sich nun nicht damit, die Pharisäer zum Schweigen gebracht zu haben, sondern ruft jetzt die Volksmenge, (die sich vor den hohen Amtsträgern aus Jerusalem ehrerbietig zurückgezogen hatte), zu sich heran und stellt ihr an Hand eines Gleichnisses die wahre Herzensreinheit der bloß äußerlichen Reinheit der Hände gegenüber. In den Mund hinein geht die Speise — aus ihm heraus kommt das Wort. — Nicht, was wir essen, sondern was wir sagen, bringt Not und Sünde. — Nicht das Natürliche, das uns zur Nahrung, zum Wachstum, zur Gesunderhaltung dient, ist ein böses Gift, das uns unrein macht, sondern das schmutzige Gift, das uns Not macht und beschwert und uns zu Fall bringen kann, kommt aus uns selbst und strömt in unseren Worten aus uns hervor. Das allein macht uns unrein und häßlich und veranlaßt uns, gottwidrig zu handeln. — Also nicht das „Essen", sondern das „Reden" macht unrein. (Man vgl. das dritte Jakobus-Kapitel von der Zunge.)

12 **Hierauf traten die Jünger an ihn heran und sagten zu ihm: Weißt du,**
daß die Pharisäer an dem Wort, das sie von dir haben hören müssen, sich
13 **geärgert haben? *Er aber antwortete: Jede Pflanzung, die nicht mein**
himmlischer Vater gepflanzt hat, wird mit der Wurzel ausgerissen werden.
14 **Laßt sie nur: Sie sind blinde Blindenführer! Wenn aber ein Blinder den**
anderen Blinden führt, werden beide in die Grube fallen.

Zu Vers 13:
Mt 13, 29
Apg 5, 38
Zu Vers 14:
Mt 13, 14
Mt 23, 16. 24
Lk 6, 39
Jo 9, 40
Rö 2, 19

Bevor nun der Herr die Jünger im engeren Kreise weiter unterrichten möchte, sagen ihm die Jünger, indem sie ganz dicht an ihn herantreten: „Weißt du auch, daß sich die Pharisäer ärgerten?" Es schien ihnen das Vorgehen Jesu fast zu scharf gewesen zu sein. So kann man doch nicht die Vertreter der höchsten geistlichen Behörde aus der Hauptstadt behandeln und vor den Kopf stoßen! Das verbieten der Anstand und das Taktgefühl. Wie zart ist doch der Herr mit den Sündern und Zöllnern umgegangen, wie hart aber mit den geistlichen Oberen seines Volkes. Denn gerade die Vorschriften über die Händewaschungen waren den Pharisäern wie auch den Israeliten so besonders wichtig. Ihre Sätze über die Bedeutung der Händewaschung lauteten z. B.: „Wer das Abspülen der Hände gering schätzt, wird aus der Welt gerissen. Wer Brot ohne Händespülung ißt, der ist ein Sünder..."

Dem Bedenken der Jünger, der Herr könnte die Pharisäer und Schriftgelehrten zu scharf getadelt haben, stellt Jesus das Gleichnis von der Pflanzung gegenüber. Jesus sagt: **„Jede Pflanzung, die mein himmlischer Vater nicht gepflanzt hat, wird mit der Wurzel ausgerissen. Laßt sie! Sie sind blinde Blindenführer..."** Mit der Pflanzung meint der Herr die Pharisäer selbst, nicht nur ihre Satzungen und Überlieferungen. Die Pharisäer und ihre Satzungen sind einer Pflanzung zu vergleichen, die der himmlische Vater nicht angelegt hat und die darum ausgerottet werden muß! — Sie glauben Sehende zu sein — und sind nicht nur selbst blind, sondern blinde Führer von lauter Blinden. Der Sturz beider in die Grube, des Führers und des Geführten, wird das furchtbare Ende sein. Laßt sie dahin fahren! —

So scharf hat der Herr sich noch nie von den geistlichen Führern und Vertretern der amtlichen Satzungs-Theologie losgesagt wie soeben. —

Das Bild von der Pflanzung vom Weinberg ist ein im AT und im NT gebräuchliches Bild. Das Ausroden erinnert an das Gleichnis vom Unkraut (13, 30). — Das Bild von der Pflanzung (Weinberg) tritt uns noch einmal in seinem ganzen Ernst entgegen in Jo 15, 1 ff. Die ernste Warnung Jesu wendet sich dort gegen Jesu Jünger selbst. Also auch „Jüngerschaft", Bekehrung als solche ist keine Garantie für die ewige Seligkeit. Sondern nur die Tatsache vom „Bleiben" und Fruchtbringen und Beharren bis ans Ende im Sinne von: „Nicht der Anfang, sondern das Ende krönt des Christen Lauf", birgt in sich das Darreichen der Gnade.

Den im Gefängnis sitzenden Täufer Johannes bat Jesus, daß er sich nicht an ihm, dem Herrn, ärgern solle. Als sich aber die Pharisäer an ihm ärgerten (Vers 12), meint Jesus: So ist es recht. Es ist ein Zeichen des gerechten

Gerichtes Gottes. Denn, was die Pharisäer sich als Satzungen ausgeklügelt hatten, das diente letztlich ihrer eigenen Gerechtigkeit, ihrem eigenen Geltungsbedürfnis. Und solches Großwerden des Menschen ist nicht von Gott, ist nicht seine Pflanzung, sondern ein *Eigengewächs, eine Unkrautpflanze, die ausgerottet werden wird mit Stumpf und Stiel.* — Mit tiefem Schmerz sieht Jesus auf das Volk Israel und seine Führer. Das ist das Gericht Gottes, daß Gott dem immer wieder abtrünnig gewordenen Volk solche Führer gibt, die blinde Führer sind und sich und dem Volk den Untergang bereiten.

Die Jünger haben sich darum von den Führern Israels, von ihrer pharisäischen Satzungstheologie loszusagen und dem Herrn allein zu folgen. Denn Jesus ist von Gott gesetzt und gepflanzt als das rechte Gewächs. Er ist der *wahre Sehende,* der *die* sehend gemacht, die ihm folgen! Und Herrlichkeit und Leben werden das Letzte sein.

15 **Da nahm Petrus das Wort und sagte ihm: Deute uns das Gleichnis** (von
16 dem, was in den Mund hineingeht . . .) * **Da antwortete Jesus: Seid denn**
17 **auch ihr immer noch so verständnislos?** * **Begreift ihr nicht, daß alles, was**
in den Mund hineingeht, in den Magen gelangt und auf natürlichem Wege
18 **ausgeschieden wird?** * **Was aber aus dem Munde herauskommt, das kommt**
19 **aus dem Herzen, und das macht den Menschen unrein.** * **Aus dem Herzen**
kommen die schlechten Gedanken: Mord, Ehebruch, Unzucht, Diebstahl,
20 **falsches Zeugnis, Lästerung.** * **Das ist es, was den Menschen unrein macht.**
Aber ohne Händewaschung zu essen, macht den Menschen nicht unrein.

Zu Vers 18:
Jak 3, 6

Zu Vers 19:
1 Mo 8, 21
Rö 1, 28

Petrus bittet den Herrn um Deutung des Gleichnisses. Er meint nicht das Gleichnis von den Blindenführern oder von der Pflanzung, die Gott vernichten wird, sondern Petrus meint den Ausspruch Jesu über das, was in den Mund hineinkommt oder was aus ihm herauskommt! Die Jünger meinten, dieser Ausspruch sei ein Gleichnis. Mit dieser Meinung deuteten sie auch an, daß sie den Herrn nicht verstanden hatten.

Die Speisen verunreinigen nicht, denn sie gehen in den Magen, und die Verdauung scheidet aus, was nicht brauchbar ist. Durch die natürliche Ordnung des irdischen Lebens ist also dafür gesorgt, daß das, was nicht in den Leib hineingehört, wieder aus ihm ausgeschieden wird. Aber was im *Herzen* ist — und das böse Reden beweist, daß das Herz verdorben ist! — an bösen **Gedanken**, das geht nicht durch die natürliche Ordnung hinaus, sondern das tragen wir in uns herum als unseren inwendigen Besitz. Die bösen Gedanken, die Vers 19 von Jesus erwähnt werden, bezeichnen nacheinander das 5., 6., 7. und 8. Gebot; zuletzt wird die Gotteslästerung genannt (vgl. 12, 31 f.). Mit diesem letzten Wort erinnert Jesus an das erste Gebot. Von diesem ersten Gebot redet Jesus eigentlich fort und fort (vgl. Mt 4, 1 f.; 5, 33 f.; dann Vers 45 u. 48; 6, 1—18 und besonders Vers 9 u. 10; 6, 19—33; 19, 21 f.; 22, 15—22, Vers 37 u. 38 usw.).

Die nächste Äußerung des Gedankens ist das **Wort.** *Gedanke und Wort werden von Jesus gleichgesetzt.* Das ist *biblische* Psychologie. Im Wort kommt das innerste Meinen und Wollen des Herzens ans Licht. *Im Meinen des Herzens und im Reden des Mundes ist schon die ganze Tat des Menschen enthalten* (Mt 5, 22—37 und 12, 34—37).[1]

Das, was Vers 15—19 gesagt wird, trifft nicht nur die Überlieferung der Juden, sondern auch die Gesetzgebung des Mose selbst. Wir stehen hier vor der gleichen Frage wie bei der Predigt und wie in Kap. 19, 1 f.

Jesus hebt das Gesetz ganz auf, damit es ganz und zutiefst erfüllt werde (siehe Bergpredigt Seite 47—90).

[1]) Vgl. Schniewind, NTD S. 177

Das Gespräch Jesu mit einer Heidin.

(Das Wunder an der Tochter der Heidin)

Vers 21—28

Zu Vers 21—28: Mk 7, 24—30

Zu Vers 24: Mt 10, 6; Rö 15, 8

Zu Vers 26: Mt 7, 6

Zu Vers 28: Mt 8, 10. 13

21 Jesus ging dann von dort weg und zog sich in die Gegend von Tyrus
22 und Sidon zurück. * Da kam eine kananäische Frau aus jenem Gebiet her und
rief ihn laut an: Erbarme dich meiner, Herr, du Sohn Davids! Meine Toch-
23 ter wird von einem bösen Geist schlimm geplagt. *Er antwortete ihr aber
kein Wort. Da traten seine Jünger zu ihm und sprachen: Fertige sie doch ab!
24 Sie schreit ja hinter uns her. *Er aber antwortete: Ich bin nur zu den
25 verlorenen Schafen des Hauses Israel (Mt 10, 6) gesandt. *Sie aber kam,
26 warf sich vor ihm nieder und bat: Herr, hilf mir! *Doch er erwiderte: Es
ist nicht recht, den Kindern das Brot zu nehmen und es den Hündlein hinzu-
27 werfen. *Darauf sagte sie: O doch, Herr! Die Hündlein bekommen ja
28 auch von den Brocken zu essen, die vom Tisch ihrer Herren fallen. *Da
antwortete ihr Jesus: O Frau, dein Glaube ist groß; dir geschehe, wie du
es wünschest! Und ihre Tochter wurde von dieser Stunde an gesund.

Die Jünger sind erschrocken und verwirrt über die harte Rede des Herrn, die ein vernichtendes Urteil enthält über die maßgebenden Führer Israels und ihre Satzungstheologie.

Durch drei Wunder werden die Jünger aber wieder in ihrem Glauben gestärkt. 1. Das Heilungswunder an der Tochter der kananäischen Frau; 2. Die Krankenheilungen großen Stiles; 3. Das Brotvermehrungswunder.

Der Abschnitt beginnt mit dem Wort: „Und Jesus ging von dort weg." Er ging weit weg in das Gebiet von Tyrus und Sidon, hinein in das Heidenland. — Jesus verließ auf einige Zeit den jüdischen Boden, um mit seinen Jüngern allein zu sein. In etwa zwei Tagemärschen gelangte er an die Nordwestgrenze von Galiläa. Jesus hält sich (nach Mk 7, 31) in einem Hause in Sidon auf, um ganz in der Stille sein zu können.

„Niemand sollte ihn erkennen" (Mk 7, 24).

Kaum aber war der Herr in dem Hause, da war es auch schon mit seiner Stille zu Ende. Eine Heidin, die Mutter einer schwerkranken Tochter, hört von seinem Kommen. Matth. nennt diese Mutter eine Kananäerin, um sie als Heidin, als Glied der Ureinwohner des Landes Kanaan, zu kennzeichnen. Markus nennt sie eine Griechin, von Nationalität eine „Syrophönizierin" (zum Unterschied von Libophönizierin in Afrika), um sie ebenfalls als Heidin zu bezeichnen. Sie, die Heidin, schreit ihm nach: „Herr, du Sohn Davids". Merkwürdig ist es, daß sie den Titel: „Sohn Davids" gebraucht. Sie muß also nicht nur von Jesu großen Werken gehört haben, sondern auch davon, daß man in Israel sich mit der Frage beschäftigte, ob er auf Grund seiner Reden und Taten nicht doch der Sohn Davids sei. — Die Heidin hat in ihrem Herzen die Frage kurz und bündig dahingehend beantwortet: „Wer solche Wunder tut, kann kein anderer sein, als der Sohn Davids, der in Israel Verheißene." Und dieser Sohn Davids wird auch ihrer kranken Tochter helfen können. Das ist ihr fester Glaube, obgleich sie doch eine Heidin ist. —

Was aber tut Jesus? Er antwortet ihr kein Wort. Warum tut er das? Nicht aus Unbarmherzigkeit oder Gleichgültigkeit, sondern weil kein Auftrag von seinem Vater vorlag. Gehorsam stand dem Herrn über alles, auch über Mitleid und über Herzensgüte; er, der fort und fort nur das tat, was er den Vater tun sah, darf nicht auf die Stimme seines Herzens hören, das doch so gern helfen wollte. Ein enger Weg ist ihm vom Vater vorgezeichnet. Wohl ist die Welt weit mit ihren Millionen von Kranken und Schwachen und Pflegebedürftigen. Aber weiter und größer als alle Not der Welt ist das gütige, liebende Heilandsherz. —

Die Jünger scheinen diesmal barmherziger zu sein als der Herr! Sie sagen zum Meister: **„Fertige sie ab!"** Gib doch nach und erfülle ihre Bitte, damit endlich die Schreierei aufhöre! — Der Jünger Barmherzigkeit war nur Schein. In Wirklichkeit jedoch war es Bequemlichkeit. Sie wollten ihre Ruhe haben. Jesus antwortet seinen Jüngern: **„Ich bin nur zu den verlorenen Schafen Israels gesandt."** Ruhig und gemessen sagt der Herr das zu seinen Jüngern. Kein Außenstehender ahnt, welch innere Entsagung diese Sendung ihm auferlegte.

„Denn das ist das schwerste Opfer für einen immer hilfsbereiten Menschen, seinen Tatendrang einschließen zu müssen, seine inneren Kräfte nicht auswirken zu dürfen, ja selbst auf das Tun des Guten verzichten zu müssen, wenn Beruf, Krankheit oder sonst ein höherer Wille es verbieten. Auch hierin wollte uns Jesus ein Vorbild des Gehorsams sein. In der Tat hätte er auch jetzt keine größere Tätigkeit in jener Gegend entfalten dürfen, ohne seine messianische Aufgabe am Volke Israel zu gefährden. Denn hätte er jetzt, wo die Stimmung im Volke Israel sich so gegen ihn verschärft, wenn auch immer noch nicht zur endgültigen Ablehnung zugespitzt hatte, seine Tätigkeit den Heiden zugewendet, dann hätte man es ihm als Verrat am eigenen Volke ausgelegt, zumal, wie Josephus Flavius berichtet, die Tyrer unter allen Phöniziern sich am feindseligsten gegen die Juden benahmen.

So setzt also Jesus schweren Herzens, aber starken Schrittes, seinen Gehorsamsweg fort." (Lauk).

Daß der Herr nicht auf ihre Bitten hörte, trieb die Frau nicht fort, sondern weil ihr Rufen aus der Ferne nicht an das Ohr Jesu gedrungen war, trieb die Not sie dazu, näher zu Jesus sich heranzumachen und ihm aus der Nähe ihr Anliegen vorzubringen. Sie kam und warf sich vor ihm nieder und sprach: **„Herr, hilf mir!"** Sie glaubte aufs allerbestimmteste, der Herr werde ihr eine positive Antwort geben. Er antwortete aber: **„Es ist nicht recht, das Brot den Kindern zu nehmen und den Hündlein hinzuwerfen."** Das Bild ist von dem Herrn nicht in verächtlichem Sinne gemeint. Das besagt schon der Ausdruck „Hündlein". Das „Hündlein" ist das Schoßhündchen oder Stubenhündchen im Gegensatz zum Straßenhund, der sich in der Gasse herumtreibt. — Die Heidin empfindet den Vergleich nicht verletzend, sondern geht auf ihn ein, obwohl ja in diesem Bild eine Demütigung für die Frau enthalten war. Der Heidin wollte der Herr zu verstehen geben, daß die Sendung des Sohnes Gottes zunächst dem Volke Israel galt. An diese Sendung fühlte er sich gebunden. War der Herr auch aus Israel gewichen, — wegen der dort immer mehr zunehmenden Feindschaft —, so blieb er dennoch mit ganzem Herzen bereit, dem Volke Israel zu dienen bis zu seiner letzten Erdenstunde.

Der Herr kann darum nicht die Grenzen aufheben, die Gott nun nach seinem unerforschlichen Rat zunächst einmal festgelegt hat zwischen Israel und den Völkern. Er kann nicht die Hündlein wie Kindlein und die Kindlein wie Hündlein ansehen. Der Herr muß dem Auftrag seines Vaters gehorchen. Obwohl Israel ihn haßt und töten will, kann er dennoch nicht Israel hassen und sich von ihm trennen.

Aber der harrende und anhaltende Glaube macht die Heidin und Mutter des kranken Kindes mutig und schlagfertig, und zwar so mutig und tapfer, daß der Herr durch solchen Glauben besiegt wurde. — Die Antwort lautete: „Ja, ja gewiß, Herr, du hast schon recht, aber du kannst es ruhig tun, denn auch die Hündlein essen und werden satt, und zwar von den Bröcklein, die von dem Tisch ihrer Herren herabfallen."

Wäre es so, daß die Hündlein nur dadurch satt würden, daß die Kindlein hungern müßten, dann würde sie von ihrer Bitte Abstand nehmen. Aber weil die Kindlein und die Hündlein miteinander satt werden und zwar die Hündlein deshalb, weil die Kindlein am Tische des Herrn Überfluß haben, so ist die Bitte der heidnischen Mutter nicht abzulehnen. Denn die Gnade Gottes ist reich und ist groß. Die Mutter hatte sozusagen den Konflikt, in welchem sich das allzeit hilfsbereite Herz des Herrn befand, durchschaut. Indem sie dem Herrn recht gibt mit dem Wort **„Ja, gewiß, Herr"**, versucht sie, dem Herrn einen Ausweg zu zeigen, wie er, ohne dem Vater im Himmel ungehorsam zu werden, dennoch ihrer Bitte entsprechen kann. Sie geht sofort mit ganzer Seele auf das Bildwort von den Kindlein und Hündlein ein und führt das Bildwort weiter. Einer solch treffenden Antwort kann der Herr nicht widerstehen. Jesus sagt darum: **„Frau, dein Glaube ist groß!"** „Die Frau hatte dem Herrn recht gegeben, so gab er auch ihr recht. Weil sie seinen Willen als heilig geehrt hat, erfüllte er auch ihren Willen. Seine Güte blieb nicht hinter ihrem Glauben zurück. Er nannte ihren Glauben groß. Derjenige Glaube ist groß, der bei Christus große Gnade sucht. Und diese große reiche Gnade reichte der Heidin die Hand, ohne Israel fahren zu lassen, und erhörte den Glauben der Heidin und brach doch von der Treue gegen Israel nichts ab. Gott hat hier den Unmündigen geoffenbart, was er Weisen verbarg. Diese heidnische Frau hat ohne Unterricht, ohne Bild, ohne Theologie doch das Rätsel gelöst, an dem die Meister Israels zu Toren wurden. Es stand in der Bibel beides, sowohl, daß Gott Israel für sein Reich geschaffen habe, als auch, daß von seiner Herrlichkeit die Erde voll werde. Wie sich dies zusammenfinden wird, war das große Rätsel der Zukunft. Israels Lehrer haben das Rätsel nicht gelöst. Sie erwarteten Gottes Hilfe nur für sich, für die Heiden aber nur Anteil an seinem Zorn. Die Kananiterin sah, wie sich beides in Gottes Rat zusammenfügt. Seine Gnade ist so reich, daß er Israel seine Verheißung hält und die Heiden auch erlöst. Von seinem Brote werden die Kindlein und Hündlein satt." (Vergl. Schlatter, Erläuterungen zur Stelle).

Was doch die Liebe einer Mutter vermag. Demütigende Antworten und fast abstoßende Aussagen beleidigen sie nicht. Und weiter: Was auch die Leute über sie sagen, über sie, die schreiend und jammernd hinter Männern und dazu sogar noch hinter jüdischen Männern, also hinter solchen, von ihren Landsleuten verachteten und gehaßten Männern herläuft — dagegen ist sie ebenso unempfindlich wie gegen das Mißbehagen der Jünger über eine solche schreiende Heidin. — Wo starke Männer längst „Schluß gemacht hätten" mit der Erklärung: Es ist doch eine solche Behandlung unerhört, eine solche Beleidigung, mit einem Hunde verglichen zu werden! — da setzt sie den Weg fort. — Sie hält durch mit ihrem Glauben, auch gegenüber den Hindernissen, die sich ihr in der Absage Jesu in den Weg stellen. Ihr harrender, alle Schwierigkeiten überwindender Glaube trägt aber den Sieg davon.

Das zweite Wunder: Die Krankenheilungen großen Stils.

Vers 29—31

Zu Vers 29—31: Mk 7, 31—37
Zu Vers 29: Mt 5, 1
Zu Vers 30: Mt 19, 2 Mk 3, 10

29 Jesus ging dann von dort wieder weg und kam an den galiläischen See,
30 und als er den Berg hinangestiegen war, setzte er sich dort nieder. * Da
kamen große Scharen Volks zu ihm; sie brachten Lahme, Blinde, Krüppel,
Stumme und viele andere Kranke mit sich, die sie ihm vor die Füße legten;

Zu Vers 31:
Mt 9, 33
Mt 11, 4

31 **und er heilte sie, * so daß die Volksmenge sich verwunderte, als sie sah, daß**
Stumme redeten, Krüppel gesund wurden, Lahme einhergehen konnten und
Blinde sehend wurden; und sie priesen den Gott Israels.

Jesus geht auf einen Berg; dort erfolgen die Heilungen. Dies scheint befremdlich, hat aber wohl einen ähnlichen Sinn, wie bei Mk die beständige Einschärfung, Heilungen verborgen zu halten. Der Berg ist die Stätte der Einsamkeit, zugleich die Stätte der Nähe Gottes. Mose (2 Mo 19, 3. 20; 34, 4) und Elia (1 Kön 19, 8) empfangen Gottes Offenbarung auf dem Berge; Jesus spricht seine große Rede auf dem Berge, er geht zum Gebet auf den Berg (14, 23), er ruft seine Jünger auf den Berg (Mk 3, 13), er wird auf dem Berg verklärt (17, 1 ff.). Wir erhalten in Vers 30 eine allgemeine Schilderung, wie Mk 1, 32—34; 3, 7—12. An unserer Stelle werden die drei Formen schwerer Krankheit genannt, von denen Jes 35, 5. 6 sprach: die Lahmen, die Blinden, die Tauben. Die Verheißung von Gottes Kommen ist erfüllt, auf die auch Jesu Wort an den Täufer (11, 3—5) angespielt hatte. Die Lahmen werden doppelt genannt, „Krüppel und Lahme", ähnlich wie die Tauben und Stummen (Mk 7, 37; 9, 25) nebeneinander genannt sind, die Taubstummheit zu bezeichnen. Man legt die Kranken Jesu zu Füßen, um die unmittelbare Berührung mit ihm zu gewinnen. Dem liegt gewiß urtümlicher Seelenglaube zugrunde; aber man darf darüber nicht schnell aburteilen, so z. Mk 6, 53 ff.

Das Echo der Heilungen ist der Preis Gottes (vgl. 9, 8; häufig bei Lk seit 5, 26); Jesus selbst spricht in der Bergrede (5, 16; 6, 9: 1. Bitte) von Gottes Preis. Gepriesen wird „der Gott Israels". Man könnte daraus schließen, daß Jesus im Heidenland ist. Seine Rückkehr an den Galiläischen See (V 29) bedeutet dann, daß er an das Ostufer geht (vgl. 8, 28 ff.). (Schniewind)

Das dritte Wunder: Speisung der Viertausend.

Vers 32—39

Zu Vers 32—39:
Mk 8, 1—10
Jo 6, 1—13
Zu Vers 32:
Mt 9, 36
Mt 14, 14

32 **Jesus aber rief seine Jünger zu sich heran und sagte: Mich jammert des**
Volks, denn sie halten schon drei Tage bei mir aus und haben nichts zu
essen, und ich mag sie nicht von mir lassen, ehe sie gegessen haben: Sie
33 **würden sonst unterwegs verschmachten. *Da erwiderten ihm die Jünger:**
Woher sollen wir hier in der Einöde so viele Brote nehmen, um eine solche
34 **Volksmenge sättigen zu können? *Doch Jesus fragte sie: Wie viele Brote**
35 **habt ihr? Sie antworteten: Sieben und ein paar kleine Fische. *Da gebot**
36 **er dem Volke, sich auf dem Erdboden zu lagern, * nahm dann die sieben**
Brote und die Fische, sprach den Lobpreis (Gottes), **brach die Brote und gab**
sie seinen Jüngern, die Jünger aber teilten sie an die Volksmenge aus.
37 ***Und sie aßen alle und wurden satt; dann hob man die übriggebliebenen**
38 **Brocken auf; sieben Körbe voll. *Die Zahl derer aber, die gegessen hatten,**
39 **betrug etwa viertausend Männer, ungerechnet die Frauen und Kinder. * Er**
ließ dann die Volksmenge gehen, stieg ins Boot und kam in die Gegend von
Magada.

Zunächst ein kurzes Wort zu der Behauptung, die immer wieder von der kritischen Theologie hier aufgestellt wird und lautet: Die vier Evangelisten haben aus einem Wunder zwei Wunder der Brotvermehrung gemacht. In Wirklichkeit sei aber nur ein Speisungswunder geschehen. Wir geben eine Übersicht der beiden Speisungswunder. Diese Übersicht wird nachweisen, wie verschieden in jeder Beziehung Ort und Zeit und Zahl der Volksmenge und Zahl der Brote und Fische waren.

A. Speisung der Fünftausend				B. Speisung der Viertausend	
Mt 14, 13—21	Mk 6, 30—44	Lk 9, 10—17	Jo 6, 1—13	Mt 15, 32—39	Mk 8, 1—10
Rückkehr der Jünger von der Mission			vor Passah	im letzten Jahr	
östl. vom See Genezareth		Bethsaida	Ostufer	in der Dekapolis	
Spätnachmittag			Spätnachmittag	3 Tage in der Wüste	
„sie kamen an einen „einsamen Ort“			Jesus setzte sich auf „den Berg“	Wüste	
Die Jünger fragen Jesus			Jesus fragt die Jünger	Jesus rief die Jünger heran	
Keine Namensnennung der Jünger			Philippus und Andreas	Keine Namensnennung	
Jesu Antwort: „Gebt ihr ihnen zu essen“			Jesus: „versucht“	Die Jünger bekennen ihre Ohnmacht, und Jesus fragt nach der Zahl ihrer Brote	
	Hinweis der Jünger, daß eine Speisung 200 Denare kosten würde		Philippus: Für 200 Denare genügen nicht		
Fünf Brote und zwei Fische			Fünf Gerstenbrote, 2 Fische	Sieben Brote und Fischlein	
Zwölf große Tragkörbe (kóphinos)			zwölf Tragkörbe (kóphinos)	Sieben Eßwarenkörbe (spyris)	
Fünftausend			Fünftausend	Viertausend	
Jesus drängt seine Jünger ins Boot			Jesus entzieht sich der Menge	Jesus entläßt die Menge	
Meerwandel Jesu im Sturm			Jesus wandelt auf dem Meer	Jesus fährt zu Schiff mit den Jüngern	
Petrus wandelt auf dem Meer			Des Petrus Wandel auf dem Meer wird nicht berichtet	nach Magada	in die Gegend v. Dalmanutha
Jesus im Boot			Der Eintritt Jesu in das Boot fällt mit der Landung zusammen	Jesus im Boot	

Uns scheint diese Aufstellung jedem Leser deutlich zu machen, daß wir in den Evangelien zwei Erzählungsberichte haben — die Speisung der Fünftausend und die der Viertausend. Bis auf den einen Punkt, daß Matthäus berichtet, Jesus sei zu Schiff in das Gebirge Magada gefahren, während Markus erzählt, er sei nach Dalmanutha gefahren, ist B ganz in sich geschlossen. Bis auf den belanglosen Punkt, daß A und B gemeinsam keine Namen nennen, haben diese beiden Speisungswunder aber auch keine einzige Beziehung gemeinsam! Das zwingt zur Schlußfolgerung: Jesus hat zwei Wunder der Brotvermehrung in seiner Wirkungszeit vollbracht.

Umso eigenartiger wirkt der Bericht des Johannes, denn er weist nach beiden Speisungswundern Beziehungen auf. B wird bei uns durch den einen wesentlichen Zug in Erinnerung gebracht, daß Jesus seine Jünger nach ihrem Rat fragt. An die Aufforderung von A „Gebt ihr ihnen zu essen" gemahnen der Zug, daß Jesus seinen Jünger Philippus „versucht", an die Gleichheit mit A erinnert die Gleichheit der Zahlenangaben (5000 Menschen, 5 Brote und 2 Fische, 12 Tragkörbe) und anschließend Meerwandel Jesu im Sturm.

Die Lösung der Frage wird so zu finden sein, daß Johannes' Bericht zu A gehört. Denn dort, wo scheinbar A und Johannes auseinander gehen, handelt es sich in Wahrheit nur um ergänzende Einzelheiten.

Jesus Christus hat die Brotfrage ernst genommen. Er, der einmal die Wahrheit des Gesetzeswortes erlebte: *„Der Mensch lebt nicht von Brot allein, sondern von einem jeglichen Wort, das durch den Mund Gottes geht"* (5 Mo 8, 3), erlebte diese Wahrheit, als ihn nach 40 Tagen und Nächten Fasten hungerte (Mt 4, 3 f.). Gerade die Versuchungsgeschichte beweist die Wechselbeziehung von Brot und Wort Gottes, Hungern und Versuchung, vgl. 2 Mo 16, 3; 17, 1 f.; 1 Kön 17, 16. Besonders auch in der Versuchungsgeschichte des Elia tritt es uns so deutlich entgegen, wie die Brotfrage manchmal die erste Frage sein kann — nicht in der Wertung, aber in der Not-wendigkeit. Erst Essen und Trinken, bevor man an den Berg Horeb, die Stätte der Gottesbegegnung, gehen kann. (Vgl. 1 Kön 19, 1 ff.) Wir Menschen sind doch auch in unserem geistlichen Erleben von der körperlichen Konstitution abhängig. Das ist vielleicht der stärkste Ausdruck für die Wahrheit, daß wir unseren Schatz in irdenen Gefäßen haben.

Jesus hilft! Er nimmt die Brotfrage so ernst wie die Gottesfrage. Er speist die Tausende. Der Sohn Gottes betet und dankt über dem Brot. Er bekundet damit, daß der Gott, der uns das himmlische Brot in seinem Sohn gegeben hat, uns auch das irdische Brot geben will: *„Es wartet alles auf dich, daß du ihnen Speise gebest zu seiner Zeit. Wenn du ihnen gibst, so sammeln sie; wenn du deine Hand auftust, so werden sie mit Gut gesättigt"* (Ps 104, 27 f.; vgl. V. 13 f.; Mt 6, 11; Jes 33, 16; 2 Th 3, 12). Die Brotfrage ist auch eine Glaubensfrage.

Jesus sprach: **„Es jammert mich des Volkes."** Während die Jünger noch mit sich selber und mit dem, was Jesus ihnen vielleicht vom Reiche Gottes gesagt hatte, beschäftigt sind, sieht Jesus um sich. Dieser Blick über die große Menschenmenge hin ist der Blick des Erbarmens! Und es ist nicht ein Zeichen seiner Menschlichkeit, wenn Jesus auch auf die leibliche Not dieser Menschenmengen schaut, sondern ein Zeichen seiner Göttlichkeit. Er tut das Wunder der Brotvermehrung als Zeichen dafür, daß er „Gott von Art" ist. Denn Gottes Wunder geschehen aus Liebe!

Zur Durchführung seines Wunders will der Herr aber die Mitwirkung seiner Jünger.

Er, der später sagen wird: „Ohne mich könnt ihr nichts tun" (Jo 15, 5), will auch ohne seine Jünger nichts tun. Der erhöhte Christus ist ganz besonders an die Gemeinde gebunden, wie das Haupt an seinen Leib (Epheserbrief).

Wir wollen aber nicht vergessen, daß wir nur unnütze Knechte sind und bleiben. Wo Gott zu Tisch lädt, bleiben wir die Diener. Der Christ ist kein Wundertäter. Selbst die Apostel vollzogen die Wunder „im Namen Jesu Christi" (vgl. Apg 3, 6. 16; 4, 10; 16, 18; 19, 13—17). *„Gib deinen Knechten mit aller Freudigkeit zu reden dein Wort, und strecke deine Hand aus, daß Gesundheit und Zeichen und Wunder geschehen durch den Namen deines heiligen Knechtes Jesus"* (Apg 4, 30). Gott ist auch heute noch ein Gott, der Wunder tut. Er bedient sich aber in Christus nur unserer Hand, vgl. Apg 5, 12; 1 Tim 4, 14; 2 Tim 1, 6; Mk 7, 18 f.; Jak 5, 14 f.; Lk 10, 9.

Eine zweite Erkenntnis verdanken wir diesem Wunder-Bericht von der Speisung der Fünftausend: Jesus Christus begnügt sich mit dem Wenigen!

Der Blick nach unten zeigt die Ohnmacht des Menschen. Der Blick nach oben offenbart die Kraft des Allmächtigen, dem es ein Geringes ist, aus wenigem viel zu machen; vgl. 1 Sam 14, 6. Gerade das Wenige hat in der Bibel seine besondere Verheißung; vgl. Spr 15, 16; 16, 8; To 4, 9; Mt 25, 21; Lk 21, 1—4: Mk 12, 41—44. Nicht an den Fleischtöpfen, sondern in der Wüste wurden dem Volke Gottes die Wunder Gottes offenbart. Eine kleine Menge kann im Handumdrehen mit seinen Vorräten für die Speisung von 4000 Männern auskommen. Es kommt nur auf die Blickrichtung an, nach unten oder nach oben! *„Ich hebe meine Augen auf zu den Bergen, von welchen mir Hilfe kommt. Meine Hilfe kommt von dem Herrn, der Himmel und Erde gemacht hat."* Ps 121, 1 ff. (Vgl. 2 Ko 4, 18; Hbr 11, 27).

Die dritte Erkenntnis besteht in dem Satz: Das Wunder der Brotvermehrung vollzieht sich unter dem Dankgebet Jesu. In diesem Dankgebet liegt zunächst einmal der Dank gegenüber diesen wenigen Gaben, die Jesus in seiner Hand hat! Die Worte zeugen von einem hohen Bekenntnis der Demut gegenüber dem Geber aller guten Gaben (Jak 1, 17; Eph 4, 8; 1 Ko 1, 7; Jer 31, 14). Jesus wollte ohne seinen himmlischen Vater nichts tun. Jo 5, 19. In dem Dankgebet gegenüber dem Wenigen bezeugt der Christ seine völlige Abhängigkeit gegenüber Christus. Nicht in dem fordernden Bittgebet, sondern in der sich bescheidenden Danksagung liegt dieses Demutsbekenntnis eingeschlossen. — Jesus spricht aber nicht nur über dem Gegenwärtigen ein Dankgebet, sondern auch über dem Zukünftigen. Er dankt schon im voraus! Der hohe Mut des Glaubens wagt solch hohe Gebetssprache.

Kapitel 16

Die zweite Zeichenforderung der Feinde Jesu.

(Erste Zeichenforderung siehe 12, 38—42, Seite 167 ff.)

Zu Vers 1—12: Mk 8, 11—21
Zu Vers 1: Mt 12, 38; Mk 15, 32; 1 Ko 1, 22
Zu Vers 2: Lk 12, 54—56
Zu Vers 4: Mt 12, 39. 40; Mt 17, 17; Jon 2, 1

1 **Und die Pharisäer und Sadduzäer kamen herzu, und, um ihn zu versuchen,**
2 **baten sie ihn, er möge ihnen ein Zeichen aus dem Himmel zeigen. *Er aber**
antwortete und sprach zu ihnen: Wenn es Abend geworden ist, so sagt ihr:
3 (Es wird) **heiteres Wetter, denn der Himmel ist feuerrot; *und frühmorgens:**
Heute (wird es) **stürmisches Wetter, denn der Himmel ist feuerrot und trübe.**
Das Angesicht des Himmels wißt ihr demnach zu beurteilen, aber die Zeichen
4 **der Zeit könnt ihr nicht beurteilen. *Ein böses und ehebrecherisches Ge-**
schlecht verlangt nach einem Zeichen, und kein Zeichen wird ihm gegeben
werden, als nur das Zeichen Jonas'. Und er verließ sie und ging hinweg.

Die Feinde des Herrn sind schon wieder auf der „Bildfläche". Kaum ist der Herr am Westufer angekommen, so sind sie schon da. „Sie kamen heraus", sagt laut Urtext Markus (8, 11). Man sieht ordentlich, wie sie aus ihren Schlupfwinkeln herausbrechen, um sich von allen Seiten auf Jesus zu stürzen. Diesmal sind auch Sadduzäer dabei, also Vertreter des Priesteradels aus Jerusalem. (Vgl.

Mt 15, 1). Nach Markus 8, 15 müssen bei diesen Gegnern Jesu auch Anhänger des Herodes gewesen sein. (Vgl. Mk 3, 6). Nach Mk 8, 11 fing diese bunt zusammengewürfelte Schar der Jesus-Feinde an, heftig mit ihm zu streiten. (Unter sich waren sie sich spinnefeind — aber weil es gegen Jesus ging, waren sie auf einmal unter sich freund.) Sie verlangen, wie es schon Mt 12, 38 geschah, ein Zeichen vom Himmel. Die Messiasfrage soll endlich öffentlich vor allem Volk geklärt werden. Jesus soll seinen messianischen Anspruch rechtfertigen. All die bisherigen Wunder Jesu genügen diesen Leuten nicht. Ja, man schrieb alle die bisher geschehenen Wunder und Machttaten Jesu dem Teufel zu (12, 22 ff.). Auch die vom Herrn selbst als Ausweis bezeichneten Zeichen, wie sie der Prophet Jesaja vom Messias vorausgesagt hatte (vgl. Mt 11, 2), genügten ihnen nicht. — Der Messias, wie sie ihn sich dachten, sollte zu seiner Beglaubigung Feuer vom Himmel herabfallen lassen, so wie Elia das getan hatte, oder der Sonne Halt gebieten, wie Josua das vollbracht hatte, oder einen Blitzschlag oder Regen oder Hagel herbeirufen, oder große Zeichen am Himmel aufrichten, die mit der Ankunft des Messias verbunden sein werden (wie Lk 21, 11 und Apg 2,19 usw.)

Die Feinde Jesu hier „wollten genau so wie die Nazarener in Mt 13. 53—58 einen Messias, wie sie sich ihn vorstellten, einen Christus nach ihrer Meinung und Idee; deshalb machten sie ihre Forderung geltend, was der Herr tun sollte. Der Evangelist nennt dieses Verhalten **„ein Versuchen des Herrn"** (V 1), d. h. einen Versuch, den Herrn dahin zu bringen, wohin sie ihn haben wollten. Der Herr sollte gezwungen werden, so zu sein und sich so zu verhalten, wie sie es wollten. Der Herr jedoch bleibt der souveräne Herr, der seine Ehre nicht an Menschen abtritt. Er will wohl bei uns sein mit seiner Hilfe und seinen Wundern, aber er läßt sich von uns nicht versuchen, noch sich befehlen. Unseren Gebeten droht die Versuchung des Herrn, daß wir, ähnlich den Pharisäern, ihn um Zeichen bitten, oder daß wir den Herrn dahin haben wollen, wo wir ihn gerne stehen sehen möchten.

Der Herr lehnt diese Zeichenforderung ab. Er lehnt hier die Forderung der Zeichen ab, mit denen man ihn nötigen, zwingen, beherrschen will. Es werden in der Schrift nicht immer Zeichen abgelehnt. So lesen wir auch bei Gideon in Richter 6, 36—40, daß Gideon ein Zeichen forderte. Aber die Bitte Gideons entspringt dem Glauben an das Wort des Herrn, das zu ihm gesagt ist. An dem Glauben und Vertrauen zum Herrn fehlt es aber den Pharisäern und Sadduzäern." (Otto Bückmann.)

Jesus geht nicht auf die Forderung der Feinde ein. Er deckt ihren bösen Willen auf (vgl. 12, 38), indem er ihnen erwidert, die äußeren Zeichen des Himmels kennten sie sehr genau. Mit den Naturerscheinungen sind sie vertraut und können danach das kommende Wetter oder Unwetter sagen. — Die „Zeichen der Zeit" aber vermögen sie nicht zu deuten. Was ist mit diesen „Zeichen der Zeit" gemeint? Gemeint sind die Zeichen, die der Herr tut, seine Wunder. Diese Zeichen der Zeit, d. h. der bestimmten messianischen Zeit, können sie nicht deuten. Diese Zeichen der Zeit besagen ihnen nichts. Woran liegt es, daß die Frager die Zeichen der messianischen Zeit unbeachtet lassen? An der Undeutlichkeit der Zeichen? Nein, aber an der Treulosigkeit und Undankbarkeit des Geschlechtes, welches ehebrecherisch und hurerisch genannt wird. Nach der Sprache der Schrift heißt das, dies Geschlecht hat seinem Herrn Treue und Bund nicht gehalten, ist abgewichen und undankbar geworden, sucht sich zu befriedigen und nicht den Herrn. Es macht sich für sich selbst einen Messias zurecht und geht dabei am wahren Messias vorbei. Kein anderes Zeichen wird ihnen gegeben als das Zeichen des Propheten Jona (vgl. 12, 38 ff.). Der Herr hält es diesmal nicht für nötig, ihnen dieses Zeichen näher zu erklären, wie er es in Kap. 12 noch getan hat.

Wie der Prophet Jona im Unwetter auf dem Meere von einem Meerfisch verschlungen wurde und drei Tage im Bauch des Ungeheuers weilte, dann aber lebendig wieder hervorkam, so wird Jesus im Unwetter des Kreuzesleidens vom Rachen des Todes verschluckt, am dritten Tage aber wieder auferstehen. Das wird das große Zeichen sein! Für die Feinde wird es zu spät sein, für die andern ist es ein Zeichen des Himmels, das den Menschensohn als Gottessohn bestätigt.

Kurz und knapp heißt es dann in Vers 4: **„Er ließ sie stehen und ging hinweg"**. Die Trennung ist vollzogen.

Jesus wendet sich mehr denn je nun seinen Jüngern zu. Er warnt sie deutlich vor dem Sauerteig der Pharisäer und Sadduzäer.

Warnung an die Jünger.

Mt 16, 5—12

Zu Vers 6: Lk 12, 1; 1 Ko 5, 6; Gal 5, 9
Zu Vers 8: Mt 6, 31
Zu Vers 9: Mt 14, 17—21; Mk 6, 52
Zu Vers 10: Mt 15, 34—38
Zu Vers 12: Jo 6, 27

5 **Und als seine Jünger an das jenseitige Ufer gekommen waren, hatten sie**
6 **vergessen, Brote mitzunehmen. *Jesus aber sprach zu ihnen: Sehet zu und hütet**
7 **euch vor dem Sauerteig der Pharisäer und Sadduzäer. *Sie aber überlegten bei**
8 **sich selbst und sagten: Weil wir keine Brote mitgenommen haben. *Als Jesus**
es erkannte, sprach er: Was überleget ihr bei euch selbst, Kleingläubige,
9 **weil ihr kein Brot habt? *Verstehet ihr noch nicht, erinnert euch auch nicht**
an die fünf Brote der Fünftausend und wie viele Handkörbe ihr aufhobet,
10 ***noch an die sieben Brote der Viertausend, und wie viele Körbe ihr aufhobet?**
11 ***Wie, versteht ihr nicht, daß ich zu euch nicht von Broten sprach** (als ich
12 sagte): **Hütet euch vor dem Sauerteig der Pharisäer und Sadduzäer? *Da ver-**
standen sie, daß er nicht gesagt hatte, sich zu hüten vor dem Sauerteig des
Brotes, sondern vor der Lehre der Pharisäer und Sadduzäer.

Wahrscheinlich hat Jesus sich so schnell in die Einsamkeit zurückgezogen, daß keine Zeit mehr übrig blieb für den Einkauf von Brot. — Jesus denkt nicht an den Broteinkauf. Seine Gedanken sind noch ganz und gar beschäftigt mit den Pharisäern und Sadduzäern. Darum sagt er zu seinen Jüngern: **„Sehet euch vor und hütet euch vor dem Sauerteig der Pharisäer und Sadduzäer"**. — Jesus meint damit die ganze Denkungsweise der Pharisäer und Sadduzäer. Die Jünger erkennen noch nicht recht die große Gefahr, die ihnen von seiten der Feinde Jesu droht. Die pharisäische Frömmigkeit hatten die Jünger von Kindesbeinen an beobachtet und als die rechte Frömmigkeit gelehrt bekommen. Jesus macht sie darauf aufmerksam, wie gefahrvoll das Annehmen und Aufnehmen der pharisäischen Lehranschauung ist. Es geht wie mit dem Sauerteig. Wie die Durchsäuerungskraft des Sauerteigs alles durchdringt, so ergreift auch das Gedankengut der Feinde das ganze Herz und vergiftet Geist, Seele und Leib. Die Jünger bedürfen darum der ernsten und warnenden Aufrüttelung.

Da offenbarte ihr Gespräch aber, daß sie den Herrn völlig mißverstanden hatten. Sie meinen, der Herr würde bei seinem Wort vom Sauerteig der Pharisäer an den augenblicklichen Brotmangel denken. Der Herr schilt sie wegen ihres Kleinglaubens und weist sie hin auf jene Wunder der Brotvermehrung in der Wüste, wo in Kap. 15 von der Speisung der 4 000 und in Kap. 14 von der Speisung der 5 000 die Rede gewesen war, wo sie also in doppelter Weise die wunderbare Lösung der Brotsorge erleben durften.

Matthäus gibt Vers 12 die Erklärung ab, daß die Jünger das Gleichniswort vom Sauerteig der Pharisäer und Sadduzäer verstanden haben. Sie erkannten, daß Jesus seine Jünger vor der völlig falschen Auffassung der Gesetzesfrömmigkeit (vgl. hierzu die Bergpredigt, besonders Kap. 5, 20 und andere Stellen) und vor dem sadduzäischen Weltsinn warnen wollte. (Matthäus sieht als Sauerteig der Pharisäer mehr die Lehranschauung der Pharisäer an, Lukas sieht mehr die Heuchelei (12, 1) und Markus wohl mehr den Haß der Pharisäer und des Herodes (8, 15) gegen Jesus als Sauerteig.)

Dieser Abschnitt des Matthäus (V. 8—11) ist, nebenbei bemerkt, ein neuer Beweis für die Echtheit der beiden Brotwunderberichte. Man kann also nicht von einer Vermengung der beiden Berichte sprechen, auch nicht sagen, daß nur eine Speisung stattgefunden habe. Jesus unterscheidet genau die Speisung der 5 000 von der Speisung der 4 000 und weiter die fünf Brote für die Speisung der 5 000 von den sieben Broten für die Speisung der 4 000. Und Jesu Wort ist maßgebend! (Vgl. dazu Seite 217).

Und weiter: für den Ausdruck „Körbe" werden für die zwei Speisungswunder zwei verschiedene Bezeichnungen gebraucht. Bei der Speisung der 5000 steht für Korb = kophinos (14, 20). Derselbe Ausdruck kophinos für Korb wird von Jesus auch 16, 9 bei der Erzählung über die 5000 wiederholt.

Bei der Speisung der 4000 steht für Korb: spyris (15, 37). Derselbe Ausdruck spyris für Korb wird von Jesus auch Kap. 16, 10 bei der Erzählung von den 4000 wiederholt.

Ein kophinos-Korb ist ein großer Tragkorb
Ein spyris-Korb ist ein kleiner Eßwarenkorb.

Das erste Speisungswunder ist also ein größeres Wunder gewesen als das zweite, sowohl hinsichtlich der Zahl der gesättigten Teilnehmer als auch hinsichtlich der Zahl der übriggebliebenen Brotmengen.

Von den grundlegenden Gesetzen der Gemeinde Jesu Christi

ausgesprochen in der Stille, zwischen den Zeiten, und zwar zwischen der letzten öffentlichen Tätigkeit Jesu in Galiläa und dem Einzug in Jerusalem, nämlich dem eigentlichen Beginn seines Leidens, Sterbens und Auferstehens.

Kap. 16, 13—20, 28

Zu Vers 13—20:
Mk 8, 27—30
Lk 9, 18—21

Zehnmal wird in dem Abschnitt von 13, 53 bis 16, 12, und zwar in dem Tatbericht, der dem Redebericht von Kap. 13 folgt (wo von den sieben Gleichnissen die Rede war) — zehnmal wird berichtet, daß Jesus „weggeht".

1. Kap. 13, 53: *Als Jesus diese Gleichnisreden beendet hatte, ging er von dort weg.*
2. Kap. 14, 13: *Als Jesus das hörte* (nämlich von der Enthauptung des Täufers), *ging er von dort weg und fuhr mit dem Boot an einen einsamen Ort.*
3. Kap. 14, 22: *Und alsbald zwang er die Jünger* (aus der Gemeinschaft der Volksmenge weg) *in das Schiff zu steigen und vorauszufahren ...*
4. Kap. 14, 23: *Als er das Volk weggeführt hatte, stieg er auf einen Berg in die Einsamkeit, um dort zu beten.*
5. Kap. 15, 14: *Laßt sie fahren* (die Pharisäer).
6. Kap. 15, 21: *Jesus ging von dort weg und zog sich in die Gegend von Tyrus und Sidon zurück.*
7. Kap. 15, 29: *Jesus ging von dort wieder weg und kam in die Nähe des galiläischen Sees, stieg das Bergland hinan, um dort in der Einsamkeit zu bleiben.*
8. Kap. 16, 4: *Er ließ sie stehen* (Pharisäer und Sadduzäer) *und ging weg.*
9. Kap. 16, 13a: *Jesus ging mit seinen Jüngern in die Gegend von Cäsarea Philippi ...* d. h. nordwärts bis an die oberste Grenze des Landes.
10. Kap. 17, 1: *Er führte sie* (die Jünger) *beiseits ...* (Diese Stelle kann man sachlich mit dazu rechnen.)

Also zehnmal ist in den genannten Kapiteln der „Tatberichte" nach dem großen Kapitel des Redeberichtes in Mt 13 von dem „Weggehen" Jesu die Rede! Zehnmal hat Jesus sich bemüht, in die Stille zu kommen mit seinen Jüngern. Erst bei dem zehnten Mal ist's ihm gelungen. Die öffentliche Tätigkeit Jesu in Galiläa hat ihren Abschluß gefunden. Jesus rüstet sich für die letzte Entscheidung in Jerusalem. Er bereitet sich und seine Jünger vor auf sein bitteres Leiden und Sterben in Jerusalem. Dazu gebraucht er die Einsamkeit.

In der Stille „zwischen den Zeiten", also zwischen dem letzten öffentlichen Auftreten in Galiläa und dem Einzug in Jerusalem will nun Jesus die Grundlinien der Ordnungen seiner Gemeinde seinen Jüngern ans Herz legen.

Auch bei Markus ist dieser Abschnitt „Zwischen den Zeiten" der Abschnitt, der mit dem Bekenntnis des Petrus beginnt und bis zum Einzug Jesu in Jerusalem dauert, durch Jesu Haltung im Vergleich zu „früher" und zu „später" unterschieden, indem hier

> „Jesus zu seinen **Jüngern** spricht über sich selbst
> und zu seiner Gemeinde über ganz bestimmte, eng zusammenhängende Themata". Mk 8, 22 — 10, 45.

Auch Lukas hat diesen Erzählungskreis (diesen Abschnitt „Zwischen den Zeiten") angedeutet. Er beginnt mit dem Petrus-Bekenntnis zu Christus (Lk 9, 18—20), dann spricht er von dem leidenden Christus (Lk 9, 21 u. 22) und von den Jüngern des leidenden Christus (Lk 9, 23—27), anschließend von der Verklärung Jesu (Lk 9, 28—36), von der Heilung des Mondsüchtigen (Lk 9, 37—43) und der zweiten Leidensverkündigung (Lk 9, 43—45). Dann finden wir allerdings erst die Parallelen zu Matthäus in Lk 15; 17 u. 18 und 22.

Wir kehren zu Matthäus zurück. Die grundlegenden Gemeindeordnungen Jesu beginnen mit dem einzigartigen und feststehenden Bekenntnis der an Christus gläubigen Gemeinde zu Jesus Christus, dem Sohne Gottes selbst. Das verleiht der ersten und grundlegenden Gemeindeordnung ihre einzigartige Bedeutung.

Zu Vers 13: Jo 18, 34

13 a: Als Jesus in die Gegend von Cäsarea Philippi gekommen war . . .

Jesus nahm den Plan bald wieder auf, sich zurückzuziehen, nachdem dieser zweimal vereitelt worden war, in Bethsaida (Julias) durch den Eifer des Volkes, ihm nachzureisen, und in der Gegend von Tyrus und Sidon, wo trotz seines Wunsches, „verborgen zu bleiben" (Mk 7, 24), seine Gegenwart durch das Wunder an dem kananäischen Weib ruchbar geworden war. Hierauf war er gegen Süden zurückgegangen und hatte die Dekapolis (Zehnstädte-Bund) zum zweiten Male besucht, die er früher so schnell hatte verlassen müssen. Jetzt zieht er wieder nördlich, aber dieses Mal mehr ostwärts in die einsamen Täler, wo der Jordan aus dem Fuß des Hermon entspringt. Dort lag die Stadt Cäsarea Philippi, größtenteils von den Heiden bewohnt (Josephus, Vita § 13) [1]) In dieser abgelegenen Gegend konnte Jesus die Einsamkeit, die er in anderen Teilen Palästinas vergeblich gesucht hatte, zu finden hoffen. Er begibt sich nicht in die Stadt selbst, sondern in die Umgegend oder, genauer gesagt, in die umliegenden Flecken (Mk 8, 27); und hier findet er endlich Ort und Zeit, mit seinen Aposteln sich vertraulich zu unterreden.

Jesus hatte sich also nun endlich nach dem „neunmaligen Weggehen" von Galiläa, seinem engeren Vaterlande, losgerissen. Bis an die äußerste Nord-

[1]) Der Kaiser Augustus hatte diese Gegend Herodes dem Großen geschenkt; zum Dank hatte Herodes in der Stadt Paneas aus weißem Marmor einen Augustus-Tempel errichtet. Sein Sohn Philippus hatte diese Stadt weiter ausgebaut und zu Ehren des Kaisers Tiberius „Caesarea" getauft mit dem Beinamen Philippi zur Unterscheidung von dem Caesarea am Mittelmeer. Nach Jesu Zeit vergrößerte der letzte König der Juden diese Stadt und nannte sie zu Ehren seines Gönners Nero „Neronias". Die Namen der Stadt und die Heiligtümer zeigen, wie die Herodier ganz von Kaisers Gnaden über das heilige Land herrschten und wie fern es ihnen lag, den Anspruch Gottes und seines Gesalbten anzuerkennen. (Wilhelm Vischer S. 8)

Auch in Folgendem lehnen wir uns an die sehr empfehlenswerte Schrift „Die evangelische Gemeindeordnung" Mt 16—20, ausgelegt durch Wilhelm Vischer (Zürich 1946), und an Adolf Schlatter „Die Kirche des Matthäus" (Gütersloh 1929) an.

grenze in die Nähe der Grenzstadt Dan (von Dan bis Beerseba 1 Sam 3, 20) war Jesus mit seinen Jüngern gewandert.

13 b: Da fragte er seine Jünger: Für wen halten die Leute, daß der Sohn des Menschen sei?

Mit der rechten oder unrechten Antwort auf diese Frage steht und fällt die Gemeinde Jesu auf Erden. Mit dem **„Sohn des Menschen"** meint Jesus sich selbst.

Nach Markus fragt Jesus: *„Was sagen die Leute von mir, wer ich sei"* (Mk 8, 27)?

Nach Lukas fragt Jesus: *„Was sagen die Massen von mir, wer ich sei"* (Lk 9, 18)?

Also bei Markus und Lukas, wie auch nachher in Mt 16, 15 fragt Jesus auch in der **Ich**form. Mt 16, 15: **„Was sagt ihr von mir, wer ich sei?**

Jesus nennt sich hier in Vers 13 b den **„Menschensohn"**. Diese Bezeichnung finden wir nur im Munde Jesu. Es ist seine Selbstbezeichnung. Wir lesen nach, was wir schon auf Seite 103 zu Mt 8, 20 darüber gesagt haben. Wir ergänzen jene Worte, die den Ausdruck „Menschensohn" besonders nach der menschlichen Seite hin zu erklären versuchten, und zwar in dem Sinne, daß der Name „Menschensohn" besonders das Verhältnis Jesu zur Menschheit auszudrücken pflegte. Er war ganz Mensch wie unsereiner.

„Dieser gegenwärtige Menschensohn führt nach seiner Niedrigkeit das Leben eines gewöhnlichen Menschen. „Er ißt und trinkt", so daß die Leute sagen können: „Siehe, wie ist der Mensch ein Fresser und Weinsäufer, der Zöllner und der Sünder Geselle" (11, 19). Er ist ein Obdachloser, der „nicht hat, da er sein Haupt hinlege" (8, 20), ein Rechtloser, der Willkür „leiden muß" von denen, die die Macht haben (17, 12). Er „wird überantwortet in der Menschen Hände, und sie werden ihn töten" (17, 22). Wie Jonas im Bauch des Walfisches, „also wird der Menschensohn drei Tage und Nächte im Herzen der Erde sein" (12, 40)."

Dieser Menschensohn weiß aber auch um seine Herrlichkeit. Er sagte darum auch: „Ihr werdet sehen den Menschensohn sitzen zur Rechten der Kraft und kommen auf den Wolken des Himmels" (26, 64; 24, 30). „Der Menschensohn wird auf dem Thron seiner Herrlichkeit sitzen" (19, 28), „er wird kommen in der Herrlichkeit seines Vaters und mit seinen Engeln" (16, 27), „er wird seine Engel senden, und sie werden aus seinem Reiche alle Ärgernisse sammeln und alle, die Unrecht tun" (13, 41). Er hat aber schon in der Gegenwart menschliche Boten auf der Erde, und „sie werden mit den Städten Israels nicht zu Ende kommen, bis der Menschensohn kommt" (10, 23). Und das Unerhörte der Botschaft, die sie auszurichten haben, ist die Meldung, daß der Menschensohn bereits gekommen sei und daß die einzige Rettung für jeden Menschen darin bestehe, ihn anzurufen und anzuerkennen. „Der Menschensohn ist gekommen, das Verlorene zu retten" (18, 11), er „hat Vollmacht auf Erden, die Sünde zu vergeben" (9, 6). (Vischer)

So sehen die Evangelien den Menschensohn in seiner Niedrigkeit und Herrlichkeit. Ein Geheimnis, ein Rätsel für die Zeitgenossen Jesu.

Paulus bedient sich statt des Ausdrucks „Menschensohn" der Bezeichnung „Zweiter Adam", der aus dem Himmel stammt, der zu unterscheiden ist vom ersten Adam (1 Kor 15, 45).

„Was ist Jesus nun eigentlich? Der Weltrichter oder ein Rechtloser, der Zukünftige oder ein Gegenwärtiger, bringen ihn die Wolken des Himmels oder verschlingt ihn die Erde, ist er der Herr aller Herren oder der Knecht aller Knechte, ist er der allmächtige Retter des heiligen Volkes des Höchsten oder ein wehrloser, hilfloser Mensch? Wer versteht die rätselhafte Menschlichkeit des Menschensohnes? Wer, sagen die Menschen, daß er sei? (V.)

Zu Vers 14:
Mt 14, 2
Mt 17, 10; 21, 11

14 Sie (die Jünger) **sprachen: Die einen** (sagen, du seist) **Johannes der Täufer, andere Elias, wieder andere Jeremias oder einer von den Propheten.**

Die von den Jüngern aufgezählten Meinungen über die Person Jesu besagen: „Man betrachtet dich nicht als den Messias". Wohl waren die Zeitgenossen Jesu aufs tiefste beeindruckt von dem ganz Außerordentlichen seiner Erscheinung. — Der Fürst Herodes Antipas war nicht der einzige, der die Meinung vertrat, daß in Jesus der hingerichtete Täufer wieder auferstanden sei.

Andere meinten, an Maleachi 3, 23 f. denken zu müssen, wo es heißt: „Siehe, ich will euch senden den Propheten Elias, ehe denn da komme der große und schreckliche Tag des Herrn." Wieder andere meinten an 2 Makk 2, 4 ff. denken zu müssen, wo die Rede war von Jeremia, der die Stiftshütte und die Bundeslade und den Räucheraltar in einer Berghöhle verwahrt hatte. In Jesus schien vielen jetzt Jeremia aus der Höhle herausgetreten zu sein.

Wieder andere meinten, Jesus für einen der *Propheten* halten zu müssen.

„Die Jünger berichten ihrem Meister *nicht*, was wir aus anderen Stellen des Matthäus-Evangeliums wissen, daß neben diesen guten Ansichten über Jesus sehr *üble* Ansichten bestanden haben! Da erklärten doch einmal seine nächsten Angehörigen, er sei *verrückt* geworden. Fromme Leute, die an seinem Verkehr mit den aus der Synagoge *Ausgeschlossenen* Anstoß nahmen, wußten keine bessere Erklärung, als daß er *eben gern gut esse und trinke*. — Die religiösen und politischen Führer hielten ihn für einen gefährlichen Neuerer, der alle Ordnungen auflöse, für einen Schwärmer, wenn nicht gar für einen Schwindler und Gotteslästerer." (Vischer.)

Martin Kähler schreibt in seinem trefflichen Buch: „Der Weg des Menschensohnes" (Gundert, Stuttgart 1927) folgendes: „Jesus hatte es also durch sein ganzes Verhalten erreicht, daß die öffentliche Meinung über ihn in einem Punkte einig war, nämlich in der *Verneinung*. Darin sind *alle einig*: „*Der Messias ist er nicht*." Trotz allem *Auffallenden* an seiner Erscheinung und an seinem Wirken, das sich so überaus herrlich in den unendlich vielen großen Wunderwerken und Machttaten offenbart hatte, trotz gelegentlicher Aufwallungen der leidenschaftlichen Hoffnung, wie nach dem Speisungswunder, hat er seine Volksgenossen *enttäuscht*. Mit ihrer Vorstellung von einem rettenden König stimmt seine *Person* und sein *Benehmen* nicht überein. Das waren die negativen Meinungen.

Wie urteilt man in unsern Tagen über die Person Jesu? Das *Vorrecht*, die reinste Sittlichkeit erkannt und gelehrt zu haben, spricht man ihm zu, oder man nennt ihn den höchsten religiösen Genius, aber begrenzt, einseitig, auf den Gesichtskreis seiner Tage gebannt — wie einer der Propheten. — So oder anders bestimmt man heute die Bedeutung Jesu im Geistesleben der Weltgeschichte. Damit meint dann der gebildete Mensch des 20. Jahrhunderts, ihm die gebührende Ehre erwiesen zu haben. Man ist fertig mit ihm, man hat eben seine Meinung über ihn."

Freilich mit dem Namen Christus ist man nicht sparsam. Selbst inhaltreichere Bezeichnungen wie Erlöser, Heiland, spricht man ihm zu. Doch auch sie sind abgegriffene Münzen. Sie bleiben nicht ihm allein vorbehalten, und ihren *Wert* bestimmen eben jene Meinungen, nämlich daß er *nicht* der von Gott Gesandte ohnegleichen mit einzigster Bedeutung für alle und mit einzigem Anrecht an jedermann sei.

An *den* zu denken, den der Vater *selbst* in die Welt gesandt hat, an den *Letzten*, den *Einzigen*, nämlich *an Gott selbst* zu denken, darauf kommt keiner.

So ist's heute, so war es auch damals. Die Leute hatten sich ihre Meinung über den Nazarener gebildet.

Aber Jesus ist noch nicht fertig mit seinen Fragen. Er hat noch ein Wort für seine Jünger.

Zu Vers 15:
Mt 14, 33
Mt 26, 63
Mt 27, 54

15 Jesus spricht: Ihr aber, wer saget denn ihr, daß ich sei?

Augenscheinlich setzt Jesus voraus, daß sie mit keiner von jenen Meinungen einverstanden seien. Er stellt seine Jünger zuversichtlich jenen Leuten gegenüber; und indem er die *Anrede* „ihr" stark betont, erinnert er die Jünger daran, was sie von den Leuten unterscheide und was ihnen ein anderes Urteil nahelege. Wir wissen auch, welches *Gewicht* er der Antwort hinterher zuspricht. Es lag ihm viel an dem Urteil, das sie über ihn fällten.

Das nun folgende Bekenntnis des Petrus ist in den drei Berichten auf verschiedene Weise gefaßt:

der Christus, der Sohn des lebendigen Gottes (Matthäus);
der Christus (Markus 8, 29), der Sohn Gottes, nach dem Sinaiticus;
der Christus Gottes (Lukas 9, 20), der Sohn Gottes, nach Bezae Cantabrigiensis.

Die Form bei Lukas steht gewissermaßen in der Mitte zwischen den beiden anderen.

Das Petrus-Bekenntnis heißt nach Matthäus:

Zu Vers 16: Jo 1, 49 Jo 6, 69

16 Simon Petrus antwortete und sprach: Du bist der Christus, der Sohn des lebendigen Gottes.

„Diese Antwort des Petrus begreift Jesus mit einer Bezeichnung, die völlig anderer Art ist als alle genannten. Ob jene ihn hoch oder niedrig werten, ob sie ihn positiv oder negativ einschätzen, so oder so bleiben sie im Rahmen der menschlichen Möglichkeiten. „Der Christus", „der Messias", „der Gesalbte", nämlich unmittelbar von Gott selbst zum König, Propheten und Priester seiner Gnade Geweihte, sprengt nicht nur jedes Menschenmaß, sondern ist ganz und gar göttlichen Ursprungs. Er ist im Verhältnis zu den Königen und Priestern und Propheten Israels unvergleichlich mehr als der Erste unter seinesgleichen. Er ist der Herr, sie sind seine Diener; er der Bezeugte, sie seine Zeugen; er ist der Sinn aller Worte des AT, der von allen Wartenden Erwartete, der Versprochene aller Versprechen Gottes. Um auszudrücken, daß Jesus dieser Eine, Einzigartige sei, bezeichnet Petrus ihn als den „Christus" oder, in seiner aramäischen Muttersprache ausgedrückt, als den „Meschicha", als den „Messias"." (W. Vischer).

Wahrhaftig, diese Stunde des Herrn Jesus mit seinen Jüngern in der Einsamkeit dort oben bei Cäsarea Philippi ist eine ganz gewaltige, einzigartige Stunde gewesen. Feierlich und ernst berichtet davon Matthäus, indem er den Jünger Petrus hier mit seinen beiden Namen nennt: „Simon Petrus". Diese beiden Namen hat Jesus dann in seiner Antwort in bedeutsamen und bewußten Gegensatz zueinander gestellt.

In Mt 14, 33 — bei der Geschichte von dem Schreiten des Herrn über dem Meer — da sagten alle die, welche im Schiff waren: „Du bist in der Tat nicht weniger als ein Gottessohn".

Hier heißt es: „**Der** Sohn des lebendigen Gottes". Dieses Wort bezeichnet etwas ganz Außergewöhnliches, ganz Unerhörtes. Es bezeichnet den „unendlichen qualitativen Unterschied" (Kierkegaard) des Christus zu allen Geschöpfen, sowohl den unsichtbaren als auch den sichtbaren, den Engeln als auch den Menschen. Der Sohn des lebendigen Gottes ist der lebendige Gott selbst. Der Prolog des Jüngers Johannes hat in seinem Evangelium Kap. 1, 1—18 in unendlich tiefer und erhabener Weise von diesem Geheimnis „Jesus, der ewige Sohn Gottes" gesprochen. Siehe dazu die dort angefügten Erklärungen.

Wir sagen's noch einmal, um die ungeheure Bedeutung dieses Bekenntnisses festzuhalten: „Du bist der Messias, d. h. der Christus, d. h. nicht irgendein Gesalbter, sondern der Gesalbte schlechthin, nicht irgendein Erwarteter, sondern der Erwartete schlechthin, nicht irgendein Verheißener, sondern der Verheißene schlechthin. Der Verwirklicher alles dessen, was das ganze Alte Testament Kapitel um Kapitel hinweisend und andeutend gesagt hat." (Vgl. Römerbrief-Auslegung Kap. 1.)

Und weiter: Er ist der Sohn! Nicht ein Sohn, sondern der Sohn schlechthin. Der Eine und Einzige im absoluten Sinn. Er ist der Eine, dem der Vater alles übergeben hat und ohne den niemand den Vater kennen kann. (Mt 11, 25—27). Der „liebe Sohn", an dem der Vater sein Wohlgefallen hat. (Mt 3, 17.)

Es ist dieses Bekenntnis des Petrus und der Jünger, die hinter ihrem Sprecher stehen, ein gewaltiger, menschheitsgeschichtlicher Entscheid. Es ist, grundsätzlich gesehen, das Ende der Synagoge und der Anfang der Gemeinde Jesu.

„So ist dieses Petrus-Bekenntnis die große Wende im Leben Jesu, in der Geschichte Israels und im Schicksal der Menschheit."

Mit diesem Bekenntnis des Petrus war die neutestamentliche Gemeinde in ihrem Keime gegründet im Gegensatz zur alttestamentlichen. Der Herr Jesus fühlte die Seligkeit dieses Augenblicks, worin er die Versicherung empfing, daß er doch Wurzel in der Menschheit geschlagen und eine Gemeinde in ihr gewonnen habe, die ihm bleiben werde, allen Mächten der Hölle zum Trotz. — Wie freute sich der Herr, daß seine Jünger ihn erkannt haben! Sie haben nicht nur Meinungen über ihn, nein, sie haben ihn in ihr Herz geschlossen, und er selbst ist es, „um deswillen" sie in seiner Nachfolge leben. Sie schämen sich nicht, trotz des abweisenden Urteils des Volkes, doch bei ihm zu bleiben.

Der Herr hebt nun in besonderen Worten hervor, daß der Vater im Himmel selbst es geschenkt hat. Jesus sagt das mit folgenden Worten:

Zu Vers 17:
Gal 1, 15. 16

17 **Glückselig bist du** (zu preisen), **Simon, Sohn des Jona. Denn nicht Fleisch und Blut haben dir das enthüllt, sondern mein Vater in den Himmeln!"**

Hinsichtlich des Wortes „Sohn des Jona" liegt hier wahrscheinlich ein Schreibfehler im griechischen Matth.-Evgl. vor. Denn nach dem Johannes-Evgl. hieß der Vater von Petrus Johannes und nicht Jonas. (Joh. 1, 42 und 21, 15—17).

Nicht Menschen hatten also dem Simon und damit auch den Jüngern den Blick für die einzigartige und absolut einmalige Größe und Herrlichkeit Jesu gegeben. Das Volk als solches stand nicht hinter dem Simon; dieser und die paar Jünger standen einsam vor Jesus. Vielmehr hatte der Vater im Himmel seinem Sohn dieses Glaubensbekenntnis der Jünger zum Geschenk gemacht.

Zu Vers 18:
Jo 1,42
Eph 2, 20
Hio 38, 17
Jes 38, 10
Weis 16, 13
Ps 9, 14

18 **So sage ich auch dir: Du bist Petrus, und auf diesem Felsen werde ich meine Gemeinde bauen und die Pforten der Totenwelt werden sie nicht überwältigen.**

Ein Fels kann Petrus für die Gemeinde Jesu nur dadurch sein, daß er mit seinem Glauben auf Jesus Christus steht. Der Bau, der auf diesem Felsen Jesus Christus ruht, ist die Gemeinde Jesu. Wir denken an Eph 2, 20: *„aufgebaut* (als ein Bau) *auf dem Grundstein* (themelios, Felsen) *der Apostel und Propheten, wo Jesus Christus der Eckstein* (Grundstein und Schlußstein, akrogoniaios) *ist"*.

Zuerst Christus und dann Petrus mit den Aposteln und dann die Gemeinde. Das ist die Reihenfolge. Jesus Christus ist aber nicht allein der Grundstein und Eckstein, sondern auch der Baumeister, der seine Gemeinde baut. Sie ist nicht des Apostels Werk, sondern Sein Werk. Sie ist auch nicht des Apostels Eigentum, sondern Sein teuer erkauftes Eigentum.

Wenn also Jesus jetzt den Simon zum Felsen oder Grundstein Seiner Gemeinde einsetzt, so besteht kein Widerspruch zu Mt 21, 42, wo Jesus sagt: *„Habt ihr nie gelesen in der Schrift: der Stein* (lithos), *den die Bauleute verworfen haben, der ist zum Eckstein geworden ..."* und wo Jesus sich selbst als den „kephalen gonias" = Eckstein (Gundstein) bezeichnet. Auch steht die obige Stelle Mt 16, 18 keineswegs im Widerspruch zu dem Brief des Petrus, der in 1. Petr 2, 4 und 5 schreibt: „*Tretet hierzu zu dem lebendigen Stein* (lithos), *der von den Menschen zwar verworfen, vor Gott aber auserwählt, kostbar ist, und lasset euch selbst wie lebendige Steine aufbauen zu einem geistlichen Hause* ...“ Siehe Seite 255.

Jesus Christus ist auch hier nach den Worten des Petrus selbst der Grundstein und Eckstein seiner Gemeinde. Zu vergleichen sind auch Jes 28, 16 und Psalm 118, 22, die das gleiche aussagen. Also Jesus Christus zuerst, dann Petrus mit den Aposteln, dann jedes einzelne Glied der Gemeinde.

Wie irrig war doch die Meinung jener Leute von Korinth, die sagten: „*Wir sind des Kephas, d. h. des Petrus, Leute*“ (1. Kor 1, 12). Jesus hat dem Petrus nicht eine für die ganze Gemeinde grundlegende, einzigartige Felsenstellung verliehen.

Jesus Christus allein besitzt diese einzigartige, grundlegende Felsenstellung. Aber der erste Mensch, den ihm sein Vater im Himmel hierfür auf der Erde gegeben hat, ist Simon. Und zwar hat Gott ihn deshalb gegeben, daß Jesus den Petrus als ersten erkennen und bekennen ließ: **„Du bist der Christus“.** Des von Gott geschenkten, bekennenden Glaubens wegen erklärt der Christus diesen Apostel für den Felsen oder den ersten grundlegenden Stein seiner Gemeinde. Luther hat darum richtig erklärt: „Wer nun diese Bibelstelle recht erklären will, der lerne es hier von Christo, daß die Gemeinde nur da ist, wo dieser Fels, d. i. dies Bekenntnis und dieser Glaube ist, welchen Petrus hat und die andern Jünger haben.“

Doch darf das nicht im Kampf gegen die katholischen Ansprüche zu einer Hypostasierung des Glaubens führen, als hätte der Christus einen Glaubenssatz und nicht vielmehr einen glaubenden Menschen zum Grundstein seiner Gemeinde gelegt.

„Man kann wohl erstaunen, ja erschrecken, wenn man sich klarmacht, was Jesus wagte, als er soviel auf einen Menschen setzte. Er tat es im Vertrauen auf seinen Vater im Himmel, der ihm diesen Menschen hierzu gegeben hatte. Daß Jesus das wirklich getan hat, zeigt nicht nur diese eine Stelle, sondern alles, was Matthäus von Petrus berichtet, von seiner Berufung zum ersten Nachfolger bis zu seinem Verleugnen, nicht minder Lukas, wenn er (22, 31. 32) das Wort des Herrn an Petrus überliefert: „*Simon, Simon, der Satan hat begehrt, euch zu sichten wie Weizen, ich aber habe für dich gebeten, daß dein Glaube nicht ausgehe; und wenn du dich zurückgefunden hast, so stärke deine Brüder.*“ Ebenso Johannes durch den Auftrag: „*Simon, weide meine Lämmer!*“ Hierüber ist also das evangelische Zeugnis einstimmig.“ (Vgl. Vischer.)

Nirgendwo im NT ist die Rede davon, daß auf Grund von Mt 16, 18, Lk 22, 32 und Joh 21, 15—17 Jesus dem Petrus die oberste Gewalt in der Kirche übertragen habe, daß Petrus der wahrhaftige Stellvertreter Christi und Gottes, der Ersatz Christi und darum das erste und letzte Gewisse sei. Auch ist nirgendwo im NT die Rede davon, daß die Primatstellung des Petrus ein Primat der Ehre und der obersten Regierungsgewalt über die ganze Kirche umfaßt, und zwar im Sinne der obersten Gesetzgebungsgewalt, der obersten Gerichtsbarkeit, der höchsten Lehrautorität, mit der Vollmacht der Unfehlbarkeit hinsichtlich der feierlichen Definition von Glaubenssätzen (ex cathedra). — Wir meinen, dieser Rechtsanspruch des Papsttums auf göttliche Herrschaft über die Kirche ist nicht schriftgemäß. Alleiniges Haupt der Kirche, besser der Gemeinde (ekklesia), ist und bleibt Christus. [2]

[2]) Wie begründet die katholische Kirche die Lehre vom Papst? Die Päpste, so behauptet man, seien die Nachfolger des Petrus. Dieser ist von Christus zum Oberhaupt der Kirche ernannt. Mt 16, 18—19; Jo 21, 15—17.

Dagegen ist folgendes zu sagen: Was Mt 16, 18 anbetrifft: „Du bist Petrus, und auf diesen Felsen will Ich bauen Meine Gemeinde ...“ so ist darin nur von Petrus die Rede, aber nicht von seinen Nach-

Das Gebilde, das der Christus bauen wird, heißt Jesus seine Gemeinde, seine Ekklesia. Das Wort kommt in den Evangelien nur bei Matthäus und nur an dieser Stelle und 18, 17 (zweimal) vor. Es stammt aus der Verfassung der griechischen Städte und meint „die zum Vollzug von Rechtsakten zusammentretende Versammlung der Vollbürger der Polis" (Erik Peterson. Vgl. K. L. Schmidt Art. ekklesia, in Kittel, Theol. Wörterbuch zum NT.) Die Septuaginta haben es gewählt, um den alttestamentlichen Begriff des qahal zu übersetzen, der die israelitische Bundesversammlung bezeichnet. Während es im Spätjudentum immer mehr durch den Begriff der Synagoge ersetzt wurde, nahmen es die von Jesus Christus Berufenen ganz für sich in Beschlag als die Bezeichnung der Herausgerufenen. Denn rein sprachlich gesehen (von der griechischen Sprache her) ist ekklesia die „Herausgerufene". (Ek = heraus und kaléo = ich rufe.) Zu dem alttestamentlichen Sinn der „Versammlung" kommt der neutestamentliche Sinn des „Herausrufens" hinzu: Also die **„herausgerufene Versammlung"**. So könnte man die Gemeinde Jesu nennen. Damit hat das Wort Gemeinde als die zu einer Versammlung Herausgerufenen einen allertiefsten Sinn gefunden. Der Heilige Geist ist's, der da „ruft" und sammelt ... und zwar die, die sich haben rufen lassen und sammeln lassen.

Im NT finden wir 115 mal den Ausdruck ekklesia. Und zwar steht das Wort:

3mal bei Matthäus	4mal im Kolosser
24mal in der Apostelgeschichte	2mal im 1. Thessalonicher
5mal im Römerbrief	2mal im 2. Thessalonicher
22mal im 1. Korinther	3mal im 1. Timotheus
9mal im 2. Korinther	1mal im Philemon
3mal im Galater	2mal im Hebräer
9mal im Epheser	1mal im Jakobus
2mal im Philipper	3mal im 3. Johannesbrief

20mal in der Offenbarung Johannes

In der Apostelgeschichte, im 1. Korintherbrief, in der Offenbarung und im Epheserbrief (nach dem Verhältnis der Kapitelanzahl) wird das Wort „ekklesia" am meisten gebraucht! —

Garnicht findet sich das Wort in den beiden Petrusbriefen. Dies ist um so merkwürdiger, als der Herr Jesus gerade Petrus gegenüber das Wort ekklesia zum erstenmal gebraucht hat (Mt 16, 18). Obwohl nun Petrus das Wort ekklesia selbst zwar nicht anwendet, so kennt er doch die Sache selbst sehr genau. Er benutzt für ekklesia verwandte Ausdrücke, z. B. „geistliches Haus" (1 Pt 2, 5), „auserwähltes Geschlecht", „königliches Priestertum", „heiliges Volk", „Volk des Eigentums" (1 Pt 2, 9) usw.

Lukas gebraucht vielfach in seinem Geschichtswerk solche Ausdrücke, die das Wesen der Gemeinde kennzeichnen, ohne daß er ekklesia = „Gemeinde" nennt,

folgern. Aber selbst, wenn man seine Nachfolger einschließen würde, so bleibt es doch zweifelhaft, ob damit die Bischöfe und Päpste gemeint sind und ob ausgerechnet der Bischof von Rom der Nachfolger ist.

Mt 16, 19: „Und Ich will dir des Himmelreichs Schlüssel geben: alles, was du auf Erden binden wirst, soll auch im Himmel gebunden sein ..." Die Vollmacht zu binden und zu lösen, Sünden zu vergeben und zu behalten, wird nach Mt 18, 18: „Was ihr auf Erden binden werdet ... und lösen werdet ..." auch allen anderen Jüngern gegeben.

Was Jo 21, 15—17 anbetrifft, so ist folgendes zu sagen: Petrus hatte den Herrn dreimal verleugnet, und darum fragt ihn der Herr dreimal. Jesus setzt ihn darum dreimal wieder in sein Amt. Von einer Bevorzugung gegenüber den anderen Jüngern ist nicht die Rede. Er wird als Jünger wieder eingesetzt, weil er Buße getan hat.

so z. B.: „Die Ihrigen" (Apg 4, 23), „Die Menge der Gläubigen" (4, 32), „Die Menge der Jünger" (6, 2), „Die des Weges (d. h. des Heilweges) Seienden" (9, 2). „Die Heiligen" (9, 32) usw.

Wie vielseitig das Wort Gemeinde = ekklesia im NT umschrieben ist, darüber noch ein kurzes Beispiel von Paulus. Im Epheserbrief wird allein in Kap. 1 und 2 in 33 verschiedenen Bildworten und Ausdrücken die Gemeinde Jesu benannt.

Alle die vielfältigen, hundertfach vorkommenden Ausdrücke und Wörter der Bezeichnung der Gemeinde haben den e i n e n G r u n d g e d a n k e n, daß nur d e r ein Bürger der Gemeinde sein kann, der eine „Wiedergeburt" in persönlicher Begegnung mit dem Herrn erfahren hat.

Diese Bürger sind „Hausgenossen Gottes" (Eph. 2, 19) und leben unter den übrigen Menschen auf der Erde als „geheiligte Bürger", deren „Bürgertum" oder „Heimatreich", wie Paulus schreibt (Phil 3, 20 f.), *„in den Himmeln ist, von woher sie den Befreier, den Kyrios, Jesus Christus, erwarten, der ihren Nichtigkeitsleib verwandeln wird, so daß er gleichgestaltet wird seinem Herrlichkeitsleib vermöge der Kraft, mit der er auch alle Dinge sich untertan machen kann".*

„Die Botschaft Jesu von der nahen Königsherrschaft der Himmel und die Gründung seiner Gemeinde gehören untrennbar zusammen. Man hat schon gemeint, das eine schließe das andere aus; weil Jesus die Königsherrschaft Gottes e r w a r t e t habe, könne er nicht den Grund für die Gemeinde gelegt haben." (Vischer.)

Aber das ist nicht der Fall. Denn die Gemeinde Jesu soll sein und ist die Zeugin und T r ä g e r i n einer weltweiten Freudennachricht, eines Evangeliums, das Jesus selbst in die Worte faßt: *Also hat Gott die Welt geliebt, daß Er Seinen eingeborenen Sohn gab, auf daß alle, die an Ihn glauben, nicht verloren werden, sondern das ewige Leben haben.*

Alles Leben und Wirken der Gemeinde Jesu eilt hin auf den großen Tag der Wiederkunft und Offenbarung Christi; alles Dasein der ekklesia ist Verkündigung und Darstellung des Kommenden. —

Ethik der Gemeinde Jesu muß genau d e m entsprechen, was bei den Propheten Israels das „Z e i c h e n" war: Kraftvolle Gestaltung, Umwandlung eines Stückes irdischer Verhältnisse, geist-leiblicher Ausdruck der Botschaft vom kommenden Tage Gottes.

Die Gemeinde Jesu ist das „s i c h t b a r e W o r t", ist Zeichen des kommenden Reiches, ein durch keine Schranken eingeengtes, nach allen Seiten hin tätiges und geschäftiges Wirken.

18b Die Pforten des Totenreiches sollen sie nicht überwältigen.

Jesus gebraucht im Matthäus-Evangelium zweimal für das Wort: „T o t e n r e i c h" den Ausdruck „H a d e s".

Hades in 11, 23 und 16, 18.

Hier steht Hades und heißt „Totenreich". Näheres hierzu Seite 99 und Begrifflicher Schlüssel, Rie.

Diese Ausdrucksweise von den „P f o r t e n d e s T o t e n r e i c h s" zeigt, daß die Israeliten sich das Totenreich als eine F e s t u n g vorstellten. Tore führen in diese Festung hinein. Wer einmal durch diese Tore geschritten ist, der wird festgehalten. Kein Abgeschiedener kehrt aus der verschlossenen Festung des Totenreichs wieder zurück. Die Tore verschließen sich für immer hinter den Verstorbenen.

Nur eine einzige Ausnahme gibt es, das ist Jesus, der nicht im Grabe gehalten werden konnte. Die Pforten des Totenreiches mußten sich öffnen und ihn wieder herausgeben.

Mit ihm wird auch seine Gemeinde nicht gehalten werden können von den Toren des Totenreichs. Für sie ist der Tod überwunden, denn ewiges Leben ist ihr geschenkt.

Die Tore der Totenwelt werden sie nicht überwältigen. In einer anderen Übersetzung heißt es: „Die Tore der Totenwelt werden nicht stärker sein als sie!"

Luther sagt zu dieser Stelle folgendes: „„Die Pforten" in der Schrift heißen „eine Stadt und ihr Regiment". Also heißen hier die Pforten alle Gewalt des Teufels mit ihrem Anhang, als da sind Könige und Fürsten dieser Welt, die müssen sich alle wider den Fels und Glauben legen. Aber das ist der Trost: obgleich die Christen Leib und Leben lassen müssen, dennoch haben die Pforten der Hölle den Sieg nicht, sondern der Sieg soll den Christen bleiben. Denn die Kirche ist eine gerüstete Schlachtordnung und kriegerische Heldin, welche selbst gegen die Pforten der Hölle streitet und überwindet und triumphiert und herrscht wider die Sünde, wider den Tod und wider den Urheber von beiden, nämlich wider den Teufel." (Eberle, „Luthers Evangelien-Auslegung").

Der Ernennung Simons zum Felsen folgt eine neue Erklärung:

Zu Vers 19: Mt 18, 18; Mt 23, 13; Mk 13, 34; Lk 11, 52; Jo 20, 23; Offb 1, 18; 3, 7; Jes 22, 22; Hio 12, 14

19 Ich werde dir die Schlüssel des Himmelreichs geben, und was du auf der Erde binden wirst, das wird im Himmel gebunden sein, und was du auf der Erde lösen wirst, das wird im Himmel gelöst sein.

Die bildhafte Redeweise von den „Schlüsseln" ist begreiflich, weil Jesus seine Gemeinde als ein Gebäude bezeichnet hat. Wer nunmehr den Hausschlüssel erhalten hat, der hat das Amt, die Türe zu verschließen und zu öffnen.

Das „Wort", das Petrus und die Apostel verkündigen, wird dem einen „ein Geruch zum Leben", dem andern „ein Geruch zum Tode". Der Apostel Verkündigung, wie auch alle Wortverkündigung bis auf den heutigen Tag wirkt bei Annahme als Gnade, bei Ablehnung als Gericht. So entscheidet die Stellungnahme zur Wortverkündigung letztlich über die Zugehörigkeit zum Himmelreich, wie über den Ausschluß vom Himmelreich.

19b Und was du auf der Erde bindest, wird in den Himmeln gebunden sein, und was du auf der Erde lösest, wird in den Himmeln gelöst sein.

„Dadurch hat Jesus sein Amt dem des Richters verglichen, der in das Gefängnis legt oder Freiheit gibt. Mit der Verwaltung der Gnade verbindet sich Gottes richterliches Walten in festem Zusammenhang. Auch dieses gehört zur Erhabenheit des apostolischen Dienstes. Als Jesu Bote legt Petrus die einen in Haft, die andern führt er zur Freiheit. Die Stolzen bindet er; den Gebundenen nimmt er die Bande ab. Dort macht er, daß die Sünde den Tod gebiert; hier macht er von ihr ledig und spricht frei. Das tut Petrus mit menschlichen Worten und tut es doch mit ewiger Geltung. Gott bekräftigt es. Die Vergebung, die er verkündigt, ist Gottes Vergebung; das Gericht, das er droht, wird von Gott vollzogen. Er redet nicht bloß von den Dingen Gottes; sondern das Wort, das er spricht, wird im Himmel gehört, bestätigt und erfüllt.

Diese Verheißung Jesu trat mit dem Pfingsttag in Kraft, als Petrus mit dem kräftigen Zeugnis von Jesus vor der Judenschaft stand und die Tausende zur Taufe kamen. Da legte Christus auf ihn als auf den von ihm erwählten Felsen die ersten Steine nieder, die das von ihm erbaute Haus bildeten;

da durfte er den Schlüssel brauchen, der das Himmelreich öffnet, und er erwies sich als der rechte Schlüssel, weil Gottes Geist sein Wort begleitete. Da stand er, wenn er die Leute zur Taufe führte, damit ihre Sünde getilgt sei, als der Lösende unter ihnen, und wenn er das verkehrte Geschlecht von Gottes Reich wegwies, so war auch dies im Himmel gültig und Gottes Gericht kam über die Glieder dieses Geschlechts.

Und was zu Pfingsten begann, bildete bleibend sein Apostelamt.

Die Gemeinde Jesu entbehrt es auch heute nicht; denn der Dienst der Apostel gelangt auch zu uns durch das Neue Testament" (Vgl. Schlatter S. 256).

Das Wort des Neuen Testaments ruft auch heute fort und fort zur Entscheidung auf.

Zu Vers 20:
Mt 17, 9

20 Darauf bedrohte Jesus seine Jünger, sie dürften niemandem sagen, daß er der Christus sei.

Schlatter stellt hierzu folgende Frage: „Warum durfte das nicht ganz Israel wissen? Mußte es nicht verkündigt werden von einem Ende der Welt zum andern? Daß er der Christus war, ging ja jedermann an. Für alle lag darin die Verheißung, für alle die Verpflichtung zum Gehorsam. Jesus will aber jetzt nichts anderes, als daß seine Jünger ihm glauben, während für Israel sein Messias-Name, sein Christus-Name aus demselben Grund verborgen bleibt, weshalb er die Predigt vom Himmelreich mit dem Gleichnis bedeckt und verhüllt". („Erläuterungen" S. 257.)

Erst muß noch etwas geschehen, und erst, wenn dieses Entscheidende geschehen ist, kann ohne Mißverständnis frei und öffentlich verkündigt werden, daß Jesus der Christus ist.

Wir sind am Schluß eines Himmel und Erde umfassenden Abschnittes, eines weltgeschichtlichen Ereignisses.

Die Verse 13—20 bedeuten in Wahrheit die scheidende und die entscheidende Wende. Sie geben Kunde von dem Ende Israels und dem Anfang der alle Völker umfassenden „Gemeinde Jesu". Dem Aufbau und Ausbau dieser weltweiten Gemeinde gilt nun die zweite Hälfte des Matthäus-Evangeliums.

Die erste Passionspredigt.

Zu Vers 21—28:
Mk 8, 31 — 9, 1
Lk 9, 22—27

Zu Vers 21:
Mt 12, 40; 17, 22; 20, 18; 26, 2
Lk 13, 33
Jo 2, 19; 12, 24
1 Ko 15, 4
Hos 6, 2

Zu Vers 22:
Apg 21, 12

Zu Vers 23:
Mt 4, 10
2 Sam 19, 23

Zu Vers 24:
Mt 10, 38. 39
1 Pt 2, 21

21 Von der Zeit an begann Jesus seinen Jüngern zu zeigen, daß er nach Jeru-
salem hingehen müsse und von den Ältesten und Hohenpriestern und Schrift-
gelehrten vieles leiden und getötet und am dritten Tage auferweckt werden
22 (müsse). * Und Petrus nahm ihn zu sich und fing an ihn zu drängen, indem
er sagte: Gott behüte dich, Herr! dies wird dir nicht widerfahren.
23 * Er aber wandte sich um und sprach zu Petrus: Gehe hinter mich, Satan!
Du bist mir ein Anstoß, denn du sinnest nicht auf das, was Gottes, sondern
24 auf das, was der Menschen ist. *Dann sprach Jesus zu seinen Jüngern: Wenn
jemand mir nachfolgen will, der verleugne sich selbst und nehme sein Kreuz
25 auf sich und folge mir nach. *Denn wer sein Leben erretten will, wird es ver-
26 lieren; wer aber sein Leben verliert um meinetwillen, wird es finden. *Denn
was wird es einem Menschen nützen, wenn er die ganze Welt gewänne,
aber an seiner Seele Schaden nähme? Was wird ein Mensch als Lösegeld geben
27 (können) für seine Seele? *Denn der Sohn des Menschen wird kommen in
der Herrlichkeit seines Vaters mit seinen Engeln, und dann wird er einem
28 jeden vergelten nach seinem Tun. *Wahrlich, ich sage euch: Es sind etliche
von denen, die hier stehen, welche den Tod nicht schmecken, bis sie den
Sohn des Menschen haben kommen sehen in seinem Königreiche.

Dreimal hat der Herr in besonderer Weise seine Passion den Jüngern angekündigt. Die erste Verkündigung erwähnt sein Leiden und Sterben im allgemeinen. Die zweite (Mt 17, 22) fügt hinzu, er werde in der Sünder Hände überantwortet werden, und die dritte endlich (Mt 20, 17) spricht von der Geißelung und Kreuzigung.

Die erste Passionspredigt beginnt mit den Worten: „Von da an". Nämlich von dem Zeitpunkt an, wo Petrus das Bekenntnis: *„Du bist Christus, der Sohn des lebendigen Gottes"* abgelegt hatte. Nach diesem großen Wort des Petrus, das auch im Namen der anderen Jünger gesprochen war, kann der Herr das große Geheimnis seines Kreuzes anfangen zu enthüllen. Mit einer Klarheit ohnegleichen sieht Jesus die Dinge auf sich zukommen. Er sieht das Kreuz und geht darauf zu. Schon im Anfang des Joh. - Evgl. Kap. 2 lesen wir: *„Jesus antwortete und sprach zu ihnen: „Brechet diesen Tempel, und am dritten Tage will ich ihn aufrichten. (Er aber redete von dem Tempel seines Leibes.)"* Und Jo Kap. 3, 14 spricht er: *„Und wie Mose in der Wüste eine Schlange erhöht hat, also muß des Menschen Sohn erhöht werden ...."* Vor ihm persönlich steht also schon am Beginn seiner Tätigkeit: „Der Blick aufs Kreuz". Jetzt gilt es, die Jünger in dieses einzigartige Geheimnis des Kreuzes einzuweihen, es zu enthüllen. In Jerusalem wird das Ziel seiner irdischen Laufbahn erreicht. In Jerusalem werden Anfang und Ende sich vollziehen, und zwar das Ende seines irdischen Lebens und der Anfang seines Auferstehungslebens, das Ende des Alten Bundes und der Anfang des Neuen Bundes, das Ende der Synagoge, der Anfang der Gemeinde.

Diese Verwandlung des Alten in ein Neues vollzieht sich erstens durch „das auserwählte Volk", vollzieht sich zweitens durch das allerschimpflichste Geschehen, und zwar durch Verfluchung, Ausstoßung, Galgenhinrichtung, Schandpfahl, Fluchholz.

Die Reaktion der Jünger war fassungsloses, jähes Entsetzen. Sie hatten oft einen Galgen gesehen. Die Römer machten nämlich kurzen Prozeß mit den Rebellen der Freiheitsbewegung. Kurzerhand wurden solche Aufrührer am Rand der Straße gehängt. Für die Juden war der Anblick eines solchen Gehängten um so grauenhafter, da das Gesetz Mose erklärte: ein solcher Mensch, ein Gehängter ist ein Verfluchter vor Gott. (5. Mos 21, 23).

Von diesem Hintergrunde aus gesehen wiegt das Gewicht der Worte Jesu über sein Leiden und Sterben als Gehängter doppelt schwer.

Es ist menschlich begreiflich, daß Petrus voller Schrecken sich zum Mund der Jünger macht und (V. 22) Jesus beiseite nimmt, um mit Ihm unter vier Augen zu reden, um Ihn zu beschwören, zu drängen, daß solches niemals geschehen darf.

Ein zweifaches enthält die vor uns liegende Episode. Wir hören
erstens vom „Nein" des Petrus,
zweitens vom „Ja" des Herrn zum Kreuz.

1. Derselbe Mann, der eben noch auf Grund seines Bekenntnisses „Felsen" genannt wurde, erschrickt beim Hören der Botschaft vom Kreuz. Warum erschrickt Petrus?

Er erschrickt über das völlig Unbegreifliche dieser Passionspredigt. Das soll das Ende sein? Das Ende ihres besten Freundes, ihres Herrn und Meisters, der nur Gutes getan hat fort und fort, ohne Rast und Ruh' umhergezogen war und geholfen hat von morgens früh bis abends spät, der sich aufopferte für die anderen, selbst auf jede Bequemlichkeit verzichtend, nur immer und immer wieder besorgt gewesen war für die Notleidenden, voller Mitleid geliebt und getröstet hat ohnegleichen — der soll nun am Straßenrand gehängt werden? Und dazu nicht von Räubern und Verbrechern oder Heiden meuchlings umgebracht werden, sondern von den höchsten und geachtetsten Vertretern des auserwählten Volkes, von den Ältesten, Hohenpriestern und Schriftgelehrten? Nein, das ist unmöglich, das kann Gott nicht zulassen!

Petrus erschrickt über Jesus selbst. Wenn Jesus der Christus ist, „der Sohn des lebendigen Gottes", wie Petrus es eben bekannt hatte, dann ist ein solches Ende völlig unmöglich, denn es ist ja des Sohnes Gottes nicht würdig. Immer und immer wieder hatte der Herr mächtige Wunder getan, und nun sollte er ohnmächtig, hilf- und ehrlos am Galgen hängen?

Petrus erschrickt über Gott. Wenn Gott Gott ist, dann ist es doch so: Die Gerechtigkeit Gottes bestraft den Schuldigen, den Heiden, aber nicht den Unschuldigen und Gerechten und hier noch dazu den Sohn Gottes selbst. Wenn Gott Liebe ist, dann ist solch ein Ende ein Schlag in das Antlitz, in das Wesen Gottes.

Petrus erschrickt über die Zukunft. Was soll werden nach einem solchen Ende, welches das Werk Jesu völlig in Frage stellen müßte? Soeben hat Jesus noch die Unüberwindlichkeit seiner Gemeinde gerühmt, nun sollte er, der Herr der Gemeinde, schmählich verschwinden?

Wir begreifen des Petrus und der anderen Jünger tiefes Erschrecken.

Und dieses Erschrecken über das Ende Jesu ist weiterhin geblieben. Paulus sagt zweimal in 1 Kor 1: *„Das Wort vom Fluchholz ist den Juden ein Skandal, den Griechen ein Ärgernis, ein Unsinn"*, und ein paar Verse später: *„Wir aber predigen den gekreuzigten Christus, den Juden ein Ärgernis und den Griechen eine Torheit."* Und auch heute noch ist dieses Unbegreifliche über das Ende Jesu immer wieder ein Anstoß und Ärgernis. Man fragt sich, wie kann ein am Schandpfahl aufgehängter Verurteilter ewiges Heil bringen? Daß Petrus erschrocken war, ist nur zu begreiflich. Des Petrus gut gemeinter Rat, sich nicht in einen solchen Tod zu begeben, ist nur zu verständlich.

2. Dem „Nein" des Petrus zum Kreuz folgt nun das unumstößliche göttliche „Ja" des Herrn zum Kreuz. Des Petrus erschrockener und gutgemeinter Rat erhält seitens des Herrn allerschärfste Zurückweisung. Jesus sagt: „Geh hinter mich und nicht gegen mich". Der vordrängende, gutmeinende Petrus wird nach hinten gewiesen. Der aus der Nachfolge ausbrechende Petrus wird in die Nachfolge zurückgewiesen. Zu Satan selbst sagt Jesus in der Versuchungsgeschichte: *Hebe dich weg von mir, Satan!* Zu Petrus sagt Jesus: **Gehe hinter mich!** Der Ausdruck „Satan", dem Petrus gegenüber gesagt, ist ein scharfes Wort Jesu. Derselbe Petrusmund, dem soeben von Gott her das Christusbekenntnis geschenkt worden war, wird zur Stimme des Versuchers. „Satan" heißt: Du stehst mir im Wege, du bist ein Gegner Gottes. Obwohl du es menschlich vielleicht gut meinst, bist du dennoch der Feind.

Auch heute noch gilt der Satz: Wo der Christ nicht ganz auf Gott sieht, betreibt er mit seinen besten Absichten oftmals die Sache des Bösen. Menschliche Erwägungen sind oft ungöttlicher Art, und der Satan bedient sich oft der menschlichen Gedanken seitens der Kinder Gottes. Jesu „Ja" zum Kreuz bleibt unerschütterlich fest.

Jesus schließt seine erste Passionspredigt mit einem prophetischen Wort (V. 24): **„Will mir jemand nachfolgen, der verleugne sich selbst und nehme sein Kreuz auf sich und folge mir nach."** Das Wörtlein „will" bedeutet ernste Entscheidung; „der verleugne sich selbst" bedeutet: der verneine sich selbst, der lehne sich selbst ab. Sich selbst verleugnen heißt, seinem empfindlichen, rechthaberischen, eigenwilligen Ich die Daseinsberechtigung absprechen, heißt, diesem Ich alles abschlagen und verweigern, was nicht mit den Forderungen Jesu übereinstimmt.

Jesus sagt: **„Der nehme sein Kreuz auf sich".** Es war Sitte bei den Römern, daß derjenige, der zum Tode verurteilt war, das Mittel zu seiner Hinrichtung selbst zur Richtstätte tragen mußte. Sein Kreuz auf sich nehmen heißt: das Hinrichtungsmittel seines Ichs fest und entschlossen auf sich nehmen. Jeder hat sein ihm von Gott verordnetes, besonderes Kreuz, das für ihn den Tod bedeutet. Den einen hat Gott mit Verwandten, Nachbarn oder Kollegen usw. zusammengespannt, die für sein Ich den Tod bedeuten. Dem andern hat Gott eine Arbeit gegeben mit Schwierigkeiten, die für sein Ich den Tod bedeuten. Dem dritten hat Gott Leibesnöte gegeben, die ihm täglich zu schaffen machen. Dem vierten hat Gott ungerechte Vorgesetzte gegeben, dem fünften widerspenstige Untergebene. Alles ist von Gott her gesehen Hinrichtungsmittel des eigenen Ichs; es ist von Gott verordnet und ist ein Zeichen seiner Liebe, ist sein Planen, in welchem nichts negativ, sondern alles nur positiv zu werten ist. So gilt es, dieses Wort: **„Der nehme sein Kreuz auf sich"**, zu fassen: **„... und folge mir nach"**, d. h. achte mit dem inneren Auge aufmerksam auf das irdische Leben deines Meisters.

Martin Kähler sagt: „Des Herrn Jesu Zug durch Galiläa begleitete ein siegreicher Kampf mit allen Übeln, welche die ihm Nahenden drückten, selbst bis zum Allherrscher, dem Tode, hin. „Er hat alles wohlgemacht", bezeugten sie ihm. Dieser menschenfreundliche Streit mit der Not der Menschenwelt ist ein Zeichen, mit dem er sich als der Sohn Gottes ausweist vor aller Welt.

Denen jedoch, die seinen Ruf zur Nachfolge annehmen, nimmt er in seiner Barmherzigkeit den Wahn, als brächte er ihnen die bequeme Entbindung von allen Übeln, um es ihnen in dieser Welt behaglich zu machen. Sein Weg führt an das Kreuz. Der andern tausendfach geholfen hatte, durfte und wollte auf dem ihm für uns verordneten Gange nicht sich selber helfen. Er trug und er duldete das Kreuz, unter dem und an dem er zusammenbrach.

Er richtet an der Pforte zu seiner Nachfolge für einen jeden von uns sein Kreuz auf. Und damit schenkt er uns ein teures Vorrecht. Was an Druck und Hemmungen, an persönlichen Schwierigkeiten und an markzehrendem Weh mir aus meinem alten Menschen oder von meinem Nächsten oder aus meinem Geschick meinen Christenlauf schwer macht, das alles, wenn ich es im Aufblick zu dem Kreuzträger von Golgatha mir zur Überwindung des Unglaubens und der Sünde dienen lasse, darf ich als mein Kreuz achten, das mir verbürgt, ich wandle in seinen Fußstapfen, die uns im Evangelium vorgezeichnet sind."

Jesus bringt an Stelle des Lebens den Tod, den allerschmerzlichsten und bittersten Tod, aber nicht irgendeinen Tod, sondern den Tod des „Ichs". — Aber dieser Tod des eigenwilligen, trotzigen Ichs ist der einzige Weg zum Leben, zum wahrhaftigen Leben.

Jesus spricht weiter in paradoxer Zuspitzung und unerhörtester Schärfe.

Zu Vers 25: Jo 12, 25

25 **Wer sein Leben** (seine Seele) **erretten will, wird es verlieren, wer aber sein Leben** (seine Seele) **verliert um meinetwillen, wird es finden.**

Aus den Gräbern des „Ichs" ersteht den Jüngern und auch uns das Leben. Aus dem „Am Leben-bleiben-wollen" dagegen erwächst das Sterben. Ichsucht führt immer zum Verlust Gottes. Gott suchen und begehren dagegen zum Sterben des eigenen, sündigen Ichs.

Der Sinn des Lebens wird erst dann und dort offenbar, wo der Tod alles Eigenen in die Erscheinung tritt.

Zu Vers 26: Lk 12, 20; Ps 49, 8. 9

26 **Denn was wird es einem Menschen nützen** (denn was hätte der Mensch erreicht), **wenn er die ganze Welt gewänne, aber sein Leben einbüßte?** (an seiner Seele Schaden nähme?) **Oder was kann ein Mensch als Preis für sein Leben geben?** (Was wird ein Mensch als Lösegeld geben können für seine Seele?)

Für den Ausdruck „Leben" steht hier viermal das Wort „psyche". Psyche kann man auch mit „Seele" übersetzen. Irdisches Leben und Seele ist nach der biblischen Psychologie dasselbe. Die Seele des Menschen ist nicht ein Teil, sondern das gesamte Sein des Menschen, also die Summe seines Denkens, Fühlens und Wollens. Das ist die Seele. Man kann auch sagen: Seele oder Leben ist das gesamte bewußte Ichleben oder Selbstleben des Menschen. Wer dieses sein Selbstleben um Jesu willen täglich in den Tod gibt, der wird das wahre, echte Leben finden.

Das Leben (die Seele) ist das Unbezahlbare. Denn das Leben ist nur einmal gelebt und kann, wenn es nutzlos vertan ist, nie wieder zurückgekauft werden.

Mit schonungsloser Schärfe legt Jesus uns die Verantwortung und die Entscheidung über unser zeitliches und ewiges Heil ganz und gar in unsere Hand und auf das Gewissen. Theologisch ausgedrückt: Das Subjektive wird hier ganz eindeutig gesagt. Der Mensch wird von Gott ganz ernst genommen. Und auch der Mensch hat Gottes Forderungen ganz ernst zu nehmen.

Zu Vers 27: Jo 5, 29; 2 Ko 11, 15; Rö 2, 6; 1 Pt 1, 17; Offb 2, 23; Ps 62, 13; Spr 24, 12

27 **Denn der Sohn des Menschen wird kommen in der Herrlichkeit seines Vaters mit seinen Engeln, und dann wird er einem jeden vergelten nach seinem Tun** (entgelten nach dem, was er getan hat).

Jesus redet mit seinen Jüngern darum so ernst und so schonungslos, weil er auf das zukünftige Gericht aufmerksam machen will. Er wird allen vergelten, und zwar wird er das Trachten, dem „Ich" zugefallen, bei dem Gericht in Erwägung ziehen. Unsere Treue oder Untreue, unser „Wuchern" mit dem Empfangenen und unser „Lässigsein" in dem von ihm Geschenkten werden ins Licht gerückt, vor sein Angesicht. Der Gehorsam, das persönliche Heiligungs-Ringen wird bewertet werden und nicht der Erfolg.

Dieses sein Gerichtswerk wird er ausführen in seiner großen Herrlichkeit, in der Herrlichkeit des Vaters.

„Alle, die sich durch das Bedürfnis nach Erfolg bestimmen und durch Erfolge blenden ließen, werden als ungetreue Knechte samt ihren Werken dem Feuer übergeben werden, das dem Teufel und seinen Engeln bereitet ist (Mt 25, 41). An jenem Tage werden viele zu dem Menschensohn sagen: Herr, Herr, haben wir nicht in deinem Namen viel Taten getan? Dann wird er ihnen bekennen: Ich habe euch nie gekannt; weichet alle von mir, ihr Übeltäter! (Mt 7, 22)" (Vgl. Vischer.)

Zu Vers 28: Mt 10, 23; Lk 23, 42; Jo 8, 52; Hbr 2, 9

28 **Wahrlich, ich sage euch: Es sind etliche von denen, die hier stehen, welche den Tod nicht schmecken, bis sie den Sohn des Menschen haben kommen sehen in seinem Königreiche.**

Dieser Vers ist bei den drei Synoptikern der Schluß dieser gewaltigen und so entscheidungsvollen Rede Jesu. Das, was der Herr in diesem Vers gesagt hat, verstärkt er, indem er ein Amen voranstellt. Was hat das Amen („Wahrlich" übersetzt) zu bedeuten?

„Das Wort „Amen" bedeutet „fest, gültig". Indem ein Jude nach den Worten eines anderen ein Amen aussprach, erklärte er die Aussage des anderen als für sich selbst heilig-rechtlich verbindlich. Jesus macht von dem Wort einen völlig neuen Gebrauch, indem er es zur Bekräftigung seiner eigenen Worte verwendet. Durch das vorangestellte Amen verleiht er seiner Aussage die heilige Rechtskraft und zugleich die Verbindlichkeit für die, die sie gehört haben." (Vgl. Vischer S. 37).

Umso größer ist die Schwierigkeit, daß die dermaßen bekräftigte Versicherung durch die Geschichte nicht bestätigt worden ist. Denn alle damals Anwesenden sind gestorben, und zwei Jahrtausende sind vergangen, ohne daß der Menschensohn in seiner Königsgewalt gekommen wäre.

Wie ist also dieses gewaltige und doch so geheimnisvolle Wort des Herrn, das sogar durch das „Amen" = Wahrlich bestätigt worden ist, zu verstehen?

Einige Kirchenväter, unter ihnen selbst Chrysostomus, wollen die Erfüllung dieses Ausspruches in der Verklärung (Kap. 17) sehen. Allein, es ist unmöglich, die Ausdrücke: „Das Kommen des Menschensohnes in seinem Königreich" (Mt) oder „das Kommen des Reiches Gottes (Lk und Mk) mit Macht" (Mk) auf ein so spezielles, vorübergehendes Ereignis zu beziehen. — Andere Ausleger meinen, der Ausspruch könne sich nur auf die „Wiederkunft" des Herrn beziehen, von welcher schon der vorhergehende Vers handelt und die man sich als sehr nahe gedacht habe.

Bevor wir auf diese Erklärung „Wiederkunft Jesu" eingehen, wollen wir noch einige andere Auffassungen andeuten.

1. Man hat versucht, diesen Vers auf die Zerstörung Jerusalems anzuwenden; aber dieser Gedanke liegt nicht ohne weiteres in dem Ausdruck „Reich Gottes".

2. Andere denken an die Aufnahme des Evangeliums durch die Heiden oder an die Ausgießung des Heiligen Geistes am Pfingstfest.

„Ich glaube mit Hoffmann", so sagt Godet, „daß man diese Stelle mit Aussprüchen zu vergleichen hat, wie Lk 17, 21: „Das Reich Gottes ist innerlich in euch", und Joh 3, 3: „Es sei denn, daß jemand von neuem geboren werde, so kann er das Reich Gottes nicht sehen." Jesus will sagen: „Und es wird nicht einmal so lange dauern, bis diejenigen, welche ihr Leben hingegeben haben, es wiederfinden und anfangen werden, das Sehen des Reiches Gottes zu genießen". Das Wort „sehen" steht hier in der vollen Bedeutung, welche es z. B. in dem Ausdruck hat: „den Tod sehen" (Joh 8, 51), wo es gleichbedeutend ist mit „den Tod schmecken" (V 52), und in dem Ausdruck: „das Reich Gottes sehen" (Joh 3, 3), wo es gleichbedeutend mit „hineingehen" (V. 5) gebraucht ist. „Den Tod sehen" in diesem Sinn, ist nicht so viel wie das Sterben sehen, sondern „selbst sterben"; „das Leben sehen" heißt nicht: Lebende sehen, sondern selbst leben; das Reich Gottes sehen, nicht: es sehen, wie die Juden am Pfingsfest die Entstehung der Gemeinde gesehen haben, sondern selbst in dasselbe eingehen.

Das Wort „einige" meint die Jünger und alle die, welche am Pfingstfest den Heiligen Geist empfangen haben und dann innerlich die großen Taten Gottes ansahen, indem sie sie heilsmäßig und heilsgewiß erfuhren. Diese nennt Jesus das „Königreich Gottes, in welches sie nun eingingen."

3. Die am weitesten verbreitete Ansicht bezieht die Worte des Herrn in Vers 28 auf seine Wiederkunft. Diesem Gedanken gilt es, kurz nachzugehen.

„Um zu verstehen, wie es geschehen konnte, daß die Zeitgenossen Jesu seine Wiederkunft nicht mehr erlebt haben, müssen wir alles bedenken, was im NT zu dieser Frage gesagt wird. Weil der Menschensohn nicht kommen will, um „hinzurichten", sondern um „herzurichten" (J. Ch Blumhardt), wartet er darauf, daß die Botschaft vom erniedrigten und hingerichteten Heiland unter den Menschen möglichst weitherum Glauben gefunden habe, bevor er in seiner enthüllten Macht erscheine. Durch den Unglauben wird die Wiederkunft hinausgeschoben. Allerdings wäre das Endgericht längst eingetreten, wenn Gott und Christus nicht immer wieder in Geduld warteten. Schon in der zweiten Generation der Christenheit sagten Spötter: „Wo ist die Verheißung seiner Wiederkunft? Seitdem die Väter entschlafen sind, bleibt ja alles beim Alten". (2. Petr 3). Die palästinische Kirche, in der das Evangelium nach Matthäus Geltung hatte, ließ sich aber dadurch nicht irre machen. Auch das Dahinscheiden der letzten aus dem Kreis der Zwölfe, die offenbar noch lebten, als Mt schrieb, war für sie kein Grund, das Wort Jesu zu streichen oder zu verändern. Sie lebte nach wie vor in der Erwartung der nahen Ankunft des Menschensohnes. Seine Zukunft erfüllte mit aktueller Wirklichkeit ihre Gegenwart." (Vischer 37.)

Näheres darüber in „Begrifflicher Schlüssel" über „Naherwartung", dann in „Biblische Studien und Zeitfragen" Heft 3: „Stellungnahme zu Bultmanns Entmythologisierung" S. 36 ff.

Kapitel 17

Das Gesetz des Kreuzes ist das Grundgesetz der Gemeinde Jesu. (Die Bestätigung zeigt die Verklärung Jesu.)

Das Gesetz des Kreuzes ist das Grundgesetz der Gemeinde Jesu. So haben wir es in den Versen 21—28 des 16. Kapitels ausführlich vernommen. Dieses Grundgesetz ist das tägliche Sterben alles Eigenen, ist der einzige Weg zum Leben. Nur der Todesweg, und zwar der ganz persönliche Todesweg und Kreuzesweg, so wie wir es in Kapitel 16. 21—28 durchbuchstabiert haben, nur der Todesweg, wo restlos und rückhaltlos alles Ichhafte dem Verderben ausgeliefert wird — ist der Weg für die Verkündigung vom „Königreich der Himmel", ist das Mittel, Bahn zu brechen in der Menschheit, die Juden und die Heiden für Christus zu gewinnen.

Dieses Gesetz der Gemeinde Jesu wird nun in feierlichster Form bestätigt. Das ist der tiefe Sinn der Geschichte der Verklärung Jesu auf dem Berge der Verklärung, weit weg vom eigentlichen „Israel", in der Nähe der Stadt Cäsarea Philippi.

Auf einem Berge wurde das Gesetz des Alten Bundes unter Donner und Blitz verkündet, auf dem Berge der Seligpreisungen in der Bergpredigt die rechte Herzensstellung und Gesinnung des Neuen Bundes angesagt. Wieder auf einem Berge wurde die Bestätigung des Grundgesetzes der Gemeinde Jesu gegeben.

Petrus, Johannes und Jakobus sehen den Herrn im himmlischen Glanz. Dieser überirdische Glanz soll das Dunkel des Kreuzes verklären. Die wahre Gestalt, die Herrlichkeitsgestalt wird für einen Augenblick sichtbar und überwindet ganz und gar die Knechtsgestalt des Herrn. So wird sich auch einst die Knechtsgestalt der Gemeinde verwandeln in ihre Herrlichkeitsgestalt. —

Das Gesetz des Kreuzes geht durch Tod zur Auferstehung, durch Niedrigkeit zur Herrlichkeit, durch das Dunkel zum Licht.

„Für die Jünger sollte diese Verklärung eine große Stärkung sein für die große Anfechtung, welcher sie jetzt entgegengingen. Sie wurden gleichsam mit den Banden dieser himmlischen Erfahrung an den Himmel *befestigt*, bevor sie hinabgeführt werden konnten in den Abgrund der Versuchung, die für sie in dem Kreuzesleiden Jesu lag. In der Befreundung mit der ewigen *Heimat* mußte das tiefe Fundament gelegt werden zu der Kreuzesgemeinde, welche jetzt aus schwachen, sündigen Menschenherzen der Welt, dem Tod und der Hölle zum Trotz sollte gegründet werden."

Nach der von den drei Synoptikern gezeichneten Schilderung, die alle drei die Verklärung im engsten Zusammenhang mit der ersten Leidensverkündigung bringen (Mk 9, 2 ff., Lk 9, 28 ff.) unterscheiden wir drei Phasen in diesem Vorgang:

1. Die persönliche Verherrlichung Jesu (V. 1—2)
2. Die Erscheinung der beiden Repräsentanten des Alten Bundes (V. 3—4)
3. Die *göttliche* Stimme und des Herrn *tröstende* Stimme (V. 5—8).

Ehe wir in die eigentliche Betrachtung der Geschichte eintreten, wollen wir zunächst einen Blick werfen auf die Frage: Welcher Berg ist der Ort der Verklärung gewesen?

Ist es der *Tabor*, zwei Stunden südöstlich von Nazareth, wie die Tradition annimmt? Die ersten Spuren dieser Tradition, daß es der Tabor sei, reichen zurück bis in das 4. Jahrhundert. Cyrill von Jerusalem und Hieronymus waren dieser Ansicht. — Jedoch mehrere Gründe sprechen gegen die Wahrheit dieser Überlieferung. — Wohl hätte die Zeit von sechs Tagen für Jesus und die Seinen hingereicht, um die Gegend von Cäsarea Philippi zu verlassen und den Tabor aufzusuchen. Allein von solchen Märschen, welche in dieser Zwischenzeit hätten stattfinden müssen, lesen wir nichts. Vielmehr berichtet Markus bestimmt, daß sie nach dieser Zeit erst die Landschaft Gaulanitis verließen und nach Galiläa kamen (Mk 9, 30). Auch ist zu beachten, daß sich Jesus jetzt fürs erste allem Volkszulauf in Galiläa zu entziehen für gut befunden hat, während er sich im Gebiete des Philippus noch der Volksmenge, wenn sie ihm gerade zuströmt, ruhig hingibt (Mt 17, 14).

Der Gipfel des Tabor war um diese Zeit bewohnt, mit einer großen und befestigten Stadt. So gibt es einzelne Gründe gegen die Tradition, daß die Verklärung auf dem Tabor stattgefunden habe, während andere positiv für die Gegend von Cäsarea Philippi sprechen. Jesus befand sich also ohne Zweifel noch in der Gebirgsgegend am Fuße des Antilibanon. Dort führte er seine Jünger auf einen hohen Berg. Lukas sagt geradezu auf *den* Berg. Der höchste Berg dieser Gegend ist der *Hermon*. Einige vermuten nun, der *Hermon* sei die Stätte der Verklärung gewesen, andere nennen den Berg *Paneas* nahe bei Cäsarea Philippi. Es wird aber immer zu beachten sein, daß in der Nähe eines sehr hohen Berges ein geringer Berg oder gar ein Ausläufer nicht leicht als *der* Berg oder als ein *hoher* Berg bezeichnet werden kann.

Da der Herr sich nun einmal in der Gegend von Cäsarea Philippi befand, so scheinen die Ausdrücke „*der Berg*" und „ein *hoher* Berg" auf den *Hermon* hinzuweisen. Freilich konnte es dem Herrn bei dieser Bergfahrt auch nicht um den Besuch der Schneeregion, sondern nur um die tiefste *Einsamkeit* zu tun sein. In der stillen Abgeschiedenheit des hohen Berges stärkte Jesus sich und die drei Jünger durchs Gebet. Sie beteten, die Welt verschwand ihnen.

I. Die persönliche Verherrlichung Jesu.

Kap. 17, 1—2

u Vers 1—8:
k 9, 2—8
k 9, 28—36
u Vers 1:
t 26, 37
k 5, 37; 13, 3
k 14, 33
k 8, 51

1 **Und nach sechs Tagen nimmt Jesus den Petrus und Jakobus und Johannes,**
seinen Bruder, und führte sie auf einen hohen Berg hinauf, und zwar für
2 **sich allein. *Und er wurde vor ihnen verwandelt, und sein Gesicht leuchtete**
wie die Sonne. Seine Kleider wurden leuchtend weiß wie das Licht.

Zu Vers 2:
Mt 28, 3
2 Pt 1, 16—18
Offb 1, 16
2 Mo 34, 29

Die drei Berichte heben die Woche hervor, welche zwischen der Unterredung von Cäsarea und der Verklärung verstrichen war. Nur sagen Matthäus und Markus: „Sechs Tage nachher", während Lukas sich ausdrückt: „Ungefähr acht Tage nachher". Die Verschiedenheit erklärt sich leicht, indem man dieses „ungefähr" des Lukas betont.

Nicht ohne Absicht sagt Lukas 9, 28: „Nach diesen Reden". Er hebt dadurch ausdrücklich die innere Verbindung dieser Begebenheit mit der vorangegangenen Unterredung hervor. Wahrscheinlich hatte sich der Zwölfe infolge der rückhaltlosen Ankündigung seines nahen Sterbens (16, 21—23) eine tiefe Niedergeschlagenheit bemächtigt. — Sie hatten die sechs Tage, über deren Verwendung die drei Berichte schweigen, in Bestürzung zugebracht. Eben in dem Augenblick, da sie am Ziel ihrer Messias-Hoffnungen zu sein glaubten, sahen sie sich plötzlich wie in einen Abgrund gestürzt. Ein lähmendes Gefühl bitterer Klage hatte sie ergriffen. Jesus mußte diesem Seelenschmerz seiner Jünger entgegenwirken. Zu diesem Zweck nimmt Jesus seine Zuflucht zum Gebet, aber nicht bloß für sich, sondern gemeinsam mit denjenigen unter seinen Aposteln, deren Gemütszustand auf den der anderen den meisten Einfluß ausüben konnte. Nach den Berichten des Markus und Matthäus könnte man meinen, der Herr Jesus sei in der Absicht mit seinen drei Jüngern auf den Berg gegangen, um vor ihnen verklärt zu werden. Lukas läßt uns aber den wahren Zweck des Herrn erkennen in den Worten: „*um zu beten*".

„Der Meister nahm also seine Jünger beiseite, um mit ihnen allein zu sein und zu beten. Wen der Herr in seine Nachfolge und in seinen Dienst berufen konnte, den suchte er je und je aus der Fülle seiner Erlebnisse und aus dem Gedränge des Dienstes in die Stille zu führen, um mit seinem Jünger allein zu sein. Er weiß, daß wir zur Sammlung neuer Kräfte, zur Lösung ungelöster Fragen, zur Gewinnung neuer Perspektiven solcher Stunden bedürfen. Daher verschafft er sie uns, um mit uns in der Gegenwart des Vaters zu weilen. Und selig jene Knechte und Mägde, die dann Zeit haben, wenn sie von ihrem himmlischen Meister gerufen werden! Wohl haben wir Glaubenskonferenzen, Bibelstunden, Erbauungsversammlungen und Gottesdienste aller Art. Je und je hat unser erhöhtes Haupt sie benutzt, um sich hier seinen einzelnen Gliedern in der Herrlichkeit seines Wesens und in der Fülle seiner Kraft zu offenbaren. Und niemand sollte sich daher ohne bestimmte Gründe von Stätten und Gelegenheiten zurückziehen, wo Gottes Stimme gehört und seine Herrlichkeit geschaut wird. Aber an sich ist Christus in seiner Offenbarung an all diese Orte und Einrichtungen nicht gebunden. Ja, man kann sagen, daß vielfach unsere tiefsten Segnungen gerade da lagen, wo wir sie am wenigsten erwarteten. Jakob fand einst einen offenen Himmel auf einsamer Landstraße. Denn für unseren Gott gibt es keine noch so einsamen Wege und noch so dunkle Stunden, daß er in denselben einer Seele nicht könnte, wie einst Jakob, einen offenen Himmel geben. Er vermag auch da, wo das natürliche Auge nur Schwierigkeiten, Unfruchtbarkeit und geistliche Armut sieht, dem Glauben Gelegenheit zu schenken, jene Lebensquellen zu entdecken, die alles zu neuem Leben und neuer Blüte entstehen lassen. Daher bezeugt der von Gott begnadete Sänger des Alten Bundes auch von der Pilgergemeinde, die — aus der Fremde kommend — durch die öden Bakkatäler zu den heiligen Altären Jehovas in Jerusalem wallt: „Und gehen sie durch ein Bakkatal, so macht er es zu seinem Quellort, denn der Frühregen bekleidet es mit Segen. Sie gehen von Kraft zu Kraft, bis sie vor Gott in Zion erscheinen"." (Kroeker, „Allein mit dem Meister".)

Wir kehren zu unserer Geschichte zurück. Der Herr Jesus ging also mit seinen drei Vertrautesten hinauf auf den Berg, um zu beten. — Und während er betete, veränderte sich das Aussehen seines Angesichts, und sein Gewand war blendend weiß. Die Verklärung Jesu war, da er hinaufging, „um zu beten", nicht der Zweck des Ausflugs, sondern das Mittel, dessen sich Gott bediente, um das an ihn gerichtete Gebet zu erhören. Die Beziehung zwischen dem Gebet Jesu und seiner Verklärung ist bei Lukas ausgedrückt durch die Präposition „en", welche das Verhältnis der Gleichzeitigkeit und der Ursächlichkeit zugleich ausdrückt. Heilige Stille im Gebet spiegelt sich oft im ganzen Antlitz wieder. Und wenn nun dieser Haltung des Herzens wie bei Moses oder Stephanus eine positive Offenbarung Gottes entspricht, dann kann es vorkommen, daß das innere Leuchten durch die Seele hindurch auch die körperliche Hülle durchdringt und gleichsam ein Vorspiel von der künftigen Verklärung des Leibes bewirkt. Eine solche Erscheinung ist an der Person Jesu hier während seines Gebetes gewirkt worden.

Lukas beschreibt die Wirkung ganz einfach: *„Das Aussehen seines Angesichtes wurde anders."*

Die aus dem Innern hervorgehende Lichterscheinung durchdrang den Leib Jesu so, daß sie selbst durch seine Kleider hindurch wahrnehmbar wurde. Auch hier ist der Ausdruck des Lukas sehr einfach: *„Seine Kleider wurden strahlend weiß"* und steht im Kontrast zu den viel glänzenderen Schilderungen des Matthäus hier und des Markus in 9, 3: *„Und seine Kleider wurden glänzend und sehr weiß, wie sie kein Färber auf Erden so weiß machen kann."*

II. Die Erscheinung des Moses und Elias.

Zu Vers 3: Mt 17, 10

3 Und siehe, Moses und Elias erschienen ihnen und besprachen sich mit ihm.
4 *Es antwortete aber Petrus und sagte zu Jesus: Herr, das ist gut, daß wir hier sind. Wenn du willst, werde ich hier drei Hütten bauen, eine für dich und für Moses eine und für Elias eine.

Die Bestätigung des Grundgesetzes der Gemeinde Jesu wird nun vom AT her vorgenommen. Moses und Elias erscheinen, Moses als der Vertreter des Gesetzes, Elias als der Vertreter der Propheten. — Beide haben in ihrem Leben persönlich die Härte des Kreuzgesetzes erfahren. Beide sind den Todesweg gegangen. Beide haben aber auch wie kaum ein anderer die Herrlichkeit Gottes geschaut. Moses und Elias sind unmittelbar aus dem irdischen in das himmlische Leben hinübergegangen. Niemand kennt das Grab des Mose bis auf den heutigen Tag (5 Mo 34, 6), und Elias ist in einem feurigen Wagen gen Himmel gefahren (2 Kön 2, 11). Von Mose bezeugt Gott: „Er ist mit meinem ganzen Haus vertraut". „Der Herr redete mit Mose von Angesicht zu Angesicht, wie ein Mann mit seinem Freunde redet" (2 Mo 33, 11).

Der Gegenstand des Gesprächs zwischen Jesus und Moses und Elias ist im Bericht des Lukas angegeben, wo es wörtlich heißt: *„Sie sprachen von seinem Ausgang, welchen er erfüllen sollte zu Jerusalem."* Es ist von der höchsten Bedeutung für die Jünger, daß sie Jesus mit Moses und Elias von seinem Ausgang in Jerusalem reden hörten. Damit brach in ihnen deutlich die Erkenntnis auf, daß Jesus im Zusammenhang mit dem Alten Testament bleibt. Den Jüngern wurde die Einheit des Alten Bundes mit dem Neuen Bund klar. Die Geister der beiden Testamente grüßten sich wieder wie dort am Jordan, da Jesus getauft wurde.

Der Ausdruck „Ausgang" ist zu beachten. Lukas wählt absichtlich ein Wort, welches die beiden Begriffe „Tod" und „Erhöhung" in sich schließt. Die Himmelfahrt war für Jesus der natürliche Ausgang aus diesem Leben, wie es für uns Sünder der Tod ist. Diesen Ausgang hätte Jesus in diesem Augenblick wählen und mit den beiden Himmlischen, die mit ihm redeten, auffahren können; aber da wäre er ohne uns zur Herrlichkeit zurückgekehrt. Unten im Erdental lag noch die von der Last der Sünde und des Todes niedergedrückte Menschheit. Sollte er sie ihrem Schicksal überlassen? Nein, er will erst auffahren, wenn er sie mit sich führen kann.

Aber zu diesem Zweck muß er den andern Ausgang vorziehen, welcher sich nur zu Jerusalem erfüllen kann. Der Ausdruck *„erfüllen"* bezeichnet nicht bloß das Ende des Lebens, es liegt darin vielmehr der Gedanke, daß in einem so grausamen Tod eine schwere Aufgabe zu erfüllen sei. Der Ausdruck *„in Jerusalem"* ist tief tragisch. Jerusalem ist immer wieder die Stadt, welche die Propheten tötet (Lk 13, 33.) Dieses eine Wort des Lukas über den Gegenstand der Unterhaltung wirft Licht auf den ganzen Vorgang. Es ist der Schlüssel der Erzählung. Es läßt in der Tat die Beziehung zwischen dieser Erscheinung und dem Vorgang von Cäsarea Philippi erkennen. Die Unterredung über diesen Gegenstand zeigt nämlich den Jüngern, daß der leidende Messias derjenige ist, den Gott will, den der Himmel anerkennt.

Als Petrus nach Lk 9, 33 bemerkt, daß die Männer Moses und Elias scheiden wollten, suchte er dies zu verhindern, indem er zu Jesus die Worte sprach: *„Meister, o wie schön ist es hier! Laß uns drei Zelte aufschlagen, für dich eins, für Moses eins und für Elias eins."* Dem Petrus war also bald entschwunden, was Jesus ihm und den Jüngern (Kap. 16, 21—23) vor kurzem gesagt hatte von dem Ausgang seines Lebens, und daß von demselben noch soeben die Rede gewesen war. Er hätte so gern die Herrlichkeit dieser Stunde des Zusammenseins festgehalten. Die Welt wollte er jetzt gern verlassen, für die Erde wollte er gern tot und verschollen sein um den Preis, daß er diese Herrlichkeitsgemeinde äußerlich zusammenhalten und in ihrem Kreise verweilen konnte. Er wollte die Herrlichkeitswelt ganz in das Diesseits hineinziehen und hier festhalten. So redet er als Simon und nicht als Petrus. *„Er wußte nicht, was er sagte"*, bemerken entschuldigend die Evangelisten. *„Denn sie waren vor Furcht außer sich"*, setzt Markus hinzu!

III. Die göttliche Stimme und des Herrn tröstende Stimme.

Zu Vers 5:
Mt 3, 17
Mt 16, 16
Ps 2, 7
Jes 42, 1
5 Mo 18, 15. 19
Zu Vers 7:
Offb 1, 17

5 **Während er noch redete, siehe, da bedeckte sie eine helleuchtende Wolke und**
siehe, eine Stimme aus der Wolke sprach: Dieser ist mein Sohn, der Geliebte,
6 **an dem ich Wohlgefallen habe! Hört auf ihn! * Als die Jünger das hörten,**
7 **fielen sie auf ihr Angesicht und fürchteten sich sehr. * Jesus trat herzu und**
berührte sie (umarmte sie) **und sagte: Steht auf und fürchtet euch nicht.**
8 *** Als sie aber ihre Augen aufschlugen, sahen sie niemand als Jesus allein.**

Dies ist der Gipfelpunkt des Vorgangs. Die Wolke ist keine Regenwolke, sondern der Schleier, mit welchem sich Gott verhüllt, wenn er auf Erden erscheint; wir finden dieselbe Wolke in der Wüste und bei der Einweihung des salomonischen Tempels; ebenso wieder bei der Himmelfahrt. Matthäus nennt sie eine helleuchtende Wolke (Lichtwolke); dessenungeachtet sagt er, wie die beiden andern, daß sie den Auftritt überschattete, bedeckte. Der Glanz des Lichtherdes, der in ihrem Mittelpunkt war, drang durch die Hülle hindurch und warf eine geheimnisvolle Helle auf die ganze Szene.

Wir kehren zu Petrus zurück. Als er so redete, da wurden nicht nur die Männer, sondern auch der Herr Jesus durch die Lichtwolke eingehüllt. Da hörten sie die Stimme: **„Dieser ist mein Sohn, der Geliebte, an dem Ich Wohlgefallen habe, den sollt ihr hören."**

Wie damals am Jordan auf das Gebet und das Bekenntnis der Sterbenswilligkeit, hinzugehen als das Lamm, (das der Welt Sünde trägt), eine bestätigende Antwort vom Himmel folgte, so folgt auch auf die Verkündigung seines Sterbens an die Jünger eine Antwort vom Himmel her durch die Verklärung und die Stimme: **„Dieser ist mein Sohn, der Geliebte, an dem ich Wohlgefallen habe, den sollt ihr hören!"**

Die Form dieser göttlichen Erklärung lautet in den drei Evangelien verschieden.

Bei Lukas ist im Urtext zu lesen: *„Dieser ist mein Sohn, der Auserwählte.“* Die Lesart: *„Dies ist mein Sohn, der Geliebte“*, die bei Lukas noch zu finden ist, (C, Koine, D), ist auch richtig. Der Ausdruck „der Auserwählte“ bei Lukas steht in absolutem Sinn, im Gegensatz gegen die zu einem besonderen Werk erwählten Knechte, wie Moses und Elias.

Markus sagt (Kap. 9, 7): *„Dieser ist mein Sohn, der Geliebte, den höret!“*

Matthäus sagt: „Dieser ist mein Sohn, der Geliebte, an dem ich Wohlgefallen habe!“ Die Aufforderung: **„den höret!“** ist die Wiederholung derjenigen Aufforderung, durch welche Moses (5 Mo 18, 15) Israel verpflichtet hat, seiner Zeit die Lehre der Propheten und des Messias, durch welche die seinige ergänzt würde, anzunehmen. Dieses Schlußwort gibt deutlich den Zweck des ganzen Vorganges an: „Höret ihn, was er euch sagen mag, folget ihm, wohin er euch führen mag!“ Wenn man an die Worte des Petrus in der Unterredung: „Das verhüte Gott!“ — *„Das widerfahre dir nur nicht!“* Mt 16, 22 denkt, so wird man die ganze Bedeutung dieser göttlichen Aufforderung verstehen.

Wir finden hier wieder die Vollziehung eines in dem ganzen Leben Jesu sich bestätigenden Gesetzes, das lautet: Jeder Akt freiwilliger Erniedrigung seitens des Sohnes hat einen Akt der Verherrlichung seitens des Vaters zur Folge. Er steigt in die Fluten des Jordans, um sich zum Tode zu weihen, da nennt ihn Gott seinen geliebten Sohn. — Seine betrübte Seele erneuert das Versprechen der Treue bis in den Tod; alsbald antwortet ihm die himmlische Stimme mit der herrlichen Verheißung Joh. 12, 28. So auch hier in der Verklärungsgeschichte!

Die Angabe: **„Jesus allein!“** ist allen drei Berichten gemeinsam. Es spricht sich darin deutlich der Eindruck der Augenzeugen nach dem Verschwinden der himmlischen Wesen aus.

Das Gesetz des Kreuzes leuchtet auf im AT und auch im NT, sonderlich auch hier in der Geschichte von der Verklärung.

Zu Vers 9—13:
Mk 9, 9—13
Zu Vers 9:
Mt 16, 20

9 **Als sie vom Berge herabstiegen, befahl ihnen Jesus: Sagt das Geschaute niemandem, bis der Sohn des Menschen von den Toten auferstanden sein wird.**

Die Drei: Petrus, Johannes und Jakobus, sollten schweigen und nicht eher davon reden, bis die Herrlichkeitstat Jesu, der Sieg über den Tod, vollzogen sein wird in seiner Auferstehung.

Über des Elias Wiederkunft.

V. 10—13

Zu Vers 10:
Mt 11, 14
Mt 16, 14

10 **Die Jünger fragten ihn und sprachen: Warum sagen denn die Schriftgelehrten, Elias müsse zuerst kommen?**

Die Schriftgelehrten vertraten folgenden Glaubenssatz: Die Wiedererscheinung des Elias geht der Ankunft des Messias (des Christus) voraus. — Wie kamen die Schriftgelehrten zu diesem ihrem Glaubenssatz? Ist er gültig oder nicht?

Zu Vers 11
Apg 1, 6
Mal 3, 23
Zu Vers 12:
Mt 14, 9. 10
Lk 23, 25

11 **Jesus antwortete und sprach: Elias kommt und wird alles wieder her-**
12 **stellen. *Ich sage euch aber: Elias ist schon gekommen, und sie haben ihn**
nicht erkannt, sondern an ihm getan, was sie wollten. So wird auch der Sohn
des Menschen leiden durch sie.

Jesus bestätigt in V. 11 den Lehrsatz der Schriftgelehrten, weil dieser Satz aus dem AT stammt. Das AT schließt mit den Aussagen des Propheten Maleachi

(3, 23 und 24): *„Siehe, ich will euch senden den Propheten Elia, ehe denn da kommt der große und schreckliche Tag des Herrn . . .“*

Diese Sätze des Maleachi benutzten die Schriftgelehrten, um aus der Schrift nachzuweisen, daß Jesus nicht der im AT verheißene Messias sei und daß der Jünger Glaube an Jesus, als an den Messias, nicht schriftgemäß sei, weil Elias nicht vorher gekommen sei. —

Jesus sagt: **„Elias ist schon gekommen. Und Elias wird alles wiederherstellen.“** Was bedeutet der Ausdruck: „Wiederherstellen“? „Wir haben anzunehmen“, sagt Billerbeck, „daß man in dem Ausdruck ‚wiederherstellen‘ seit alters alles das zusammengefaßt hat, was man von dem wiederkehrenden Elias glaubte erwarten zu dürfen. Schon die Septuaginta verwendet den Ausdruck zur Übersetzung des Maleachi-Wortes: „Elias wird das Herz des Vaters zum Sohne hin und das Herz eines Menschen zu seinem Nächsten hin wiederherstellen.“ Das wurde dahin erweitert, er werde die rechte innere Verfassung Israels wiederherstellen, indem er das Volk zur Buße leite.“ — Das stimmt, sagt Jesus; aber Elias ist bereits gekommen, und die Schriftgelehrten haben ihn nicht erkannt, sondern mit ihm gemacht, was sie wollten.

Zu Vers 13:
Mt 11, 13
Lk 1, 17

13 **Da verstanden die Jünger, daß er zu ihnen von Johannes dem Täufer sprach.**

Die Jünger verstehen also richtig, daß der Herr Jesus „Johannes den Täufer“ meint, der mit seinem Ruf zur Umkehr angesichts des bevorstehenden Gerichtstages die Herzen wenden sollte. Schon einmal hat Jesus die Bedeutung des Täufers durch das Maleachi-Wort bestimmt und ihn „als Elias, der kommen soll“, bezeichnet. (Mt 11, 7—19). Und die Frage der Schriftgelehrten in Jerusalem nach seiner Legitimierung wird er mit der Gegenfrage beantworten: Woher hatte Johannes seine Vollmacht, von Gott oder von Menschen? (Mt 21, 23—27.)

Aber die Schriftgelehrten haben ihn „nicht erkannt“, sondern erklärt, er sei verrückt, und mit ihm gemacht, was sie wollten. Eben deshalb, weil sie sich von ihm nicht zur Umkehr rufen ließen, erkennen sie in Jesus nicht den Richter, der ihnen die Vergebung anbietet. Sie werden ihn hinrichten lassen, wie Johannes hingerichtet worden ist. Das Martyrium des Vorläufers ist der letzte Beweis, daß nur der leidende Christus der wahre Messias Israels ist. (Vischer.)

Das Gesetz des Kreuzes ist: Der Todesweg ist der Herrlichkeitsweg. Indem Christus hingerichtet und auferweckt wird, wird der Wille Gottes, der im „Gesetz“ durch Moses und „in den Propheten“ durch Elias verkündigt wurde, zur Ausführung gebracht.

Von einer Glaubensforderung.

V. 14—21

Zu Vers 14—21:
Mk 9, 14—29
Lk 9, 37—42
Zu Vers 15:
Mt 4, 24
Ps 12, 6
Zu Vers 17:
Mt 16, 4
5 Mo 32, 5
Lk 2, 15
Zu Vers 19.
Mt 10, 1
Lk 10,17

14 **Als sie zur Volksmenge kamen, trat ein Mensch zu ihm, der vor ihm**
15 **kniete und sagte: *Herr, habe mit meinem Sohne Erbarmen, denn er ist**
mondsüchtig und es geht ihm schlecht. Oft fällt er nämlich ins Feuer und
16 **oft ins Wasser. *Und ich habe ihn zu deinen Jüngern gebracht, und sie konn-**
17 **ten ihn nicht heilen. *Jesus antwortete: O ungläubiges und verkehrtes Ge-**
schlecht. Wie lange soll ich noch bei euch sein? Wie lange soll ich euch
18 **ertragen? Bringt ihn mir hierher. *Und Jesus bedrohte ihn, und der Dämon**
19 **ging von ihm, und der Knabe wurde geheilt von jener Stunde an. *Darauf**
kamen die Jünger zu Jesus, für sich allein, und sprachen: Weshalb vermochten
20 **wir ihn nicht auszutreiben? *Er aber sagte zu ihnen: Wegen eures Klein-**

Zu Vers 20:
Mt 6,30; 21, 21
Lk 17, 6
Mk 11, 23
1 Ko 13, 2

glaubens. Denn wahrlich (Amen), **ich sage euch: Wenn ihr Glauben habt wie ein Senfkorn, so werdet ihr zu diesem Berge sagen: Geh von hier weg, dorthin! Dann wird er einen anderen Ort aufsuchen. Und nichts wird euch unmöglich sein.**

(Vers 21 fehlt im Nestle-Urtext. Vorhanden ist dieser Vers in Handschrift C und D und in der Koine. Vers 21 lautet: Diese Art von bösen Geistern läßt sich nur durch Gebet und Fasten austreiben.)

Diese Erzählung folgt bei allen drei Synoptikern (Mk 9, 14 f., Lk 9, 37 ff.), unmittelbar auf die vorhergegangene Geschichte von der Verklärung Jesu. Ohne Zweifel trug der große Gegensatz zwischen der vorhergehenden und der folgenden Erzählung dazu bei, daß durch die Jünger der chronologische Faden, der beide verband, unverändert festgehalten wurde.

Der Schlaf, der sich nach Lk 9, 28—36 bei der Verklärung Jesu auf die Jünger legte, sowie das Anerbieten des Petrus, Hütten zu bauen, beweisen klar, daß die Verklärung des Abends oder während der Nacht stattfand.

Am folgenden Morgen kamen Jesus und seine drei Begleiter nun vom Berg herab. Eine große Menge erwartete Jesus und ging ihm entgegen. Nach Mk 9, 15 verursachte seine Ankunft eine gewisse Überraschung. Das Volk eilte herzu und begrüßte ihn. Man könnte diese Erregung einem letzten noch über seine Person gebreiteten Widerschein der Verklärung zuschreiben. Natürlicher ist es aber, ihn aus dem früheren heftigen Auftritt zwischen den Jüngern und den Schriftgelehrten zu erklären, womit die Ankunft des Meisters so unerwartet zusammentraf.

Matthäus übergeht alle näheren Umstände, die Markus eingehend erzählt, nämlich das Auftreten der Schriftgelehrten im Disput mit den Jüngern usw.; Matthäus geht geradezu auf die Begebenheit los. — Die Symptome der Krankheit sind Krämpfe, Schaum, Schreien. Sie zeigen, zu welcher Art von physischer Zerrüttung die Krankheit gehörte; es war eine Art Epilepsie. Aber die bei Matthäus, Markus und Lukas folgende Unterredung zeigt, daß nach Jesu Überzeugung die Störung des Nervensystems entweder die Ursache oder die Wirkung eines ähnlichen Zustandes der Besessenheit war, wovon wir schon mehrere Beispiele gehabt haben. Nach Matthäus traten die Anfälle periodisch auf und hingen mit dem Mondwechsel zusammen. Markus fügt der Schilderung der Krankheit drei weitere Züge bei: 1. die Stummheit, 2. das Zähneknirschen, 3. die Abmagerung des Kranken.

Hinter dieser Krankheit stand aber der Dämon.

Die bei der Verklärung nicht zugegen gewesenen Jünger hatten sich gegen ein so tief eingewurzeltes Leiden (es hatte schon in der Kindheit seinen Anfang genommen Mk 9, 21) ohnmächtig gefühlt; und die Gegenwart mehrerer Schriftgelehrter (vgl. Mk 9, 14-16), die es wohl an Spott über sie und ihren Meister nicht fehlen ließen, hatte die Jünger zugleich gedemütigt und geärgert. Die Erwartung des Volkes war daher aufs höchste gespannt.

Die Jünger hatten wohl von Jesus die Vollmacht erhalten, die Dämonen auszutreiben, und man kann wohl annehmen, daß sie die Austreibung in seinem Namen haben vollziehen wollen. Dennoch ist die Kur fehlgeschlagen, ein Beweis, daß sie bei der Unternehmung nicht in der Vollkraft der Gemeinschaft mit ihm gestanden haben. Dieser Umstand erklärt sich wahrscheinlich besonders aus ihrer Stimmung. Sie hatten vor kurzem zuerst von dem Kreuzeswege gehört, auf dem sie Jesu nachfolgen sollten, und hatten in diesen Tagen wohl mit schweren Versuchungen zu kämpfen gehabt. Nun wurden sie in dieser Stimmung plötzlich aufgefordert, einen Kranken und Besessenen zu heilen, dessen Leiden etwas Gräßliches und Erschütterndes war. Der unglückliche Ausgang ihrer Bemühungen läßt auf die Unsicherheit schließen, mit der sie vorgenommen worden sein mußten. Nun aber waren sie ohne Zweifel vollends niedergeschlagen. Diesen Moment hatten nun feindliche Schriftgelehrte benutzt, um mit ihnen zu streiten; wir können es uns denken, in welchem Sinn. Sie stellten die Sache jedenfalls so dar, daß die Schmach der Jünger auf ihren Meister zurückfallen sollte. Man kann also die Erregtheit der Volksmenge und die Ratlosigkeit der von den Rabbinern umdrängten Jünger verstehen. (Vgl. Mk 9, 14—16.)

Da trat Jesus in die Mitte der Menge. Wie ein Schlag traf seine Erscheinung das erregte Volk, die schadenfrohen Schriftgelehrten und die ratlos und kopflos gewordenen Jünger! — Markus hat sich wohl nicht zu stark ausgedrückt, wenn er schreibt: *„sie entsetzten sich."*

Welcher Kontrast für Jesus selbst, der mitten in diesen Auftritt hineinkam, zwischen den Stunden göttlichen Friedens in unmittelbarem Verkehr mit dem Himmel und dem Schauspiel des Jammers des Vaters des Kranken und aller um ihn her stürmenden Leidenschaften.

Welch ein Kontrast zwischen der hellen, warmen Zone dort auf dem Berge, die dem Reich des ewigen Lichts so nahe war, und der kalten und dunklen Region des Unglaubens hier!

Dort waren dem Herrn die Geister des Himmels so nahe und hier die Geister des Abgrunds. Auch die Evangelisten haben den scharfen Kontrast zwischen der Himmelsszene der Verklärung und dieser Abgrundszene, in welcher der Dämon der Qual über die ganze Menschengruppe, die den Besessenen umgibt, zu triumphieren scheint, empfunden und gefühlt.

Die strenge Anrede Jesu: **„O du ungläubiges und verkehrtes Geschlecht . . ."** hat man auf die Jünger bezogen, auf die Schriftgelehrten, auf den Vater, auf das Volk! Alle diese Erklärungen sind richtig. Denn der Vater bekennt bei Markus seinen Unglauben selbst, und die Jünger hatten wegen ihres Unglaubens die Heilung nicht zustande gebracht, wie Matthäus erklärt. Das Volk oder die Schriftgelehrten auszuschließen, verbietet der umfassende Ausdruck „Geschlecht", „Art". Um den Ausruf Jesu recht zu verstehen, muß man sich seine augenblickliche Seelenverfassung vorstellen. Nach der Freude des Umgangs mit den Himmelsbewohnern Moses und Elias findet sich Jesus auf einmal wieder mitten in einer Welt, wo der Unglaube in verschiedenen Abstufungen herrschend ist; der Kontrast nicht zwischen dieser und jener Persönlichkeit, sondern zwischen der ganzen gottentfremdeten Menschheit, in deren Mitte er lebt, und den Himmelsbewohnern, von denen er herkommt, preßt ihm diesen schmerzlichen Ausruf aus. Die zweimalige Frage: **wie lange . . .?** (V. 17) erklärt sich auch nur aus dem Gegensatz zu dem vorangegangenen Auftritt. Es ist kein Ausdruck der Ungeduld, es ist der Ausdruck des Schmerzes und des Heimwehs, womit der Sohn sich nach dem Vaterhause sehnt, das sich droben auf dem Gipfel des Berges einen Augenblick seinem Blick geöffnet hatte. — Das Wort „tragen" (V. 17b) drückt aus, wie sehr Jesus trotz seiner Liebe inmitten dieses Unglaubens sich fremd fühlt. Das Fest des vorigen Tages hat ein Gefühl ähnlich dem des Heimwehs in ihm erregt (Godet).

Zwischen den drei Berichten von der eigentlichen Heilung findet eine Art Abstufung statt.

Matthäus berichtet einfach die Tatsache der Heilung, ohne die vorangegangene Krise zu erwähnen; das Wesentliche ist für ihn die darauffolgende Unterredung mit den Jüngern.

Bei Lukas geht dem Bericht über die Heilung die Schilderung der Krise voran.

Markus endlich erzählt bei Gelegenheit der Krise eine bemerkenswerte Unterredung Jesu mit dem Vater des Kindes. Diese, ganz das Gepräge der Echtheit tragende Unterredung gestattet nicht die Annahme, daß Markus seinen Bericht aus einem der beiden anderen entnommen, noch daß die beiden anderen seinen oder einen dem seinen ähnlichen Bericht vor Augen gehabt haben. Wie hätte namentlich Lukas solche näheren Angaben weglassen können?

Matthäus hat die Frage der Jünger: **„Weshalb vermochten wir den Dämon nicht auszutreiben?"** festgehalten.

Jesus gibt zur Antwort: **„Wegen des Kleinglaubens".**

In den Handschriften C und D (5. und 6. Jahrhundert), besonders in der Koine steht für „Kleinglaube" das Wort „Unglaube".

Kleinglaube und Unglaube sind vor Gott dasselbe. Man kann wohl sagen: Der Kleinglaube der Kinder Gottes bereitet dem Herrn mehr Schande und Unehre, als der Unglaube der Gottlosen.

Jesus fährt fort und sagt: **„Wahrlich, ich sage euch: Wenn ihr einmal einen Glauben habt wie ein Senfkorn, dann werdet ihr zu diesem Berg da sprechen: Weiche von hier weg dorthin! Dann wird er einen anderen Ort aufsuchen. Und nichts wird euch unmöglich sein."** — Dieser Vergleich wirkt für den ersten Augenblick befremdend. Denn zu solch einem Wunder gehört doch nicht ein kleiner Glaube, so klein wie ein Senfkorn, sondern ein riesengroßer Glaube. Aber Jesus meint hier nicht den gewöhnlichen Glauben, den jeder Christ haben muß, um selig zu werden, sondern eine ganz besondere Art von Glauben, die Paulus zu den besonderen Gnadengaben der Charismata rechnet (1 Kor 12, 9 und 13, 2). Dieser wundertätige Glaube ist zwar, solange er im Herzen dessen, der ihn besitzt, verborgen ruht, ganz unscheinbar. Tritt er aber in Tätigkeit, dann ist seine Wirkung über alle Maßen groß. Denn Gotteskraft steckt in ihm. Darum sagt Jesus: „Nichts wird euch unmöglich sein". Dieser Glaube ist wie eine Teilnahme an Gottes Allmacht (Lauck S. 259).

Wer diesen Glauben hat, berechnet weder die Stärke der Dämonen, noch die Größe der eigenen Kraft. Er rechnet mit dem Herrn ganz allein.

Der Ausdruck „Berge versetzen" ist eine damalige sprichwörtliche Redensart, die soviel bedeutete wie „unmöglich Scheinendes möglich machen". Die Rabbiner nannten einen Gelehrten, der in der Disputation seine Ansicht gegen alle Einwände zum Siege brachte, einen „Bergentwurzler".

Die zweite Passionspredigt.

V. 22—23

Zu Vers 22 u. 23: Mk 9, 30—32 Lk 9, 43—45
Zu Vers 22: Mt 16, 21 2 Sam 24, 14
Zu Vers 23: Joh 16, 6

22 **Als sie in Galiläa umherzogen, sprach Jesus zu ihnen: Der Sohn des Men-**
23 **schen wird in die Hände der Menschen ausgeliefert werden, *und sie werden**
ihn töten, und er wird am dritten Tage auferweckt werden. Und sie (die
Jünger) **wurden tief betrübt.**

Aus Lukas 9, 43b—45 läßt sich schließen, daß Jesus diese neue Belehrung über seine Leiden in Verbindung bringt mit dem aufgeregten Zustand, in den die erregten Herzen der Volksmenge durch das Wunder von der Heilung des kranken Knaben versetzt worden waren. — Es ist das letzte Mal, daß Jesus sich in Galiläa auf Wanderung befindet. Es gilt Abschied zu nehmen von einer reichgesegneten, ausgefüllten Tätigkeit. Bald geht es zum „letzten Gang" nach Judäa, „stracks gen Jerusalem".

Das Leitwort, das über diesem letzten Weg nach Jerusalem steht, lautet als Passionspredigt: **„Der Sohn des Menschen wird in die Hände von Menschen ausgeliefert werden."**

Wie unverständlich und unbegreiflich sind auch wieder diese Passionsworte: „Der Sohn des Menschen", dem von Gott Gewalt gegeben ist über die Menschen, zu richten die Lebendigen und die Toten — dieser gewaltige Richter wird in die Gewalt der Menschen dahingegeben. Und die Menschen, sie werden den *Richter hinrichten!* Auffallend ist die zweimalige Betonung des *Menschlichen*,

a) der Sohn des *Menschen*,

b) wird in die Hände der *Menschen* ausgeliefert.

Jesus in seiner *menschlichen* Gestalt ist *Menschenhänden* ausgeliefert. Jesus in seiner *über*menschlichen Gestalt kann dennoch *nicht* von Menschenhänden gehalten werden. Am dritten Tage wird er auferweckt werden.

Die Gemeinde Jesu ist ebenfalls sowohl *menschlicher* als auch *übermenschlicher* Natur. Ihr Weg ist der Weg des Meisters.

Die Jünger können den Weg des Meisters immer noch nicht begreifen. **„Sie wurden tief betrübt"**, lesen wir. Sie sagen nichts *dagegen*, wie bei der ersten Passionspredigt durch den Mund des Petrus (16, 21—23). Sie geben sich schmerzerfüllt der Trauer hin. Auffällig ist es, daß sie die letzte Vorhersage Jesu **„Am dritten Tage wird er auferweckt"** *gar nicht aufnehmen*. Sie sehen nur das *Dunkle*. — Ist das nicht ein Zug des menschlichen Herzens überhaupt? Es sieht nur auf das Negative, auf das Sichtbare — aber nicht auf das, was unsichtbar ist (2 Kor 4, 18).

Die Tempelsteuer.

Vers 24—27

Zu Vers 24:
Mt 22, 19
2 Mo 30, 13
Zu Vers 27:
Rö 14, 13
1 Ko 8, 13

24 **Als sie nach Kapernaum kamen, traten die Einnehmer der Doppeldrachmen**
an Petrus heran und sprachen: Bezahlt euer Meister die beiden Drachmen
25 **nicht? *Er sagte: Doch! Und als er (Petrus) nach Hause gekommen war,**
kam ihm Jesus zuvor mit der Frage: Was meinst du, Simon? Von wem
nehmen die Könige der Erde Zölle und Steuern ein? Von ihren Söhnen oder
26 **von den Fremden? *Als er sagte: Von den Fremden, sprach Jesus zu ihm:**
27 **Also sind die Söhne frei. *Damit wir ihnen aber keinen Anstoß geben — geh**
an den See, wirf die Angel aus, und den ersten Fisch, der heraufkommt, den
greife und öffne sein Maul, so wirst du einen Stater darin finden. Den nimm
und gib ihn für mich und dich.

Die Tempelsteuer betrug für jeden Israeliten etwa 1½ Mark oder Franken.[1]) Verpflichtet zur Abgabe dieser Tempelsteuer war jeder zwanzigjährige *männliche Jude*, ganz gleich, ob er in *Palästina* oder im *Ausland* wohnte. Nur die Priester erhoben den Anspruch, von dieser Steuer frei zu sein. — Die Ablieferung der Tempelsteuer erfolgte in Palästina einen halben Monat vor dem Passahfest.

Die abgelieferten Steuerbeträge wurden in der Tempelschatzkammer deponiert, um von hier an drei bestimmten Terminen zur Verwendung für den Kultus entnommen zu werden.

Freiheit von der Tempelsteuer nahmen die Priester für sich in Anspruch auf Grund von 3 Mo 6, 16. — Jesus nahm diese Freiheit für sich auch in Anspruch, aber von einem ganz anderen Gesichtspunkt aus. Jesus fühlt sich als der *Sohn* des Vaters, dem der Tempel gehört. Damit legt sich Jesus eine Stellung zu Gott bei, wie sie sonst keinem Israeliten *eignet*. Jesus meint: Wie der Sohn selbst

[1]) Zur Zeit Jesu bedeutet *eine* Drachme den Preis eines Schafes.

frei ist von der Tempelsteuer, so sind es auch die Söhne. — Wie die Söhne der Könige frei sind von den Steuern, die ihre Väter von den Fremden, d. h. von ihren Untertanen und von den Völkern, die sie sich unterworfen haben, fordern und einziehen — so sind nicht nur Jesus als der Sohn, sondern auch die Söhne des Königs der Himmel, dessen Stadt Jerusalem ist, befreit von der Tempelsteuer. Jesus schließt sich hier mit seinen Jüngern als den Söhnen zusammen, ähnlich wie die Sohnschaft der Jünger in der Bergpredigt Kap. 5, 9. 16. 45. 48 mit Jesu Sohnschaft.

Hiernach ist also Jesus als der Sohn Gottes und Petrus als ein „Bruder des Sohnes Gottes" (Matth. 12, 49. 50 und Matth. 13, 43) frei von der Tempelsteuer. Und der Tempel ist das Haus des großen Königs, welcher ist Gott, der Vater im Himmel.

Unmittelbar neben dieser Freiheit Jesu steht seine freiwillige Bindung an Gesetz und Tempel. Jesus zahlt darum auch die Tempelsteuer. Sie beträgt für zwei Personen 4 Drachmen, das ist ein Stater, und bedeutet die Tempelsteuer für Jesus und Petrus. (Vgl. Schniewind NTD S. 190.)

Um nun jeden Anstoß zu vermeiden, zahlt also Jesus die Tempelsteuer. „Gott, der seinen Sohn gesandt und unter das Gesetz getan hat, zahlt letztlich selbst den vom Gesetz geforderten Preis, indem er ein Wunder vollbringt." (K. L. Schmidt.)

So bringt der Herr diese Steuerangelegenheit in Ordnung, bevor er zum letzen Mal nach Jerusalem geht. Dort wird er den Tempel reinigen und dem Hohen Rat zeigen, wer der Sohn des Tempels Gottes in Wahrheit ist.

Und noch viel mehr. Jesus wird die heilige Kopfsteuer leisten, wie keiner sonst im Himmel und auf Erden sie leisten kann. Er wird buchstäblich mit seinem Kopf bezahlen, d. h. sein Leben hingeben als ein Lösegeld für viele, um eine ewige Erlösung hinauszuführen.

„Wie fein macht Jesus den Zusammenhang von Verheißung und Erfüllung deutlich, indem er gerade jetzt vor dem Aufbruch nach Jerusalem noch einmal die Tempelsteuer bezahlt. Er hätte sich wahrlich mit mehr Recht davon dispensieren können als die Priester, die sagten: Wir essen von den Schaubroten des Tempels, deshalb brauchen wir nicht einen Beitrag an den Tempel zu zahlen. Er hätte sagen können: Ich bin das eine große Versöhnungsopfer, dessen Schatten alle Opfer im Tempel waren. Was soll ich noch dafür zahlen? Aber er sagt das nicht. Er legt für sich und Petrus die vier Drachmen drauf." (Vgl. Vischer S. 53—55.)

Kapitel 18

Von den neuen Maßstäben und Richtlinien in der Gemeinde Jesu.

Mt 18, 1—35

Hier in Kap. 18 steht (V. 17) zweimal das Wort von der **„Gemeinde"**. Schon in 16, 18 trafen wir diesen Ausdruck an. Dreimal hat also Mt das Wort von der Gemeinde, von der ekklesia, gebraucht. Im NT steht es im ganzen 115 mal. (Näheres dazu auf Seite 229).

Kapitel 18 kündet uns nun in besonderer Weise an, wie es innerhalb der Gemeinde unter den einzelnen Gliedern vor sich zu gehen hat. Es ist wichtig, dieses Gebot „der Liebe untereinander", was Jesus im Johannes-Evangelium weiter ausgeführt hat und dann von Johannes selbst und Paulus und Petrus immer wieder gesagt wird.

Im ersten Abschnitt V. 1—5 hören wir von dem *neuen Maßstab*, nach dem innerhalb der Gemeinde Jesu einer als *groß* oder *klein* beurteilt wird. Der Größte in der Gemeinde ist der, der am *bereitwilligsten dient*. Die Frage der Jünger lautet: „*Wer ist größer* (oder „der Größere") *im Königreich der Himmel?*" *Daß die Jünger diese Frage stellen, zeigt deutlich, wie ganz und gar „das Königreich der Himmel*" oder das „Reich Gottes" mit der „*Gemeinde*" zusammenfällt. Denn die *Gemeinde Jesu* ist hier auf Erden schon der Ort, wo die *Königsherrschaft Gottes* ihren Anfang genommen hat, wo schon die Maßstäbe und Richtlinien und *Gesetze des Reiches Gottes* Gültigkeit haben.

Zu Vers 1—5:
Mk 9, 33—37
Lk 9, 46—48
Zu Vers 3:
Mt 19, 14; 5, 20
1 Pt 2, 2
Jo 3, 35
Zu Vers 4:
Lk 18, 17. 25
Zu Vers 5:
Mt 10, 40

1 **In jener Stunde kamen die Jünger zu Jesus und fragten: Wer ist wohl**
2 **der Größere im Königreich der Himmel? *Da rief er ein Kindlein herbei,**
3 **stellte es in ihre Mitte *und sprach: Wahrlich** (Amen), **ich sage euch: Wenn**
ihr nicht umkehret und wie die Kindlein werdet, gehet ihr nicht in das
4 **Königreich der Himmel ein. *Wer sich darum klein macht wie dieses Kind-**
5 **lein, der ist der Größere im Königreich der Himmel. *Und wer ein solches**
Kindlein in meinem Namen aufnimmt, der nimmt mich auf.

Jesus macht das *Kind* zum Gegenstand seiner Darlegung, aber *nicht*, indem er es als Bild des demütigen Jüngers vorstellt, sondern als den Typus eines schwachen, unwissenden, armen Geschöpfes. Es ist ein göttliches Gesetz, daß, je schwächer ein Mensch in sich selbst ist, desto reicher sich die Fülle der Liebe und des himmlischen Beistandes über ihn ergießt. (Mt 18, 10). Diesem Gesetz entsprechend schenkt Jesus den Kindern ein *besonderes Interesse* und will sie den Seinigen ganz besonders empfohlen wissen. Wer auf seinen Sinn eingeht und sie als solche aufnimmt, der nimmt ihn selbst auf. Denn, indem er auf Jesu Befehl das Kleinste aufnimmt, macht er sich selbst zum Kleinsten und nimmt so den Größten in sich auf, der selbst für uns der Kleinste geworden ist: Jesus und in Jesus Gott. Das ist der Ersatz, der ihm für diese freiwillige Erniedrigung zuteil wird. Der Ausdruck **„in meinem Namen"** bezeichnet nicht die Gesinnung des Aufgenommenen, als ob damit gesagt wäre, daß dieser als Jünger Jesu komme, sondern die des *Aufnehmenden*; er tut es *um Jesu willen*, der ihm dieses noch schwache Wesen anbefiehlt.

Die ganze Verhandlung des Herrn zeigt also, daß die Gemeinde Jesu in ihren Maßstäben den geraden Gegensatz zu den Richtlinien in der Welt bilden soll. Der *Grundtrieb der Welt* ist, daß alle *emporstreben* nach Gewalt und nach Glanz, um einander zu überragen und zu beherrschen.

Dagegen ist der *Grundtrieb des Reiches Gottes* dieser, daß alle *niedersteigen* in die Armut und Schwachheit und Anspruchslosigkeit, um reich zu werden in Ihm. Und gerade an der Macht dieses Niedersteigens soll man die Größe des Menschen im Reiche Gottes messen (Phil 2, 3 ff.). Daher müssen die Jünger umkehren und in der *Anspruchslosigkeit und Schwachheit* den *Kindern* gleich werden.

Aber nicht nur *Anspruchslosigkeit* und *Schwachheit* ist ein den Kindern eigentümlicher Zug, sondern auch die *Vertrauensseligkeit* und ihr *liebebedürftiges Wesen*.

Kinder vertrauen ihren Eltern völlig; sie sorgen sich nicht, und hat ihnen der Vater etwas gesagt, so ist ihnen das unumstößliche Wahrheit. Und wie die Kinder, so sollen wir unserm Gott und seinem Wort vertrauen, und wir werden glücklich und getrost werden, auch wenn wir täglich durch mancherlei Mühe und Not gehen werden. Wie Gott mich führt, so ist es gut für mich. Mitten in den Stürmen und Nöten der Gegenwart darf es heißen: „Mein Vater sitzt am Steuer". Jesus hatte auch im Sturm auf dem See Genezareth seinen Stand in Gott bewahrt. (Lies Jes 43, 1. 2; 41, 10; 46, 4; 49, 15; 54, 7—10; Hbr 13, 5; Mt 8, 23—28; Rö 8, 28. 29.)

Kinder sind liebebedürftig. Sie können ohne Liebe nicht leben. Oft kommen sie: „Mutter, ich hab dich lieb". Das tun sie einmal, weil ihr kleines liebendes Herz sie dazu treibt, aber auch, weil sie wissen, das hat Gegenliebe zur Folge. So sind Kinder. Sie müssen lieben und freuen sich über die Liebe. Und das macht ihr Leben so schön und sorglos. — Und wir Alten? Wie vergällen wir uns und andern oft das Leben durch Lieblosigkeit, Unfreundlichkeit, Hartherzigkeit, durch Kälte und Schroffheit im Wesen und Umgang! Kleine Kinder kennen keinen Standesgeist. Das kleine Professorenkindlein streckt sein Händchen aus nach dem Bauernbüblein, als ob es sein Bruder wäre. Wie verbittern wir Alten uns und andern Leuten oft das Leben durch unsern Hochmut und Kasten- und Klassen- und Standesgeist!

Das Kleine wird groß, weil der große Gott in Jesus klein, d. h. Mensch geworden ist. Und nun das *Wunderbare*: Durch die Menschwerdung Gottes ist alles Menschliche nicht nur als das Geschöpf, sondern auch als das verlorene Kind des himmlischen Vaters *heimgerufen* und ist, wenn es auf diesen Ruf des Vaters hört, aufgenommen in Jesu Namen und versetzt in die himmlischen Örter.

Zu Vers 6—9: Mk 9, 42—47
Zu Vers 6: Lk 17, 1. 2
Zu Vers 7: Mt 26, 24 Lk 17, 1
Zu Vers 8: Mt 5, 29. 30 Rö 6, 19; 8, 13 Kol 3, 5

6 **Wer aber einem dieser Kleinen, die an mich glauben, Anstoß** (Skandal) **gibt,**
dem wäre es das beste, daß ihm ein Mühlstein um den Hals gehängt würde,
7 **damit er versänke in der Tiefe des Meeres. *Wehe der Welt, um der An-**
stöße (Verführungen) **willen. Es müssen zwar die Anstöße kommen, doch**
8 **weh dem Menschen, durch den der Anstoß** (die Verführung) **kommt. *Wenn**
aber deine Hand oder dein Fuß dir zum Anstoß (Skandal) **wird, so haue sie**
ab und wirf sie von dir. Es ist dir besser, verstümmelt oder lahm ins Leben
einzugehen, als mit beiden Händen und mit beiden Füßen in das ewige Feuer
9 **geworfen zu werden. *Und wenn dein Auge dir zum Anstoß** (Skandal) **wird,**
so reiße es aus und wirf es von dir. Es ist dir besser, einäugig in das Leben
einzugehen, als mit beiden Augen in die Feuerhölle geworfen zu werden.

Jesu Anschauungsunterricht, am Beispiel eines Kindes *das* zu zeigen, was nötig ist, um einzugehen in das Königreich der Himmel oder um Glied zu werden in der Gemeinde Jesu, will am Kinde nicht das Alter, sondern die *innere Haltung* wesentlich zur *Darstellung* bringen. (Vgl. V. 1—5, wo dieses Wesenhafte des Kindes zur Ausführung gebracht ist.) Unter „*Kinder*" oder „*Kindlein*" dürfen wir darum nicht nur „wirkliche kleine Kinder" verstehen, sondern auch solche, die in ihrem Glaubensleben noch *Anfänger* sind, d. h. „Kinder im Glauben" darstellen.

Jesus sieht die Gefahr. An diesen Anfängern im Glaubensleben könnte großes Unrecht geschehen. Sie könnten innerlich zu Schaden kommen durch die „Erwachsenen" im Glaubensleben. Unerbittlich muß darum alles gemieden und ferngehalten werden, was Gott widerspricht und zum Anstoß werden könnte bei den Anfängern.

Für „Anfänger" könnten wir weiter auch noch sagen: „*Die Unbedeutenden, Kleinen und Schwachen im Reiche Gottes*".

Die Gefahr des „Anstoßgebens" ist riesengroß. Für „Anstoß" steht im Griechischen „Skandalon" = Skandal.[1])

[1]) Vgl. hier: Skandalon v. Stählin, Gütersloh 1930.

„Dieses Wort, das im Deutschen weder durch Ärgernis, noch durch Anstoß, noch durch Verführung, noch durch Verderben ganz übersetzt werden kann, bezeichnet offenbar den wundesten Punkt der Gemeinde. Jedesmal, wenn er berührt wird, schmerzt und empört es Jesus. Wir erinnern an das furchtbar scharfe Wort, mit dem er den Petrus als den Satan von sich wies, als er ihm zum Skandalon werden wollte. Skandalon ist das Hindernis, das sich einem in den Weg wirft, so daß er darüber stolpert oder dadurch von der rechten Richtung abgelenkt wird und in das Verderben fällt." (Vgl. Vischer S. 62.)

Die verlorene Seele zieht den, der sie zum Bösen verführt hat, wie ein Bleigewicht mit sich in den Abgrund hinunter. Dieselbe Warnung steht Mk 9, 42 und Lk 17, 1. 2.

Man kann also den Anfängern im Glauben, den Kleinen, sehr leicht durch Lieblosigkeit, Rücksichtslosigkeit, böses Beispiel, Hochmut, Nichtbeachtung, Kühle und Kälte im Benehmen, falschen Eifer einen Anstoß geben, so daß sie irre werden und den Glauben wieder verlieren. Man kann ihnen also leicht einen Stein in den Glaubensweg legen, über den sie stolpern, fallen und verderben.

„Wer sich nun dessen schuldig macht, dem wäre es ein Vorteil im Blick auf die furchtbare Strafe, die ihn treffen wird, wenn ihm ein Mühlstein, und zwar der Stein einer von einem Esel getriebenen Mühle, der größer ist als der Stein einer gewöhnlichen Mühle, durch das weite Loch in seiner Mitte um den Hals gehängt und er in der Tiefe des Meeres ersäuft würde. Bei den Juden war es nicht der Brauch, einen Menschen durch Ertränken hinzurichten. Sie schauderten, wenn sie hörten, daß Heiden in dieser Weise einen Lebendigen versenkten. Mit Absicht hat Jesus das Bild gerade dieser barbarischen Vertilgung gewählt. Dabei mag die Erinnerung an ein grauenhaftes Ereignis der Freiheitskämpfe des Jahres 38 vor Christi Geburt mitgespielt haben. Damals haben die galiläischen Freiheitskämpfer nach einem Sieg über die Tyrannen viele von den Anhängern des Herodes im See Genezareth ertränkt. Der Mühlstein am Hals schließt jede Rettung aus und verhindert den Leichnam, jemals wieder aufzutauchen. Solch totales Versenktwerden wäre für die Seelenverderber ein Glück, verglichen mit der Pein, die sie erleiden werden." (V. a. a. O.)

Wichtiger als diese Erkenntnis ist die Liebe, welche bedacht ist, niemandem an seiner Seele zu schaden. Dem Herrn Jesus liegen die „Kleinen" wahrhaftig sehr am Herzen. In der Welt werden sie übersehen und geringschätzig behandelt. Im Reich Gottes gelten sie etwas, ja der Heiland und alle, die seinen Sinn haben, lassen solchen besondere Rücksicht und schonende Sorgfalt zuteil werden.

Es muß ja Ärgernis kommen. Denn wir leben in einer Welt der Sünde und des Irrtums. Auch können den Jüngern Jesu Versuchungen nicht erspart bleiben. Es dient zu ihrer Bewährung (1 Ko 11, 19). Doch wehe dem, der Ärgernis anrichtet!

Dazu ist ja die Gnade da, daß sie uns züchtige, in die Zucht nehme und zurückbringe in die Einfalt, Lauterkeit und Demut und Liebe zum Nächsten, und daß sie das zerstörte Bild Gottes wieder in uns herstelle. — Da muß man sich aber zusammennehmen, wie die Schüler sich zusammennehmen müssen, wenn ihr Lehrer sie etwas lehren will. Tun wir das nicht, so werden wir nur allzubald andern ein Ärgernis geben. Wenn man sich gehen läßt, seinen Launen nachgibt, so verbreitet man eine böse Luft, über die sich andere ärgern, und dann mögen wir die Verantwortung tragen.

„Jeder muß die schärfsten Maßnahmen ergreifen, um nicht selbst verführt und zum Verführer zu werden. Die Glieder des Leibes, die Hand oder der Fuß oder das Auge, können den Glauben gefährden. Leib und Seele sind nach israelitischer Psychologie eine Einheit; die Glieder des Leibes sind die Organe der Seele. *„Keiner sage, wenn er versucht wird: Ich werde von Gott versucht. Vielmehr wird jeder versucht, indem er von seiner eigenen Lust gezogen und gelockt wird.“* (Jak 1, 13—14.) Hau die Hand, hau den Fuß ab, reiß das Auge aus, wenn sie dir zum Anstoß werden! Dein ewiges Heil steht auf dem Spiel. Es ist dir besser, daß du als Krüppel in das ewige Leben eingehst, als daß du als Vollmensch in die Feuerhölle geworfen werdest. Was Jesus in der Bergpredigt in bezug auf das siebente Gebot sagte (5, 27—30), das sagt er hier in bezug auf alle Gebote und alle Möglichkeiten des Abfalls vom Glauben.

Meint er das Abhauen der verführerischen Glieder wörtlich? Jesus wußte so gut wie wir, daß auch ein Krüppel oder ein Blinder sich versündigen und an seiner Begierde zugrundegehen kann. Das ändert aber nichts daran, daß der Mensch leiblich lebt und daß sein Lebenswille aktiv wird durch das Handeln der Glieder. Der Gehorsam des Glaubens gebietet deshalb rücksichtslose Strenge gegenüber den Sinnen und den Gliedern. Das ist so real gemeint wie das Tragen des Kreuzes. Und so real wie die Qualen der Feuerhölle. Nach Mk 9, 48 hat Jesus mit den schrecklichen Schlußworten des Jesajabuches gesagt, daß der Wurm, der dort die Verdammten nagt, nicht stirbt und das Feuer nicht verlöscht.“ (Vgl. Vischer S. 65.)

„Wenn man den Schrecken der Ewigkeit wegnimmt, so wird eine Nachfolge Christi im Grunde zur Phantasterei. Denn nur dieser Ernst der Ewigkeit kann einen Menschen dazu verpflichten, aber auch dazu bewegen, so entscheidend zu wagen und zu verantworten, daß er es tut. Es soll Himmel und Hölle gelten — und aus dem Grund ihm nachfolgen wollen, um gerettet zu werden: das ist Ernst“. (Kierkegaard.)

Zu Vers 10: Lk 2, 13; Lk 16, 22; Apg 5, 19; Apg 12, 7. 15; Hbr 1, 14

10 **Sehet zu, daß ihr keines von den Kleinen gering achtet, denn ich sage euch, ihre Engel im Himmel schauen allezeit das Angesicht meines Vaters im Himmel.**

„Welch weite und große Arbeit hat Jesus in den Versen 5—7 seiner Gemeinde gezeigt, daß er sie zur bescheidenen Niedrigkeit herabgebeugt hat! Er hat ihr die Sorge für die kleinen Menschen anvertraut, hat sie zu ihrem Beschirmer bestellt, daß sie das Böse ihnen erspare, und hat ihr den Kampf gegen das Ärgernis zur Pflicht gemacht, der nie endet, weil es kommen muß und doch nicht kommen kann, ohne daß der, der es bringt, daran verdirbt. Da wird uns der Raum zum unermüdlichen Fleiß und zum heldenhaften Mut gegeben! Es liegt eine große prophetische Kraft in den Worten; denn wir haben oft erlebt, wie die regierende Kirche, die sich groß dünkt vor Gott, das Kleine zertrat und Ärgernis hervorbrachte.“ (Vgl. Schlatter S. 280.)

Damit wir uns wegen der Verachtung der Kleinen schämen lernen, zeigt uns Jesus, wie Gott selbst sich um sie müht, und zwar im oben angeführten V. 10. Gott selbst überträgt die Sorge für die Kleinen und Schwachen und Anfänger im Glauben nicht nur seiner Gemeinde auf Erden, sondern auch seinen hohen und himmlischen Engelscharen. Ungesehen und doch machtvoll leiten diese hohen und erhabenen Geister des Himmels das Leben der Kleinen.

Sollen etwa die Glieder der Gemeinde sich zu vornehm und zu groß dünken, um das zu tun, was die großen Engel Gottes fortwährend und mit großer Freudigkeit tun? Und Gottes Augen selbst begleiten diesen scheinbar geringen Dienst seiner Engel mit ganzer Liebe und Aufmerksamkeit. In ihrer Eigenschaft als die Diener der Kleinen haben die Engel des Vaters im Himmel stets Zutritt zu Gott.

„Für dieses Amt ist Gottes Ohr stets wach. Es ist ein wunderbarer Blick in den Himmel, den uns Jesus damit erschließt, indem er uns die hohen, heiligen Engel Gottes, die vor seinem Thron stehen und in seine Herrlichkeit hineinblicken, zugleich mit den kleinen Gliedern unserer menschlichen Gemeinschaft verbunden zeigt. Gottes Auge sieht stets mit hellem Blick der Liebe auch das kleinste Menschenkind. Das sagte Jesus auch den Jüngern zum Trost und zur Erweckung ihres freudigen Glaubens. Sie dürfen auch für sich dessen gewiß sein, daß sie für die Sorgen ihrer Liebe, die sich um die Kleinen müht, stets den offenen Zugang zu Gott haben. Solcher Dienst gibt das Eintrittsrecht zu Gottes Thron.

Wir lernen durch dieses Wort auch etwas von der Seligkeit Jesu verstehen! Seine Arbeit auf Erden war ein Dienst am Kleinen. Das hat ihn aber nicht aus der Gemeinschaft mit dem Vater herabgeführt. Vielmehr eben als Diener der Kleinen sieht auch er das Angesicht seines Vaters jederzeit." (Schlatter S. 281).

Zu Vers 11:
Mt 9, 13
Lk 19, 10

11 Denn des Menschen Sohn ist gekommen, zu retten das Verlorene.

Dieser 11. Vers steht nicht in allen Handschriften, sondern nur in der Koine. Nach unserer Meinung paßt aber dieser Vers gut in den ganzen Zusammenhang mit hinein.

Dem verlorenen Schäflein nach.

Vers 12—14

Zu Vers 12-14:
Lk 15, 4—7
Zu Vers 12:
1 Pt 2, 25

12 **Was dünkt euch, wenn ein Mensch hundert Schafe hat und eines von ihnen**
sich verirrt, wird er dann nicht die 99 auf den Bergen lassen und hingehen,
13 **das Verirrte zu suchen? *Und wenn es geschieht, daß er es findet, wahrlich**
(Amen), **ich sage euch: Er freut sich an ihm mehr als an den 99, die sich**
14 **nicht verirrt haben. *Ebenso ist es nicht der Wille von eurem Vater in den**
Himmeln, daß eines von diesen Kleinen verloren gehe.

Aufgabe der Jünger und damit auch der Gemeinde ist es nicht nur, für die Kleinen und Schwachen zu sorgen, sondern noch größer ist die Aufgabe der Jünger und damit die Forderung und Verpflichtung der Gemeinde, dem Verlorenen und Verirrten nachzugehen, um es wieder zurückzuholen. Wie der Hirte selbst es tut, so sollen sie es auch tun. Es gibt im Reiche Gottes nichts Kleines, was nicht der schützenden und führenden Hirtentreue anvertraut wäre.

An unseren Tieren, deren Wohlsein unser Gewinn ist und deren Verlust uns schädigt, müssen wir Harten und Lieblosen lernen, was es heißt, einander liebzuhaben, und daß die Geringschätzung und Verachtung der Kleinen und Schwachen Sünde ist. Die Liebe denkt an das Kleine und nimmt sich besonders des Verirrten und Kranken an.

Weil unser Vater in den Himmeln nicht will, daß auch nur eines von diesen Schwachen und Verirrten Seiner Menschenkinder verloren gehen soll, dürfen auch wir sie nicht verachten oder gering schätzen, sondern sollen in besonderer Liebe und Achtung ihnen nahe sein.

So gelten in der Gemeinde Jesu ganz neue Maßstäbe und Richtlinien, die ganz anderer Art sind als die Maßstäbe und Grundsätze der Welt. Wie fein haben die Jünger sich das gemerkt. Ihre Briefe bekunden es. Nur ein Beispiel: Paulus sagt Rö 12, 2: „Richtet euch nicht nach dem Schema dieser Welt".

Der Sinn des Gleichnisses von dem verlorenen Schäflein ist hier in Mt 18 ein anderer als in Lk 15.

Dort in Lk 15 will der Herr die suchende Liebe Gottes darstellen, die keine Mühe scheut, bis daß sie das Verlorene gefunden hat.

Hier kommt es dem Herrn neben der Schilderung der suchenden Liebe Gottes besonders darauf an, zu zeigen, wie wert jeder einzelne vor Gott geachtet ist. So wert ist jeder einzelne vor Gott wie dem rechten Hirten ein verlorenes Schäflein. Diese *wertachtende Liebe* des Vaters ist Maßstab und Richtlinie für die Glieder seiner Gemeinde.

Vom Instanzenweg der seelsorgerlichen Zucht in der Gemeinde.

V. 15—18

Zu Vers 15:
3 Mo 19, 17
Lk 17, 3
Gal 6, 1
2 Tim 4, 2
Tit 3, 10
Zu Vers 16:
5 Mo 19, 15
Jo 8, 17
2 Ko 13, 1
1 Tim 5, 19
Hbr 10, 28
Zu Vers 17:
1 Ko 5, 13
2 Th 3, 15
Zu Vers 18:
Mt 16, 19
Lk 6, 37; 13, 16
Jo 20, 23

15 **Wenn dein Bruder sündigt** (der Ausdruck: „gegen dich" steht nur in der
Koine-Handschrift), **so geh und stelle ihn unter vier Augen zur Rede. —**
16 **Hört er auf dich, so hast du deinen Bruder gewonnen. *Wenn er aber nicht
hört, so nimm noch einen oder zwei mit dir, damit die ganze Sache auf die**
17 **Aussage von zwei oder drei Zeugen festgestellt werde. *Wenn er aber auch
diese nicht hört, so sage es der Gemeinde. Wenn er aber auch auf die Gemeinde nicht hört, dann sei er dir wie der Heide und wie der Zöllner.**
18 ***Wahrlich** (Amen), **ich sage euch: Was ihr auf Erden bindet, wird im
Himmel gebunden sein, und was ihr auf Erden löst, wird im Himmel gelöst sein.**

Deutlich wird uns der *rechte Instanzenweg innerhalb der Gemeinde vorgeschrieben*. Ein Glied ist für das andere Glied verantwortlich. Einer achte auf den andern *in Liebe*. Jeder, der sieht, daß ein Bruder schuldig geworden ist, darf darüber nicht schweigen. Selbst wenn der, der um das Unrecht des Bruders *weiß*, in diesem Falle gar nicht der *Geschädigte* in der eigenen Person ist.

In dem Sinaiticus und Vaticanus stehen die Worte: „Gegen dich" nicht! (Siehe im Text V. 15). Der Nestle-Text hat diese Worte im griechischen Text nicht!

Jesus heißt also den, der die Schuld des andern kennt, nicht *stille zu* sein, sondern *hinzugehen* zu ihm und ihm in seelsorgerlichem Dienst zu helfen, sein Unrecht einzusehen. — Aber Unrecht und Sünde wäre es, wenn hinter dem Rücken des Bruders, im Gespräch mit einem Dritten, nun das Unrecht breitgetreten würde. Unter vier Augen soll es geschehen, und zwar in Liebe! Vielleicht läßt jener sich „*sagen*". Gewinnst du ihn, dann ist das nicht nur für *dich* Gewinn, sondern für *jenen* auch. Denn Sünde ist immer Verlust, ist Trennung von Gott; Zurechtbringen und Zurechthelfen ist das Gegenteil von Verlust, also *Gewinn*.

Aber diese Absicht des Zurechthelfens in Liebe ist der einzige Grund zum Gewinnen des Bruders. Wenn jedoch das „*Rechthabenwollen*" oder die Selbstgerechtigkeit oder das lieblose „Kopfwaschen" oder die eigene gekränkte Ichliebe die Triebfeder der Zurechtweisung des Bruders ist, dann ist solches „*Sünde*".

Es ist also ein wichtiges und wertvolles Amt, dieses Amt des Zurechthelfens, und es bedarf der Weisheit und Lauterkeit und Liebe, überhaupt des ganzen Taktes einer in Christus gereiften Persönlichkeit. Nicht jeder ist darum berufen zu dieser brüderlichen Zurechtweisung. Und gerade ein *Vorgesetzter* wird sich besonders überlegen, ob das Amt des Zurechthelfens, überhaupt der persönlichen Zurechtweisung seitens des *Vorgesetzten* ausgeführt werden darf.

Wenn der „Gefehlte" sich der brüderlichen Zurechtweisung verschlossen hat, wenn er sich nichts sagen ließ, erst dann, aber nicht schon vorher, sollen als die nächste Instanz ein oder zwei Brüder zur Hilfe herbeigezogen werden. Diese empfohlene Hinzuziehung eines oder zweier Zeugen soll nicht nur die

Autorität der Mahnung erhöhen, sondern auch dazu dienen, den etwa geleugneten oder entstellten Tatbestand zu klären, so wie es Moses schon angeordnet hatte (5 Mo 19, 15.)

Nützt auch das nichts, läßt sich der betreffende Bruder auch nichts durch die Brüder sagen, dann hat die Gemeinde als solche das letzte Wort. Läßt sich der Bruder auch durch die Gemeinde nichts sagen, dann schließe ihn aus der Gemeinde aus. Er gelte dann wie ein Heide oder Zöllner.

Daß dieser Ausschluß nicht das letzte Urteil über die ewige Bestimmung des Bruders in sich birgt, zeigte Jesu suchende Liebe gegen die Zöllner und Sünder und das Wort des Paulus 1 Kor 5, 5.

Dieser Instanzenweg der brüderlichen Zurechtweisung ist der biblische. Wie oft versündigt man sich in der Gemeinde dagegen! Meistens wird bei etwaigem „Fehlen“ eines Bruders *gleich hinter seinem Rücken geredet und entstellt geurteilt und verurteilt.* Und nicht nur das! Hinter dem Rücken des Bruders läuft's weiter von einem zum andern! Und Lieblosigkeit und Herzeleid ist die unausbleibliche Folge.

Mit diesem Instanzenweg hat Jesus in feierlicher Form der Gemeinde *das* übertragen, was er in Kap. 16, 18 Petrus übertrug. Dadurch wird deutlich, daß diese Vollmacht der reale Vollzug des Petrus-Bekenntnisses ist. Diese Vollmacht des Bindens und Lösens legt auf die Gemeinde eine ungeheure Verantwortung dem einzelnen Glied gegenüber. Verwaltet sie dieses Amt in der Verantwortung des Glaubens recht, dann vollstreckt sie den Willen des Vaters im Himmel. (Vgl. 1 Kor 5, 6; 2 Kor 2, 5—11.)

„Was also die Gemeinde tut, reicht in den Himmel hinauf. Sie löst den Reuigen, dem sie vergibt; sie bindet den Trotzigen, der ihr wie ein Zöllner und Heide wird. Sie hat bei beidem Gott für sich. Das ist die Freude in ihrem Vergeben, daß sie weiß, daß jetzt nicht nur Menschen verzeihen, sondern daß auch Gott ihm verziehen hat, und das ist der Ernst bei ihrem Gericht, daß sie weiß, daß hier Gott gerichtet hat. —

Das ist die Beichtregel Jesu, die weit über allem steht, was die katholische Kirche nach der apostolischen Zeit eingeführt hat. Sie ist lieb und ernst zugleich. Sie schont den Fehlenden, erniedrigt ihn nicht, unterwirft ihn keiner menschlichen Strafgewalt, trägt ihm die Vergebung entgegen und läßt zugleich dem Bösen keinen Raum. Jesus hat seinen Jüngern gesagt, daß er sie dazu verbinde, damit sie gemeinsam die Sünde aus ihrem Leben entfernen. Nur soweit, als dies von uns geschieht, ist die Gemeinde Jesu unter uns.“ (Vgl. Schlatter.)

Wo das nicht ist, ist nicht Gemeinde Jesu. Ein sehr ernstes Wort für uns alle.

So ist die Gemeinde Jesu eine von Gott gewirkte und getragene *Kampfgemeinschaft gegen das Böse.*

Die Gemeinde Jesu ist aber nicht nur das, sondern auch eine *Gebetsgemeinschaft.* Darüber in den Versen 19 und 20.

Die Gemeinde Jesu ist eine Gebetsgemeinschaft.

V. 19 und 20

Zu Vers 19:
Mk 11, 24
Jo 16, 24

Zu Vers 20:
Mt 28, 20
Lk 24, 15
Jo 14, 23

19 **Wiederum sage ich euch, wenn zwei von euch in einem Gebetsanliegen über-**
einstimmen, dann wird es ihnen zuteil werden von meinem Vater in den
20 **Himmeln. *Denn wo zwei oder drei in meinem Namen versammelt sind, da**
bin ich mitten unter ihnen.

Das Gebet ist das die *Gemeinde einigende Werk.* Die geheimnisvolle Mitte dieses einigenden Werkes ist *Christus.* Und wie es in Vers 18 hieß, daß das, was die Gemeinde tut, hinsichtlich ihrer Beichtregeln und Zurechtweisungen dem Bruder gegenüber Gültigkeit hat bei dem Vater im Himmel. in bezug auf Vergebung und Gericht — so wird auch dem Gebet der Gemeinde „auf Erden" die Erhörung des Vaters im Himmel verheißen. Das gibt der Gemeinde Jesu ihre unerhörte und geheimnisvolle Macht. — Gemeinde ist im Kleinen überall schon dort, wo zwei oder drei im Namen des Herrn beisammen sind zum Gebet. Jesus erfüllt seine Verheißung in der kleinsten Gemeinschaft. Jesus hat uns gerade zuvor in den Versen 5 und 6 und 14 mitgeteilt, daß Gottes Vateraugen auch, und zwar gerade erst recht, über dem Kleinen und Geringen und Schwachen geöffnet wachen. Und weil das so „göttliche Tatsache und Wirklichkeit" ist, darum erquickt uns der Herr mit den Worten, daß auch der kleinsten Gebetsgemeinschaft schon das wunderbare Geschenk des erhörlichen Gebets gegeben ist. Denn wo zwei oder drei versammelt sind in seinem Namen, da ist er mitten unter ihnen.

Im Namen Jesu beten, das heißt im Sinne Jesu beten. Und im Sinne Jesu beten heißt, so beten, wie er gebetet hat. Und wie hat Jesus gebetet? „Des Vaters Wille möge geschehen fort und fort!"

Das ist das Gebet im Namen Jesu, das Gebet, das Ihn, den Vater ehrt! — Im Namen Jesu beten heißt aber auch, das Gebet auf den Namen Jesu gründen, d. h. das Gebet auf den Gegenwärtigen, Lebendigen fest gründen, immer auf den mitten unter uns seienden, machtvollen Herrn über alle Herren setzen. Das letzte Wort Jesu, an seine Jünger gerichtet, realisiert sich auf Erden fort und fort: *„Siehe, ich bin bei euch alle Tage bis an der Welt Ende"* (Kap. 28, 20). Vgl. dazu das zu Mt 6, 5—15 und Mt 7, 7 Gesagte (S. Seite 70 ff. und 83—84).

Die Gemeinde Jesu ist eine immerwährende Vergebungsbereitschaft.

Vers 21—35

Zu Vers 22.
Lk 17, 4
1 Mo 18, 22

21 Da trat Petrus zu ihm und sprach: Herr, wie oft darf mein Bruder sich gegen
22 mich verfehlen, daß ich ihm noch vergeben soll? Bis siebenmal? *Jesus sprach
zu ihm: Ich sage dir, nicht siebenmal, sondern siebzig mal siebenmal.

Gleichnis vom nicht vergebungsbereiten Knecht.

(Vom Schalksknecht)

Zu Vers 23:
Mt 6, 14
Mt 25, 19
Eph 4, 32
Ko 3, 13

Zu Vers 27:
Lk 7, 42

Zu Vers 32:
Mt 7, 2
Lk 6, 36—38

Zu Vers 33:
Mt 5, 7
Mt 6, 12
1 Jo 4, 11

23 Deshalb ist es mit dem Königreich der Himmel wie mit einem Könige, der
24 mit seinen Knechten Abrechnung halten wollte. *Als er anfing abzurechnen,
25 wurde ihm einer vorgeführt, der zehntausend Talente schuldig war. *Da er
sie aber nicht bezahlen konnte, befahl der Herr, ihn mitsamt seiner Frau
und seinen Kindern und seiner ganzen Habe zu verkaufen, um damit die
26 Schuld zu bezahlen. *Da fiel der Knecht bittflehend zur Erde nieder und
27 sagte: Habe mit mir Geduld, und ich werde dir alles bezahlen. *Der Herr
jenes Knechtes hatte Erbarmen und gab ihn los und die Schuld erließ er ihm
28 auch. *Beim Hinausgehen traf jener Knecht einen von seinen Mitknechten,
der ihm 100 Denare schuldig war. Er packte ihn, würgte ihn und sagte: Be-
29 zahle, was du schuldig bist. *Da fiel der Knecht vor ihm nieder und flehte
30 ihn an: Habe Geduld mit mir, ich will dir's bezahlen. *Jener aber wollte
nicht, sondern ging hin und warf ihn ins Gefängnis, bis er die Schuld bezahlt
31 hätte. *Als nun seine Mitknechte solches sahen, was geschehen war, wurden
sie sehr betrübt und kamen und berichteten ihrem Herrn alles, was geschehen
32 war. *Da bestellte ihn sein Herr zu sich und sagte ihm: Du böser Knecht,
33 jene ganze Schuld habe ich dir erlassen, da du mich batest! *Mußtest du

Zu Vers 34:
Mt 22, 7
Mt 5, 26
Jak 2, 13
Zu Vers 35:
Mt 6, 14. 15

nicht auch dich erbarmen über deinen Mitknecht, wie ich mich über dich er-
34 barmt habe? *Und voller Zorn übergab ihn sein Herr den Folterern, bis
35 daß er ihm die ganze Schuld bezahlt hatte. *So wird auch mein himmlischer
Vater mit euch verfahren, wenn ihr nicht ein jeder seinem Bruder von
Herzen vergebt.

Die Gemeinde Jesu ist eine Zucht- und Kampfgemeinschaft wider alles Böse in ihrer Mitte; die Gemeinde Jesu ist eine Gebetsgemeinschaft. Daß die Gemeinde Jesu eine immerwährende Vergebungs-Bereitschaft ist, das will uns die Frage des Petrus und das Gleichnis vom nicht vergebungsbereiten Knecht sagen.

Petrus ergreift das Wort. Sechsmal ist in diesen zweieinhalb Kapiteln von Kap. 16 bis einschließlich Kap. 18 von Petrus' Worten die Rede. Seine Frage lautet: Wie oft muß man einem Bruder verzeihen? Er meint, man muß wohl sehr weit entgegenkommen und bereit sein zum Vergeben. Er meint, siebenmal sei die Zahl der Fülle und der Grenze. Mehr als siebenmal sei nicht nötig. — Jesus weist diese scheinbare Gutmütigkeit und Hochherzigkeit und Bereitschaft zum siebenmaligen Vergeben als ein menschlich enges und begrenztes Verhalten ab. Christus sprengt mit einem gewaltigen Wort auch dieses menschliche Maß. Nicht siebenmal, sondern siebzigmal siebenmal. Das heißt: Unbegrenzt ist das Maß des Vergebens!

Ein Gleichnis soll die Forderung erläutern. Ein „König", im weiteren Verlauf der Parabel „Herr" genannt, hat einem seiner Diener ein Darlehen gegeben (V. 27). Der betreffende Diener trieb damit ein Bankgeschäft. Die Schuld wird unermeßlich groß. 10 000 Talente sind etwa 50 Millionen Mark. Diese Summe ist eine schlechthin unbezahlbare Schuld. Um die Größe der Summe zu veranschaulichen, vergegenwärtige man sich z. B. das Jahresgehalt von Herodes Antipas, das etwa 200 Talente betrug, also etwa 1 Million Mark.

Der König des Gleichnisses stellt sich zunächst auf den Rechtsstandpunkt und gibt Befehl, den zahlungsunfähigen Diener samt Frau und Kindern und Habe zu verkaufen. Schon im Gesetz Mose (2 Mo 22, 2) ist der Verkauf des Schuldners als Sklave vorgesehen. Allerdings mußte der verkaufte Volksgenosse im 7. Jahr wieder freigegeben werden (2 Mo 21, 2). Der König befiehlt also, den Schuldner und alles, was er hat, zu verkaufen. Aber durch das inständige Flehen des Schuldners gerührt, läßt er ihn frei, ja schenkt ihm die ganze Schuld. So macht es tatsächlich der himmlische König auch, und zwar mit uns, die wir ihm eine unbezahlbare Summe schulden. Die Sündenschuld ist uns erlassen. So sehr hat uns Gott in seinem Sohn geliebt. Und nicht nur einmal, sondern millionenmal, täglich und reichlich vergibt uns Gott unsere Riesenschuld.

Kaum hat jener Diener im Gleichnis die unbezahlbare Riesenschuld erlassen bekommen, so geht er hin und tut mit seinem Mitknecht das gerade Gegenteil: Er stellt sich ihm gegenüber auf den Standpunkt des Rechts und bleibt trotz aller Bitten seitens seines Mitknechtes darin verharrend, obwohl es sich um die kleine Summe von 100 Denaren, d. h. um 70—80 Mark handelt.

Wir Menschen pflegen gern sehr „gerecht" zu sein gegen den Nebenmenschen, verharren im Rechtsstandpunkt ihm gegenüber, sehen seine Vergehungen gegen uns riesengroß und „wollen" nicht vergeben. — Jesus veranschaulicht uns, in welch furchtbaren Gegensatz wir mit unserer Unversöhnlichkeit zu Gott treten. Während wir fort und fort aus Gottes Vergebung leben und diese in einem Maße brauchen, das sich mit dem, was wir einander schulden, gar nicht vergleichen läßt, so versetzt uns jede Verletzung unserer Ehre in einen Zorn, der sich nicht begütigen läßt und vom Vergeben nichts wissen will, sondern nach Recht und Gericht schreit als nach absolut notwendigen Dingen. Gott muß es tragen, daß wir nichts nach ihm fragen, aber wir können den nicht tragen, der uns (nach unserer Meinung) nicht genug achtet. Vor Gott sagen wir ungescheut viel Verkehrtes; dagegen rächen wir jedes verkehrte Wort über uns an andern. Für Gott haben wir keine Zeit, kein Geld, kein Herz; wenn uns dagegen jemand nicht dankt und es an der Liebe gegen uns mangeln läßt, so dünkt uns das unerträglich! (Vgl. Schlatter S. 288)

Am Schluß des Gleichnisses zeigt uns Jesus die Folgen einer solchen Unbarmherzigkeit und Unversöhnlichkeit.

Wer nicht an Gottes Barmherzigkeit barmherzig wird und durch Gottes Vergebung vergeben lernt, hat die Gnade Gottes verscherzt.

Und verscherzte Gnade wirkt Gericht. Gottes Gnade verwandelt sich in Gottes Zorn. Wie ernst, wie ernst ist Jesu Wort vom Vergeben untereinander!

Es ist die umgekehrte Formulierung der Vaterunser-Bitte: „*Vergib uns unsere Schuld, wie auch wir vergeben unseren Schuldigern.*" Diesmal lautet die Formulierung: Du hast uns unsere Schuld vergeben, so wollen wir auch denen vergeben, die uns schuldig geworden sind.

Vgl. das zu Mt 6, 12 und 14 und 15 Gesagte auf Seite 72 ff. Es bleibt dabei: „Die Vergebung ist das Herzstück der Gemeinde Jesu. Wo jeder Bruder dem andern von Herzen vergibt, da können zwei eins werden im Gebet, da können sie einander zurechtweisen, das Verirrte suchen, das Verderbliche überwinden, die Kleinen schützen und die Erniedrigten hochachten, da ist Jesus in ihrer Mitte". (Vischer.)

Kapitel 19

Die Stellung der Gemeinde zu vier wichtigen Fragen.

I. Die Frage der Ehe — II. Die Frage nach dem Besitz — III. Die Frage nach dem Lohn — IV. Die Frage nach der wahren Größe

I. Die Frage der Ehe

Vers 1—9 (Mk 10, 1—12).

Zu Vers 1—9: Mk 10, 1—12
Zu Vers 1: Mt 7, 28; Mt 11, 1; Mt 13, 53; Mt 26, 1
Zu Vers 2: Mt 15, 30
Zu Vers 3: Mt 5, 31. 32
Zu Vers 4: 1 Mo 1, 27
Zu Vers 5: 1 Mo 2, 24; Eph 5, 31
Zu Vers 6: 1 Ko 6, 16; 1 Ko 7, 10
Zu Vers 7: 5 Mo 24, 1
Zu Vers 9: Mt 14, 4; Lk 16, 18

1 Und es geschah, daß Jesus diese Worte vollendet hatte[1]), brach er von
2 Galiläa auf und kam in das Gebiet Judäas, jenseits des Jordans. *Und es folgten
3 ihm große Volksmengen nach, und er heilte sie dort. *Und es traten zu ihm
die Pharisäer, die ihn versuchten und sprachen: Ist es wohl erlaubt, seine
4 Frau wegen irgendeiner Ursache zu entlassen? *Er aber antwortete ihnen und
sprach: Habt ihr nicht gelesen, daß der Schöpfer sie von Anfang an als Mann
5 und Frau gemacht hat? *Und er sprach: Darum wird der Mensch Vater und
Mutter verlassen und seinem Weibe anhangen [2]), und die zwei werden ein
6 Fleisch sein. *So daß sie nicht mehr zwei, sondern ein Fleisch sind. Was nun
7 Gott zusammengebunden hat, soll der Mensch nicht scheiden. *Sie sagten
zu ihm: Warum hat nun Moses geboten, einen Scheidebrief [3]) zu geben und
8 zu entlassen? *Er sagte ihnen: Moses hat euch wegen eurer Herzenshärtigkeit
gestattet, eure Frauen zu entlassen. Von Anfang an aber war es nicht so.
9 *Ich sage euch aber, wer seine Frau entläßt, — wenn es nicht wegen Unzucht
ist [4]) — und eine andere heiratet, der bricht die Ehe.

Fußnote 1, 2, 3, 4, s. S. 260

Die beiden ersten Verse sind inhaltlich sehr bedeutungsvoll, denn sie berichten von dem letzten und entscheidenden Gang Jesu nach Jerusalem. Und dieser Gang nach Jerusalem bedeutete für den Herrn den Gang in seinen Kreuzestod. Der Herr muß sich noch jenseits des Jordans aufhalten, weil er sich in besonderer Weise wieder in die Nähe seiner Feinde begibt.

Diese Tatsache des letzten Ganges hin nach Jerusalem verleiht den folgenden Worten Jesu eine ganz besondere und ernste Bedeutung. Zu drei wichtigen Fragen gibt Jesus seine Antwort, die zeigt, wie die Haltung seiner Jünger sein soll. Die Verbindungslinien zur Bergpredigt sind darin gekennzeichnet. Aus der Bergpredigt werden drei Fragen herausgenommen und jetzt weitergeführt. Es sind die Fragen nach der Ehe, nach dem Besitz, nach dem menschlichen Tun im Verhältnis zur Gnade.

Der Herr der Gemeinde ist der Herr des gesamten Lebens, ganz besonders des Alltags. Es ist bezeichnend, daß es gerade die Pharisäer sind, die Jesus die Ehefrage stellen, und daß sie sie als die Frage der Scheidung stellen. Sie nehmen damit noch einmal die Frage auf, die Jesus bereits in der Bergpredigt Kap. 5, 31 ff. beantwortet hatte (vgl. das dazu Gesagte, besonders über die jüdische Praxis der Ehescheidung und ihrer Folgen S. 59 ff.). Diese Frage führt zur Frage der Bedeutung des Gesetzes überhaupt und seiner Verwendung durch das Judentum. Es ist die Frage, ob man auf dem Wege der Erfüllung des Wortlautes des Gesetzes vor Gott gerecht werden kann oder nicht. Die Antwort Jesu verneint grundsätzlich diese Frage, an deren Bejahung gerade dem frommen Juden alles liegt. So wie Jesus in der Bergpredigt bereits von der äußeren Erfüllung der Gebote zur Erfüllung der Gebote „im Herzen“ gegangen war und eine solche Erfüllung als den eigentlichen Sinn der Gebote aufgezeigt hatte, so sagt Jesus hier, daß das Gebot Moses bezüglich des „Scheidebriefes“ in diesem Fall ein Zugeständnis an das böse menschliche Herz ist, daß es aber „von Anfang an“ nicht so war. Das Gesetz trägt bereits das Zeichen, daß Gott auf eine wirkliche Erfüllung seines Willens seit der Sintflut verzichtet hat. So ist das Gesetz in diesem Fall eine Regel, die nur noch verhindern soll, daß das Zusammenleben der Menschen ganz und gar der Unordnung verfällt. Wer aber wirklich nach dem Willen Gottes fragt, muß darüber hinausgehen, muß erkennen: „Gott fordert des Herzens Grund“ (Luther).

Auch im Judentum gab es im Gegensatz zu der laxen Praxis der Schule Hillels eine strengere Auffassung, die des Schammai, die die Ehescheidung nur nach eingehender Prüfung der Gründe zuließ und nur den „Ehebruch“ als Scheidungsgrund anerkannte.

Ein „Versuchen des Herrn“ (V. 3) seitens der Pharisäer liegt wohl darin, daß wegen der zwei verschiedenen Richtungen im Judentum in dieser Frage (Hillel und Schammai) die Fragesteller annahmen, die Anhänger einer Richtung würden sich bestimmt über Jesu Antwort empören. — Jesus ging jedoch über beide Meinungen weit hinaus, weil er eine zweite Ehe zu Lebzeiten des ersten Gatten unbedingt als Ehebruch verwarf; das mußte die Volksmenge empören, da es undurchführbar und über die Maßen streng erschien. Jesus will

[1]) Vgl. S. 9. V. 1 u. 2 sind Worte, mit denen Matthäus stets die Reden Jesu abzuschließen pflegt. In ihnen ist das Werk Jesu in knappen Sätzen zusammengefaßt als Wort und Tat. Beides aber ruft in die Nachfolge.

[2]) Das Wort wurde im Judentum speziell auf die eheliche Verbindung bezogen. Im Zusammenhang damit wurde das „Verlassen“ wesentlich spezieller als das Aufgeben aller anderen Bindungen verstanden.

[3]) Der Scheidebrief galt als gesetzliche Einrichtung, die Moses dem Volke Israel gegeben hat. Unter besonderen Verhältnissen wurde auch der Frau das Recht auf Scheidung zugestanden. (Vgl. Seite 61 u. 62.)

[4]) Die verschiedenen Handschriften zeigen, daß das Gebot im Zusammenhang mit Mt 5, 32 verstanden ist und den sich Scheidenden zugleich die Schuld an dem Ehebruch der Frau trifft, falls diese wieder heiratet.

mit seinen Worten: „Im Anfang war es nicht also" die ursprüngliche Ordnung wieder den Jüngern vorstellen. Für sie muß ganz kompromißlos, unabhängig von den staatlichen und zivilen Gesetzen, der reine Gotteswille maßgebend sein. — Der Unterschied zwischen Jesu Wort und der strengsten pharisäischen Schule (Rabbi Schammai) liegt jedoch darin, daß Jesus *grundsätzlich an der Unauflösbarkeit der Ehe als einer Schöpfung Gottes festhält* und auch in *dem* Fall, für den er die Scheidung zugesteht, *ein Durchbrechen des Willens Gottes sieht*. Aber dieses Durchbrechen war bereits in der Unzucht, dem Ehebruch, geschehen, und die Scheidung macht nur offenbar, daß die Ehe bereits zerbrochen ist. Das Judentum ging dagegen auch dort, wo es *streng vorging*, von der Möglichkeit einer Lösung der Ehe infolge Ehebruch als einem von Gott gegebenen *Rechtsgrundsatz* aus.

Die Stellen Mk 10, 11 f. und Lk 16, 18 (Parallelen zu unserer Stelle) sprechen nicht von dieser Möglichkeit der Scheidung, sondern nennen *jede* Scheidung einen Ehebruch. Dies ist kein Gegensatz zu dem Matthäus-Wort, und wir haben nicht etwa bei Matthäus bereits eine Erweichung zu sehen. Die Markus-Lukas-Parallele lehrt vielmehr, daß der Ehebruch (die Unzucht) nicht eine „*Möglichkeit*" der Scheidung gibt, sondern die *Ordnung Gottes* zerbricht und zerstört. Wenn wir allerdings Mt 5, 28 daneben stellen, so sehen wir, daß die wahre Ehe, so wie Gott sie mit seiner Schöpfung gemeint hatte, jenseits unserer Möglichkeiten liegt. Jesus aber proklamiert sie als Gabe, die mit dem durch ihn gebrachten Königreich der Himmel neu geschenkt ist.

> Überall da, wo wirklich Gottes Wille erfüllt wird, wo wirklich Ehe ist, ist Reich Gottes, Herrschaft Gottes, und mit rechter Eheführung zeugen die Christen von dem durch Jesus gebrachten Anbruch seines Königreiches. [5])
>
> Nach der Schöpfungsordnung Gottes und in der Heilsordnung Christi ist also die Ehe unauflöslich und infolgedessen die Wiederverheiratung eines Geschiedenen unerlaubt.

Zu Vers 11: 1 Ko 7, 7. 17

10 **Die Jünger sagten ihm: Wenn es in der Sache zwischen Mann und Frau so**
11 **steht, ist es nicht gut, zu heiraten. *Er aber sagte ihnen: Nicht alle begreifen**
12 **dieses Wort, sondern nur die, denen es gegeben ist. *Denn es gibt Verschnittene, die von Mutterleibe an so geboren sind, und es gibt Verschnittene, die sich selbst um des Himmelreichs willen verschnitten haben. Wer es begreifen kann, begreife es.**

Die Antwort der Jünger mit ihrem Erschrecken zeigt, daß sie den *Ernst der Worte Jesu wohl verstanden haben*. In gleicher Weise erschrecken sie wenig später über Jesu Worte bezüglich des Reichtums. Und die Antwort, die Jesus dort gibt, ließe sich auch auf diesen Ausruf der Jünger hier übertragen. Allerdings ist es menschlich gesehen eine Unmöglichkeit, die rechte Ehe so zu führen, *wie Gott sie gewollt hat*, aber so, wie bei Gott

[5]) Die Meinung der meisten Ausleger, Jesus wolle sagen, in dem Fall des „*Ehebruchs*" sei der Mann berechtigt, die Ehe zu scheiden, und er könne damit die Auflösung der Ehe und eine zweite Ehe sanktionieren, ist ein *Irrtum*. Denn damit hätte Jesus laxer geurteilt als das mosaische Recht; der jüdische Richter verurteilte eine Frau, die nachweislich Unzucht trieb, samt ihrem Liebhaber zum Tod. Scheidung kommt in diesem Fall schon gar nicht in Frage. Was Jesus dazu gesagt hat, kann man im Joh. Ev. 8, 1—11 lesen.

Sowohl ein *Mann* als auch eine *Frau* können die Ehe besudeln und brechen, sie können aber nach göttlichem Recht nicht rechtmäßig scheiden und nicht auf Grund solcher Scheidung eine neue Ehe schließen. Sie können den Heiligen Geist betrüben, aber sie können nicht die Sünde sanktionieren. Sie können die Gnade des Schöpfers verneinen, aber sie können sie nicht außer Kraft setzen durch irgend ein *Notrecht*. (Wilhelm Vischer S. 85.)

Ehescheidung ist also in jedem Fall untersagt.

kein Ding unmöglich ist, so *ist auch eine rechte Ehe sein Geschenk*.

V. 11 bezieht sich auf das folgende Wort, wird am Ende von V. 12 noch einmal aufgenommen und weist damit schon daraufhin, daß es sich in V. 12 um ein Gleichniswort handelt. Als solches gibt es keine allgemein gültige Regel, sondern weist nur auf eine Möglichkeit hin, zu der ein Jünger allerdings geführt werden kann, die *Möglichkeit des Verzichtes* um des Königreiches der Himmel willen. Jesus stellt den Verzicht allerdings nicht als eine zeitweilige Möglichkeit hin, von der man wieder zurückweichen kann, sondern, da er von Verschnittenen spricht, meint er den Verzicht ebenso radikal, wie er vorher das *Ja* zur Ehe als ein uneingeschränktes Ja gelehrt hat, von dem es ebensowenig ein Zurück geben kann. *So wird durch dieses letzte Wort über die Ehelosigkeit noch einmal die Unbedingtheit der Ehe betont*. Das Wort muß umsomehr erstaunen, *als die Ehe für den Juden eine Pflicht war*. Aus 1 Mo 1, 27 wurde geschlossen, daß der Mensch erst in der Ehe wirklich zu *dem* Menschen wird, als den ihn Gott gemeint hat.

Trotzdem wußte auch das Judentum bereits um die Möglichkeit, daß einer um des Gesetzes willen auf die Ehe verzichten kann. So wird von Ben Azzai erzählt, er habe seine Ehelosigkeit mit den Worten verteidigt: *Meine Seele hängt an dem Gesetz* (da bleibt für die Ehe keine Zeit), *mag die Welt durch andere erhalten werden!* (St-B zur Stelle.) So werden wir Jesu Wort auch nicht als Forderung zur *Askese* verstehen dürfen, sondern als *Hinweis*, daß es möglich sein kann, daß einer, um für das Reich Gottes zu *wirken* (nicht, um es zu gewinnen!), auf die Ehe verzichtet. So haben *Jesus* selbst, *Johannes der Täufer* und später *Paulus* gehandelt. Für den Christen steht aber beides nebeneinander offen: *Der Gebrauch der Gaben Gottes und der Verzicht*, aber jedes muß ganz ergriffen werden, so daß der Verzicht auf die Ehe mit einem Verschnittensein gleichbedeutend ist. „Aber das Opfer, das der Jünger darbringt, ist nicht das des *Büßers*, sondern das der *Liebe*". (Schlatter.)

Zu Vers 13-15:
Mk 10, 13—16
Lk 18, 15—17
Zu Vers 13:
Mt 9, 18
Zu Vers 14:
Mt 18, 2. 3

13 **Da brachten sie ihm Kinder, damit er ihnen die Hände auflege und** (über
14 ihnen) **bete. Die Jünger aber bedrohten sie. *Jesus aber sprach: Lasset die
Kinder und hindert sie nicht, zu mir zu kommen; denn ihnen gehört das
15 Königreich der Himmel. *Und nachdem er ihnen die Hände aufgelegt hatte,
zog er von dannen.**

Es war im jüdischen Volk Sitte, Kinder zu den „Gesetzeslehrern" zu bringen, daß sie gesegnet würden. Der Segen gottesfürchtiger Menschen war nicht nur ein frommes Wort, sondern hatte die Bedeutung einer wirklichen Gabe. (Vgl. 1 Mo 27.) So haben „sie" (Frauen, Mütter?), die die Kinder brachten, vielleicht nur dieser Sitte gemäß gehandelt. Aber es wurde etwas anderes daraus, weil Jesus ja etwas anderes ist als nur ein Rabbi oder ein frommer Mann. Dies wird uns sofort klar, wenn wir bedenken, daß das Auflegen der Hände bei Jesus das äußere Zeichen darstellt, mit dem er die Heilung spendet, und das Gebet Jesu immer dort genannt wird, wo er in entscheidenden Augenblicken die Kraft vom Vater erbittet. Ist also die Gabe Jesu, die er den Kindern gibt, die gleiche, die er allen Hilfe und Heilung Suchenden bietet, so wird *verständlich*, warum das große Wort V. 14 in diesen Zusammenhang gehört; denn mit dieser Gabe gibt er das Reich der Himmel (Mt 12, 28!). Besonders deutlich wird hier aber, daß diese Gabe Jesu *verborgen* bleibt und nur im Glauben ergriffen und begriffen wird; denn das Geben geschieht hier in der gleichen Form, wie sonst ein Rabbi Kinder segnet.

Über V. 14 vgl. zu 18, 3: Es erscheint ein wenig gefährlich, in dem Wort Jesu: „den Kindern gehört das Himmelreich" eine „allgemein gültige Entscheidung" zu sehen (so Schlatter), da man nur allzuleicht dann zu fragen beginnt, worin der Vorzug der Kinder besteht. Genauer übersetzt heißt es: solcher Art Gesinnten ist das Reich Gottes. Wie ist denn nun die Gesinnungsart und das Verhalten des kleinen Kindes? Es liegt in den Kindern etwas Doppeltes: Einmal die Demut und dann das Vertrauen. Ein Kind ist infolge seiner Demut immer bereit, sich beschenken zu lassen, es weiß um seine Kleinheit den „Großen" gegenüber. Und dann hat das Kind das ungeheuchelte Vertrauen, daß es der Vater gut mit ihm meint. Darum ist vielleicht die Frage nach der Bedeutung, die Jesus dem Kindsein beimißt, auch damit ganz schlicht zu beantworten, daß es das Vorrecht des Kindes ist, „Vater" zu rufen. (Mt 6, 9; Rö 8, 14 f.). — Aber dieses Vorrecht hat nur darum seine Bedeutung, weil Jesus uns den Vater bringt. Darum dürfen wir „Abba, Vater", rufen. Wir Erwachsenen müssen in dieser Beziehung erst wieder zu Kindern werden, in der schlichten einfältigen Hingabe an Ihn. Also wir betonen: Weder diese Stelle, noch Mt 18, 3 sind als Lobpreis kindlicher Unschuld zu verstehen. Die moderne romantische Verherrlichung des Kindes lag der Zeit Jesu fern. (Wir verweisen auch noch auf das zu Mt 18, 3 ff. Gesagte.)

II. Die Frage nach dem Besitz

Mt 19, 16—30 (Mk 10, 17—31 Lk 18, 18—30)

Zu Vers 16-30: Mk 10, 17—31 Lk 18, 18—30
Zu Vers 16: Rö 2, 7
Zu Vers 17: Lk 10, 26—28
Zu Vers 18: 2 Mo 20, 12—16 5 Mo 5, 17—20
Zu Vers 19: 2 Mo 20, 12—16 3 Mo 19, 18
Zu Vers 21: Mt 6, 20; 5, 48 Lk 12, 33; 16, 9
Zu Vers 22: Ps 62, 11

16 Und siehe, einer trat zu ihm und sagte: Meister[6]), was für ein gutes Werk
17 soll ich tun, damit ich das ewige Leben haben möge? *Er aber sprach zu
ihm: Was befragst du mich über das Gute? (Nur) **einer ist der Gute.**
Wenn du aber in das ewige Leben eingehen willst, so halte die Gebote.
18 *Spricht er zu ihm: Welche? Jesus aber sagte: Diese: du sollst nicht töten,
du sollst nicht ehebrechen, du sollst nicht stehlen, du sollst nicht falsch
19 Zeugnis geben. *Ehre Vater und Mutter, und liebe deinen Nächsten wie
20 dich selbst. *Spricht der Jüngling zu ihm: Dies alles habe ich gehalten,
21 was fehlt mir noch? *Jesus sagte zu ihm: Wenn du vollkommen sein
willst, so gehe hin und verkaufe deine Güter und gib sie den Armen, und
22 du wirst einen Schatz im Himmel haben, und komm und folge mir. *Als
der Jüngling dies Wort hörte, ging er traurig hinweg; denn er hatte
viele Güter.

Die Frage des Jünglings ist zur Zeit Jesu nicht ungewöhnlich. Er fragte nach dem Guten, das er tun soll über die einfache Rechtspflicht hinaus. Er will etwas aus freier Liebe tun und nicht nur Übertretungen vermeiden, von einem negativen Halten der Gebote zu positiven Leistungen, zu überschüssigen guten Werken kommen.

Die Antwort Jesu geht ganz in den Bahnen des AT, denn das NT kennt als Gottesnamen nicht den Ausdruck „der Gute". Aber auch im NT ist das Gute stets nur in der Verbindung mit Gott, dem Guten, gesehen. Mi 6, 8 steht dem Wort Jesu am nächsten. So ist die Antwort Jesu dahin zu ver-

[6]) Die Handschriften von Vers 16 und 17 sind nicht einhellig. Die Koine und die C-Handschrift haben, wie auch die lutherische Übersetzung, die Anrede: „Guter Meister" und entsprechend Jesu Antwort: Was nennst du mich gut? Dieser Text entspricht der Markus-Parallele. Jesus hat die Anrede „guter Meister" zurückgewiesen. „Darin zeigt sich jedoch die Spannung in seinem Leben, daß er zugleich der ist, der auf der Seite der Sünder steht, und zugleich der Sündlose ist. Es steht hart nebeneinander, daß Jesus ganz von den Sündern getrennt ist und daß er ganz zu ihnen gehört." (Schniewind). Vgl. Hbr 7, 26 und 4, 15. Daß auch Matthäus den Markus-Text gekannt haben mag, zeigt sich in der Spannung, die zwischen der Frage des Jünglings, wie er sie nun bringt, und der Antwort Jesu besteht, die wir in der Übersetzung damit zum Ausdruck bringen, daß wir in der Frage des Jünglings „was für ein gutes Werk" und Vers 17 in Jesu Antwort „Nur einer ist der Gute" übersetzt haben. (Nebenbei sei bemerkt, daß auch Lukas (18, 18 f.) die Markus-Lesart hat.)

stehen, daß er die Frage des Jünglings nach dem *überschüssigen* „*Werk des Guten*" umbiegt zur Frage nach dem *Guten*, die ihre Antwort findet in der Offenbarung des *Willens Gottes*, wie wir sie in den Geboten finden.

Die Gegenfrage des Jünglings zeigt, daß er die Antwort Jesu im Zusammenhang der jüdischen Frömmigkeit versteht. Diese hatte aus dem Gesetz eine große Zahl von Geboten gemacht (613), so daß die Frage: „*Welche Gebote?*" wohl verständlich ist.

Die darauf folgende Antwort Jesu ist im Zusammenhang mit seiner Forderung zu verstehen, die er auf die Versicherung des Jünglings, er habe dies alles gehalten, stellt.

Wir dürfen diese Versicherung des Jünglings nicht einfach als *falsches, irriges Selbstbewußtsein*, als *Selbstgerechtigkeit* verstehen, die sich über sich selbst täuscht. Nach jüdischer Gesetzesauffassung war es durchaus möglich, das *Gesetz* zu halten. In den *Erzvätern* und auch in *Moses* sah man Menschen, die dies erreicht hatten.

Der Fehler des Jünglings lag nicht darin, daß er seine eigenen Übertretungen nicht erkannt hätte, sondern darin, daß er die *Auslegung*, die Jesus dem Gesetz gab, wie sie in der *Bergpredigt sichtbar* ist, nicht begriff. Er begriff nicht, daß Gott nicht einzelne Werke fordert, die der Mensch dann vorweisen könnte, sondern den **ganzen** Menschen, *und zwar nach Gedanken, Worten und Taten*. Erst wenn wir diese Einheit des ganzen 19. Kapitels erkannt haben, wie Jesus in der Stellung zur Ehe, und auch in seinem Segnen der Kinder, wie hier in der Stellung gegenüber dem Besitz, den *ganzen* Menschen, *die völlige Hingabe an Ihn, den Herrn, fordert*, erst dann verstehen wir seine Forderung, die er an den Jüngling stellt. Es ist nicht sicher, ob der Jüngling dies überhaupt erkannt hat, daß er bei der Ablehnung der Forderung in Wahrheit sich selbst dem Zugriff Gottes entzieht, der ihn in der Forderung Jesu erreicht. Es kann auch sein, daß er die Forderung einfach als Antwort auf seine Frage nach „dem guten Werk" verstanden hat und traurig war, daß er dieses Werk nicht vollbringen konnte. Es gibt eine Reihe Erzählungen aus der Zeit Jesu, die von Menschen berichten, die Gleiches geleistet haben; aber auch sie haben nicht das getan, was Jesus meint, wenn sie meinten, damit nun ein *äußerstes gutes Werk vollbracht zu haben*. In Wahrheit ist Jesu Forderung der Hinweis auf das „*Eine große Gebot*", auf das *erste Gebot* (Schniewind), **Gott über alle Dinge zu lieben.**

Zu Vers 24: Mt 7, 14; Lk 6, 24
Zu Vers 25: Mt 7, 28
Zu Vers 26: 1 Mo 18, 14; Hio 42, 2; Sach 8, 6; Lk 1, 37
Zu Vers 27: Lk 5, 11. 28

23 Jesus aber sprach zu seinen Jüngern: Wahrlich (Amen), ich sage euch:
24 Schwerlich werden die Reichen in das Reich der Himmel eingehen. *Noch-
mals aber sage ich euch: Leichter ist es, daß ein Kamel durch ein Nadelöhr
25 gehe, als ein Reicher ins Reich Gottes[7]). * Als seine Jünger dies hörten,
erschraken sie sehr und sprachen: Wer kann dann gerettet werden?
26 * Jesus sah sie an und sagte zu ihnen: Bei den Menschen ist dies unmöglich,
27 bei Gott aber ist alles möglich. *Da antwortete Petrus und sprach zu ihm:
Siehe, wir haben alles verlassen und sind dir nachgefolgt. Was wird uns da-
für werden?

[7]) Zu diesem Gleichniswort vgl. folgende sprichwörtliche Wendungen aus dem zeitgenössischen Judentum, die zeigen, daß es wörtlich gemeint ist als das Bild der völligen *Unmöglichkeit*. Die beiden Sprichwörter lauten: „Gott läßt den Menschen (im Traum) nur die Gedanken seines Herzens sehen." — „Du kannst es auch daraus erkennen, daß man keinen Menschen (im Traum) eine Palme aus Gold oder einen Elefanten, der durch ein Nadelöhr geht, sehen läßt." — An dergleichen denkt niemand, deshalb träumt er nicht davon. Es ist solches Traumgeschehen eine völlige Unmöglichkeit. St.—Bi. So sind die Erklärungsversuche zurückzuweisen, die etwa unter Nadelöhr das kleinste Tor in der Stadtmauer verstehen wollen, als habe Jesus *nicht* so schroff die Unmöglichkeit betonen wollen, daß die Reichen in das Reich Gottes eingehen können. Gerade das *völlig Unmögliche* wollte er mit dem Gleichnis darstellen.

Das Hindernis, das den Jüngling von der Nachfolge zurückhielt, in der er seine völlige Hingabe an Gott hätte erweisen können, „sein Reichtum", löst in dem Offenbarwerden der mit ihm verbundenen Gefahr das Gespräch über den Reichtum aus. Bei dem Gespräch mit dem Jüngling ging es zunächst nicht um den Reichtum als solchen, sondern um die Frage, wie die Forderung Gottes (das erste Gebot) zu erfüllen sei. Erst wenn sich erweist, daß der „Besitz" sich dieser Erfüllung in den Weg stellt, tritt die Gefahr des Reichtums in den Vordergrund. Die beiden Worte, in denen Jesus die Gefahr des Reichtums (des Besitzes) nennt, waren für jüdische Ohren besonders ärgerlich, sah man doch in dessen Besitz einen Beweis des Segens Gottes, so daß gerade die Frommen darum besonders an dem Reichtum hingen.

Jesus aber hat eine andere Seite des Reichtums im Auge. Es ist ja nicht nur Gabe Gottes, Erweis seiner Liebe, wo er den Reichtum gewährt, sondern — und für uns meist in erster Linie — etwas, über das wir verfügen, auf das wir unser Vertrauen setzen und das sich darum zwischen Gott und uns schiebt. Darum hatte Jesus die Armen selig gepriesen, weil schon ihre äußere Lage sie auf Gott hinwies, sie von ihm abhängig machte. (Lk 6, 20; Mt 5, 3). So verstehen die Jünger den Meister aber auch richtig, wenn sie entsetzt fragen: Wer kann dann selig werden? Sie sehen in Jesu Worten keine Verurteilung einer bestimmten Gruppe von Menschen, sondern die Ablehnung einer Haltung, die mehr oder weniger jedem Menschen eigen ist und die bei den sichtbar Reichen nur besonders deutlich in Erscheinung tritt.

Das Erschrecken der Jünger in V. 25 ist eine Reaktion, die immer zeigt, daß Menschen etwas von dem Wesen des Wortes Jesu und seiner Sendung erkannt haben, nämlich, daß er „mit Vollmacht" (Mt 7, 28) redet. Es ist die Gegenwart Gottes, die durch alle Verborgenheit hindurch blitzartig sichtbar wird im Wort und auch in seinem Werk. Darum war solches Erschrecken schon die Reaktion des Herodes gewesen. (Mt 2, 3: im Griechischen dort allerdings ein anderes Wort, das mehr bei sichtbaren Erscheinungen Gottes in seinem Engel (Lk 1, 12) und bei Jesus als Sohn Gottes (Mk 6, 50; Mt 14, 26; Lk 24, 38) gebraucht wird, inhaltlich aber das Gleiche bedeutet.) Immer wieder erschrecken die Menschen vor dem Offenbarwerden Jesu in seinem Wort und Werk, wie Adam vor der Begegnung mit Gott erschrak nach seinem Fall.

Jesus bestätigt, daß die Jünger mit ihrer erschrockenen Frage im Recht sind, so wie sie auch im Recht waren, als sie aus Jesu Worten schlossen, daß es besser sei, unverheiratet zu bleiben (V 10). Es liegt allerdings nicht im Bereich der menschlichen Möglichkeiten, so zu leben, wie Gott es eigentlich mit den Menschen im Sinn hat. Das zeigt sich in der Haltung, die jeder Mensch dem Besitz gegenüber einnimmt, wie es sich auch in der Einstellung zur Ehe zeigt. Aber Jesus ist nicht gekommen, um uns nur dies zu zeigen, sondern er zeigt uns auch die Möglichkeit, die Gott gibt, so zu leben, wie Er will. Weil in Jesus uns Gott in Liebe begegnet, brauchen wir uns nicht mehr auf die Güter dieser Welt zu verlassen, in Abhängigkeit von ihnen zu leben. Paulus hat uns 1 Ko 7 gezeigt, wie sich unser Leben als Christen durch diese von Gott geschenkte Möglichkeit gestaltet. *„Haben, als hätten wir nicht!"*

27 Da antwortete Petrus und sprach zu ihm: Siehe, wir haben alles verlassen und sind dir nachgefolgt. Was wird uns dafür werden?

Die Antwort des Petrus klingt zweideutig, und Petrus erhält darum auch eine doppelte Antwort. Die Frage klingt einmal so, als wollte Petrus auf die Nachfolge, auf das Verlassen allen Besitzes als auf ein *Werk* hinweisen, das die Jünger geleistet haben. In diesem Falle hätten die Jünger noch nicht das getan, was Gott erwartet, sie haben doch nur etwas — zwar sehr viel, alles — hingegeben, aber *nicht sich selbst*, denn Petrus weist ja noch darauf hin: Sieh, was haben wir *getan!* Es klingt in der Antwort des Petrus noch das Rühmen, das doch ausgeschlossen sein muß, wenn die Hingabe nicht mehr unser Werk, sondern Gottes *Geschenk* ist (Rö 3, 27; 4, 2).

Aber wir können die Antwort Petrus' auch als *demütiges* Bekenntnis nehmen, das sagen will: Herr, wir überlassen uns ganz dir, wir möchten diese Möglichkeit ergreifen, die du uns schenkst. Und darauf folgt die köstliche Antwort Jesu, daß solche Hingabe wahrlich nicht ohne Lohn bleiben wird. Einmal wird *dem*, der alles um Jesu willen aufgibt, dies alles wiedergegeben in der Gemeinde: „Längst vermißte Brüder find ich nun in seinen Jüngern wieder." (Novalis.) Aber darüber hinaus verheißt der Herr das ewige Leben, und diese Gabe ist der eigentliche Lohn der Nachfolge.

Zu Vers 28:
Mt 20, 21
Mt 25, 31
Lk 22, 30
Jo 3, 5
Offb 3, 21; 20, 4
Da 7, 9
Zu Vers 29:
Mt 13, 44
Hbr 10, 34
Zu Vers 30:
Mt 20, 16
Lk 13, 30

28 **Jesus aber sprach zu ihnen: Wahrlich** (Amen), **ich sage euch: Ihr, die ihr**
mir nachfolgt, werdet in der Wiedergeburt, wenn der Menschensohn auf
dem Thron seiner Herrlichkeit sitzen wird, auch selbst auf zwölf Thronen
29 **sitzen und die zwölf Stämme Israels richten** (regieren). ***Und jeder, der**
Häuser oder Brüder oder Schwestern oder Vater oder Mutter oder Kinder
oder Äcker verläßt um meines Namens willen, wird es vielfältig wieder
30 **empfangen und das ewige Leben ererben. *Viele Erste aber werden Letzte**
und Letzte Erste sein.

Um dies noch stärker in den Mittelpunkt zu stellen, hat Matthäus hier noch das Wort V. 28 mitgeteilt, das Markus und Lukas nicht bringen. (Lukas bringt ein entsprechendes Wort in einem anderen Zusammenhang, 22, 28—30.) Es verheißt den Jüngern die Teilnahme an der Regierung im Reiche Gottes, das als die Wiederkehr des Reiches Israel gezeichnet wird.

Von besonderer Bedeutung ist in diesem Wort der Begriff „Wiedergeburt", den wir zu leicht auf einen inneren Vorgang im einzelnen Menschen beschränkt sehen. Gewiß gibt Jo 3, 3 uns das Recht, die *neue Geburt* auch als einen solchen Vorgang zu verstehen, der sich am einzelnen Menschen vollzieht, doch wäre es nicht neutestamentlich, ihn darauf allein beschränkt zu verstehen. Der Begriff selbst begegnet uns nur noch Tit 3, 5, aber die Sache selbst ist für das ganze NT und stets wie hier ausgerichtet auf das von Jesus verheißene neue Reich. Zwar hat Christus uns dies neue Sein bereits hier gegeben, aber es ist noch verborgen und ist auf das Offenbarwerden in der Herrlichkeit gerichtet. (Kol 3, 3 f.)

So steht das Leben des Christen immer unter diesem doppelten Aspekt dessen, was uns bereits als Angeld (2 Ko 1, 22 und Eph 1, 14) gegeben ist, und dessen, was wir noch zu erwarten haben. Unser Wort mahnt uns, auf dies zweite zu sehen, daß sich das, was Wiedergeburt heißt, erst voll und ganz und eigentlich in der *Vollendung* zeigen wird.

Rückblick auf Kapitel 19.

Das 19. Kapitel hat seine Einheit in der Beziehung zur Bergpredigt. Es sagt nichts anderes, als was die entsprechenden Worte *dort* sagen, aber es bringt dies im Gespräch mit den *Pharisäern*, bzw. mit dem *Jüngling* und den *Jüngern* in seiner **Unbedingtheit** zur Geltung. Was für die *drei* besonderen Fälle hier deutlich wird (*Ehe*, *Kindsein* und *Be-*

sitz), gilt entsprechend für jedes andere Gebot. In jedem Gebot fordert Gott „den ganzen Menschen" Aber niemand kann diese Forderung aus eigener Kraft erfüllen. Doch Gott schenkt die Möglichkeit der Erfüllung.

„Die Reihenfolge der Erzählungen in Kapitel 19 stellt die menschliche Torheit in ein helles Licht.

Zuerst kamen die zu Jesus, die sich verwunderten, daß sie ihre Frauen nicht verlassen durften.

Dann kam einer, der sich sehr verwunderte, daß er sein Geld verlassen sollte. Nach Jesu Meinung soll ein Mann seine Frau nicht verlassen, wohl aber imstande sein, sein Geld zu „verlassen". Er kehrt damit die menschliche Meinung um.

Die Kinder nahm er auf, von denen es den Jüngern schien, sie nützten nichts.

Den Reichen ließ er gehen; wieviel hätte er ihm und den Seinigen nützen können! Er kehrt auch damit unser Urteil um.

Der Streit zwischen seinen Gedanken und unseren Gedanken rührt immer daher, daß Jesu Gnade hoch über unseren Gedanken steht. Für die Frauen sorgt er; denn sie haben ein Herz, das Liebe bedarf und erwidert; für das Geld sorgt er nicht; denn es ist ein herzloses, totes Ding. Die Kinder nahm er auf, denn sie ließen sich willig von ihm segnen; den Reichen schickt er fort; denn er war ja reich, kühn und groß, ein Täter des göttlichen Gebotes ohne Makel: was soll ich tun, was fehlt mir noch?

Solcher, die wie Kinder sind, ist das Himmelreich; von dieser Regel wich Jesus nicht, hat sie vielmehr eben jetzt aufs neue bestätigt, da er uns so ergreifend sichtbar macht, was Vollkommenheit ist, wie hoch unsere Liebe emporfahren, wie frei sie sich von jeder Rücksicht machen darf. Die Größe hat aber mit unserer stolzen Zuversicht nichts zu tun. Zum armen, schwachen Kind hat ja Jesus soeben den Reichen gemacht, damit er das Himmelreich finde. Ehe er gedemütigt und beschämt unter der Last seines Geldes, von der er sich nicht frei zu machen verstand, zusammenbricht, ist er für Gottes Reich zu groß". (Schlatter S. 300.)

Jesus hat die Frage des Petrus: **„Was wird uns dafür, daß wir alles verlassen haben und dir gefolgt sind?"** mit einer über alles Erwarten gewaltigen Zusage beantwortet. Der erste Teil dieser Zusage bestand darin, daß der Menschensohn als der hingerichtete König der Juden der von Gott erhöhte König Israels sein wird. Und die zwölf Auserwählten werden die Stämme Israels richten. „Nach dem Bericht des Matthäus (7, 21 ff.; 10, 32 f.; 16, 27; 25, 31—46) wird Jesus selbst richten, in enger Verbindung mit dem Vater. Er wird es tun als der Menschensohn, der sich selbst erniedrigt und seine Macht verhüllt hat und von den Menschen hingerichtet worden ist. Das bestimmt sein Richten, wenn er auf dem Throne seiner Herrlichkeit sitzt. Je nachdem Menschen ihn in seiner armen Gestalt angenommen oder abgelehnt haben, wird er sie zu der ewigen Freude eingehen lassen oder stößt er sie in die ewige Pein hinaus.

Da Mt 25, 31 und 32 steht, der Menschensohn werde in diesem Sinne unter „allen Völkern" die Böcke von den Schafen scheiden, könnte man denken, mit dem Worte 19, 28 betraue er seine Jünger mit dieser Aufgabe in bezug auf das auserwählte Volk. Aber davon, daß er gerade das wichtigste Stück seiner richterlichen Tätigkeit aus den Händen geben will, kann keine Rede sein. Er selbst wird das neue Israel aufrichten. Die auserwählten Zwölf sind jetzt schon die Vertreter des neuen Israel. Sie, die jetzt dem von seinem Volke abgelehnten König Gefolgschaft leisten und deshalb gebannt und aus dem alten Israel ausgeschlossen werden, sie werden die zwölf Stämme des neuen Israel als seine bevollmächtigten Minister „regieren".

Das ist das Erste, was Jesus nach dem Bericht des Matthäus auf die Frage des Petrus geantwortet hat, was nämlich den Jüngern dafür zuteil werde, daß sie alles verlassen haben und ihm nachgefolgt sind." (W. Vischer S. 102.)

Das Zweite, was Jesus als Antwort auf die Frage des Petrus sagt, gilt jedem, der um Jesu Namen willen etwas verlassen hat. „Dieser zweite Spruch sagt, daß jeder, der um Jesu willen ein Gut (in der Aufzählung werden vor den materiellen Gütern die Familienglieder namhaft gemacht!) aufgibt, dadurch nicht ärmer, sondern viel (Markus sagt hundertmal) reicher wird. Jesus betont: wer etwas **„um meines Namens willen"** verläßt, d. h. um meiner Person willen, weil ich ihm mehr wert bin als die liebsten Menschen, und weil das, was ich ihm gebe, ihm mehr wert ist als alles, was er besitzt . . . Das Versprechen gilt denen nicht, die ihre Angehörigen oder ihren Besitz aus Spekulation oder wegen eines asketischen Ideals fahren lassen, weil sie etwa das Irdische an und für sich geringschätzen oder meinen, sie könnten etwas damit verdienen, daß sie sich schmerzliche Entbehrungen auferlegen. Jesus hat mit diesem Spruch ebensowenig wie mit dem Wort an den reichen Jüngling gesagt, die Gaben Gottes seien zu verachten oder sie seien dazu gegeben, daß wir durch Entsagen eine höhere Stufe erlangen sollten. Wohl aber sagt Jesus hier wie an mancher anderen Stelle, z. B. in den Gleichnissen vom Schatz im Acker und von der kostbaren Perle (13, 44—46), daß das, was er in seiner Person bringt, die Gabe aller Gaben ist, und daß die, die diese Gabe empfangen wollen, gegebenen Falles alles andere fahren lassen müssen." (Vgl. Vischer.)

Die Frage des Petrus: „Was wird uns dafür, daß wir alles verlassen haben und dir gefolgt sind?" bekommt als Schlußantwort einen sehr ernsten Spruch: **„Aber viele Erste werden Letzte sein und Letzte Erste".** (V. 30) — Petrus sieht auf den reichen Jüngling, der fortging, und die Gedanken des Petrus werden sich vielleicht so gestaltet haben: Dieser reiche Jüngling ist ein Letzter — während er, der Petrus, gewiß zu den Ersten gehöre.

Aber der Erste möge wohl zusehen, daß er nicht der Letzte werde. Nicht der Anfang, sondern das Ende krönt des Christen Lebenslauf. Ein Erster kann zurückbleiben, und ein Letzter kann im Lauf vorankommen und ein Erster werden. Unser Auge sieht es noch nicht, wie das Ziel unseres Glaubenslaufes sein wird. So gewiß es ganz allein in der freien Gnade Gottes begründet ist, daß denen, die um Jesu willen etwas verlassen haben, daraus der größte Gewinn erwächst, so gewiß werden die Vielen enttäuscht sein, die für ihren Einsatz etwas anderes erwarten als die Gnade und Güte Gottes. Das folgende Gleichnis macht das anschaulich.

Kapitel 20

III. Die Frage nach dem Lohn.

Gibt es im Reiche Gottes überhaupt eine Lohnfrage?

Vers 1—16 (Lk 7, 40—47)

Zu Vers 1:
Mt 21, 33
Jes 5, 1—7
Zu Vers 2:
Mt 20, 13
Zu Vers 4:
Ko 4, 1

1 **Denn mit dem Reich der Himmel verhält es sich[1]) wie mit einem Haus-**
herrn, der gleich am Morgen ausging, um sich Arbeiter für seinen Weinberg
2 **zu mieten. *Er einigte sich aber mit den Arbeitern auf einen Denar Taglohn[2])**
3 **und sandte sie in den Weinberg. *Und er ging um die dritte Stunde[3]) aus**
4 **und sah andere auf dem Arbeitsmarkt stehen. *Und er sagte zu jenen: Gehet**

Fußnote 1, 2, 3, s. S. 269

Zu Vers 8:
3 Mo 19, 13
Zu Vers 9:
5 Mo 24, 14
Zu Vers 15:
Mt 6, 23
Mk 7, 22
Zu Vers 16:
Mt 19, 30

5 ihr auch in den Weinberg, und was recht ist, werde ich euch geben. *Sie aber
gingen hin. Wiederum ging er aus um die achte und neunte Stunde und tat
6 ebenso. *Um die elfte Stunde aber ging er aus und fand andere stehen und
7 sagte zu ihnen: Was steht ihr hier den ganzen Tag müßig? * Sie sagten zu
ihm: Niemand hat uns gemietet. Er spricht zu ihnen: Gehet auch ihr in
8 den Weinberg. *Als es Abend[4]) geworden war, sagt der Herr des Weinbergs
zu seinem Verwalter: Rufe die Arbeiter und zahle den Lohn aus. Fange bei
9 den Letzten an bis zu den Ersten. * Es kamen aber die um die elfte Stunde
10 Gemieteten und empfingen je einen Denar. *Und als die Ersten kamen, dachten
sie, sie würden mehr empfangen. Aber auch sie bekamen jeder einen Denar.
11 *Als sie ihn empfingen, murrten sie gegen den Hausherrn *und sagten:
12 Diese Letzten haben nur eine Stunde gearbeitet, und du hast sie uns gleich ge-
13 macht, die wir die Last und Hitze des Tages getragen haben. *Er aber antwortete
einem von ihnen und sagte: Freund[5]), ich tue dir kein Unrecht.[6]) Hast du
14 dich nicht mit mir auf einen Denar geeinigt? * Nimm, was dir gehört, und
15 gehe hin. Ich will aber diesem Letzten geben wie dir. *Darf ich nicht mit
dem Meinigen tun, was ich will? Oder ist dein Auge böse[7]), weil ich gut bin?
16 *So sollen die Letzten Erste und die Ersten Letzte sein.[8])

Das Gleichnis soll den Spruch 19, 30 erläutern und schließt darum mit der Wiederholung dieses Spruches: So, wie es das Gleichnis gezeigt hat, sollen die Letzten Erste und die Ersten Letzte werden. Damit liegt der Ton auf Vers 8, der Ordnung, in der die Arbeiter ihren Lohn empfangen. Jedoch im Zusammenhang des Gleichnisses ist damit nur aufgezeigt, wie sich die Güte Gottes gegen den Lohnanspruch der Ersten — im Gespräch sind dies die Jünger — wendet. Indem Jesus hier den eben vorher (19, 29) ausgesprochenen Lohngedanken auslegt, weist er ihn zurück im Sinne eines *Rechts*anspruches. Nach jüdischer Auffassung begründete der Lohngedanke eine unterschiedliche Behandlung, je nach der gezeigten Leistung. Diesen Gedanken weist Jesus zurück, da er den Lohngedanken mit der Güte Gottes verknüpft und ihn, gerade indem er ihn anwendet, eigentlich aufhebt. Dies gilt für die ganze Verkündigung Jesu. (Vgl. S. 51 zu Mt 5, 12). Es kommt besonders deutlich in der Parallele Mt 5, 46 = Lk 6, 32 zum Ausdruck, wo an der Stelle, wo Matthäus das Wort „*Lohn*" gebraucht, bei Lukas das Wort „*Gnade, Dank*" steht (vgl. aber auch die übrigen angeführten Stellen[9]). Der Ton liegt in unserem Gleichnis auf dem gleichen Gedanken der Zurückweisung jedes *Anspruchs*. Die Umkehr der

[1]) Wörtlich: Denn das Königreich der Himmel ist gleich . . . Mit dieser immer wiederkehrenden Formel (besonders in Mt 13) ist jedoch nicht ein Sein, ein Zustand innerhalb dieser Welt mit einem Zustand des Himmelreiches verglichen, sondern eine Weise des Verhaltens, hier des Hausherrn. Das soll mit der gegebenen Übersetzung zum Ausdruck gebracht werden.

[2]) 1 Denar = 1 Drachme (griech.) = ½ Schehel (jydisch) ist etwa 80 Pfg., ein für das damalige Palästina guter Tagelohn. Von R. Hillel wird erzählt, daß er anfänglich als Arbeiter ½ Denar verdiente. Ein hochqualifizierter Dokumentenschreiber verdiente täglich 2 Denare. Die Abeitszeit währte vom Sonnenaufgang bis zum Erscheinen der Sterne. Da der *Hin*weg zur Arbeitsstätte mit zur Arbeitszeit rechnet, mußte der Hausherr sich sehr früh auf den Weg machen.

[3]) Die Stundenzahl rechnet von 6 Uhr morgens an, die dritte Stunde ist also 9 Uhr, die 8. und 9. Stunde 14 Uhr bzw. 15 Uhr.

[4]) Die Lohnauszahlung konnte nach dem Ende der vereinbarten Arbeitszeit verlangt werden. (3 Mo 19, 13; 5 Mo 24, 15)

[5]) Die Anrede ist familiär, vielleicht zwar etwas geringschätzig in dem Sinne, wie ein Vater sein murrendes Kind anredet.

[6]) Die doppelte Verneinung bedeutet eine betonte Bejahung: Ich verfahre mit dir nach strengstem Recht (Klostermann).

[7]) Das böse Auge ist das mißgünstige Auge. Das gütige Auge ist stets mit dem guten Herzen zusammen genannt und umgekehrt. Das böse Auge wünscht dem andern Böses. Es kommt in diesem Sinn fast dem Fluch gleich.

[8]) Die Koine und C und D haben hier noch den Zusatz von den Berufenen und Auserwählten angefügt. Siehe Luther! Der Vers steht Mt 22, 14.

[9]) „Jesus hat oft genug gesagt, daß Gott einen Lohn gebe: Mt 5, 12. 46; 6, 1. 2. 5. 16; 10, 41. 42. Aber ebenso unmißverständlich hat er gesagt, daß alle, die Gott dienen, *um damit die Seligkeit zu „verdienen"*, die ewige Freude verfehlen werden. Wer gute Werke tut um des *Lohnes willen*, wird sich an der Güte Gottes nur ärgern. (Fortsetzung Seite 270.)

Ordnung der Auszahlung ist also nur eine äußerste Betonung dieser Zurückweisung. Daß die „Ersten" in keiner Weise vor den „Letzten" einen Vorrang haben, das kommt darin zum Ausdruck, daß sie nicht einmal in der Reihenfolge der Auszahlung als Erste ihren Lohn erhalten.

Andrerseits wehrt dieses Gleichnis einem Verständnis des Spruches 19, 30 = 20, 16, nach dem die Ordnung umgekehrt sei, als sei es nunmehr ein Vorteil: „Letzter" zu sein, Sünder und Zöllner zu sein. Es wird nicht unnötig sein, diese Auslegung des Spruches auch heute, in den Kirchen der Reformation, gebührend hervorzuheben, gegen ein unbewußtes Streben, aus dem Sünder-Sein oder aus der Sünden-Erkenntnis ein Vorrecht, einen Vorteil zu machen. Die Gefahr ist auf jeden Fall gegeben, daß an die Stelle eines pharisäischen Hochmutes ein Sünderhochmut tritt, der im Stillen denkt, wenn er es vielleicht auch nicht ausspricht: Ich danke dir, Gott, daß ich nicht bin wie der Pharisäer. So werden Erste Letzte und Letzte Erste sein, daß weder für den Ersten ein Vorteil daraus entspringt, noch für den Letzten ein Nachteil, weil Gottes Güte größer ist als diese Unterschiede.

Es zeigt sich hier, wie alles irdische Denken die Worte des Herrn Jesus nicht zu fassen vermag. Die Jünger meinten aus Jesu Wort an den Jüngling für sich einen Lohnanspruch entnehmen zu können. Jesus weist dies nicht ganz zurück, sondern sagt: Ja, ihr werdet Lohn empfangen, aber aller Lohn ist Gnade. Wiederum wäre es falsch, nun daraus zu schließen: Also ist es besser, Letzter zu sein. Nicht das ist gesagt; denn es bleibt dabei: daß die Ersten des Tages Last und Hitze getragen haben. Für die Menschen gibt es da schon Unterschiede, aber diese Unterschiede bedingen keinen Rechtsanspruch. So hatte Jesus schon von Johannes dem Täufer gesprochen (Mt 11, 11). So werden wir das, was das Gleichnis sagt, am besten dahin zusammenfassen, daß es von Gottes Güte und Gnade spricht, der gegenüber alle unsere Maßstäbe versagen (Schnie-

Darum haben sich viele Juden und gerade die, die sich am meisten abmühten, Gott zu dienen, an Jesus geärgert. Die Israeliten waren die ersten, die Gott in seine Arbeit rief. Sie wußten es einmal, daß dies für sie ein großes Vorrecht seiner Gnade war. Aber dann machten sie aus dem Gnadengeschenk immer mehr ein Mittel des Verdienstes nach dem Grundsatz: Die Thora ist Israel gegeben worden, damit sie durch sie Verdienst erwerben. Vergebens warnte und ermahnte Antigonos von Socho: „Seid nicht wie die Knechte, die dem Herrn dienen in der Absicht, Lohn zu empfangen, sondern seid wie die Knechte, die dem Herrn dienen ohne die Absicht, Lohn zu empfangen." Es wird erzählt, zwei seiner Schüler seien durch diesen Ausspruch an der Lohnlehre irre geworden, indem sie daraus den Schluß gezogen hätten, daß es überhaupt keine Vergeltung und keine zukünftige Welt gebe; infolgedessen hätten sie sich ganz von der Thora losgesagt und wären die Gründer der sadduzäischen Partei geworden. Die Mehrzahl der Schriftgelehrten verfocht den Satz: „Gemäß der Mühe ist der Lohn" (Aboth. 5, 23). Wie sie sich das Verhältnis von Gottesdienst und Gotteslohn dachten, zeigen die Varianten des Gleichnisses vom Arbeitgeber, der den Lohn auszahlt, in der rabbinischen Literatur. Ein Beispiel:

Ein König mietete viele Arbeiter, und es war da ein Arbeiter, der viele Tage bei ihm Arbeit tat. Es kamen die Arbeiter, um ihren Lohn zu empfangen, und jener Arbeiter kam mit ihnen. Der König sprach zu jenem Arbeiter: Ich werde dich besonders berücksichtigen, jenen, weil sie wenig Arbeit bei mir verrichtet haben, gebe ich wenig Lohn; aber dir werde ich eine große Belohnung geben. So haben die Israeliten in dieser Welt ihren Lohn von Gott begehrt, und die Völker begehren gleichfalls ihren Lohn von Gott. Und Gott sagt zu den Israeliten: Meine Kinder, ich werde euch besonders berücksichtigen, jene Völker der Welt haben bei mir wenig Arbeit verrichtet, und ich gebe ihnen wenig Lohn; aber euch werde ich eine große Belohnung geben.

Es ist fast die gleiche Geschichte, wie die, die Jesus erzählt hat. Umso deutlicher wird, wie Jesus durch die Wendung, die er dem Gleichnis gibt, den religiösen Standpunkt der jüdischen Frommen entwurzelt. Es ist gut zu verstehen, daß sie fanden, er zerstöre die Gerechtigkeit Gottes, und es lohne sich nicht, fromm zu sein, wenn nicht nur jedermann, in letzter Stunde sogar noch die müßigsten Eckensteher, in Gottes Arbeit berufen würden, sondern schließlich ihnen noch der gleiche Lohn ausbezahlt werde wie denen, die sich ihr Leben lang in den Geboten Gottes abgemüht haben. Man versteht, daß sie sich an der Güte Gottes ärgerten, und viele von ihnen so wie die Ersten im Gleichnis zu Letzten wurden, oder wie der ältere Bruder im Gleichnis vom verlorenen Sohn zornig wurde und sich selbst von der Freude ausschloß (Lk 15).

Doch hat Jesus mit diesem Gleichnis in erster Linie seine Jünger gewarnt. Sie sind aus Letzten Erste geworden. Sie sollten aufpassen, daß sie nicht wieder zu Letzten würden. Denn Gottes Güte kann wohl auch aus solchen, die jetzt Letzte geworden sind, wie der reiche Jüngling oder die Pharisäer, Erste machen. Ein Pharisäer, an dem das zur Verheißung für alle und für ganz Israel geschehen ist, ist Paulus." Vgl. Vischer, S. 108 ff.

wind), ohne jedoch eine vollkommene Gleichheit unter den Menschen in der zukünftigen Welt daraus zu entnehmen.

Einige praktische Gesichtspunkte sollen den Sinn des Gleichnisses noch einmal verdeutlichen:

Hat Angelus Silesius recht gesungen: Ich will dich lieben ohne Lohne[10])...? Ja und nein! Denn hier muß in biblischer Dialektik gedacht werden. Jesus „bejaht" die menschliche Lohnerwartung und hebt sie doch zugleich radikal auf. Er verheißt den Seinen (nicht nur an dieser Stelle!) reichen Lohn. Der Grundsatz, daß Gott keinen Dienst des Menschen unbelohnt läßt, steht ihm unerschütterlich fest. Darum kann Jesus Worte prägen, die scheinbar völlig dem jüdischen Lohngedanken entsprechen. Aber die Grenze und die völlige Zerschlagung dieses Gedankens zeigt unser Gleichnis. Du darfst Lohn erwarten! Aber in dem Augenblick, wo du ihn mit Bewußtsein erwartest, gehst du seiner verlustig; du wirst dann aus einem Ersten zu einem Letzten. Du hast kein Recht zu irgendeiner Lohn forderung; denn aller Lohn ist nur Gnadengeschenk, er kommt aus der souveränen, frei schenkenden Gnade Gottes, der der unumschränkte Herr ist. Die reformatorische Botschaft: „Aus Gnade, hier gilt kein Verdienen" ist in unserem Gleichnis deutlich zu lesen.

Die Frage: *„Was wird uns dafür?"* ist eine so echt menschliche Frage. Und die Antwort ist eine echt göttliche Antwort. Sie lautet: Alles ist Gnade. Daß du arbeiten darfst, ist Gnade; und aller Lohn ist nur Gnade.

Das Gleichnis läßt uns aber auch teilnehmen an einem Zwiegespräch zwischen Gott und Mensch. Jesus allein ist wirklich in der Lage, ein solches Zwiegespräch darzustellen, denn er kennt beide, „Gott und Mensch". Er ist „der Sohn des Menschen", der ganz unsere menschliche Art angenommen hat. Er wußte, was im Menschen war (Jo 5, 25). Er ist zugleich der „Sohn Gottes", der aus des Vaters Schoß kommt und der darum sagen darf: *„Niemand kennt den Vater, denn nur der Sohn"* (Mt 11, 27). Darum, weil er beide, Gott und Mensch, kennt, gibt er dem Zwiegespräch diese erschütternde Wucht. Er nur kann die Anklage des Menschen gegen Gott: „Du tust mir Unrecht" so überzeugend darstellen, daß wir den Menschen anschaulich sehen in seinem ganzen Aufbäumen gegen Gott. Nur Er kann aber auch die ruhige, überlegene Antwort so sieghaft vor den Menschen stellen: **„Mein Freund, ich tue dir nicht Unrecht."** Bei der Darstellung der Anklage des Menschen werden wir in die Gegenwart Gottes geführt. Dieses „Lohndenken" steht z. B. hinter der heute millionenfach geäußerten Frage: Womit habe ich das verdient? Wer so spricht, meint einen „anderen Lohn" verdient zu haben als die Lebensführung, die ihm auferlegt ist. Der Mensch klagt an: Du tust mir Unrecht. In unserem Gleichnis ist der Fromme angesprochen, nicht der gottferne Mensch. Diesem Frommen ist zu sagen, wie leicht er mit diesem seinem Anklagen zum Letzten wird. (Carl Paeschke.)

IV. Die Frage nach der wahren Größe

Die dritte Leidensankündigung.

20, 17—19 = Mk 10, 32—34 = Lk 18, 31—34

Zu Vers 17-19: Mk 10, 32—34 Lk 18, 31—33
Zu Vers 17: Lk 9, 51
Zu Vers 18: Mt 16, 21 Mt 17, 22. 23
Zu Vers 19: Mt 27, 29 Jo 18, 36; 19, 1

17 **Jesus aber war im Begriff, nach Jerusalem hinaufzugehen[11]), und nahm die**
18 **Zwölf besonders zu sich, und unterwegs sprach er zu ihnen: *Siehe, wir**
gehen nun hinauf nach Jerusalem, und des Menschen Sohn wird den Hohenpriestern und Schriftgelehrten ausgeliefert[12]) werden, und sie werden
19 **ihn zum Tode verurteilen *und ihn den Heiden ausliefern, daß sie ihren Mutwillen mit ihm treiben, ihn auspeitschen und kreuzigen. Und am dritten Tage wird er wieder auferweckt werden.**

[10]) In 7. Strophe von „Ich will dich lieben, meine Stärke . . ."

[11]) „Hinaufgehen", weil Jerusalem auf der Höhe liegt; dies hatte allerdings auch schon für das AT eine symbolische Bedeutung: der heilige Berg ist Zion (Ps 43, 3; 48, 3).

[12]) „Die oberste Behörde des auserwählten Volkes wird den Menschensohn als den falschen Messias

Die beiden ersten Leidensankündigungen erfolgten direkt nach Ereignissen, bei denen den Jüngern die Herrlichkeit Jesu erkennbar geworden war, nach dem Petrus-Bekenntnis (das ja auf einer besonderen Offenbarung Gottes gründete) und nach der Verklärung. Die Absicht Jesu damit ist deutlich: Die Jünger sollen nicht denken, daß der Weg geradlinig zur Herrlichkeit führt. Und beide Male war diese Gefahr sichtbar geworden (16, 22 und 17, 4).

Die dritte Leidensankündigung bringt in den Worten, mit denen der Herr sein Leiden umschreibt, eine weitere Steigerung. Er wird den Heiden ausgeliefert, so, daß sie über ihn verfügen, mit ihm machen, was sie wollen, ihren Mutwillen mit ihm treiben. Diese Auslieferung bedeutet schon in sich den Kreuzestod, da nach römischem Recht dies der den Verbrechern bestimmte Tod war. Hinter der passiven Form des Wortes verbirgt sich aber die Tatsache, daß dies nicht von ungefähr geschieht, sondern nach dem Willen Gottes. So redete man ja im Passiv von dem Willen Gottes, um in Ehrfurcht seinen Namen nicht zu nennen. An diesem Wort wird deutlich, was Jo 3, 16 bedeutet, daß Gott seinen Sohn gab. Zugleich liegt darin das Tröstliche, die Gewißheit, daß dennoch dies alles nach Gottes Willen geschieht, dem der Sohn gehorsam ist.

Die Mutter der Zebedäer (Jakobus und Johannes) bittet für ihre Söhne.

20, 20—28 = Mk 10, 35—45; Mt 20, 24—28 = Lk 22, 24—27

Zu Vers 20-28: Mk 10, 35—45
Zu Vers 20: Mt 4, 21; 10, 2; 27, 56
Zu Vers 21: Mt 19, 28 Lk 23, 42
Zu Vers 22: Mt 26, 39
Zu Vers 23: Apg 12, 2 1 Pt 5, 1 Offb 1, 9

20 Da trat mit ihren Söhnen die Mutter der Söhne des Zebedäus zu ihm, fiel
21 vor ihm nieder und erbat etwas von ihm. *Er aber sprach zu ihr: Was willst
du? Sie sprach zu ihm: Sage, daß diese meine zwei Söhne in deinem Reich
22 einer zu deiner Rechten und einer zu deiner Linken sitzen sollen. *Jesus
aber antwortete und sprach: Ihr wißt nicht, was ihr bittet. Könnt ihr den
Kelch trinken, den ich trinken werde? Sie sagen zu ihm: Wir können es!
23 *Spricht er zu ihnen: Ihr werdet zwar meinen Kelch trinken, aber das Sitzen
zu meiner Rechten und zu meiner Linken zu vergeben steht mir nicht zu,
sondern (es wird denen gegeben), **denen es von meinem Vater bereitet ist.**

Die Geschichte hat hier bei Matthäus gegenüber Markus eine eigene Erinnerung. Nicht die Jünger selbst bitten Jesus um die Ehrenplätze zu seiner Seite, sondern ihre Mutter, die nach Mk 15, 40, Mt 27, 56 Salome hieß und nach Jo 19, 25 die Schwester der Mutter Jesu war. Ob sich die Bitte auf diese nahe Verwandtschaft mit Jesus gründete? Später bekamen in der Gemeinde die Verwandten Jesu einen besonderen Rang. Vielleicht wollte Matthäus mit dieser Änderung die Jünger, die zu seiner Zeit die Säulen der Gemeinde waren (Jakobus war schon den Tod eines Märtyrers gestorben), schonen, da er ihnen selbst eine so hochfahrende Bitte nicht zutraute, sondern lieber dem mütterlichen Stolz. Aber eine solche Annahme unterlegt dem Matthäus bereits Überlegungen, die wir heute anstellen, daß sich in dieser Bitte ein unberech-

zum Tode verurteilen. Sie wird sich nicht damit begnügen können, seinen Herrschaftsanspruch als eine innerjüdische Angelegenheit abzuurteilen. Sie wird den Lästerer der Majestät Gottes den Heiden ausliefern, damit die weltliche Obrigkeit ihn als politischen Aufrührer geißle und „ausliefere, daß er gekreuzigt werde", d. h. auf die Weise hinrichte, wie nur sie einen Sklaven, der ein Majestätsverbrechen begangen hat, hinrichten kann. Das Verspotten ist das Gegenteil der untertänigen Huldigung; dadurch werden die Soldaten des Prokurators den Herrschaftsanspruch des wehrlosen Judenkönigs lächerlich machen. Gegeißelt wurde jeder zur Kreuzigung Verurteilte, bevor er an das Holz genagelt wurde (Mt 27, 26; Josephus, Bell. Jud. II 14, 9). Und die Kreuzigung war die Todesstrafe, welche die Römer an rebellischen Sklaven und Fremden, nicht aber an Freien oder römischen Bürgern vollstreckten". Vischer S. 112

tigter Stolz zeigt. Es waren jedoch in der Gemeinde durchaus Unterschiede anerkannt. Auch das vorhergehende Gleichnis hatte durchaus nicht eine allgemeine Gleichheit proklamieren wollen. Und auch in der Zurechtweisung des Rangstreites der Jünger V. 26 f. spricht Jesus nicht von einer allgemeinen Gleichheit, sondern davon, daß die Gesetze über die Ersten und Letzten in Seinem Reich andere sind als in der Welt. So werden wir nicht in dem Unterschied eine Rücksichtnahme des Matthäus sehen können, sondern einfach eine andere Linie der Erinnerung, die sich in einer solchen Einzelheit von der des Markus unterschied.

Wichtiger ist es, daß Matthäus das Wort von der Taufe, der Todestaufe, nicht mit berichtet, sondern nach ihm spricht Jesus nur von dem Kelch des Leidens.[13]) Hat er es weggelassen, weil er dahinter eine Weissagung des Märtyrertodes sah, die sich zwar an Jakobus, aber nicht an Johannes erfüllt hatte? Auch diese Vermutung erscheint ungesichert, wußte Matthäus doch nicht, ob sich die Weissagung nicht doch noch erfüllte! Zudem ist es bei der strengen Bindung, die Markus und Matthäus an ihre Erinnerungen haben, niemals mehr als eine Vermutung, wenn man bestimmte Motive für Abweichungen in ihren Erzählungen annimmt. Auch hier stellen wir besser nur einen Unterschied in der Erinnerung fest, ohne nach Gründen zu fragen oder zu forschen.

Es geht bei dem Gespräch noch einmal um Konsequenzen, die sich aus dem Wort Jesu 19, 28 ergeben. So wie Jesus in 19, 1 ff. die Frage der Ehescheidung (Frauenentlassung) im Gespräch konkret behandelt hat und 19, 16 ff. die des irdischen Besitzes, wird er hier durch die Frage der Mutter der Zebedäer dazu genötigt, die Frage des Lohnes konkret, d. h. einer ganz bestimmten Bitte um Lohn gegenüber, zu behandeln. Die Bitte ist in einer bestimmteren Form die gleiche, die die Jünger in 19, 27 stellen. Fragen sie dort: *„Was wird uns dafür?"* bittet die Mutter hier für ihre Söhne: Gib ihnen **„das Sitzen zu deiner Rechten und Linken in deinem Reich** dafür". Diese Bestimmtheit der Bitte ist aus Jesu Zusage erwachsen, daß die Jünger an seiner Herrschaft teilhaben werden (19, 28). Jesu Antwort als Gegenfrage läßt einen Gedanken laut werden, der dann bei Johannes wiederkehrt, daß Sein Leiden zugleich Seine Erhöhung bedeutet (Jo 3, 14; 8, 28; 12, 32). Weil sich in Jesu Kreuzigung seine Trennung von dieser Welt zeigt und bestätigt, daß er nicht von dieser Welt ist, bedeutet die Kreuzigung zugleich seine Erhöhung, daß er zum Vater gehört. Und das Johannes-Evangelium sieht darin auch die Jünger mit eingeschlossen; denn der Haß, mit dem die Welt sie verfolgt (Jo 17, 14), gilt Ihm, dem Herrn (15, 21)! Dies steht hinter dem Wort Jesu: Er kann dieses Teilhaben an Seiner Herrschaft (Markus hat dafür das Wort Herrlichkeit) insoweit geben, als es ein Teilhaben an Seinem **Leiden** ist.

Die kurze, aber gerade darin so sichere Antwort der Jünger bedarf einer Zurechtweisung. Sie ist keineswegs voreilig und zu hoch gegriffen wie etwa die Versicherung des Petrus, den Herrn nicht zu verleugnen (26, 35). Jakobus hat mit seinem Tod diese Antwort bewiesen und Johannes als „Bruder und Genosse in der Trübsal und im Reich" in ähnlicher Weise. Offb 1, 9. — Beachte auch hier die Parallelität „Trübsal und Reich"!

Nicht darin besteht der Fehler der Jünger, daß sie zu viel sagen, sondern daß sie das Leiden falsch verstehen. Es gab auch im Judentum seit der Makkabäer Zeit (2 Makk 7, 37) und später in dem furchtbaren Ende des jüdischen Krieges Märtyrertum und Leidensbereitschaft, aber das Martyrium wurde als „Leistung" verstanden, wie dann später wieder in der frühchristlichen Kirche.

[13]) Das Wort von der Taufe, das Luther in Vers 22 und 23 übersetzt hat, steht nicht in den maßgebenden Handschriften. Darum hat der griechische Nestle-Text dies nicht gebracht.

Ein solcher Stolz auf die eigene *Leistung* zeigt sich in der Antwort der Jünger. Es ist Stolz auf eine *Leistung*, für die sie dann Lohn erwarten, weil mit dem Gedanken einer Leistung immer der Gedanke an Lohn verbunden ist.

Diesen Gedanken muß Jesus noch einmal zurückweisen und die Jünger daran erinnern, daß aller Lohn *Gnaden*lohn ist. So wird ihnen nicht die erwartete Antwort: „Also werdet ihr auch an meiner Seite in der Herrlichkeit sitzen", sondern sie werden darauf verwiesen, sich an der Gnade Gottes genügen zu lassen (2 Ko 12, 9).

Die Reaktion der „Zehn".

Vers 24—28

Zu Vers 24:
Lk 22, 24—26
Zu Vers 25:
1 Ko 2, 6
1 Sam 8, 5
Zu Vers 26:
Mt 23, 11
1 Ko 9, 19
Zu Vers 27:
Mk 9, 35
3 Jo 9
Zu Vers 28:
Lk 22, 27
Phil 2, 7
1 Tim 2, 6
Ps 49, 8
Jes 53, 10

24 **Die Zehn, die zugehört hatten, ärgerten sich über die zwei Brüder.**
25 ***Jesus aber rief sie zu sich und sagte zu ihnen: Ihr wißt, daß die Herrscher**
der Völker ihre Königsherrschaft über sie ausüben, und die Großen haben
26 **Gewalt über sie. *So ist es bei euch nicht, sondern wer unter euch groß**
27 **werden will, soll euer Diener sein, *und wer unter euch der erste sein will,**
28 **soll euer Knecht sein. * Wie ja auch des Menschen Sohn nicht kam, um be-**
dient zu werden, sondern um zu dienen und sein Leben als ein Lösegeld für
die Vielen zu geben.

„Man könnte in V. 25 statt „Völker" auch „Heiden" übersetzen, wie im 19. Vers. Jesus verwendet beidemal das gleiche Wort, das die Völker im allgemeinen von dem auserwählten Volke Gottes unterscheidet (28, 19). Die Völker, denen in wenigen Wochen der Hoherat des auserwählten Volkes den Menschensohn ausliefern wird, damit sie ihn als den aufrührerischen Sklaven hinrichten, sind beherrscht und vergewaltigt. Die, welche an ihrer Spitze stehen und sie führen, zertreten ihre Untertanen, und die, welche die Großen sind, sei es als solche, die in die Weltgeschichte als „die Großen" eingehen, sei es, daß sie sonstwie eine große Rolle spielen, fassen die politisch-staatliche Gewalt so auf und üben sie so aus, daß sie das Volk erniedrigen. Die griechischen Wörter, die Matthäus prägt, um ihre Art der Herrschaft und der Staatsgewalt zu charakterisieren, haben beide die Präposition „kata", die den Standpunkt und die Bewegung des unterdrückenden „Von oben herab", mit dem hier Obrigkeit ausgeübt wird, scharf ausdrückt. Lk 22, 25 verwendet die einfachen Zeitwörter, steigert dafür den Ausdruck fast ins Ironische durch die Wendung „ihre Tyrannen nennen sich Wohltäter", womit auf den Brauch der hellenistischen Könige angespielt wird, die sich gern den Ehrentitel „Euergétes" = Wohltäter beilegten.

Jesus klagt mit keinem Wort darüber, daß die Völker so beherrscht und vergewaltigt werden, er klagt niemanden an, erklärt auch nicht, wie es dazu gekommen ist. Er sagt einfach: Ihr wißt, daß es so ist. Und ebenso einfach fährt er fort: So ist es bei euch nicht. Die Gemeinde hat also weder über die politische Not Klagereden zu halten oder Anklagen in die Welt hinauszuschleudern, noch eine revolutionäre oder reaktionäre Theologie des Staates zu entwickeln. Sie hat einfach selbst anders zu sein. Sie hat inmitten der Völker ein Volk zu sein, bei dem die Ordnung umgekehrt ist. In der Gemeinde Jesu gibt es auch eine Ordnung der Größe und des Standes. Je mehr einer groß sein will, umso mehr wird er dienen und nicht herrschen; je völliger einer der Knecht, der Sklave der andern sein wird, umso näher wird er der ersten Stelle kommen.

Jesus hat früher schon im Blick auf den inneren Aufbau seiner Gemeinde den Jüngern in ähnlicher Weise gezeigt, daß sie die Größe darin zu suchen haben, daß sie den Kleinen dienen (18, 1—5); er wird es später noch einmal tun, um festzulegen, daß es in seiner Gemeinde im Gegensatz zum Rabbinat keine religiöse Größe gibt und nicht den Stand der Geistlichen, die sich um so erhabener dünken, je mehr sie die Laien verachten und vergewaltigen (23, 6—12). Jetzt aber redet er davon, um ihnen zu sagen, daß die Gemeinde damit ihre Existenz und Stellung inmitten der Völker und Staaten wahrt, und ferner, daß sie zugleich der Welt ihren Dienst leistet, indem sie die ihr eigene andere Ordnung innerhalb der Gemeinde wahrt. Sie darf ihre Verfassung nicht nach dem Muster der Völker und Staaten gestalten, weder monarchisch, noch oligarchisch, noch demokratisch. Sie hat ihre eigene Verfassung, und diese ist dadurch bestimmt, daß über sie und in ihr überhaupt kein Mensch herrscht." (Vischer S. 120.)

Das ist die Verfassung, die Gott ursprünglich Israel verliehen hat (vgl. Vischer „Das Christuszeugnis des Alten Testaments", 2. Bd., insbesondere S. 65—144). Gideon wies, als die Stämme ihm die Erbherrschaft antrugen, die Versuchung zurück mit den Worten: *„Ich werde nicht über euch herrschen. Der Herr herrscht über euch"* (Ri 8, 23).

Wie im Gleichnis unter den Arbeitern im Weinberg, so entsteht hier unter den Jüngern aus dem Lohngedanken „Eifersucht". Jesu Antwort weist auf den Gegensatz zwischen Seinem Reich, das schon hier in Seiner Gemeinde seinen Anfang nimmt, und jedem weltlichen Reich hin. Wieder ist es ein Gedanke, der uns dann im Johannes-Evangelium häufiger begegnet: „Mein Reich ist nicht von dieser Welt" (Jo 18, 36 und schon 8, 23). Der Gegensatz: Christus—Cäsar, der dann zu den Verfolgungen führte und sich in dem Kyrios- (Herr-) Titel ausdrückt, mit dem die Christen von Jesus reden, zeigt sich hier. Dieser Gegensatz bedeutet aber nicht, daß es im Reiche Jesu keine Unterschiede gäbe, sondern, daß sich diese Unterschiede im direkten Gegensatz zu den weltlichen Reichen zeigen. Dort herrschen die Gewaltigen und lassen sich dienen. Hier besteht die größte Würde im größten Dienst.

Die Gemeinde Jesu ist das freie Volk der Dienenden, genau so wie ihr Herr, der gekommen ist, „daß er diene".

Jesus macht also den Unterschied deutlich zwischen dem, was in seiner Gemeinde gilt, und dem, was sonst unter den Menschen geschieht. Die Welt sagt: Entweder Hammer oder Amboß, und weil der Amboß die Schläge leidet und der Hammer sie gibt, bemüht sich jeder soviel als möglich, der Hammer zu sein. Jesus ist anderer Meinung. Er sagt: **„So ist es bei euch nicht, sondern wer bei euch groß werden will, soll euer Diener sein, und wer unter euch der Erste sein will, soll euer Knecht sein."** Jede Größe, die die andern erniedrigt, jede Macht, die die andern ohnmächtig macht, verwirft der Herr. Wer von den Seinen so handelt, fällt unter sein Gericht. Bei ihm gilt nur die Größe, die die andern groß macht und dadurch in die Höhe hebt, und dann dadurch Macht übt, daß sie die andern stärkt. Der Große nach Jesu Sinn knechtet nicht die andern, sondern sich, weil er sich dem Wohl der andern untertänig macht und ihre Stütze wird.

Jesus stellt also auch hier den Jüngern den Sinn der Liebe dar; von der Agape-Liebe sollen sie ihre Ehre, Macht und Größe empfangen. Er hält sie für das Göttliche, für das wahrhaft Große, für das, was allein imstande ist, uns eine blanke Ehre und bleibende Macht zu geben. Er heißt damit die Jünger tun, was er selber tut. Wie der Sohn des Menschen nicht kam, um bedient zu werden, sondern um zu dienen und seine Seele hinzugeben als Lösegeld an Vieler Statt. Jesus steht vor ihnen mit der Berufung zur unvergleichlichen Macht, die die Erde und den Himmel, die Zeit und die Ewigkeit umspannt und ihn über alle erhebt als den einen Menschensohn, dem das Reich gegeben ist, und hat doch seine Hoheit nicht benutzt, um die andern zu beugen und sich von ihnen bedienen zu lassen. Sondern er ist selbst Diener geworden, hat für die andern gelebt, nicht für sich, hat die andern reich gemacht, nicht sich. Nun schließt er seinen Dienst damit ab, daß er sein Leben gibt, also das Letzte und Äußerste, was irgendwie gegeben werden kann. (Vgl. Schlatter S. 308).

Dies abschließende Wort V. 28 ist wie alle anderen Worte, die vom Kommen Jesu reden (Mt 5, 17; 10, 34; Mk 2, 17; Lk 12, 49; Joh 9, 39; 10, 11 u. a.), ein Wort, in dem die Sendung Jesu und ihr Ziel ausgedrückt ist. Es hat seine besondere Bedeutung darin, daß Jesus von sich selbst mit den Worten von Jes 53 spricht.

Er ist der Gottesknecht, der Sein Leben für die Vielen gibt, und diese Vielen sind „A l l e" (gegen W. Vischer, S. 125, der Wert darauf legt, daß es nicht heißt: „alle". Aber der Ton liegt auf der u m f a s s e n d e n Bedeutung des Todes Jesu, von der niemand ausgenommen ist) (Jo 3, 16). In gleicher Weise spricht er von der Hingabe Seines Blutes beim Abendmahl (26, 28). Damit ist noch einmal der Leidensweg Jesu der Leidensbereitschaft der Jünger gegenübergestellt, und damit allem Reden vom Leiden, wie es auch im Judentum bekannt war. Dort geht es immer um Leistung und Lohn. Bei Jesus geht es um die Ganz-Hingabe und Drangabe für „die Vielen".

Das Wort „L ö s e g e l d" stammt aus der Rechtssphäre. Für Kriegsgefangene — Menschen, die in Schuldsklaverei verfallen sind — wird ein Lösegeld bezahlt, um sie zu befreien. Es wird das Wort aber auch gebraucht, um das Entgelt für die Sünden zu bezeichnen. So betet man im Blick auf Todesgefahr: Möge mein Tod ein Lösegeld für alle meine Ungerechtigkeiten sein (Schlatter S. 602).

Wir finden im AT aber nirgends den Gedanken, daß das Leben eines a n d e r n für unsere Sünden eintreten kann. Ps 49, 8 f.: *„Kann doch niemand einen Bruder erlösen, noch ihn mit Gott versöhnen, denn es kostet zuviel, ihr Leben zu erlösen."* Und Jesus selbst fragt Mk 8, 37: *„Was soll ein Mensch als Entgelt für sein Leben geben?"* Und wenn es im AT das T i e r o p f e r für die Sünden gibt, so i s t es nicht als reale Möglichkeit des Menschen verstanden, der damit Gott versöhnt. Wie könnte das Blut der Tiere Lösegeld für die Sünden sein? Sondern diese Ordnung ist von Gott gestiftet und vom Menschen her nur ein immer neues Bekenntnis seiner Schuld (Schniewind) (s. Hbr 10, 3).

Wir werden dieses Wort und die damit genannte Tat Jesu aus keiner Parallele erklären können. Auch das alttestamentliche Beispiel ist nur ein ganz schwacher Vergleich. Denn C h r i s t i Blut wirkt viel mehr (Hbr 9, 13) als aller Ochsen und Böcke Blut. Alles andere Opfer, alle Hingabe, welche Begriffe wir immer zum Vergleich heranziehen mögen, sie bleiben immer im irdisch-menschlichen Bereich. Bei Jesu Tat und Hingabe geht es aber um das e w i g e Leben. „Inwiefern die Vielen dies Leben eingebüßt haben, und wie Jesus mit der Hingabe seines Lebens für sie eintritt, das ergibt sich aus keiner Opfertheorie, sondern aus der Wirklichkeit des Lebens, Sterbens und Auferstehens Jesu" (Schniewind).

Eine kleine interessante Urtextforschung ist hier einmal kurz zu nennen. Es handelt sich um eine Handschriften-Notiz zu Vers 28. Weil aber diese Handschriften-Notiz sich n i c h t in den beiden ältesten und wertvollsten großen Handschriften wie der V a t i c a n u s und der S i n a i t i c u s findet (beide gehören zum 4. Jh.), hat sie der griechische Nestle-Text n i c h t in den biblischen Text mit hineingebracht, sondern nur in der Fußnote aufgeführt. Diese Handschriften-Notiz ist eine persönliche H i n z u f ü g u n g irgendeines Abschreibers. Das Nichtvorhandensein dieser Notiz in den großen Handschriften Vaticanus und Sinaiticus beweist, wie genau die Worte Jesu aufbewahrt worden sind. Gehen wir nun etwas darauf ein.

Diese kleine, in Süditalien beheimatete Handschriftengruppe, von der der Kodex Bezae Cantabrigiensis (6. Jh.) der wichtigste ist, sowie altlateinische Über setzungen und auch die älteste syrische Übersetzung fügen nach V. 28 eine Parallele zu Lk 14, 8—10 ein. Zur Überleitung bringen sie aber Lk 14, 11 in einer sprachlich nicht ganz klaren, doch inhaltlich sehr beachtlichen Abweichung: Ihr aber suchet aus dem Kleinen zu wachsen und (nicht [Syrer]) aus dem Großen gering zu sein. Die Verneinung der syrischen Übersetzung ist eine deutliche Angleichung an Lk 14, 11 und darum sicher Korrektur. Wahrscheinlich ist der Satz ein Imperativ, der zur Demut ermahnen will, wie sie das Gleichnis Lk 14, 8—10 beschreibt. Dieser Aufruf zur Demut, vom äußeren Geringsein zur Größe zu wachsen und von der äußeren Größe gering zu werden, zeigt aber eine bezeichnende Wandlung gegenüber der Botschaft Jesu. Hier wird ein Weg gezeigt, zur Größe vor Gott zu gelangen, indem man sich klein gibt. Das ist dann bald auch deutliche Praxis geworden. Jesus geht es nicht um ein „Sichgeben", sondern um echte Niedrigkeit, die auch vor Gott nichts sein will (18, 4; 23, 11 f. u. a.). Diese Hinzufügung ist für uns wichtig, da wir an ihr erkennen, wie die Worte Jesu in den Evangelien wunderbar rein bewahrt sind, obwohl sie schon bald (unsere Zufügung geht bis ins zweite Jahrhundert zurück) nicht mehr recht verstanden wurden.

So geht er als der Allerverachtetste und Unwerteste den Weg der Erniedrigung immer tiefer in das Gericht. „*Wenn er gestraft und gemartert wird, tut er seinen Mund nicht auf, wie ein Schaf, das zur Schlachtbank geführt wird*" (Jes 53, 7; Mt 26, 63 und 27, 12). „*Er hält seinen Rücken dar denen, die ihn schlagen, und seine Wangen denen, die ihn raufen; sein Angesicht verbirgt er nicht vor Schmach und Speichel*" (Jes 50, 6; Mt 26, 67 f.). Alle halten ihn für den, der geplagt und von Gott geschlagen und gemartert werde. Sie erkennen nicht, daß Gott ihrer aller Sünde auf ihn geworfen hat und die Strafe auf ihm liegt zu ihrem Heil. „*Wenn er sein Leben zum Schuldopfer gegeben hat, so wird er Nachkommen haben und in die Länge leben, und des Herrn Vornehmen wird durch seine Hand fortgehen. Darum daß seine Seele gearbeitet hat, wird er seine Lust sehen und die Fülle haben. Und durch seine Erkenntnis, spricht der Herr, wird er, mein Knecht, der Gerechte, viele gerecht machen; denn er trägt ihre Sünden. Darum will ich ihm große Mengen zur Beute geben, und er soll die Starken zum Raube haben, darum daß er sein Leben in den Tod gegeben hat und den Übeltätern gleich gerechnet ist, und er vieler Sünde getragen hat und für die Übeltäter gebeten*" (Jes 53, 10—12).

Als die Schar der durch Ihn, den Gekreuzigten, Freigewordenen lebt die Gemeinde Jesu unter den Völkern und Nationen der Erde als die Dienenden und Leidenden in steter freudiger Hingabe an Ihn und an die anderen; Hingabe, die sich für die anderen opfert, ganz gleich, ob die anderen solche Opfergesinnung des Dienstes mit Füßen treten und mit „Tötung" belohnen! Das ist gleich!

„Menschliches Denken ist Selbstsucht, der alles geopfert wird. Christi Denken ist selbstlose Liebe, die sich für alle opfert. Damit ist das Letzte und Tiefste gesagt, was er seinen Jüngern und damit der Gemeinde sagen will. So führt dieser Abschnitt der Jüngerunterweisung ins innerste Geheimnis seines Herzens und auf die letzte Höhe seines Lebens. Mit dem Gesetz des Kreuzes hat der Abschnitt der Jüngerunterweisung begonnen. Mit dem Hinweis auf den tiefsten Sinn des Kreuzes als des großen Erlösungsopfers der Menschheit schließt er. So ist die ausführliche Jüngerunterweisung über die Größe und Macht, die ihnen verliehen wird, und über die Forderungen, die an sie gestellt werden, umrahmt von zwei kurzen, aber inhaltlich bedeutsamen Abschnitten, die unter sich eine Einheit bilden und alles zu einem Ganzen abrunden: Das Gesetz des Kreuzes und das Geheimnis des Opfers. Und so erklärt sich auch die tiefsinnige Einführung aller drei Abschnitte durch je eine Leidensaussage. Christus selbst ist es, der sich dem Gesetz des Kreuzes unterstellt, seine Größe und Macht nicht für sich gebraucht, sondern zu dienender Liebe, und der sich und sein Leben hingibt im blutigen Opfer der Erlösung.

Wie in der Bergpredigt ist auch hier durch alle Worte der Unterweisungsrede hindurch die Gestalt Christi sichtbar. Jesus zeichnet sich selbst. Von allen Matthäusreden ist diese die innerlichste, denn Jesus spricht nur zum engsten Kreis der Seinen, kann also offen reden, braucht nicht zurückzuhalten und muß sich keinerlei Gewalt antun. Darum wird hier auch sein innerstes Wesen sichtbar: der Geist einer sich opfernden Liebe.

Über dem Ganzen steht geheimnisvoll, dunkel und doch wieder hell, das Kreuz. Dreimal ist die Leidensvoraussage wiederholt. Und dazu steht am Anfang und am Ende, das Ganze umfassend und bestimmend, das Geheimnis des Kreuzes. Gerade hier, wo der Herr auf dem Höhepunkt seines Lebens steht, spricht er am deutlichsten von der kommenden Passion. Sie bricht nicht unversehens über ihn herein, sondern er sieht das Ende in voller Klarheit kommen und sagt es mit aller Deutlichkeit voraus. Er steht über dieser Katastrophe, bejaht sie und läßt das Böse zu, um daraus Gutes zu machen. Aus dem Verbrechen seiner Hinrichtung und des gewaltsamen Mordes macht er das Opfer der Erlösung für das Heil der Welt.

Wenn er die Forderung aufstellt, daß die Seinen ihr Leben verlieren sollen, um es zu gewinnen, so ist er der Erste, der dieses Wort erfüllt, aber in unvergleichlich höherer, göttlicher Weise. Denn er gibt sein Leben hin, um durch den Tod seines Lebens Tote ewig lebendig zu machen.

... Er ist der Größte aller und hat sich erniedrigt zum Diener aller. Ihm *„ist alle Gewalt gegeben im Himmel und auf Erden“* (Mt 28, 18). Er braucht sie aber nur zum Helfen und Heilen. Er, der der Sohn Gottes ist, der keine Steuer zu entrichten hat, bezahlt die Steuer seines eigenen Blutes. Er, den Gesetz und Propheten als Messias bestätigen und den die Stimme vom Himmel als „vielgeliebten Sohn“ kundtut, er, der wirklich „der Größte im Himmelreich“ ist, hat sich (in der Menschwerdung) zum Kleinsten gemacht, zum Kind und zum dienenden Sklaven. Er ist den Verlorenen nachgegangen, um sie zu retten. Nicht bloß siebzig mal sieben mal verzeiht er reuigen Sündern, sondern immer, ohne zu zählen und zu rechnen. Wenn er Ehelosigkeit verlangt um des Himmelreiches willen, so ist er selber der große Einsame ohne menschliche Bindungen, und doch der Überreiche, durch dessen Seele das unendliche Meer der Liebe seines Vaters wogt. Seine Braut ist die Gemeinde. Seine Wiederkunft wird Feier der Hochzeit sein (Offb 21, 2. 9). Wenn er freiwilligen, freudigen Verzicht fordert und das Vielfache dafür verspricht, ist er selber der Bedürfnislose, der als Armer im Stall geboren ist, im öffentlichen Leben nicht hat, wo er sein Haupt hinlege, und von allem entblößt am Kreuze stirbt, und der doch der Reichste ist, weil die Herrlichkeit des Himmels ihm gehört. Er ist der Herr des Weinbergs, der beim Auszahlen des Lohnes nicht berechnend und knauserig ist, sondern dessen Gnade alle Grenzen bloßer Gerechtigkeit überschreitet. Wenn die Seinen den Kelch trinken sollen, so ist er der Erste, der ihn trinkt und bis zur Neige leert . . . und als Lösegeld für alle verschenkt und hingibt. Er ist der, der sich selber opfert, Priester und Opfer zugleich.

So steht er in diesem Abschnitt als der dienende Knecht, der Erniedrigte, Verworfene, Mißhandelte, Geopferte, und doch zugleich als der Herr über allem in göttlicher Größe. Er vereinigt Niedrigkeit und Hoheit in der Liebe, die in ihrem Opfer Sünden tilgt und Gnade schenkt und damit das Reich Gottes gründet und aufbaut. Er ist der Meister. Alle Jüngerschaft wird an seinem Leben die Größe und Tiefe seiner Worte ermessen können. Nachfolge seines Lebens ist Erfüllung seiner Lehre, ist Hingabe in den Tod hinein und dadurch zum Leben.“ (Vgl. Gutzwiler, „Jesus, der Messias“, S. 257 ff.).

Heilung zweier Blinder.

20, 29—34 = Mk 10, 46—52 = Lk 18, 35—43

Zu Vers 29-34: Mk 10, 46—52 Lk 18, 35—43
Zu Vers 30: Mt 9, 27

29 Und als sie von Jericho ausgingen, folgte ihnen eine große Volksmenge
30 nach. *Und siehe, zwei Blinde, die am Wege saßen und hörten, daß Jesus
vorbeiging, schrien und sprachen: Herr, erbarme dich unser, Sohn Davids!
31 *Die Menge aber bedrohte sie, daß sie schweigen sollten. Sie aber schrien
nur umso mehr und sprachen: Herr, erbarme dich unser, du Sohn Davids!
32 Und Jesus blieb stehen und rief sie und sprach: Was wollt ihr, daß ich
33 euch tun soll? *Sie sprachen zu ihm: Herr, daß unsere Augen geöffnet
34 werden. *Und Jesus hatte Mitleid mit ihnen und rührte ihre Augen an, und
sofort sahen sie und folgten ihm.

Der Unterschied, den wir wiederum bei den Parallelerzählungen bei Lukas und Markus — beide erzählen nur von einem Blinden, den Markus mit Namen Bartimäus nennt — feststellen müssen, zeigt uns, wie wenig solche Abweichungen auf Absicht zurückgingen und wie wenig Schwierigkeiten sie der Gemeinde bereiteten. Die Evangelisten folgten eben lediglich verschiedenen Wunderereignissen! Zu Tausenden wird die Zahl der Wunderheilungen gewesen sein.

Der Weg Jesu geht von Jericho nach Jerusalem, den alten Wallfahrtsweg hinauf nach Zion, der für Jesus jetzt der Weg zum Leiden und Sterben ist. Gerade auf diesem Wege aber offenbart er noch einmal seine Herrlichkeit, wird ihm der Zuruf von zwei Blinden, Armen und Geringen zuteil, der dann machtvoller und lauter bei seinem Einzug in die heilige Stadt erschallen wird: Du Sohn Davids! Matthäus hat dies von Anfang an klar herausgestellt: Jesus ist der verheißene König Israels, obwohl ihn sein Volk verwirft. Aber dies Königstum zeigt sich nicht in glanzvollem Auftreten, nicht in erdrückender Macht, sondern in der helfenden Tat. Und er ist zugleich der Herr, der Kyrios, nämlich der Herr der Welt. Er trägt diesen Namen, mit dem Israel Gott anruft und den die Heiden den römischen Kaisern beilegen, zu Recht.

Wie in seinem ganzen Leben muß sich diese Würde Jesu aber gegen das Unverständnis seines Volkes durchsetzen, das hier den Ruf der Blinden zum Verstummen bringen will. Gerade dieser Versuch der Menge läßt aber die Blinden nur noch lauter und eindeutiger schreien und verkündigen, wer Jesus ist. Der Glaube der Ärmsten und Verachtetsten ist es immer wieder seit Mt 8, 5 ff., der Jesu Herrlichkeit proklamiert. Trotz aller Versuche, diese Verkündigung zum Schweigen zu bringen, trotz aller Hindernisse, die sich diesem Glauben entgegenstellen.

Jesu Wort hat sofortige Wirkung wie Gottes Wort. Dies ist ein Zug, auf den Matthäus besonders gern hinweist. „Sofort" ist ein Lieblingswort im Zusammenhang der Wundergeschichten.

Die helfende Tat aber ist zugleich der Ruf zur Nachfolge wie Lk 5, 11.

Kapitel 21

Die Gerichtskundgebungen offenbaren sich in vier großen Ereignissen und in drei Gleichnissen.

(Kap. 21, 1—22, 14)

Mit Kapitel 21 ist der am tiefsten gehende Einschnitt des Evangeliums gegeben.

Vor dem Leidensweg tritt Jesus noch einmal in seiner Vollmacht als der Sohn des Vaters hervor. Das will Matthäus nunmehr klar herausstellen, nämlich: „Dieser ist es, der jetzt zum Leiden geht!"

Mit dem Einzug in Jerusalem beginnt ein Zusammenhang der Erzählungen, der an den ganz bestimmten, historisch-zeitlichen Ablauf der Ereignisse gebunden ist. Gewiß gibt es auch jetzt noch kurze Abschnitte, die in sich geschlossen sind, aber von dem Einzug bis zur Kreuzigung ist ein Rahmen gespannt, der die einzelnen Ereignisse zusammenhält und aus dem heraus sie zu verstehen sind. Dies wird schon daraus ersichtlich, daß dieser Rahmen für alle vier Evangelien gleich ist, während sie sonst freier und unabhängig voneinander ihren Stoff eingeordnet haben.

Der Grund für dieses Verhalten liegt darin, daß in dem geschichtlichen Zusammenhang der mit dem Einzug Jesu in Jerusalem beginnenden Ereignisse der geschichtliche Grund der urchristlichen Verkündigung liegt. Daran, daß alles sich so und nicht anders abspielte, wird erkennbar, daß der Wille Gottes über diesem Geschehen steht. So ist der Ablauf der Ereignisse — Einzug — Tempelreinigung — Salbung in Bethanien — das letzte Mahl — die eigentliche Leidensgeschichte — in allen Evangelien der gleiche.

Aber auch die Worte Jesu, die aus dieser letzten Zeit berichtet werden, haben diese Ausrichtung. Sie stehen in der Spannung zwischen dem Offenbarwerden seiner Messianität und der gerade wegen dieses Ausspruches erfolgenden Verurteilung.

So ist das Gleichnis von den bösen Weingärtnern der schärfste Angriff auf die Pharisäer, den wir kennen.

Die Frage der Pharisäer nach dem Recht des Steuerzahlens ist nur aus der gespannten Situation in Jerusalem verständlich, angesichts des Tempels und angesichts der Residenz des römischen Statthalters.

Die sogenannte synoptische Apokalypse (d. h. Reden von der Wiederkunft Jesu innerhalb der drei Evangelien) und die Rede gegen die Pharisäer konnten so nur hier in Jerusalem gesprochen werden.

So werden wir noch mehr als in den vorhergehenden Kapiteln von jetzt an zur Erklärung nach diesen Zusammenhängen fragen müssen und jeden Abschnitt in seiner Ausrichtung auf das Kreuz allein recht verstehen.

1. Ereignis: Der Einzug in Jerusalem.

Kap. 21, 1—9 (Mk 11, 1—10; Lk 19, 28—38)

Zu Vers 1—9:
Mk 11, 1—10
Lk 19, 29—38
Jo 12, 12—16

1 Und als sie in die Nähe von Jerusalem kamen und nach Bethphage[1]) auf
2 den Ölberg[2]) gingen, sandte Jesus zwei Jünger fort *und sprach zu ihnen:
Gehet in den gegenüberliegenden Markt, ihr werdet dort sofort[3]) eine an-
gebundene Eselin finden und das Füllen bei ihr.[4]) Löset sie und führet sie zu

[1]) Bethphage = die Feigenstätte, (Markus fügt noch Bethanien hinzu, das bekannter war, über das der Zug Jesu aber schon hinaus war) ist ein Dorf am Rande Jerusalems, das nach rabbinischer Überlieferung noch zum heiligen Bezirk gerechnet wurde. Mit dem Verlassen dieses Ortes begann der vom Tempel aus sichtbare Einzug in die Stadt.

[2]) Der Ölberg wird mit Namen im AT nur Sach 14, 4 genannt als der Ort, von dem das Ende seinen Anfang nehmen wird (ohne Namen in Hes 11, 23; 2 Sam 15, 30 und 2 Kö 23, 13). Der Ölberg hat nach jüdischer

Zu Vers 3:
Mt 26, 18
Jo 13, 13
Zu Vers 5:
Jes 62, 11
Sach 9, 9
Zu Vers 8:
2 Kö 9, 13
Zu Vers 9:
Ps 118, 25
1 Kö 1, 38

3 mir. *Und wenn euch jemand etwas sagt, so sprecht: Der Herr braucht sie,
4 sofort wird er sie senden. *Dieses aber geschah, damit erfüllt werde, was
5 durch den Propheten gesagt ist, der spricht: *Saget der Tochter Zion[5]): Siehe,
dein König kommt zu dir als ein Sanftmütiger, auf einem Esel reitend, auf
einem Füllen, dem Jungen der unter dem Joch gehenden (Lasttier).
6 Die Jünger aber gingen und führten aus, was Jesus ihnen aufgetragen
7 hatte, *sie führten die Eselin und das Füllen herbei und legten Kleider auf
8 sie und setzten ihn darauf. *Die große Menge aber breitete ihre Kleider auf
den Weg aus, andere hieben Zweige von den Bäumen und streuten sie auf
9 den Weg. *Die Menge aber, die ihm vorangegangen und die folgten, riefen
und sprachen: Hosianna dem Sohne Davids, gepriesen sei der im Namen des
Herrn Kommende, Hosianna in der Höhe!

Mit unserer Geschichte betritt Jesus den geheiligten Bezirk der Stadt, in der sich sein Leidens- und Siegesweg erfüllen soll. Er wird diese Stadt nur wieder verlassen als ein Ausgestoßener mit dem Kreuz auf seiner Schulter. Als ein Ausgestoßener, der nicht innerhalb des heiligen Bezirkes sein Ende finden darf, wird er hinausgetan werden. Innerhalb dieser Klammer „Einzug und Hinausstoßung" steht alles folgende Geschehen, zwischen dem Einzug als der, der im Namen des Herrn Jehovah kommt, und dem Hinausgetriebenwerden dessen, der im Namen eben dieses Herrn Jehovah zum Tode verurteilt ist. Damit ist der Charakter dessen, was unsere Geschichte berichtet, bereits genannt. Der Einzug Jesu bringt den ersten, deutlich sichtbaren Anspruch Jesu, um dessentwillen er dann vor das Gericht gestellt wird.

Schon der Ort macht es deutlich, was hier geschieht. Vom Ölberg her wollte der Messias kommen (Sach 14, 4), und in jeder Einzelheit ist der Einzug so, wie ihn der Prophet verheißen hat. (Jes 62, 11 und Sach 9, 9.) Gott selbst sorgt dafür, daß alles so ist, wie er es verheißen hat. Darum macht er den ungenannten Besitzer des Esels willig, diesen herzugeben, darum mußte der Esel gerade dort zur rechten Zeit angebunden stehen. Das alles erscheint als ein Zusammentreffen von Zufällen, aber hinter den Zufällen steht Gott, der sie ordnet, und Jesus weiß um dieses Ordnen Gottes, darum sendet er in solchem Wissen seine Jünger.

„Christus steht also hier vor uns als der, der das Geschehen lenkt. Er erleidet nicht den Tod, dem er nicht ausweichen kann und auch nicht ausweichen will, sondern er fordert den Tod und zwingt ihn, sich ihm zu stellen. Er weiß, was die Jünger tun werden, denn die Schrift muß erfüllt werden (Mt 26, 54; Jo 13, 8). Und Jesus erfüllt die Schrift.

Überlieferung eine besondere Bedeutung. Hier soll die Taube dem Noah das Ölblatt von diesem Berg gebracht haben. Er liegt etwa 1 km östlich von Jerusalem, von diesem durch das Kidrontal getrennt.

[3]) Siehe das zu dem „sofort" in 20, 34 Gesagte. Das Wort soll auch hier auf das Wunderbare hinweisen, das in dem Auffinden des Reittieres liegt.

[4]) Das Zitat aus Sach 9, 9, das sich in dem Einzug erfüllt, spricht von dem Reittier in der Form semitischer Poesie, indem es dies Tier zweimal, mit verschiedenen Worten umschreibt: Er reitet auf einem Esel, nämlich auf einem jungen Füllen der Eselin. Zwischen beiden Aussagen ist ein Doppelpunkt zu denken. Der Esel ist ein junges Füllen der Eselin. Vielleicht spielt es noch eine Rolle, wie Mk 11, 2 nahe legt, daß auf dem Reittier vorher noch niemand geritten hat.

Die Evangelien hätten dann dieses Zitat nicht mehr richtig verstanden, wenn sie von zwei Tieren sprachen.

Sach 9, 9 spielt in der jüdischen Messiaserwartung insofern eine Rolle, als die jüdische Messiaserwartung diese Weissagung der Weissagung in Dan 7, 13 gegenüberstellte und nun erwartete: Wenn Israel Verdienste haben wird, dann kommt er mit den Wolken des Himmels, wenn Israel keine Verdienste haben wird, dann arm und reitend auf einem Esel (R. Alexandrai, um 270, bei St—B). So wäre Jesu Einzug ein Hinweis auf die Sünden seines Volkes.

[5]) Mit „Tochter" Zion ist wie im AT der Ausdruck „Tochter" die Stadt Jerusalem gemeint.

Und doch — wie kümmerlich ist, irdisch und menschlich gesehen, diese Improvisation! Was da vor sich geht, ist dem Zuge eines Narrenkönigs ähnlicher als einem wirklich königlichen Geschehen. Ein König auf einem Esel, der ihm noch nicht einmal selbst gehört, und den er nach Gebrauch wieder abgeben muß! (Nach Mk 11, 3 läßt er dies dem Besitzer ausdrücklich zusichern.) Ein König ohne Krone, ohne Zepter, ohne Schwert, ohne Gefolge! Seine Bahn nicht bedeckt mit kostbaren Teppichen, sondern mit den schmutzigen, schweißgetränkten Gewändern der Pilger, geschmückt nicht mit kunstvollen Girlanden, sondern mit schnell abgeschlagenen Zweigen und ausgerissenen Krautbüscheln! Um ihn her eine schreiende Menge, in der Wahres (V. 9) und Falsches (V. 10 vgl. Kap. 16, 14) bunt durcheinandergeht, eine Menge, die ihm zujubelt, solange sie in ihm ihren Messiasgötzen meint sehen zu können, und ihn verdammen wird, wenn sie ihn erkennt als einen, der ihr nicht nach ihrem Willen ist. Ob Jesus unter diesem Jubel nicht mehr gelitten hat, als er Befriedigung darüber empfand? Ob nicht dieser Einzug bereits das erste Stück der via dolorosa, d. h. des Leidensweges gewesen ist?

Es mußte wohl das Wunder des Heiligen Geistes geschehen, wenn einer, wie der Evangelist, in den Huldigungsrufen das von Gott selbst durch die Heilige Schrift vorgebildete, dem Messias dargebrachte Lob Gottes hören wollte. Nur, wer schon vom Kreuz weiß wie der Herr selbst, der kann sehen, wie Jesu Einzug nicht nur den Wortlaut, sondern auch den Sinn der Sacharjaweissagung mit geschichtlicher Wirklichkeit erfüllt." Vgl. „Zwischen den Zeiten" 1947 und 1948.

Und dennoch, was vom Einzug berichtet wird, ist Akt der Huldigung. Die Kleider der Jünger dienen dem einziehenden König als Reitdecke. Die Menge breitet ihre Kleider aus, wie es von der Proklamierungsfeierlichkeit bei der Krönung Jehus (2 Kö 9, 13) berichtet wird. Aber dann geht es noch über die Huldigung, wie man sie einem König darbringt, hinaus. Die Zweige gehören zu dem Laubhüttenfest und weisen auf die Gegenwart Gottes hin, gegenüber dessen Ewigkeit sein Volk nur in vergänglichen Hütten wohnt.

Das Hosianna ist ursprünglich ein Hilferuf (2 Sam 14, 4: „Hilf mir, König"), sein Charakter hat sich dann aber schon in der Liturgie der Synagoge verwandelt. Es wurde zum Heilruf, da die Bitte um Hilfe mit der Gewißheit des Empfanges der Hilfe verbunden war. Ähnlich wurde später in der Kirche das „Kyrieeleison" aus dem Bittruf zum Heilruf. Das „Hallel", bei dem der 118. Psalm gesungen wurde, hatte seinen bevorzugten Platz im Laubhüttenfest, wo die Menge bei bestimmten Versen die Zweige in ihren Händen schüttelte. Der „Kommende" ist Messiastitel. Schon Mt 3, 11 und dann in der Anfrage des Täufers Mt 11, 3; 23, 39 hat Jesus dieses Wort selbst im gleichen Sinne gebraucht.

Es muß nach alledem verwundern, daß dieser Einzug, der so eindeutig eine Proklamierung Jesu zum Messias war, ohne direkte Folgen blieb. Die Römer machten sonst mit Messiasprätendenten (das waren solche, die den Anspruch auf den politischen Befreier [Messias] erhoben), an denen zur Zeit Jesu es nicht mangelte (Apg 5, 36), kurzen Prozeß. Johannes berichtet (12, 16), daß selbst die Jünger nicht eigentlich verstanden, was dies alles bedeutete. Es wird aber wohl so sein, daß das Licht, unter dem wir die Geschichte lesen, das Licht von Ostern ist, da er verklärt wurde, d. h. da es klar wurde, wer er in Wahrheit ist. Im Augenblick des Geschehens selbst bleibt noch der Schleier darüber gebreitet, wie Jesus zur Zeit seines irdischen Lebens der

„*verborgene*" *Messias* blieb. Dies Messiasgeheimnis bleibt noch über ihm, weil er der König ist, der auf dem Wege zum Kreuz sich befindet. So ist bereits der Beginn dieses Weges vom Kreuz überschattet.

Und dennoch, weit über das Kreuz hinaus wird in dem geschichtlichen Einzug Jesu in Jerusalem das Kommen des Erhöhten in die Welt vorgebildet. Christus kommt wieder in großer Macht und Herrlichkeit.

Die beiden Prophetenworte weisen auch auf den König, der da wiederkommt in großer Macht und Herrlichkeit. Jes 62, 11 spricht von dem *Heil* (und das ist das eschatologische Heil) und von dem *Gericht* (und das ist das Jüngste Gericht). Und Sach 9, 9 deutet im Umbruch der Geschichte auf den, der als der König zu seiner *Gemeinde* kommt. Der König dieser Gemeinde ist der Sieger. Ihm ist Heil widerfahren. Noch kommt er in der Verhüllung seiner Niedrigkeit; aber er bleibt auch in seiner Erhöhung derselbe, der sich zu den Armen und Elenden bekennt.

Wenn er dann kommt, wird die ewige Erlösung da sein, von der die Rabbinen auch bei dem Jubel des 118. Psalms sprachen. Und an dem Jubel der Menschen nehmen die Engel im Himmel teil. Und es werden sich beugen die Knie aller, die im Himmel und auf Erden und unter der Erde sind, und schließlich wird der Kommende gepriesen als der König aller Könige und Herr aller Herren.

Die Menschen, die miteinander über den Kommenden reden, müssen zuletzt noch mit Frage und Antwort bezeugen, daß in ihm die Gottesverheißung erfüllt wird. Gegenwart und Zukunft fallen zusammen.

(Man soll aus der Geschichte vom Einzug Jesu in Jerusalem nicht so schnell eine Rede über den Einzug Jesu in unser Herz machen. Eine solche Verinnerlichung entspricht nicht der ungeheuren *eschatologischen Spannung* der Geschichte.) (Vgl. „Zwischen den Zeiten".)

2. Ereignis: Die Tempelreinigung.

Kap. 21, 10—17 (Mk 11, 11. 15—19; Lk 19, 45—48)

Zu Vers 11:
Mt 21, 46
Mt 16, 14
Mk 6, 15
Lk 7, 16; 24, 19

Zu Vers 12-17:
Mk 11, 15—19
Lk 19, 45—48
Jo 2, 14—16

Zu Vers 13:
Jes 56, 7
Jer 7, 11

Zu Vers 14:
Mt 11, 5

Zu Vers 15:
Mt 21, 9
Lk 19, 39
Jo 12, 19
Ps 118, 26

Zu Vers 16:
Mt 11, 25
Ps 8, 3

10 **Und als er nach Jerusalem hineinging, wurde die ganze Stadt erschüttert**
11 **(geriet in Erregung) und sprach: Wer ist dieser? *Die Volksmengen aber**
sagten: Dieser ist der Prophet Jesus von Nazareth in Galiläa.
12 **Und Jesus ging in den Tempel und warf alle hinaus, die im Tempel ver-**
kauften und kauften[6]), und stieß die Tische der Wechsler um und die Stühle
13 **der Tauben-Verkäufer. *Und er spricht zu ihnen: Es steht geschrieben: „Mein**
Haus soll ein Bethaus genannt werden, aber ihr macht es zur Räuberhöhle."
14 ***Und Blinde und Lahme traten im Tempel zu ihm, und er heilte sie.**
15 **Als aber die Hohenpriester und Schriftgelehrten die Wunder sahen, die er**
tat, und die Kinder, die im Tempel riefen: Hosianna dem Sohne
16 **Davids, da wurden sie erzürnt *und sagten zu ihm: Hörst du, was diese**
sagen? Jesus aber sagte zu ihnen: Ja! Habt ihr nicht gelesen: „Aus dem
17 **Munde der Unmündigen und Säuglinge hast du Lob zubereitet?" *Er ließ sie**
stehen und ging aus der Stadt hinaus nach Bethanien und übernachtete dort.

Matthäus geht in der Überlieferung der Geschichte der Tempelreinigung gegenüber Markus und Lukas eigene Wege, indem er sie direkt an den Einzug in Jerusalem anschließt. *Die Verfluchung des Feigenbaumes*,

[6]) In dem Unterbau des Tempels waren große Schafherden für den Verkauf untergebracht. Der Handel spielte sich im Vorhof des Tempels ab. Dies hatte allerdings zu Diskussionen zwischen den Rabbinern geführt. Der Verkauf von Trankopferwein und Geflügel war von den Tempelbehörden in eigene Regie übernommen. Um die verschiedenen Geldsorten für die Tempelsteuer zu dem vollgültigen Kurswert umzutauschen, waren Wechselbänke ebenfalls im Vorhof aufgestellt, die mit einem geringen Aufschlag arbeiteten.

Besonders lebhaft war der Betrieb an den Geflügelständen, da das Opfer einer Taube das Opfer des kleinen Mannes war. Im Vorhof befanden sich auch die um Almosen bittenden Bettler und Krüppel. Das ist das Bild des Tempelbetriebes, wie Jesus es zur Festzeit besonders lebhaft vorfand.

die Markus dazwischenstellt, folgt bei Matthäus erst später. Dadurch gewinnt unsere Erzählung besonders klar ihre Zielrichtung, sie berichtet von einem Handeln Jesu, welches das bestätigt, was der Einzug und die Jubelrufe der Menge bekundet hatten. Jesus bekennt sich durch diese Tat als der Messias.

Besonders auffällig sind bei Matthäus die einleitenden Verse 10 und 11. Sie weisen auf die Bedeutung dessen hin, was jetzt beginnt: die Stadt Jerusalem hat eine Ahnung von der Bedeutung dessen, der zu ihr kommt. So erzitterte die Stadt schon einmal, als die Kunde von der Geburt Jesu laut wurde. Damals mag die Furcht vor dem König Herodes und seiner möglichen Reaktion der Hauptgrund für das Erschrecken gewesen sein. Jetzt ist es eher das Erschrecken vor der Möglichkeit, daß in dem Propheten „Jesus von Nazareth" das Handeln Gottes zu ihr kommt, und vor Gott erbebt man, so wie einst der Berg Sinai unter der Gegenwart Gottes erbebte. Mag die Stadt selbst sich über den Grund ihres Erschreckens nicht ganz klar und einig gewesen sein, sicher sieht der Evangelist dies Erschrecken aber an als ein unbewußtes Zeugnis für die Gegenwart Gottes in Jesus. Die Menge verkündet den Fragenden Jesus als den Propheten und offenbart und verhüllt ihn dann zugleich. Der Prophet ist von messianischer Gestalt (5 Mo 18, 15), aber das Wort „Prophet" ist nicht klarer, eindeutiger Titel. Propheten hatte es mehrere gegeben. In der Schwebe bleibt die Frage, ob hier der Prophet gegenwärtig ist, der mehr ist als ein Prophet.

Diese Frage bleibt auch für die Geschichte selbst in der Schwebe. Es ist eine machtvolle prophetische Handlung, aber ähnliche Handlungen hatten auch die alttestamentlichen Propheten vollbracht (Jer 19 und 27) und waren auch mit vollmächtigem Wort aufgetreten (Am 7, 10 ff.; Jes 7, 3 ff.). So könnte Jesu Tat auch innerhalb der Grenzen eines wahren Prophetentums verstanden werden, daß er nichts anderes wollte, als dem Wort Jer 7, 11 Beachtung verschaffen, welches einer Erneuerung jener Bußpredigt gleichkommt, die vom äußerlichen Gottesdienst zur wahren, inneren Buße ruft. Der äußere Gottesdienst ist die Höhle, in die sich der Mensch mitsamt seinen Sünden verkriecht, um sich dem Zugriff Gottes, der von ihm die Umkehr fordert, zu entziehen.

Aber die Tempelreinigung könnte auch etwas ganz anderes bedeuten. Es lebte die Hoffnung auf einen neuen Tempel seit der Zeit des Exils wieder auf, wo Hesekiel (40—48) für die letzte Zeit den neuen Tempel verheißen hatte. Seltsamerweise berichtet nur Johannes (2, 19) das entscheidende Wort, das dann im Prozeß Jesu wieder als Anklage gegen ihn erscheint: Es ist das Wort Jesu: „Ich kann den Tempel Gottes abbrechen und innerhalb drei Tagen wieder aufbauen." So ist die spätere erschrockene Frage der Pharisäer Mt 21, 23, in welcher Vollmacht er dies tut, zu erklären. Es könnte eben sein, so ahnen es auch die Pharisäer, daß hier noch eine andere Vollmacht am Werke ist als die eines Propheten.

Wie Jesus einst dem fragenden Täufer geantwortet hat, mit dem Hinweis auf die Heilung der Blinden und Lahmen, der Aussätzigen und Tauben usw. (Mt 11, 5), so wäre auf die Frage nach dem Charakter dessen, was hier geschieht, jetzt auch auf die Heilung der Blinden und Lahmen hinzuweisen. Und wenn Matthäus dies, ebenfalls über Markus und Lukas hinausgehend, berichtet, so erfolgt das in der Absicht, eindeutig zu machen, was hier geschieht. In der Messiaszeit sollen die Lahmen und Blinden geheilt werden (Jes 35, 5 f.). Jetzt ist diese Messiaszeit angebrochen.

Endlich treten als Zeugen noch die Kinder auf und nehmen alles das mit in die Geschichte hinein, was der Einzug gezeigt hatte. Sie bezeugen, daß es bei der Erkenntnis dessen, was hier geschieht, nicht um ein Abwägen des Verstandes geht, der alle Erscheinungen, die er beobachtet hat, registriert, um dann den Schluß zu ziehen: „Ja, hier ist der Messias", oder: „Nein, der Messias ist er nicht. Nie und nimmer!" Sondern Gott selbst bereitet den Huldigungsruf der Kinder zu und schenkt so die Erkenntnis, daß hier das Heil geschieht. Darum sind es die Kinder, die hier das Zeugnis ablegen.

In der Lukas-Stelle (19, 39 f.), die zumindest sachlich diesen Versen parallel geht, sagt Jesus dies noch deutlicher. Die ihm dargebrachte messianische Huldigung kann niemand zum Schweigen bringen, sie ist das Werk Gottes.

3. Ereignis: Die Verfluchung des Feigenbaumes.

21, 18—22 (Mk 11, 12—14. 20—26)

Zu Vers 18-22: Mk 11, 12—14. 20—26
Zu Vers 18: Mt 21, 12
Zu Vers 19: Lk 13, 6; Hab 3, 17
Zu Vers 21: Mt 17, 20; Mk 11, 19 ff; Rö 4, 20; Jak 1, 6
Zu Vers 22: Mt 7, 7; 17, 20

18 Als er aber frühmorgens in die Stadt zurückkehrte, hungerte ihn, *und als
19 er am Weg einen Feigenbaum sah, trat er auf ihn zu und fand nichts
außer Blättern an ihm, und spricht zu ihm: Niemals in Ewigkeit soll aus dir
20 Frucht wachsen. Und der Feigenbaum verdorrte sofort. *Und als seine Jünger
das sahen, wunderten sie sich und sprachen: Wie verdorrte der Feigenbaum
21 so plötzlich? *Jesus aber antwortete und sprach zu ihnen: Wenn ihr Glauben
habt und nicht zweifelt, werdet ihr nicht nur dies am Feigenbaum Geschehene
vollbringen, sondern wenn ihr zu diesem Berge sprecht: Heb dich und wirf
22 dich ins Meer, so wird es geschehen. *Und alles, was ihr im Gebet mit Glau-
ben erbittet, werdet ihr empfangen.

Es ist an unsere Geschichte oft die Frage gestellt worden, ob das Ereignis des plötzlichen „Sterbens" des Feigenbaumes nicht auf das „Gleichnis" vom Feigenbaum in Lk 13, 6—9 (vgl. Lk 17, 6) zurückgehe, oder auf ein ähnliches Wort, das das Volk Israel mit dem Baum vergleicht, der keine Frucht trägt und darum, von Gottes Fluch getroffen, verdorren muß.

Vielleicht, so könnten Ungläubige annehmen, habe Jesus dies bei einem schon seit langen Zeiten dürren Feigenbaum vor den Toren Jerusalems gesprochen, und dieser Baum, der schon lange verdorrt am Wege stand, habe die junge Gemeinde ständig an dies Wort erinnert. Der Gedanke, der uns dieser Frage Raum geben läßt, ist die Überlegung, daß es allerdings das einzige Mal wäre, wo Jesus ein solches Wunder vollbracht hätte, welches niemandem zum Nutzen gereicht hätte, sondern eine Strafe darstellte. Darauf ist zu antworten, daß diese Geschichte so fest mit dem Wort über das Wunder verbunden ist, daß sie als reines Gleichniswort ihren Sinn verlieren würde.

Wir werden also auf jeden Fall sagen müssen, daß dieses Wunder eine wirkliche Begebenheit ist, und daß diese Geschichte ein doppeltes Ziel hat:

Einmal ist das Wunder der Verdorrung des Feigenbaums eine prophetische Handlung Jesu und gehört damit ganz in den Zusammenhang der Tempelreinigung hinein. (Jesus demonstriert an dem Feigenbaum, was mit dem jüdischen Volk geschehen wird, da es die eine Frucht, die Gott an ihm erwartet, den Glauben an Christus, nicht hervorbringt.)

Zum andern entsteht an diesem Schauwunder (wie 17, 20 an dem Unvermögen der Jünger) die Frage nach dem Wunder überhaupt. Glaube, Gebet und Wunder gehören nach diesem Wort Jesu zusammen. Der Zweifel steht dazu im direkten Gegensatz, so daß „Glauben haben" gleichbedeutend ist mit „Nichtzweifeln". Dieser Glaube ist aber nicht irgend etwas Unbestimmtes, kein allgemeines Vertrauen auf Gott, sondern echter Glaube hat eine ganz bestimmte Richtung, — hier ist als Beispiel, welches etwas ganz Ungeheures besagen soll, „das Wort an den Berg" genannt, — die Markus-Parallele sagt es noch deutlicher: „Wer glaubt, daß es geschieht, was er (im Gebet) gesagt hat, dem wird es werden." So ist nach diesem Wort Glaube das Vertrauen zu Gott in einer ganz bestimmten Lage.

Dies Wort erhält nun aus der Situation des Endes Jesu eine bestimmte Spitze. Es geht auf die Entscheidung für das jüdische Volk bezüglich seiner Stellung zu Jesus zu. Das jüdische Volk hatte Glauben an Gott, es war stolz auf diesen Glauben und rühmte sich seiner. Nun kommt es aber darauf an, ob es dem ganz bestimmten Anspruch Gottes in Jesus Christus gegenüber diesen Glauben bewährt. In allen Gleichnissen und Reden ist immer wieder das Wort Jesu lebendig: **„Ich bin's"** und damit die Einladung: Erkennt in mir Gott selbst, der euch jetzt haben will. So bedeutet „Glauben" für das jüdische Volk zu jener Zeit **„die ganz konkrete Entscheidung für Jesus"**. Für die Gemeinde der Gegenwart ist es ähnlich. Auch heute nützt kein „allgemeiner" Glaube, der etwa einer allgemeinen Zustimmung gleichkäme. Nein, „Glaube" ist heute ebenso wie damals: sich für Jesus entscheiden, ihn ganz ergreifen, einen solchen wahrhaftigen, lebendigen Glauben dann in ganz bestimmten Lagen bewähren.

Die Markus-Parallele hat in einem bestimmten Teil ihrer Handschriften eine weitere Verschärfung in der Formulierung dessen, was Glauben bedeutet, dargeboten. Es heißt dort (11, 24): *„Glaubet, daß ihr es empfangen habt (wenn ihr betet)."* Der Glaube ist sich danach beim Gebet seiner Vollmacht so sicher, daß die Erfüllung für ihn schon dem Aussprechen der Bitte vorauseilt (vgl. Mt 6, 8).

Vielleicht ist es notwendig, noch zu betonen, daß Jesus damit keine Aufforderung zum Schauwunder gegeben hat. Es bleibt das Wort Jesu daneben bestehen, das er dem Satan entgegnete: *„Du sollst Gott deinen Herrn nicht versuchen"* (Mt 4, 7) (vgl. das hierzu auf S. 43 Gesagte), und auch die ernste Zurückweisung jenes Strafwunders, welches die Donnerskinder auf die Samariter herabflehen wollten (Lk 9, 5).

Die Macht Jesu und die von Ihm den Seinen gegebene Macht manifestiert sich zuerst in der helfenden Tat, selbst wenn Jesus hier zur Unterweisung seiner Jünger und als Zeichen über das jüdische Volk seine Macht einmal so dokumentiert hat, nämlich in einem Strafwunder.

4. Ereignis: Um Jesu Vollmacht.

21, 23—27 (Mk 11, 27—33; Lk 20, 1—8)

Zu Vers 23-27:
Mk 11, 27—33
Lk 20, 1—8
Zu Vers 23:
Jo 2, 18
Apg 4, 7
Zu Vers 25:
Mt 21, 32
Jo 1, 25. 33
Zu Vers 26:
Mt 14, 5; 21, 46
Mk 11, 28; 12, 12
Lk 20, 19; 22, 2

23 Und als er in den Tempel kam, traten zu ihm die Hohenpriester und
Ältesten des Volkes, während er lehrte, und sprachen: In welcher Vollmacht
24 tust du dieses, und wer hat dir solche Vollmacht[7]) gegeben? *Jesus aber
antwortete und sprach zu ihnen: Ich werde euch auch eine Frage stellen;
wenn ihr mir antwortet, werde auch ich euch sagen, in welcher Vollmacht
25 ich dieses tue: *Woher war die Taufe des Johannes; vom Himmel[8]) oder
von den Menschen? Sie aber überlegten und sagten sich: Wenn wir sagen:
26 vom Himmel, wird er sagen: Warum habt ihr ihm nicht geglaubt? *Wenn
wir aber sagen: von den Menschen, müssen wir das Volk fürchten;

[7]) Die Frage könnte nach seiner Lehrbefugnis verstanden werden, da die Vollmacht zum Lehren nur durch eine Ordination erteilt wurde. Unbefugtes Lehren galt als Vergehen, das die Welt verdirbt. Dann wäre allerdings die Frage ganz bestimmt auf Jesu Lehrtätigkeit bezogen gewesen. (Dazu aber die Erklärung.)

[8]) Der Himmel ist hier, wie so oft, Umschreibung für den Gottesnamen. Es ist im Urtext ohne Artikel gebraucht, weil „Himmel" in solchem Zusammenhang schon wie ein Eigenname für Gott gebraucht wurde.

27 **denn alle hielten Johannes für einen Propheten. *Und sie antworteten Jesus und sagten: Wir wissen es nicht. Da sagte er zu ihnen: So sage ich euch auch nicht, in welcher Vollmacht ich dies tue.**

Während Jesus im Tempel lehrt, tritt eine Abordnung der Priesterschaft und der Ältesten mit der Frage nach der Vollmacht seines Handelns an ihn heran. Damit steht er hier schon, wie später in seinem Prozeß, vor der geistlichen und weltlichen Behörde seines Volkes, und die Frage bekommt ein ungleich größeres Gewicht als alle die vorher in Streitgesprächen an ihn gestellten Fragen (16, 1; 19, 3 und öfter).

Nach jüdischem Recht könnte es einfach die Frage sein, in welcher Vollmacht er **lehrt**. Das wäre eine durchaus normale Frage, wozu die Behörden sogar verpflichtet waren. Der Evangelist läßt es aber mit Absicht offen. Für Matthäus ist die Frage wesentlich umfassender gestellt. Hinter ihr steht das Erschrecken über Jesu Einzug und die Tempelreinigung. Darum ist die Konsequenz dieser Frage, wenn Jesus sich zum Ursprung seiner Sendung in Gott bekennen sollte, nicht nur ein Lehrprozeß, der ihm das Lehrverbot hätte eintragen können, sondern schon bei dieser Frage geht es um Leben und Tod. Es kann in Jerusalem jetzt nichts mehr geschehen, was nicht diese Ausrichtung auf die letzte Entscheidung hat.

Die Gegenfrage Jesu ist zunächst mit der Freude daran verknüpft, wie der Meister hier noch überlegen ausweicht. Der „Falle", die ihm mit der Frage gestellt ist, entgeht er, indem er den Fragern selbst eine Falle stellt, die ähnlich unausweichlich ist, wie die ihm später in der Frage nach dem Recht des Steuerzahlens gestellte Versuchung (Mt 22, 15 ff.).

Wie ganz anders erweist sich doch Jesus solch einem Streitgespräch gewachsen, als hier die Versucher. Wenn hier die Überlegenheit Jesu gegenüber den ihn Versuchenden aufgezeigt wird, so hat es noch einen bestimmten Grund. Es wird deutlich, daß Jesus nicht deshalb in sein Leiden und Sterben hineingeht, weil er an irgendeinem Punkt unterlegen ist und zu Fall gebracht wird, sondern er geht in sein Leiden und Sterben hinein, weil seine Stunde bald kommt nach dem Willen des Vaters, mit dem er sich eins weiß (Jo 7, 30; 8, 20). Die Behörden seines Volkes können ihn nicht fangen, sondern Er gibt sich freiwillig in des Volkes Hände, wenn es so weit ist. Dennoch ist die Gegenfrage Jesu nicht etwa nur ein Ausweichen, sondern im Geheimen eine ganz direkte Antwort. Wer Jesus ist und aus welcher Vollmacht er handelt, hängt ja unlöslich mit der Bedeutung des Täufers zusammen! Darum ist die Stellung zu Jesus mit der Stellung zum Täufer eng verbunden. Das hat Jesus selbst schon deutlich gesagt in Mt 11, 10. So würde in der Frage Jesu die Antwort enthalten sein: Je nachdem, wie ihr euch zu Johannes und seiner Taufe stellt, werdet ihr auch die Vollmacht meines Handelns verstehen. Ja, sie ist noch deutlicher, weil ja die Stellung der offiziellen Judenschaft, die hier fragt, bereits festgelegt ist. Jesus deckt die Frage als eine rhetorische auf. Durch Jesu Stellung zu Johannes (und durch vieles andere mehr) sollen sie alle wissen, mit welchem Vollmachtsanspruch Jesus auftritt und handelt. Die Bedeutung dieses Vollmachtsanspruches entzieht sich aber dem, der **Ihn** nicht will. Ihm gegenüber gibt es nur die Entscheidung des Glaubens oder Unglaubens, des Annehmens oder des Ablehnens.

Indem Jesus sich so einer Frage entzieht, die den Charakter einer gerichtlichen Unterredung hat, hat er dem später folgenden Gericht, das über ihn gehalten wird, den ihm zukommenden Charakter aufgedrückt. Nicht Menschen sitzen dort zu Gericht über den Sohn Gottes, sondern in diesem Prozeß wird sich das letzte Gericht über das Volk Israel und alle, die nicht glauben wollen, vollziehen.

Immer wieder geschieht dies, daß Menschen meinen, sie müßten an Jesus Christus und seine Botschaft die Frage nach der Vollmacht stellen, und immer wieder ist es dann so, daß sich diese Frage gegen den Fragenden selbst kehrt und zur Entscheidung ruft: *„Was haltet ihr von Christus, wes Sohn ist er?"* (Mt 22, 42).

1. Gleichnis: Die ungleichen Söhne.

21, 28—32

Zu Vers 28:
Lk 15, 11
Zu Vers 30:
Mt 7, 21; 23, 3
Lk 6, 46
Zu Vers 31:
Lk 3, 12; 18, 14
Lk 7, 36—50
Zu Vers 32:
Mt 9, 9; 21, 25
Lk 7, 29; 23, 13
Jo 7, 48
2 Pt 2, 21

28 Was haltet ihr davon? Ein Mann hatte zwei Kinder.[9]) Er trat zu dem
29 ersten und sprach: Kind, gehe hin und arbeite heute im Weinberg. *Der aber
30 antwortete und sprach: Herr, Ich! (Ja) Und er ging nicht hin. *Er trat zu
dem zweiten und sagte das Gleiche. Der aber antwortete und sprach: Ich
31 will nicht. Später reute es ihn, und er ging. *Welcher von den zweien hat
den Willen des Vaters getan? Sie sprachen: der zweite. Spricht Jesus zu
ihnen: Amen, ich sage euch, die Zöllner und Huren werden vor euch ins
32 Reich Gottes eingehen. *Denn Johannes kam zu euch auf dem Wege der Ge-
rechtigkeit und ihr habt ihm nicht geglaubt. Die Zöllner und die Huren
glaubten ihm. Ihr aber habt zugesehen, ohne schließlich Reue zu zeigen und
euch zum Glauben an ihn zu wenden!

Das Gleichnis faßt ähnlich wie Lukas 15 (das Gleichnis vom verlorenen Sohn) das ganze Volk zusammen als Söhne Gottes. Das Volk Israel hat den unumstößlichen Vorrang, daß es in einer solchen Verbindung mit Gott steht, die auch durch die Sünde des Volkes nicht aufgehoben werden kann (Rö 3, 2; 9, 1 ff.).

Ein Unterschied innerhalb des Volkes wird aber zur Zeit Jesu anerkannt.

Es gibt auch im Judentum Worte, die Ähnliches wie unser Gleichnis aussagen, nämlich daß der, der die Thora, d. h. den Willen Gottes als verpflichtend angenommen und dazu Ja gesagt hat, eine viel größere Verpflichtung hat als der, der den Willen Gottes nicht kennt.

Der Sinn unseres Gleichnisses liegt nun aber in der Frage, worin dies Erfüllen des Willens Gottes gesehen wird. Jesus greift hier wieder auf die Botschaft des Täufers zurück, mit der er sich von Anfang an identifiziert hatte (Mt 3, 2—4, 12). War im Judentum der Fromme ein solcher Mensch,

[9]) Es steht im Luthertext der neinsagende Sohn an erster Stelle, während der jasagende an die zweite gerückt ist. Da nun der Nestle-Text, einer der wichtigsten Handschriften folgend, die umgekehrte Reihenfolge hat, wird der Prediger in eine gewisse Verlegenheit gebracht, weil er nicht weiß, welcher Auffassung er sich anschließen soll. Es muß darum hierüber etwas gesagt werden. Wir fragen dabei nicht nach dem Wert der Handschriften, was in diesem Zusammenhange zu weit führen würde, sondern nach den inneren Motiven, die für diese oder jene Textform zu sprechen scheinen.

Man wird an sich wohl geneigt sein, der Übersetzung Luthers zu folgen, weil nur so die Bitte an den zweiten Sohn hinreichend motiviert zu sein scheint. Sagt der erste Sohn nein, so ergibt es sich von selbst, daß der Vater nunmehr sich an den zweiten wendet. Durchschlagend ist dieses Argument freilich nicht, denn man könnte sich den Zusammenhang ganz gut, auch ohne daß es ausdrücklich hätte erwähnt werden müssen, so zurechtlegen, daß der Vater sich an den zweiten Sohn wendet, nachdem sich herausgestellt hat, daß der erste sein Wort nicht gehalten hat.

Dafür, daß der Jasager ursprünglich an erster Stelle gestanden haben könnte, läßt sich im übrigen auch ein durchaus annehmbares Motiv nachweisen.

Wer ist denn der Jasager und wer der Neinsager?

Das scheint deutlich zu sein auch ohne die ausdrückliche Aussage von Vers 32. Die Jasager sind die Führer des Volkes (V. 23), mit denen Jesus hier im Gespräch steht, und die Neinsager sind die Zöllner und Sünder. Den offiziellen Vertretern der Frömmigkeit, die zu Gottes Forderungen grundsätzlich Ja gesagt haben, sind die Neinsager gegenüber gestellt, die sich von Gottes Willen gelöst hatten und so im grundsätzlichen Nein stehen.

Nun ist es aber so, daß Jesus sich zuerst an die leitenden Kreise des Volkes gewandt hat — das macht das Gleichnis vom großen Abendmahl deutlich — und, als sie ihn ablehnten, zu den Ausgestoßenen seines Volkes gegangen ist, die ihn hörten. Es würde sich so in dieser Reihenfolge einfach die Wirklichkeit dessen spiegeln, was sich ereignet hat, widerspiegeln. (Nach Günther Dehn.)

der den Willen Gottes tut, so sieht Jesus im Gleichnis den, der den Willen Gottes erfüllt, als den an, der sich dem Bußruf des Johannes gebeugt hat. Jesus sieht aber in dem, der sich diesem Ruf widersetzt hat, aber zu dem Gesetz „Ja“ sagt, den Jasager des Gleichnisses, der aber dann doch sich dem Willen Gottes entzieht.

Damit stellt Jesus die Sünde der Zöllner und Huren nicht als geringfügig hin. Das Neinsagen zum Willen Gottes bleibt ihre Sünde, die nicht bagatellisiert wird, so wie es das Positive bleibt, den Willen Gottes erkannt zu haben. Aber in der entscheidenden Stunde, die mit dem Bußruf des Täufers begann, haben die Frommen versagt und die Zöllner und Sünder kamen.

Darüber hinaus ist das Gleichnis eine letzte Einladung Jesu an diese Frommen. Noch ist das letzte Nein der Frommen, das erst in der völligen Verurteilung Jesu zum Kreuzestod fällt, nicht ausgesprochen. Jesus spricht nur von Johannes wie schon in seiner Antwort auf die Vollmachtsfrage. Noch ist es Zeit. Aber in der Stellung zu Johannes wurde schon deutlich, was sich in der Stellung zu Ihm dann entscheiden soll. Das ist aber das Revolutionierende an Jesu Wort, daß er damit sagt, daß sich an Ihm entscheidet, wer den Willen Gottes erfüllt oder nicht.

Das Gleichnis erschüttert heute unsere Beurteilung der Menschen, mit der wir gern wieder das Gleiche tun, wie die Frommen jener Zeit. Am Ende kommt es darauf an, daß wir mit unserem von Natur aus sich immer wiederholenden Nein-Sagen zum Willen Gottes ganz in die Arme Jesu fliehen und damit den Willen Gottes in Wahrheit erfüllen. Zur Erfüllung des Willens Gottes in diesem Sinn sind aber zu allen Zeiten die eher bereit, die wissen, daß sie nichts vorzuweisen haben, die wissen, daß sie von Natur aus immer wieder Nein sagen. [10])

---

[10]) Günther Dehn gibt in „Herr, tue meine Lippen auf“ Bd. 3, S. 232 ff. von Eichholz folgende praktische Erwägungen:

Die beschämte Christenheit.

Unser Text gehört zu den für die Heilige Schrift so charakteristischen Abschnitten, in denen gerade die Gemeinde aufgestört wird. Es wäre so bequem, wenn man sich bei dem Gedanken beruhigen könnte: die anderen sind gemeint, die böse Welt wird gescholten und verurteilt, wir aber dürfen im sicheren Besitz dessen, was uns gegeben ist, unseres Daseins froh werden. Gerade aber das soll nicht geschehen, sondern immer wieder hebt das Gericht beim Hause Gottes an und rührt unsere Seele auf.

Daß wir Ja sagen und Nein tun, gehört ja mit zum typischen Bilde unseres Christseins. Es ist nicht nur eine ungerechtfertigte Klage der Welt, daß die Gläubigen es viel mit Worten zu tun haben, daß sie es aber an den entsprechenden Taten fehlen lassen, sondern es ist etwas, das wir uns selber gestehen müssen, nämlich, daß es uns nicht gelingen will, wirklich in eine christliche Existenz hineinzukommen. Es ist doch erschütternd, immer wieder aufs neue feststellen zu müssen, daß wir die Gebote kennen, sie aber nicht halten, daß wir in frommem Egoismus uns selber leben und den unter die Räuber Gefallenen ruhig am Wege liegen lassen. Man kann sehr gute theologische Einsichten haben und es doch an ihrer schlichtesten Betätigung fehlen lassen. Man kann mit Eifer und Leidenschaft sich für das Reich Gottes einsetzen und doch „erfüllt sein“ vom weltlichen Denken. Man kann regelmäßiger Gottesdienstbesucher sein, aber jedesmal als der gleiche Mensch nach Hause gehen, weil man es meisterhaft verstanden hat, die Predigt immer nur auf andere zu beziehen und nicht auf sich selbst. Eine ganze Gemeinde kann erstarren in Dünkel, Selbstgerechtigkeit und Eigengesetzlichkeit, so daß auch nicht die kleinste Welle echter Barmherzigkeit und wirklich dienender Liebe von ihr ausgeht. Man kann selbst als Prediger mit eindringlichen Worten zur Arbeit im Weinberg Gottes auffordern, aber tatsächlich baut man sich nur ein Stück eigenes Land, auf dem man im Glanz seiner Beliebtheit eigensüchtig wohnt.

Die gewarnte Christenheit.

Wir kommen hier in engste Berührung mit dem Gleichnis vom großen Abendmahl, in dem uns erzählt wird, daß die Berufenen auf einmal ausgeschlossen sind vom Reich, während die Lahmen, Blinden und Bettler, die nicht berufen waren, hineinströmen. So heißt es ja auch in unserer Geschichte: „Die Zöllner und Huren mögen wohl eher ins Himmelreich kommen als ihr“. Nicht weil sie Zöllner und Huren sind, sondern weil es sich ereignen kann, daß mitten in der Verlorenheit der Welt doch nun auf einmal der Wille Gottes getan wird. Es gibt eigentlich nichts, was die Christenheit mehr aufrütteln könnte als diese Möglichkeit, daß sie entlarvt werden kann in der Substanzlosigkeit ihres Glaubens, daß plötzlich diejenigen gegen sie zeugen, auf welche sie bis dahin aus der angeblichen Sicherheit ihres Besitzes heraus herabgeblickt oder sie allenfalls als Objekt ihrer Missionstätigkeit oder ihrer Fürsorge angesehen hat. Die ungläubige Welt steht gegen die gläubige Christenheit, und Gott ist auf ihrer Seite.

Zu Vers 33:
Mt 20, 1; 25, 14
Jes 5, 1 ff; 27, 2
Zu Vers 35:
Mt 22, 6
Zu Vers 36:
2 Chr 24, 21; 36, 15
Mt 22, 4
Zu Vers 38:
Mt 27, 18
Lk 19, 14
Jo 1, 11
Zu Vers 42:
Lk 9, 22
Apg 4, 11
Rö 9, 33
1 Pt 2, 6—8
Eph 2, 20
Jes 28, 16
Ps 118, 22 ff
Zu Vers 43:
Früchte:
Gal 5, 22
Zu Vers 44:
Dan 2, 34. 35. 44. 45

2. Gleichnis: Die bösen Weinbergpächter

21, 33—46 (Mk 12, 1—12; Lk 20, 9—19)

33 Höret ein anderes Gleichnis: Es war ein Hausherr, der pflanzte einen
Weinberg, umgab ihn mit einem Zaun, grub eine Kelter in ihm und baute
einen Turm, verpachtete ihn an Weinbauern und ging außer Landes. [11])
34 *Als aber die Zeit der Ernte kam, sandte er seine Knechte zu den Weinberg-
35 Pächtern, um seinen Ernteteil zu empfangen. *Und die Pächter ergriffen seine
36 Knechte, einen töteten sie, einen aber steinigten sie.[12]) *Wiederum sandte
er andere Knechte, mehr als die ersten, und sie machten mit diesen das
37 Gleiche. *Endlich sandte er zu ihnen seinen Sohn und dachte, sie werden
38 meinen Sohn fürchten. *Als die Weinbergpächter aber den Sohn sahen,
sagten sie bei sich: Auf, laßt uns ihn töten, so werden wir sein Erbteil haben.
39 *Und sie nahmen ihn, warfen ihn aus dem Weinberg heraus und töteten ihn.
40 *Was wird nun der Herr des Weinberges mit diesen Pächtern tun, wenn er
41 kommt? *Sie sagten zu ihm: Diese Bösen wird er bös umbringen und den
Weinberg an andere Pächter vergeben, welche ihm die Früchte zu den rechten
42 Zeiten geben werden. *Spricht Jesus zu ihnen: Habt ihr noch nicht in der
Schrift gelesen: Der Stein, den die Bauleute weggeworfen haben, dieser ist
zum Eckstein geworden? Dies ist vom Herrn geschehen, und es ist wunder-
bar in unsern Augen. [13])
43 Darum sage ich euch: Das Reich Gottes wird von euch genommen und
44 einem Volk gegeben werden, das dessen Früchte bringt. *Und wer auf
den Stein fällt, der wird zerschellen, auf wen er aber fällt, den wird er zer-
45 malmen. *Und als die Hohenpriester und Pharisäer seine Gleichnisse hörten,
46 erkannten sie, daß er von ihnen sprach. *Und sie suchten ihn zu ergreifen,
fürchteten aber die Volksmengen, da sie ihn für einen Propheten hielten.

Das Verständnis unseres Gleichnisses ist dadurch besonders erleichtert, daß Jesus Bilder verwendet, die als „stehende Bilder" immer wiederkehren. Solche stehenden Bilder sind der Weinberg — Gottes Volk Israel, Gottes Knechte — seine Propheten, Gottes Sohn — der Messias, und die Ernte — letzte Zeit, Gericht. Die Fülle dieser stehenden Bilder und ihre Deutung könnten dazu verleiten, unser Gleichnis im Gegensatz zu den übrigen Gleichnissen Jesu als Allegorie zu verstehen, d. h. als eine Geschichte, die Zug um Zug in eine andere Wirklichkeit zu übertragen ist. Außer den genannten stehenden Bildern finden wir noch andere Züge, die eine Übertragung nahe-

Die Gottlosen werden gerechtfertigt, und die Frommen sind verurteilt. Die Gottlosen können fromm sein in ihrer Gottlosigkeit und die Frommen gottlos in ihrer Frömmigkeit. Wie muß diese Erkenntnis uns dazu aufrufen, daß unserem Ja nun auch wirklich ein Amen folge, daß der Jasager auch ein Ja-Tuer werde.

[11]) Es gab in Palästina drei verschiedene Arten der Pachtung: Entweder wurde ein bestimmter Ernteteil als Entgelt festgelegt oder eine von der jeweiligen Ernte unabhängige Fruchtmenge oder eine feste Geldsumme. Das Gleichnis macht es klar, daß bei den Pächtern an solche gedacht ist, die den Weinberg für einen bestimmten Anteil am Ertrag gepachtet haben. Solche Pachtverträge wurden manchmal für sehr lange Zeiten, sogar als Erbpacht-Vertrag abgeschlossen. An einen solchen Fall denkt unser Gleichnis, da es uns so verständlich wird, daß bei den Pächtern die Hoffnung auf eine Überschreibung des Weinberges in ihren Besitz entstehen konnte. Schwierigkeiten in dem Verhältnis zwischen Besitzer und Pächtern kamen manchmal vor, vor allem, wenn die Pachtsumme einen Ernteanteil ausmachte, da eine schlechte Bewirtschaftung in solchem Falle auch für den Besitzer von Schaden war. Das Verhältnis zwischen Besitzer und Pächter wurde im Judentum seit Jes 5 häufig als Gleichnis für das Verhältnis Gottes zu seinem Volk verwandt.

[12]) Das Verhalten zum Pächter kehrt in jüdischen Gleichnissen wieder und zwar dort, wo von einem König die Rede ist, der in einer widersätzlichen Provinz Steuern eintreiben läßt. In der Sache sind die Gleichnisse dem unsern gleich. Auch dort sind mit den Boten die Propheten und ist mit dem König Gott gemeint. Weil unser Gleichnis damals geläufige Bilder verwandte, war seine Bedeutung den Hörern besonders einleuchtend.

[13]) Das Zitat wurde damals gewöhnlich auf Abraham oder auf David gedeutet. Aber die Deutung auf David legte dann eine messianische Deutung nahe, die zur Zeit Jesu uns begegnet.

legen, so das Töten der Knechte, das wenig später mit den gleichen Worten 23, 37 in dem Weheruf über Jerusalem uns wieder begegnet, und vor allem das Töten des Sohnes selbst, das zweifelsohne als Weissagung seines eigenen Todes zu verstehen ist. Aber wenn wir nun schon weiter allegorisch auslegen wollten und den Tod des Sohnes draußen vor dem Weinberg als Weissagung des Todes Jesu vor den Toren Jerusalems verstehen, so fragt es sich, ob wir damit noch der Absicht Jesu folgen. Bei Markus wird der Sohn getötet und dann hinausgeworfen, und damit soll die äußerste Schande aufgezeichnet werden, die die Pächter dem Sohn antun. Dies liegt sicher in der Linie dessen, was Jesus sagen will, nämlich, daß ihm von dem Volk, zu dem er gesandt ist, das Äußerste an Schande zugefügt wird. Matthäus selbst spielt mit der geringfügigen Änderung vielleicht auf die Art des Todes Jesu an, aber eine solche spezielle allegorische Deutung lag sicher nicht in der Absicht Jesu. Weitere Züge entziehen sich völlig der Deutung, wie z. B. die Beschreibung des Weinberges, das Überlandziehen des Herrn und die Überlegungen der Weinbauern. Wir werden darum bei der Auslegung des Gleichnisses bei dem bleiben müssen, was sich auch bei den übrigen Gleichnissen Jesu zeigte: Es ist ein wesentlicher Gedanke, der in dem Gleichnis den Hörern eingeprägt werden soll, und dieser Gedanke ist hier das Verhältnis des Volkes Israel (in seinen prominenten Vertretern) zu Jesus und seinem Anspruch, der hier deutlicher als bisher hervortritt. Daß Jesus dies mit diesem Gleichnis sagen will, ist so deutlich, daß es selbst die Hohenpriester und Pharisäer erkennen.

Mt 23, 37 ff. sagt in direkten Worten, was hier im Gleichnis gesagt ist: Das Volk Israel, das sich immer wieder gerade in seinen vornehmen Vertretern gegen die Boten Gottes aufgelehnt hat, ist im Begriff, den zu töten, den Gott als letzten Gesandten zu ihm geschickt hat, seinen geliebten Sohn. Die Folge ist die Verwerfung Israels und die Erwählung eines neuen Bundesvolkes. Dieser Gedanke war schon öfter von Jesus ausgesprochen worden als Warnung an das jüdische Volk. Aber noch nie hatte Jesus so klar sich selbst als den Sohn (Markus braucht hier die Bezeichnung „geliebter Sohn" wie in der Verklärungsgeschichte) Gottes bezeichnet. Diese letzte Schärfe, in der der Anspruch Jesu hier ausgesprochen wird, können wir wiederum nur aus der Situation verstehen, in der Jesus das Gleichnis sagt. Es ist die Entscheidungssituation kurz vor seiner Gefangennahme. Jetzt gibt es kein Ausweichen mehr, sondern nur noch die Anerkennung dieses Anspruches, die Umkehr in letzter Stunde, oder die radikale Ablehnung, die dann zur Erfüllung der im Gleichnis gegebenen Weissagung führen muß.

Die Geschichte, die Jesus in diesem Gleichnis erzählt, enthält etwas, was alle menschliche Gemeinheit übertrifft. Kein Weinbergpächter wird sich so verhalten, selbst wenn die Schwierigkeiten mit dem Weinbergbesitzer sich zu einem solchen Gegensatz steigern sollten. Die Geschichte ist nicht aus dem Leben gegriffen. Denn im täglichen Leben geschieht derartiges nicht, sie ist vielmehr von dem bestimmt und gestaltet, was Jesus sagen will. Gerade in ihrer Unmöglichkeit weist sie darauf hin, wie unsinnig das Verhalten der Pharisäer und Hohenpriester ist. Sie verhalten sich in ihrem Handeln gegenüber dem Anspruch Gottes, den er ihnen in der Sendung seines Sohnes stellt, so, wie sie sich im normalen Leben nie verhalten würden und wie sich kein normaler Mensch verhält. Indem Jesus ihnen so die Unsinnigkeit ihres Verhaltens zeigt, weist er den Unglauben als Torheit aus, wie es schon Psalm 14, 1 tut, und wie es Paulus 1 Ko 1, 18 ff.; 3, 19 dann klar gesagt hat. Der Unglaube ist nicht nur Ungehorsam, Sünde, sondern er ist zugleich eine so große Torheit, wie sie ein Mensch im täglichen Leben nie begehen würde.

Ebenso ist Gottes Verhalten in seiner unendlichen Güte, mit der er uns Menschen nachgeht, für menschliche Begriffe unverständlich. Gott handelt so, wie kein Besitzer seinen Pächtern gegenüber handeln würde. Er sucht den Menschen mit einer Langmut, die es auf Erden nicht gibt. Trotzdem hat auch diese Langmut eine Grenze, auch ihr gegenüber gibt es ein „zu spät". So ist dieses Gleichnis ein letztes Angebot Jesu, verbunden mit der Warnung, daß es wirklich das letzte ist, nach dem dann die unerbittliche Strafe folgt, wenn es abgelehnt wird.

Das Gleichnis endigt mit zwei Worten. Das eine Wort enthält ein Schriftzitat, das den Sinn des Gleichnisses noch einmal deutet. Das andere Wort enthält ein Bekenntnis Jesu zu seiner Würde; denn Psalm 118, 22 (aus diesem Psalm war schon das Hosianna genommen, mit dem Jesus bei seinem Einzug begrüßt worden war,) wurde schon in Jerusalem messianisch gedeutet. *Ich* bin dieser Eckstein, der den Bau des Tempels trägt, sagt Jesus mit der Zuteilung dieses Wortes. Der Eckstein ist wahrscheinlich nicht der *Grundstein*, sondern der abschließende Stein im Torbogen, der das Ganze zusammenhält. Dieses Bild ist dann von den Aposteln aufgenommen worden und begegnet uns immer wieder. (Vgl. 1 Petr 2, 6—8. Das Wort „Eckstein" kann, vom Urtext her gesehen, sowohl mit *Grundstein*, als auch *Eckstein* und *Schlußstein* übersetzt werden. [Siehe dort.])

Das zweite Wort ist an unserer Stelle nicht einhellig überliefert. Die gleiche Textgruppe, bei der wir schon manche Abweichung feststellen (Kodex D, altlateinische und syrische Übersetzungen), läßt es aus. Es ist aber eindeutig bei Lukas überliefert und gibt eine Erklärung des Wortes „Anstoß". Die Pharisäer nehmen an Jesus Anstoß, weil er nicht dem Ideal entspricht, das sie sich vom Messias gemacht haben. Dieses Anstoßnehmen wird aber für sie die furchtbare Tatsache bedeuten, daß sie daran zugrunde gehen.

Die Pharisäer merken, daß nicht nur dieses Gleichnis, sondern auch schon das vorhergehende (vielleicht sind noch mehr gemeint) auf *sie* gemünzt ist, daß *sie* hier angeredet sind. Damit ist ein großer Schritt vorwärts getan etwa gegenüber Mt 13, 10 ff. Da, wo der Mensch erkennt, daß er angeredet ist, hat er in Wahrheit ja erkannt, daß Gott hier mit ihm redet, und in dem Augenblick ist der Weg zu der Möglichkeit einer *Entscheidung* frei. Daß dies geschieht, ist immer das Werk Gottes, so wie es hier die bewußte Absicht Jesu ist. Aber wie anders ist die Reaktion der Pharisäer als z. B. die des David, als ihm gesagt wurde: *„Du bist der Mann!"* (2 Sam 12, 7). Es gibt dem Worte Gottes gegenüber aber nur diese beiden Möglichkeiten, die demütige *Unterwerfung*, die Umkehr, oder die *Auflehnung*, die dann zum Kreuzigen des Herrn führt.

Zu Vers 2—10: Lk 14, 16—24
Zu Vers 1: Mt 21, 45
Zu Vers 2: Mt 9, 15; Mt 18, 23; Jo 3, 29; Offb 19, 7. 9
Zu Vers 4: Mt 21, 36
Zu Vers 5: Hbr 2, 3
Zu Vers 6: Mt 21, 35; Mt 23, 37
Zu Vers 7: Mt 18, 34; Mt 24, 2

Kapitel 22

3. Gleichnis: Vom Hochzeitsmahl des Königssohnes.

22, 1—14

1 Und Jesus antwortete und sprach wiederum in Gleichnissen zu ihnen:
2 *Das Reich der Himmel ist einem Könige zu vergleichen, der seinem Sohn
3 die Hochzeit bereitete. *Und er sandte seine Sklaven aus, die Geladenen zur
4 Hochzeit zu rufen, und sie wollten nicht kommen. *Noch einmal sandte er
andere Sklaven und sprach: Saget den Geladenen: Siehe, ich habe mein Mahl
bereitet, meine Ochsen und Mastkälber sind geschlachtet, und alles ist bereit;
5 kommt zur Hochzeit![1] *Sie aber mißachteten (den Ruf) und gingen fort,
6 der eine auf seinen Acker, der andere an seinen Handel. *Die übrigen er-
7 griffen seine Sklaven, mißhandelten und töteten sie. *Der König aber wurde

[1]) s. S. 293

Zu Vers 8: Apg 13, 46
Zu Vers 9: Mt 13, 47; Mt 21, 43
Zu Vers 11: Offb 19, 8
Zu Vers 13: Mt 8, 12; Ps 112, 10
Zu Vers 14: Mt 20, 16

zornig, sandte seine Heere aus und vernichtete jene Mörder und verbrannte
8 ihre Stadt. *Darauf spricht er zu seinen Sklaven: Die Hochzeit ist zwar bereit,
9 aber die Geladenen waren nicht würdig. *Gehet nun an die Kreuzwege, und
10 wen ihr findet, rufet zur Hochzeit. *Und jene Sklaven gingen aus auf die
Wege und führten zusammen alle, die sie fanden, Böse und Gute, und der
11 Hochzeitssaal wurde mit Gästen gefüllt. *Und der König ging hinein, nach
seinen Gästen zu sehen, und sah einen, der war nicht mit einem Hochzeits-
12 gewand bekleidet.[2]) *Und er spricht zu ihm: Mein Lieber, wie bist du hier
13 ohne ein Hochzeitsgewand hereingekommen? Der aber schwieg.[3]) *Darauf
sagte der König zu den Dienern: Bindet ihm Füße und Hände und werfet ihn
in die äußerste Finsternis. Da wird Wehklagen sein und Zähneknirschen.
14 *Denn viele sind berufen, aber wenige auserwählt.

Auch das dritte in der Reihe der Gleichnisse, die Matthäus hier in enger Verbindung miteinander aus den letzten Tagen Jesu in Jerusalem berichtet, ist mit ganzer Schärfe gegen die führende Schicht des Volkes gerichtet, mit der Jesus in den Streitgesprächen zusammentraf. Unser Gleichnis steht nicht zufällig als letztes in dieser Reihe, es bringt vielmehr den Höhepunkt der Anklagen, die Jesus gegen die vornehmsten Führer seines Volkes vorzubringen hat. Hatte das Gleichnis von den ungleichen Söhnen (21, 28 ff.) und auch das Gleichnis von den bösen Weinbergpächtern (21, 33 ff.) den Führern vorgehalten, daß sie sich der Forderung Gottes „entziehen", so erhebt unser Gleichnis die viel schwerere Anklage, daß die Führer des Volkes die Einladung Gottes „zurückweisen". Und diese Zurückweisung geschieht dazu in der gleichen Form wie die Verweigerung des Gehorsams: sie führt zur Tötung derer, die Gott gesandt hat, diesen Ruf Gottes den Geladenen auszurichten. Die bedeutsamste Abwandlung des Gleichnisses gegenüber dem entsprechenden Gleichnis bei Lukas liegt an diesem Punkt. Es ist eine ähnliche Abwandlung, wie wir sie bei Matthäus und Lukas dem bekannten Wort: „Wer nicht wider uns ist, ist für uns" (Mk 9, 40) gegenüber beobachten können, das im Streitgespräch mit den Pharisäern zu dem Wort wird: „Wer nicht mit mir ist, ist wider mich" (Mt 12, 30; Lk 11, 23). Die Ablehnung des Rufes Gottes, der in Jesus ergeht, führt nicht zu irgendeiner Neutralität, sondern zum Kampf gegen ihn, und die Folge davon ist darum nicht nur der Ausschluß vom Reich, nach dem man dann noch irgendwie daneben existieren könnte, sondern dieser Ausschluß bedeutet den „Tod". So zieht das Gleichnis bei Matthäus nur die Linie aus, macht sie klarer erkennbar, schärfer sichtbar, als sie schon bei Lukas vorhanden ist. Wie die Ablehnung der Einladung mit einer fadenscheinigen Entschuldigung in ihrem Wesen gleichbedeutend ist mit der Mißhandlung und Tötung der Boten — Jesus denkt hier wie im Gleichnis von den bösen Weinbergpächtern an die Behandlung der Propheten, und der Evangelist mag bei der Erwähnung der zweiten Botenschar die Apostel bereits im Auge gehabt haben —, so ist das „Nichtschmecken des Abendmahls" gleichbedeutend mit der Vernichtung der ablehnenden Geladenen.

Damit ist schon zum Ausdruck gekommen, daß der Kern des Gleichnisses in der Einladung zu sehen ist, die der König seinen Gästen zuteil

[1])Es ist bis heute im Osten Sitte, eine doppelte Einladung ergehen zu lassen, die erste als vorläufige, vorbereitende Einladung, die zweite, wenn das Fest bereitet ist. (T. W. Manson: The Sayings of Jesus, 1949, S. 225.)
Die Ochsen (Opferstiere) und das Mastvieh (es kann sich auch um Schafe handeln) deuten auf ein sehr reiches Mahl.

[2]) Der König kommt nicht, um die Gäste zu mustern, sondern um sie als Gastgeber zu grüßen (T. W. Manson).

[3]) Die Anrede ist mehr herablassend als freundlich, die Anrede des Herrn, der einen Untergebenen bei einem Fehler ertappt.

werden läßt, die er bereits geladen hat — (der Zeitpunkt der ersten Einladung liegt unbestimmte Zeit zurück, so wie die Berufung Israels zurückliegt und ein die Gegenwart bestimmendes Faktum ist.) — Ist dies der Kernpunkt des Gleichnisses, so ist auch seine Bedeutung im Munde Jesu klar. Er selbst steht nicht im Gleichnis; denn ihn mit dem Sohn zu identifizieren, dem der König die Hochzeit richtet, würde ein falsches Allegorisieren bedeuten, aber er steht dahinter; denn in ihm ergeht der letzte entscheidende Ruf Gottes an sein Volk. Was das Gleichnis von den bösen Weinbergpächtern ausführte, daß der König als letzten Versuch seinen eigenen, lieben Sohn sendet, wird hier nicht ausgeführt, aber es geschieht in Wahrheit. So gehen hier Gleichnisrede und wirkliches, gegenwärtiges Geschehen ineinander über. So wird es auch nicht so sehr verwundern, daß die Schilderung der Strafaktion des Königs so lebendig und gegenwärtig ist, und wir mögen sehr wohl annehmen, daß Matthäus „unter dem unmittelbaren Eindruck dessen, was sich begeben hat" (Schniewind), schreibt. Jerusalem wurde ja zerstört und die, die Jesus zurückgewiesen und getötet hatten, wurden vernichtet. Mag dies auch zu dem Zeitpunkt, da Matthäus das Evangelium schreibt (s. Einleitung S. 12), noch nicht restlos eingetroffen sein, so sieht der Evangelist die Erfüllung dessen, was das Gleichnis drohend voraussagt, lebendig und unausweichlich nahe gerückt.

Ist der Kern des Gleichnisses die Einladung als Bild für den in Jesus ergehenden Ruf Gottes, so stehen die anderen bildhaften Züge des Gleichnisses dienend daneben. Es sind zu nennen die „stehenden Bilder": der König für Gott, das Mahl für das Reich Gottes, die Sklaven für die Boten Gottes, die Propheten und Apostel. Als „stehende Bilder" sind sie mehr als Bilder. Gott ist der ewige König und sein Reich ist das Freudenmahl, wo alle Tränen getrocknet sein werden, und Propheten und Apostel sind seine Sklaven, die nur seinen Willen vollstrecken.

Der Schluß des Gleichnisses gibt diesem eine neue Wendung. Hatte sich das Gleichnis bisher warnend, ja drohend an das Volk Israel gewandt, ihm den Ernst der Entscheidung vorgehalten, die es Jesus gegenüber zu fällen hat, wendet sich der Schluß nunmehr denen zu, an die die Einladung ergeht, nachdem sie von den ursprünglich Geladenen zurückgewiesen ist. Anders als bei Lukas sind sie nicht als die Armen, Krüppel und Lahmen und Blinden (Lk 14, 21) beschrieben, sondern es sind die Fremden, die auf der Durchreise an den Kreuzwegen die Einladung erhalten. Ihre Charakterisierung besteht eigentlich nur darin, daß es alle Erreichbaren sind ohne Ausnahme, Böse und Gute (V. 10), daß sie also gar nicht besonders charakterisiert sind, höchstens, daß es eben Fremde sind, die nicht in jener Stadt wohnten, die dann der Zerstörung anheimfiel, Fremde, die fast durch Zufall (aber Zufall ist immer Gottes gnädige Erwählung), wenigstens ohne alles Verdienst die Einladung erhalten.

Mit diesem Schluß redet Jesus die Gemeinde seiner Gläubigen an, und wie im Gleichnis vom Unkraut unter dem Weizen (13, 24 ff.) und vom Fischnetz (13, 47 ff.) wird ihr gesagt, daß mit der Zugehörigkeit zur Gemeinde durchaus noch nicht alles entschieden ist, daß auch diese Gemeinde unlautere Elemente haben kann. Wir werden uns bei der Auslegung des Schlusses von dem Mann, der kein hochzeitliches Kleid trägt, zunächst einfach mit dieser Aussage begnügen müssen, nämlich, daß auch die Zugehörigkeit zur Gemeinde keine tote Garantie gibt und niemals ein Ruhepolster ist, auf dem mein Glaube ausruhen kann, sondern daß die letzte Entscheidung erst unter den Augen Gottes fällt.

Sehen wir davon ab, daß es sich um Arme handelt, wie wir es gern vom Lukas-Gleichnis hier eintragen, so ist die Forderung, die im Gleichnis gestellt ist, in einem hochzeitlichen Kleid zu erscheinen, durchaus nicht unberechtigt. Wir werden vielmehr bedenken müssen, daß das Fehlen eines solchen Kleides nach dem orientalischen Zeremoniell eine besonders empfindliche Verletzung der Sitte, eine Geringschätzung des Gastgebers bedeutet, die der Nichtachtung seiner Einladung durch die Zurückweisung, wie sie die Geladenen im ersten Teil des Gleichnisses übten, gleichkommt (Jülicher S. 424). Der Gemeinde wird also warnend gesagt, daß die Berufung, die ihr zuteil wurde, ihr die Pflicht auferlegt, dieser Berufung entsprechend zu leben. Die Auslegung, die man der Szene gern von der paulinischen Rechtfertigungslehre her geben möchte, als habe der Gast das ihm angebotene Kleid zurückgewiesen, weil er im eigenen (in der eigenen Gerechtigkeit) erscheinen wollte, scheitert schon daran, daß es heißt: **„Wie bist du ohne ein hochzeitliches Kleid hereingekommen?"** Der König erwartete von seinem Gast also das hochzeitliche Kleid bereits beim Hereinkommen. Tatsächlich steht nichts von dem Anbieten eines Kleides für jeden Gast und der Zurückweisung eines solchen Geschenkes im Gleichnis.

Zu erwägen bleibt allerdings, was mit dem Kleid gemeint ist, da auch dies eins der stehenden Bilder ist, die wir in den Gleichnissen immer wieder antreffen. Das neue Gewand bedeutet ein neues Sein (Mt 9, 16 und vor allem Offb 3, 4! 4, 4; 16, 15; 19, 13) und das Hochzeitskleid wäre dann das Sein, das zum Reiche Gottes gehört, das von Jesus geschenkte neue Leben. Der Gast wäre also ein Mensch, der trotz der Zugehörigkeit zur Gemeinde sich diesem neuen Sein verschließt im „Verharren in der eigenen Art, also in der eigenen Frömmigkeit" (Schniewind).

Das Schlußwort V. 14 gibt neue Rätsel auf. Steht es nicht im Gegensatz zum Schluß des Gleichnisses, wo doch einer nur ein Berufener und nicht Erwählter ist? Und auch zu dem ersten Teil des Gleichnisses paßt es nicht, da es ja gerade die „Vielen" (Mk 10, 45) sind, die gegenüber der begrenzten Zahl des jüdischen Volkes zum Mahl kommen. Aber schon Hieronymus sah in dem Einen nur den Repräsentanten einer großen Zahl, und wir werden das Schlußwort so als eine Verschärfung der im Schlußteil des Gleichnisses gegebenen Warnung an die Gemeinde sehen dürfen.

Die drei Angriffe der Feinde auf Jesus.

1. Der Angriff der Herodianer. Das Zinsgroschengespräch.

22, 15—22 (Mk 12, 13—17; Lk 20, 20—26)

Auf die drei Gleichnisse, in denen Jesus den entscheidenden Angriff gegen die führende Schicht seines Volkes führte, den schwerwiegendsten Vorwurf gegen sie erhob, folgen vier Streitgespräche, in denen zunächst die Pharisäer mit ihren Bundesgenossen den Angriff gegen Jesus vortragen (die drei ersten Gespräche), worauf Jesus im letzten Gespräch noch einmal seinerseits zum Angriff übergeht mit der Frage nach dem Christus, dem Messias. Wir werden die Gespräche ebenso wie die vorhergegangenen Gleichnisse ganz aus dieser Situation der letzten entscheidungsvollen Auseinandersetzung Jesu mit den Führern seines Volkes verstehen müssen. Die Fragen, die Jesus gestellt werden, sind für die Fragesteller nicht wirklich echte Fragen, sondern nur Vorwand, Möglichkeiten, ihm „eine Falle zu stellen". Gewiß wendet Jesus die Fragen in das Sachliche, Inhaltliche hinüber, und doch bleibt es am Ende das Wesentliche, daß es den Gegnern unmöglich ist, ihn zu fangen, daß sie sich nur verwundern können und abziehen müssen, geschlagen, entsetzt über seine Lehre (V. 22 und 33). Die Antworten Jesu sind nicht zuerst Belehrungen etwa über die Pflicht des Christen gegenüber dem Staat, über die Frage der Totenauferstehung usf., sondern zuerst sind sie Erweise seiner Macht im Wort, wie die Wunder Erweise seiner Macht im Werk sind. Und seine Antworten sind solche Erweise, weil er *„in Vollmacht"* spricht, wie es schon am Ende der Bergpredigt hieß (7, 28 f.).

Zu Vers 15: Jo 8, 6
Zu Vers 16: Mk 3, 6 Jo 3, 2
Zu Vers 19: Mt 17, 24
Zu Vers 21: Rö 13, 7 1 Pt 2, 17
Zu Vers 22: Jo 8, 9

15 Darauf gingen die Pharisäer hin und faßten einen Beschluß, wie sie ihn
16 durch einen Ausspruch in der Schlinge fangen könnten. *Und sie sandten
zu ihm ihre Jünger mit den Herodianern[4]), die sprachen: Lehrer, wir
wissen, daß du wahrhaftig bist und den Weg[5]) Gottes in Wahrheit lehrst,
und kümmerst dich um niemanden, siehst auch nicht auf das Ansehen der
17 Menschen. *Sag uns nun, was ist deine Meinung. Ist es erlaubt, dem Cäsar
18 die (Kopf)steuer[6]) zu geben oder nicht? *Jesus erkannte aber ihre Bosheit
19 und sprach: Warum versucht ihr mich, ihr Heuchler? *Zeigt mir die Münze
20 für die Steuer. Sie aber brachten ihm einen Denar.[7]) * Und er spricht zu
21 ihnen: Wessen Bild ist dies und wessen Aufschrift? *Sie sprechen: Des
Cäsars. Darauf spricht er zu ihnen: So gebt dem Cäsar zurück, was dem
22 Cäsar gehört, und (gebt) Gott, was Gott gehört. *Und als sie
das hörten, verwunderten sie sich, ließen ihn und gingen fort.

Das Gespräch ist schon früh von der Christenheit als eine Entscheidung ihres Meisters in der Frage des Verhältnisses des Christen zum Staat verstanden worden. So stellen die Gegner nach einem apokryphen Evangelienfragment aus der Mitte des 2. Jahrhunderts (Papyrus Egerton Nr. 2) die Frage in einer verallgemeinernden Form: Ist es erlaubt, den Königen das zu geben, was der Obrigkeit zukommt? Und noch deutlicher wird diese Wandlung bei Justin (Apologie I, 17, 64), der das Gespräch überschreibt: Ob man dem Cäsar Steuern zahlen soll? — Aber damit ist unser Gespräch bereits in einer ganz bestimmten Richtung mißverstanden. Die Bedeutung der letzten Weisung Jesu: **„Gebt Gott, was Gott gehört!"** ist völlig übersehen. Und doch liegt hier der Kern seiner Antwort. Dies geht einfach daraus hervor, daß Jesus damit in seine Antwort etwas hineinbringt, nach dem nicht gefragt worden ist, das seine Gegner einfach übersahen, nach dem sie trotz des frommen Scheins ihrer Frage nicht gefragt haben. Gerade darauf will Jesus aber seine Gegner verweisen.

Zunächst will das Gespräch nur zeigen, wie Jesus durch sein vollmächtiges Wort sich der ihm gestellten Schlinge entzieht. Um das zu sehen, müssen wir die Frage in ihrem Wesen erkennen. Für das gesamte Judentum war die Herrschaft des Cäsar der strikte Gegensatz zur Gottesherrschaft. Wenn Jesus also die Gottesherrschaft verkündete, so mußte er mit den Zeloten die Ent-

[4]) Unter den Herodianern sind entweder die Glieder des Hauses Herodes zu verstehen oder seine Parteigänger. Sie werden bereits Mk 3, 6 im Zusammenhang mit den Pharisäern als deren Bundesgenossen gegen Jesus genannt. Sie wurden von den Pharisäern immer dann aufgesucht, wenn ein Konflikt mit Rom drohte, der die Existenz des Volkes gefährdete (Schlatter S. 644).

[5]) „Weg" ist stehender Ausdruck für ethische Belehrung (Schniewind Mk 1, S. 148). So beginnt die frühchristliche Schrift „Die Lehre der zwölf Apostel" (Didache): Zwei Wege gibt es, einen zum Leben, und einen zum Tod.

[6]) Bei der Kopfsteuer handelt es sich um den Zensus, wie es schon das griechische Wort sagt, das eben diesen Begriff in die griechische Sprache übernimmt. Durch ihn wurde die Herrschaft des römischen Kaisers proklamiert und durch seine Zahlung anerkannt.

[7]) Der Denar ist eine römische Silbermünze, im Wert von etwa einem Schweizer Franken. Er ist die Münze, in der die Steuer bezahlt wurde. Die kleineren Münzen trugen unverfängliche Symbole wie etwa eine Palme. Der Denar aber trug das Bild des Cäsars, und die Umschrift war z. B. bei einem Denar des Tiberius: „Ti(berius) Caesar divi Aug(usti) f(ilius) Augustus", und auf der Rückseite „Pontif(ex) Maxim(us)". Das heißt: Tiberius Cäsar, des göttlichen Augustus Sohn Augustus, Oberster Priester.

richtung der Kopfsteuer ablehnen, welche die Anerkennung der Herrschaft des Cäsars bedeutete. Streng genommen war diese Anerkennung jedoch bereits mit dem Gebrauch der Münzen vollzogen, die das Bild und die Aufschrift des Cäsars trugen. Man entzog sich dieser Anerkennung, indem man es entweder strikt vermied, dies Bild anzusehen, wie es von einem frommen Rabbi berichtet wird, oder man zog sich hinter den Grundsatz zurück, daß „das Gesetz nicht unerträglich werden dürfe" (Schlatter S. 648), und sagte: Die Münze ist nicht verboten. So blieb die Entscheidung an der Zahlung der Kopfsteuer hängen. Die Pharisäer erwarteten nun, daß Jesus sich zu der Forderung der Zeloten, die Steuer zu verweigern, bekennen werde, und hofften, daß er mit dem dadurch sich entfesselnden Aufstand untergehen werde. Sollte er aber die entgegengesetzte Entscheidung treffen, so verlor er damit die Gefolgschaft der Massen.

Es ist also eindeutig eine Falle, die Jesus gestellt ist, in die er umso leichter gehen soll, da man an seine Wahrhaftigkeit appelliert, umso leichter auch, weil hier die Messiasfrage eindeutig gestellt ist und so, daß er ihr nicht entgehen kann.

Ist die Frage aber eine Falle, so ist Jesu Antwort zuerst ein Ausweichen dieser Falle gegenüber. Jesus zeigt damit erneut, wie er sich das Gesetz des Handelns nicht aufzwingen läßt, sondern dies stets in seiner Hand behält. Er wird sich als der Messias bekennen zu dem Zeitpunkt, den der Vater bestimmt, wenn *„seine Stunde gekommen"* ist (Jo 2, 4; 7, 30; 8, 20). Er wird nicht ausweichen, wenn *„die Stunde da ist"* (Mt 26, 45), aber erst dann, und keinen Augenblick früher, wird er sich stellen und in die Hände der Sünder überantworten lassen. Um sich nicht so in die Hände der Menschen zu begeben, antwortet Jesus in einer Weise, durch die er sich zunächst diesem Zugriff entzieht, so daß seinen Gegnern nur ein Erstaunen bleibt, sie ihn stehen lassen, wo er steht, und von ihm weggehen müssen. Hinter dem Erstaunen wird allerdings auch etwas von einem Erschrecken gegenüber Jesus bemerkbar, der sich in dieser Klugheit, mit der er sich der Falle entzieht, als der Messias erweist, nur so, daß ihn seine Gegner darüber nicht fassen können.

In diesem Sinne ist das Wort „erstaunen" gebraucht (Mt 8, 27; 9, 33; 15, 31 u. ö.). Wie Jesus sich hier einfach durch eine kluge Antwort dem Zugriff entzieht, so gibt er auch den Seinen die Gewißheit, daß es ihnen im rechten Augenblick „gegeben wird", mit gleicher Klugheit zu antworten. In diesem Sinne ist unsere Perikope so etwas wie ein Beispiel für die Verheißung, die Jesus Mt 10, 19 seinen Jüngern gibt.

Die Antwort Jesu ist nun allerdings mehr als Klugheit und weises Ausweichen! Er entzieht sich der Falle vielmehr gerade dadurch, daß er die ihm gestellte Frage auch sachlich ernst nimmt. Bei dieser Antwort geschieht zweierlei. Einmal deckt Jesus dadurch, daß er seine Gegner auf die Münze hinweist, die sie selbst im Gebrauch haben, ihre eigene Unaufrichtigkeit auf, daß es ihnen mit der Frage gar nicht Ernst ist. Zum andern zwingt er sie nun dazu, diese Frage in ihrem letzten Grund ernst zu nehmen, indem er sie darauf hinweist, daß es bei der Frage Cäsar oder Christus, bei der Frage des Königtums Gottes in seinem Verhältnis zu allem irdischen Königtum, nicht zuerst um irgendwelche äußeren Verhaltungsweisen geht, sondern zuerst darum, daß man wirklich Gott gibt, was Ihm gehört. Dafür, zu beweisen, daß es ihnen mit dem Anerkennen des Königtums Gottes wirklich Ernst ist, ist aber gerade jetzt die Gelegenheit gegeben, allerdings eine Gelegenheit, der sich seine Gegner mit aller Macht entziehen wollen. Diese Gelegenheit ist eben in Jesus selbst gegeben. Gott tritt den Gegnern Jesu in Jesus selbst gegenüber mit dem Anspruch, ihn hier anzuerkennen, sich ihm hier zu beugen. Würden sie das tun, dann würde die Frage des Steuerzahlens leicht gelöst sein, es wäre keine Frage mehr, weil es eine Frage dieser Welt ist, die mit dieser Welt vergeht. Ist aber in Jesus das Reich Gottes gekommen, so ist ja das Ende dieser Welt vor der Tür, und die Fragen des Verhaltens in dieser Welt sind zu Fragen zweiten Ranges geworden, die nur noch soweit Bedeutung haben, als sich in ihrer Beantwortung die Möglichkeit ergibt, für dies Kommen des Reiches Gottes Zeugnis zu geben.

So dürfen wir als Ergebnis dieses Streitgesprächs für uns heute dies festhalten: Die erste Frage, die einzige, die wirklich Bedeutung hat, ist die, „ob wir Gott geben, was Ihm gehört", d. h. ob wir Ihn als den Herrn anerkennen, der sich uns in Christus offenbart hat, ob unser ganzes Verhalten unter dem Zeichen steht, daß die Welt ihrem Ende entgegengeht, daß die Entscheidung bereits gefallen ist. — Die zweite Frage ist die, ob und wie in unserem Verhalten auf dieser Erde in den Ordnungen dieser Welt diese unsere Anerkennung der Königsherrschaft Gottes sichtbar wird. Es muß dabei zweierlei zum Ausdruck kommen, einmal daß wir wissen, es geht bei den Entscheidungen in dieser Welt immer um etwas Vorläufiges, Vergängliches, an das wir niemals unser Herz hängen. Zum andern aber muß in unseren Entscheidungen zugleich deutlich werden, daß wir sie im Angesichte Gottes fällen, also verantwortlich vor der letzten Instanz, einer Instanz, um deren Vorhandensein die Welt nicht einmal weiß. So wird unser Handeln immer von weniger Leidenschaft, aber von größerer Verantwortung getragen sein als das Verhalten der Nichtchristen.

2. Der Angriff der Sadduzäer: Die Sadduzäerfrage nach der Auferstehung.

Kap. 22, 23—33 (Mk 12, 18—27; Lk 20, 27—40)

Zu Vers 23:
Apg 4, 2
Apg 23, 6. 8
1 Ko 15, 12

Zu Vers 24:
5 Mo 25, 5. 6
1 Mo 38. 8

Zu Vers 29:
1 Ko 15, 34
2 Tim 3, 7

Zu Vers 31:
Lk 20, 34. 35

23 **An jenem Tage traten Sadduzäer[8]) zu ihm — das sind jene, die sagen,**
24 **es gäbe keine Auferstehung —, die fragten ihn *und sprachen: Meister,**
Moses hat gesagt: Wenn jemand stirbt, ohne Kinder zu haben, so soll sein
Bruder die Frau des Verstorbenen als Schwager heiraten und seinem Bruder
25 **Nachkommen erwecken. [9]) *Es waren nun bei uns sieben Brüder. Der erste**
starb, nachdem er geheiratet hatte, und weil er keine Nachkommen hatte,
26 **hinterließ er seine Frau seinem Bruder. *Ebenso machte es der zweite, der**
27 **dritte und schließlich alle sieben. *Als Letzte von allen starb die Frau.**
28 ***Welchem von den sieben wird nun in der Auferstehung die Frau gehören?**
29 **Denn alle haben sie gehabt. *Jesus antwortete und sprach zu ihnen: Ihr**
30 **irrt euch, weil ihr weder die Schrift noch die Kraft Gottes kennt! *Denn**
in der Auferstehung wird man nicht heiraten und geheiratet werden, son-
31 **dern wie die Engel Gottes im Himmel sein. [10]) *Habt ihr aber über die**

[8]) Die Sadduzäer sind die konservative, priesterliche Partei, die entweder auf den Priester Zadok der Davidszeit oder auf ein unbekanntes Schulhaupt Sadduk späterer Zeit zurückgeht. Im Gegensatz zu den Pharisäern, die eine lebendige Tradition neben die Thora stellten, eine Tradition, die wie ein Zaun die Thora schützen sollte, dann aber bald Eigenbedeutung bekam, ließen die Sadduzäer nur die Thora allein gelten und standen jeder Weiterentwicklung der Religion ablehnend gegenüber. Von daher ist auch ihre Ablehnung der Auferstehung wie der Engel- und Geisterlehre zu verstehen. Als Thora galt aber nur der Pentateuch, die fünf Bücher Moses. Dies war zumindest die heute bestrittene Meinung der Kirchenväter.

[9]) Die Schwagerehe, sogen. Leviratsehe (von lat. levir = Schwager), war 5 Mo 25, 5—10 geboten, um das Verlöschen des Namens zu verhindern. Der erste Sohn aus einer solchen Ehe sollte den Namen des Verstorbenen tragen. Wahrscheinlich war aber auch noch die Absicht dabei, das Familiengut im Grundbesitz zu erhalten, da das Gesetz auf beieinander wohnende Brüder beschränkt ist. Rth 4, 3 ff. zeigt zudem, daß das Gesetz sich aus diesem Grunde auch bei Fehlen von Brüdern auf den nächsten männlichen Agnaten (Blutsverwandten) erstreckt, damit der Grundbesitz in der Familie bleibe. Bedeutung hat die Leviratsehe in der Geschichte der Thamar 1 Mo 38, die im Stammbaum Jesu Mt 1, 3 erscheint.

[10]) s. S. 299

Zu Vers 32:
2 Mo 3, 6
Mt 8, 11
Mt 17, 3

Auferstehung der Toten nicht gelesen, was euch von Gott gesagt ist, da
32 er spricht: *Ich bin der Gott Abrahams und der Gott Isaaks und der Gott
Jakobs? Er ist aber nicht der Gott der Toten, sondern der Lebenden Gott!
33 *Und als die Mengen dies hörten, entsetzten sie sich über seine Lehre.

In dem Unterschied zwischen den Pharisäern, einer von Enthusiasmus getragenen Partei, die in den Zeloten nur ihre radikalsten Vertreter hatte, und den Sadduzäern, einer Gruppe, in der sich Orthodoxie und Liberalismus seltsam mischten, hat die Verschiedenheit dieses Gespräches von dem vorherigen ihren Grund. Setzten die Pharisäer sich das Ziel, Jesus zu stürzen, so wollten die Sadduzäer ihn nur lächerlich machen. Man hört aus der ironisch erzählten, willkürlich erdachten Geschichte von der Frau mit den sieben Männern ihr Lachen. Gemeinsam ist beiden Gesprächen, daß die Fragestellung ein Sich-Entziehen gegenüber der Entscheidung bedeutet, vor die Jesus stellt, daß die Fragestellung keine wirkliche innere Notwendigkeit hat. Die Meinung der Sadduzäer steht längst vorher fest und wird nicht erst von der Beantwortung der Frage abhängig gemacht. Dabei hat die Fragestellung tatsächlich ihre innere Berechtigung. Das Alte Testament verkündigt in den älteren Teilen die volle Klarheit der Auferstehung noch nicht, die uns erst seit Jesaja und dem Propheten Daniel begegnet (Jes 25, 8; 26, 19 und Da 12). Wir setzen diese Verkündigung heute allzu selbstverständlich voraus und setzen sie unbefangen mit der Lehre von der Unsterblichkeit der Seele gleich, die jedoch außerbiblischen Ursprungs ist und in das christliche Gedankengut von Plato her eingedrungen ist. Die Verkündigung der Auferstehung hatte sich aber gerade mit dieser Überzeugung erst auseinanderzusetzen, und wir müssen den Unterschied uns vergegenwärtigen, der zwischen dem außerbiblischen Glauben an etwas Göttliches im Menschen, dem Unsterblichkeitsglauben und der Verkündigung der Bibel von einer Auferstehung als einer Neuschöpfung Gottes besteht.

Der Spott der Sadduzäer trifft mit Recht eine rohe Form des Auferstehungsglaubens, wie er damals unter den Rabbinen Allgemeingut war und wie er dann auch im mittelalterlichen Christentum üblich war. Schon Paulus hat 1 Ko 15, 35 ff. diese massive Form des Auferstehungsglaubens zurückgewiesen in gleicher Weise, wie es Jesus hier tut. Eine solche massive Form war aber die Lehre der Rabbinen, die sich auf den Satz aufbaute: Wie ein Mensch dahingeht, so kommt er wieder (zit. bei Schlatter S. 652).

Jesus wendet sich gegen den Spott seiner Gegner, indem er ihnen einmal mangelhafte Kenntnis gerade dessen vorwirft, auf das sie sich berufen, der Thora, d. h. der 5 Bücher Moses, und indem er weiter — und das steht miteinander in Verbindung — ihnen einen falschen, verengten Gottesgedanken vorhält. Weil sie nicht den richtigen Begriff von der Allmacht Gottes haben und darum den Gedanken der Neuschöpfung nicht zu fassen vermögen, bleibt ihnen die Verkündigung der Auferstehung unverständlich, und aus eben diesem Grunde können sie das allmächtige Gotteswort vom „Dornbusch" nicht fassen.

Jesu Argumentation können wir heute nicht so nachvollziehen, aber er argumentierte nicht mit modernen Aufklärern, sondern mit den Menschen seiner Zeit. Uns wäre die Beweisführung, daß das Dornbuschwort an Moses die Tatsächlichkeit der Auferstehung erweist, nicht vollständig genug. Es galt jedoch damals, den Sadduzäern, die keine andere Autorität anerkannten, zu begegnen. Und am Ende steht hinter dieser Argumentation mehr. Es steht ja der vor ihnen, der selbst mit vollmächtigem Wort dem Tode gebot, es

[10]) Grammatisch bezieht sich „im Himmel" auf die Engel Gottes. Es ist also gesagt, daß die Auferstandenen sein werden wie die Engel im Himmel, nicht aber, daß die Auferstandenen im Himmel sein werden.

steht der vor ihnen. in dem sich Gott gerade ihnen, den Skeptikern, den damals „Modernen", als der Allmächtige erwies. So steht im Mittelpunkt der Worte Jesu die Verkündigung von Gottes unbeschränkter Wirkungsmacht. Und Jesus will sagen, daß der, der mit diesem Gott in Verbindung steht, wie Abraham und Isaak und Jakob es taten, nicht dem Tode verfallen kann. Verborgen steht dahinter die Verkündigung, daß jetzt, mit dem Kommen Jesu, die Messiaszeit da ist, und das ist die Zeit der Totenauferstehung (Jes 26, 19). So ist die Stellungnahme zu dieser von den Sadduzäern gestellten Frage zuletzt mit entscheidend für die Stellungnahme zu Jesus selbst, und in der Ablehnung von seiten der Sadduzäer ist die Ablehnung Jesu mit eingeschlossen, wenn sie auch ein wenig kühler und mit scheinbarer Überlegenheit geschieht und ohne den Haß, mit dem die Pharisäer sie übten.

Wie meisterhaft hat Schlatter diese Szene umschrieben. Er sagt S. 334 wie folgt: „Es geht wieder wie vorher, als die Pharisäer mit ihrer Frage kamen. Wo sie eine unüberwindliche Schwierigkeit sehen, sieht Jesus gar nichts Schwieriges. Sie konnten beide für ihre Frage keine Antwort finden, weil die Torheit schon in ihrer Frage saß. Die Pharisäer machten eine hochwichtige Sache daraus, wem das Geld gegeben werden soll; für Jesus löst sich das sehr einfach: gebt es dem, der es von euch verlangt. Die Sadduzäer erörtern, wer das Weib im ewigen Leben heiraten soll; für Jesus löst sich das ebenso einfach: in der Auferstehung heiratet man nicht; da braucht der Mann die Frau nicht mehr und die Frau den Mann nicht mehr; nun haben sie einen höheren Lebensstand, der dem der Engel gleicht.

Die Sadduzäer meinten, daß Auferstehung die Wiederkehr des Irdischen sei, d. h. das, was der Tod zerstört habe, soll ganz so, wie es vorher war, wiedergebracht werden. Jesu Hoffnung erwartet nicht das Alte, sondern etwas Größeres, unbegreiflich Herrlicheres."

3. Der Angriff der Pharisäer: Die Frage nach dem größten Gebot.

Kap. 22, 34—40 (Mk 12, 28—34; Lk 10, 25—28)

34 Als aber die Pharisäer hörten, wie er die Sadduzäer zum Schweigen
35 gebracht hatte, kamen sie zusammen, * und einer von ihnen, ein Gesetzes-
36 kundiger, fragte ihn versucherisch: *Meister, welches ist das Hauptgebot
37 im Gesetz? *Er aber sprach zu ihm: Du sollst den Herrn, deinen Gott, mit
deinem ganzen Herzen, deiner ganzen Lebenskraft und deinem ganzen
38 Denken lieben.[11]) *Dieses ist das Hauptgebot und das erste.
39 *Das zweite ist ihm gleich: Du sollst deinen Nächsten lieben wie dich selbst.
40 *In diesen zwei Geboten hängt das ganze Gesetz und die Propheten.

Zu Vers 37:
5 Mo 6, 5

Zu Vers 39:
3 Mo 19, 18
Jak 2, 8
Mt 5, 43

Zu Vers 40:
Mt 7, 12
Rö 13, 9. 10
Gal 5, 14

Die Verschiedenheit in der Überlieferung unserer Perikope können wir als einen Hinweis darauf verstehen, daß die Jesus hier entgegengebrachte Frage ihm in jeder nur möglichen Form entgegentrat, weil es die zentrale Frage ist, die gerade das fromme Judentum Jesus gegenüber beschäftigte, seine Stellung zum Gesetz. Diese Frage wurde lebendig an den Sabbatheilungen wie an dem sorglosen Verhalten der Jünger beim Weg durchs Ährenfeld, sie mußte sich aber entscheiden an der Frage nach dem Zentrum des ganzen Gesetzes. Wenn Jesus bei allen möglichen Einzelbestimmungen des Gesetzes zumindest seine

[11]) Es wird hier gewöhnlich übersetzt „mit deiner ganzen Seele". Es steht im Hebräischen (5 Mo 6, 5) das gleiche Wort wie 1 Mo 2, 7, wo Luther auch übersetzt: also ward der Mensch eine lebendige Seele. Das Wort meint die Gesamtheit des menschlichen Lebens mit all seinem Fühlen und Denken und Wollen, seinem Bewußtsein und Empfinden. Weil das Wort Seele bei uns aber einen anderen, enger gefaßten Sinn hat, der vom Griechentum herkommt (s. den vorigen Abschnitt), ist es besser, wenn wir unmißverständlicher das Wort „Lebenskraft" nehmen. Wir könnten noch besser sagen „mit all deinem Leben", wenn wir uns darüber klar sind, daß damit nicht die zeitliche Ausbreitung des Lebens gemeint ist, sondern seine Tiefe, die Gesamtheit dessen, was für uns Leben bedeutet.

eigene Freiheit betonte, andere Gebote gegenüber dem Gebot der Liebe zurücktreten ließ, so wurde die Frage brennend, woher nun der Maßstab zu nehmen sei, welches das Hauptgebot sei, dem sich alle anderen unterzuordnen haben. Es ist darum durchaus möglich, daß alle drei Evangelisten mit ihrer besonderen Überlieferung der Perikope im Recht sind, daß diese Frage Jesus entgegengehalten wurde einmal als versucherische Frage, einmal von einem wirklich Suchenden, dem Jesus dann sogar sagen kann: Du bist nicht ferne vom Reiche Gottes (so Mk 12, 34), und ein drittes Mal von einem „Auch-" Suchenden, der dann aber der Forderung ausweicht (so Lk 10, 29 ff.). Ebenso ist es aber wiederum nicht zurückzuweisen, daß jeder der Evangelisten wieder seine besondere Absicht verfolgt, wenn er die Fassung der Perikope bringt, die ihm am meisten in der Linie lag, die er verfolgte. So lag für Lukas der Ton auf dem Gebot der Nächstenliebe, und er unterstrich dies durch das nachfolgende Gleichnis, auf dem bei ihm dann der Hauptton liegt. Markus zeigt, daß es auch den Schriftgelehrten durchaus nicht unmöglich war, Jesus zu verstehen, während Matthäus unsere Geschichte im Zusammenhang der Streitgespräche, die in Jerusalem während der letzten Tage stattfanden, überliefert hat; und zu jener Zeit haben die Streitgespräche sicher den Vorrang vor allen belehrenden Gesprächen gehabt. Bei Matthäus ist das Gespräch gegenüber Markus stärker gerafft. Es ist kein Wechselgespräch mehr, sondern in Frage und Antwort zusammengedrängt. Damit tritt noch einmal, wie schon bei dem Zinsgroschengespräch, stark die Absicht hervor, Jesus im Gespräch als den majestätisch Überlegenen zu erweisen, dem seine Gegner kein Wort antworten können (22, 46 und ähnlich schon 21, 27). In dieser souveränen Art, in der Jesus die Streitgespräche führt, offenbart sich geheim dem, der Augen hat zu sehen und Ohren zu hören, wer hier redet.

Die Antwort, die Jesus gibt, ist nichts Neues, nichts, das seinen Gegnern unbekannt wäre. Ein Schüler Hillels hat bereits etwa 20 vor Chr. das Gesetz zusammengefaßt in die Worte: „Was dir widerwärtig ist, das tue deinem Nächsten nicht" (zit. bei Klostermann und Schniewind Mk Ev. z. St.), und ähnlich urteilten Philo und andere. Aber auch bei dieser Frage geht es nicht darum, etwas Neues zu hören. Die ganze jüdische Gesetzlichkeit hatte ihren Ursprung in dem Wort aus 3 Mo 18, 5: *„Welcher Mensch meine Satzungen und Rechte tut, der wird dadurch leben."* Von daher entstand das Bemühen, das Gesetz in jeder Einzelheit recht zu erfüllen, und hinter all diesem Bemühen, dem Seihen der Mücken (Mt 23, 24), stand verborgen das Bewußtsein, es doch nicht zu schaffen. So war das die echte Frage, die hinter der unechten versucherischen steht: Wie ist es möglich, das Gesetz zu erfüllen? Es geht also nicht um verstandesmäßige Erkenntnis, nicht um Lehre, sondern das Einzige, das wirklich interessiert, ist das Tun. Und so, wie Jesus seinen Jüngern gesagt hat: *„Ihr sollt vollkommen sein"* (Mt 5, 48) und damit die Möglichkeit eines neuen Tuns, eines wirklichen Erfüllens des Gesetzes behauptet hat, so verkündigt er hier diese Möglichkeit. Dieses neue Tun, so sagt Jesus, erwächst aus der Liebe zu Gott, das neue Tun, so hatte es Jesus immer wieder in der Bergpredigt gesagt, ist immer wieder nur das Zeichen für diese Liebe zu Gott. Von der Liebe Gottes aber gilt auch für Jesus bereits, daß sie nicht darin besteht, daß wir uns irgendwie aus eigenem Antrieb zu dieser Liebe entschließen, sondern, sie besteht darin, daß Gott uns geliebt hat (1 Jo 4, 10)! Und das ist eben das Neue, das Jesus bringt nicht in Worten oder in seinen Wundern, sondern in seinem ganzen Leben, einfach in seinem Dasein als Sohn Gottes unter den Menschen (und dafür sind dann Worte und Wunder nur das Zeichen): er bringt diese Liebe Gottes und ermöglicht damit, daß wir das große Gebot wirklich erfüllen.

Hier wird dann allerdings wieder die Schranke sichtbar, die zwischen Jesus und seinen Gegnern bestehen bleibt. Für sie kann die Antwort Jesu nur das gleiche bedeuten, was schon andere vor ihm gesagt hatten. Daß hier dies Angebot gemacht wird, das versteht nur der, der an Jesus als den Sohn Gottes glaubt. Der gläubigen Gemeinde verkündigt aber damit der Evangelist: Euch ist's gegeben! Ihr könnt das tun, was Gott von euch fordert, weil ihr die Gabe Gottes empfangen habt.

Jesus hat seiner Gemeinde mit diesem Wort nochmals einen unschätzbaren Dienst getan. Er gab ihr durch dasselbe den Ort an, von dem aus sie den Reichtum der biblischen Worte aufzufassen hat. So wird ihr das Leben nicht mehr zu einem verwickelten Rätsel, wo sich Recht und Unrecht, Pflicht und Sünde unklar durcheinander wirren und wir nie recht wissen, was uns zu tun obliegt. Jesus macht unseren Weg gerade; denn er gibt uns ein „königliches Gebot", das Gebot der Liebe, das die Führung hat. In dieser Gesinnung hat man von nun an in der Gemeinde Jesu das Gesetz auch in seinen äußerlichen Vorschriften gehalten als die Anweisung, die uns Gott über alles und den Nächsten wie uns selbst lieben lehrt. — Alles, was uns sonst aufgetragen ist, ist mit diesem Gebot der Liebe verbunden, kommt aus ihm und führt zu ihm hin, so daß wir ohne die Liebe nichts sind. Darum gibt dieses Gebot uns ein Maß, das jeder Pflicht ihren Platz anweist. Je mehr Liebe die Pflicht in sich hat, um so heiliger ist die Pflicht.

Der Angriff Jesu: Das Gespräch über den Sohn Davids.

Kap. 22, 41—46 (Mk 12, 35—37; Lk 20, 41—44)

Zu Vers 42:
Jo 7, 42
Zu Vers 43:
2 Sam 23, 2
Zu Vers 44:
Mt 26, 64
Apg 2, 34. 35
1 Ko 15, 25
Hbr 1, 13; 2, 8; 10, 13
Ps 110, 1
Zu Vers 46:
Lk 20, 40

41 Als aber die Pharisäer beieinander waren, fragte Jesus sie *und
42 sprach: Was meint ihr über den Christus? Wessen Sohn ist er? Sie sagten:
43 Davids. *Er spricht zu ihnen: Wie nennt ihn David nun im Geist „Herr",
44 da er spricht: *Der Herr sprach zu meinem Herrn: Setze dich zu meiner
45 Rechten, bis ich deine Feinde unter deine Füße lege? *Wenn David ihn nun
46 „Herr" nennt, wieso ist er sein Sohn? *Und keiner konnte ihm ein Wort
antworten, auch wagte von jenem Tage an niemand mehr, ihn zu fragen.

Im letzten Streitgespräch ergreift Jesus selbst die Initiative und er, den seine Gegner so oft und vergeblich zu fangen suchten, fängt nunmehr seine Gegner, daß sie verstummen müssen, da sie die einzige Antwort, die auf Jesu Frage möglich ist, nicht geben wollen. Worum geht es?

Es gab im Judentum zwei Ströme der Überlieferung, die von dem kommenden Messias handelten. Der eine breite Strom, der schon 1 Mo 49, 10 beginnt, wo aus dem Stamme Juda der Kommende verheißen wird (die Überlieferung des Wortes für den Verheißenen ist verhüllt, doch ist sachlich die Stelle von Anfang als Messiasverheißung verstanden), geht dann von Jesaja an durch die Propheten bis hin zu den spätjüdischen Schriften. Nach ihm gibt es einen Davidsproß, den Gott als den Messias senden wird.

Daneben gibt es aber den anderen Strom der Überlieferung, der eben mit dem 110. und auch dem 2. Psalm einsetzt, dann über den Propheten Daniel in der jüdischen Apokalyptik größere Bedeutung erlangte und unverbunden neben dem ersten sich behauptet. Danach ist der Messias als der Weltenrichter, der Menschensohn verstanden, und der 110. Psalm spricht es ebenso aus wie der 2., der direkt vom Gottessohn redet; denn auch im 110. Psalm wird der Messias mit dem gleichen Titel genannt wie Gott selbst: Herr.

Die Frage, wie diese beiden Überlieferungen miteinander auszugleichen sind, das ist die Frage, die Jesus seinen Gegnern stellt. Es ist zugleich eine

Entscheidungsfrage über die Erwartung, die seine Gegner mit dem Kommen des Messias verbinden. Erwarten sie allein die politische Errettung durch die göttliche Hilfe, oder erwarten sie das Reich Gottes?

Welche Antwort auf diese Frage zu geben ist, wird uns deutlich, wenn wir sehen, wie sich für die Urgemeinde diese Frage gelöst hat, oder vielmehr, warum diese Frage für die Urgemeinde einfach nicht mehr bestand. Unbefangen redet sie von Jesus als dem Sohn Davids und betet ihn doch als den Herrn an. Die beste Antwort scheint mir Rö 1, 3 f. vorzuliegen, wo Paulus zunächst von Jesus redet als *„geboren aus dem Samen Davids nach dem Fleisch"*, dann aber fortfährt *„eingesetzt als Sohn Gottes in Kraft nach dem Geist der Heiligung, seit seiner Auferstehung von den Toten"*, und er beschließt diesen Satz mit der gewiß aus dem Gottesdienst genommenen Formel: *„Jesus Christus, unser Herr!"* Wir können hier sehen, wie die Auferstehung Jesu Christi die Frage einfach beiseite geschoben hatte, die für die jüdische Theologie unlösbar erschien. So haben die ersten Christen auch den 110. Psalm unbefangen auf Jesus gedeutet, während das Judentum sich im Gegensatz dazu bald um eine andere Deutung (auf Abraham) mühte.

Das Wort von „Davids Herr" und „Davids Sohn" sollte also den Gegnern des Herrn „die Herrlichkeit und Niedrigkeit Jesu" veranschaulichen, daß er wahrer Gott und wahrer Mensch ist. Es ist die christologische Frage, die Jesus hier gestellt hat.

Darum stellt Jesus ihnen beide Tatsachen vor Augen: Der Messias ist Davids Sohn, und der Messias ist nach Davids eigenem Psalm Davids Herr, den Gott zu seiner Rechten erhöht und in der Herrlichkeit über alle seine Feinde triumphieren läßt. In der Vollmacht des wiederkommenden Christus steht Jesus unter seinen Feinden. Sie verstummen. Aber auch das führt sie nicht zur Selbstbesinnung, sondern steigert ihren fanatischen, religiösen Haß.[12])

Zu Vers 1—36:
Mk 12, 38—40
Lk 11, 37—54
Lk 20, 45—47

Kapitel 23

Der letzte Angriff Jesu auf die Pharisäer und auf Jerusalem.

Wider die Pharisäer.

Neben den großen Reden des Herrn, in denen er seiner Gemeinde Lehre und Ermahnung erteilte, bringt das 23. Kapitel eine Rede, die inhaltlich von jenen Gemeindereden abweicht, da ihr Ziel Verurteilung und für die Gemeinde Warnung vor der aus dem Pharisäismus erwachsenden Gefahr ist. Der Aufbau der Rede ist klar und einfach.

Sie beginnt mit der grundsätzlichen Anerkennung der Bedeutung der Pharisäer und gibt in den folgenden Worten eine Charakterisierung ihrer Fehler (Vers 1—12).

[12]) Man hat oft gemeint, Jesus hätte so nicht argumentiert und das Gespräch sei darum erst später von der Urgemeinde geformt worden. Wir haben aber gerade gesehen, daß die erste Gemeinde überhaupt kein Interesse an dieser Frage hatte, da sie für die erste Gemeinde überhaupt nicht bestand. Wir werden die Richtung des Gesprächs, das, was es verkündigen will, aber nur erkennen — wie bei so vielen Worten Jesu —, wenn wir die Frage wirklich als Frage Jesu verstehen. Nur in seinem Mund wird aus einer dogmatisch-lehrhaften Frage, über die eine Diskussion möglich wäre, die Frage, die die Gegner verstummen läßt. Auf die Frage gäbe es eigentlich nur die eine Antwort, die Thomas dem Auferstandenen gibt: „Mein Herr und mein Gott!" Oder die Antwort, die Petrus ebenfalls dem Auferstandenen gibt: „Herr, du weißt alle Dinge" (Jo 20, 28 und 21, 17). Oder es wäre die Antwort möglich, die die Jünger dem Herrn geben: „Herr, wohin sollen wir gehen? Du hast Worte ewigen Lebens, und wir haben geglaubt und erkannt, daß du bist Christus, der Sohn des lebendigen Gottes" Jo 6, 68 f. Es steht die Messianität Jesu hinter dieser Frage, die vom Gegner die Entscheidung fordert, ob er sie erkennen und sich ihr beugen oder sich gegen sie wenden will. Es ist darum natürlich auch noch die andere Antwort möglich, die die Gegner dann später gaben, als Jesus sich in seinem Prozeß offen als der Messias bekannte (Mt 26, 63—65). Da zerriß der Hohepriester sein Kleid und nannte dies Gotteslästerung.

Darauf folgen *sieben Wehe-Worte* (13—33).

Die Rede *schließt* mit zwei großen und *ernsten Worten*, die die Pharisäer als Vertreter ihres Volkes anreden und darum nicht mehr allein an diese, sondern an das *jüdische* Volk bezw. an die Stadt Jerusalem überhaupt gerichtet sind.

Aus der Tatsache, daß sich bei den andern Evangelien keine geschlossene Parallele findet, sondern Parallelen zu einzelnen Sprüchen sich verstreut bei Lukas und einige auch bei Markus finden, während Matthäus einen Teil aus eigener Kenntnis beiträgt, läßt sich schließen, daß die Rede, so wie sie uns vorliegt, *Worte Jesu mit einschließt*, die auch bei anderen Gelegenheiten gesagt waren, Gelegenheiten wie etwa die im 15. Kapitel berichteten. *Wenn Matthäus aber die* (aus Anlaß der vorhergehenden Streitgespräche) *im Tempel gehaltene Rede als die entscheidende gegen die Pharisäer gerichtete Rede herausstellt*, so will er damit sagen, daß Jesus selbst in seinen letzten Tagen als den eigentlichen Gegner, der ihn in den Tod treibt, die *Pharisäer* bezeichnet. Wie die „*Streitgespräche*" hat darum diese Rede ihren Platz in der *Passionsgeschichte*, weil sie den einen großen Gegenspieler Jesu charakterisiert, der im Pharisäismus zu suchen ist. Diese Rede tut es allerdings nicht in einer Weise, die wir nun wiederum pharisäisch nennen müßten, indem sie auf die Pharisäer als auf eine Gruppe Menschen *herabsieht*, die Jesus feind und fremd sind, sondern indem sie den *Pharisäismus* als eine der Gemeinde *selbst innewohnende Gefahr aufzeigt*, vor der wir uns durch keine äußere Trennung schützen können, sondern nur, indem wir uns selbst *prüfen*, ob wir nicht handeln wie die *Pharisäer*.

Charakterisierung der Pharisäer.

Vers 1—7

1. 2. **Darauf redete Jesus zu dem Volk und zu seinen Jüngern *und sprach:**
3 **Auf dem Stuhl Moses**[1]**) sitzen die Schriftgelehrten und Pharisäer. *Alles**
nun, was sie euch sagen, das tut und haltet, nach ihren Werken aber handelt
4 **nicht; denn sie reden und tun nicht** (danach). *** Sie binden aber schwere**
Lasten und legen sie auf die Schultern der Menschen[2]**), sie selbst aber**
5 **wollen sie nicht mit einem Finger rühren. *Alle ihre Werke aber tun sie,**
um von den Menschen gesehen zu werden; denn sie verbreitern ihre Ge-
6 **betsriemen und vergrößern ihre Quasten.**[3]**) *Sie lieben den vornehmsten**
7 **Platz bei den Gastmählern**[4]**) und den ersten Sitz in den Synagogen * und**
Begrüßungen auf den Märkten, und von den Menschen Rabbi genannt zu
werden.[5]**)**

Zu Vers 1:
5 Mo 17, 9 ff.

Zu Vers 3:
Mal 2, 7. 8
Rö 1, 21. 22

Zu Vers 4:
Mt 11, 28. 30
Lk 11, 46
Apg 15, 10. 28

Zu Vers 5:
Mt 6, 1 ff.
2 Mo 13, 9
5 Mo 11, 18
4 Mo 15, 38
5 Mo 6, 8

Zu Vers 6:
Lk 14, 7
Mt 6, 5

[1]) Der Stuhl Mose ist nach rabbinischer Lehre der dem Moses von Gott auf dem Sinai gegebene Stuhl, von daher der Stuhl des Gesetzeslehrers.

[2]) Es ist das Bild des Holzbündels, zu dem die einzelnen Reiser zusammengebunden werden.

[3]) Die Gebetsriemen und Quasten sind ein gutes Beispiel für die Veräußerlichung, der der Pharisäismus verfiel. In wörtlicher Auffassung von 2 Mo 13, 16 und 5 Mo 6, 8 und 11, 18 schrieben die Juden die Thorastellen 2 Mo 13, 1—10; 2 Mo 13, 11—16; 5 Mo 6, 4—9; 5 Mo 11,13—21 auf winzig kleine Pergamentblättchen, die sie in je eine aus der Haut eines reinen Tieres kunstvoll gefertigte Kapsel legten. Die eine dieser Kapseln wurde mittels eines Riemens an der Stirn unmittelbar unter den Haaren senkrecht über der Nase befestigt, die andere wurde ebenfalls mittels eines Riemens am linken Oberarm unter der Kleidung getragen, so daß sie in gleicher Höhe wie das Herz lag und diesem zugewandt war. Diese Gebetsriemen trugen die besonders Frommen den ganzen Tag, außer den Sabbaten und Festtagen. Zum mindesten aber war es vorgeschrieben, sie während des Gebets anzulegen. Sie sollten den Träger stets an das Gesetz erinnern und zugleich ein Sinnbild seiner Bereitwilligkeit sein, dasselbe stets zu befolgen. Darum versprach man sich von diesem Tragen hohen und mannigfaltigen Lohn in dieser und der anderen Welt. Da keine bestimmte Größe vorgeschrieben war für diese Gebetsriemen und Kapseln, machten die Pharisäer dieselben recht auffällig breit. (Das griechische Wort im Evangelium heißt eigentlich Amulette. Später nämlich galten sie auch als solche. Lauck XI, S. 56.) Fortsetzung s. S. 305.

[4]) und [5]) s. S. 305

Der Angriff Jesu gegen die Pharisäer beginnt mit einer Anerkennung ihrer Autorität als *Lehrer des Gesetzes*, der Thora. Der Vers 2 darf nicht ironisch mißverstanden werden. Sie sitzen auf dem Stuhl Moses und nehmen diesen Sitz mit Recht ein. Darum ist es auch mit vollem Recht zu verstehen, wenn Jesus sagt, daß wir tun sollen, was sie sagen. Es ist dieser Rede Anfang eine auf seine Stellung zu den Pharisäern bezogene Wiederholung seiner Stellungnahme zum *Gesetz*, wie er sie in der Bergpredigt Mt 5, 17 ff., aber auch schon vorher in seiner Taufe Mt 3, 15 zum Ausdruck brachte.

Der große letzte Angriff Jesu auf die Pharisäer setzt vielmehr bei dem Auseinanderbrechen von *Lehren* und *Tun* ein, und zwar in einem ganz bestimmten Sinn. Das *Tun* der Pharisäer steht nicht in dem landläufigen Sinn im Widerspruch zu *ihren Lehren*, daß sie etwa das 7. Gebot lehren und selbst stehlen, sondern: sie lehren die Gebote als Gebote Gottes, ihr Tun ist aber *ein Tun vor den Augen der Menschen*. In diesem Sinne vernachlässigen sie selbst das Schwerste am Gesetz, insofern es relativ leicht ist, vor Menschen gerecht zu scheinen, aber schwer vor Gott und noch schwerer die Verurteilung der eigenen *Person*, die im Gesetz geschieht und die wir anzuerkennen haben.

Bei dem Gesetz ist es aber so, daß ich bei Anerkennung des Gesetzes verpflichtet bin, es *ganz* anzuerkennen und *ganz* zu tun (Jak 2, 10)! Wenn ich jedoch auch nur *ein* Gebot übertrete, dann weiß ich, daß ich am ganzen Gesetz schuldig geworden bin. Dieses kommt in der Lehre der Pharisäer durchaus zum Ausdruck. Durch diese ihre Lehre legen sie den Menschen schwere Lasten auf, aber sie selbst fliehen in eine äußerliche Erfüllung (Gebetsriemen, Quasten, öffentliches Gebet usw.), so daß Jesu Vorwurf sie in gleicher Weise trifft, wie das Wort des Propheten Jesaja, das Jesus ihnen bereits 15, 8 f. vorgehalten hat. So hält Jesus den Pharisäern vor, daß sie im Grunde um die *Verurteilung* durch das Gesetz *wissen*, dies auch in ihrer Lehre zum Ausdruck bringen, aber in einem *Selbstwiderspruch* diese *Konsequenz* (die sie dann ja zum demütigen Ergreifen der in Jesus ausgestreckten Hand Gottes führen müßte) — *immer wieder ignorieren*.

Daraus folgende Ermahnung an die Jünger.

Vers 8—12

Zu Vers 8:
Jo 13, 13
Jer 31, 34

8 Ihr aber sollt nicht Rabbi genannt werden; denn einer ist euer Lehrer[6]),
9 ihr aber seid alle Brüder. *Auch sollt ihr niemanden auf Erden euren Vater

Das, was Gott in den genannten Mosestellen geboten hatte, nämlich Gottes Gebot auf die Hände und um die Stirne zu binden, daß es immer gegenwärtig sei, ist natürlich *bildlich* zu verstehen. Das Gebot würde also recht befolgt sein etwa in der Haltung des 119. Psalms (V. 11): „*Ich behalte dein Wort in meinem Herzen*; (V. 47): *Ich habe Lust an deinen Geboten*", u. a.

Dies Wort rief jedoch die Sitte hervor, die Gebote aufzuschreiben, in Kapseln zu schließen und an Riemen um die Hände und die Stirne zu tragen, die die Frommen niemals ablegten. Ähnlich sollten die Quasten an Gottes Gebote erinnern. Über die Mantelquasten zu V. 5 siehe zu 9, 20.

Aus dem *Talmud* läßt sich entnehmen, daß allerlei sarkastische Spitznamen und Ausdrücke im Umlauf waren, die das „*Gebets-Gebaren*" solcher Pharisäer charakterisierten.

Man redete von „*Schulterpharisäern*", d. h. solchen, die ihre Gebetserfüllungen auf der Schulter tragen, damit alle sie sehen und bewundern können.

Der „*Schleichpharisäer*" schreitet langsam und würdevoll einher, die Füße kaum vom Boden erhebend, um seine *Wichtigkeit* zum Ausdruck zu bringen.

Der „*Pharisäer der Kompensation*" verrechnet seine Sünden und Gebotserfüllungen gegeneinander.

Der „*Blutverlust-Pharisäer*" hebt die Augen nicht auf, um ja keine Frau zu erblicken, und rennt sich dabei den Kopf blutig.

Der „närrische Fromme" sieht ein Kind mit den Wellen ringen, aber bis er die Gebetsriemen abgelegt hat, um ihm helfen zu können, ist es bereits ertrunken.

[4]) Bei den Gastmählern wurden die Plätze dem Ansehen entsprechend zugeteilt, erst in späterer Zeit nach dem Alter. In der Synagoge pflegten die Schriftgelehrten zwischen Volk und Thoraschrank zu sitzen, das Gesicht zum Volk gewandt. (Über Synagoge siehe zu 13, 54 ff.)

[5]) Rabbi heißt ursprünglich „Großer", dann aber mit der Anrede „Lehrer" oder „Meister" gleichbedeutend.

[6]) s. S. 306

Zu Vers 11:
Mt 20, 26. 27

Zu Vers 12:
Spr 29, 23
Hio 22, 29
Hes 21, 31
Lk 18, 14
1 Pt 5, 5
Lk 14, 11
Jak 4, 6. 10

10 **nennen; denn einer ist euer Vater, der himmlische** (Vater)[7]. ***noch sollt ihr**
11 **euch Lehrer nennen lassen; denn euer Lehrer ist der eine, Christus. *Der**
12 **Größte unter euch soll euer Diener sein. *Wer sich aber selbst erhöht, soll**
erniedrigt werden, und wer sich selbst erniedrigt, soll erhöht werden.

Man kann die den Jüngern gegebenen und damit für die Gemeinde Jesu geltenden Ermahnungen dahin zusammenfassen, daß innerhalb der Gemeinde keine Titel gelten sollen, die zu irgendeinem Hervortreten einzelner Personen führen. Es hat zwar auch in der frühen Gemeinde Ämter gegeben (1 Ko 12, 28 ff.), die nach den Gaben verteilt waren, welche der einzelne bekommen hatte. Aber dies führte nicht zu der Verherrlichung des einen gegenüber dem andern.

Es soll eben nie und nimmer dazu führen, daß sich einer über den andern erhebt (obwohl Paulus im Korintherbrief dies vielleicht gerade verhindern muß), sondern die Unterschiede haben nur die Bedeutung, wie die Unterschiede der einzelnen Glieder eine Bedeutung für den Leib haben.

Tatsächlich — und das ist erstaunlich und nur aus diesem direkten Befehl Jesu zu verstehen — hat es in der ersten Gemeinde alle hier verbotenen Titel nicht gegeben. Obwohl es in der christlichen Gemeinde sehr bald wieder das Amt des Lehrers gegeben hat, hat die Gemeinde doch den naheliegenden Titel „Rabbi" vermieden. Hinter dieser Vermahnung des Herrn und hinter dieser Haltung der ersten Gemeinde steht sicher das Wort Jer 31, 34, nach dem in der Messiaszeit kein Lehrer mehr nötig ist, weil Gott selbst der eine Lehrer ist, der alle lehren wird. So ist hier die autoritative Stellung des Lehrers verurteilt, die in Gegensatz zu diesem Lehrer-Sein Gottes dann treten würde.

Was bei Jesus noch nötig war, und was er den Pharisäern an Autorität noch zugesteht, das gibt es nicht mehr in der christlichen Gemeinde.

Ebenso darf es den „Vater-Namen" nicht mehr in dem Verhältnis zwischen Menschen geben, da alle jetzt zu dem Vater im Himmel „Abba" rufen dürfen, *„der der rechte Vater ist über alles, was Kinder heißt im Himmel und auf Erden"* (Eph 3, 15). So ist die natürliche Vaterschaft nur ein schwaches Abbild für das Vater-Sein Gottes.

Es war ein Fehler, daß in der späteren Entwicklung der Kirche diese in verschiedenen Zweigen den Vater-Titel doch wieder einführte. (Nicht nur im Katholizismus ist der Papst der „papa", auch z. B. in der anglikanischen Kirche ist der Titel des Geistlichen „father", und in der orthodoxen Kirche meint die Bezeichnung Pope das gleiche.) Weil wir so vor Gott alle „Kinder" sind, ist die Bezeichnung „Bruder" die einzig rechte. Es ist erstaunlich, daß Jesus nicht die Bezeichnung „Jünger" wählt, aber wahrscheinlich hat hier schon die Befürchtung mitgespielt, daß auch dies wieder zu einem Titel würde, der die erste Generation der Jesus-Jünger vor den andern ausgezeichnet hätte. Gerade das aber wollte Jesus vermeiden.

Die Bezeichnung „Lehrer" in V. 10 hat eine etwas andere Bedeutung, man könnte auch „Leiter" oder gar „Führer" übersetzen (so Schnie-

[6]) In Vers 8 ist Rabbi mit dem Titel „Lehrer" gleichgestellt, während in Vers 10 ein anderes Wort für Lehrer erscheint, das dann in der ersten Gemeinde wohl früh auch zum Titel wurde, den wir noch heute in dem Fremdwort „Katechet" kennen.

[7]) Hier ist es besonders deutlich, wie Matthäus aus dem Aramäischen übersetzt. „Vater" ist Übersetzung der Anrede „Abba". Berühmte Lehrer wurden „Abba" angeredet. Sie sind der „Vater", wie sie ihre Schüler „Sohn" nennen. Der Ehrenname „Vater" war nicht nur für die drei Patriarchen Abraham, Isaak und Jakob üblich. Auch andere hervorragende Männer erhielten ihn. Besonders die berühmten Schriftgelehrten Schammai und Hillel hießen „Väter der Welt".

wind), es ist die Bezeichnung für eine Mittlerstellung, und so ist es verständlich, daß der Herr diese Bezeichnung sich selbst vorbehält, weil er allein ja „der Weg" (Jo 14, 6) und die Tür zum Vater ist (Jo 10, 7).

Die ganze Ermahnung ist erwachsen aus der neuen Situation, die durch das Kommen Jesu geschaffen ist, in der darum die christliche Gemeinde als einzige in der ganzen Welt lebt, als die Gemeinde des Messias. Alle Ermahnungen würden ja nicht gelten, wenn noch die alte Ordnung herrschen würde, in der auch Jesus den Pharisäern ihre Sonderstellung zuerkennt. Durch sein Kommen ist sie erledigt und gibt es darum kein Erheben des einen über den andern mehr.

Die beiden abschließenden Sprüche sind häufiger überliefert (vgl. zu 20, 26! Für das zweite Wort siehe 18, 4). Wir müssen nur beachten, daß nicht etwa über den Dienst doch wieder ein Eigenruhm Platz greift, welcher alles Dienen entleert durch das stolze Wissen: „hoc ego feci = das habe ich getan!" Nur der Dienst ist echt, der wirklich ganz um des andern willen geschieht. Nur die Tat empfängt von Gott Lohn, die wirklich nicht um des Lohnes willen, nicht mit dem entferntesten Gedanken an Lohn geschieht, bei der die eine Hand wirklich nicht weiß, was die andere tut (Mt 6, 3). Das gilt in gleicher Weise für das Sich-selbst-Erniedrigen. Wo dies bewußt geschieht und sich nicht als eine echte Überzeugung von „der eigenen Niedrigkeit vor Gott" darstellt, da ist es nichts anderes als nur eine raffinierte Form des eigenen Erhöhens. Gerade im Blick auf Jesu Verurteilung des „Pharisäers in uns" müssen wir uns hüten, in den verborgenen Pharisäismus zu fallen, der stolz ist auf das eigene Dienen und die eigene Niedrigkeit, aber im geheimen spricht: Ich danke dir, Gott, daß ich nicht so bin wie dieser Pharisäer!

Die sieben Weherufe.

Vers 13—33

1.

Zu Vers 13: Mt 16, 19; Lk 11, 52; 3 Jo 10

Zu Vers 14: Hes 22, 25; Mk 12, 40; Lk 20, 47

13 **Wehe aber euch, Schriftgelehrte und Pharisäer, ihr Heuchler! Ihr schließt das Himmelreich vor den Menschen zu; denn ihr selbst geht nicht hinein und laßt auch die, die hineingehen wollen, nicht hineingehen.**
14 **(Wehe euch, Schriftgelehrte und Pharisäer, ihr Heuchler! Ihr verschlingt der Witwen Häuser, und als Vorwand haltet ihr lange Gebete. Darum werdet ihr ein schwereres Gericht empfangen.)[8]**

2.

15 **Wehe euch, Schriftgelehrte und Pharisäer, ihr Heuchler! Ihr durchwandert Meer und Land, um einen Proselyten zu machen[9]), und wenn er es geworden ist, macht ihr aus ihm ein Kind zur Hölle, doppelt so schlimm wie ihr selbst.**

[8]) Vers 14 ist aus den Parallelen Mk 12, 40 und Lk 20, 47 hier in einige Handschriften eingedrungen, so auch in die „Koine", die Luther bei seiner Übersetzung vorlag. Darum finden wir diesen Vers in unseren Lutherbibeln. Nehmen wir also an, daß dieser Vers 14, weil er in wichtigsten Handschriften fehlt, ursprünglich hier nicht als Vers 14 gestanden hat, daher können wir von sieben Wehrufen sprechen.

[9]) Proselytenmachen. Ein Proselyt ist ein Angehöriger eines nicht jüdischen Volkes, der zum jüdischen Glauben übergetreten und in die jüdische Kultgemeinde aufgenommen ist. Dies geschah durch die Vornahme der Beschneidung und der Proselytentaufe. Da das Judentum trotz aller universalen Tendenzen, die besonders in der makkabäischen Zeit hervortraten, immer doch national gebunden blieb, war die Stellung des Proselyten nie eindeutig. Er blieb immer ein Jude zweiter Klasse. Trotzdem war seit den Makkabäern und seit der Entstehung einer größeren jüdischen Diaspora die jüdische Mission von großer Intensität. Der bedeutsamste Erfolg der jüdischen Propaganda war der Übertritt eines assyrischen Königshauses, des Königs Izates von Adiabene und seiner Mutter Helena, das sich sogar aktiv an dem jüdischen Aufstand beteiligte, der 70 n. Chr. zur Zerstörung Jerusalems führte, also den Zeloten nahe gestanden haben muß. Für die christliche Mission war die vorhergegangene jüdische bedeutsam, da Paulus überall auf die jüdische Gemeinde und die ihr angeschlossenen Proselytenkreise zurückgreifen konnte und die Anfänge seiner Gemeinden in vielen Fällen aus Proselyten bestand.

Zu Vers 16:
Mt 15, 14
Zu Vers 19:
2 Mo 29, 37
Zu Vers 21:
1 Kö 8, 13
2 Chro 6, 2
Zu Vers 22:
Mt 5, 34
Zu Vers 23:
3 Mo 27, 30
Lk 18, 12
Jo 7, 24
Lk 12, 57
Mt 12, 7
Mi 6, 8
1 Tim 1, 5
Zu Vers 24:
Mt 15, 14
Mt 23, 16
Zu Vers 25:
Mk 7, 4
Zu Vers 26:
Jo 9, 40
Tit 1, 15
Zu Vers 27:
Apg 23, 3
Lk 11, 44. 47

3.

16 **Wehe euch, blinde Wegleiter, die ihr sprecht: Was man beim Tempel**
schwört[10]), das ist nichts, was man aber beim Gold des Tempels schwört, das
17 **gilt. *Ihr Narren und Blinden! Was ist größer, das Gold oder der Tempel,**
18 **der das Gold heiligt? *Und weiter: Was beim Altar geschworen ist, das ist**
nichts, was man aber bei der Gabe schwört, die auf dem Altar liegt, das
19 **gilt. *Ihr Blinden! Was ist größer, die Gabe oder der Altar, der die Gabe**
20 **heiligt? *Wer nun bei dem Altar schwört, schwört bei ihm und bei allem,**
21 **das auf ihm liegt. *Und wer beim Tempel schwört, schwört bei ihm und**
22 **bei dem, der ihn bewohnt. *Und wer beim Himmel schwört, schwört bei**
dem Throne Gottes und bei dem, der darauf sitzt.

4.

23 **Wehe euch, Schriftgelehrte und Pharisäer, ihr Heuchler! Ihr ver-**
zehntet[11]) Minze und Kümmel und vernachlässigt das Gewichtigere:
das Recht, die Barmherzigkeit und den Glauben. Man sollte dieses tun
24 **und jenes nicht lassen. *Ihr blinden Wegleiter, die ihr die Mücke seihet und**
das Kamel verschluckt!

5.

25 **Wehe euch, Schriftgelehrte und Pharisäer, ihr Heuchler! Ihr reinigt**
Becher und Schüssel von außen, innen aber sind sie voll von Raub und Zucht-
26 **losigkeit. *Du blinder Pharisäer, reinige zuerst das Innere des Bechers, da-**
mit auch sein Äußeres rein werde.[12])

6.

27 **Wehe euch, Schriftgelehrte und Pharisäer, ihr Heuchler! Ihr gleicht**
den getünchten Gräbern[13]), die von außen lieblich erscheinen, innen aber

[10]) Die Schwurpraxis der Pharisäer. Die Vermeidung der Nennung des Gottesnamens hatte es mit sich gebracht, daß man beim Tempel oder Altar schwur. Die Nennung des Tempels bzw. des Altars mußte aber besagen, daß damit Gott in der Nennung seines Eigentums gemeint sei. Hier setzte die kasuistische Unterscheidung ein, die in dem Gold des Tempels ebenso mehr das Eigentum Gottes sah als in dem Gebäude, weil dieses Gold Gott geweiht war, wie die Gabe auf dem Altar stärker auf Gott bezogen war als der Bau des Altars. Darum konnte ein Rabbi von einem Eide lösen, bei dem die Anrufung Gottes wie beim Tempel und Altar nicht eindeutig ersichtlich war.

[11]) Der Zehnte. Nach der Thora war der Zehnte aller Erträgnisse des Feldes und des Viehs Gott geheiligt. Über die Verwendung waren die Bestimmungen jedoch verschieden. Nach 4 Mo 18, 20—32 und Neh 10, 38 war er abzugeben, nach 5 Mo 14, 22 ff. an heiliger Stätte zu verzehren und nur jedes dritte Jahr den Leviten und Hilfsbedürftigen zu geben. Weitere Anordnungen vgl. 3 Mo 27, 31 ff. und Tob 1, 7 f.

In dem Bestreben, das Gesetz genauestens zu erfüllen, wurden alle Bestimmungen erfüllt, so daß ein frommer Jude z. B. in jedem dritten Jahr den dritten Teil seiner Einkünfte verzehntete und nicht nur bei dem Getreide anfing, sondern auch die geringsten Küchengewürze verzehntete. Die Verzehntung wurde selbst auf solche Gewächse ausgedehnt, die ohne jedes Zutun des Menschen wild wachsen und gar nicht zur Nahrung, sondern höchstens zu deren Würze dienen. Dabei setzten sie sich jedoch ohne Skrupel über die Gebote hinweg, die inhaltlich wichtiger, aber schwerer zu erfüllen sind. Beides liegt wohl in dem mit „gewichtiger" übersetzten griechischen Ausdruck. Jesus will an sich diese Genauigkeit in der Beobachtung des Zeremonialgesetzes nicht tadeln, solange der Bund noch zu Recht besteht. Aber es ist eine verkehrte Rangordnung, diese Gesetze über die sittlichen Grundgebote zu stellen. Für die richtige Rangordnung der Gebote haben die Pharisäer freilich gar kein Empfinden mehr. Das tritt nirgend deutlicher zu Tage als bei ihren Satzungen über Reinheit und Unreinheit der Gefäße (Lauck S. 58).

[12]) Reinigungsvorschriften: Die Reinigungsvorschriften, auf die Jesus hier Bezug nimmt, waren ursprünglich sehr milde und vor allem sinnvoll. Sie waren auf die Reinhaltung von unreinen Tieren und auf Wöchnerinnen, die eine Zeitlang als unrein galten, und auf den Aussatz beschränkt (vgl. 3 Mo 11—15). Andere Reinheitsvorschriften bezogen sich auf die Priester und die Gefäße des Tempels. So waren die Vorschriften für die Waschungen ursprünglich nur für die Priester verpflichtend, und die Reinhaltung der Gefäße galt zunächst nur für die heiligen Gefäße und sollte die Innehaltung des Korban, dessen, „was Gott gehört", gewährleisten.

Ein ganzer Mischnatraktat handelt darüber, welche Teile der Außenseite von hölzernen oder kupfernen oder tönernen Gefäßen verunreinigt werden können, welche nicht, wann ein Gefäß wieder als rein zu erklären ist, wann nicht, wann ein aus zerbrochenen unreinen Gefäßen hergestelltes neues Gefäß auch unrein ist, wann nicht, was für eine Art Unreinheit das allemal ist usw. Wer diesen Traktat nachstudiert und sich in diesem kasuistischen Gestrüpp zurechtzufinden versucht, dem schwirrt der Kopf.

Daß aber das Innere des Gefäßes unrein ist, weil es gefüllt ist mit Speisen oder Getränken, die, auf ungerechte Weise erworben, unmäßigem Genusse dienen, das ficht die Pharisäer nicht an. (Lauck.)

[13]) s. S. 309

Zu Vers 28:
Lk 16, 15

Zu Vers 31:
Apg 7, 52
Offb 6, 11
Jer 26, 15

Zu Vers 32:
1 Th 2, 16

Zu Vers 33:
Mt 3, 7

28 sind sie voll von Gebeinen der Toten und aller Unreinigkeit. *So erscheint
auch ihr den Menschen von außen gerecht, innen aber seid ihr voll von
Heuchelei und Ungesetzlichkeit.

7.

29 Wehe euch, Schriftgelehrte und Pharisäer, ihr Heuchler! Ihr baut die
30 Gräber der Propheten und schmückt die Grabmäler der Gerechten *und
sprecht: Wenn wir in den Tagen unserer Väter gelebt hätten, wären wir
31 nicht ihre Genossen am Blut der Propheten gewesen. *So bezeuget ihr
32 selbst, daß ihr Söhne der Prophetenmörder seid! *So machet das Maß eurer
33 Väter voll! *Ihr Schlangen, ihr Brut der Ottern! Wie wollt ihr vor dem
Gericht der Hölle entfliehen?!

Das Band, das diese Verse zusammenschließt, ist der bei jedem Weheruf wiederholte Vorwurf der Heuchelei.[14])

Wir werden darum die Verurteilung des Pharisäismus nur recht verstehen können, wenn wir wissen, was mit diesem Wort gemeint ist. Mit dem Ausdruck Heuchelei geben wir, wie bei aller anderen Übersetzung, ja nur unvollkommen das ursprüngliche Wort wieder. Jesus bezeichnet Mk 12, 15 und Lk 12, 1 als das Wesen der Pharisäer die Heuchelei, und wenn er in der Bergpredigt Mt 6, 2. 5 und 16 die Heuchler als das abschreckende Gegenbeispiel anführt, so werden wir nicht fehlgehen, wenn wir dahinter ebenfalls die Pharisäer sehen. Mt 7, 5 und 24, 51 begegnet uns das Wort im Zusammenhang eines Gleichniswortes. Mt 15, 7; 22, 18 und an unseren Stellen redet Jesus die Pharisäer direkt als Heuchler an. Nur bei Lukas ist es 12, 56 das Volk und 13, 15 ein Synagogenvorsteher, die so angeredet werden, aber auch dort sind die Pharisäer als typische Vertreter des Volkes in seiner Frömmigkeit ins Auge gefaßt.

Wir können also als erstes sagen, daß Jesus unter Heuchelei die jüdische Frömmigkeit versteht und sie mit dieser Charakterisierung trifft und verurteilt.

---

[13]) Die getünchten Gräber. Die Berührung nicht nur mit Toten, sondern auch mit dem Boden, der Totengebeine barg, verunreinigte den Menschen. Um nun vor den überall verstreuten Gräbern und deren Berührung zu warnen, wurden diese weiß getüncht. Die helle Farbe war also gerade das Abschreckungszeichen wie die Klapper des Aussätzigen. Es war Brauch, alle Jahre kurz vor Ostern die Gräber mit Kalk blendend weiß anzustreichen, damit keiner, der zum Feste wanderte, auf einen solchen flach am Boden liegenden Grabstein trat, ohne es zu merken, und sich gerade noch vor dem Feste eine Unreinheit zuzog, die erst durch lange Prozeduren beseitigt werden konnte. Noch heute sind aus diesem Grunde die jüdischen Grabstätten, ungepflegt und von Epheu überwachsen, wirklich ein Ort des Todes.

Im Gegensatz dazu hatte wieder seit der Makkabäerzeit ein Kult mit den Gräbern der Märtyrer und Propheten eingesetzt, der zu Prachtbauten an den Gräbern einerseits, andererseits zur Bildung wuchernder Legenden um das Schicksal der Märtyrer vor allem aus der Makkabäerzeit führte.

Daß Jesus in seiner Charakteristik der Pharisäer nicht übertreibt, beweisen viele Stellen des Talmud und andere altjüdische Schriften.

So wird denn die Strafe Gottes für die Pharisäer und die von ihnen mißgeleitete Nation nicht mehr lange auf sich warten lassen. Zwar geben sie sich viel fromme Mühe, den von ihren Vätern ermordeten Propheten schöne Denkmäler zu errichten. Aber mit den scheinheiligen Worten, die sie dabei sprechen, stellen sie nur sich selber das Zeugnis aus, daß auch in ihren Adern Mörderblut fließt. Darum können sie ja nicht anders, als die von ihren Vätern geübten Verbrechen fortzusetzen und zu Ende zu bringen. In höchster Entrüstung und um ihre Unbelehrbarkeit auszudrücken, fordert Jesus sie geradezu auf: „Machet das Maß eurer Väter voll." Weil sie doch nicht mehr zu retten sind, deshalb dienen die Heilsveranstaltungen Gottes nur noch dazu, das Gericht über sie zu beschleunigen. Denn sie werden gerade durch Tötung der letzten von Jesus selbst ausgesandten Heilsboten das Maß ihrer Väter voll machen. (Vgl. Lauck S. 59.)

[14]) Eine Ausnahme macht lediglich das dritte Wehe Vers 16. Wahrscheinlich haben die Schreiber der Handschriften, die Vers 14 einfügten, die Verse 16—22 noch zu Vers 15 gehörend empfunden und durch die Einfügung von Vers 14 die Siebenzahl der Heuchlerrufe voll machen wollen.

Der Vorwurf meint nun aber nicht das, was wir landläufig unter dem Wort verstehen: etwas „vorgeben“, zu tun, was man nicht tut, oder „vorgeben“, etwas zu sein, was man nicht ist.

So ist die Heuchelei des Pharisäers im Gleichnis nicht etwa die, daß er vor Gott mit Leistungen protzt (Lk 18, 9 ff.), die er gar nicht vollbracht hat. Wir finden immer wieder, daß Jesus anerkennt, daß ein Unterschied zwischen den Pharisäern und den Zöllnern und Sündern besteht wie zwischen Starken und Kranken (Mt 9, 12), wie zwischen den Schafen, die nicht fortliefen, und den verlorenen (Lk 15, 4), und er nennt sie mit allem Ernst „Gerechte“. (Mt 9, 13 und Lk 15, 7). Und doch steckt darin in einem tieferen Sinn Heuchelei, nämlich ein Selbstwiderspruch. Diese Gerechtigkeit hat eine Grenze. Es ist Selbsttäuschung, wenn der Pharisäer meint, mit seinen Werken vor Gott bestehen zu können. Es ist keine Freude im Himmel über seine Gerechtigkeit (Lk 15, 7), und der Pharisäer weiß dies, obwohl er sich darüber täuscht oder zu täuschen sucht. Dies war schon im ersten Teil der Rede zum Ausdruck gekommen, wenn Jesus eine Befolgung der Gebote in Äußerlichkeiten rügte, die nur zum eigenen Ruhm gereichte, aber nicht mehr Gottes Willen wirklich im Auge hatte. (V. 5 f.). Der Vorwurf wiederholt sich im 4. Wehe, Es ist der Widerspruch zwischen dem Verkündigen des Willens Gottes und einer Flucht vor der echten Erfüllung bezw. der Erkenntnis des eigenen Scheiterns im Erfüllen von Äußerlichkeiten. — Die Pharisäer erkennen das Wichtigste am Gesetz (V. 23), sie umgehen es aber im Erfüllen der geringfügigsten Einzelvorschriften und wollen damit verbergen, daß sie restlos an ihm scheitern, daß sie darum auf die Gnade Gottes angewiesen sind. Hier wird es deutlich, wohin Jesu Angriff zielt: Es ist die Gnade Gottes, die Jesus bringt, die die Pharisäer aber in dieser Selbsttäuschung in ihrer Heuchelei zurückweisen.

Von hier aus ist das Verständnis der einzelnen Worte nicht mehr schwer. Weil die Pharisäer in diesem Selbstwiderspruch leben, sich selbst dadurch den Zugang zu dem in Jesus offenen Himmelreich verschließen, hindern sie folgerichtig auch diejenigen daran, hineinzukommen, die gerne wollen, aber ihnen als Jünger folgen (V. 13). Aus dem gleichen Grunde muß nun auch ihre Mission, die sie mit Eifer betreiben, entgegen ihrem eigenen Willen zum Verderben ihrer Proselyten werden. (V. 15).

Im dritten Wehe-Ruf deckt Jesus den Selbstwiderspruch auf, der in der pharisäischen Kasuistik sichtbar wird, mit der sie versuchen, der Unerbittlichkeit des Gesetzes zu entgehen. Jesus nimmt mit diesen Worten natürlich nicht seine grundsätzliche Absage an den Eid zurück. Es bleibt dabei, daß ein Ja ein Ja sein soll und ein Nein ein Nein. Es bleibt dabei, daß ebenso alle Versuche, den Namen Gottes nicht zu nennen, ihr Ziel verfehlen (Mt 5, 33—37). Hier wird Jesus an unserer Stelle gegenüber der Bergpredigt noch deutlicher. Wer schwört, muß wissen, was er tut, und alle Versuche, es zu verharmlosen, schlagen fehl, weil sie damit den Ernst des Schwörens verkennen. Gerade weil Jesus die jüdische Scheu, Gott bei Namen zu nennen in Ehrfurcht vor dem zweiten Gebot, ganz ernst nimmt, darum lehnt er den Eid ab, muß aber umso mehr alle Versuche ablehnen, nun noch dem Ernst eines solchen Eides sich zu entziehen.

Das 4. und 5. Wehe gehören zusammen; denn in den beiden Fällen wird der pharisäische Versuch verurteilt, das Gesetz damit zu erfüllen, daß man seine äußerlichen Forderungen hält, daß man z. B. das Gebot des Zehnten so ernst nimmt, daß man über das im Gesetz gegebene Maß hinausgeht. Jesus tadelt dies Bemühen nicht, er sieht auch hier wieder den

Ernst des Bemühens, aber er deckt zugleich auf, wie gerade damit der Versuch unternommen wird, der zentralen Forderung des Gesetzes zu entgehen. Diese zentrale Forderung gibt Jesus ganz im Sinne des AT wieder. Recht und Gerechtigkeit sind bereits Am 5, 24 verheißen. In der Bergpredigt preist Jesus die selig, die danach hungern. Das Recht bedeutet sicher auch Verurteilung des Bösen, es ist aber zuerst etwas, das Gott zugehört und sich im Tun des Menschen da erweist, wo der Mensch selbst Gott gehört. Ebenso ist die Barmherzigkeit zuerst Gottes Eigenschaft und erst von daher wiederum bei Menschen, die unter Gott stehen, ein Tun des Menschen, der sich seines Nächsten erbarmt. Endlich ist Glauben dann auch wiederum ein Verhalten, das sich in der Treue (so könnte man das griechische Wort auch übersetzen) zu Gottes Gebot bewährt, aber diese Treue „aus des Herzens Grund" (Luther) und nicht nur in äußerem Tun beweist. Jesu Zusammenfassung des Gesetzes, die er damit gegeben hat, geht konform dem, was Mi 6, 8 als Forderung Gottes genannt ist. Für ein solches Erfüllen des Gesetzes von innen her aus einer inneren Bejahung des Gesetzes heraus sollte das Zeremonialgesetz Hilfstellung geben. Wo es aber zum Selbstzweck geworden ist, tut es das Gegenteil. (Vgl. Bergpredigt).

Ein Sprichwort zeigt den Widersinn der pharisäischen Praxis. Man goß Getränke durch ein Tuch, um nicht versehentlich ein Mücklein mit zu verschlucken. Wie grotesk, das zu tun, aber ohne Bedenken „große Tiere zu schlucken!"

In dem 5. und 6. Weheruf deckt Jesus den Widersinn auf zwischen dem äußeren peinlichen Innehalten der Zeremonialvorschriften und der inneren Verderbtheit, an der auch die Pharisäer mit Geldgier und Ehebruch teilhaben. Es ist der gleiche Widersinn, als wenn die kultischen Gefäße zwar von außen reingehalten werden, der Wein, den sie bergen, aber Diebesgut ist. Und so gleichen die Pharisäer mit ihrer äußeren Gerechtigkeit den Gräbern, deren schönes Aussehen gerade ein Zeichen, eine Warnung vor ihrem verderblichen Inhalt ist.

Das letzte Wehe ist das schärfste, es deckt den Selbstwiderspruch der Pharisäer auf, wie er gerade in ihrer Haltung Jesus gegenüber zu Tage tritt. Indem die Pharisäer einen förmlichen Kult mit den Märtyrern und Propheten treiben und sich damit selbst rechtfertigen und reinwaschen wollen davon, daß Mörderblut in ihren Adern fließt (Klostermann), tun sie gerade das, was die Propheten verurteilten, und werden sich folgerichtig gegen den wenden, der nach den Propheten im gleichen Auftrag von Gott gesandt ist. So werden sie in den Fußstapfen ihrer Väter gehen trotz allen Märtyrerkultes, der sich darin wiederum als reine Äußerlichkeit erweist, sie werden das Maß ihrer Väter voll machen, indem sie Jesus ans Kreuz schlagen.

Was mit diesem letzten Wehe zum Ausdruck gebracht ist, hält sie alle zusammen. Nur darum kann Jesus die Pharisäer so vernichtend kennzeichnen, weil alles dies, was sie kennzeichnet, in ihrem Verhalten ihm gegenüber am schärfsten zum Ausdruck kommt. Weil er das Himmelreich auftut, weil mit ihm dieses Reich unter ihnen gegenwärtig ist, darum und darum allein ist es eine Todsünde, dies (nämlich das Himmelreich) sich selbst und den andern zu verschließen, und weil Jesus die unverdiente Gnade Gottes bringt, ist es nicht nur töricht, noch weiter in der Haltung des Selbstwiderspruchs zu verharren, sondern es treibt die Heuchelei auf die Spitze, insofern, damit diese verlogene eigene Gerechtigkeit höher gestellt wird als die von Gott in Jesus Christus geschenkte.

Zu Vers 34:
Mt 10, 23
1 Th 2, 15
Apg 5, 40
Apg 7, 58; 12, 2
Zu Vers 35:
Mt 27, 25
Hbr 11, 4
Hbr 12, 24
Offb 18, 24
1 Mo 4, 8. 10
2 Chro 24, 20. 21
Zu Vers 37—39:
Lk 13, 34. 35
Mt 22, 6
Jo 8, 59
Apg 7, 58. 59
1 Th 2, 15
Hbr 11, 37
Offb 11, 8
Zu Vers 38:
1 Kö 9, 7. 8
Jer 22, 5
Jer 12, 7
Apg 1, 20; 6, 14
Zu Vers 39:
Mt 21, 9
Ps 118, 26
Jo 8, 58
Jo 14, 19

Zwei Schlußworte.

Vers 34—39 (Lk 20, 45—47; 13, 34 f.)

34 Darum: Siehe, ich sende zu euch Propheten und Weise und Schrift-
gelehrte. Von ihnen werdet ihr (einige) **töten und kreuzigen, und** (einige)
von ihnen werdet ihr in euren Synagogen geißeln und von Stadt zu Stadt
35 verfolgen, *damit über euch alles gerechte Blut komme, das auf Erden ver-
gossen ist[15]), von dem Blut des gerechten Abel an bis zum Blut des Sa-
charjas, des Sohnes des Berachjas, den ihr zwischen Tempel und Altar er-
36 mordet habt. *Amen, ich sage euch: Es wird alles dies über dieses Geschlecht
kommen. (Sacharjas = im Urtext: Zacharias).

37 Jerusalem, Jerusalem, die du tötest die Propheten und steinigst, die
zu dir gesandt sind, wie oft habe ich deine Kinder versammeln wollen, wie
eine Henne ihre Küchlein unter ihren Flügeln sammelt, und ihr habt nicht
38 gewollt! *Siehe, verlassen wird euer Haus euch werden! *Denn ich
39 sage euch: Ihr werdet mich von jetzt an nicht mehr sehen, bis ihr sprecht:
Gelobt sei der im Namen des Herrn Kommende.

Das erste Wort (vielleicht auch das zweite) führt Jesus offensichtlich als Zitat an, das den Pharisäern bekannt ist. Nach Lukas ist es ein Zitat aus einer Weisheitsschrift, wie wir sie unter den Apokryphen des AT z. B. als Weisheit Salomos kennen, deren es aber mehrere gegeben hat. Als Zitat ist das erste Wort auch noch bei Matthäus kenntlich durch das einführende „Darum". Indem Jesus ein solches Zitat aus einer uns unbekannten Schrift zitiert, macht er es zum Gotteswort, gibt er ihm die Autorität des in der Vollmacht Gottes Gesprochenen. Er sagt damit, daß sich an dem jüdischen Volk alle die Vergehen rächen werden, die dieses Volk in dem hochmütigen Trotzen auf seine Abrahamskindschaft an dem verborgenen Volk Gottes, an dem wahren Israel begangen hat. Er spricht als Urteil über dieses Volk das aus, was die Menschen vor dem Richthaus des Pilatus vermessen auf sich selbst herabriefen: *„Sein Blut komme über uns und unsere Kinder!"* (27, 25). Wenn Jesus dieses Wort hier anführt, so will er damit zugleich sagen, daß das Verhalten der Pharisäer ihm gegenüber in die gleiche Linie gehört. Ja, die Linie von Abel bis Sacharja, über diesen hinausgehend, findet in Jesus ihren Gipfelpunkt. Die Entscheidung gegen Gottes gegenwärtiges Wort, die immer wieder in dem Verhalten des Volkes gegenüber den Propheten zum Ausdruck kam, war bis Sacharja noch eine vorläufige, in der Entscheidung gegen Jesus wird sie eine endgültige. Das Gleichnis von den bösen Weingärtnern klingt hier wie so oft noch nach.

[15]) „Das auf Erden vergossen ist" — vielleicht würde man besser übersetzen: „das auf die Erde vergossen ist", da es nach alter Anschauung ein Vergehen ist, das Blut auf die Erde fließen zu lassen (so Klostermann), aber die Nennung des ersten „auf Erden" Gemordeten, läßt doch wahrscheinlicher erscheinen, daß damit die Gesamtheit der „auf Erden" um ihrer Frömmigkeit oder des göttlichen Auftrags, den sie erfüllten, willen Umgebrachten gemeint ist.

„Sacharja, der Sohn des Berachja." Während Abel allgemein als der erste Gemordete verehrt wurde, ist es nicht völlig klar, wer mit diesem Sacharja gemeint ist. Wahrscheinlich ist es der 2 Chro 24 genannte Sacharja, der mit den Worten starb: Der Herr wird es sehen und richten (2 Chro 24, 22). Für ihn trifft auch zu, daß er an der heiligen Stätte gesteinigt wurde, die Asylrechte gewährte. Diese Tatsache erscheint gewichtiger als die relative Differenz, daß „zwischen Tempel und Altar" nicht mit der Ortsbezeichnung in 2 Chro „im Hof am Hause Jahwes" ganz übereinstimmt. In beiden Fällen soll der geheiligte Bezirk genannt sein (mit Schniewind gegen Klostermann). Allerdings heißt dieser Sacharja „Sohn Jojadas", aber es ist anzunehmen, daß bei Matth. der Zuname des Propheten Sacharjas eingedrungen ist. Das apokryphe Hebräerev. hat entsprechend korrigiert. Die alte Kirche hat daran gedacht, daß der 2 Chro genannte Sacharja einen Doppelnamen geführt habe.

Eine Frage ist, was Jesus unter dem Wort „Geschlecht" V. 36 verstanden hat. Luther übersetzt es oft mit „Art" an den Stellen, wo Jesus eindeutig damit die Gesamtheit des jüdischen Volkes meint (so 16, 4; 17, 17), aber auch an anderen Stellen ist das Wort in dem Sinne zu verstehen (so 12, 41 f. und Mk 8, 38). An unserer Stelle und 24, 34 wird es gern im Sinne von „Generation" verstanden und damit der ganze Satz als Ankündigung des unmittelbar bevorstehenden Endgerichts gesehen. Es soll uns nicht die Tatsache, daß dieses Endgericht nicht gekommen ist, gegen ein solches Verständnis einnehmen. Vielmehr haben wir von daher mit ganz anderem Ernst das über Israel vollzogene Gericht (das mit der Auflösung der nationalen Existenz über das Volk erging) zu sehen. Sicher hat Jesus dies Gericht als etwas Endgültiges angesehen. Von nun an war das Vorrecht des Israel nach dem Fleisch zu Ende. Das Urteil, das dieses Volk sich selbst mit der Verurteilung Jesu gesprochen hat, wurde mit der Zerstörung des Tempels im Jahre 70 vollstreckt. So hat Jesus sicher mit unserm Wort die unmittelbare Zukunft gemeint.[16])

Noch einmal nennt Jesus die Zerstörung Jerusalems als Vollzug des Gerichtes, das über das Volk ergeht, und sieht in diesem Gericht das endgültige Gericht Gottes, dennoch ist der letzte Vers, der voraussagt, daß das Volk Jesus nicht wiedersehen wird, daß er jetzt zum letzten Mal mit „Glanz und süßem Lichte" gekommen ist, daß sein erneutes Kommen nicht mehr einladend, sondern richtend sein wird, gerade für uns entscheidender.

Das Schicksal des jüdischen Volkes ist für die Gemeinde immer wieder ein warnendes Zeichen gewesen. Es ist Warnung, daß es Jesus gegenüber eine endgültige Entscheidung gibt, daß es ein „Zu spät" gibt. Das wurde am jüdischen Volk sichtbar, aber es gilt für alle und macht die Einladung dringend: *„Heute, so ihr seine Stimme höret, so verstocket euer Herz nicht!"* (Ps 95, 7 f. und Hbr 3, 7 f.)

Wie ergreifend hat Schlatter diese letzten Verse von Kap. 23 umschrieben: „Die Stadt des großen Königs hat sie auch Jesus genannt. Aber sie muß noch einen anderen Namen erhalten: Mörderin der Propheten. Sie treibt mit trotzigem Widerstand jeden weg, der mit göttlichem Auftrag zu ihr kommt. Jesus sagt, er habe viel Liebe an die Stadt gewandt und sich oft bemüht, ihre Kinder zu sich zu sammeln. Er wäre ihr Schutz gewesen vor Schuld und Gericht und hätte ihnen die Ruhe gebracht. Aber er kann ihren trotzigen Willen nicht mit Gewalt wenden, sondern ist an die Regel der göttlichen Gerechtigkeit gebunden, die dem Menschen seinen Willen läßt.

Jesus wird ihnen nun genommen. Der Vater verbirgt ihnen den Sohn. Sie haben es umsonst erlebt, daß er in ihrer Mitte stand und sie mit seiner großen Güte zu sich rief.

Die Rede schließt aber dennoch mit Gottes Lob, mit der Erkenntnis des Christus und seiner Vereinigung mit seiner Gemeinde. Vom Ernst des Gerichts wird damit nichts abgebrochen. Dem Otterngezücht ist nicht versprochen, daß

[16]) Dennoch scheint es bei den in Frage stehenden Stellen recht zu sein, daß das Wort im gleichen Sinne wie an den anderen Stellen verstanden werden muß, nämlich, daß auch hier das jüdische Volk als Volk, als die „ungläubige und verkehrte Art" (17, 17) gemeint ist. Sein Schicksal vollzieht sich in der Entscheidung Jesus gegenüber. Dieses Schicksal, so sagt nun das zweite Wort, ist schon darin zusammengefaßt, daß sie ihn nicht wiedersehen werden, bis alle ihm zu Füßen fallen werden mit dem Jubelruf, dem anbetenden Ruf, den bei seinem Einzug nur eine kleine Schar erschallen ließ und der dann bald unterging in dem anderen, der in dem ersten Wort angedeutet war: „Sein Blut komme über uns und unsre Kinder!" — Das zweite Wort gibt uns also noch einen Hinweis auf eine gewisse Sonderstellung der Stadt Jerusalem, die zwar einerseits als Vertreterin des jüdischen Volkes als seine Verkörperung öfter genannt wird (schon Jes 29, 1; 33, 20 u. ö.) andrerseits nun die Stadt ist, um die Jesus sich besonders gemüht hat. Johannes berichtet von verschiedenen Aufenthalten Jesu in Jerusalem, und dies findet eine Bestätigung in unserm Wort, das nicht zu verstehen wäre, wenn Jesus nur die wenigen Tage vor seinem Ende dort gewirkt hätte.

es ihn doch noch preisen wird. Aber wenn Er wiederkommt, so sammelt er alle zu sich, und dann fehlt es nicht an einem Israel, das Ihn anbetet. Seine Feinde sollen es wissen, daß sie dennoch ohnmächtig sind; sie rotten seinen Namen nicht aus, so wenig, als sie ihn für immer in den Tod hinabstoßen. Wird er auch für jetzt unsichtbar, so ist doch das Ende der göttlichen Regierung, daß auch aus Israel eine Gemeinde bei ihm versammelt ist, die in ihm ihren Herrn verehrt. (Rö 9—11)" Schl. S. 349 und 350.

Das ernste 23. Kapitel ist zu Ende. Die Gerichtsdrohungen Jesu über Israels Führer sind verstummt. Die sieben Wehe über die Pharisäer deuten wie dumpfe Donnerschläge das nahende Gewitter des Gerichtes unheimlich an. Die Scheidung ist endgültig.

Furchtbar lautet der letzte Satz: *„Jesus verließ den Tempel und ging fort"* (Mt 24, 1).

„Die Frage drängt sich auf: Wie konnte es zu diesem Gegensatz kommen? Der Pharisäismus hatte doch ursprünglich das Gute gewollt. In der Zeit des Exils zu Babylon hatten ernste Männer sich zusammengetan, mit dem Willen und Entschluß, nach der Rückkehr nach Jerusalem mit dem Gesetz des Herrn Ernst zu machen, jede Vermischung mit heidnischer Welt und heidnischem Denken zu vermeiden, sich von allem abzusondern, was nicht dem Willen des Herrn entsprach, so daß man sie die Abgesonderten, die Peruschim, die Pharisäer nannte. Aber die Weiterentwicklung war zu einer Fehlentwicklung geworden, nach zwei Seiten hin.

Einmal verabsolvierten sie die Buchstaben des Gesetzes und verfielen einer bloßen Legalität äußerlicher Gesetzesbeobachtung mit einer Vernachlässigung einer wirklichen Ethik innerer Gesinnung und Herzenshaltung.

Andererseits bildeten sie sich auf diese ihre Gesetzestreue etwas ein, und suchten damit nicht mehr Gott, sondern sich selbst. Veräußerlichung im Religiösen und geistiger Eigennutz anstelle des Suchens Gottes hat die wahre Frömmigkeit bei den Pharisäern in ihr Gegenteil verdreht, in ein Tun-als-ob und damit in Heuchelei. Das Wort Gottes im Gesetz ist durch sie zur Karikatur geworden. Die Größe und Heiligkeit des Gottesgesetzes ist entstellt. Damit ist Gott nicht geehrt, sondern verunehrt. Gott ist ersetzt durch den selbstsüchtigen Menschen. Frömmigkeit, die doch Gottesdienst sein soll, ist zum Menschendienst erniedrigt. Es ist die Umwertung der Werte, der Umsturz der gottgewollten Ordnung. Und das alles unter der Maske der Heiligkeit und mit Berufung auf Gott selbst. Daher die unerbittliche Schärfe und rücksichtslose Demaskierung in den Worten Jesu. Scheinheiligkeit ist die große Versuchung derer, die beruflich in der Frömmigkeit stehen. Es ist die Gefahr, von der Heiligkeit zu reden, sie aber nicht zu leben. Es ist religiöser Schein und damit die Verfälschung des Wortes und des Wesens Gottes. Der Sohn Gottes, der der Widerschein und das Aufleuchten des göttlichen Wesens in menschlicher Gestalt ist — imago Dei invisibilis (Kol 1, 15) —, muß mit der denkbar größten Schärfe dagegen sprechen und kämpfen. Er ist gekommen, Gott die Ehre zu geben, und muß darum rücksichtslos alle entlarven, die Gott die Ehre nehmen und ihre eigene Ehre suchen. Im siebenmaligen Wehe über die Pharisäer zittert nicht bloß der Groll eines ehrlichen Gewissens und einer heiligen Entrüstung, der den Schein entlarvt und der Lüge die Maske vom Gesicht reißt, sondern es vibriert darin der Eifer für die Ehre des Vaters. Es glüht darin die Liebe zu Gott und der Wille, Gottes Ehre aufleuchten zu lassen. Im Neinsagen zur Entstellung, im gewaltigen Niederreißen falscher Tempel und Götzenbilder ist der Wille zu spüren, das Heiligtum Gottes aufzurichten und dem Herrn die Ehre zu geben, die ihm gebührt." Vgl. Gutzwiller S. 282 und 283.

Zu Vers 1—36:
Mk 13, 1—37
Lk 21, 5—36

Kapitel 24

Die Gerichtsdrohungen Jesu über Jerusalem, die Welt und die Gemeinde.

Kap. 24 und Kap. 25¹).

Dem Gerichtswort über die Pharisäer folgt nun das Gerichtswort über Jerusalem, die Welt und die Gemeinde. Diese Gerichtsworte sind an die Jünger gerichtet und darum im vertrauten Freundeskreis gesprochen.

Die Vorbereitung.

24, 1—3

Zu Vers 1:
Jo 2, 20
Zu Vers 2:
Mt 12, 6
Mt 22, 7
Lk 19, 44
Apg 6, 14
Jer 7, 14
Zu Vers 3:
Mt 5, 1
Mt 24, 27
Mt 23, 39

1 Jesus ging nunmehr heraus aus dem Tempel und von ihm fort. Da traten
seine Jünger zu ihm heran, um ihn auf den Bau des Tempels aufmerksam zu
2 machen. *Er aber antwortete ihnen mit den Worten: Ja, jetzt seht ihr dies
alles noch. Wahrlich, ich sage euch: Es wird hier kein Stein auf dem andern
3 bleiben, der nicht niedergerissen wird! *Als er sich dann auf dem Ölberg
niedergesetzt hatte, traten die Jünger, als sie für sich allein waren, an ihn mit
der Bitte heran: Sage uns doch: Wann wird dies geschehen, und welches
ist das Zeichen deiner Ankunft (bezw. Wiederkunft) **und der Vollendung**
(= des Endes) **der Weltzeit?**

Jesus verläßt den Tempel und geht mit seinen Jüngern zum Ölberg hinaus. Er wird von nun an nicht mehr den Tempel betreten. Das Ganze ist die Erfüllung eines Gesichtes des Propheten Hesekiel. Hesekiel schaut in einer Vision, wie die Herrlichkeit des Herrn die Stadt Jerusalem und den Tempel verläßt, und zwar in der Richtung zum Ölberg hin. — Diese Vision des Hesekiel findet jetzt ihre geschichtliche Erfüllung. Jetzt geht der Herr weg vom Tempel, von Jerusalem und geht äußerlich unauffällig den Ölberg hinan. Und doch ist es die Herrlichkeit des Herrn, die da fortgeht vom Tempel und den Tempel leer und bedeutungslos zurückläßt.

Als der Herr auf dem Ölberg angekommen war, warf er noch einmal einen letzten Blick auf das arme Jerusalem zurück. Es war, als wenn er nicht weitergekonnt hätte, als ob es ihm unmöglich gewesen wäre, sogleich über den Gipfel des Ölbergs weiterzuschreiten. Am diesseitigen Abhang ließ er sich nieder, gerade dem Tempel gegenüber. Vielleicht sank die Sonne jetzt eben, vielleicht war sie schon verschwunden. So saß er in der Abenddämmerung da, sein Blick hing an der geliebten Stadt, an dem vielbegrüßten und gesegneten Tempel, an der heiligen Stätte, die ihm die teuerste auf Erden gewesen war, die er aber jetzt dem Gerichte verfallen sah. In dieser Stimmung befand er sich jetzt; und so wurde er der große Seher der künftigen Gerichte Gottes. Diese Voraussicht wollte er aber in ihren Grundzügen seiner Gemeinde zum Erbe überlassen.

Hier im Angesicht der heiligen Stadt und des Tempels, über welche die Nacht hereinbrach, wollte er seinen Jüngern die Grundzüge der künftigen Gerichte mitteilen. Da spricht er nun das große Wort: **„Es wird hier kein Stein auf dem andern bleiben, der nicht niedergerissen wird."**

In Bestürzung und Angst fragen ihn die Jünger: **„Wann soll das werden, und welches ist das Zeichen, wann dies geschehen wird?"**

¹) Die Erläuterungen zu Kap. 24—28 sind in besonderer Weise aufgebaut auf dem Godet-Werk „Commentaire sur l'Evangile de Saint-Luc", das in 6. Aufl. vom Original-Werk in neuer Ausgabe vorbereitet wird als „Praktischer Handkommentar zum Lukas-Evangelium" unter Zugrundelegung des Godet-Kommentares und weitgehender Heranziehung offenbarungsgläubiger Theologie und führender Vertreter des Pietismus alter und neuer Zeit und eigener exegetischer Urtext-Studien. Dargeboten von Fritz Rienecker.

Eingesehen ist dann noch in Zahn: Kommentar zum N. T., in Schlatter: Erläuterungen zum Matthäus-Evangelium, in Strack und Billerbeck, Bornhäuser, Michaelis, Lauck, Gutzwiller u.a.

Die Antwort des Herrn schafft Klarheit auf die Frage der Jünger. Zunächst schildert der Herr, was im allgemeinen der Zerstörung Jerusalems vorausgeht (nämlich die Verfolgung der Gemeinde), und dann spricht er von der Zerstörung Jerusalems selbst und schließlich vom Ende der Welt.

Die Frage der Jünger lautet: **„Wann wird dies geschehen, und welches ist das Zeichen deiner Ankunft und des Weltendes?“** Auf diese Doppelfrage gibt Jesus die Antwort.

Von den Zeichen der nahen und fernen Zukunft.

Vers 4—14

4 Jesus antwortete ihnen: Sehet euch vor, daß niemand euch irreführe!
5 *Denn viele werden unter meinem Namen kommen und behaupten: Ich bin
6 der (wiederkehrende) Christus, und werden viele irreführen. *Ihr werdet
ferner von Kriegen und Kriegsgerüchten hören: gebt acht, laßt euch dadurch
nicht erschrecken! Denn das muß so kommen, ist aber noch nicht das Ende.
7 *Denn ein Volk wird sich gegen das andere erheben und ein Reich gegen
das andere; auch Hungersnöte werden eintreten und Erdbeben hier und da
8 stattfinden; *dies alles ist aber erst der Anfang der Wehen. *Hierauf wird
9 man schwere Drangsale über euch bringen und euch töten, und ihr
10 werdet allen Völkern um meines Namens willen verhaßt sein. *Alsdann
werden viele Anstoß nehmen und sich einander ausliefern und einander
11 hassen. *Auch falsche Propheten werden in großer Zahl auftreten und viele
12 irreführen; *und weil die Gesetzlosigkeit überhand nimmt, wird die Liebe
13 in den meisten erkalten; *wer jedoch bis ans Ende ausharrt, der wird ge-
14 rettet werden. *Und diese Heilsbotschaft vom Reich wird auf dem ganzen
Erdkreis allen Völkern zum Zeugnis gepredigt werden, und dann wird das
Ende kommen.

Zu Vers 5:
Mt 24, 24
Jo 5, 43
Apg 5, 36
1 Jo 2, 18; 4, 1
2 Pt 2, 1
Zu Vers 6:
2 Th 2, 2
Zu Vers 7:
2 Chro 15, 6
Zu Vers 9—14:
Mt 10, 17—22
Jo 16, 2
Zu Vers 11:
Mt 24, 24
Mt 7, 15
1 Jo 4, 1
Zu Vers 12:
2 Th 2, 10
2 Tim 3, 1—5
Zu Vers 13:
Mt 10, 22
Offb 13, 10
Zu Vers 14:
Mt 28, 19
Mt 10, 18
Rö 10, 18

Jesu Antwort beginnt mit Warnungen vor Irreführungen der Jünger durch Vorkommnisse, die die Nähe des Endes anzuzeigen scheinen. Aber das Ende als solches wird noch nicht da sein. Alle diese „Zeichen“ werden nur die Vorboten des kommenden Gerichtes sein. Die Geschichte weiß tatsächlich eine ganze Reihe von schrecklichen Ereignissen vor dem Untergang Jerusalems zu berichten, denn die Aufstände, Erschütterungen, Hungersnöte und andere Plagen, die Jesus hier andeutet, sind vor der Zerstörung Jerusalems keineswegs so unbedeutend gewesen. Man denke an die Blutbäder zu Cäsarea zwischen Syrern und Juden, wobei 20 000 Juden fielen, während in Syrien fast jede Stadt in zwei Heere geteilt war, die wie Todfeinde einander gegenüberstanden. Man denke weiter an das schnelle Aufeinanderfolgen der fünf Kaiser in Rom innerhalb weniger Jahre, an Nero, Galba, Otho, Vitellius, Vespasian, und an die damit verbundenen Unruhen in engeren und weiteren Kreisen; an die Hungersnot unter Claudius (Apg. 11, 30) im Jahre 46, an die Erdbeben zur Zeit Neros in Kampanien und Kleinasien, wobei ganze Städte untergingen, namentlich Laodizea und Hierapolis.

Im Jahre 63 wurde Pompeji durch ein Erdbeben zerstört. Im Jahre 64 brannte die Hälfte der Millionenstadt Rom nieder. Für jene Zeit ist charakteristisch der Satz des Tacitus: „Ich mache mich an ein Werk, über eine Zeit zu schreiben, die reich ist an Unglücksfällen, blutig durch Schlachten, zerrissen durch Aufstände.“

Diese Aussprüche Jesu haben sich also erfüllt. — Und immer wieder werden sie sich erfüllen, wenn neue Gerichte über die Erde dahinbrausen werden. — Und stets werden falsche Propheten und falsche Messiasse auftreten, um den Menschen durch allerlei große Worte und Versprechungen, durch Programme und glänzende Machttaten „Paradiese" vorzugaukeln. Von einem Erfolg zum andern Erfolg wird man die Massen führen. Der Haß gegen die Gemeinde Jesu wird neu aufflackern, die Gottlosigkeit wird weiter ansteigen und die Liebe wird in vielen erkalten. Der Egoismus wird Triumphe feiern, einen nach dem andern! Da gilt dann der Gemeinde das Wort vom „Harren und Warten". Harrender Glaube ist größter Glaube. Und Offb 13, 10 lesen wir: *„Hier ist Geduld (Darunterbleiben, Harren) und Glaube der Heiligen. Wer aber bis ans Ende beharrt, der wird errettet werden."* Nicht der Anfang krönt des Christen Lauf, sondern das Ende. Bis ans Ende gilt es zu harren, standzuhalten, nicht bis an das Ende der Welt, sondern bis zum Ende, wo der Herr die Seinen heimholt, vielleicht heimruft im Märtyrertum, im Opfer des Lebens oder heimholt bei seiner Wiederkunft.

Diese Vorgänge, die sich zum ersten Mal abgespielt haben vor dem Untergang Jerusalems, werden sich stets in der Geschichte wiederholen. — Die damalige Geschichte erwähnt zwar in den Zeiten unmittelbar nach Jesu Tod nicht ausdrücklich das Auftreten falscher Messiasse, welche sich im eigenen Namen für den Messias oder für den vom Himmel wiedergekommenen Jesus ausgegeben hätten. Aber in den Verführungsversuchen eines Jonathan, Theudas, Dositheus, Simon, Menander und anderer lagen schon die Keime desselben Betruges, der später entschiedener in der Form einer falschen Messiasschaft auftrat.

Gegen das Ende der Geschichte jedoch wird die Verführung und Verwirrungskunst seitens der falschen Propheten erschreckend zunehmen. Die Macht der Lüge, die Grausamkeit, der Unglaube, das alles wird in seiner ganzen teuflischen Furchtbarkeit mehr und mehr ausbrechen und überhandnehmen bis zur höchsten Steigerung kurz vor dem letzten Weltgericht. Allerdings wird „zuerst", wie Mk 13, 10 besonders betont, das *„Evangelium von dem Königreich"* in der ganzen Welt verkündigt werden, zum Zeugnis für alle Völker, und zwar einem Zeugnis, das geglaubt oder dem widersprochen wird. — **„Und dann erst wird das Ende kommen."**

Gericht über Jerusalem.

V. 15—22

Zu Vers 15: Da 9, 26. 27; 11, 31; 12, 11
Zu Vers 16: Hes 7, 16
Zu Vers 17: Lk 17, 31
Zu Vers 19: Lk 23, 29
Zu Vers 21: Da 12, 1 Offb 7, 14
Zu Vers 22: 2 Tim 2, 10

15 **Wenn ihr nun den Greuel der Verwüstung** (= Entweihung), **der vom**
Propheten Daniel angesagt worden ist, an heiliger Stätte stehen seht — der
16 **Leser merke auf —, *dann sollen die, die in Judäa sind, ins Gebirge fliehen!**
17 ***Wer sich alsdann auf dem Dache befindet, steige nicht erst noch hinab**
18 (ins Haus), **um seine Habseligkeiten aus dem Hause zu holen, *und wer auf**
dem Felde weilt, kehre nicht zurück, um sich noch seinen Mantel zu holen.
19 ***Wehe aber den Frauen, die guter Hoffnung sind, und denen, die ein Kind**
20 **in jenen Tagen zu nähren haben! *Betet nur, daß eure Flucht nicht in den**
21 **Winter oder auf den Sabbat falle! *Denn es wird alsdann eine schlimme Drang-**
salszeit eintreten, wie noch keine seit Anfang der Welt bis jetzt dagewesen
22 **ist und wie auch keine wieder kommen wird; *und wenn jene Tage nicht**
verkürzt würden, so würde kein Fleisch gerettet werden; aber um der Aus-
erwählten willen werden jene Tage verkürzt werden.

Hat Jesus bis jetzt allgemein prophetisch gesprochen über die nahe und ferne Zukunft, so spricht er nunmehr im besonderen über Jerusalem. Das Geschick Jerusalems beschreibt der Herr mit den Worten Daniels, der vom Greuel der Verwüstung spricht. Es ist nichts Neues, was der Herr prophezeit, sondern es ist das, was Daniel schon in 9, 26. 27 und in 12, 11 gesagt hat.

„Das, was die Verwüstung bringt, ist ein Greuel, weil sich darin die Entweihung des Tempels, die Verunglimpfung des Gesetzes offenbart! Was Jesus hier meint, kann wohl nicht die Aufstellung des „Augustusbildes“ im Tempel durch Pilatus sein, sondern das, was Jesus meint, muß ein Greuel sein, der den Christen zu Jerusalem und in Judäa ein deutliches Zeichen der unmittelbar bevorstehenden Katastrophe ist. Daher auch die Mahnung zum Überlegen an den Leser des Propheten Daniel. Es kann also nur die Rede sein von den allerletzten Ereignissen, die sich im Tempel unmittelbar vor der Belagerung Jerusalems abspielten. Damals hatte sich nämlich der Zelotenführer Joh. von Gischala mit seinen Parteianhängern und allerhand zu ihm gestoßenen Banditen des Tempelberges bemächtigt und kämpfte von dort aus gegen den im inneren Tempelraum verschanzten Priester Eleazar und dessen Scharen. Die von den Banditen geschleuderten Wurfgeschosse flogen oft bis zum Altar und trafen Opfernde und Priester. Man mußte im Heiligtum förmlich im Blut der Erschlagenen waten. Die Christen hatten sich den Rat des Heilandes gemerkt und flüchteten auf dieses Zeichen hin rechtzeitig unter der Führung ihres Bischofs Simeon nach der griechischen Stadt Pella im Süden des Sees Genezareth.“ (Vgl. Lauck S. 70).

Die Entsetzlichkeit der Not wird dann vom Herrn schaurig beleuchtet durch die Mahnung zu schleunigster Flucht. Während sonst bei Kriegsgefahr die Landbewohner in die festen Städte fliehen, sollen die Bewohner des Landes Judäa nicht in der starken Festung Jerusalem Schutz suchen, sondern ins Gebirge eilen, wo man sich verstecken kann. Wer auf dem Dache ist, soll nicht mehr ins Haus hinabsteigen, um das Notwendigste seines Hausrates noch schnell zusammenzusuchen. Die Dächer der Häuser waren flach und wurden gern als Aufenthalt benutzt, wenn man z. B. die kühle Morgen- und Abendluft genießen wollte. Das Dach des Hauses war durch eine Treppe von außen zu erreichen. Die Gefahr der hereinbrechenden Katastrophe ist so plötzlich da, daß es gilt, vom Dache sofort auf die Straße zu eilen, um sein Leben zu retten! — Wer auf dem Felde ist und dort, um bei der Arbeit unbehindert zu sein, nur mit dem Chiton, dem hemdartigen Untergewand, bekleidet ist, der soll nicht nach Hause eilen, um sich den Mantel zu holen, der doch so notwendig ist, um bei Nacht gegen Kälte geschützt zu sein, weil der Mantel als Decke diente. Am Tage diente der Mantel zur Vervollständigung der Kleidung.

Ganz besonders schwer sind die Mütter betroffen, die ein Kind im Schoße oder an der Brust tragen und deshalb bei der schnellen Flucht nicht Schritt halten können. — Für alle Nachfolger des Herrn aber gilt, daß sie darum beten sollen, daß ihre Flucht nicht im „Winter“, wo Stürme ihre Flucht hemmen würden, geschähe. Auch darum soll gebetet werden, daß die Flucht nicht an einem Sabbat geschähe, denn das Sabbatgebot verlangte, daß man nicht mehr als einen Kilometer außerhalb des Stadtbezirks gehen dürfe. (Die frommen Juden ließen sich lieber niedermetzeln, als daß sie am Sabbat kämpften. [Vgl. 1 Makk 2, 32 ff.])

Die Not, die mit der Entweihung des Tempels beginnt, wird sich über eine lange Zeit ausdehnen. Es wird eine „große Drangsalszeit“ sein, wie sie von Anfang der Welt bis heute nicht war, noch fernerhin sein wird. Daniels Prophezeiung wird in Erfüllung gehen (Dan 12, 1 ff.). Die Dauer macht diese Trübsalszeit fast unerträglich. Jesus verspricht, daß sie um der Auserwählten willen verkürzt werden soll. Denn sonst würde niemand errettet. Jesus denkt an die inneren Gefahren, die mit solch einer grausigen Gerichtszeit verbunden sein werden, so daß Gefahr besteht, daß der Glaube unter der Last der Gerichte zusammenbrechen wird. Verzagtheit, die zur Verzweiflung sich steigern würde, oder Verbitterung, die zum Trotz sich aufbäumen würde, könnten an die Stelle des Glaubens treten. Aber Gott denkt nicht nur an seinen Zorn, sondern an sein Erbarmen gegenüber seinen Auserwählten. Das Maß der Versuchung wird die Tragkraft derer, die dem Herrn angehören, nicht übersteigen.

Jesus nennt diese Trübsalszeit, die über Jerusalem kommen wird, die größte der Weltgeschichte, der keine andere Drangsalszeit auf Erden gleichen wird. Wohl sind andere und größere Katastrophen über die Erde gegangen, wo zahlenmäßig sehr viel mehr Menschen umgekommen sind als damals in Jerusalem. Man denke nur an die letzten Weltkriege mit all den Folgeerscheinungen, wie Bombenangriffen und Fluchtereignissen. Aber man sagt, daß der Fall der Stadt Jerusalem für Israel ein solch furchtbares Grauen des Entsetzens und der Verzweiflung, eine solch schreckliche Qual hervorgerufen hat wie sonst nirgendwo in der Weltgeschichte. Denn die Worte Jesu haben sich buchstäblich und furchtbar erfüllt.[2])

[2]) Genau vierzig Jahre später, als Jesus diese Worte gesprochen hatte, an einem Passahfest, zog Titus mit seinen Scharen vor Jerusalem und begann die Belagerung, die fünf Monate dauerte. Es war eine entsetzliche Zeit für die Stadt. Sie war wegen des Passahfestes mit Menschen gefüllt. Die beiden führenden Parteien, die Jerusalem verteidigen sollten gegen Rom, waren sich zunächst selbst nicht einig. Sie lagen unablässig in einem Kampf miteinander und machten die Stadt selbst zu einem fortwährenden Kriegsschauplatz, bis kurz vor dem Beginn der Belagerung. Dabei waren sie so töricht, die ungeheuren Getreidevorräte, die in der Stadt angehäuft waren, in Brand zu stecken, um sie sich gegenseitig zu entziehen, nicht bedenkend, daß sie sich selbst damit die Mittel für die Verteidigung raubten. Die Parteikämpfe dauerten fort, während die Römer schon vor den Toren der Stadt lagen. Es kam beim Passahfeste abermals zu einem Gemetzel im Inneren der Stadt. Die Partei Eleasers hatte für die Festbesucher die Tore des Tempelvorhofes geöffnet. Der Führer der andern Partei benutzte dies, um seine Leute mit versteckten Waffen sich einschleichen und Eleaser und die Seinen unversehens überfallen und morden zu lassen.

Erst als die Sturmböcke der Römer ihre Stoßarbeit gegen die Mauern begannen, verstummte der innere Krieg. Nach 14tägiger Arbeit hatte einer der gewaltigen Sturmböcke eine Lücke in die Mauer gestoßen; die Römer drangen ein und wurden Herren der ersten Mauer.

Nun begann der noch schwerere Kampf auf die zweite Mauer. In der Stadt brach die Hungersnot aus in entsetzlichster Weise. Wer aus der Stadt deshalb flüchten wollte, wurde von Römern ergriffen und vor der Stadt, weithin sichtbar, gekreuzigt. Mehrere hundert Kreuze standen so vor der Stadt.

Die Hungersnot wurde größer und größer, die Kämpfe immer schrecklicher und furchtbarer. Die Wut der Römer über die Halsstarrigkeit der Juden kannte keine Grenzen. Immer noch wollten dieselben von einer Übergabe nichts wissen. Endlich wurden die Mauern und der Tempelberg erstürmt. Als die Tore vollends niedergebrannt waren, hielt Titus Kriegsrat, in dem beschlossen wurde, den Tempel zu schonen. Als aber tags darauf die Juden rasch hintereinander zwei Ausfälle vom inneren Vorhof des Tempels aus machten und bei dem zweiten Ausfall von den Soldaten, welche mit dem Löschen des Brandes der Säulenhalle beschäftigt waren, bis in den inneren Vorhof zurückgetrieben wurden, warf ein Soldat eine Brandfackel durch das Dach in den Kleiderraum der Priester. Als dies dem Titus gemeldet wurde, eilte er herzu, die Feldherren und Legionen ihm nach.

Titus befiehlt zu löschen. Aber in dem wilden Kampfe, der sich nun entspinnt, werden seine Befehle überhört, und das Feuer greift immer mehr um sich. Noch hofft Titus, wenigstens das Innere des Tempelhauses zu retten, und erneuert seine Befehle zum Löschen. Aber die Wut der Soldaten hört nicht mehr auf seine Befehle. Statt zu löschen, legen sie neue Feuerbrände an, und das ganze herrliche Tempelgebäude wird rettungslos ein Raub der Flammen.

Jesu Weissagung Lk 21, 6: „Es wird die Zeit kommen, in welcher von dem allen, was ihr sehet, nicht ein Stein auf dem andern gelassen wird" — ist somit buchstäblich erfüllt worden.

Es muß furchtbar gewesen sein; das Wehklagen der Juden, das Triumphgeschrei der Sieger, die prasselnden Flammen, denen bald die ganze Stadt überlassen wurde, und das von den Tempelstufen strömende Menschenblut. Den Juden, die bis zuletzt auf die Hilfe von oben, auf das Kommen des Messias gehofft hatten, war nun aller Mut entsunken. Das Entsetzlichste für die Juden war aber dies, daß mit Jerusalem und dem Tempel der Grund ihres irregeleiteten Glaubens und Hoffens voll und ganz zusammengestürzt war.

Es war kein Stein auf dem andern geblieben — Tempel und Stadt lagen in rauchenden Trümmern, nur die starke Grundmauer der Tempelterrasse mit ihren gewaltigen Quadern widerstand der Zerstörung, und von der großen, prächtigen Stadt ließ Titus nur die drei mächtigen Türme, welche die Namen Hippicus, Mariamoe und Phasael trugen, unversehrt; ringsum war alles Asche, nur Asche und Schutthaufen. Die drei Türme ließ man stehen zum Schutz für die zurückbleibende Besatzung. Einen Teil der Mauer ließ Titus ebenfalls stehen als ein Denkmal der einstigen Festigkeit der Stadt. (Die heutige sogenannte „Klagemauer" wird wohl dieser Mauerteil sein.) Von den drei stehengelassenen Türmen des Herodespalastes ist bis heute noch ein Turm, der sogenannte „Davidsturm", erhalten geblieben.

In der Stadt hatten während der langen Belagerung mehr als eine Million Menschen das Leben eingebüßt. Was in die Hände der Römer kam und nicht niedergestoßen worden war, wurde in die Sklaverei verkauft, das Schicksal aller Gefangenen im Altertum. So wanderten viele Tausende in Ägyptens Bergwerke und Steinbrüche, andere Tausende kauften die Sklavenhändler um Spottpreise und erfüllten alle Sklavenmärkte mit jüdischen Sklaven. Tausende hatten die Sieger unter sich verteilt und ihren Freunden geschenkt; die schönsten und kräftigsten Jünglinge und Männer waren zuvor schon für die Tierkämpfe, Gladiatorenspiele und für des Imperators und Cäsars Triumphzug ausgelesen worden. 900 000 der Söhne und Töchter Zions wurden so in aller Welt die Zeugen der Vernichtung des jüdischen Reiches und der jüdischen Nation. In allen Städten, die Titus durchzog bei seiner Rückkehr nach Rom, wurden großartige Siegesfeste gefeiert, wobei jüdische Jünglinge zu Hunderten gegeneinander und gegen wilde Tiere bis zum Tode kämpfen

Zu Vers 23:
Lk 17, 21. 23
Zu Vers 24:
2 Th 2, 8. 9
2 Pt 2, 1
1 Jo 2, 18; 4, 1
5 Mo 13, 2—4
Offb 2, 2
Zu Vers 25—26:
Jo 13, 19
Jo 16, 1—4
Zu Vers 27:
Lk 17, 23. 24
Zu Vers 28:
Hio 39, 30
Hab 1, 8
Lk 17, 37
Offb 19, 17
Zu Vers 29:
Hbr 12, 26
Offb 6, 12
Jes 13, 10
Jes 34, 4
2 Pt 3, 10
Zu Vers 30:
Mt 26, 64
Offb 1, 7
Offb 19, 11
Da 7, 13. 14
Zu Vers 31:
1 Ko 15, 52
1 Th 4, 16
Offb 8, 1. 2;
Jes 27, 13
5 Mo 30, 4

Die fernere Zukunft bis zum Endgericht der Welt.

Vers 23—31

23 Wenn dann jemand zu euch sagt: Seht, hier ist Christus, oder: Dort!
24 so glaubt es nicht! *Denn es werden falsche Christusse und falsche Propheten
aufstehen und werden große Zeichen und Wunder verrichten, um womöglich
25 auch die Auserwählten irrezuführen. *Seht, ich habe es euch vorhergesagt.
26 Wenn man also zu euch sagt: *Seht, er ist in der Wüste! so geht nicht hinaus;
27 und: Seht, er ist in den Gemächern! so glaubt es nicht! *Denn wie der Blitz
vom Osten ausgeht und bis zum Westen leuchtet, so wird es auch mit der
28 Ankunft des Menschensohnes sein; *denn wo das Aas liegt, da sammeln sich
29 die Geier. *Sogleich aber nach jener Drangsalszeit wird die Sonne sich ver-
finstern und der Mond seinen Schein verlieren; die Sterne werden vom
30 Himmel fallen und die Kräfte des Himmels in Erschütterung geraten.* Und
dann wird das Zeichen des Menschensohnes am Himmel erscheinen, und dann
werden alle Geschlechter der Erde wehklagen und werden den Menschensohn
auf den Wolken des Himmels mit großer Macht und Herrlichkeit kommen
31 sehen. *Und er wird seine Engel unter lautem Posaunenschall aussenden,
und sie werden seine Auserwählten von den vier Windrichtungen her ver-
sammeln, von dem einen Himmelsende bis zum andern.

Das Ende Jerusalems bildet den Vordergrund, die Wiederkunft Jesu am Ende der Tage bildet den Hintergrund. Auf die Wiederkunft Christi am Ende der Tage zielt eigentlich die ganze Weissagung.

Die Worte Jesu haben in echt apokalyptischer Weise einen doppelten Sinn, nämlich e r s t e n s unmittelbar und in wörtlicher Bedeutung gehen sie auf den Fall Jerusalems. Typisch und veranschaulichend beziehen sich die Worte Jesu in z w e i t e r Beziehung auf die dem Ende der Zeit unmittelbar vorhergehenden Ereignisse in der Gemeinde Jesu. Es werden auch in diesen Zeiten, die der Wiederkunft des Herrn vorangehen, falsche Messiasse und falsche Propheten auftreten und im Bunde mit den Mächten des Satans alles aufbieten, die Ge-

mußten. Seinem Triumphwagen zu Rom aber zogen 700 schöne, gefesselte Jünglinge voraus, mit ihnen die beiden letzten, tapfersten Parteiführer, J o h a n n e s v o n G i s k a l a und S i m o n b a r G i o r a, die lebend den Römern in die Hände gefallen waren; dann folgten die kostbarsten der vielen erbeuteten Tempelgefäße und Schätze, „d e r g r o ß e, g o l d e n e, s i e b e n a r m i g e L e u c h t e r, d e r g o l d e n e T i s c h und d i e k o s t b a r e n, h e i l i g e n G e s e t z e s r o l l e n". Denkmünzen verewigten den Fall Jerusalems und Judäas. Zu Ehren des Einzuges des Titus wurde der Triumphbogen, „d e r T i t u s b o g e n", erbaut. Noch heute steht dieser Bogen in Rom, und seine Bildhauerarbeiten stellen die Legionen dar, wie sie den Schaubrottisch tragen und den siebenarmigen goldenen Leuchter. Auch zeigt er gefesselte jüdische Männer.

Während fast alle anderen Denkmäler römischer Siege schon längst in Trümmer gefallen sind, ist das Malzeichen des jüdischen Elends, dieser „T i t u s b o g e n", wie das jüdische Volk s e l b e r, bis heute s t e h e n g e b l i e b e n, ein wundersames Zeichen der Weltgeschichte! Und welches von beiden wird länger bestehen, das Elend der jüdischen Gefangenschaft oder das Denkmal derselben, der Titusbogen in Rom?

Durch den Krieg war das ganze Land in eine Wüste verwandelt und seiner jüdischen Einwohner fast ganz und gar beraubt worden. Das ganze Land erklärte K a i s e r V e s p a s i a n a l s s e i n e n P r i v a t b e s i t z. 800 römische Veteranen wurden ganz nahe bei der zerstörten Stadt Emmaus angesiedelt. Große Güter verschenkte er an seine Günstlinge und Freunde, z. B. an J o s e p h u s. Juden, wenn sie sich etwa wieder in Judäa niederlassen wollten, mußten den Siegern das Land abkaufen. Das jüdische Volk, vernichtet in seinem Heimatland, bestand nur noch in der Fremde. Es war ein großes Glück, daß schon lange Zeit vor der Zerstörung Jerusalems viele Tausende von Juden außer Landes angesiedelt waren. Diese bildeten nun den eigentlichen Bestand der Nation und werden ihn bilden, bis „d a ß d e r H e i d e n Z e i t e r f ü l l e t w e r d e".

Die Geschichte der Juden ist eine unter der Sonne zweier Jahrtausende sich abspielende Tragödie, wie die Geschichte der Völker sonst keine einzige mehr aufzuweisen hat. Keine k ü n s t l i c h e Tragödie ist es, sondern eine n a t ü r l i c h e, w i r k l i c h e, deren Held an seiner Schuld nicht stirbt, sondern immer wieder zu neuen Leiden aufersteht, denn seine Leiden sollen ihm und den andern zugute kommen, bis „d a ß d i e Z e i t d e r H e i d e n e r f ü l l e t w e r d e". (Vgl. Heman-Harling, „Die Geschichte des jüdischen Volkes", und das Literaturverzeichnis am Schluß des Buches!)

meinde Jesu zu verwirren, zu beunruhigen, zu töten und zu schlagen oder zum Abfall zu verlocken. In dieser Notzeit wird die Meinung auftreten, der Christus wird sich in der Verborgenheit in der Wüste irgendwo aufhalten! Man müsse in die Wüste ziehen. Dort wird er dann irgendwo auftreten.

Der Herr sagt aber seiner Gemeinde, daß er kommen wird mit der Plötzlichkeit und Helligkeit des Blitzes, in großer Macht und Herrlichkeit von einem Ende des Himmels bis zum andern Ende des Himmels sichtbar.

Durch das Wort Vers 28 von den Geiern (**„Wo das Aas ist, da sammeln sich die Geier“**) garantiert Jesus noch einmal seine Wiederkunft. Obwohl die Geier zuerst noch nicht bei einem gefallenen Tier zu sehen sind, weiß man doch genau, es entgeht ihnen nicht, sie finden es. „Ebenso sicher bringt die Sünde und das Elend auf Erden, wenn das Maß voll ist, die richtende und erlösende Tat des Christus herbei. Daß lange nichts von dem Herrn sichtbar ist, auch nichts auf seine nahende Ankunft deutet, das soll die Jünger nicht erschrecken. Man sieht den Blitz nicht, bis er kommt, und der Geier ist auch ungerufen plötzlich da.“ (Vgl. Schlatter S. 358.)

Die in Vers 29 geschilderten Naturerscheinungen unterscheiden sich von den in Vers 7 erwähnten erstens durch ihren weltumfassenden Charakter; Völker und Menschen ohne Unterschied werden durch sie in Angst versetzt und mit banger Erwartung dessen, was weiter kommen wird, erfüllt werden, und im Gegensatz zu dem **„hin und wieder“** in Vers 7 heißt es diesmal, daß diese Ereignisse über die ganze Erde hereinbrechen werden.

Zweitens handelt es sich nicht wie dort in Vers 7 um Naturereignisse, wie sie während des ganzen Weltlaufes je und dann vorkommen, sondern um eine Umwälzung des ganzen Weltbestandes.

Es werden Wunderzeichen geschehen an Sonne, Mond und Sternen, und auf Erden entsteht ein Heulen der Völker in ihrer Ratlosigkeit; denn die Himmelsheere werden erschüttert werden; und dann werden sie **„den Menschensohn in einer Wolke kommen sehen mit großer Kraft und Herrlichkeit.“**

Nicht nur außerordentliche, während des Weltlaufs schon dagewesene und beobachtete, jetzt aber diese weit übertreffende Naturereignisse am Himmel und auf Erden sind damit geschildert, sondern ein Aufruhr der Elemente, durch welchen die wichtigsten Teile des Weltganzen das Gleichgewicht verlieren und ihr Mechanismus aus den Fugen zu gehen scheint. Das ist die unmittelbare Einleitung der Wiedererscheinung des Menschensohnes, die als ein Herabfahren aus der Höhe des Himmels auf einer Wolke dargestellt wird. (Vgl. Apg 1, 9. 11 Zahn.)

Wie herrlich der kostbare Trost für die Gemeinde: „Jesus kommt wieder!“ Seine Gemeinde sammelt er auf der ganzen Erde. Nicht nur aus einem Volk und Ort, sondern von der ganzen Erde holt er sie zusammen, aus der gesamten Menschheit (Vers 31). Dieses Sammeln **„von einem Ende des Himmels bis zu dem andern Ende des Himmels“** werden die großen Boten Gottes, seine Engel, mit lautem Posaunenschall ausführen.

Zu Vers 32:
Jer 1, 11
Zu Vers 35:
Mt 5, 18
2 Pt 3, 7
Jes 40, 8
Jo 12, 50
Zu Vers 36:
Mk 13, 32
Apg 1, 7
1 Th 5, 1. 2
ZuVers 37—39:
Lk 17, 26. 27
1 Mo 6, 11—13

Seid immer bereit!

Vers 32—44

32 Vom Feigenbaum aber mögt ihr das Gleichnis lernen. Sobald seine Zweige
saftig werden und Blätter hervorwachsen, so erkennt ihr daran, daß der
33 Sommer nahe ist. *So auch ihr: Wenn ihr dies alles sehet, so erkennt daran,
34 daß es nahe vor der Tür steht. *Wahrlich ich sage euch: Dieses Geschlecht
35 wird nicht vergehen, bis dies alles geschieht. *Himmel und Erde werden ver-

Zu Vers 38:
2 Pt 2, 5; 3, 5. 6
1 Mo 7, 7
Jes 54, 9
Zu Vers 40 u 41:
Lk 17, 35. 36
Zu Vers 42:
Mt 25, 13
Lk 21, 36
Mk 13, 33—35
Zu Vers 43—51:
Lk 12, 39—46
Zu Vers 43:
1 Th 5, 2
Zu Vers 44:
Offb 16, 15
Offb 3, 3

36 gehen, meine Worte aber werden nimmermehr vergehen. *Von jenem Tage
aber und von jener Stunde hat niemand Kenntnis, auch die Engel im Himmel
37 nicht, auch der Sohn nicht, sondern ganz allein der Vater. *Denn wie es
einst mit den Tagen Noahs gewesen ist, so wird es auch mit der Wieder-
38 kunft des Menschensohnes sein. *Denn wie sie es in den Tagen vor der Sint-
flut gehalten haben: sie aßen und tranken, sie heirateten und verhei-
39 rateten bis zu dem Tage, als Noah in die Arche ging, *und wie sie nichts
merkten, bis die Sintflut kam und alle hinwegraffte, ebenso wird es auch
40 mit der Zeit der Ankunft des Menschensohnes der Fall sein. *Da werden zwei
(Männer zusammen) **auf dem Felde sein: der eine wird angenommen, der**
41 andere zurückgelassen; * zwei (Frauen) **werden** (zusammen) **an der Hand-**
mühle mahlen; die eine wird angenommen, die andere wird zurückgelassen.
42 *Seid also wachsam, denn ihr wißt nicht, an welchem Tage euer Herr kommt.
43 *Das aber seht ihr ein: Wenn der Hausherr wüßte, in welcher Stunde der
Nacht der Dieb kommt, so würde er wach bleiben und keinen Einbruch in
44 sein Haus zulassen. *Deshalb haltet auch ihr euch bereit; denn der Men-
schensohn kommt zu einer Stunde, wo ihr es nicht vermutet.

Es braucht niemand zu sagen, daß der Sommer nahe ist, es braucht keine öffentliche Ankündigung zu erfolgen, man braucht auch nicht erst die Blüten abzuwarten. Solange die Bäume noch nicht treiben, weiß man nicht, wie lange der Winter sich noch hinziehen wird. Nun aber die Knospen schwellen, ja am Aufbrechen sind, weiß man, daß unaufhaltsam der Sommer herannaht und mit jedem Wachstumsfortschritt der Knospen täglich näher kommt. Ein linder Regen und warme Luft können es über Erwarten beschleunigen.

„Also auch ihr, wenn ihr dies alles sehet angehen, so wisset, daß die Wiederkunft Jesu nahe vor der Tür ist."

Gewinnen nicht alle Symptome unserer Zeit, die mit den von Jesus gegebenen Merkmalen übereinstimmen, große Bedeutung, auch wenn sie uns noch nicht so wichtig erscheinen wollen? Ja, es gilt anzuschauen, aufzuhorchen, den tieferen Sinn der Ereignisse zu erfassen, den Scheinwerfer der biblischen Weissagungen darauf zu richten, die großen Linien der Entwicklung der Völkerwelt richtig zu deuten. — Damit aber muß stets ein anderes Hand in Hand gehen. Glauben wir, daß unsere „Erlösung" naht und all das über unser Begreifen hinausgehende Herrliche bald Wirklichkeit wird, dann ist die große Frage die, ob unser Glaubensleben im Lichte der Wiederkunft Jesu das rechte ist. Wieviel L i c h t fällt von ihr auf unser gegenwärtiges inneres Leben und prüft es bis auf den Grund! Wieviel Mahnungen und Warnungen verknüpfen Jesus und die Apostel gerade mit dieser Hoffnung!

In unserem Glaubensleben beruht alles auf unserem persönlichen Verhältnis zu unserem Herrn. Das wird bei seiner Wiederkunft das Entscheidende sein für unsere Annahme. Wie er uns liebt, jeden einzelnen Menschen persönlich, und sich hingegeben hat für uns am Kreuz, so will er auch von uns geliebt sein.

„Wahrlich, ich sage euch: Dies Geschlecht wird nicht vergehen, bis daß es alles geschehe."

Der Sinn dieses 34. Verses ist: Dies Geschlecht der Juden wird nicht vergehen bis zur Wiederkunft Jesu. — Dieses Geschlecht der Juden wird als Bürge der Wahrheit dieser Jesusworte bleiben bis an das Ende der Tage. Jeder Jude ruft uns zu: Jesu Worte haben sich erfüllt und werden sich weiter erfüllen **„bis daß es alles geschehe."**

Vers 35: **„Himmel und Erde werden vergehen, aber meine Worte werden nimmermehr vergehen."** Nachdem der Herr Jesus noch einmal deutlich auf den

Untergang dieser irdischen Haushaltung hingewiesen hat, der die Erscheinung eines neuen Himmels und einer neuen Erde folgt (2 Pt 3, 8—14), versichert er, daß auch dann, wenn einmal eine ganz neue Ordnung der Dinge eingetreten sein wird, seine Worte nicht aufhören werden, Lebensworte für all die Seinigen zu bleiben. „Sie werden sich als Ewige in einer ewigen Gemeinde bewähren."

Jesus fährt fort: **„Von jenem Tage aber und von jener Stunde hat niemand Kenntnis, auch die Engel im Himmel nicht, auch der Sohn nicht, sondern ganz allein der Vater."** Mit diesen Worten wird zum Ausdruck gebracht, daß Jesus auch in seiner eschatologischen (Wiederkunfts-) Rede die freiwillige Unterordnung unter die Entscheidung des Vaters behält. Es zeigt sich auch darin die wahre Menschheit Jesu.

Der Herr möchte, daß die ganze Wiederkunfts-Tatsache zum Mittelpunkt der Heiligung der Jünger und damit der Gemeinde werde. Darum weist er hin auf die Noah-Geschichte. Am Ende der Tage wird es so zugehen wie zur Zeit der Sintflut. Die nach dem Herrn Ausschauenden und entsprechend der hohen Berufung Wandelnden werden ähnlich wie die Gerechten zur Zeit Noahs in der Arche Zuflucht finden — geborgen sein in ihrem Herrn. Während die wahrhaft Gläubigen immer heißer sich nach dem Wiederkommen ihres Herrn sehnen, bemächtigt sich der Menschheit eine immer vollständigere fleischliche Sicherheit. Es ist eine ähnliche Zeit, wie sie allen großen geschichtlichen Entscheidungszeiten vorangegangen ist. Alle Geschäfte des irdischen Lebens haben ihren regelmäßigen Verlauf. Es geht immer so weiter, so denken sie. — Jesus sagt nichts davon, daß das Essen und Trinken an sich Sünde gewesen wäre, vielmehr ist der Gedanke der, daß zu Noahs Zeiten mitten hinein in ihr tägliches Treiben, aber alles ohne Gott getan, ahnungslos, unangekündigt, urplötzlich und unentrinnbar das Zorngericht Gottes trat. Das wird sich wiederholen bei der Wiederkunft Jesu. So wird es auch geschehen in den Tagen des Menschensohnes. Die Menschen werden ihre Tagesarbeit führen ohne Gott: Feldarbeit tun, mahlen — und bei ihrem Tun wird Jesus sie überraschen. Er wird weder bei der Welt, noch bei den Gläubigen sich besonders anmelden. Er will sie in ihrem alltäglichen Leben treffen, nicht in Sonntagsstimmung, nicht zu feierlichem Empfang eingerichtet. Die Gläubigen brauchen es nicht zu wissen, daß ihr Herr gerade diesen Tag kommt. Sie brauchen nicht von der Arbeit zurückzubleiben. Im Schlaf, bei der Arbeit wird er sie finden, weil ihr Herz bei ihm war und ist. Die Scheidung, die in jenen Augenblicken sich vollziehen wird, wird plötzlich alle, auch die innigsten irdischen Verbindungen lösen.

„Der eine wird angenommen, der andere zurückgelassen werden." Das Wort „zurückgelassen" bedeutet hier an dieser Stelle nicht etwa so viel wie „umkommen", sondern „dahintengelassen". Das erste Wort „angenommen" hat die Bedeutung von „an sich nehmen" oder *„zu mir nehmen"*, wie in Jo 14, 3.

Paulus hat dieses Wort auch wirklich so gefaßt; denn wahrscheinlich nicht ohne Beziehung auf unsere Stelle spricht er 1 Th 4, 17 „von dem lebendig Hingerücktwerden der Gläubigen in der Luft bei der Wiederkunft Christi"; es ist hier die Himmelfahrt der Jünger als Ergänzung der Himmelfahrt des Meisters gemeint.

Das Bild Vers 43 vom Dieb setzt voraus, daß die Ankunft bei Nacht geschieht, das Bild in Vers 40 und 41 setzt ihr Eintreten bei Tag voraus. „Der Mensch mag schlafen oder tätig sein, er wird dahintengelassen, wenn er sich nicht zuvor hinlänglich von allem losgemacht hat, um sich unverweilt dem vorüberziehenden Herrn hinzugeben — wie ein Magnet blitzschnell Eisenteile an sich zieht und Holzteile liegen läßt."

Die Scheidung bei der Wiederkunft Jesu geschieht nach dem einzigen Gesichtspunkt, wie jeder einzelne Gläubige zu Jesus persönlich steht. Keine Rücksichten, weder auf Familienbeziehungen, noch auf Freundschaften, noch auf eine Gemeinschaft, die sich auf Stand, Beruf, Bildung oder sonstwas im Leben gründet, reden da mit. Wer innerlich ganz zu ihm gehört, seinen Geist, sein Leben, ihn selber hat, der wird angenommen. Jeder andere wird gelassen, da wo er ist. Er kann weiter schlafen oder seine Mühle mahlen, seine Feldarbeit tun. Um ihn kümmert sich Jesus in dieser Stunde nicht, ihn geht die Wiederkunft Jesu zunächst nichts an. Die Scheidung geschieht plötzlich, haarscharf, rücksichtslos, untrüglich, endgültig. Sie ist das Werk eines Augenblicks, keine Verhandlungen werden dabei geführt, kein Menschenurteil spricht dabei mit, kein Bitten und Flehen richten dabei etwas aus. Es bleibt gar keine Zeit dafür. Jesus allein vollzieht sie, und sie ist für jeden einzelnen das natürliche Ergebnis seines Glaubenslebens, so wie der Herr Jesus es bei dem Betreffenden kennt.

Ach, daß wir doch diese gewaltige, einschneidendste Bedeutung der Wiederkunft Jesu erkennen möchten! Daß sie einmal eintreten wird und dann auch über unser Los entscheidet, wissen wir, aber nicht wissen wir, w a n n diese Nacht, w a n n dieser Tag kommt. Warten wir nicht auf ein besonderes Signal!

So nachdrücklich wie möglich weist Jesus darauf hin, daß keine Extrabotschaft, auch nicht den Gläubigen, geschickt werden wird. Vielmehr wird er kommen **„zu der Stunde, da ihr es nicht meinet."** Es heißt: **„wie ein Dieb in der Nacht."** —

Die Welt geht ihren Weg dann zunächst weiter, aber bald wird sie es inne werden, was diese Nacht und dieser Tag auch für sie zu bedeuten hatte. Ihr sind die weggenommen, die ihr „das Licht der Welt" und „das Salz der Erde" waren. *„Selig aber die Knechte, die der Herr, so er kommt, wachend findet."* (Lk 12, 37.)

Drei Gleichnisse verdeutlichen das „Immer bereit sein".

1. Gleichnis: Vom wachsamen Knecht und vom trägen Knecht.

Vers 45—51

Zu Vers 46: 2 Tim 4, 5
Zu Vers 47: Mt 25, 21. 23
Zu Vers 48: 2 Pt 3, 4
Zu Vers 49: Lk 21, 34
Zu Vers 50: Mt 25, 42
Zu Vers 51: Mt 8, 12; 13, 42; 22, 13; 25, 30 Ps 112, 10

45 Wer ist demnach der treue und kluge Knecht, den sein Herr über sein
46 Gesinde gesetzt hat, damit er ihnen ihre Kost zu rechter Zeit gebe? *Selig
ist ein solcher Knecht, den sein Herr bei seiner Rückkehr in solcher Tätig-
47 keit findet. *Wahrlich, ich sage euch: Er wird ihn über seine sämtlichen
48 Güter setzen. *Wenn aber ein solcher Knecht schlecht ist und in seinem
49 Herzen denkt: Mein Herr kommt noch lange nicht, *und seine Mitknechte
50 zu schlagen beginnt und mit den Trunkenen ißt und trinkt, *so wird der Herr
eines solchen Knechtes an einem Tage kommen, an dem er es nicht erwartet,
51 und zu einer Stunde, die er nicht kennt, *und wird ihn entzweihauen und
ihm sein gebührendes Teil bei den Heuchlern geben, da wird lautes Heulen
und Zähneknirschen sein.

Das Gleichnis beginnt mit der Frage: Wer ist der treue und kluge Knecht? Dies Wort vom treuen und klugen Sklaven bezieht sich in ganz besonderer Weise auf die Jünger und dann auf die Glieder der Gemeinde. Das griechische Wort für „klug" heißt „pistos" und bedeutet zuverlässig, treu. Das griechische Wort für „verständig" kommt von phronein. Dieses Verbum heißt zunächst „denken" und dann „auf etwas bedacht sein". Der Sklave, den der Herr als Vorbild hinstellt, ist also ein zuverlässiger Mensch, ein Mensch, auf den man sich unbedingt verlassen kann. Der Sklave ist aber auch ein Mensch, der immer „auf etwas bedacht ist". Er ist fort und fort bedacht auf das, was dem Herrn recht ist. — Für die Glieder der Gemeinde gilt es, zuverlässig und stets darauf bedacht sein, den Dienst, der einem jeden aufgetragen ist, in der unmittelbaren Verantwortung vor dem Herrn auszuführen. „Glückselig" der Knecht, den der Herr bei seinem Kommen in diesen Eigenschaften antrifft.

Der andere Knecht des Gleichnisses ist ein böser Knecht. Die Abwesenheit seines Herrn und dazu noch die Verzögerung seiner Rückkehr erfüllen das Herz dieses bösen Knechtes mit böser Lust. Diese böse Lust äußert sich einerseits im Schwelgen und Genießen, also in einem ganz bewußten „Ich-Leben", andererseits auch in einem Leben voller Lieblosigkeit und Rücksichtslosigkeit gegenüber den ihm unterstellten Mitknechten. Je weniger er selbst tut, desto größere Genauigkeit und härtere Arbeit verlangt er von den anderen und verfährt gegen sie grausam mit Schlägen und anderen Schikanen.

Der ganze Zorn des heimkehrenden Herrn ist mit dem einen Wort geschildert: **„Er wird ihn entzweihauen".** Der Herr zieht sein Schwert aus der Scheide und mit einem einzigen Schwerthieb haut er diesen seinen treulosen Knecht mitten entzwei. So handelt der irdische Herr in seinem gerechten Zorn.

Was der wiederkommende Herr und Heiland tun wird, das ist angegeben in jenem Wort: **„Er wird ihm seinen Anteil geben bei den Heuchlern. Dort wird das Heulen und Zähneknirschen sein."**

Der Sinn dieses Gleichnisses vom guten und vom bösen Knecht liegt darin, daß uns gezeigt werden soll, wohin ein Glaubensleben führen kann, wenn es nicht steht unter dem nach oben gerichteten Blick, der voll Erwarten schaut auf den, der da kommt!

Kapitel 25

2. Das Gleichnis von den zehn Jungfrauen.

Vers 1—13

Zu Vers 1:
Lk 12, 35
Offb 19, 7

1 **Alsdann wird das Himmelreich zehn Jungfrauen gleichen, die sich mit**
ihren Lampen in der Hand zur Einholung des Bräutigams aufmachten.
2 ***Fünf von ihnen waren töricht und fünf klug; *denn die törichten nah-**
3 **men wohl ihre Lampen, nahmen aber kein Öl mit; *die Klugen dagegen**
4 **nahmen außer ihren Lampen auch noch Öl in den Gefäßen mit sich.**

Zu Vers 5:
Mt 26, 40
Mk 13, 36

5 ***Als nun der Bräutigam auf sich warten ließ, wurden sie alle müde und**
6 **schliefen ein. *Um Mitternacht aber erscholl ein Geschrei: Der Bräutigam**
7 **ist da! Macht euch auf, ihn zu empfangen! *Da erhoben sich jene Jungfrauen**
8 **vom Schlaf und brachten ihre Lampen in Ordnung; * die törichten aber**
sagten zu den klugen: Gebt uns von eurem Öl, denn unsere Lampen
9 **wollen ausgehen! *Da antworteten die klugen: Nein, es würde für euch**
und uns nicht reichen; geht lieber zu den Krämern und kauft euch welches!

Zu Vers 10:
Offb 19, 7

10 ***Während sie nun hingingen, um Öl einzukaufen, kam der Bräutigam, und**
die Jungfrauen, welche in Bereitschaft waren, gingen mit ihm zum Hochzeits-

Zu Vers 11:
Lk 13, 25. 27

11 **mahl hinein, und die Tür wurde verschlossen. *Später kamen dann auch noch**

Zu Vers 12:
Mt 7, 23

12 **die übrigen Jungfrauen und riefen: Herr, öffne uns doch! * Er aber gab**
ihnen zur Antwort: Wahrlich, ich sage euch: Ich kenne euch nicht!

Zu Vers 13:
Mt 24, 42. 50
Mk 13, 35

13 ***Darum seid wachsam, denn Tag und Stunde sind euch unbekannt.**

Dies Gleichnis ist Sondergut des Matthäus. Wegen der Hitze wird die Hochzeit im Orient erst am Abend gefeiert. Die Braut erwartet in ihrem elterlichen Hause den Bräutigam, der sie „heimholen" wird in sein Haus. Mit der Braut zusammen warten die Brautjungfern auf das Kommen des Bräutigams. Sobald gemeldet wird, daß der Bräutigam mit seinem Gefolge sich dem Dorfe oder Hause der Braut nähert, haben die Brautjungfern die Aufgabe, dem Bräutigam entgegenzugehen. Weil dieses Entgegengehen der Brautjungfern erst am Abend sein wird, darum müssen sie Stocklampen bei sich haben. Diese Stocklampen sind anders als die Lampen, die man im Hause verwendet. (Mt 5, 15). Stocklampen benutzt man im Freien. Da diese sehr klein sind, bedarf ihr Öl öfters der Ergänzung, weshalb die Jungfrauen Gefäße mit Öl mitnehmen müssen, damit sie, wenn sie die während ihres Schlafes mattgewordenen Lampen **„in Ordnung bringen"** (Vers 7), d. h. von den verkohlten Teilen des Dochtes befreien, das nötige Öl zugießen können. Die flaschenähnlichen Krüge mit Griff waren die Gefäße, in denen die klugen Jungfrauen Öl für ihre Lampen mitnahmen. (Gustav Dalman.)

Der Bräutigam wird am Abend eintreffen, das war das Übliche. Die Brautjungfern müssen jedoch lange warten, bis der Ruf erschallt: **„Der Bräutigam kommt!"** Es gehört zum Hochzeitsbrauch, daß der Bräutigam spät kommt. Er läßt auf sich warten. In dem vor uns liegenden Gleichnis müssen die Jungfrauen ganz besonders lange warten. Sie werden darüber schläfrig und nicken ein. Alle zehn schlafen ein. Dieses Einschlafen macht der Herr den zehn Jungfrauen nicht zum Vorwurf. Was aber die klugen Jungfrauen zu klugen macht und die törichten zu törichten, ist etwas anderes. Es besteht darin, daß die klugen Jungfrauen für den Fall, daß der Bräutigam lange verzog, Reserveöl mitgenommen hatten zum Nachfüllen der Lampen. Die törichten hatten daran nicht gedacht.

Da um Mitternacht ertönt laut der Ruf: **„Siehe, der Bräutigam! Geht aus, ihm entgegen!"** Damit nun die Lampen hell brennen, ist es jetzt an der Zeit, den Lampendocht zu reinigen und Öl nachzufüllen, das aus dem Vorratskännchen genommen wird. Dann gehen die Jungfrauen zusammen mit der Braut dem Zug des Bräutigams entgegen, um ihn ehrenvoll zu empfangen. Die Begegnung findet statt und der Bräutigam mit seinen Freunden und die Braut mit ihren Gespielinnen, den Jungfrauen, streben gemeinsam dem Hause des Bräutigams zu. Die Brautführer nehmen als „Söhne des Brautgemaches" (Mt 9, 15) eine große Vertrauensstellung ein. Ihre erste Aufgabe bestand in der Formierung des Hochzeitszuges. In einer Sänfte wird die Braut getragen (ärmere Leute haben sich das wohl versagen müssen). Die Braut war umringt von dem künftigen Ehemann mit seinem Freundeskreis. Musik zieht voran. Kräftiger Paukenschlag, fröhliche Hochzeitslieder aus dem Zuge, alt und jung ist auf den Beinen. Jeder trägt einen Myrtenzweig in der Hand. Im bunten Zuge geht's zum Hochzeitshaus. Noch heute fängt in diesem heißen Lande oft sehr spät, wenn schon die Lampen brennen, die Feier an. Auf der Tafel stehen die Leuchter. Wenn der Bräutigam als Hausherr zur Eröffnung des Mahles über den ersten Segensbecher das Eröffnungsgebet spricht, liegt eine Feierlichkeit über der weiten Tischgesellschaft. Den obersten Platz nimmt der Bräutigam ein, neben ihm die Braut, dann die Verwandtschaft und die Brautjungfern. Wegen der vorgerückten Nachtzeit wird die Haustür verschlossen. Buntes Treiben und Lachen erfüllt das Haus. Das, was eben geschildert worden ist, ist der zeitgeschichtliche Hintergrund zu dem Gleichnis der zehn Jungfrauen. Was will uns der Herr mit diesem Gleichnis sagen?

Er will uns die unbedingte Notwendigkeit der Bereitschaft damit veranschaulichen und deutlich machen! Obwohl die klugen Jungfrauen eingeschlafen sind, waren sie dennoch bereit. Denn die Bereitschaft ist der Gedanke, der das Gleichnis beherrscht. Weil die klugen Jungfrauen bereit waren, als es darauf ankam, werden sie klug genannt.

Wie schnell kann ein Jünger, also ein in Jesu Gemeinschaft Lebender, die Bereitschaft verlernen! Wie viele werden es sein, die wirklich bereit bleiben? Diese Fragen soll der Jünger Jesu heraushören. Daß beide Gruppen gleich groß sind (fünf törichte und fünf kluge), das verstärkt allerdings sehr den Ernst und die Dringlichkeit der Mahnung Jesu, „bereit zu sein". **„Wachet, denn ihr wißt weder Tag noch Stunde, in welcher der Menschensohn kommen wird!"**

Die Zahl „zehn" hat sicher eine Bedeutung. „Zehn ist die Zahl der Vollständigkeit. Zehn Gebote hat das Gesetz. Zehn Finger zählen wir an beiden Händen. Zehn Personen gehören mindestens zu einer Synagogenversammlung. Der Zehnte gehört Gott. Zehn Saiten hat das Harfenspiel. Zehn Beleidigungen erschöpfen die Geduld. Zehn Brote reichten aus für eine Reise. Somit meint Jesus hier die Gemeinde in ihrer Gesamtheit. Alle Gläubigen werden, wenn der Herr kommt, entweder zur Gruppe der törichten oder aber zur Gruppe der klugen Jungfrauen gehören. Wiederum das heilige Entweder-Oder der Schrift! Eine Mittelgruppe gibt es nicht."

Wie äußern und zeigen sich die „Bereitschaft" und die „Wachsamkeit" und das „Warten" auf den wiederkommenden Herrn im Alltagsleben eines gläubigen Christen? Sie zeigen sich in einem Ihm geheiligten Leben. „Jaget nach der Heiligung, ohne die keiner den Herrn schauen wird."

Ernst Krupka erzählt: „Ich habe einmal mein Neues Testament durchgelesen und dabei alle Stellen, die vom Kommen des Herrn handeln, grün angestrichen. Am Ende war mein ganzes Testament geradezu grün bemalt. Und ich konnte selber feststellen, daß weitaus die meisten Stellen verbunden sind mit Ermahnungen zur täglichen Heiligung. Da ist es mir besonders deutlich geworden: Die Frage der Wiederkunft Jesu ist nicht eine Frage der Zeitrechnung, sondern der Heiligung. Nicht rechnen sollen wir — heiligen sollen wir uns lassen."

Wir stimmen dem ganz zu und sagen: In den 260 Kapiteln des NT wird fast 300 mal von der Wiederkunft des Herrn Jesus gesprochen. „Wir werden die geistige Höhenlage neutestamentlichen Heiligungslebens nur dann erreichen können, wenn das Warten auf den Herrn in unserem Glaubensleben wieder ebensolchen Raum einnimmt wie bei den Gemeinden der apostolischen Zeit." Professor Kaftan sagt: „Die wunderbare Kraft der ersten Christengemeinde lag einzig und allein begründet in der lebendigen Hoffnung auf den sichtbar, persönlich wiederkommenden Christus."

Vielleicht ist es gestattet, einige Einzelzüge des Gleichnisses zu deuten, nachdem wir den entscheidenden Zug des Gleichnisses zu deuten versucht haben.

Wie ist das Öl zu deuten? Die Stocklampe der damaligen Zeit konnte nur wenig Öl fassen. „Der Krug mit Öl stand deswegen immer daneben und gehörte einfach zur Lampe. Es war selbstverständlich, ihn zu einer längeren Wanderung oder Wartezeit mitzunehmen. Wer das nicht tat, galt als unachtsam, leichtfertig, unordentlich, töricht. Und gerade dieser Torheit haben sich fünf Jungfrauen schuldig gemacht. Sie waren also nicht weltförmig, nicht mit der Sünde verflochten, sondern töricht. Jesus will uns mit aller Klarheit und Deutlichkeit sagen, daß es sich bei dem Öl um ein unentbehrliches, durch nichts anderes zu ersetzendes geistliches Gut handelt, mit dem man sich gleich zu Beginn des Glaubenslebens, des Glaubenslaufes, versorgen soll. Dieses geistliche Gut ist, wie die Ausleger übereinstimmend sagen, der Heilige Geist."

Ist nun das Öl der Heilige Geist, so ist Torheit gleichbedeutend mit Geistlosigkeit. Im Geiste anfangen, aber dann steckenbleiben, das ist Torheit.

Mit einem Bekehrungserlebnis oder anderen „Erfahrungen mit Gott" zufrieden zu sein und nicht ein Leben „in Gott" fortzusetzen, zu wachsen in der Heiligung, das ist Torheit.

Weil das Öl der Heilige Geist ist, so besteht also die Klugheit darin, im Geiste anzufangen, im Geiste weiterzufahren und im Geiste zu vollenden. Im Geiste leben und „klug" sein, ist eins. (Vgl. Krupka „Vor Mitternacht".)

Eichler sagt in „Die Entrückung" S. 87 über das Wesen der törichten Jungfrauen folgendes:

„Zur rechten Beurteilung der törichten Jungfrauen ist ein Zweifaches zu beachten: Zum ersten will und kann ein Gleichnis, wie schon früher bemerkt, eine Frage niemals nach allen Seiten darstellen; es gibt vielmehr immer nur einzelne Hauptzüge an. So ist auch das Wesen und das Geschick der törichten Jungfrauen nicht bloß nach den Zügen dieses Gleichnisses allein, sondern auch nach dem Gesamtbilde der Schrift festzustellen. — Zum andern sind die törichten Jungfrauen ihrem Wesen nach weder zu über- noch zu unterschätzen. Man überschätzt sie, wenn man sie den klugen Jungfrauen fast gleichstellt. Man unterschätzt sie, wenn man sagt, sie hätten den Geist Christi nicht empfangen; alles bei ihnen wäre nur Form und Schein. Es heißt aber doch V. 1 von den törichten Jungfrauen, daß sie Glieder des Königreiches der Himmel sind. **„Dann wird das Königreich der Himmel zehn Jungfrauen ähnlich sein."** Hier steht nicht: **„Ähnlich den fünf klugen Jungfrauen"**, sondern: **„ähnlich zehn Jungfrauen"**. Demgemäß sind die fünf törichten Jungfrauen auch Glieder des Königreiches der Himmel. Ein Glied dieses Königreiches kann aber nur der sein, welcher wirklich Heiligen Geist hat. Folglich haben auch die törichten Jungfrauen den Geist Christi. Sie könnten ja auch unmöglich nach Vers 8 sprechen: **„Unsere Lampen verlöschen"**, d. h. wir haben nur noch ganz wenig Öl, nur noch ein ganz geringes Maß des Geistes Gottes. Durch Untreue haben sie ihn, diesen Geist, immer mehr verloren."

Jesus spricht: **„Um Mitternacht aber erscholl ein Geschrei: ‚Der Bräutigam kommt!'"**

„Jesus spricht hier außerordentlich lebendig und anschaulich. Man spürt förmlich die dunkle Nacht, man hört das Geschrei, man sieht das Gewirr auf Erden, das dieses Geschrei auslöst. Gerade dann, wenn auf Erden finsterste Nacht ist und alles im tiefsten Schlafe liegt, wird das Geschrei ertönen.

Nun vertreten fast alle biblischen Ausleger die Auffassung, daß die Mitternacht nicht dem Endgericht, sondern der Hochzeit vorangeht, wie es ja auch klar und deutlich in unserem Gleichnis heißt. Und die Hochzeit ist die Entrückung der lebendigen Gläubigen, die Auferweckung der entschlafenen Gläubigen und ihre gemeinsame Vereinigung mit dem Herrn." (Näheres über die biblischen Begriffe: „Entrückung, 1. Auferstehung usw." siehe „Begrifflicher Schlüssel" von Rienecker).

Dem unterlassenen Beachten der Bereitschaft und Wachsamkeit, das in einem Heiligungsleben verwirklicht werden sollte, schließt sich das Bild an, das als Folge eines solchen säumigen Verhaltens vom Herrn gegeben wird. Es ist das Bild von der verschlossenen Tür. Dieses Bildwort von der Tür erinnert an Mt 7, 23: *„Ich habe euch nie gekannt."* Dieses: „Ich habe euch nie gekannt" ist das Wort des Bräutigams: **„Ich kenne euch nicht"**. Jene in Mt 7 und diese in Mt 25 reden den Christus mit „Herr" an. Diese Anrede „Herr" muß doch hinweisen auf eine Bekanntschaft, die diese Jungfrauen und jene in Mt 7 damit aussagten. Jene in Mt 7 sagen: *„Herr, Herr, haben wir nicht in deinem Namen geweissagt und in deinem Namen Dämonen ausgetrieben und in deinem Namen viele Wunderwerke getan?"* Genau so könnten auch hier in Kap. 25 die törichten Jungfrauen an das Wort: **„Herr, Herr, tue uns auf"** die Worte anschließen (die zwar nicht von den törichten Jungfrauen ausgesprochen worden sind, die wir aber leicht hinzufügen können): „Gehören wir nicht zu dir? Haben wir nicht die halbe Nacht gewartet, haben wir uns nicht die große Mühe gemacht, des Nachts noch gleich zum Kaufmann zu gehen, um Öl zu kaufen?" Wir erinnern an unsere Auslegung von Mt 7, 21—23 auf Seite 87 und 88, um uns den ungeheuren Ernst des Wortes von der „verschlossenen Tür", des „zu spät" dort in Mt 7 und auch hier in Mt 25 vor Augen zu halten und nicht zu vergessen.

3. Das Gleichnis von den anvertrauten Talenten.

Vers 14—30

Zu Vers 14—30: Lk 19, 12—27; Mk 13, 34
Zu Vers 14: Mt 21, 33
Zu Vers 15: Mt 18, 24; Rö 12, 3. 6; 1 Ko 12, 4
Zu Vers 19: Mt 18, 23
Zu Vers 21: Mt 25, 23; Mt 24, 45—47; Lk 16, 10; Lk 12, 44; 2 Tim 2, 12; 1 Pt 1, 8
Zu Vers 23: Mt 25, 21
Zu Vers 29: Mt 13, 12
Zu Vers 30: Lk 17, 10; Mt 8, 12; Mt 24, 51; Ps 112, 10

14 Es wird so sein wie bei einem Manne, der vor Antritt einer Reise ins Aus-
15 land seine Knechte rief und ihnen sein Vermögen übergab; *dem einen gab
er fünf Talente, dem andern zwei, dem dritten eins, einem jeden nach seiner
16 Tüchtigkeit; dann reiste er ab. *Da ging der, welcher die fünf Talente
empfangen hatte, sogleich ans Werk, machte Geschäfte mit dem Geld und
17 gewann andere fünf Talente; *ebenso gewann der, welcher die zwei Talente
18 (empfangen hatte), **zwei andere dazu. *Der** (Knecht) **aber, welcher das eine**
Talent erhalten hatte, ging hin, grub ein Loch in die Erde und verbarg darin
19 das Geld seines Herrn. *Nach längerer Zeit kam der Herr dieser Knechte
20 zurück und rechnete mit ihnen ab. *Da trat der hinzu, welcher die fünf
Talente empfangen hatte, brachte noch fünf andere Talente mit und sagte:
Herr, fünf Talente hast du mir übergeben; hier sind noch andere fünf
21 Talente, die ich dazu gewonnen habe. *Da sagte sein Herr zu ihm: Schön,
du guter und treuer Knecht! Du bist über Wenigem treu gewesen, ich will
22 dich über Vieles setzen: Gehe ein zum Freudenmahl deines Herrn! *Dann
kam auch der (Knecht) **herbei, der die zwei Talente** (empfangen hatte),
und sagte: Herr, zwei Talente hast du mir übergeben; hier sind noch zwei
23 andere Talente, die ich dazu gewonnen habe. *Da sagte sein Herr zu ihm:
Schön, du guter und treuer Knecht. Du bist über Wenigem treu gewesen,
ich will dich über Vieles setzen: gehe ein zum Freudenmahl deines Herrn!
24 *Da trat auch der herzu, welcher das eine Talent empfangen hatte, und
sagte: Herr, ich wußte von dir, daß du ein harter Mann bist: du erntest,
wo du nicht gesät hast, und sammelst ein, wo du nicht ausgestreut hast.
25 *Da bin ich aus Furcht hingegangen und habe dein Talent in der Erde ver-
26 borgen, hier hast du dein Geld wieder! *Da antwortete ihm sein Herr:
Du böser und träger Knecht! Du wußtest, daß ich ernte, wo ich nicht gesät
27 habe, und einsammle, wo ich nicht ausgestreut habe? *Nun, so hättest du
mein Geld bei den Bankhaltern anlegen sollen; dann hätte ich bei meiner
28 Rückkehr mein Geld mit Zinsen zurückerhalten. *So nehmt ihm nun das
29 Talent ab und gebt es dem, der die zehn Talente hat. *Denn jedem, der da
hat, wird noch hinzugegeben werden, so daß er Überfluß hat; wer aber
30 nicht hat, dem wird auch noch das genommen werden, was er hat. *Den un-
nützen Knecht jedoch werft hinaus in die Finsternis draußen! Dort wird
lautes Weinen und Zähneknirschen sein.

Während der Herr sonst für seine Gleichnisse Bilder aus dem Ackerleben, dem Handwerkerleben, dem Familienleben entnommen hat, hat er in dem vor uns liegenden Gleichnis Vorgänge aus dem Geld- und Bankwesen genommen. Das Geld- und Bankwesen war in der damaligen Zeit eine Sache der Stadt. Und wenn auch die Hörer des Herrn selbst nicht solche großen Geldsummen besaßen, so wußten sie doch um das Geld- und Bankwesen Bescheid, wußten auch, daß man, wenn man viel Geld hat, durch geschickte Spekulation schnell noch mehr Geld dazu verdienen kann. Die Zinsen waren in der Antike sehr hoch. Vielleicht haben die tüchtigen Knechte sich selbst als Bankhalter betätigt und das Geld zu hohen Zinsen ausgeliehen und große Geschäfte damit getätigt.

Es macht dem Herrn anscheinend nichts aus in dem Gleichnis von den anvertrauten Talenten, einmal seine Bildrede aus einem Bereich herauszunehmen, der ihm sonst fern lag.

Wir kommen zur Deutung des Gleichnisses. Es ist wieder ein sehr ernstes Gleichnis, das dritte in dem Abschnitt seiner Abschiedsreden an seine Jünger nach dem Matthäus-Evangelium. Dieses dritte Gleichnis zeigt den Jüngern nochmals, wen die Wiederkunft des Herrn erhöht und wen sie verstößt! — Höchste Verheißung steht neben dem ernstesten Gericht. Es gilt um der hohen und allerherrlichsten Zukunft willen, der der wiedergeborene Christ entgegengehen darf, nämlich der Wiederkunft des Herrn, die Gegenwart, in der er steht, nicht etwa leicht zu nehmen, nicht über dem Ausschauen nach dem wiederkommenden Herrn der Treue im Kleinen und im Alltäglichen zu vergessen! Dies neu gesagt und ernst beleuchtet zu haben, ist der Sinn dieses Gleichnisses des Herrn.

Der Mann im Gleichnis, der in die Fremde zieht, vertraut drei Knechten seine Güter an, und zwar gibt der abreisende Herr dem ersten fünf Talente, dem zweiten zwei Talente und dem dritten nur ein Talent. Ein Talent ist eine Geldsumme von etwa 5000 Mark. Lange Zeit bleibt der Herr des Gleichnisses aus. Er läßt auf sich warten. Man weiß nicht, wann er zurückkommt. Mit besonderer Betonung wird gesagt: **„Nach langer Zeit kam der Herr zurück"** (V. 19). Dann richtet der Herr über das Schaffen seiner Knechte. Der erste Knecht hat seine fünf Talente verdoppelt, das sind 50 000 Mark, der zweite ebenfalls, das sind 20 000 Mark geworden. Der dritte Knecht hat nichts verloren, aber auch nichts gewonnen. Er hat also nicht gearbeitet. Das Urteil des Herrn lautet für die beiden arbeitenden Knechte gleich. Sie gehen ein „zur Freude" des Herrn. Das Urteil des Herrn über den dritten Knecht ist ein vernichtendes. Das ist kurz der Gang des Gleichnisses.

Nutzanwendung in kurzen Worten: Es genügt nicht, auf die Wiederkunft des Herrn und auf das Gericht zu warten, sondern der Christ muß die Zeit des irdischen Lebens nutzen, um zu arbeiten und zu wirken mit den ihm geschenkten Gaben. Treue erwartet der Herr von einem jeden von uns, bis daß er kommt. *„Handelt, bis daß ich wiederkomme!"* (Lk 19, 13)

Das ist kurz der Grundgedanke der Deutung. Nun die Ausführung: Die verschieden hohe Summe der Talente weist hin auf die verschiedenen Veranlagungen, Fähigkeiten und Gaben der Knechte. Nicht die Gaben als solche sind wichtig, sondern dies, wie die Knechte diese Gaben ausgewertet und genutzt haben.

Der Herr verlangt nicht von allen dasselbe. Dem einen hat er mehr anvertraut, dem andern weniger! Ist das nicht ungerecht seitens des Gebers? Nein, denn in diesem Gleichnis sind nicht die Gaben als solche als das Eigentliche und Wesentliche betont, sondern die Nutzung und Wertung dieser Gaben. Und dabei ist der Herr gerecht, vollkommen gerecht! Denn der Herr mutet niemandem mehr zu, als er leisten kann. Denn nicht der Unterschied ist wichtig, der zwischen den beiden ersten Knechten besteht, sondern der Gegensatz, in dem der dritte Knecht gegenüber den beiden ersten Knechten sich befindet.

Also eine Ungerechtigkeit seitens des gebenden und schenkenden Herrn und Gottes kann nicht vorliegen! Denn nicht die Gabe als solche steht im Mittelpunkt des Berichtes, sondern die Treue, mit welcher die Gaben verwaltet und zwar genutzt werden ihm zur Ehre.

Wir fragen, was ist mit den uns von Gott geschenkten Talenten, Gaben gemeint?

Wir meinen, daß damit all das gemeint ist, was wir von Gott an natürlichen und übernatürlichen Gaben geschenkt bekommen haben. — Hinsichtlich der natürlichen Gaben meinen wir: das Geschenk eines gesunden Leibes und der damit zusammenhängenden Kräfte und Fähigkeiten des Denkens, Fühlens und Wollens. Es sei erinnert an den ersten Glaubensartikel. Weiter seien genannt die Segnungen einer guten Erziehung, einer rechten Schulung, einer tragenden Berufsexistenz, eines geordneten Staatswesens, alles, was in der Erklärung zur 4. Bitte des Vaterunsers von Luther aufgezählt ist, das ist von Gott geschenkte gute Gabe, für deren treue Verwaltung wir verantwortlich sind dem höchsten Herrn und Richter gegenüber! Alle diese Gaben haben nicht Eigenwert und dienen nicht dem eigenen Zweck, sondern sind Mittel zu dem Zweck, täglich in der Treue im Kleinsten das Glaubensleben zu bewähren und zu beweisen!

Also zunächst sei es deutlich gesagt: Im Alltäglichen bewähre sich die Verpflichtung des Glaubenden den natürlichen Gaben und Gegebenheiten gegenüber.

Wir kommen zu den übernatürlichen Gaben! Denn der Glaubende steht nicht nur in seinem irdischen Lebensbereich, nicht nur in Beziehung zu den natürlichen Gaben und Gegebenheiten, sondern auch in Beziehung zu den Gaben und Gegebenheiten des Geistes Gottes. Was ist unter den letzteren gemeint?

Es ist die Gabe des Heiligen Geistes selbst, die in der Stunde der Wiedergeburt dem Glaubenden geschenkt worden ist, dann das Wort unseres Gottes und die damit geschenkten Erkenntnisse, dann das Gebet, dann all die kostbaren Segnungen Gottes in himmlischen Gütern, die tägliche gnädige Lebensführung und Erziehung seitens des Vaters im Himmel, dann Leiden und Trübsale — alles, alles ist übernatürliche Gabe, die uns Verpflichtung auferlegt hat. All das ist nicht als etwas den Jüngern privat Gegebenes anzusehen, sondern als etwas, was mit der heiligsten Verpflichtung zum Dienst verbunden ist. Jesus warnt, daß ein Jünger sich in keiner Weise darauf beschränken dürfe, die ewigen Heilsgüter Gottes nur in seinem Herzen zu bewahren und zu bewegen (so wichtig das auch immer als das zuerst Nötige ist), sondern daß er damit das ihm geschenkte Maß der Erkenntnis weiterzugeben, zu wuchern und zu wirken habe, bis daß Er kommt. Wer das ihm verliehene Heilsgut für sich behält, zur eigenen Erbauung und Sättigung a l l e i n, der handelt nicht nach dem Willen des Herrn. — Nicht dazu hat ihm sein Herr das Heilsgut, die Segnung und Stärkung und Erquickung von oben gegeben, daß er für seine Person darin sein Genüge finde (das zunächst und zuerst auch), sondern der Glaube und der Trost will in der Liebe tätig sein (Gal 5, 6). Ein solcher nur an sich denkender Jünger schadet nicht nur dem Werk des Herrn, sondern schadet sich auch selbst. Dem unnützen Knecht wird das „Talent", das er mit aller Sorgfalt für sich bewahrt hatte, dennoch fortgenommen.

„So schmelzen Glaube, Hoffnung, Liebe in sich zusammen, wenn der Jünger nur die eigensüchtige Pflege seines geistlichen Lebens als einzige Aufgabe anerkennen will.

Es ist die furchtbare Täuschung, in der auch alle Einzelgänger leben, daß sie meinen, sie hätten sich gegen alle Schädigungen gesichert, wenn sie sich von den andern zurückziehen. Von innen her geht ihr geistliches Leben zugrunde. Hingegen in Liebe und Dienst sich selbst den andern hingeben, zehrt nicht am eigenen geistlichen Besitz, sondern mehrt ihn gerade. Wer für andere lebt, hält sich die Krankheit der frommen Selbstsucht fern. Es erfüllt sich die Regel geistig-geistlichen Lebens, die in den Spruch gefaßt ist: **„Jedem, der da hat, wird gegeben werden; dem, der nichts hat, wird auch das, was er hat, weggenommen werden."** Ein Jünger Jesu „hat" nur, indem er gibt, denn er „hat" nichts für sich selbst bekommen. „Wer nichts gibt, dem wird auch das, was er hat, weggenommen werden, weil er n i c h t gibt."

So sehr in diesem Gleichnis der einzelne Jünger angesprochen ist, so stark wendet sich gerade dieses Gleichnis gegen jede Vereinzelung. Der Jünger Jesu d a r f nicht für sich bleiben. Er ist zur Gemeinschaft bestimmt. Darum redet dies Gleichnis von der Gemeinde und ihrem Dienst an der Welt." Vgl. Michaelis S. 208 (Säemann).

Der Herr spricht zu den treuen Knechten: **„Ich werde euch über vieles setzen. Geht ein in die Freude eures Herrn!"** „Der Lohn der Treuen ist ein doppelter: es wird ihnen viel unterstellt, und sie werden zur Freude ihres Herrn geladen. Sie bleiben seine Diener, die er weiter nach seinem Willen tätig macht. Sie empfangen dazu reichere Kraft, einen größeren Machtbereich. Christus kennt kein müßiges Leben, auch nicht im Himmelreich; denn die Seinen sollen an seiner Herrschaft tätig teilnehmen. Aber er hat nicht nur die größere Aufgabe für sie, sondern teilt seine eigene Freude mit ihnen. So stellt Jesus seinen Jüngern dar, was sein Dienst ihnen bringt.

Von dem einen untreuen Knecht berichtet Jesus, daß dieser Knecht, der das Talent in der Erde vergraben hatte, sich damit rechtfertigt, daß er aus Furcht vor der Strenge des Herrn den Dienst versäumt habe. So redet aber nur der, der keine Liebe hat. Kann die Liebe sagen, sie möge nichts für den Herrn tun? Kann die Liebe den Herrn schelten, er verlange zuviel und sein Gebot sei eine Plage? Wie sollen wir bei der Wiederkunft Jesu das Leben und die Herrlichkeit gewinnen, wenn unser Herz mit dem Herrn hadert? Die Furcht, die der Knecht vorgibt, ist keine Furcht, sondern dreiste Verachtung des Herrn! Denn es ist eine Lüge, wenn wir uns mit der Last und Schwere des Gebotes der Treue entschuldigen! Der Herr überfordert nie seine Jünger!" (Schlatter „Erläut." S. 372).

Der Herr hat hier wiederholt, was er bereits Mt 13, 12 gesagt hat. Dort sprach Jesus aus, warum er für Israel das Himmelreich v e r b i r g t — hier: warum er dem zum Dienst unwilligen Jünger das Himmelreich n i m m t. Der Herr handelt stets nach derselben Gerechtigkeit. Es gilt für den Christus-Nachfolger dieselbe Gerechtigkeit wie für die Judenschaft. Über dem Jünger steht sie genau so unparteiisch wie über dem Nichtchristen. Der Herr wird dem nicht neue Gabe zuteilen, der das, was er empfangen hat, nicht braucht, d. h. nicht treu verwaltet und damit arbeitet. (Man denke an das Volk Israel, das nicht nur nicht die Gaben Gottes brauchte, sondern sogar mißbrauchte: Gesetz — Pharisäer). Was der Herr seiner Gemeinde an himmlischen Gütern und Schätzen in Überfülle fort und fort gegeben hat und noch gibt, verpflichtet die Gemeinde zur allergrößten Treue, zum allerernstesten Ganzeinsatz fort und fort.

„Wo aber nicht, dann werde ich dir bald kommen und deinen Leuchter wegstoßen von seiner Stätte, wo du nicht Buße tust!" (Offb 2, 5).

Noch ein Letztes sei gesagt: Das Gleichnis richtet sich an den einzelnen Jünger, und zwar auch heute noch an einen jeden einzelnen ganz p e r s ö n l i c h. Jeder Wiedergeborene hat für sich ganz persönlich eine allerhöchste und letzte Aufgabe bekommen. Es ist die Aufgabe, sich heiligen zu lassen, sich umgestalten zu lassen Schritt für Schritt in das Ebenbild des Sohnes Gottes hinein! Ihm ähnlich zu werden, das ist Sinn und Ziel aller echten Christus-Nachfolge!

„Die Lebensarbeit jedes Christen ist deshalb, immer mehr denken und urteilen zu lernen, wie Christus gedacht und geurteilt hat, immer mehr sich die Lebensauffassung Christi anzueignen statt der ich-menschlichen, die in unserer Natur liegt. Es gilt, immer ähnlicher zu empfinden und zu wollen, wie Christus empfunden und gewollt hat, damit immer klarer und reiner das

Christusbild in unserer Seele aufstrahle und wir „in allem in ihn hineinwachsen" (Eph 4, 15). Alles, was uns Gott gegeben hat und schickt, unsere Anlagen und Schwierigkeiten, alles, was wir zu tun und zu leiden haben, soll diesem Ziele dienen, daß jede Seele je nach ihrer Art zu einem besonderen Christusbilde auswachse. Denn die Heiligkeit Christi selbst ist so groß und umfassend, daß sie in keiner Menschenseele ganz abgebildet werden kann. Aber jeder Mensch ist, seiner Eigenart entsprechend, dazu berufen, gleichsam einen besonderen Zug in sich auszuprägen. Darin besteht seine eigentliche persönliche Lebensaufgabe. Wie herrlich wird es dann einmal sein, wenn „drüben" alle, die sich mit ganzem Ernst heiligen ließen, als Abbilder Christi den verherrlichen werden, dem sie ähnlich geworden sind, ohne ihn erreicht zu haben, als den Ganz-Christus." Vgl. Lauck S. 86.

Das große allgemeine Weltgericht.

Vers 31—46

Zu Vers 31: Mt 13, 41 Mt 16, 27 Mt 19, 28 Mt 24, 30 Jud 14 Offb. 20, 11—13 1 Th 4, 16 2 Th 1, 7
Zu Vers 32: Hes 34, 17 Rö 14, 10
Zu Vers 33: Mt 13, 48. 49
Zu Vers 35: Jes 58, 7 Ri 19, 18 Jak 1, 27 Jak 2, 15. 16
Zu Vers 36: Hbr 13, 23
Zu Vers 37: Mt 6, 3
Zu Vers 40: Spr 19, 17 Mt 10, 42 Jak 2, 13 Hbr 2, 11
Zu Vers 41: Mt 7, 23 Offb 12, 7. 9; 14, 10; 20, 10. 15; 22, 15
Zu Vers 46: Jo 5, 29 Jo 6, 40 Rö 2. 7 f. Da 12, 2

31 Wenn aber der Menschensohn in seiner Herrlichkeit kommt und alle
Engel mit ihm, dann wird er sich auf den Thron seiner Herrlichkeit setzen:
32 *alle Völker werden alsdann vor ihm versammelt werden, und er wird sie
voneinander scheiden, wie der Hirt die Schafe von den Böcken scheidet;
33 *und er wird die Schafe zu seiner Rechten, die Böcke aber zu seiner Linken
34 stellen. *Dann wird der König zu denen auf seiner Rechten sagen: Kommt
her, ihr von meinem Vater Gesegneten! Empfanget als euer Erbe das König-
35 tum, das für euch seit Grundlegung der Welt bereitgehalten ist. *Denn ich
bin hungrig gewesen, und ihr habt mir zu essen gegeben; ich bin durstig
gewesen, und ihr habt mir zu trinken gereicht; ich bin ein Fremdling ge-
36 wesen, und ihr habt mich beherbergt; *ich bin ohne Kleidung gewesen, und
ihr habt mich gekleidet; ich bin krank gewesen, und ihr habt mich besucht;
37 ich habe im Gefängnis gelegen, und ihr seid zu mir gekommen. * Dann
werden ihm die Gerechten antworten: Herr, wann haben wir dich hungrig
gesehen und haben dich gespeist? oder durstig und haben dir zu trinken
38 gereicht? *Wann haben wir dich als Fremdling gesehen und haben dich be-
39 herbergt? oder ohne Kleidung und haben dich bekleidet? *Wann haben wir
40 dich krank oder im Gefängnis gesehen und sind zu dir gekommen? *Dann
wird der König ihnen antworten: Wahrlich, ich sage euch: Alles, was ihr
einem von diesen meinen geringsten Brüdern getan habt, das habt ihr mir
41 getan. *Alsdann wird er auch zu denen auf seiner Linken sagen: Hinweg
von mir, ihr Verfluchten, in das ewige Feuer, das für den Teufel und seine
42 Engel bereitet ist! *Denn ich bin hungrig gewesen, aber ihr habt mir nichts
zu essen gegeben; ich bin durstig gewesen, aber ihr habt mir nichts zu
43 trinken gereicht; *ich bin ein Fremdling gewesen, aber ihr habt mich nicht
beherbergt; ohne Kleidung, aber ihr habt mich nicht bekleidet; krank und
44 im Gefängnis, aber ihr habt mich nicht besucht. *Dann werden auch diese
antworten: Herr, wann haben wir dich hungrig oder durstig, als einen
Fremdling oder ohne Kleidung, wann krank oder im Gefängnis gesehen und
45 haben dir nicht gedient? *Dann wird er ihnen zur Antwort geben: Wahr-
lich, ich sage euch: Alles, was ihr einem von diesen Geringsten nicht getan
46 habt, das habt ihr auch mir nicht getan. *Und diese werden in die ewige
Strafe gehen, die Gerechten aber in das ewige Leben.

Die letzte Rede Jesu, die Matthäus aufbewahrt hat, beschreibt nicht mehr, wie Jesus den Jüngerkreis richtet, sondern schildert den Herrn als Richter über alle Völker, die mit allen Engeln vor seinem Thron versammelt sind.

„Er, der von den Menschen gerichtet wurde, wird die Menschen richten. Der Verurteilte wird urteilen. Seine Richter werden Angeklagte sein und er, der Angeklagte, wird richten."

Der Richterthron wird hier „Thron der Herrlichkeit" genannt. (thrónos doxes autu) Vgl. Mt 19, 28. (Hinsichtlich der anderen Bezeichnungen für Thron siehe „Begriffl. Schlüssel" von Rienecker, wo die Rede sein wird von den Königsthronen Jesu Christi und den Richterthronen Jesu Christi [Richterstuhl 2 Ko 5, 10 und Großer Weißer Thron Offb 20, 11 usw.])

Also hier ist die Rede vom Richterthron Christi als dem Thron der Herrlichkeit. Es wird Gericht gehalten über alle lebenden Völker, und er wird sie voneinander scheiden, wie ein Hirte die Schafe von den Böcken scheidet.

Mit dem Ausdruck „alle Völker" werden wohl all die zur Zeit lebenden Heidenvölker gemeint sein. Von den Toten wird nicht gesprochen. Auch wird nicht erwähnt, daß die Liebeswerke irgendwie „im Namen Jesu" getan worden sind. Und weil die „Gerechten", von denen Jesus hier redet, ihre Liebeswerke, die sie getan haben, in keinerlei Beziehung zu dem Herrn Christus gesetzt haben, so könnte man auch von dort her meinen, daß es sich um Heidenvölker handelt. Und weil den „Gerechten" vom Richter dennoch das „Königreich" zugesprochen wird, so könnte man die Frage aufwerfen: Können Menschen selig werden allein durch Werke? Können Menschen selig werden ohne Glauben an den Herrn Jesus Christus, ohne von Ihm je gehört zu haben? Ja, könnte man nicht sogar die Frage so formulieren, daß soziale Tätigkeit, natürliche allgemeine Menschenliebe, Nächstenliebe zur Seligkeit genüge?

Es sind wahrhaftig allerschwierigste Fragen, die hier gestellt werden. Und wir werden den Sinn des Wortes vom Völkergericht nicht bis ins Letzte lösen können.

Unsere Gedanken werden darum nur vorläufige Antworten sein.

Der Hauptgedanke dieser Worte Jesu vom Völkergericht wird der sein, daß der Menschensohn einem jeden vergelten wird nach seinem Handeln und Wandeln. So ist's auch schon gesagt in Mt 16, 27b. Dieser Gerichtsgrundsatz gilt sowohl für den Christus-Nachfolger als auch für den Heiden, der die Schrift noch nicht kennt. Beide Menschengruppen werden nach ein und derselben göttlichen Gerechtigkeit gerichtet. Weil der Herr in diesem Völkergericht von allen Völkern spricht, darum redet er nicht vom Glauben als solchem, nicht vom Bekenntnis zu seinem Namen, sondern nur vom Tun und Wirken der Menschen. Und kommt nicht bei jedem Handeln und Wirken des Menschen, das in ehrlicher und lauterer Absicht selbstlos geschieht, die innerste Herzensverfassung des Menschen zum Ausdruck?

Und ist es nicht eine ganz große, übermächtige Gnade des Herrn, wenn er auf diese innerste Haltung des Herzens blickt und sie schon sieht und anerkennt „gleich einem glimmenden Docht"? Und zwar diesen innersten Funken der Lauterkeit und Wahrheit so wichtig nimmt, daß er zum Maßstab für sein Richten gemacht wird? So groß und so tief und so weit ist die Gnade des Herrn, daß sie sich an jeder lauteren und reinen Guttat des Menschen als solcher freut, und zwar so sehr freut, daß er dafür sogar mit dem Königreich der Himmel dankt.

Vielleicht murren wir wie jene Männer im Gleichnis „von den Arbeitern im Weinberg" (Mt 20, 1—16), die über die „Ungerechtigkeit" des Herrn ungehalten waren, weil er denen, welche nur eine Stunde gearbeitet hatten, denselben Lohn gab, wie denen, welche zwölf Stunden sich abgemüht hatten. Vielleicht sagen wir: „Wir müssen an dich glauben, müssen dir gehorchen, müssen unser ganzes Leben lang mit allem Ernst täglich der Heiligung nachjagen, müssen alles dahintenlassen, was an irdischen Freuden und Bequemlichkeiten uns erquickt hätte usw. — und die, welche das alles nicht getan haben, die berücksichtigst du genau ebenso wie uns! Nur weil sie einem der notleidenden Menschen geholfen haben, darum bekommen sie das Königreich der Himmel! (Denn wir dürfen nicht sagen, daß die „Brüder", die Jesus als seine Brüder bezeichnet, **nur** die Jünger gewesen wären. Das wäre ein eigenmächtiger Zusatz zu Jesu Wort).

Wie würde wohl Jesu Antwort lauten auf solch ein Murren und Fragen? Wahrscheinlich würde Jesu Antwort heißen: *„Erste werden Letzte sein!"* Wem es zu gering scheint, den Notleidenden zu speisen, der ist des Himmelreichs nicht wert! *„Warum siehst du scheel, daß ich so gütig bin?"* (Mt 20, 15). Sollte nicht dein Glaube sich über die unendlich große Gnade des Herrn, die auch den kleinsten Funken Lauterkeit und Wahrheit nicht übersieht, freuen und nur noch fester und inniger werden, und zwar unter dem Gesichtspunkt, daß der in Wahrheit ein wirklicher Heiland ist, der selbst für diese allerkleinsten Zeichen der selbstlosen Lauterkeit und Taten der Liebe ein Auge hat und dafür dankt mit allergrößtem Geschenk!

„Warum siehst du scheel, daß ich so gütig bin?" Ist nicht das geschilderte Murren letztlich nichts anderes als Pharisäismus, Hartherzigkeit, fromme Ichsucht, Knechtsgesinnung, aber nicht Kindesgesinnung?

Eine neue Frage bewegt uns: Beweist nicht diese Geschichte vom Völkergericht, daß der Herr nur einseitig und ganz allein das Werk anerkennt, daß man also durch Werke selig wird und nicht durch Glauben?

Wir antworten: Gewiß anerkennt der Herr das Werk. Es ist aber ein großer Unterschied, ob wir unser Werk preisen oder ob Er es preist. Wenn diejenigen, die Ihn in dem Bruder speisten, zu Ihm sagen würden: „Wir haben dich gespeist usw.... Was wird uns nun dafür?... Du bist uns verpflichtet!...?" Dann würde der Herr wahrscheinlich antworten: Deine linke Hand wußte, was deine rechte Hand tut — und damit hast du deinen Lohn dahin! (Mt 6, 3). Echte Liebe läßt den Herrn unser Werk rühmen. Denn von seiner Gnade erwarten wir das Himmelreich und nicht von unserem Werk.

Andererseits gilt es aber auch, daß unser Werk nicht von uns unbeachtet werden möchte, nicht als null und nichtig in die Ecke gestellt werde, wie bei dem faulen Knecht (Mt 24, 48—51 und 25, 14—30), der nichts tat. Toter Glaube bringt keine Werke. Es gibt nur zwei Wege. Entweder wir tun Gottes Willen — oder wir tun unsern Eigenwillen. Wen das Leben in der Nachfolge nicht zum Tun des Gotteswillens führt, der geht den andern Weg und hat „das Öl nicht im Ölkrug" und hat sein Talent verscharrt!

Noch eine Frage: Der Herr sagt (V. 34) zu den Gerechten: **„Ererbet das Reich, das euch seit Grundlegung der Welt bereitgestellt ist."** In dem Verdammungsurteil dagegen spricht der Herr von dem ewigen Feuer, das **„dem Teufel und seinen Engeln"** bereitet ist. — Wie ist das gemeint? **„Für die Gerechten seit Grundlegung der Welt"** und dann: **„für die Verlorenen, dem Teufel und seinen Engeln bereitet"?**

Antwort: Die Hölle gehörte ursprünglich nicht in den Schöpfungsplan hinein. Sie ist erst später auf Grund des Abfalls der Engel hinzugekommen. Und da war sie nur für diese bestimmt, nicht für die Menschen. Es ist also unbiblisch und widerbiblisch, zu behaupten: Gott hat von Anfang an auf Grund seines ewigen Ratschlusses einen Teil der Menschheit von Ewigkeit her für die Hölle bestimmt und einen andern Teil für den Himmel. Diese Geschichte vom Völkergericht zeigt uns, trotz des schweren Ernstes der Verwerfung, daß Gott will, daß alle Menschen selig werden sollen (1 Tim 2, 4). Gott ist fürwahr kein harter Herr (Mt 25, 24). Sein Auge und Herz ist so weit, so weit nur Gottes Auge und Herz sein können!

Kapitel 26

Des Herrn Leiden und Sterben.

(Mt 26 und 27)

Der Herr hatte den Tempel verlassen, um ihn nie wieder zu betreten. Wir lasen in Kap. 24, 1: *„Und Jesus ging hinweg von dem Tempel und ging hinaus.“* In dem Augenblick dieses Scheidens Jesu vom Tempel hat der Tempel seinen Charakter als Wohnung Gottes verloren. Im Angesicht des Tempels hatte Jesus die Zukunft des Tempels, der Stadt und seiner Gemeinde gezeichnet und auch seine eigene Wiederkunft in großer Macht und Herrlichkeit prophezeit.

In göttlicher Klarheit ist er als das Lamm, das der Welt Sünde trägt, nur zum Tode bereit. Nach der Zeit der höchsten Aktivität war für ihn nun die Zeit der tiefsten Passivität gekommen, wo er sich selbst für die Welt in die Waagschale legen wollte. Nach dem Maße menschlicher Zeit gerechnet, ist diese Zeit des Leidens und Sterbens Jesu klein gegen die erste Zeit seines Erdenlebens. Wie sie sich aber verhält nach der Summe aufgewandter Kraft und erzielter Wirkung, wer vermag das auszumessen?

Die Ereignisse folgen nun Schlag auf Schlag.

Kein Zögern tritt mehr ein. Man möchte fast sagen: „er eilte dem Tode entgegen“. Während alle vier Evangelisten über die Jugendzeit und die 30 Jahre des Herrn Jesu vor seinem öffentlichen Auftreten fast völlig schweigen, berichten sie die Geschichte des Leidens und Sterbens ihres Heilandes fast Stunde für Stunde. Leiden und Auferstehen, das ihnen zuerst dunkel und vollkommen rätselhaft und unverständlich gewesen war, wurde ihnen nun zum bedeutsamsten Gegenstand und wirklichen Zentralpunkt ihres ganzen Glaubenslebens und ihrer gesamten Predigttätigkeit überhaupt.

Der Beschluß des Hohen Rates.

Vers 1—5

Zu Vers 1:
Mt 7, 28
Mt 11, 1
Mt 13, 53
Mt 19, 1
Zu Vers 2—5:
Mk 14, 1. 2
Lk 22, 1. 2
Mt 20, 18
Zu Vers 3. 4:
Mt 16, 21
Mt 26, 57
Jo 11, 49. 53

1 **Als nun Jesus alle diese Reden beendet hatte, sagte er zu seinen Jüngern:**
2 ***Ihr wißt, daß übermorgen das Passah stattfindet; da wird der Menschen-**
3 **sohn zur Kreuzigung überliefert. *Damals kamen die Hohenpriester und**
die Ältesten des Volkes im Palaste des Hohenpriesters, namens Kaiphas,
4 **zusammen *und berieten sich in der Absicht, Jesus mit List festzunehmen**
5 **und zu töten. *Dabei sagten sie aber: Nur nicht während des Festes,**
damit keine Unruhen unter dem Volk entstehen.

Die Worte: **„Als Jesus alle diese Reden beendet hatte“**, bekunden, daß Jesu Lehrtätigkeit nunmehr endgültig abgeschlossen ist. Denn von jetzt ab beginnt sein eigentliches Erlösungswerk, sein bitteres Leiden und Sterben am Verbrecherpfahl. Jesus ist sich dieses Ausganges seines irdischen Lebens gewiß. Am Passah, das übermorgen gefeiert wird, wird sein Todestag sein.

Während nun Jesus mit aller Bestimmtheit seinen Tod auf das Osterfest voraussagt, versammeln sich seine Feinde zu einer Besprechung im Hause des Kaiphas. Zweck der Besprechung war, Jesus mit List zu verhaften und dann heimlich „um die Ecke zu bringen“. — Jesu Leben galt ihnen nichts. — Man beschließt mit Rücksicht auf das Volk, jede Aufregung nach außen hin zu vermeiden. Unter keinen Umständen darf darum der geplante heimliche Mord an den Festtagen geschehen. Erst nach dem Fest soll dann der verhaßte Galiläer beseitigt werden. — Wie entsetzlich! Wenn die Angst vor einem allgemeinen Aufruhr nicht gewesen wäre, hätte selbst die Heiligkeit des Festes „die frommen

Führer“ Israels nicht zurückgehalten, Jesus meuchlings zu ermorden. — Was die Feinde aber nicht wollten und darum auch nicht wußten, das wußte Jesus, nämlich daß gerade am Passah, und zwar in aller Öffentlichkeit, Er den Verbrechertod erleiden sollte (Vers 2). Wie souverän steht doch Gott und damit auch sein Sohn über all den Beschlüssen der Feinde Jesu. Denn nicht, was Menschen wollen, geschieht, sondern was Gott will, geschieht und zwar sogar auch hinsichtlich der Zeit und des Ortes und der Stunde.

Das Wort „Passah“, das Luther mit Ostern übersetzt hat, bedeutet „V o r ü b e r g e h e n“ und erinnert an die Verschonung der Israeliten in Ägypten, als der Herr an ihren mit dem Blut des Lammes bestrichenen Häusern vorüberging, ohne ihre Erstgeborenen zu schlagen. Der Name „Passah“ wurde später auf das Mahl selbst angewendet und dann, wie wir gesehen haben, auf das ganze Fest. Der Nisan oder der erste Monat, in dem das Passah gefeiert wurde, entspricht dem Ende des März und dem Anfang des April.

Die Salbung in Bethanien.

Vers 6—13

Zu Vers 6—13:
Mk 14, 3—9
Lk 7, 36—50
Jo 12, 1—8

6 **Als Jesus sich aber in Bethanien im Hause Simons, des** (einstmals) **Aus-**
7 **sätzigen, befand, *trat eine Frau mit einem Alabastergefäß voll kostbaren**
Salböls an ihn heran und goß es ihm über das Haupt, während er bei Tische
8 **saß. *Als die Jünger das sahen, wurden sie unwillig und sagten: Wozu**
9 **diese Verschwendung? *Dieses** (Salböl) **hätte man doch teuer verkaufen und**
10 **den Erlös den Armen geben können. *Als Jesus es merkte, sagte er zu**
ihnen: Warum macht ihr der Frau Vorwürfe? Sie hat doch ein gutes Werk
11 **an mir getan! *Denn die Armen habt ihr allezeit bei euch, mich aber habt**
12 **ihr nicht allezeit. *Daß sie dieses Öl auf meinen Leib gegossen hat, das hat**
13 **sie für mein Begräbnis getan. *Wahrlich, ich sage euch: Wo immer diese**
Heilsbotschaft in der ganzen Welt verkündigt wird, da wird man auch von
dem, was diese Frau getan hat, zum ehrenden Gedächtnis für sie erzählen.

Zu Vers 11:
Mt 9, 15
5 Mo 15, 11

Diese Geschichte ist gleichzusetzen dem Bericht von Jo 12, 1—8. Die Verse 14 ff. zeigen, w a r u m die Salbung in Bethanien, die doch sechs Tage vor Ostern geschah, hier eingereiht worden ist. Die e d l e Tat der Maria soll nämlich der dunklen Tat des Judas gegenübergestellt werden. Zur Veranschaulichung dieser Geschichte von der Salbung in Bethanien berichten wir einiges aus dem Johannes-Evangelium. (Vgl. im Folgenden: Godet, „Kommentar zum Joh.-Evangelium“.)

Aus dem Umstande, daß Lazarus als Geladener und nicht als Gastgeber oder Wirt da war (Jo 12, 2), geht hervor, daß der Hergang nicht in seinem, sondern in einem anderen Hause sich abspielte. So ergibt sich ganz natürlich die Übereinstimmung mit den Berichten des Matthäus und Markus, welche bestimmt sagen, das Mahl habe im Hause des Simon des Aussätzigen stattgefunden, ohne Zweifel eines Kranken, den Jesus geheilt hatte, und der sich das Vorrecht der Aufnahme Jesu im Namen aller übrigen ausgebeten hatte. Nicht ein jeder konnte Jesus aufnehmen, aber jeder wollte nach Kräften zu der Huldigung, die ihm dargebracht wurde, beitragen: Martha durch persönliche Dienstleistung selbst in einem fremden Hause, Lazarus durch seine Gegenwart, die an sich schon mehr zur Verherrlichung des Herrn tat als alles andere; Maria endlich durch einen wahrhaft fürstlichen Aufwand, der dem Gefühl, das sie beseelte, Ausdruck geben konnte.

Nach der schon damals im Orient herrschenden Sitte lag man bei Tisch auf einer Art Chaiselongue oder Diwan. Das Kopfende des Diwans stand am Tisch. Der Tisch war bedeutend niedriger, als unsere Tische sind. Mit dem linken Arm stützte man sich auf das Kissen am Kopfende, mit dem rechten Arm nahm man die Speisen zu sich. Der Körper lag nach hinten ausgestreckt. Am Ende des Diwans ruhten die von den Sandalen befreiten Füße (vgl. Lk 7, 36—50). Maria benutzt diese Gelegenheit und kommt herein mit dem Alabastergefäß voll köstlicher Salbe. —

Es war allgemein Sitte bei den Völkern des Altertums, an festlichen Tagen das Haupt der Gäste mit duftendem Öl zu salben. *„Du bereitest vor mir einen Tisch; du salbest mein Haupt mit Öl und schenkst mir voll ein"*, sagt David zu Jehovah, indem er die Wonne der Gemeinschaft mit Gott unter dem Bilde eines von Gott bereiteten Mahles beschreibt. (Ps 23, 5.) Das Unterlassen dieses Brauches stellt der Herr Lk 7, 46 als beleidigendes Versäumnis dar. In Bethanien ließ man sich ein solches Vergehen nicht zuschulden kommen; Maria nahm diesen Dienst auf sich und behielt sich vor, ihn auf ihre Weise auszuführen. — „Myron" ist der allgemeine Begriff für alle wohlriechenden Flüssigkeiten, und „nardos", Narde, der Name der köstlichsten Art. Den Ausdruck „Myron" gebraucht Matthäus. Johannes gebraucht „Nardos", Markus gebraucht beide Wörter. Dieses Wort „nardos", das aus dem Sanskrit stammt (persisch nard, im Sanskrit naládâ), bezeichnet eine in Indien einheimische Pflanze. Ihren Saft verwahrte man in Alabastergefäßen. Der Preis solch eines römischen Pfundes (Jo 12, 3) = 300 Gramm Nardenöl betrug 300 Denare = 300 DM, was dem Jahreseinkommen eines Arbeiters von damals entsprach. (Vgl. Mt 20, 2 und Jo 6, 7).

Daß diese Geschichte hier in Mt 26 dieselbe ist wie diejenige, welche Jo 12, 1—8; Mk 14, 3—9 erzählt wird, ist unbestreitbar. Allerdings sagen Matthäus und Markus, die Salbe sei auf das Haupt gegossen worden, bei Johannes jedoch auf seine Füße. Diese geringe Verschiedenheit erklärt sich leicht. Nach der Salbung in der gewöhnlichen Form (am Haupte) begann das Waschen der Füße mit der Salbe, das hier an die Stelle der gewöhnlichen Fußwaschung tritt (Lk 7, 44). Johannes allein hat ausführlich das Gedächtnis dieser Tat der Maria der Nachwelt überliefert. Es läßt sich wohl nicht annehmen, daß Maria ein ganzes Pfund der Salbe aufs Haupt gegossen hätte. — Ganz anders stellt sich das Verhältnis dieser Salbung Jesu in Bethanien zu dem Lk 7 erzählten Vorgang. Es seien kurz die wenigen Züge hervorgehoben, welche eine Verwechslung beider Berichte nicht zulassen. Simon, der Aussätzige von Bethanien, von welchem Matthäus und Markus sprechen, hat mit Simon dem Pharisäer, den Lukas nennt, eben nur den Namen gemeinsam. Wir können unter der kleinen Zahl von Personen, die uns aus der evangelischen Geschichte bekannt sind, 12—13 Träger des Namens Simon zählen, da sollte es nicht zwei Träger dieses so sehr verbreiteten Namens geben können, in deren Häusern die beiden ähnlichen Vorgänge stattgefunden hätten? Der eine lebte in Judäa, der andere in Galiläa; der eine empfängt Jesus mitten in seiner galiläischen Amtstätigkeit, der andere einige Tage vor seiner Leidenszeit. In Galiläa dreht sich das Gespräch um die Vergebung der Sünden, in Judäa um den Aufwand der Maria, und wenn die beiden Frauen die Füße Jesu mit ihren Haaren trocknen, so sind es bei der einen Tränen, welche sie abwischt, bei der andern eine Salbe, womit sie ihren Herrn einbalsamiert hat. Diese Verschiedenheit kennzeichnet hinreichend die beiden Frauen. Auch wird das christliche Gefühl immer Einspruch dagegen erheben, wenn man Maria von Bethanien mit einem übel berüchtigten Weib identifizieren will.

Die Jünger fangen an, über Marias Tat zu schelten. Dieser Ausbruch des Unmuts wird von seiten des Judas (Jo 12, 4) hervorgerufen worden sein.

Die Befehlsform der Entgegnung Jesu den Jüngern gegenüber ist das einzig Richtige. Laßt diese Frau in Ruhe und Frieden! Und beunruhigt sie nicht weiter mit nutzlosen und unangebrachten Vorwürfen angeblicher, zweckloser Verschwendung! Gerade das, was nach dem Urteil der Jünger der Maria in ihrem gegenwärtigen Tun fehlt, spricht Jesus der Maria zu, ihnen, den Jüngern, aber ab. Nicht umsonst hat sie diese Salbe ausgegossen. *„Sie hat getan, was sie konnte, und die Salbung meines Leichnams zum Begräbnis vorweggenommen"* (Mk 14, 8). Mit anderen Worten: sie hat diesen Tag zum Tag meines Begräbnisses gemacht. Matthäus sagt: **„Als sie diese Salbe auf meinen Leib goß, tat sie es, um mich für das Grab zu rüsten."**

Der Sinn von Vers 11 ist: Wenn die Armen wirklich Gegenstand eurer Fürsorge sind, wird es immer Zeit geben, eure Freigebigkeit an ihnen zu beweisen; hingegen meine Person wird eurer liebreichen Sorge und Pflege bald entrückt sein. Die erste Satzhälfte scheint eine Hindeutung auf 5 Mo 15, 11 zu enthalten.

Für die Jünger waren diese Worte Jesu ein gewaltiger Mahnruf, die letzten Stunden ihres Umganges mit Jesus recht auszunutzen.

Jesus stiftet mit Vers 13 der Maria von Bethanien ein bleibendes Gedächtnis. Der Herr ehrt jeden, der ihm dankt und ihn von Herzen ehrt!

Der Verrat des Judas.

Vers 14—16

Zu Vers 14—16: Mk 14, 10. 11; Lk 22, 3—6
Zu Vers 15: Jo 11, 57; Sach 11, 12
Zu Vers 16: 1 Tim 6, 9. 10

14 **Hierauf ging einer von den Zwölfen, namens Judas Iskariot, zu den Hohen-**
15 **priestern *und sagte: Was wollt ihr mir geben, daß ich ihn euch in die Hände**
16 **liefere? Da zahlten sie ihm dreißig Silberstücke aus. *Von da an suchte er**
nach einer guten Gelegenheit, um ihn zu überliefern (= zu verraten).

Lukas schreibt den Schritt des Judas einem satanischen Einfluß zu. Er sagt sogar: *„Der Satan fuhr in ihn"* (Lk 22, 3). Nach biblischer Anschauung ist durch diese Dazwischenkunft des Satans die Freiheit des Judas keineswegs ausgeschlossen. Judas hatte, als er in Jesu Nachfolge trat, sich nicht angelegen sein lassen, was Jesus so oft von den Seinen verlangte, „sein eigenes Leben ganz zu verleugnen". Für ihn war Jesus nur das erwünschte Mittel, zur Befriedigung seines Ehrgeizes und seiner Habgier zu gelangen. Und jetzt, da er die Dinge auf ein ganz anderes Ergebnis hinauslaufen sah, als sein natürliches Herz gehofft hatte, wollte er wenigstens aus der falschen Stellung, in die er sich zu seinem Volk gesetzt hatte, Nutzen ziehen und seine Eigenschaft als Jünger dazu gebrauchen, die Gunst der israelitischen Behörde wieder zu erlangen. Die dreißig Silberlinge = 80 DM spielten bei seinem Verrat offenbar nur eine untergeordnete, dennoch aber eine wirkliche Rolle. (Vgl. Sach 11, 13.)

Die Verhaftung sollte ohne öffentliches Aufsehen ausgeführt werden. Dieses ganz unerwartete Anerbieten seitens des Judas bestimmte den Hohen Rat, doch lieber vor als nach dem Fest zu handeln. Nun galt es, sich zu beeilen, der letzte Augenblick war da.

Schauerlich ist die Geschichte des Judas, erschütternd die Stufen des Falles: Judas, der Jünger, der Unaufrichtige, der Dieb, der Verräter, der Selbstmörder!

Letztes Passahmahl.

Vers 17—25

Zu Vers 17—19: Mk 14, 12—16; Lk 22, 7—13
Zu Vers 17: 2 Mo 12, 14—20; 1 Ko 5, 7
Zu Vers 18: Mt 21, 3

17 **Am ersten Tage der ungesäuerten Brote aber traten die Jünger zu Jesus**
und fragten ihn: Wo sollen wir dir alles vorbereiten, damit du das Passah-
18 **mahl halten kannst? *Er antwortete: Geht in die Stadt zu dem und dem**
und sagt zu ihm: Der Meister läßt dir sagen: meine Zeit ist nahe; bei dir

Zu Vers 20—25:
Mk 14, 17—21
Lk 22, 14. 21—23
Jo 13, 21—30

Zu Vers 23:
2 Mo 12, 8
Ps 41, 10

19 will ich das Passahmahl mit meinen Jüngern halten. *Die Jünger taten, wie
20 Jesus ihnen aufgetragen hatte, und richteten das Passahmahl zu. *Als es
dann Abend geworden war, setzte er sich mit den zwölf Jüngern zu Tisch.
21 *Und während des Essens sagte er: Wahrlich, ich sage euch: einer von euch
22 wird mich ausliefern (verraten)! ***Da wurden sie tief betrübt und fragten**
23 ihn, einer nach dem andern: Ich bin es doch nicht etwa, Herr? * Er ant-
wortete: Der die Hand zusammen mit mir in die Schüssel getaucht hat,
24 der wird mich ausliefern. * Der Menschensohn geht zwar dahin, wie über
ihn in der Schrift steht; doch wehe dem Menschen, durch den der Men-
schensohn verraten wird! Für diesen Menschen wäre es besser, er wäre nicht
25 geboren! *Da nahm Judas, der ihn verraten wollte, das Wort und fragte:
Ich bin es doch nicht etwa, Rabbi? Er erwiderte ihm: Doch, du bist es.

Das Wort „Passah" oder „Fest der ungesäuerten Brote" bezieht sich auf das ganze sieben- bezw. achttägige Fest. Der erste Tag des Festes der ungesäuerten Brote ist n i c h t der Tag, an dem das Passahlamm geschlachtet und gegessen wird, sondern der Tag zuvor, also der Donnerstag. An diesem Tage muß ungesäuertes Brot gegessen werden. Dieser Tag ist durch Speise und Trank zu ehren (Mechilta). Es findet also an ihm ein pflichtgemäßes Mahl und zwar am Abend statt, und mit diesem Eröffnungsmahl beginnt die Feier des Festes der ungesäuerten Brote. An dieses Eröffnungsmahl ist hier zu denken und nicht an das eigentliche Passahmahl, d. h. an das Essen des Osterlammes.

Warum bezeichnet Jesus den Gastfreund, den er meint, nicht mit Namen? Darauf gibt es nur eine Antwort: Das Haus, wo er das Mahl zu halten gedenkt, soll seiner kleinen Schar unbekannt bleiben. Und wozu diese geheimnisvollen Maßregeln? Jesus wußte, was Judas vorhatte, wie der ganze folgende Bericht des Markus beweist, und so wollte er durch dieses Verfahren den Störungen zuvorkommen, die durch die Treulosigkeit seines Jüngers in die von Jesus beabsichtigte Verwendung dieses letzten Abends hätte kommen können.

Jesus muß mit dem Hausbesitzer bekannt gewesen sein, sonst wären die Ausdrücke „der Meister" und „meine Jünger" für den Hausbesitzer unverständlich gewesen.

In Bethanien konnte das Passahmahl nicht gegessen werden, weil die priesterliche Ordnung das nicht zuließ. Man mußte nämlich den Tempel noch sehen. Das war aber in Bethanien unmöglich. Also auch die in Bethanien Wohnenden mußten sich in die Stadt Jerusalem begeben.

Das Mahl beginnt in dem von den Jüngern bereiteten Saal. „Jesus setzte, bzw. legte sich mit den Aposteln zu Tisch. So war es schon vor Jesu Zeit allgemeine Sitte geworden. Nicht mehr wie früher, stehend und in Hast und Eile (2 Mo 12, 11), denn das Liegen gerade beim Passahmahl sollte ein Zeichen der Freiheit sein, das an die Erlösung aus der ägyptischen Sklaverei erinnerte. Im Talmud, besonders in dem Mischna-Traktat Pesachim, finden sich bis ins einzelne gehende Vorschriften über den Verlauf des Passahmahles. Wenn auch die schriftliche Festlegung dieser Vorschriften erst etwa im Anfang des dritten Jahrhunderts stattfand, so spiegelt sich doch zweifellos darin im ganzen die Praxis der Pharisäer zur Zeit Jesu wider. Und da das Volk sich im allgemeinen nach den Pharisäern richtete, wird auch Jesus mit seinen Jüngern sich im wesentlichen an diese Praxis gehalten haben.

Da es sich um ein Freudenfest handelte, spielten die „vier Weinbecher" eine große Rolle. Jedem, auch dem Ärmsten, sollten diese vier Becher zur Verfügung gestellt werden. Auch war es allgemeine Sitte, daß jeder Tischgenosse seinen eigenen Becher vor sich stehen hatte, der wenigstens viermal gefüllt werden mußte. Freilich nicht mit Wein allein; zu einem Drittel Wein wurden zwei Drittel Wasser gemischt.

War der erste Becher gefüllt, so sprach der Hausvater bzw. das Haupt der Tischgenossenschaft den Lobspruch über den Wein: „Gepriesen seist du, Herr, unser Gott, König der Welt, der die Frucht des Weinstocks geschaffen hat", und ebenso einen Lobspruch über das Fest. Dann wurden als Vorspeise grüne bittere Kräuter aufgetragen, an die ein lehmartiger Brei oder Fruchtmus aus zerriebenen Feigen, Datteln, Mandeln, mit Zimt und anderen Gewürzen in Wein angerührt, sich anschloß. Die bitteren Kräuter, die man in diesen Brei eintauchte, sollten an die bittere Sklaverei in Ägypten erinnern.

War die Vorspeise verzehrt, mischte man jedem Tischgenossen den z w e i t e n Becher. Im Anschluß daran gab der Hausvater auf Befragen seines Sohnes eine Aufklärung über die Bedeutung dieses Festes, an die sich die Rezitation des ersten Teiles des sogenannten Hallels anschloß. Das ganze Hallel umfaßte die Psalmen 113—118. Hierauf begann das eigentliche Passahmahl, d. h. der Genuß des O s t e r l a m m e s. Es wurde eingeleitet durch den Lobspruch, den der Hausvater über das ungesäuerte Brot sprach, das er in der Hand hielt und hierauf zerbrach, um jedem Tischgenossen ein Stück zu geben.

Nachdem die Überbleibsel des Mahles entfernt waren, wurde der dritte Becher eingeschenkt, „der Becher des Segens". Er hat seinen Namen daher, daß über ihn der Danksegen über die gesamte Mahlzeit gesprochen wurde.

War hierauf der Rest des Hallels gebetet, so beschloß ein vierter Becher das Fest, das sich als ernstes Fest nicht über Mitternacht hinausziehen sollte.

Von jenem an Ereignissen und Gesprächen so reichen Passahmahl berichten Matthäus und Markus zwei Dinge besonders: d e n H i n w e i s a u f d e n V e r r ä t e r und die E i n s e t z u n g d e r F e i e r d e s H e i l i g e n A b e n d m a h l e s." (Lauck S. 109. Vgl. besonders: Strack-Billerbeck NT Bd. 4, 1 S. 41—76 und Rienecker „Sachlicher Schlüssel zum griechischen NT.")

Zunächst also die Bezeichnung des Verräters: J e s u s s p r i c h t: **„Wahrlich, ich sage euch, einer unter euch wird mich verraten."** Weil dieses Wort Jesu so bestimmt gesagt wird, darum geraten die Jünger in Schrecken. Sie verstehen nicht recht den Sinn der Worte Jesu. Aber sie fragen bestürzt: **„Ich bin es doch nicht, Herr?"** Die antwortende Tat Jesu läßt noch unbestimmt, wer es sei. Jesus sagt: **„Der wird mich verraten, der mit mir die Hand in die Schüssel taucht"**, d. h. mit anderen Worten: **„Einer meiner Freunde und Tischgenossen wird es sein."** Jesus spricht weiter: **„Der Menschensohn geht zwar dahin"** —, nicht weil er wehrlos ist gegenüber dem Verräter, sondern weil dieser Verrat im Ratschluß Gottes liegt.

Der Verrat des Judas findet statt, weil der göttliche Beschluß des Todes des Messias in Erfüllung gehen muß und der V e r r a t das Mittel hierzu ist. N u r bleibt der, der ihn verübt, unter allen Umständen dafür verantwortlich.

Das „W e h e" aber, das der Herr Jesus über Judas ausruft, ist ein tiefes Weh seiner Seele; es jammert ihn jener Mensch, tief bis in seine Geburt hinein. Es ist ihm bange um Zeit und Ewigkeit dieses Menschen, so sehr, daß er sein eigenes Weh, das jener ihm bereitet, darüber vergessen kann, umso mehr, da er weiß, daß dieser Verworfene ihm nichts anderes bereiten kann, als was der Vater über ihn verhängt hat. Der Menschensohn geht unabänderlich dahin, wie es bestimmt ist. (V. 23.) Daß die Jünger auf dieses Wort hin untereinander stritten, beweist die Gewandtheit, mit der Judas seine Gesinnung und Absicht zu verbergen gewußt hatte. Das Wort „B i n i c h e s ?" der Jünger bei Matthäus und Markus findet seine natürliche Stelle. Man hat unwahrscheinlich gefunden, daß Judas auch so gefragt habe (Mt 26, 25). Allein, da alle andern fragten, konnte er es ja nicht unterlassen, ohne sich zu verraten. Das Wort Jesu „Du sagst es" bezeichnet durchaus dasselbe, was Johannes 13, 26 sagt: *„Und er tauchte den Bissen (des Eröffnungsmahles) ein, und gab ihn Judas Ischarioth."* Eben diese Handlung war die Antwort Jesu, welche Matthäus in die Worte umsetzte: „Du sagst es!"

Denn Judas hatte genau so wie die andern Jünger den Herrn gefragt: „Ich bin es doch nicht, Rabbi?" Er hatte also alles getan, was er konnte, um sich zu verbergen. Er hatte den Schrecken der Jünger nachgeahmt und sich so besorgt und bekümmert wie sie gestellt.

„Nur Matthäus hat diese Frage des Judas erzählt, allein es läßt sich nicht bezweifeln, daß sich Judas sorgfältig bemüht hat, seine Schuld zu verheimlichen. Er konnte sich nicht unterrichtet zeigen, während alle überrascht waren, mußte auch seinerseits in den Abscheu vor dem Verrat einstimmen und mußte sich auch stellen, als wünsche er von Jesus ein beruhigendes Wort. Eben weil er Jesus verraten wollte, war er sorgfältig darauf bedacht, sich selbst nicht zu verraten, und erhielt dadurch das Wort, das ihn beschuldigte. Jesus ließ die Zerstörung seiner Lüge nicht unvollendet, sondern machte ihm deutlich, daß er sich durch Verstellung nicht helfen kann.

Matthäus bricht ab und sagt uns weiteres von Judas erst, als er mit dem bewaffneten Haufen nach Gethsemane kommt. Wann er sich von Jesus trennte, erzählt er nicht. Der Blick des Evangelisten hängt ganz und allein an Jesus. Wir sollen ihm zusehen, wie fest und heilig er dem Kreuz zugeht. Alle andern Personen sind ihm Nebensache; er lenkt unsern Blick ihretwegen nicht von Jesus ab. Vermutlich verließ Judas sofort nach jenen Worten Jesu den Saal und ging in den hohepriesterlichen Palast.

Nachdem Jesus in dieser feierlichen Weise das göttliche Urteil auf den gelegt hatte, der die Gnade von sich stieß, tat er an jenem Abend noch etwas anderes; er hat seinen anderen Jüngern den Segen seines Todes erläutert und nicht bloß erläutert, sondern zugeteilt. Nachdem er den einen Verlorenen von sich getrennt und dem Tode übergeben hatte, verlieh er den anderen den vollkommenen Anteil an seinem Kreuzestod." (Schlatter S. 386.)

Das Abendmahl.

Vers 26—30

Zu Vers 26—29:
Mk 14, 22—25
Lk 22, 15—21
1 Ko 11, 23—25

Zu Vers 26:
1 Ko 10, 16

Zu Vers 28:
2 Mo 24, 8
Jes 53, 12
Jer 31, 31
Sach 9, 11
Hbr 7, 22

Zu Vers 29:
Apg 10, 41

Zu Vers 30:
Mk 14, 26
Lk 22, 39
Jo 18, 1
Ps 113 u 114
Ps 115—118

26 **Während des Essens aber nahm Jesus das Brot, sprach den Lobpreis** (Gottes), **brach das Brot und gab es den Jüngern: Nehmt, esset! Dies ist**
27 **mein Leib. *Dann nahm er einen Becher, sprach das Dankgebet und gab**
28 **ihnen den mit den Worten: Trinket alle daraus! *Denn dies ist mein Blut, das Blut des [neuen] Bundes, das für viele vergossen wird zur Vergebung**
29 **der Sünden. *Ich sage euch aber: Ich werde von nun an von diesem Erzeugnis des Weinstocks nicht mehr trinken bis zu jenem Tage, an dem ich es**
30 **mit euch neu trinken werde im Reiche meines Vaters. *Nachdem sie dann den Lobpreis gesungen hatten, gingen sie hinaus an den Ölberg.**

Diese Worte bilden in den drei Evangelien den Mittelpunkt des ganzen Berichtes. Nicht genug können wir des Herrn Weisheit und Größe bewundern, die in der Einsetzung des Abendmahls sichtbar wird. Dies soll den Jüngern, die nie so recht an sein Sterben hatten glauben können, seinen bevorstehenden Tod bestätigen. Es soll ihnen dieser Tod, der ihnen so anstößig war, in dem Sinn leuchten **„zur Vergebung der Sünden"**. Es soll sie endlich zu einem fortwährenden Gedenken dieses Todes verpflichten und sie also aufs innigste, sowohl untereinander als mit dem Herrn und mit den Gläubigen aller folgenden

Zeiten, verbinden. Die Einsetzung des Abendmahls ist keine Frucht einer augenblicklichen Eingebung, sondern die Folge eines vom Vater zuvor sorgfältig geleiteten Planes. Mit der sicheren Erkenntnis seines herannahenden Leidens vereinigt der Herr das klare Bewußtsein der segensreichen Wirkung seines Todes mit seiner Liebe für seine Jünger, die ihn sich selbst ganz vergessen läßt und ihn bestimmt, gerade jetzt, bevor die schwersten Stunden kommen, ihnen eine Stärkung für ihren Glauben, ihre Liebe und Hoffnung zu bereiten.

Wir erwähnen kurz, was Johannes Goßner vom Abendmahl gesagt hat: „Der Heiland hat in der Einsetzung des Abendmahls seinen Leib und sein Blut uns nicht zum Lehrstreit, nicht zum Grübeln, nicht zum Erklären und Bezweifeln, sondern lediglich zum Genuß, zum Essen und Trinken, zum Wachstum in der Gnade und Liebe und besonders in der Gemeinschaft und Vereinigung der Gläubigen miteinander und mit Ihm gegeben.

Der einfältige Gläubige grübelt nicht, erklärt und bestimmt nicht das unerklärbare, unbegreifliche Geheimnis: Christus in uns (Kol 1, 27; Jo 6, 56); sondern er will nur nehmen, wie Christus es darbietet und sagt: Nehmet, esset, das ist mein Leib! Nehmet, trinket alle, das ist mein Blut! Er sagt nicht: Begreifet es! erforschet es! Streitet! Zanket! usw.

Die Ehrfurcht, der Hunger, das Verlangen, mit Christus so innig vereinigt und seines Leibes und Blutes teilhaftig zu werden, so daß er in uns und wir in ihm sind — das soll alle anderen Gedanken verscheuchen, soll uns ganz einnehmen, damit wir nur Christi, seines Verdienstes, seiner Kraft und Gnade, seiner Innewohnung teilhaftig werden. Das „Wie" dürfen wir ihm ganz überlassen. Das ist keine Sache für den Verstand, sondern allein für das Herz, nicht für den Begriff, sondern für den Genuß. Je mehr du begreifen willst, bestimmen, erklären willst, je weniger wirst du genießen. Du sollst nur nehmen und essen und dem Geber überlassen, was und wie er geben will. Du sollst nur glauben, er gibt mehr, als du begreifen, glauben, verstehen und bitten kannst — überschwenglich mehr, als dein kleines armes Herz fassen kann."

Mit der Einsetzung des Mahles hat Jesus seinen irdischen Verkehr mit seinen Jüngern zum Abschluß gebracht. Er schaut über Leiden und Sterben hinüber zur großen Ewigkeit und sagt: **„Ich sage euch aber: Von jetzt an werde ich nicht mehr von dieser Frucht des Weinstocks trinken bis auf jenen Tag, an dem ich diese Frucht des Weinstocks neu trinken werde in meines Vaters Reich."** — Erst drüben werden sie wieder vereint und miteinander das festliche Mahl halten. Dann wird er ihnen in verklärter Weise den Freudenbecher bei dem Mahle reichen.

Der Lobgesang, der das Passahfest abschloß, wurde beendigt mit den Psalmen 115—118.

Auf dem Wege nach Gethsemane.

Vers 31—35

Zu Vers 31—35:
Mk 14, 17—31
Lk 22, 31—34

Zu Vers 31:
Sach 13, 7
Mt 9, 36
Jo 16, 32

Zu Vers 32:
Mt 28, 7

Zu Vers 33:
Mt 26, 69—75
Jo 18, 36—38

Zu Vers 34:
Mt 26, 75

31 **Dabei sagte Jesus zu ihnen: Ihr werdet alle in dieser Nacht an mir An-**
stoß nehmen; denn es steht geschrieben: Ich werde den Hirten nieder-
32 **schlagen, dann werden die Schafe der Herde sich zerstreuen. *Nach meiner**
33 **Auferweckung aber werde ich euch voraus nach Galiläa gehen. *Da ant-**
wortete ihm Petrus: Mögen auch alle an dir Anstoß nehmen: ich werde
34 **niemals an dir Anstoß nehmen! *Jesus erwiderte ihm: Wahrlich, ich sage**
dir: Noch in dieser Nacht, ehe der Hahn kräht, wirst du mich dreimal ver-
35 **leugnen. *Petrus antwortete ihm: Wenn ich auch mit dir sterben müßte,**
werde ich dich doch niemals verleugnen! Das gleiche versicherten auch die
anderen Jünger alle.

Jesu Weg in den Tod wird ihnen in dieser Nacht zu einer ganz großen Anfechtung. Aber auch über dieses Dunkle der Nacht wird der Auferstandene sie, die sich zerstreut hatten, wieder mit sich vereinigen. — In Erinnerung an Sacharias (Kap. 13, 7) sagt Jesus seinen Jüngern voraus, daß sie alle in dieser Nacht an ihm irre werden und er ihnen so Anlaß zum Falle sein wird. Wie Schafe, die plötzlich des Hirten beraubt sind, werden sie von Furcht und Schrecken „auseinandergetrieben" werden. — Petrus antwortet: **„Wenn alle Anstoß nehmen, so werde ich doch niemals Anstoß nehmen."** Diese Worte des Petrus passen so ganz und gar zu seiner Art: Voll Liebe zu seinem Meister, aber ohne jede Selbsterkenntnis und n i c h t ohne Selbstüberhebung. — Deshalb beharrt er in seinem Widerspruch, trotz der genauen Aussagen Jesu über den Hahnenschrei. Durch diese Voraussagen Jesu hat Petrus seinen Fall umso schlimmer gemacht, weil er, trotzdem daß er von Jesus vorher gewarnt war, sich dennoch in die Sünde stürzte.

Markus sagt, mehr ins einzelne gehend und wohl genauer: *„Ehe der Hahn zweimal kräht, wirst du mich dreimal verleugnet haben."* Die erste Verleugnung geschah etwa um drei Uhr. Die Tatsache zweier verschiedener Hahnrufe, deren erster schon für Petrus eine Warnung sein mußte, hebt die Größe seiner Verfehlung stärker hervor.

Der Gebetskampf in Gethsemane.

Vers 36—46

Zu Vers 36—46:
Mk 14, 32—42
Lk 22, 39—46
Zu Vers 36:
Jo 18, 1
Zu Vers 37:
Mt 4, 21; 17, 1
Hbr 5, 7
Zu Vers 38:
Ps 42, 6. 12
Ps 43, 5
Lk 12, 50
Jo 12, 27
Zu Vers 39:
Mt 20, 22
Jo 6, 38
Jo 18, 11
Hbr 5, 8
Hbr 10, 9. 10
Zu Vers 40:
Mt 25, 5
Zu Vers 41:
Hbr 2, 18
2, 14; 4, 15
Eph 6, 18
1 Pt 5, 8
Offb 3, 2; 16, 15
Zu Vers 42:
Mt 6, 10; 18, 11
Jo 6, 38
Ps 40, 9
Zu Vers 44:
Lk 9, 32
2 Ko 12, 8
Zu Vers 45:
Rö 13, 11
2 Sam 24, 14
Zu Vers 46:
Jo 14, 31

36 Hierauf kam Jesus mit ihnen an einen Ort, namens Gethsemane, und
sagte zu den Jüngern: Setzt euch hier nieder, während ich dorthin gehe
37 und bete! *Dann nahm er Petrus und die beiden Söhne des Zebedäus mit
38 sich und fing an zu trauern und zu zagen. * Da sagte er zu ihnen: Tief-
betrübt ist meine Seele bis zum Tode; bleibt hier und haltet euch wach mit
39 mir! *Nachdem er dann ein wenig weitergegangen war, warf er sich auf
sein Angesicht nieder und betete mit den Worten: Mein Vater, wenn es
möglich ist, so laß diesen Kelch an mir vorübergehen! Doch nicht wie ich
40 will, sondern wie du willst! *Hierauf ging er zu den Jüngern zurück und
fand sie schlafend und sagte zu Petrus: So wenig seid ihr imstande ge-
41 wesen, eine einzige Stunde mit mir zu wachen? *Wachet und betet, damit
ihr nicht in Versuchung geratet! Der Geist ist willig, das Fleisch aber ist
42 schwach. *Wiederum ging er zum zweitenmal weg und betete mit den
Worten: Mein Vater, wenn dieser Kelch nicht vorübergehen kann, ohne
43 daß ich ihn trinke, so geschehe dein Wille! *Als er dann zurückkam, fand
44 er sie schlafend, denn die Augen fielen ihnen vor Müdigkeit zu. *Da ver-
ließ er sie, ging wieder weg und betete zum drittenmal, wieder mit den-
45 selben Worten. *Hierauf kehrte er zu den Jüngern zurück und sagte ihnen:
Schlaft ein andermal und ruht euch aus! Doch jetzt ist die Stunde ge-
kommen, daß der Menschensohn Sündern in die Hände geliefert wird!
46 *Steht auf, wir wollen gehen! Seht, mein Verräter ist nahe gekommen!

Beurteilen wir die gesamte Lebensgeschichte Jesu im Vergleich mit der Lebensgeschichte anderer großer Männer, so ist es merkwürdig, daß gerade seinem Lebensende noch ein besonderer Wert und eine besondere Frucht für die Menschheit zukommen soll.

Bekanntlich gibt es in der heutigen protestantischen Theologie eine weitverbreitete Auffassung des Lebens Jesu, nach der es sich auch bei Jesus ebenso verhalten soll, wie es sonst die Regel ist. Da wird der ganze Nachdruck ausschließlich gelegt auf das Bild seines i r d i s c h e n Lebens und Wirkens.

Ganz anders lautet aber, wie wir wissen, bisher noch immer die Antwort der Gemeinde Jesu auf jene Frage. In Bekenntnis und Lehre wie im Glauben der Gemeinde bildet gerade das Leiden Christi für sich als dieses Leiden, und der Tod Christi für sich als dieser Tod, Christi Kreuz und Blut den selbständigen Mittelpunkt der Heilslehre und des Heilsglaubens. Wie hoch da auch die Bedeutung des irdischen Lebens und Wirkens Jesu geschätzt wird, so wird doch das Zentrum der Heilspredigt und des Heilsglaubens, nämlich der Versöhnung der sündigen und schuldigen Welt mit Gott, nicht sowohl an sein irdisches Leben und Wirken geknüpft, als vielmehr an Christi Blut und Tod. Schon einem Paulus ist das Kreuz Christi der Mittelpunkt seines Evangeliums. *„Ich halte mich nicht dafür, daß ich irgend etwas wüßte, als allein Jesum Christum, den Gekreuzigten"* (1 Ko 2, 2).

Der Kampf in Gethsemane ging um die klare und freiwillige Übernahme dieses Kreuzestodes. Dieser Augenblick der freiwilligen Übernahme entspricht dem, als er in der Wüste die Weltherrschaft ausschlug. Dort verzichtete er darauf, ohne Gott über uns zu herrschen. Hier willigt er ein, für uns mit Gott zu sterben. Der Seelenkampf wird eingeleitet mit den Worten (Matthäus und Markus):

„Und er fing an zu zittern und zu zagen."

Wir stehen vor dem tiefsten Geheimnis der evangelischen Geschichte. Wir sahen den Herrn vom Verklärungsberge an mit ruhigem, festem Schritte Jerusalem zugehen. Wir sahen ihn auf dem Wege in majestätischer Weise seine größten Machttaten vollbringen und die tiefsten Wahrheiten über seine Person aussprechen. Wir hörten ihn mit göttlicher Ruhe von seinem Leiden, Sterben, Begräbnis reden. Wir waren Zeugen seines überlegenen, königlichen Auftretens unter seinen Feinden in Jerusalem. Wir begleiteten ihn in den Saal zum Passahmahl und sahen, wie er das Abendmahl einsetzte, wie er seinen Jüngern sein Blut, als schon vergossen, darreichte, sein Sterben, als schon vollendet, mit den Seinen feierte. Mit göttlicher Hoheit, himmlischem Frieden, übermenschlicher Ruhe und Würde sahen wir ihn bisher dem Leiden entgegengehen. —

Und was sehen wir jetzt? Welch ein Kontrast! Welch unbegreifliche Veränderung! Der Mann, dem die Elemente der Natur sofort gehorchten, vor dem der Tod floh, der keine Furcht kannte, — der steht jetzt vor schwachen Jüngern, klagend, trauernd, zitternd, zagend! Sein ganzes Wesen bebt und schaudert; unaussprechliches Weh drückt sich in seinem Angesicht aus; eine Beklemmung, eine Bangigkeit, eine Angst, ein Todesweh, — ein Zagen bis fast zum Zusammenbrechen — eine Erschütterung seines Leibes und seiner Seele bis zum Erliegen, bis zum Vergehen erfaßt ihn! — Er kann nicht bleiben. **„Wachet und betet mit mir"**, sagt er seinen Jüngern, und reißt sich los von ihnen einen Steinwurf weit.

Lukas sagt: „Er kniete nieder." Markus sagt: „Er fiel auf die Erde." Matthäus: „Er fiel auf sein Angesicht." — Er fällt auf die Knie und schreit aus der Tiefe seines Herzens, daß es weit durch die mondhelle Nacht hallt: **„Vater, Vater, wenn es möglich ist, so nimm diesen Kelch von deinem Kinde!"** — Er fällt aufs Angesicht, er liegt auf der Erde und krümmt sich wie ein Wurm und ruft *„mit starkem Geschrei und Tränen"* (Hbr. 5, 7) **„dieselben Worte": „Abba, Vater, es ist dir alles möglich; wenn es möglich ist, so überhebe mich dieses Kelches!"**

Das Bild des Kelches ist allen dreien gemeinsam. Es hatte sich der Tradition unauslöschlich tief eingeprägt. Dieser Kelch, um dessen Vorübergehen Jesus bittet, ist das Symbol des schrecklichen Kreuzestodes, dessen blutiges, schauerliches Bild in diesem Augenblick mit außerordentlicher Lebhaftigkeit vor seinen Augen steht. Markus sagt noch: *„Abba, Vater, es ist dir alles möglich."* Es ist dies die letzte und höchste Anrufung der väterlichen Liebe und zugleich der Allmacht Gottes. Auf das Werk der Erlösung der Menschheit verzichtet Jesus keinen Augenblick. Er fragt nur, ob denn das Kreuz das einzige Mittel sei, diesen Zweck zu erreichen. Könnte Gott in seiner unbeschränkten Macht nicht eine andere Art der Versöhnung finden? So hat also auch Jesus gehorchen müssen, ohne zu verstehen, und lernen müssen: „Wandeln im Glauben". Die Ausdrücke Hbr 5, 8: *„Er hat Gehorsam gelernt"* und Hbr 12, 2: *„der Herzog des Glaubens"* beleuchten tief diesen Gethsemane-Kampf.

Der Vater antwortet nicht. Sein Schreien verhallt in der einsamen schweigenden Nacht. Kein Tröpflein Trost erquickt den müden Dulder. Die Wasserwogen der Angst wachsen, und der Vater läßt schweigend sein Kind ringen.

Der Herr steht auf, geht zu seinen drei Jüngern, hoffend, aus ihrem gemeinsamen Gebet einen Trost zu empfangen. Umsonst! Sie schlafen vor Traurigkeit. Mit flehentlicher Bitte ermahnt er sie, ihn jetzt nicht allein zu lassen, sondern mit ihm zu wachen und zu beten, und geht abermals an denselben Ort. Er wirft sich wieder in den Staub; er betet wieder dieselbigen Worte; er betet heftiger; er muß die Nacht durchbrechen; er muß an das Herz seines Vaters dringen, er muß eine Antwort haben.

Wird diesmal das ergreifende „Abba, Vater!" durch die Nacht zum Himmel dringen? Wird auch diesmal der Vater schweigen können? Muß ihm nicht sein Herz brechen über so entsetzlicher Angst, so unbeschreiblichem Weh, das auf dem Sohne des Wohlgefallens lastet? O, hätten wir in jener Stunde in des Vaters Herz sehen können! Er konnte nicht antworten!

Zum drittenmal stürzt er in die Nacht, an den einsamen Ort. *„Und es kam, daß er mit dem Tode rang . . . Es war aber sein Schweiß wie Tropfen dicken Blutes, die fielen auf die Erde."* Der Tod schauert durch seine ermatteten Glieder. Die Fluten der Angst steigen aufs höchste, sie gehen über sein Haupt.

Während der Herr den bittersten und schwersten Gebetskampf kämpft, der je auf Erden ausgekämpft worden ist, schlafen die Jünger!

„Der Herr mußte die Kelter allein treten." Auch dies Schlafen der treuesten Freunde in der Stunde der tiefsten Seelenangst mußte den Heiland sehr schmerzen. Wie würde es einem Schwerkranken wehe tun, wenn seine Lieben am Bette schliefen, anstatt zu wachen!

Es kann auch bei diesem Schlaf, den Jüngern unbewußt, eine Einwirkung Satans stattgefunden haben, die, während sie den Hirten angriff, die Schafe gewiß nicht wird unangefochten gelassen haben.

Jesus steht von dem Kampf auf, von der Angst befreit, wie der Hebräerbrief sagt, d. h. im Besitz der völligen Fassung, welche die vollständige Hingebung des Gehorsams dem Gemüt verleiht. Zwar hat der Kreuzestod nichts von seiner Qual verloren, aber der Eindruck, den seine Erwartung auf Jesus macht, ist nicht mehr derselbe. Er hat sich ganz ergeben; er hat getan, was er selbst ankündigte, ehe er über den Kidron ging: *„Ich heilige mich selbst für sie"* (Jo 17, 19), ein Akt, welchen der Hebräerbrief ausdrückt in den Worten: *„Er hat sich vermittels des ewigen Geistes selbst fleckenlos Gott dargebracht"* (9, 14). Nachdem er einmal das Opfer auf sich genommen hat, empfindet er schon im voraus die Ruhe des vollbrachten Opfers. Er geht fortan festen Schrittes dem Kreuz entgegen, vor dessen Anblick er kurz vorher gebebt hatte. Anders seine Jünger. Sie haben die ihnen drohende Gefahr der Untreue nicht fest ins Auge gefaßt und sich nicht durch Wachen und Beten darauf vorbereitet. Es ist natürlich, daß sie unterliegen werden.

Der Tod Jesu ist nach der Ansicht der Evangelisten und nach den Worten, die sie ihm in den Mund legen, nicht das geschichtliche Ergebnis des Konfliktes, der zwischen ihm und den theokratischen Behörden eingetreten war. Es begegnet ihm nur, was über ihn bestimmt ist (Lk 22, 22). **„Es muß also geschehen"** (Vs. 54).

Er stirbt für die Vergebung der Sünden der Welt (28). Im Grunde sagt die apostolische Dogmatik auch nichts weiter. Nur tritt natürlich in den Episteln der göttliche Plan, in den Evangelien die Tätigkeit der menschlichen Faktoren mehr hervor. Die beiden Gesichtspunkte ergänzen sich gegenseitig. Gott wirkt durch die Geschichte, und die Geschichte verwirklicht den göttlichen Gedanken.

Die Gefangennahme Jesu.

Vers 47—50

Zu Vers 47—56:
Mk 14, 43—50
Lk 22, 47—53
Jo 18, 3—11

47 **Während er noch redete, da kam plötzlich Judas, einer von den Zwölfen,**
und mit ihm eine große Schar mit Schwertern und Knütteln, von den Hohen-
48 **priestern und Ältesten des Volkes her. * Sein Verräter hatte aber ein**
Zeichen mit ihnen verabredet, nämlich: Der, den ich küssen werde, der
49 **ist's, den nehmt fest. *Er trat also sogleich auf Jesus zu mit den Worten:**
50 **Sei gegrüßt, Rabbi, und küßte ihn. *Jesus aber sagte zu ihm: Freund,**
wozu du hergekommen bist! Hierauf traten sie herzu, legten Hand an
Jesus und nahmen ihn fest.

Das Zittern und Zagen ist verschwunden, und Jesus erwartet den Feind in göttlicher Ruhe. Wer nicht an Gebetserhörung glaubt, wer nicht glaubt, daß im Gebet Kräfte der zukünftigen Welt, Trost, Stärkung und Friede mitgeteilt werden, der kann es hier schauen. Der finstere Feind ist auf dem Gebiete des Geistes durch Gebet und Flehen überwunden. Der Kampf auf dem äußerlichen, leiblichen Gebiet ist nur der geringere. — Hat das Herz die Notwendigkeit einer Lage erkannt und sich betend vor Gott innere Ruhe und Ergebung erkämpft, so kann zwar das Leiden noch furchtbar schmerzen, aber es ist in seiner Wirkung überwunden; es wird mit Friede und Stille getragen. Das Zeichen, welches Judas mit der Schar verabredet hatte, war dazu bestimmt, zu verhindern, daß Jesus etwa entkäme, während einer seiner Jünger statt seiner ergriffen würde.

Unter dem Zeichen der Liebe und Freundschaft geschah die schwärzeste Tat der Weltgeschichte, und mit Recht ist dieser Judaskuß seit jener Stunde der Ausdruck für die abscheulichste Heuchelei. Und der Herr läßt sich in unbeschreiblicher Sanftmut den Kuß gefallen. Welche anbetungswürdige Liebe des hochgelobten Heilands zeigt die Anrede nach Matthäus: **„Mein Freund, warum bist du gekommen?"** — und nach Lukas die schon oben genannten Worte.

Was bei Johannes noch weiter kommt (das „ich bin es" und die anderen Worte), hat lediglich den Zweck, zu verhindern, daß kein Jünger zugleich mit Jesus verhaftet würde.

Daß aber die Rüstung, welche die Hohenpriester in Verbindung mit Judas veranstalteten, eine sehr große, ja eine höchst überspannte war, das ergibt sich aus allen Berichten. Nach Johannes brachte Judas die römische Kohorte mit. Wenn dies auch nicht im buchstäblichen Sinne verstanden werden kann, da in der Regel nur eine römische Kohorte in der Burg Antonia lag und eine solche aus 500 Mann bestand, so darf man doch annehmen, daß die augenblicklich verfügbare Mannschaft der römischen Besatzung insgesamt zu diesem Dienst verwendet wurde, ein Teil der Kohorte, der diese hinlänglich repräsentieren konnte. Wahrscheinlich will nun Johannes mit seinem Ausdruck: „Judas nahm die Kohorte" andeuten, daß Judas es gewesen sei, der die Hohenpriester veranlaßte, eine so ungeheure Schutzmacht anzufordern. Darauf läßt uns auch der Bericht des Markus schließen, nach welchem Judas seinen Begleitern anempfahl, sie möchten ja sehr sorgfältig den Gefangenen abführen, nachdem sie ihn ergriffen. Sowohl jene listige Berechnung als diese maßlose

Sorgfalt lassen uns einen Blick werfen in die dämonische Aufregung des Verräters. Er wußte mitten in seinem Verrat an Jesus, daß er es mit einem Gewaltigen zu tun hatte. Man begreift aber leicht, daß es die jüdischen Oberen ganz in ihrem Interesse finden mußten, eine große Militärmacht zu verlangen. Je höher sie in dieser Beziehung ihre Anforderungen an den Pilatus spannten und diese motivierten mit der Anzeige, daß es sich um die Gefangennehmung eines höchst gefährlichen Menschen handle, desto mehr wurde Jesus schon zum voraus bei der römischen Behörde, welcher sie ihn doch vorführen mußten, wenn sie ihn zum Tode bringen wollten, v e r d ä c h t i g t.

Der Verteidigungsversuch.

Vers 51—54

Zu Vers 52:
1 Mo 9, 6
Rö 13, 2—4
Offb 13, 10

Zu Vers 53:
Mt 4, 11
Lk 2, 13
Jo 1, 51; 18, 36
Offb 13, 10
1 Mo 9, 6
Sach 4, 6

51 **Einer jedoch von den Begleitern Jesu streckte die Hand aus, zog sein**
Schwert, schlug damit nach dem Knechte des Hohenpriesters und hieb ihm
52 **das Ohr ab. *Da sagte Jesus zu ihm: Stecke dein Schwert wieder an seinen**
Ort! Denn wer zum Schwerte greift, wird durchs Schwert umkommen.
53 ***Oder meinst du, ich könnte meinen Vater nicht bitten, und er würde mir**
54 **nicht zugleich mehr als zwölf Legionen Engel zu Hilfe senden? *Wie sollten**
dann aber die Aussprüche der Schrift erfüllt werden, daß es so geschehen
muß?

Die Synoptiker nennen weder den Jünger, der zuschlägt, noch den getroffenen Knecht; Johannes gibt dem einen und dem andern den Namen. Warum? Solange das Synedrium noch seine Macht besaß, verbot die Klugheit, den Namen des Petrus zu nennen. Daher hatte auch die mündliche Überlieferung über diesen Punkt Stillschweigen beobachtet. Aber nach Petrus' Tod und der Zerstörung Jerusalems wurde Johannes durch diese Befürchtungen nicht mehr zurückgehalten. Was den Namen des Malchus betrifft, so hatte er sich wohl in der Erinnerung des Jüngers erhalten, der, mit dem Hause des Hohenpriesters befreundet, selbst diesen Mann kannte. Was müßte man von dem Verfasser des 4. Evangeliums denken, wenn diese von ihm angegebenen Eigennamen willkürliche Erfindungen wären? — Johannes sagt wie Lukas: „Das rechte Ohr."

Jesus sagt: **„Stecke dein Schwert an seinen Ort!"** — Dieser Gewaltstreich stellte ja nicht bloß die Person des Petrus, sondern auch die Sache des Herrn selbst in ein falsches Licht. Wenig fehlte, daß Jesus daran gehindert worden wäre, das für seine Verteidigung gegenüber der Anklage der Juden so wichtige Wort (Jo 18, 36) an Pilatus zu richten: *„Mein Reich ist nicht von dieser Welt; wäre mein Reich von dieser Welt, so würden meine Diener dafür kämpfen, daß ich den Juden nicht überantwortet würde."* Es bedurfte offenbar nicht weniger als dieser sofortigen Heilung des Malchus, um die durch die Verfehlung kompromittierte Lage wieder herzustellen.

Wie oft haben in der Geschichte des Reiches Gottes manche Knechte Gottes es zwar gut gemeint, aber in fleischlichem Eifer der Sache Jesu geschadet und manchem Suchenden das Ohr abgehauen durch ungeistliches Drängen, so daß der Betreffende nichts mehr hören wollte. Aber Jesus heilt und baut sein Reich trotz der Fehler seiner Knechte.

Petrus wollte hier beweisen, daß er bereit sei, mit dem Herrn in den Kampf, ja in den Tod zu gehen. Er hat es gut gemeint, eiferte aber für den Herrn mit Unverstand. Es war freilich leichter, an der Seite eines solchen Herrn mit dem Schwerte dreinzuhauen, als mit Wachen und Beten die verborgene Macht der Finsternis zu überwinden. Doch dies hat Petrus später noch gelernt. Er hat selbst gelernt, sich wie sein Herr binden zu lassen und sein Leben in seinem Dienste zu opfern.

Jesu Rede an die Schar.

Vers 55 und 56

Zu Vers 55:
Jo 7, 26; 18, 20
Lk 19, 47; 2, 46
Zu Vers 56:
Mt 26, 31. 35
Lk 24, 26. 27
Jo 16, 32
Jes 53

55 In jener Stunde sagte Jesus zu dem Haufen: Wie gegen einen Räuber seid
ihr mit Schwertern und Knütteln ausgezogen, um mich gefangen zu nehmen.
Täglich habe ich im Tempel gesessen und gelehrt, und ihr habt mich nicht
56 festgenommen. *Dies alles ist aber geschehen, damit die Schriften der Pro-
pheten erfüllt werden. Hierauf verließen ihn die Jünger alle und ergriffen
die Flucht.

Der Sinn der Rede Jesu an die Schar ist: Aus Angst vor dem Volk habt ihr mich nicht am hellen Tage verhaftet. Nun aber in der Nacht, da tut ihr es. — Jesus wird wie ein Räuber behandelt, der gefährlich ist, der nur mit Waffengewalt gefangengenommen werden kann. — Und doch, Tag um Tag hat er im Tempel öffentlich gesessen. Was sollen hier die Schwerter und Knüttel? Aber auch dies alles dient zur Erfüllung der Schrift.

Die Flucht der Jünger, die hier Matthäus und Markus berichten, erwähnt Lukas nicht.

Verhör vor dem Hohen Rat.

Vers 57—68

Zu Vers 57—75:
Mk 14, 53—72
Lk 22, 54—71
Jo 18, 12—27
Zu Vers 57:
Mt 26, 3
Zu Vers 59:
Mt 21, 23
Zu Vers 60:
5 Mo 69, 15
Jo 8, 17
Zu Vers 61:
Mt 27, 40
Jo 2, 19—21
Apg 6, 14
Zu Vers 63:
Mt 16, 16
Mt 27, 12
Jo 10, 24
1 Kö 22, 16
Zu Vers 64:
Mk 16, 19
Mt 10, 23;
16, 27; 24, 30
Lk 21, 27
2 Ko 13, 4
Ps 110, 1
Da 7, 13
Zu Vers 65:
Mt 9, 3
Apg 14, 14;
22, 23
Jo 10, 33
Zu Vers 66:
Jo 19, 7
3 Mo 24, 16
Zu Vers 67:
Mt 27, 30
4 Mo 12, 14
5 Mo 25, 9
Jes 50, 6
1 Pt 2, 20
Zu Vers 68:
Mk 14, 65

57 Die Männer aber, die Jesus festgenommen hatten, führten ihn zu dem
Hohenpriester Kaiphas, wo die Schriftgelehrten und die Ältesten sich ver-
58 sammelten. *Petrus aber folgte ihm von fern bis zum Palast des Hohen-
priesters, ging hinein und setzte sich dort unter den Dienern hin, um den
59 Ausgang der Sache abzuwarten. *Die Hohenpriester aber und der gesamte
Hohe Rat suchten nach einer falschen Zeugenaussage gegen Jesus, um ihn
60 zum Tode verurteilen zu können. *Doch sie fanden keine, obgleich viele
61 falsche Zeugen herzutraten. Zuletzt aber traten zwei auf *und sagten aus:
Dieser Mensch hat behauptet: Ich kann den Tempel Gottes abbrechen und
62 ihn in drei Tagen wieder aufbauen. *Da stand der Hohepriester auf und
fragte ihn: Entgegnest du nichts auf das, was diese Zeugen gegen dich aus-
63 sagen? Jesus aber schwieg. *Da sagte der Hohepriester zu ihm: Ich beschwöre
dich bei dem lebendigen Gott: Sage uns: bist du Christus, der Sohn Gottes?
64 *Da gab Jesus ihm die Antwort: Ja, ich bin es! Doch ich tue euch kund:
Von jetzt an werdet ihr den Menschensohn sitzen sehen zur Rechten der
65 Macht und kommen auf den Wolken des Himmels. *Da zerriß der Hohe-
priester seine Kleider und sagte: Er hat Gott gelästert! Wozu brauchen wir
noch Zeugen? Jetzt habt ihr selbst die Gotteslästerung gehört! Was urteilt
66 ihr? *Sie gaben die Erklärung ab: Er ist des Todes schuldig! *Hierauf
67 spien sie ihm ins Gesicht und schlugen ihn mit den Fäusten; andere gaben
68 ihm Backenstreiche *und sagten: Weissage uns, Christus! Wer ist es, der
dich geschlagen hat?

Die bittersten Feinde des Herrn sind in der Nacht schnell zusammengelaufen, um die Sache unverweilt einzuleiten; um nun aber wenigstens den Schein des Rechts zu wahren, kommt man zum zweitenmal am frühen Morgen zu einer gesetzlich erlaubten Stunde und vollzählig zusammen, nicht, um ferner zu untersuchen, sondern um einen schon gefaßten Beschluß, soweit es erforderlich ist, zu bestätigen.

Unter den rohesten Mißhandlungen sehen wir, wie kurz zuvor den falschen Zeugen gegenüber, den Herrn ein unerschütterliches Schweigen beobachten. Viermal wird uns in der Leidensgeschichte von einem solchen Schweigen berichtet. Vor Kaiphas (V. 63), vor Herodes (Lk 23, 9) und zweimal vor Pilatus (Mt 27, 12 und Jo 19, 9). Es gehört zu den ergreifendsten Aufgaben, dieses Schweigen in seiner ganzen Kraft zu verdolmetschen, und nicht wenig wird es zur Vertiefung unseres Glaubenslebens beitragen, wenn wir beachten, wann Jesus gesprochen, wann Jesus geschwiegen hat.

Die Hohenpriester und der gesamte Gerichtshof suchten nach falschem Zeugnis gegen Jesus, um ihn töten zu können.

„Das Gesetz verlangte, daß die Anklage durch die Aussage von Augenzeugen erwiesen werde. Wenn diese fehlten, so sprach kein jüdischer Richter ein verdammendes Urteil. Es wurde darum auch jetzt zuerst der Versuch gemacht, durch die Aussagen von Zeugen festzustellen, daß Jesus im Streit mit Gottes Wort und Willen sei. Das war aber eine schwierige Sache. Niemand hatte ihn je Gott lästern gehört; nie hatte er auch nur einen Menschen gescholten, ohne daß er sein Urteil vor jedem Gewissen begründete. Matthäus berichtet uns eines der Worte, das damals gegen Jesus gebraucht wurde: **Hernach traten aber zwei herzu und sagten: „Dieser sagte: ‚Ich kann den Tempel Gottes zerstören und ihn während drei Tagen bauen'".** Es ist dasselbe Wort Jesu, von dem uns Johannes 2, 19 erzählt. Es ist aber durch seine Verkläger verdreht worden. Jesus hat nie gesagt, daß er den Tempel zerstören werde, wohl aber, daß Israel ihn zerstöre durch Israels Streit mit Gott und durch die Verwerfung dessen, den er sandte. An Stelle des von Israel geschändeten Heiligtums, das dem Untergang verfällt, setzt Jesus sich selbst in seiner Auferstehungsgestalt, weil er selbst der Mittler der göttlichen Gegenwart für die Welt wird und Gottes Herrschaft offenbart.

Die Beschuldigung Israels, die in diesem Spruche lag, haben seine Verkläger ganz aus ihm ausgelöscht. Daß Jesus ihre Schuld damit beschrieb, fassen sie nicht, sondern finden in ihm die hoffärtige Absicht, das alte Heiligtum zu vernichten, und merken nicht, wie eben jetzt das Wort, das sie ihm als sündlich und töricht vorhielten, zur Wahrheit wurde. Jetzt legten sie Hand an Gottes Tempel, in dem Gott bei ihnen war, und begannen das Zerstörungswerk, das Jesus schon nach drei Tagen wieder wenden wird.

Und der Hohepriester stand auf und sagte zu ihm: „Antwortest du nichts? Was bezeugen diese gegen dich?" Aber Jesus schwieg. Als der Hohepriester verlangte, daß sich Jesus über seine Stellung zum Tempel äußere, unterließ er jede Verteidigung.

Es wäre ihm ein Leichtes gewesen, sich zur Heiligkeit des Tempels zu bekennen als zum Hause seines Vaters. Aber er unterließ alles, was den Schein erwecken konnte, er sträube sich gegen seinen Tod. Wie es sich mit seiner Weissagung verhalte, das konnte nur Gottes eigene Regierung zeigen. Sie wird dafür den Beweis führen, daß in ihm der Tempel zerbrochen wurde und in neuer Gestalt wieder ersteht. Mit Worten konnte Jesus jetzt nichts mehr klar machen.

Und der Hohepriester sprach zu ihm: „Ich beschwöre dich bei dem lebendigen Gott, daß du uns sagst, ob du der Christus, der Sohn Gottes, bist." Da es unmöglich war, durch einen Zeugenbeweis Jesus zum Sünder zu machen, verlangte der Hohepriester von Jesus, daß er sich selber über seinen königlichen Beruf erkläre, und damit er nicht etwa ausweiche, sprach er die Eidesformel über ihn, um ihm mit der Drohung des göttlichen Gerichts den Mund zu öffnen. Auch der Hohepriester fügt beides zusammen wie der Jünger, als er sich glaubend zu Jesus bekannte: Christus, der Sohn Gottes. Er erinnert Jesus damit an den heiligen Grund, durch den der Verheißene seine Kraft und seinen Beruf empfangen soll. Wer nach der Verheißung greift als für ihn geschrieben, der stellt sich zu Gott wie sein Sohn, und wenn er es mit Anmaßung tut, so liegt darin eine bösartige Verleugnung der göttlichen Heiligkeit." (Schlatter S. 398—99).

Es hat sich also der Hohepriester zur letzten und entscheidenden Frage entschlossen. Um die Antwort gleichsam zu erzwingen, gebraucht er die beschwörende Formel. Und nun kommt der entscheidende Augenblick. Aus dem Munde des Hohenpriesters erklingt die Frage: „Bist du Gottes Sohn?" Man erlebt, wenn man erst die Verhandlung richtig verstehen gelernt hat, heute noch die atemlose Spannung mit, die die ganze Versammlung gefangenhält. Was wird er sagen? Ruhig und klar, so daß es alle hören, spricht er sein: „Du sagst es! Ich bin, was du soeben sagtest."

Weil dies den Richtern unglaublich erscheint, fügt Jesus hinzu, wie Gott seine Aussage über sich selbst weit über alles menschliche Denken hinaus herrlich bestätigen und erfüllen wird. Jetzt steht er zwar als der Geschlagene und Getretene und Gebundene verachtet vor ihnen. — Von jetzt ab aber befindet er sich auf dem Weg zum Vater zurück, wo er sitzen wird zur Rechten Gottes, um einst wiederzukommen in großer Macht und Herrlichkeit als der Richter der Welt.

Da zerriß der Hohepriester seine Kleider. Eine solche Gotteslästerung, die er mit seinen Ohren hören mußte, brachte ihn in Schrecken. Diese Lästerung hat ihn aufs tiefste erschüttert. Zum Zeichen des Entsetzens, daß er solch eine Gotteslästerung mit anhören mußte und dadurch sich mit versündigte, riß er oben an seiner Brust sein Kleid ein.

Wie lautet der Urteilsspruch auf Grund von Gotteslästerung? Die Antwort kann nicht anders sein: Er ist des Todes schuldig. (Man vergleiche hierzu weiter die scharfsinnigen Untersuchungen von Bornhäuser zum Petrusbekenntnis und zur Hohepriesterfrage!)

Die Streitfrage über Christi Person besteht heute noch. Mehr als fünfzig Generationen sind dahingegangen, seit Christus dort seine Gottessohnschaft eidlich beteuerte. In jeder Generation wurde die Frage bewegt, wurde für und wider sie gekämpft, und so wird es bleiben bis ans Ende, — bis er bei seiner herrlichen Wiederkunft für immer dem Streit ein Ende machen wird.

Noch heute besteht auch die Entscheidungsfrage in ihrer ganzen Schärfe, die wir oben aufgestellt haben: Entweder hat Christus die Wahrheit bezeugt und ist Gottes Sohn, ist auferstanden, sitzt als König seines Reiches zur Rechten Gottes, wird wiederkommen als Richter der Welt; oder aber er hat einen Meineid geschworen, und das Christentum wäre dann der großartigste Weltbetrug, die Christen „die elendesten unter den Menschen". Ein Zwischending, ein Glaube, der diese logische Konsequenz nicht zieht, sondern zwischen diesen Extremen vermitteln will, ist ein Unding, eine Unwahrheit in sich selbst.

„Nun, nachdem das Urteil gesprochen ist, lassen sie ihrem Haß freien Lauf. Zwar verlangt sonst der Anstand selbst gegenüber dem Verurteilten und noch mehr der Respekt vor der Hoheit des Rechtes, daß der Verurteilte vor jeder persönlichen Mißhandlung geschützt werde, damit nur das Recht an ihm zur Geltung komme. Aber solche Gefühle kennen Jesu Feinde nicht. Sie können sich nicht genug tun an persönlicher Verhöhnung und Mißhandlung.

Nach dem Wortlaut des Matthäus wären alle diese Verspottungen und Mißhandlungen den Ratsherren selbst zuzuschreiben. Sie können ihre Wut nicht mehr meistern und vergnügen sich damit, ihre richterliche Würde vergessend, ihm Faustschläge und Ohrfeigen zu geben. Man könnte das zweite griechische Wort auch mit „Stockschläge geben" übersetzen, wie es in der

Profanliteratur ausschließlich heißt. Aber richtiger wird hier die Bedeutung „Ohrfeigen geben“ sein, die das Wort an allen anderen Stellen des NT hat und die hier auch besser in den Zusammenhang der ganzen Szene paßt. Offenbar nämlich haben sie mit Jesus das Bubenspiel gespielt, von dem der griechische Schriftsteller Pollux berichtet (in seinem Onomasticon 9, 129): „Man hält einem die Augen zu und gibt ihm Backenstreiche, dann muß er raten, wer ihn geschlagen hat oder mit welcher Hand es geschehen ist.“ — Weil Jesus alle Mißhandlungen ohne Widerstand über sich ergehen lassen muß, darum ist es ihnen eindeutig klar, daß seine Meinung über seine Gottessohnschaft eine Lüge ist.“ (Man vergl. hierzu Lauck S. 136.)

Verleugnung des Petrus.

Vers 69—75

69 **Petrus aber saß draußen im Hof. Da trat eine Magd auf ihn zu und sagte:**
70 **Du bist auch bei Jesus, dem Galiläer, gewesen! *Er aber leugnete vor allen**
71 **und sagte: Ich verstehe nicht, was du da sagst! *Als er dann in die Tor-**
halle hinausgegangen war, bemerkte ihn eine andere Magd und sagte zu den
Leuten dort: Dieser ist auch mit Jesus, dem Nazarener, zusammen gewesen!
72 ***Da leugnete er wieder mit einem Eid: Ich kenne den Menschen nicht!**
73 ***Nach einer kleinen Weile traten die Leute, die dort standen, hinzu und**
sagten zu Petrus: Wahrhaftig, du gehörst auch zu ihnen; schon deine Sprache
74 **verrät dich! *Da fing er an, sich zu verfluchen und zu schwören: Ich kenne**
75 **den Menschen nicht! und sogleich darauf krähte der Hahn. *Da dachte**
Petrus an das Wort Jesu, der ihm gesagt hatte: Noch ehe der Hahn kräht,
wirst du mich dreimal verleugnen. Und er ging hinaus und weinte
bitterlich.

Zu Vers 72:
Jo 8, 55
Zu Vers 73:
Mt 26, 69
Mk 14, 70
Zu Vers 75:
Mt 26, 34
Lk 22, 61
Jes 22, 4

Unter den fliehenden Jüngern faßte sich zuerst wieder Petrus ein Herz in Verbindung mit einem zweiten Jünger, namens Johannes. Sie gingen dem Zuge nach, der den Herrn abführte, freilich nur von ferne. Als sie an den Palast des Hohenpriesters kamen, fand jener andere Jünger gleich Eingang in die Vorhalle desselben, weil er dem Hohenpriester bekannt war. Er scheint von einer alten, uns unbekannten Beziehung zu dem Hause kühn Gebrauch zu machen. Petrus dagegen scheint an der Tür von einer Türhüterin abgewiesen worden zu sein, und sein Genosse scheint erst, nachdem er selber in die Halle eingetreten war, ihn vermißt zu haben. Er geht also zurück und spricht mit der Türhüterin, und sogleich darf er den Petrus hineinführen.

Diese Notiz ist von unschätzbarem Werte. Wir können nicht annehmen, daß dieser andere Jünger Jesu hier sein Verhältnis zu demselben verleugnet hatte. Freilich war auch er nicht gerüstet im Geist, um in den Gerichtssaal einzutreten, um dort den falschen Zeugen gegenüber für Jesus zu zeugen. Johannes nahm mit Vorsicht die Stellung eines teilnehmend beobachtenden Freundes des Angeklagten ein.

Petrus dagegen wird sicher mit Besorgnis über die Schwelle des Hauses getreten sein, denn in ihm ist immer noch lebendig die Erinnerung, daß er noch vor kurzer Zeit das Schwert gezogen hat gegen die Dienerschaft des Hauses.

Ja, nicht ohne ein schlimmes Vorgefühl kann er diese Stätte betreten, denn Jesus hat ihm ja deutlich verkündigt, er werde ihn verleugnen. Diese große Unsicherheit seines Innern muß sich bei einem so lebhaften Charakter deutlich ausprägen, und das umso mehr, je mehr er sie unterdrücken will. Und eben diese Anstrengung scheint auch die erste Veranlassung dazu gegeben zu haben, daß er versucht wurde. Es war eine kalte Nacht, die Knechte hatten ein Kohlenfeuer angezündet, das in der Halle brannte, und saßen umher, um sich zu wärmen;

Petrus trat mitten unter sie, um sich ebenfalls zu wärmen. Nach Matthäus müssen wir sogar annehmen, daß er sich zuerst zum Sitzen niederließ, wahrscheinlich, um den Ausdruck seiner sicheren Festigkeit vollständig zu machen. Doch mochte ihn bald seine innere Unruhe veranlaßt haben, wieder aufzustehen. Dieses Hinzutreten des Jüngers zu den Knechten reizte die Türhüterin, die gleich fand, er gehöre da nicht hin. Sie trat herzu und fragte ihn: „Bist du nicht auch einer von den Jüngern dieses Menschen?" So sah er sich plötzlich verraten im Kreise der Bluträcher seines Feindes; erschüttert und verwirrt vergaß er sich und leugnete. Diese erste Verleugnung aber schien fast auch sich selber noch verleugnen zu wollen. Ganz wahrscheinlich hat uns hier Matthäus den wörtlichen Ausdruck des fallenden Jüngers überliefert: **„Ich weiß nicht, was du sagst!"** In der traurigen Stimmung, worin er sich jetzt befand, mochte er zuerst sich überreden, diese Antwort sei nur eine kluge Ausflucht. Nach Lukas hatte ihn die Magd bei dieser Anfrage im Lichtschein des Herdes scharf fixiert; er dagegen wies sie mit einer Entrüstung von sich, worin sich seine Aufregung kundtat: *„Weib, ich kenne ihn nicht!"* Das war die erste Verleugnung: sie geschah vor den Ohren dieses ganzen Kreises. Petrus war bereits gefallen im Verhör der Magd.

Es war um die Zeit, als Jesus sich in dem Verhör des Hohenpriesters auf seine Zuhörer berief: *„Frage sie, sie wissen, was ich gesagt habe"* (Jo 18, 21).

Petrus scheint nach Matthäus und Markus sofort nach der ersten Verleugnung im Sinne gehabt zu haben, den gefährlichen Ort zu verlassen. Allein nach Johannes könnte man vermuten, daß er doch noch eine Weile unter den Knechten am Feuer geblieben sei. Wahrscheinlich wollte er seine innere Verlegenheit nicht verraten und durch die Zögerung seinen Rückzug sichern. In dem Moment aber, als er aus der Halle in die Vorhalle zurückgehen wollte (wo vielleicht der andere Jünger mit Vorsicht geblieben war), trat ihm die zweite Versuchung in den Weg. Diesmal war die Aufregung des bedrängten Jüngers sehr groß. Der erste Hahnenschrei ließ sich nach Markus vernehmen, ohne daß er den hinwankenden Jünger zur Besinnung brachte. Auch in den Berichten zeigt sich seine Aufregung wieder. Die Magd sah ihn wieder, sagt Markus, und fing an, bei den Umstehenden von ihm zu sprechen: *„Auch dieser ist einer von denen."* Eine andere sah ihn, sagt Matthäus; die Angabe, welche er sie machen läßt, ist dem Sinne nach dieselbe. Ein anderer sah ihn, heißt es bei Lukas, und sprach: *„Auch du bist einer von denen."* Und nach Johannes fragten ihn mehrere der Knechte, welche das Feuer umstanden: *„Bist du auch einer von seinen Jüngern?"*

Petrus verleugnete abermals! Mit einem Schwur bekräftigte er das Wort: **„Ich kenne den Menschen nicht."**

Jetzt steigerte sich die Gefahr ins Ungeheure, indem andere Menschen im Kreise ihn wiedererkannten und ausriefen: **„Wahrlich, du bist auch einer von denen, denn deine Sprache verrät dich."**

Und dieser Mensch, sagt Johannes, war ein Knecht des Hohenpriesters, ein Verwandter dessen, dem Petrus das Ohr abgehauen. Einfach fährt Johannes fort: „Er verleugnete nochmals"; Matthäus und Markus aber setzen hinzu mit ihrem bedeutungsvollen „und er fing an": **„Und er fing an, sich zu verfluchen und zu schwören: Ich kenne den Menschen nicht."**

In diesem unheilvollen Augenblick hörte man die Hähne krähen. Es war der zweite Hahnenschrei.

Und in demselben Augenblick wurde Jesus an der Gruppe, die den verleugnenden Jünger in beängstigender Weise umgab, vorübergeführt. Jesus hörte vielleicht noch die letzten Worte seiner Selbstverwünschung. *„Er wandte sich* *um und sah ihn an"*, so sagt es Lukas. Sein Blick sprach es aus, wie tief der Jünger gefallen war, wie sehr derselbe sein Herz verwundet hat, und wie es blutete, nicht nur durch ihn, sondern auch um ihn. Vielleicht aber konnte der Jünger noch die Spuren der Mißhandlungen erblicken, die Jesus erfahren hatte; aber die Aufregung in dem Zuge, dessen Teilnehmer nicht aufhören konnten, den Herrn zu mißhandeln, sagte es ihm, daß sein Herr von dem Hohen Rat verdammt und verurteilt worden sei, des Todes schuldig!

Und jetzt kam er wieder zu sich selber. Wie aus der Tiefe seiner Seele erinnerte er sich des Wortes Jesu: **„Ehe denn der Hahn kräht, wirst du mich dreimal verleugnen."** Da ging er hinaus und weinte bitterlich.

Petrus ging hinaus in die Nacht, aber nicht in die Nacht der Verzweiflung wie Judas. Bitterlich weinend ging er der Morgendämmerung entgegen. Der Engel der Gnade geleitete ihn auf seinem schweren Wege in das Gericht des Geistes, das seinem alten Leben, besonders seinem alten Stolze den Tod bereiten sollte. Und so wurde es ihm bereitet, daß er in einem ganz anderen und viel heilsameren Sinne mit Christus in den Tod gehen konnte, als er es gemeint hatte. Erst mußte sich seine Buße vollenden, mußte er den Frieden der Gnade und der Versöhnung erlangen aus dem Munde Christi; dann erst konnte er die Satisfaktion seiner Verschuldung gegen die Menschen leisten in einem großen Bekenntnis, vor welchem das Ärgernis seiner großen Verleugnung verschwand.

Dies ist sehr zu beachten, daß Petrus mit dem Gange seiner Bekehrung als der erste große leuchtende Typus der wahren Heilsordnung dasteht, während Judas in seiner Reue den entgegengesetzten Weg einschlug, und erst die menschliche Satisfaktion bei den Feinden, mit denen er sich verschuldet hatte, leisten wollte, aber auf diesem Wege nie zu Christus zu kommen vermochte. Wenn die Dogmatik das Wesen einer aufrichtigen Bekehrung beschreibt, darf sie am allerwenigsten versäumen, einen Blick in das Herz und Leben des Petrus, der Davidsgestalt des Neuen Bundes, zu werfen.

Kapitel 27

Gang zum weltlichen Gericht.

Vers 1 und 2

Zu Vers 1 u 2:
Mk 15, 1
Lk 22, 66; 23, 1
Jo 18, 28. 31. 32
Zu Vers 2:
Jo 18, 12

1 **Als es hierauf Tag geworden war, faßten alle Hohenpriester und die Ältesten des Volkes einen Beschluß gegen Jesus, um seine Hinrichtung zu**
2 **erreichen. *Sie ließen ihn dann fesseln und abführen und übergaben ihn dem Statthalter Pontius Pilatus.**

Die entsetzliche Nacht ist zu Ende; ein Tag ohnegleichen bricht an. Es ist der große Versöhnungstag der Menschheit, dessen man gedenken wird, solange Menschen auf Erden wohnen werden.

Mit der Überlieferung an den römischen Statthalter geht Jesus aus dem Bereich Israels in den Bereich des Weltreiches über. Was für einen furchtbar entsetzlichen Gedanken enthält das kurze Wort: „Sie übergaben ihn dem Pilatus." Mit dieser Handlung wurde Jesus aus der israelitischen Volksgemeinschaft ausgestoßen, d. h. er wurde verflucht.

Von der Stunde an, als Christus in die Hände der Römer übergeben wurde, tritt er aus der Geschichte Israels heraus und in die Weltgeschichte ein. Er gehört mit seinem Leiden und Sterben von nun an der ganzen Welt. — Ehe uns Matthäus jedoch Jesus vor Pilatus erscheinen läßt, berichtet er über das schreckliche Ende des Judas.

Zu Vers 3—10:
Apg 1, 18. 19
Zu Vers 3:
Mt 26, 15
Zu Vers 5:
Apg 1, 18
2 Sam 17, 23
Zu Vers 6:
Mk 12, 41
5 Mo 23, 19
Zu Vers 8:
Apg 1, 19
Zu Vers 9:
Sach 11, 12 f.
Zu Vers 10:
2 Mo 9, 12

Das Ende des Verräters.

Vers 3—10

3 **Als jetzt Judas, sein Verräter, erkannte, daß er verurteilt worden war,**
bereute er seine Tat. Und er brachte die 30 Silberstücke den Hohenpriestern
4 **und Ältesten zurück *mit den Worten: Ich habe unrecht getan, daß ich**
unschuldiges Blut überantwortet habe! Sie aber erwiderten: Was geht
5 **das uns an? Da siehe du selber zu! *Da warf er das Geld in das Tempelhaus**
6 **und machte sich davon, ging hin und erhängte sich. *Die Hohenpriester aber**
nahmen das Geld und sagten: Es geht nicht an, daß wir es in den Tempel-
7 **schatz tun, denn es ist Blutgeld. *Nachdem sie dann einen Beschluß gefaßt**
hatten, kauften sie für das Geld den Töpferacker zum Begräbnisplatz für
8 **die Fremden; *daher führt jener Acker den Namen „Blutacker" bis auf den**
9 **heutigen Tag. *Damals erfüllte sich das Wort des Propheten Jeremia: „Sie**
nahmen die dreißig Silberstücke, den Geldbetrag für den so Gewerteten, auf
den man von seiten der Israeliten einen solchen Preis ausgesetzt hatte,
10 ***und gaben sie für den Töpferacker, wie der Herr es mir geboten hatte."**

Judas wird von wilder Verzweiflung gepackt, als ihm zum Bewußtsein kommt, was er angerichtet hat. Er eilt zu den Hohenpriestern und Ältesten und bereut seine Tat: „Ich habe gesündigt, denn ich habe unschuldig Blut verraten." Eine furchtbare Anklage an die Hohenpriester und Ältesten. Und anstatt zu erschrecken, sagen sie kalt: **„Was geht es uns an? Da mußt du zusehen!"** — Sie offenbaren damit ihre ganze Schlechtigkeit. Dämonisch ist diese Vergeltung der Bösen dieser Welt! —

Da packt Judas aufs neue die ohnmächtige Wut. Das verfluchte Geld schleudert er mit aller Wucht gegen das Portal im Tempel. Dann stürmt er davon. Statt zu weinen wie Petrus, statt auf Gott zu schauen, schaut er nur auf sich und seine Sünde. Warum sah er nur seine Sünde? Weil er vorher immer nur auf sich selbst, auf seinen Vorteil geblickt hatte, darum konnte er auch jetzt nicht mehr von sich selbst den Blick wenden.

„Am andern Tag wohl finden die Hohenpriester die dreißig Silberlinge. Auch wenn kein Augenzeuge zugegen gewesen war, der den Rasenden gesehen hätte, war aus der Zahl der Münzen und aus dem Fundort sofort klar, um was es sich handelte. Jetzt zeigen sich die Herren wieder ganz so, wie der Heiland sie beschrieben hatte, als Leute, die „Mücken seihen und Kamele verschlucken" (Mt 23, 24). Da es „Blutgeld" ist, gilt es als unrein, ebenso wie das für Unzucht empfangene Geld, darf also nicht in den Tempelschatz geworfen werden (5 Mo 23, 19). Deshalb entschließen sie sich nach vorhergehender Beratung — man sieht, wie ernst sie solche nebensächliche Dinge nehmen —, den sogenannten Töpferacker zu kaufen, — also ein tonhaltiges Grundstück, das einem Töpfer zu seinem Geschäft gedient hatte, — um einen Begräbnisplatz für zugereiste Juden und Proselyten daraus zu machen. Denn diese Fremden besaßen keine Familiengräber wie die Einheimischen. Hierin sieht nun Matthäus wieder eine alte Prophezeiung erfüllt. Freilich macht diese Prophezeiung und ihre Erfüllung den Exegeten die allergrößten Schwierigkeiten. Die angeführte Stelle findet sich nämlich gar nicht im Propheten Jeremias, wohl aber bei Sacharja (11, 13)" (Lauck.) Vielleicht liegt ein Abschreibfehler vor!

Zu Vers 11—14:
Mk 15, 2—5
Lk 23, 2. 3
Jo 18, 29—38
Zu Vers 11:
Mt 26, 64
1 Tim 6, 13
Zu Vers 12:
Mt 26, 63
Jes 53, 7

Des Pilatus Frage an Jesus.

Vers 11—14

11 **Jesus aber wurde dem Statthalter vorgeführt, und dieser befragte ihn**
mit den Worten: Bist du der König der Juden? Jesus antwortete: Ja, ich
12 **bin es. *Während er dann von den Hohenpriestern und Ältesten angeklagt**

Zu Vers 14:
Jo 19, 8. 9

13 **wurde, gab er keine Antwort. *Da fragte ihn Pilatus: Hörst du nicht, was**
14 **sie alles gegen dich aussagen? *Doch er antwortete ihm auf keine einzige Frage, so daß der Statthalter sich sehr verwunderte.**

Es handelt sich vor Pilatus um eine ganz andere Beschuldigung als diejenige, um derentwillen sie selbst ihn verurteilt hatten. Sie selbst hatten ihn verurteilt wegen Gotteslästerung. Vor Pilatus wird er verklagt wegen Empörung.

Ein falsches Spiel ist es, wenn die jüdischen Obersten, denen die Römer und ihre Kaiser gründlich verhaßt waren, sich stellen, als seien sie besorgt um die Autorität des römischen Kaisers! Sie nehmen die Miene an, als wären sie loyaler als selbst der hohe römische Staatsbeamte in Jerusalem.

Die erste Frage, die Pilatus an Jesus richtet, ist: **„Bist du der König der Juden?"** — Welch ein einzigartiger Augenblick ist doch dieser, wo der Vertreter der damaligen größten Weltmacht und der, der die Wende der Zeiten herbeiführte, einander gegenüberstanden. Von der welt- und ewigkeiterschütternden Bedeutung dieses Augenblicks, da Jesus vor ihn trat, hatte der Römer keine Ahnung. Die Sache war ihm zunächst eine der vielen Unannehmlichkeiten, die ihm sein Amt unter diesen Juden bereitete und die er mit gutem Anstand möglichst bald zu beenden wünschte. Unsäglich klein waren die Menschen, denen in diesen Stunden die Entscheidung über das Höchste in die Hand gelegt war (Prieser).

In dieser Frage: „Bist du der König der Juden?", die Pilatus an Jesus richtet, treffen die vier Berichte zusammen. Von Johannes wissen wir, daß Jesus im Richthaus war, und während die Juden auf dem Vorplatz standen, Pilatus von ihnen zu Jesus und von Jesus wieder zu ihnen hin und her ging. Die kurze Antwort Jesu **„Du sagst es"** ist auffallend. Aber aus Johannes ergibt sich, daß in diesem Wort eine ziemlich lange Unterredung zwischen Jesus und Pilatus zusammengezogen ist, welche die mündliche Tradition nicht aufbewahrt hatte. Pilatus war einsichtsvoll genug, um zu wissen, was er von diesem plötzlichen Eifer des Hohen Rates für die römische Herrschaft in Palästina zu denken hatte; und seine in Jo 18, 33—38 ausführlich berichtete Unterredung mit Jesus über diesen ersten Punkt der Anklage überzeugte ihn vollends, daß er es mit keinem Nebenbuhler des Kaisers zu tun habe.

Jesus schweigt auf die weiteren Fragen des Pilatus: **„Hörst du nicht, wie hart sie dich verklagen?"**

Barabbas oder Jesus?

Vers 15—26

Zu Vers 15—26:
Mk 15, 6—15
Lk 23, 17—25
Jo 18, 39 — 19, 1

Zu Vers 18:
Mt 21, 38
Jo 11, 47. 48
Jo 12, 19
Apg 5, 17; 7, 9
Zu Vers 19:
Lk 23, 47
Apg 3, 14; 7, 52

Zu Vers 22:
Apg 3, 13. 14

15 **An jedem Fest aber pflegte der Statthalter dem Volke einen Gefangenen**
16 **nach ihrer Wahl freizugeben. *Man hatte aber damals einen berüchtigten**
17 **Gefangenen, namens Barabbas. *Als die Menge nun versammelt war, fragte**
Pilatus sie: Wen soll ich euch freigeben, Barabbas oder Jesus, den man
18 **Christus nennt? *Er wußte nämlich wohl, daß sie ihn aus Neid überant-**
19 **wortet hatten. *Während er aber auf dem Richterstuhl saß, schickte seine**
Frau zu ihm und ließ ihm sagen: Habe du mit diesem Gerechten nichts zu
schaffen! Denn ich habe heute Nacht im Traum viel um seinetwillen aus-
20 **gestanden. *Die Hohenpriester und Ältesten aber redeten auf das Volk**
ein, sie möchten sich den Barabbas erbitten, Jesus dagegen hinrichten
21 **lassen. *Da richtete der Statthalter die Frage an sie: Wen von den beiden**
22 **soll ich euch freigeben? Sie riefen Barabbas! *Pilatus fragte sie weiter:**
Was soll ich denn mit Jesus machen, den man Christus nennt? Sie riefen
23 **alle: Ans Kreuz mit ihm! *Der Statthalter entgegnete ihnen: Was hat**
er denn Böses getan? Sie schrien nur noch lauter: Ans Kreuz mit ihm!

Zu Vers 24:
Mt 27, 4. 5
Ps 26, 6
Ps 73, 13
5 Mo 21, 6
Zu Vers 25:
Mt 23, 32—36
Apg 5, 28; 18, 6
1 Th 2, 15
Ps 109, 17

24 ***Als nun Pilatus einsah, daß er nichts erreichte, der Lärm immer größer**
wurde, ließ er sich Wasser reichen, wusch sich vor dem Volk die Hände und
25 **sagte: Ich bin am Blut dieses Gerechten unschuldig; seht ihr zu! *Da ant-**
wortete das gesamte Volk mit dem Ruf: Sein Blut (komme) **über uns und**
26 **unsere Kinder! *Daraufhin gab er ihnen den Barabbas frei, Jesus aber ließ**
er geißeln und überließ ihn dann (den Soldaten) **zur Kreuzigung.**

Pilatus hätte Jesus gern das Leben geschenkt. Es war Festzeit. Israel feierte seine Befreiung aus Ägyptenland. Die Stadt war voll Freude und Jubel. Auch der Statthalter Pilatus pflegte an diesem Tage etwas zur Freude des Volkes beizutragen, indem er einen Gefangenen begnadigte. Wäre es nicht vielleicht möglich, den Gefangenen Jesus zu begnadigen und freizugeben?

Im Evangelium des Johannes bietet Pilatus geradezu dem Volk die Loslassung Jesu an, indem er es an diese Sitte erinnert. Dies war wohl der eigentliche Verlauf. Bei Matthäus stellt er die Wahl zwischen Jesus und Barabbas, bei Markus unterbricht das Volk die auf Jesus sich beziehende Befreiung und verlangt plötzlich die Freigebung eines Gefangenen. Auch aus diesen Verschiedenheiten geht wieder mit klarer Deutlichkeit die Tatsache hervor, daß die Evangelisten nicht voneinander abgeschrieben haben, sondern jeder Schreiber von seinen Augenzeugen in der Berichterstattung bestimmt ist.

Den Ursprung der erwähnten Sitte kennt man nicht. Nicht wahrscheinlich ist es, daß sie von den Römern eingeführt worden war. Vielleicht war der Gebrauch ein Denkzeichen der großen nationalen Befreiung des Auszugs aus Ägypten, den man beim Osterfest feierte. Die Römer, die darauf hielten, die Gebräuche der besiegten Völker zu beachten, hatten sich diese Sitte angeeignet. Die Wahl des Volkes wird bei Lukas als einmütig und unabhängig dargestellt, während Matthäus und Markus in diesem Punkt genauer sie auf einen von den Obersten und ihren Dienern ausgeübten Druck zurückführen. (Dies stimmt mit Jo 19, 6 überein.)

Markus und Lukas charakterisieren Barabbas als einen Menschen, der bei einem Aufruhr sich eines Mordes schuldig gemacht habe. Er war also ein Repräsentant eben des revolutionären Geistes, worum der Hohe Rat Jesus anklagte. Jesus dem Kreuz überliefern und Barabbas losbitten, hieß, auf einmal zwei bezeichnende Akte begehen. Es hieß, den Geist des Gehorsams und des Glaubens verwerfen, von dem das ganze Werk Jesu beseelt war und der das Volk hätte retten können. Es hieß zugleich, dem Geist der Empörung, der das Volk ins Verderben führen mußte, die Zügel schießen lassen. — Da die Freilassung des Barabbas ein richterlicher Akt war, so mußte Pilatus, um ihn zu vollziehen, sich auf seinen Richterstuhl setzen. In diesem Augenblick wurde ihm wohl die Botschaft von seiner Frau übergeben, wovon Matthäus spricht (V. 19): **„Da er auf seinem Richterstuhl saß, schickte seine Frau zu ihm."**

Die Frau des Pilatus warnt ihren Gatten, weil ein qualvoller Traum in der Nacht ihr sagte, daß die Verurteilung „des Gerechten", des Unschuldigen, für Pilatus große Gefahr bedeuten werde. Ein eigenartiges Zeichen:

Die heidnische Frau warnt auf Grund eines Traumes den Pilatus. — Israel, das die Schrift hat und Jesus kennt, verwirft den Herrn.

Diese Barabbas-Wahl war der erste Akt der letzten förmlichen Verwerfung Christi, der erste Grad des welthistorischen Ausdrucks der Wegwerfung des Messias von seiten der Juden an die Heiden.

Da nun alle Versuche und Bemühungen von seiten des Pilatus, Jesus zu retten, gescheitert sind, versucht Pilatus noch einen letzten Widerstand zu leisten, aber vergeblich. Die Feinde Jesu fühlen sich jetzt als die Herren.

Mit dem Geschrei der Juden (Markus und Matthäus): „Fort mit ihm, fort mit ihm! Er soll gekreuzigt werden!" — war nun endlich der letzte und höchste

Grad der Wegwerfung des Messias an die Heiden vollzogen. Mit dieser Verwerfung und Verfluchung Jesu warfen sie auch die Hoffnung auf den Messias überhaupt weg. Sie sagten sich los von allen messianischen Weissagungen, um nur ihren Blutdurst gegen Jesus zu stillen. — Nach dieser Erklärung der Verwerfung Jesu waren die Juden rechtlich ganz der römischen Macht verfallen. Ebenso aber war Pilatus der dämonischen, christusfeindlichen Macht der Juden jetzt verfallen, so daß er — nicht mehr ein noch aus wissend — ihrem Willen nachgab. In abergläubischer Furcht jedoch wollte er diese Tat der Verurteilung nicht als seine eigene Tat erscheinen lassen. Er wusch sich die Hände, um alle Schuld von diesem Rechtsbruch abzuwälzen.

„Für die Juden war die Handlung des Pilatus noch viel eindrucksvoller. Denn im Gesetz des Moses (5 Mo 21, 6 ff.) steht die Verordnung: Wenn man in dem Lande, das der Herr, dein Gott, dir zum Besitze gibt, einen Erschlagenen auf dem Felde liegend findet, von dem nicht bekannt ist, wer ihn erschlagen hat, dann sollen die Ältesten der Ortschaft, die dem Erschlagenen am nächsten liegt, eine junge Kuh nehmen und sie zu einem immerfließenden Bache führen. Dort sollen sie der Kuh das Genick brechen, so daß das Blut in den Bach fließt. Dann sollen alle Ältesten der Ortschaft über der Kuh, der man das Genick in den Bach hinein gebrochen hat, die Hände waschen und mit erhobener Stimme sagen: „Unsere Hände haben dieses Blut nicht vergossen, und unsere Augen haben nichts von der Tat gesehen.“ Diese jüdische Sitte ahmt also Pilatus auf dem Richterstuhl sitzend feierlich nach: „Ich bin unschuldig an diesem Blute. Ihr müßt zusehen.“ Und eine grauenhafte Antwort gellt durch die Luft: „Sein Blut komme auf uns und auf unsere Kinder!“ Noch nie ist ein schauerlicherer Fluch ausgesprochen worden. Und noch nie ist ein Fluch auf so schauerliche Weise in Erfüllung gegangen. Hätten die, die ihn an jenem Morgen vor den Toren der Burg Antonia aussprachen, 40 Jahre in die Zukunft hinausblicken können, dann wäre ihnen das eigene Blut in den Adern erstarrt. Schon vor der Belagerung Jerusalems floß im Lande das Blut „in Strömen“. Gegen Ende 66 wurden in Cäsarea 20 000 Juden von ihren heidnischen Mitbürgern niedergemacht. In Skythopolis schlachteten die wütenden Syrer 13 000 Juden ab. Ähnliches geschah in anderen Städten und Dörfern. In Alexandrien, wo die Juden unter einem eigenen Ethnarchen zwei Stadtteile für sich in Besitz hatten, wurden 50 000 teils durch die Griechen, teils durch die römischen Soldaten hingemordet und ihre Häuser eingeäschert. Bei der Eroberung von Gamala durch die Römer wurden selbst die Säuglinge umgebracht. Nur zwei Frauen, die sich versteckt gehalten hatten, blieben dort am Leben. Noch greulicher ging es in Jerusalem zu. In der Stadt tobte der Bürgerkrieg bis in den Tempel hinein, wo die Sikarier sich gegenseitig bekämpften (vgl. zu 24, 15). Kam es doch vor, daß sogar während des Opfergottesdienstes der innere Vorhof vom Blute der Erschlagenen „wie in einen See verwandelt“ war. Und als dann während der Belagerung die ausgehungerten Bewohner durch Folterqualen gezwungen ihre letzten Vorräte an die Aufrührer hatten abgeben müssen und das Leder von alten Schuhen und Gürteln benagten, des Nachts außerhalb der Tore in Scharen Kräuter sammeln gingen, wurden sie von den wütenden Soldaten aufgegriffen, gegeißelt und gekreuzigt. An jedem Tage starben 500 und mehr am Kreuz, bis kein Holz mehr da war, Kreuze zu verfertigen. Nachdem endlich die Stadt eingenommen war, wütete das römische Schwert erbarmungslos gegen alles, was Hunger und Pest noch am Leben gelassen hatten, ob Kind, ob Greis, ob Mann oder Weib. 1 100 000 Menschen sollen nach Josephus Flavius bei der ganzen Belagerung umgekommen sein. Nur die noch starken und gesunden jungen Menschen verschonten die Sieger, um sie zu Sklaven zu machen. 97 000 gerieten in Sklaverei. Damit aber diese vielen Sklaven den Markt nicht überfüllten, wurden Tausende von ihnen dazu bestimmt, im Amphitheater als Gladiatoren oder mit wilden Tieren zu kämpfen. Die anderen verschwanden in den phrygischen Bergwerken oder mußten Frondienst leisten am Bau des Kolosseums."

„Sein Blut komme auf uns und unsere Kinder!"

„Darauf gab er ihnen den Barabbas frei. Jesus aber übergab er zur Kreuzigung, nachdem er ihn hatte geißeln lassen."

Matthäus faßt hier die Geißelung als Einleitung der Kreuzigung auf, da jeder zum Kreuzestod Verurteilte bei den Römern zuvor gegeißelt wurde. In der Tat war sie das auch im Falle Jesu. Aus Lukas aber wissen wir, daß Pilatus auch noch die andere Absicht damit verband, durch diese Tortur Jesu die Blutgier der Menge zu stillen und Jesus freizubekommen. Gerade aus dieser Absicht heraus wird ihm eine besonders grausame Vollziehung dieser entsetzlichen Strafe willkommen gewesen sein. Auch das jüdische Gesetz kannte die Strafe der Geißelung. Vgl. darüber das zu Mt 10, 17 Gesagte. Ganz anders und grausamer war die römische Geißelung. Bei ihr galten die Beschränkungen und Vorsichtsmaßregeln der jüdischen nicht. Insbesondere war keine Grenze gesetzt für die Zahl der Hiebe. Eine solche war erst erreicht durch die Müdigkeit der Schergen oder wenn sie ihre Grausamkeit befriedigt hatten. Die eigentliche Geißelung, die zugleich als entehrend galt, durfte an einem römischen Bürger nicht vollzogen werden. (Vgl. Apg 22, 25 ff.). Die Geißelung wurde darum nur an Provinzialen und Sklaven angewandt, teils als Vorbereitung der Kreuzigung, teils als Folter, um ein Geständnis zu erzwingen. Man bediente sich zu ihrer Vollziehung schmaler Riemen von hartem Leder, in die Knochenstückchen, Bleiklumpen und scharfe Stacheln hineingeflochten waren. Der Delinquent wurde dabei mit den Händen an eine niedrige Säule angebunden, so daß sein gebeugter Körper den Hieben von allen Seiten Zugang bot. Die allgemeinen Berichte der klassischen Schriftsteller und der Märtyrerakten sagen mancherlei darüber: So heißt es z. B. in dem von Augenzeugen verfaßten Sonderschreiben der Gemeinde von Smyrna über das Martyrium des heiligen Polykarp in der Einleitung, wo von den anderen Märtyrern erzählt wird: „Mit Geißeln zerfleischt, so daß man bis zu den inneren Adern und Blutgefäßen den Bau des Leibes sehen konnte, duldeten sie, so daß selbst die Herumstehenden Mitleid empfanden und weinten." Von der Geißelung des heiligen Dorotheus (unter Diokletian) berichtet Eusebius, daß dabei „selbst die Knochen bloßgelegt wurden". Aber auch schon die verschiedenen Bezeichnungen dieser Strafe reden eine unzweideutige Sprache: „zerschneiden", „zerfleischen", „zerbrechen", „zermalmen", „durchbohren", „pflügen". Adern, Muskeln, Eingeweide lagen bloß da vor den entsetzten Augen der Zuschauer. Nicht selten starb der Delinquent unter den sausenden Riemen.

Der Sohn Gottes ist gegeißelt worden. Hier soll jeder menschliche Mund aufhören zu reden, und die Feder soll in der Beschreibung innehalten. Denn hier gebührt es sich, nur noch zu schweigen. Vgl. Lauck. Dazu Strack-Billerbeck und Bornhäuser. (Näheres hierzu siehe Literatur-Angabe am Schluß.)

Jesu Verhöhnung.

Vers 27—30

Zu Vers 27—31:
Mk 15, 16—20
Jo 19, 2. 3
Zu Vers 29:
Mt 20, 15

27 **Hierauf nahmen die Soldaten des Statthalters Jesus mit sich in die Statt-**
28 **halterei und riefen dort die ganze Kohorte gegen ihn zusammen. *Dann**
29 **entkleideten sie ihn und legten ihm einen scharlachroten Mantel um, *flochten**
aus Dornen eine Krone, die sie ihm aufsetzten, und (gaben) ihm ein Rohr
in die rechte Hand, darauf warfen sie sich vor ihm auf die Knie nieder und

Zu Vers 30:
Mt 26, 67
Jes 50, 6

30 **verhöhnten ihn mit den Worten: Sei gegrüßt, Judenkönig! *Auch spieen**
sie ihn an, nahmen das Rohr und schlugen ihn damit aufs Haupt!

Nach der Geißelung folgt die Verhöhnung. Auch hier gebührt es uns, in Demut und Stille nur zu schweigen. —

Jesus aber läßt alles schweigend über sich ergehen. *„Er tat seinen Mund nicht auf, wie ein Lamm, das zur Schlachtbank geführt wird, und wie ein Schaf, das verstummt vor seinem Scherer und seinen Mund nicht auftut."* Lies Jes 53, 2b: *„Er hatte keine Gestalt noch Schöne . . .",* bis Vers 7.

Die Hinrichtung Jesu.

Vers 31—50

Zu Vers 32—56:
Mk 15, 21—41
Lk 23, 26. 33—49
Jo 19, 16—30
Zu Vers 34:
Ps 69, 22
Zu Vers 35:
Ps 22, 19
Jo 19, 23
Zu Vers 38:
Jes 53, 12
Zu Vers 39:
Hbr 12, 3
Ps 22, 8
Ps 109, 25
Jes 37, 22
Zu Vers 40:
Mt 4, 3; 26, 61
Jo 2, 19
Zu Vers 42:
Lk 4, 23
Zu Vers 43:
Ps 22, 9
Zu Vers 45:
Am 8, 9
Zu Vers 46:
Ps 22, 2
Jo 8, 29
Zu Vers 48:
Ps 69, 22
Jo 19, 28

31 **Nachdem sie ihn verspottet hatten, nahmen sie ihm den Mantel wieder**
ab und legten ihm seine Kleider an, dann führten sie ihn zur Kreuzigung
32 **ab. *Während sie aber (zur Stadt) hinauszogen, trafen sie einen Mann aus**
Cyrene, namens Simon, an; diesen zwangen sie, ihm das Kreuz zu tragen.
33 ***Als sie dann auf einem Platz, namens Golgatha, das bedeutet Schädelstätte,**
34 **angekommen waren, *gaben sie ihm Wein zu trinken, der mit Galle vermischt**
35 **war; doch als er ihn gekostet hatte, wollte er ihn nicht trinken. *Nachdem**
sie ihn dann gekreuzigt hatten, verteilten sie seine Kleidungsstücke unter
36 **sich, indem sie das Los um sie warfen, *setzten sich hierauf nieder und be-**
37 **wachten ihn dort. *Über seinem Haupte hatten sie eine Inschrift angebracht,**
die seine Schuld angeben sollte; sie lautete: „Dieser ist Jesus, der König
38 **der Juden." *Sodann wurden zwei Räuber mit ihm gekreuzigt, der eine**
39 **zu seiner Rechten, der andere zu seiner Linken. *Die Vorübergehenden aber**
40 **schmähten ihn, wobei sie den Kopf schüttelten *und ausriefen: Du wolltest**
ja den Tempel abbrechen und ihn in drei Tagen wieder aufbauen! Hilf dir
nun selbst, wenn du Gottes Sohn bist, und steige vom Kreuz herab!
41 ***Ebenso verhöhnten ihn auch die Hohenpriester samt den Schriftgelehrten**
42 **und Ältesten mit den Worten: *Anderen hat er geholfen, sich selber kann**
er nicht helfen! Er ist der König von Israel, so steige er jetzt vom Kreuz
43 **herab, dann wollen wir an ihn glauben! *Er hat auf Gott vertraut, der rette**
ihn jetzt, wenn er ihm wohlwill! Er hat ja doch behauptet: „Ich bin Gottes
44 **Sohn." *In der gleichen Weise schmähten ihn auch die Räuber, die mit ihm**
45 **gekreuzigt waren. *Aber von der sechsten Stunde an trat eine Finsternis**
46 **über das ganze Land ein bis zur neunten Stunde. *Um die neunte Stunde**
aber rief Jesus mit lauter Stimme aus: Eli, Eli, lema sabachthani? das
47 **heißt: Mein Gott, mein Gott, warum hast du mich verlassen? *Als einige**
von den dort Stehenden dies hörten, sagten sie: Der ruft den Elias!
48 ***Und sogleich lief einer von ihnen hin, nahm einen Schwamm, tränkte ihn**
49 **mit Essig, steckte ihn an ein Rohr und wollte Jesus trinken lassen. *Die**
andern aber sagten: Laß das! Wir wollen doch sehen, ob Elia wirklich
50 **kommt, um ihm zu helfen. *Jesus aber stieß noch einmal einen lauten Schrei**
aus und gab dann seinen Geist auf.

Nun beginnt der Kreuzesweg. **„Sie zogen ihm seine Kleider wieder an und führten ihn ab zur Kreuzigung."**

Der jerusalemische Talmud berichtet, man habe vor der Kreuzigung den Hinzurichtenden einen betäubenden Trank gereicht, den mitleidige Personen, gewöhnlich vornehme Frauen Jerusalems, auf ihre Kosten bereiten ließen. Das Kreuz war aus zwei Stücken zusammengesetzt, einem senkrechten (staticulum) und einem waagerechten (antenna) Balken. An dem ersteren, ungefähr in der Mitte, war ein hölzerner oder hörnener Knopf (cornu oder sedile) angebracht, auf dem der Gekreuzigte rittlings ruhte. Sonst hätte die Last des

Körpers bald das Zerreißen der Hände verursacht und sein Herabfallen herbeigeführt. Gewöhnlich richtete man zuerst das Kreuz auf und befestigte es in der Erde (Cic. Verr. 5. 66. Jos. Bell jud. VII. 6, 4); dann zog man mit Stricken den Körper bis zur Höhe des Querbalkens hinauf und nagelte die Hände und Füße an. Selten nagelte man den Verurteilten an das noch liegende Kreuz, um es nachher aufzurichten.

Die Gekreuzigten lebten gewöhnlich noch gegen zwölf Stunden, manchmal sogar bis zum zweiten und dritten Tage. Das bald eingetretene Fieber verursachte einen brennenden Durst. Die zunehmende Entzündung der Wunden am Rücken, an Händen und Füßen, der Blutandrang gegen den Kopf, gegen die Lungen und das Herz, das Anschwellen aller Adern bewirkte eine unbeschreibliche Beklemmung, furchtbare Kopfschmerzen, das durch die unnatürliche Lage des Körpers herbeigeführte Erstarren der Glieder: alles kam zusammen, um diese Art der Hinrichtung nach dem Ausdruck Ciceros (in Verr., Vers 64) zu der grausamsten und schrecklichsten Strafe zu machen.

Die Hinrichtung mußte außerhalb der Stadt geschehen (3 Mo 24, 14). Es war dies ein Bild der Ausschließung aus der menschlichen Gesellschaft. (Hbr 13, 12). Jo 19, 17 sagt, daß Jesus zu der Stadt hinausging und nach dem Gebrauch (Mt 10, 38) selbst sein Kreuz trug.

Mit dieser Tatsache kehren wir zum Vers 32 zurück. Sobald dem Verklagten das Urteil des Todes gesprochen war, trieben die Juden zur Eile an. Denn sie wünschten nach ihrer Festsitte, daß die Kreuzigung womöglich vor dem Mittag vollzogen wurde und daß der Gekreuzigte noch vor Sonnenuntergang beseitigt und in einem Grabe beigesetzt werden könnte. Wir können daher annehmen, daß der Zug in einem raschen Schritt und beschleunigtem Tempo dem Ziele entgegeneilte. Nach dem herkömmlichen Verfahren mußte Jesus bei dem schnellen Zuge auch noch sein Kreuz selber tragen. Wenn nun auch das Kreuzesholz nicht die riesenhafte hohe Gestalt hatte, wie es vielfach dargestellt wird, so bildete es doch immer wohl eine schwere Last. Zudem war der Herr durch die vorangehenden Leiden schon in hohem Maße leiblich erschüttert worden. Die große Geistes- und Herzensarbeit des vorigen Passahabends, der schwere Kampf in Gethsemane, die Nachtwache, die Spannungen, die Erschütterungen seines Herzens, endlich die furchtbare Geißelung: alle diese Vorgänge hatten seine Kraft erschöpft; und nun kam noch die rasche Abführung unter der Last des Kreuzes zu allen Anstrengungen hinzu. Völlig entkräftet wurde der Heilige unter seiner Kreuzeslast dahingetrieben. Er kam aber dennoch mit seiner Last bis vor das Tor. Ob er nun hier unter der Last zusammensank, ob er wankte, das wissen wir nicht; jedenfalls besorgten sie ihm einen Stellvertreter für das Forttragen des Kreuzes, sobald sie mit ihm aus der Stadt hinausgekommen waren. Vor dem Tore begegnete dem Zuge ein Mann, namens Simon von Kyrene (in dem afrikanischen Lybien, woselbst viele Juden lebten), welcher vom Felde kam. Der Evangelist Markus kannte ihn bei der Abfassung seines Evangeliums als den Vater des Alexanders und Rufus, zweier Männer, die den Christengemeinden seiner Zeit wohl bekannt gewesen sein müssen; ohne Zweifel also Glaubensgenossen. Simon stand wohl noch in keiner näheren Beziehung zu Jesus; wenigstens hatte er sich während seiner Leiden vor dem römischen Tribunal draußen auf dem Felde aufgehalten. Und vielleicht machte ihn das gerade dem Zuge auffallend, daß er so einzeln in entgegengesetzter Richtung zum Tor hereinkam, während alles Volk im Zuge mit Jesus zum Tor hinausströmte. Diesen Mann also ergriffen die Soldaten und zwangen ihn in der Form militärischer Requisition, Jesus das Kreuz nachzutragen. Die Strecke von hier bis zum Richtplatz konnte freilich nicht mehr weit sein.

Es war nicht nur für Simon selbst, sondern auch für den Herrn von Bedeutung, daß dieser Simon von Kyrene dem Herrn Jesus eine kurze Zeit der Hilfe bereitete. Simon Petrus findet sich nicht in der Nähe, obschon er versprochen hatte, seinem Meister bis in den Tod zu folgen. Aus dem entlegenen Kyrene aber muß ein anderer Simon erscheinen, der den schweren Gang des Gotteslammes auf dem Wege zur „Schlachtbank" erleichtern soll. Dieser Simon hatte keine Ahnung, welche Gnade und Ehre ihm damit zuteil wurde, denn er konnte ja nicht die Herrlichkeit dessen ahnen, dem er dienen sollte. Er wurde zum Dienst gewaltsam gezwungen, aber später erscheinen seine Söhne in der Geschichte der Gemeinde, und er selbst hat gewiß später auch verstanden, was er tun durfte.

Mk 15, 21 beweist, daß dieses Vorkommnis dazu diente, Simon mit dem Heiland in Verbindung zu bringen, und daß er bald nachher mit seiner Familie in die Gemeinde eintrat. Später waren seine Frau und seine zwei Söhne in Rom angesiedelt. (Rö 16, 13.)

Mit dem Vers 33 kommen wir auf einen Punkt in der Leidensgeschichte, wo alles, auch das Kleinste, bedeutsam wird, weil es sich hier um die Achse handelt, um die die Menschheitsgeschichte sich bewegt. — Wir sind an eine Stelle im Leben Jesu gekommen, wo von Taten Jesu eigentlich nicht mehr die Rede sein kann. Hände und Füße sind ihm ans Kreuz genagelt. — Nichts kann er mehr tun, nicht einmal sich bewegen. Kein Glied kann er mehr rühren. Der ganze Körper ist gefesselt in namenlosem Leid. — Nur Worte kann er noch seufzend aussprechen.

Der Name Schädelstätte kommt nicht von den da liegengebliebenen Schädeln der Hingerichteten; da müßte statt stranion der Plural stehen: „Ort der Schädel"; auch würde man die Gebeine nicht unbegraben haben liegen lassen. Der Name kommt vielmehr von der abgerundeten, nackten Gestalt des Hügels her. —

Die Marterstraße liegt hinter Jesus, dem heiligen, teuren Gotteslamm, der Marterberg ist erreicht, die Stufen zum Hochaltar sind erstiegen. Bis hierher hat er das Kreuz getragen, nun ist die Stunde da, wo das Kreuz ihn tragen soll. — Wir stehen hier vor der schauerlichsten Begebenheit, die je die Welt gesehen, vor dem Geheimnis, in das selbst die Engel vergeblich gelüstet hineinzuschauen, vor einem Zeugnis aus der unergründlichen Tiefe der göttlichen Liebe, wie es keins mehr gibt im Himmel und auf Erden. Hier wird jener Fluch aufgehoben, der mit seinem entsetzlichen Gefolge, mit seinem bis in die Ewigkeit hineinreichenden Schrecken dumpf und schwer auf der seufzenden Menschheit liegt, hier werden die Pforten der Hölle zertrümmert und die Macht Satans gebrochen; hier wird die Erlösung der Menschheit vollbracht; hier steht das Kreuz, dieser Baum des Lebens, von dem heilende Kräfte in die kranke Menschheit ausströmen, dieses Panier, worunter der gläubige Christ kämpft und siegt, diese sichere Hütte, wohinein er vor den Stürmen und Wettern der Welt sich flüchtet, dieses heilige Zeichen, worunter er lebt und stirbt!

Auf Golgatha angekommen, „gaben sie ihm mit Galle gemischten Wein zu trinken". Das hebräische Wort kann für „Galle" auch „Wermut" sagen. Es war also Wein, der betäuben sollte. — Markus sagt: *„Sie gaben ihm mit Myrrhe versetzten Wein."* — Es war bei den Juden Sitte, dem Todeskandidaten solch ein Betäubungsmittel zu verabreichen. (Vgl. Spr 31, 6 und 7). Jesus trank diesen Betäubungstrank nicht. Denn er wollte mit vollem Bewußtsein leiden.

„Um aber seine Kleider unter sich zu teilen, warfen die Soldaten die Lose." Das Loswerfen um die Kleider, wodurch der Hingerichtete zu einer Art Spielzeug wird, gehört zu derselben Reihe von Tatsachen, wie die in Vers 39 ff.

berichteten Verhöhnungen. Die Kleider der Verbrecher gehörten nach römischem Gesetz den Nachrichtern. Jedes der Kreuze war wahrscheinlich von einer Abteilung von vier Soldaten bewacht. Das Los wurde zweimal geworfen, zuerst um die vier ziemlich gleichen, aus den Kleidern Jesu gebildeten Teile (Mantel, Mütze, Gürtel, Sandalen). Sodann um seinen Rock oder die Tunika, die zu wertvoll war, um zu einem der vier Teile gerechnet zu werden.

Die Soldaten befestigten zu Häupten des Gekreuzigten eine Tafel, welche seine Schuldangabe enthielt. Diese Tafel wurde der Sitte gemäß unterwegs vorangetragen. Der Inhalt der Schrift wird von Matthäus aus dem Gedächtnis etwas anders zitiert als bei Johannes. Matthäus sagt: **„Dieser ist Jesus, der König der Juden."** Jo 19, 19 sagt: *„Jesus von Nazareth, der König der Juden."*

Daß man an ein und demselben Tage außer Jesus noch zwei Verbrecher hinrichtete, widersprach dem jüdischen Recht, nach dem an einem Tage nicht mehr als einer hingerichtet werden durfte. — Für Jesus bedeutet ein solches Hinrichten zwischen zwei Verbrechern eine neue Schande.

Jesus Christus, der Herr aller Herren und König aller Könige, hängt als Rädelsführer und Verbrecher inmitten zweier offenbar zu Recht verurteilter Übeltäter! (Vgl. Lk 23, 41.)

Wenn Jesus die Augen ein wenig öffnete, da sah er nichts als schadenfrohe und feindselige Gesichter, und mit den Ohren hörte er nichts als Hohn und Spott.

Selbst die Herren des Hohen Rates können ihre grimmige Schadenfreude nicht unterdrücken!

Die Vorübergehenden hoben mit Befriedigung hervor, daß sich die Hoheit des Tempels aufs neue gezeigt habe, weil nicht der Tempel, sondern der, welcher von dem Abbruch des Tempels gesprochen habe, zugrunde gehe. — Sie hatten keine Ahnung davon, wie gerade jetzt dieses Wort zur Erfüllung kam.

Wie roh und grausam klingen die Spottrufe: **„Andere hat er gerettet, sich selbst kann er nicht retten!"** Einen sterbenden Menschen, der während seines Lebens überall, wo er ging und stand, den Menschen geholfen hat, nun wegen seiner eigenen Hilflosigkeit und Schwachheit zu verspotten, das ist untermenschliches, dämonisches Benehmen. — Ein anderer grausamer Spottruf ist: **„Er hat auf Gott vertraut, der errette ihn jetzt.** Denn er hat gesagt: ‚Ich bin Gottes Sohn.'"

Nach Matthäus und Markus haben sich auch die beiden Mitgekreuzigten an dem Spott beteiligt.

Von mittags 12 Uhr bis nachmittags 3 Uhr brach über das ganze Land eine Finsternis herein. Die Sonne kann es gleichsam nicht mit ansehen, wenn das Licht der Welt auslöscht. Die Stunde der Finsternis ist da. Um das Kreuz ist es still geworden. Jesus schweigt. Auch die Spötter spotten nicht mehr.

Die Zeit rückt auf drei Uhr nachmittags. Da durchschallt vom Kreuz her ein lauter Ruf die Stille, wie ein Aufschrei: **„Mein Gott, mein Gott, warum hast du mich verlassen?"** Jesus ist's, der sterbende Jesus. Es sind die Anfangsworte des 22. Psalmes, die er da laut betet. — Während der Schmerz seinen Körper durchtobt, senkt sich in seine Seele furchtbarste Nacht. Das ist das schwerste im Leben, diese Kämpfe der Seele, wo die Seele einsam geworden ist, wo es in ihr wühlt und bohrt und brennt. Einer, der viel Seelenschmerzen zu durchstehen hatte, hat einmal gesagt: „Früher habe ich gewußt, was Schmerzen sind. Jetzt weiß ich, was Qual ist." — Jesu Seelenschmerzen waren das Höchste und Letzte an Qual. — Dieser Schmerzensschrei der Seele Jesu hat es mit Gott zu tun. Der Herr klagt nicht, daß ihn Israel verlassen hat, daß seine Jünger von ihm geflohen sind. Das Eigentliche in seinem Schmerz ist, daß Gott ihn verlassen hat. Sein Gott! — Und was war der Grund dafür, daß Gott seinen Sohn im Stich lassen mußte? (Wir sprechen menschlich, wenn wir meinen: Daß er, der Sohn, als von Gott Verfluchter ohne Erbarmen dem Tode überantwortet wurde!) — Was war der Grund dieser furchtbaren Verlassenheit und entsetzlichen Verfluchung? Der Grund war dieser: Jesus wurde für uns zur Sünde gemacht!

Man denke ein wenig nach über die Sünde der Welt! Seit sechstausend Jahren wälzt sich die Sünde wie ein schwarzer, breiter, tiefer Strom durch die Menschheit. Ein dunkler, wie Pest stinkender Ozean von Sünde ist unsere Erde. Man denke an die himmelschreienden Verbrechen, die seit Jahrtausenden von unzählbaren Menschen begangen wurden. Man denke an seine eigene Sünde und sage sich, daß von den Milliarden Menschen, die über die Erde gingen, auch nicht einer war, der nicht ein Gericht verdient, der nicht Sünde zu der schon vorhandenen Sündenflut hinzugefügt hätte. Man denke nur, was jeden Tag Böses von der Erde gen Himmel steigt und Gottes heiliges Gericht herausfordert. Ich glaube, daß kein Mensch imstande wäre, den Anblick der Greueltaten der Sünde, die auf Erden begangen wurden, zu ertragen — es würde ihn töten.

Diese unermeßliche Schuld der Menschheit mußte aber der Herr schon in Gethsemane im Geiste schauen. Wie schwarze Gewitterwolken lagerte sich die Sünde über seinem Haupte und füllte den ganzen Horizont. Sie schied ihn jetzt von seinem Vater. Er sah nun, wie wohl nie zuvor, den ganzen unbeschreiblichen Jammer der gefallenen Menschheit, die ganze Flut des Verderbens, das bodenlose Meer der Sünde, die unberechenbare Schuld. Wie sollte da nicht ein Entsetzen sein ganzes Wesen erfassen?

Doch noch nicht genug. Er hat ja nicht bloß dies furchtbare Bild gesehen, sondern ist für diese schauerliche Sünde eingetreten, hat sie bezahlt, die Schuld auf sich genommen, das Gericht dafür getragen. Er allein kannte den heiligen Gott; er allein konnte auch ermessen, welch entsetzliches Gericht diese Sündenschuld verdient. Er, der geliebte Sohn, ist zum Fluch gemacht! Er ist zur Sünde, d. h. zu diesem Häßlichen, Schauerlichen, Teuflischen, das er vor sich sieht, gemacht! Er, den bisher keine Sünde berührte, der vor ihr den tiefsten Abscheu hatte, er hat jetzt dieses Furchtbare auf sich geladen, sich damit umhüllt, sich damit identifiziert. Wahrlich, wer schon mit seiner eigenen Sünde bebend vor dem heiligen Gott stand und sich dann den heiligen „Menschensohn" vergegenwärtigt, der wird vom Schauder erfaßt und muß fragen, wie es möglich war, daß der Herr in jenen sechs Stunden durchgehalten hat.

In dem dunklen Bilde dürfen wir jedoch das Dunkelste nicht vergessen: die Macht der Finsternis. Der Herr selbst macht auf diesen Feind aufmerksam, wenn er kurz vorher in den Abschiedsreden (Jo 14, 30) sagt: *„Ich werde jetzt nicht mehr viel mit euch reden, denn es kommt der Fürst dieser Welt ..."* *„Das ist eure Stunde und die Macht der Finsternis"* (Lk 22, 53), sagt Jesus bald darauf bei der Gefangennahme zu seinen Gegnern. Letzte Tiefen dieser Macht tun sich vor Jesus auf. Es ist uns nicht gesagt, wie die Macht der Finsternis ihm hier zusetzt, genug aber ist, daß sie jetzt ihren furchtbarsten und intensivsten Kampf gegen ihn entwickelt. Das ganze fürchterliche, finstere Geistesheer der Hölle wird ihn umgeben haben. Dieses finstere Geistesheer der Hölle wird nun ihn, den Lebensfürsten, den Reinen, Heiligen, morden.

Wir beugen in Stille unsere Knie und schweigen in Scham. Wir werden es hier niemals vollkommen verstehen, wie der Herr Jesus eine Versöhnung für die Welt vollendet hat, oder wie das, was er litt, gleichwertig sein konnte mit der Strafe, die ein sündiges Geschlecht tragen sollte. Wir haben keinen Maßstab, um zu vergleichen; wir haben nichts, was in die Tiefen jenes unerforschlichen Geheimnisses hinabreicht.

Obwohl Jesus wußte von seinem Sieg und seiner Auferstehung, so hat er dennoch für die Gegenwart um der Zukunft willen nicht den Schmerz übersehen, sondern das Leiden am Kreuz in voller, grausigster Wirklichkeit und Wahrhaftigkeit durchlebt. — Er durchlebte jetzt nicht Gottes Gnade und Gemeinschaft, sondern Gottes Zorn und Gericht in unbeschreiblichem Maße.

Jesu hebräischer Gebetsschrei: „Eli, Eli, lema sabachthani", zu deutsch: **„Mein Gott, mein Gott, warum hast du mich verlassen?"** — wurde falsch verstanden. Sie sagten: Der ruft dem E l i a, dem Propheten, der als der Vorläufer des Christus kommen sollte. Die Spötter meinten, es wäre jetzt höchste Zeit, daß Elia käme, um ihn, den Gehängten, als den Christus, als den Sohn Gottes zu rehabilitieren. — Es war ein billiger Hohn, dieser Spottruf: **„Der ruft dem Elia."**

Matthäus spricht im Anschluß an das Wort Jesu „Eli, Eli, lema sabachthani = **Mein Gott, mein Gott, warum hast du mich verlassen?**" von der Tränkung Jesu mit Hilfe eines Schwammes voll Essig. — Johannes, der Evangelist, begründet diese Tränkung. Johannes schreibt (Jo 19, 28): *„Weil Jesus wußte, daß bereits alles erfüllt war, sprach er, damit die Schrift (ganz) erfüllt würde: ‚Ich dürste'"*. — Der Zusammenhang ist also folgender: Im gleichen Psalm, dessen Anfangsworte Jesus in die Nacht hinausruft, heißt es einige Verse später: *„Vertrocknet wie eine Scherbe ist meine Kraft, und die Zunge klebt mir am Gaumen"* (V. 16). Und im 69. Psalm findet sich mit geheimnisvoller typischer Beziehung auf den verschmachtenden Messias die Stelle: *„Sie haben mich mit Essig getränkt in meinem Durst"* (Ps 69, 22). Jesus, der sich bewußt ist, nun den ganzen Leidensbecher ausgetrunken zu haben, den der Vater ihm gereicht hat, will auch diese letzte noch ausstehende Prophezeiung erfüllen. Denn mitten in der schwersten Qual des Leibes und der Seele und obwohl verlassen von seinem himmlischen Vater, ist er darauf bedacht, bis ins kleinste hinein dessen Willen zu vollenden. Daher schloß er an jenen Ausruf der Gottverlassenheit diese Klage an über seinen Durst. Der Durst war es ja auch, was die Gekreuzigten am meisten peinigte. Und aus allem, was oben über die Kreuzigung gesagt worden ist, läßt sich entnehmen, wie quälend Jesu Durst gewesen sein muß. Trotzdem hätte er, der alles stillschweigend duldete, sich nicht darüber geäußert, hätte nicht die Prophezeiung ihn dazu veranlaßt. Inzwischen haben sie drunten zu Füßen des Kreuzes ihre Witze gemacht über Jesu Ausruf der Verlassenheit. Denn im Ernst haben sie ihn ja kaum mißverstanden. Aber der Witz lag nahe. Sollte doch Elias nicht nur in den Tagen des Messias erscheinen, um diesen beim Volke einzuführen, sondern es gingen auch allerhand sonderbare Sagen unter den Juden um von dem großen Propheten, „der in der Welt umherfliegt wie ein Vogel" und die Frommen aus allerlei Not und Verlegenheit befreit. Diese Witzemacher gehörten natürlich zu den umherstehenden Juden, die des Aramäischen kundig waren. Als nun ein mitleidiger Soldat (vgl. Lk 23, 36) auf die Klage Jesu über seinen Durst herzulief, um ihm zu trinken zu geben, setzten sie ihre Späße fort, indem sie diese Handlung des Soldaten mit der höhnischen Rede begleiteten: **„Wir wollen doch sehen"**, oder: **„Laßt uns sehen, ob Elias kommt, ihn zu retten."**

Das Getränk, das man Jesus reichte, war derselbe Trank, den die Soldaten bei ihren Übungen stets bei sich führten, die sogenannte posca, eine aus Wasser, Essig und geschlagenen Eiern bereitete Limonade. Jesus, der jenen betäubenden Trunk verschmäht hatte, schlürfte begierig diesen erquickenden Trank ein

(Jo 19, 30). Was muß er doch gelitten haben am Kreuz! Gerade dieses sein letztes Trinken sagt soviel davon. Dann sprach er: *„Es ist vollbracht"* (Jo 19, 30). **„Hierauf rief Jesus noch einmal mit lauter Stimme und verschied."** (Vgl. Lauck. Dazu Strack-Billerbeck und Bornhäuser.)

Was für ein Ruf das war, sagt Lukas: *„Und Jesus rief mit lauter Stimme und sprach: ‚Vater, in deine Hände befehle ich meinen Geist'."* — Nach diesen Worten verschied er. (Lk 23, 46.)

Jesus neigte sein Haupt und verschied! Die Stimme, die für die Millionen und aber Millionen der Erdenbewohner ertönte, ist nun verklungen, das Auge, das Großes und Kleines, die verborgenen Gründe der Menschen und die Tiefen der Gottheit durchschaut, ist erloschen, die Brust, die die ganze Welt liebend umfaßt, ist eingesunken, das Herz, das für Freunde und Feinde warm und treu geschlagen, ist gebrochen, die Hand erstorben, die Not und Tod, Sturm und Krankheit verscheuchte. —

Am Schandpfahl starb Jesus. Von den Spöttern verworfen, buchstäblich langsam zu Tode gemartert — als einer, dessen Werk und Lebensaufgabe völlig gescheitert ist. Er starb als ein entsetzlich „Bloßgestellter", als ein „Zuschandengewordener", als ein Lügner und Betrüger — vor der Welt!

Die Ereignisse kurz nach dem Tode.

Vers 51—53

Zu Vers 51:
2 Mo 26, 31
Hbr 6, 19; 9, 3; 10, 19. 20; 12, 26
Zu Vers 52:
Da 12, 2
Zu Vers 53:
Apg 26, 23

51 **Da wurde der Vorhang im Tempel von oben bis unten in zwei Stücke zer-**
52 **rissen, die Erde wurde erschüttert und die Felsen wurden gespalten, *die**
Gräber wurden geöffnet und viele Leiber der entschlafenen Heiligen wurden
53 **auferweckt, *kamen nach seiner Auferstehung aus ihren Gräbern hervor,**
gingen in die heilige Stadt hinein und erschienen vielen.

Nun wenden sich die Dinge. In dem Augenblick, da Jesus mit lauter Stimme seinen Geist dem Vater übergab, erfolgte eine starke Erderschütterung, welche die Felsen zerriß. — Die irdische Welt fühlt, daß der ewige König stirbt, daß sein Tod den Grund legt zu ihrem Untergang und zu ihrer Verklärung. Sie fühlt eine Geburtswehe der Entwicklung, durch welche sie fortschreitet in ein neues Stadium ihres dunklen Lebens, wie es in diesem Umschwung der Menschheit, der jetzt begonnen hat, gemäß ist (Rö 8, 18).

Die Verfinsterung der Sonne weist uns ebenfalls hin auf einen tiefen, verborgenen Zusammenhang zwischen dem Reiche der Natur und dem der Gnade, der noch zu wenig von den Theologen erforscht ist. Nicht nur als „gleichsam mittrauernd mit ihrem größten Sohne" hüllt sich die Natur in ein Trauergewand; wo das fleischgewordene Wort, durch das alle Dinge gemacht sind, im Tode erblaßt, da legt die bebende Natur ein unzweideutiges Zeugnis von Jesu Größe ab.

Und weiter: Plötzlich zerriß zum Staunen der Menge der dreißig Ellen lange und vier Finger starke Vorhang, der das Allerheiligste verbarg, in zwei Stücke, von oben an bis unten aus. Das nie Gesehene zeigt sich allen Blicken, und was alle in Israel mit scheuen Augen und bangen Herzen bisher nur von außen angeschaut hatten, lag offen da; zu der heiligen Stätte, die alljährlich nur einmal mit dem Opferblute in der Hand des Hohenpriesters von diesem betreten werden durfte, konnte nun jedermann einen Zugang finden. Den Gnadenstuhl mit der Bundeslade und den Cherubim gab es nicht mehr; sie war gänzlich leer, diese heilige Wohnung des verborgenen Gottes.

Was sollte angedeutet werden mit diesem außerordentlichen Ereignis in dieser merkwürdigsten Stunde, die je auf dieser Erde geschlagen? — Der Alte Bund war aufgehoben; der Schatten mußte der Wirklichkeit weichen; die Vorbilder waren erfüllt; die Weissagungen waren zur Ausführung gekommen; die Opfer waren abgeschafft durch das eine Opfer, das ewiglich gilt.

Der Weg zum Gnadenthron steht fortan allen offen. Wie der Hohepriester beim Anblick eines großen Ärgernisses sein Kleid zerriß, so zerreißt Gott jetzt den Vorhang, der das Allerheiligste verhüllt hatte, wo er sich bisher offenbarte. Er erklärt damit: Es gibt kein Allerheiligstes und auch kein Heiliges, folglich auch keinen Vorhof, keinen Altar, keine gültigen Opfer mehr. Der Tempel ist abgeschafft von Gott selbst. Die Segenskraft des Opfers ist auf ein anderes Blut, einen anderen Altar, einen anderen Hohenpriester übertragen. Das hatte Jesus eben den Juden angekündigt mit den Worten: Tötet mich, so habt ihr damit den Tempel abgebrochen.

„Und die Erde wurde erschüttert und die Felsen gespalten und die Gräber aufgetan, und viele Leiber der schlafenden Heiligen wurden auferweckt, und sie gingen nach seiner Auferstehung in die heilige Stadt und wurden vielen sichtbar."

„Ein Erdbeben trat ein, stark genug, daß in den Felswänden, die die Hügel um Jerusalem zahlreich aufweisen, Risse entstanden. In all diesen Felswänden befinden sich aber in großer Menge die Grabkammern, deren Pforten, solange sie benutzt wurden, durch eine Steinplatte verschlossen waren. Darum hatte jeder Erdstoß in Jerusalem die Wirkung, daß die Grabkammern geöffnet wurden, weil die steinernen Türen abstürzten. Das gibt diesem Zeichen seine Bedeutung. Es stellt dar, daß mit Jesu Tod der Tod überwunden ist und sein Sterben die Gräber der Menschen öffnet. Denn wegen seines Todes wird die von Schuld und Gericht befreite Gemeinde in das ewige Leben versetzt. Matthäus sagt uns, daß dies nicht nur ein figürliches Zeichen war, sondern daß Jesu Tod vielen sofort den Eingang in den Stand der Auferstehung gab. Sein Blick ist dabei auf Jerusalem gerichtet, dem Gottes Treue in wunderbarer Weise neue Zeugen des Christus sendet. Vielen wurde es dadurch bezeugt, weshalb Jesus gestorben ist; denn sie sahen, daß er seine Seele als das Lösegeld dahingegeben hat, durch das er viele von Schuld und Tod freimachte. Über das Geschick derer, die sofort die Lebensmacht des Todes Jesu erfuhren, spricht Matthäus nicht; wir werden es uns aber ähnlich zu denken haben, wie das, das auf Jesu eigene Auferstehung folgte. Wie der Auferstandene in Gottes unsichtbares Reich emporgenommen wird, so werden auch die, denen sein Tod neues Leben gab, an den himmlischen Ort erhöht werden.

Neben die verklärten Zeugen Jesu stellt Matthäus die Menschen, die sich zu ihm bekannten." (Schlatter Erl. S. 415.)

Des heidnischen Hauptmanns Zeugnis über Jesus.

Vers 54

54 **Als aber der Hauptmann und seine Leute, die Jesus zu bewachen hatten, das Erdbeben und was geschah, sahen, gerieten sie in große Furcht und sagten: Dieser ist wirklich Gottes Sohn gewesen!**

Zweimal hatte Jesus am Kreuz Gott seinen Vater genannt; der Hauptmann konnte also wohl sich so ausdrücken: „Er war wirklich Gottes Sohn."

Der römische Krieger meinte wohl, schon lange zu wissen, was sterben heißt. Und in der Tat wußte er wohl, was ehrenreich sterben hieß nach den Grundsätzen römischer Tapferkeit; auf manchem Schlachtfelde mochte er damit vertraut geworden sein. Aber die Majestät des freien Todes, welche sich in dem Donner der Kraft kundgab, womit Jesus seine Seele Gott befahl, diese war ihm neu und ergriff wie eine Offenbarung der ewigen Gottheit seine Seele. Dieses göttliche Sterben erweckte ihn zu einem neuen Leben. Wie außer sich vor Begeisterung fing der Mann an, wundersame Worte zu reden. Er lobte Gott wegen dieser Vorgänge, und es war das Mindeste, daß er den als einen Gerechten pries, den als einen Missetäter hinzurichten er beauftragt war (Lk 23, 47). Er beteuerte mit einem Schwur, daß Jesus der Sohn Gottes sei. Nicht etwa schon in dem Sinne entwickelter christlicher Erkenntnis beteuerte er dies, aber auch nicht im Geiste heidnischen Aberglaubens. Ohne Zweifel wußte der Hauptmann von dem Vorwurf, unter dem die Juden Christus an das Kreuz gebracht, daß er nämlich sich selber zu Gottes Sohn gemacht habe. Dies war es nun, was er jetzt beschwor: das Wort Christi über sich selber, wenn er auch den Inhalt desselben nur dunkel zu erkennen vermochte. Auf diese Beziehung seines Wortes läßt uns Matthäus mit Gewißheit schließen. Ja, in Wahrheit, der Sohn Gottes war dieser! Wie wenn er sagen wollte: Es war in Wahrheit so, wie er gesagt; nicht aber war er ein Gotteslästerer, wozu die Feinde ihn haben stempeln wollen. Zu dieser Gewißheit führte ihn besonders auch das Erdbeben mit den Zeichen, von denen es begleitet war. Er sah ein Gotteszeichen darin. Selbst seine Genossen wurden von diesem Geiste ergriffen; voller Furcht stimmten sie in sein Zeugnis ein.

So wurde dieser gläubige Heide mit seinen Genossen auf Golgatha der erste Repräsentant der heidnischen Welt, welche in Zukunft ihre Knie beugte vor der Macht des Kreuzes Christi. Ja, dieser Zeuge Christi schien schon mit seiner Beteuerung, Christus sei wahrhaftig Gottes Sohn gewesen, den Juden eine Strafpredigt zu halten darüber, daß sie ihn als Gotteslästerer verworfen hatten

Von den Leidtragenden am Kreuz.

Vers 55 und 56

Zu Vers 55: Lk 8, 2. 3
Zu Vers 56: Mt 27, 61; 28, 1

55 **Es waren dort aber auch viele Frauen zugegen, die von weitem zuschauten; sie waren Jesus aus Galiläa nachgefolgt und hatten ihm Dienste geleistet.**
56 ***Unter ihnen befanden sich Maria von Magdala und Maria, die Mutter des Jakobus und des Joseph, und die Mutter der Söhne des Zebedäus.**

Von den Jüngern sagt Matthäus kein Wort. Aber von den trauernden Frauen spricht er. Die Bekannten Jesu, welche von ferne gestanden hatten, um immer nach ihm hinzublicken, wie wenn sie angefesselt wären an ihren Ort, nämlich die frommen Frauen, die sich von Galiläa aus dienend seinem Zuge angeschlossen hatten und unter denen uns insbesondere Maria von Magdala, Maria, die Mutter des Jakobus und des Joseph, und die Mutter der Söhne des Zebedäus genannt werden, waren die letzten auf der heiligen Stätte. Sie verloren den Sterbenden nicht aus dem Auge. Und auch die Zeichen, durch welche Gott seinen Eingeborenen im Tode verherrlichte, waren für sie nicht verloren. Je mehr aber diese Zeichen anfingen zu wirken, je mehr die Widersacher anfingen scheu zurückzutreten, desto getroster konnten sie hervortreten.

Das Begräbnis des Herrn.

Vers 57—61

Zu Vers 57—61: Mk 15, 42—47; Lk 23, 50—55; Jo 19, 38—42
Zu Vers 57. Mk 15, 43; 2 Mo 34, 25; 5 Mo 21, 22. 23
Zu Vers 60: Jes 53, 9; Jo 11, 38
Zu Vers 61: Mt 28, 1

57 **Als es dann Spätnachmittag geworden war, kam ein reicher Mann von Arimathäa namens Joseph, der gleichfalls ein Jünger Jesu geworden war;**
58 ***dieser begab sich zu Pilatus und bat ihn um den Leichnam Jesu. Da gab**
59 **Pilatus den Befehl, man solle ihm den Leichnam übergeben. *Joseph nahm**
60 **nun den Leichnam, wickelte ihn in reine Leinwand *und legte ihn in das neue Grab, das er für sich selbst im Felsen hatte ausbauen lassen; dann wälzte er einen großen Stein vor den Eingang des Grabes und entfernte sich.**
61 ***Es waren aber dort Maria von Magdala und die andere Maria zugegen; die saßen dem Grabe gegenüber.**

Joseph von Arimathäa (dieses Städtchen lag wahrscheinlich am Westrand des Berglandes von Palästina zum Mittelmeer hin) war derjenige, welcher die Bestattung Jesu übernahm. Joseph von Arimathäa war ein Jünger Jesu, sagt Johannes, doch ein heimlicher, setzt er hinzu, aus Furcht vor den Juden. Er war ein guter und gerechter Mann, wie Lukas sagt, und da er auf das Reich Gottes gewartet hatte (mit seiner Sehnsucht auf die Offenbarung desselben gerichtet gewesen war), so hatte ihn dieser treue, fromme Sinn in die Gemeinschaft Christi geführt. Was ihn aber bis dahin abgehalten hatte, öffentlich für Jesus aufzutreten, das waren irdische Rücksichten gewesen, wie sie ebenfalls Nikodemus lange Zeit gehemmt hatten. Er war ein reicher Mann, berichtet Matthäus, ein angesehener Ratsherr nach Markus; er hatte also viel zu verlieren. Freilich hatte er auch bisher schon unverkennbare Zeichen einer günstigen Stimmung für Jesus im Hohen Rat abgelegt. Er hatte nach Lukas weder zu ihrem Rat noch zu ihrer Tat seine Zustimmung gegeben. Allein er hatte sich doch bisher auch nicht offen zu Jesus bekannt. Damit aber ist es nun anders geworden.

Joseph von Arimathäa begab sich zu Pilatus und bat um den Leichnam Jesu. Durch diese Bitte trat er aus seiner bisherigen Zurückhaltung heraus und bekannte sich öffentlich zu dem als Verbrecher Hingerichteten. Mutiger und herzlicher hätte er seine Zugehörigkeit zu Jesus nicht bekennen können.

Matthäus und Markus berichten nun so, als ob Joseph von Arimathäa allein die ganze Kreuzabnahme und das Begräbnis Jesu besorgt hätte — das ist natürlich nicht der Fall. Matthäus hat eben nur kurz berichtet. Nach Vers 61 und nach Lukas und Johannes kann man entnehmen, daß auch die Frauen dabei gewesen sind. Nach Jo 19 ist auch Nikodemus bei der Bestattung zugegen gewesen. — Es war ein Wagnis (Mk 15, 43), Jesus zu begraben. Den Verfluchten bei den Kindern Israel beizusetzen, hieß nichts anderes, als gegen seine Verfluchung protestieren. Es ist eine mutige Tat, daß Joseph von Arimathäa Jesus begräbt, und es ist ein Bekenntnis zu ihm, ob auch etwa nur in dem Sinne von Lk 24, 19, wenn er ihn in seinem eigenen Grabe beisetzt. Und zu ihm tritt hinzu, wieder wie einst in der Nacht, Nikodemus. Die beiden Männer geben das Passahmahl, das um diese Zeit begann, daran. Sie können es nicht feiern, denn durch die Berührung mit dem Toten werden sie unrein, aber sie verzichten aus Liebe zu dem Gekreuzigten auf das Mahl und nehmen lieber den Zorn ihrer Stammesgenossen auf sich, als daß sie zugäben, daß Jesus wie ein Verfluchter verscharrt würde.

Und nun beginnt der wehmütige, letzte Dienst, den sie Jesus meinen leisten zu können. Es ist uns nicht genauer überliefert, was sie tun, doch erlauben die Quellen immerhin, einiges darüber zu sagen. Sie wickeln den Leichnam in eine reine Leinwand ein, gewiß nicht ohne vorher den Leib vom Blute gereinigt zu haben. Nikodemus bringt Salbe und Myrrhe und Aloe im Werte von hundert Pfund. Er fühlt das Bedürfnis, den Herrn jetzt mit einem fürstlichen Aufwand zu ehren, wie dies vor kurzem die Maria von Bethanien getan hatte. Es lag in der Sitte der Zeit, daß man hochgefeierten Persönlichkeiten die kostbarsten Begräbnisse bereitete. — Die eigentümliche Verwendung des Terminus im Joh.-Evangelium erlaubt die Übersetzung: „Er wurde begraben, als ob er ein Vornehmer in Jerusalem wäre", er, der Verfluchte.

Für das Grab war durch die glücklichste Fügung gesorgt. Joseph von Arimathäa besaß einen Garten ganz nahe bei der Schädelstätte, in dem er sich ein neues Grab in den Felsen hatte hauen lassen, worin noch kein Toter beigesetzt worden war. Dieses Grab war ihm nicht zu kostbar für die Leiche des Herrn.

Nachdem die Bestattung in aller Eile vollzogen war, verschloß Joseph das Grab, indem er einen großen Stein vor die Tür desselben wälzte. Es war nämlich nahe um die Zeit des Beginns des Sabbats; die einzelnen letzten Akte der Kreuzigung, die abschließende Hinrichtung der Gekreuzigten, die Kreuzesabnahme, sowie die Bestattung Jesu waren unter der Neige des Tages schnell aufeinander gefolgt.

Die Bewachung und Versiegelung des Grabes.

Vers 62—66

Zu Vers 63: Mt 12, 40 Lk 23, 5. 14 Jo 7, 12. 47 2 Ko 6, 8

Zu Vers 64: Mt 28, 13

Zu Vers 66: Da 6, 18

62 Am nächsten Tage aber, der auf den Rüsttag folgte, versammelten sich
63 die Hohenpriester und Pharisäer bei Pilatus *und sagten: Herr, es ist uns
eingefallen, daß jener Betrüger bei seinen Lebzeiten angekündigt hat: „nach
64 drei Tagen werde ich auferweckt." *Gib also Befehl, daß das Grab bis zum
dritten Tag sicher bewacht wird; sonst könnten seine Jünger kommen,
könnten ihn stehlen und dann zum Volke sagen: er ist von den Toten auf-
erweckt worden; dann würde der letzte Betrug noch schlimmer als der
65 erste. *Pilatus antwortete ihnen: Ihr sollt eine Wachmannschaft haben,
66 geht hin und verwahrt (das Grab) sicher, so gut ihr könnt! *Da gingen sie
hin und sicherten das Grab unter Hinzuziehung der Wachmannschaft, nach-
dem sie den Stein versiegelt hatten.

Die Nachricht von der Bestattung Jesu regte die Häupter Israels sehr auf. Sie hatten namlich manches von den Anhängern Jesu gehört von den Voraussagen über seine Leidens- und Auferstehungsgeschichte. Nun beschäftigt sie der Gedanke: Wenn am Ende doch ihre Sache „schief" auslaufen könnte und die Jünger des Jesus von Nazareth etwas inszenieren würden — dann wäre „ihre ganze Arbeit der Hinrichtung" vergeblich gewesen. — Man muß also auf alle Fälle verhüten, daß irgendwie „der Glaube an seine Auferstehung" in die Erscheinung träte. Gedacht — getan! Hin zu Pilatus!

„Ein allzu freundliches Gesicht scheint Pilatus nicht gemacht zu haben, als er die Gesellschaft schon wieder am Portal seines Palastes erblickte. Darum reden sie ihn auch sehr demütig und unterwürfig an mit „Herr". Ihre wirkliche Befürchtung, an die nicht zu glauben sie sich selber alle Mühe geben, teilen sie ihm natürlich nicht mit. Dafür aber eine andere, von der sie einen größeren Eindruck auf den römischen Statthalter erhoffen: **„Es ist uns eingefallen, daß jener Betrüger"** — „Betrüger" oder auch „Volksverführer" nennen sie ihn — zum Trost für seine späteren Bischöfe und Priester, die von den Kirchenfeinden aller Zeiten gerne ebenso genannt wurden und werden — **„daß jener Betrüger noch bei Lebzeiten behauptet hat: Nach drei Tagen werde ich auferstehen!"** Sie wollen damit sagen, daß das natürlich gerade so eine „Lüge" sei, wie alle seine „anderen Betrügereien". Aber seine Jünger, die das Betrügen von ihm gelernt haben, könnten kommen, ihn stehlen und dann dem Volke sagen: „Er ist auferstanden." Und wenn schon das durch seine eigenen Betrügereien betörte Volk nicht weit davon entfernt war, eine Revolution anzuzetteln, so wird dieser „zweite Betrug" erst recht die Massen außer Rand und Band bringen. Pilatus ist offenbar nicht in der Laune, lange mit ihnen zu verhandeln oder, wie sie es eigentlich von ihm wollten, die Sache selbst in die Hand zu nehmen, wodurch er sich lächerlich machen könnte: Eine Wache am Grab eines Toten! Andererseits will er sie nicht vor den Kopf stoßen, traut wohl auch selber der Geschichte nicht ganz. So antwortet er kurz und barsch: **„Ihr könnt (oder sollt) eine Wache haben."** So ist der griechische Ausdruck zu erklären, nicht: „Ihr habt ja eine Wache." Denn es handelt sich nicht um eine aus Tempelsoldaten bestehende Wache, sondern um ein römisches Kommando (vgl. 28, 14). Die Abteilungen aber, die bei Jesu Gefangennahme bzw. Kreuzigung mitgewirkt hatten, waren natürlich schon zurückgezogen. **„Geht und schafft Sicherung, so gut ihr könnt."** Das besorgen sie dann auch mit aller nur möglichen Vorsicht. Sie versiegeln den Stein." (Lauck S. 199. Vgl. dazu Strack-Billerbeck und Bornhäuser.)

Kapitel 28

Die Auferstehung des Herrn!

Vers 1—10

Das Leben aller Menschen auf Erden endet immer mit ihrem Tode. Mit dem Tode ist die Lebensgeschichte endgültig aus. Davon machen auch die Größten unter den Großen keine Ausnahme. Und doch: Einer ist ausgenommen, bei dem Einen ist es anders gewesen. Die vier biblischen Evangelisten, die über die irdische Lebensgeschichte Jesu uns Bericht erstattet haben, sind einstimmig in der entschiedenen, unbedingt selbstgewissen Bezeugung des sonst Unglaublichen und Unfaßbaren: Sein Leben habe nicht mit dem Tode geendet, er ist lebendig und wahrhaftig wieder auferstanden aus seinem Grabe. Sie erzählen jeder in seiner Weise noch ein Stück Lebensgeschichte Jesu Christi nach seinem Tode, bestehend in einer Reihe von sinnfällig-körperlichen Lebensoffenbarungen des Auferstandenen auf dieser Erde unter den Menschen. Und zwar gründete sich auf diesen von allen Evangelisten bezeugten wunderbaren Ausgang der irdischen Lebensgeschichte Jesu das ganze apostolische Evangelium von Jesus Christus. Immer wieder verkündigten die Apostel: „Dieser Jesus, den ihr gekreuzigt habt, ist auferstanden von den Toten! Er, der tot war, l e b t ! Er lebt ewig fort als einer, der den Tod überwunden hat."

Dieses Evangelium von dem auferstandenen und ewig lebenden Herrn und Heiland ruft auch heute noch die Menschen nicht auf zum Gedächtnis eines vor Jahrtausenden gestorbenen und begrabenen Mannes, sondern es ruft auf zu Jesus Christus, dem Auferstandenen und ewig Lebenden, der sich persönlich uns darbietet zu gegenwärtiger, lebenswirklicher Gemeinschaft mit Ihm und durch Ihn mit Gott, der auch als der ewig Lebendige seine Gemeinde auf Erden persönlich regiert, sein Reich auf Erden baut und es herrlich aufrichten wird am Tage seiner Zukunft. Das alles hängt ab von der Tatsächlichkeit der Auferstehung Jesu Christi und damit von der Wirklichkeit seiner Auferstehungsgeschichte.

Zu Vers 1—10: Mk 16, 1—10; Lk 24, 1—12; Joh 20, 1—18
Zu Vers 1: Mt 27, 61
Zu Vers 3: Mt 17, 2; Lk 11, 36; Apg 1, 10; Da 7, 9
Zu Vers 4: Mt 27, 66
Zu Vers 6: Mt 12, 40; 16, 21; 17, 23; 20, 19
Zu Vers 7: Mt 26, 32; Jo 16, 16. 22
Zu Vers 9: Mt 28, 17; Lk 24, 52
Zu Vers 10: Mt 28, 7. 16; Jo 20, 17; Hbr 2, 11

1 **Nach Ablauf des Sabbats aber, als der erste Tag nach dem Sabbat anbrechen**
wollte, gingen Maria von Magdala und die andere Maria hin, um nach dem
2 **Grabe zu sehen. *Da entstand plötzlich ein starkes Erdbeben, denn ein Engel**
des Herrn, der vom Himmel herabgekommen und herangetreten war, wälzte
3 **den Stein weg und setzte sich oben darauf. *Sein Aussehen war (leuchtend)**
4 **wie der Blitz und sein Gewand weiß wie der Schnee. *Aus Furcht vor ihm**
5 **zitterten die Wächter und wurden wie tot. *Der Engel aber wandte sich an**
die Frauen mit den Worten: Fürchtet ihr euch nicht! denn ich weiß, daß
6 **ihr Jesus, den Gekreuzigten, sucht. *Er ist nicht (mehr) hier, denn er ist auf-**
erweckt worden, wie er es vorausgesagt hat. Kommt her, seht euch die Stelle
7 **an, wo er gelegen hat. *Geht nun eilends hin und sagt seinen Jüngern:**
Er ist von den Toten auferweckt worden und geht euch voran nach Galiläa;
dort werdet ihr ihn wiedersehen; beachtet wohl, was ich euch gesagt habe!
8 ***Da gingen sie eilends vom Grabe weg voller Furcht und (zugleich) voll**
großer Freude und eilten davon, um seinen Jüngern die Botschaft zu
9 **bringen. *Und siehe! Jesus kam ihnen entgegen mit den Worten: Seid ge-**
grüßt! Da gingen sie auf ihn zu, umfaßten seine Füße und warfen sich an-
10 **betend vor ihm nieder. *Hierauf sagte Jesus zu ihnen: Fürchtet euch nicht!**
Gehet hin und verkündigt meinen Brüdern, daß sie nach Galiläa gehen
sollen, dort werden sie mich wiedersehen.

Die Frauen spielen im Bericht von der Auferstehung die erste Rolle; eine besondere Pflicht ruft sie zum Grabe. — Es sind nach Mt 28, 1 „Maria von Magdala" und „die andere Maria" (die Tante Jesu).

Nach Mk 16, 1 sind es die gleichen, und dazu wird noch genannt: Salome, die Mutter des Jakobus und Johannes.

Nach Lk 24, 10 sind es auch die beiden ersteren, dazu Johanna, die Frau des herodianischen Beamten Chusa (Lk 8, 3).

Johannes nennt nur Maria von Magdala mit Namen. Aber es ist nicht bloß ziemlich unwahrscheinlich, daß sie in dieser Morgenstunde allein zum Grabe gegangen wäre, sondern sie spielt auch selbst auf die Gegenwart anderer Personen an, wenn sie sagt: *„Wir wissen nicht, wo man ihn hingelegt hat."* Wenn Johannes sie so speziell bezeichnet, so tut er es im Hinblick auf die Erscheinungen, die er gleich nachher in allen Einzelheiten erzählt und die von Lukas verallgemeinert und auf sämtliche Frauen bezogen worden waren, ebenso auch bei Matthäus.

Die Tatsache der Auferstehung selbst erzählt keiner der Evangelisten, weil niemand dabei war. Nur der Auferstandene ist gesehen worden. Von Ihm zeugen sie. Matthäus geht am weitesten zurück. Ein von einem Engel bewirktes Erdbeben setzt den Stein in Bewegung und wälzt ihn weg; der Engel setzt sich darauf, und die Wachen fliehen. Bei der Ankunft der Frauen wird das Grab offen gefunden.

Der Evangelist Matthäus hat die höhere Bedeutung dieses Erdbebens ausgesprochen. **„Denn ein Engel des Herrn"** — schreibt er — **„vom Himmel niederfahrend, trat hinzu und wälzte den Stein fort von der Tür und setzte sich auf denselben. Seine Erscheinung war wie der Blitz und sein Gewand weiß wie Schnee. Die Grabeswächter aber wurden bei seiner Kundgebung von Furcht erschüttert und erstarrten vor Schreck."** Daß sie ihn in der bestimmten Gestalt einer Engelerscheinung sahen, ist nicht gesagt, wohl aber, daß sie seiner Kundgebung mit Schrecken innewurden. Und dazu waren sie wohl nach allem Vorgegangenen vorbereitet, besonders nachdem sie die Nachtzeit hindurch an dem Grab dieses mysteriösen Mannes, der schon die römische Schar in Gethsemane erschüttert hatte, Wache gehalten hatten (vgl. Apg 9, 7).

Wie konnte aber der Evangelist von diesen Vorgängen wissen? Ohne Zweifel erlebte Matthäus das Erdbeben selber in jener Morgendämmerung mit, wie die ganze Umgegend von Jerusalem. Mit Recht bezog er dieses Ereignis dann später auf die Auferstehung. Daß bei diesem Ereignis „der Engel des Herrn" vom Himmel niedergefahren sei, konnte er wohl aus der Tatsache schließen, daß später die Jüngerinnen den Engel im Grabe Jesu erblickten. Die Hüter aber sind wahrscheinlich von den Frauen selbst noch in dem Zustande der Erstarrung oder höchsten Verwirrung in der Nähe des Grabes gesehen worden. Der Stein war und blieb weggewälzt von der Tür des Grabes für ewige Zeiten. Der Engel, der sich auf den Stein niedersetzt, den er von der Tür des Grabes fortgewälzt hat, bildet den wunderbarsten Gegensatz zu dem Siegel, welches der Hohe Rat auf den Stein gedrückt. Die Macht des Himmels triumphiert über die Macht der Erde; der Engel aus der Höhe setzt sich feierlich auf das zerstörte Zeichen, welches die ohnmächtige Autorität der Juden und Römer ausdrückt, wie sie den Herrn und mit Ihm die christliche Hoffnung in ein ewig verschlossenes Reich der Toten verbannen wollte.

Das wunderbare Ereignis am Grabe Jesu trug sich zu, während die Frauen unterwegs waren. Als sie dem Grabe nahekamen, bemerkten sie, daß der Stein bereits von demselben abgewälzt war. Sie konnten dies aber schon von ziemlich weither sehen, denn der Stein war sehr groß.

Ein staatliches Siegel und ein militärisches Aufgebot sind Gott gegenüber Lächerlichkeiten. Wenn der Allmächtige redet, haben Menschen zu schweigen, wenn der Ewige handelt, sind Menschenhände gelähmt, bedeuten Menschensicherungen nichts.

Engel treten auf den Plan. Die großen Boten Gottes treten sichtbar in Funktion. Es war wieder einmal die Zeit für die Engel angebrochen wie bei der Geburt Jesu. Beides, die Ankündigung der Auferstehung, als auch die Ankündigung der Geburt besorgen Engel. Eine Auferstehung ohne solche außerordentlichen Umstände wäre ein Frühling ohne Blumen, eine Sonne ohne Strahlen, ein Triumph ohne Ehrenkrone gewesen.

Diese wunderbare Übereinstimmung zwischen dem Anfang des ersten Lebens des Herrn und dem Anfang des zweiten Lebens des Herrn Jesu auf Erden besteht aber auch noch in anderer Beziehung. In beiden Anfängen sehen wir Zweifelnde und Bekümmerte durch einen himmlischen Boten überrascht und gestärkt und erfreut. In beiden Anfängen werden all die Nebenumstände und begleitenden Erscheinungen ausführlich erzählt, aber über dem Anfangspunkt selbst des Lebens und der Auferstehung des Herrn liegt ein geheimnisvoller Schleier gebreitet. Er wird auferweckt durch die Kraft des Höchsten, (Rö 6, 4; Eph 1, 20) ebenso wie er „empfangen“ worden war durch die Kraft des Höchsten. (Lk 1, 35.)

Was nun die bekannte Streitigkeit über die Zahl der Engel betrifft, so erinnern wir an einen Aufruf Lessings, der lautet: „Kalte Widerspruchsklauber, seht ihr denn nicht, daß die Evangelisten die Engel nicht zählen? Das ganze Grab, die ganze Gegend um das Grab ist unsichtbar umgeben von Engeln. Da waren nicht nur zwei Engel gleich als ein Paar Wachtposten, die vor der Behausung des abmarschierten Generals zurückgelassen wurden, sondern da waren deren Millionen, es erschien nicht immer der eine und derselbe, bald an jener, bald an dieser Stelle, bald an einer andern, bald allein, bald in Gesellschaft, bald sagten sie das, bald jenes.“

„Fürchtet euch nicht“, das ist ein Wort, was nicht nur der Weihnachtsengel gesagt hatte, sondern was nun auch der Osterengel verkündigt. Der Engel spricht weiter: **„Ich weiß, wen ihr sucht, Jesus, den Gekreuzigten. Er ist nicht hier.“** Solche Botschaft: „Er ist nicht hier“, hat man noch nie an einem Grabe erhalten! — Der Tote ist immer anzutreffen! **„Er ist auferstanden, wie er es gesagt hat.“** — Er allein vermag aus dem Totenreich in das Reich des Lebendigen einzugehen, wie ein Herr, der in den Zimmern seines Hauses ein- und ausgeht.

„Er ist nicht hier, Er ist auferstanden!“ Das ist das große Osterwort, das Lebenswort. Sprachlos, fassungslos, völlig verwirrt vor Schrecken und Angst, andererseits voll Jubel und Freude, so sind die Frauen gepackt und gebannt.

„Der Engel fordert sie auf, herzuzutreten und die Kammer zu betrachten: sie ist leer. Jesus ist auferstanden. Das sollen sie den Jüngern sagen und ihnen seine Verheißung wiederholen, daß er sie wieder nach Galiläa zurückführen wird, und dort werden sie ihn sehen. Wann und wie Jesus auferstanden ist, beschreibt uns Matthäus nicht; das hat kein Auge gesehen und darum auch keiner der Zeugen Jesu erzählt. Er sagt uns nur, daß das Grab durch die Auferstehung Jesu völlig unverändert blieb. Jesus war durch die Auferstehung in einen Stand der Macht getreten, den die Natur nicht mehr hindert. Er verließ das Grab, wie er nachher unter die Jünger tritt, von keinem natürlichen Ding gehemmt. So erfüllt sich an Ihm seine Verheißung, daß die Auferstehung nicht nur das Irdische wiederherstelle, sondern ein Neues schaffe, das herrlich über dem Irdischen steht und darum für uns ein völliges Geheimnis bleibt.

Die Frauen erleben sofort noch Größeres. Sie müssen nicht nur mit dem Wort des Engels vor die Jünger treten, sondern empfangen den Auftrag von Jesus selbst. **„Und rasch gingen sie vom Grabe fort mit Furcht und großer Freude und liefen, um es seinen Jüngern zu melden. Und sieh! Jesus trat ihnen**

entgegen und sprach: Seid gegrüßt! Sie aber traten herzu, faßten seine Füße und beteten ihn an. Dann sagte ihnen Jesus: Fürchtet euch nicht. Geht, verkündigt meinen Brüdern, daß sie nach Galiläa gehen, und dort werden sie mich sehen!"

Das erste, was geschah, als er wieder lebend vor ihnen stand, war, daß sie anbetend vor ihm niederfallen. Dann bestellt er sie zu seinen Boten an die Jünger und gibt diesen selbst durch sie den Befehl, nach Galiläa heimzugehen. Nun sind die Leidenstage in Jerusalem auch für sie zu Ende. Jesus hält ihnen sein Wort und führt sie nicht bloß mit sich nach Jerusalem hinauf, sondern auch unter seinem Schirm geborgen wieder fort. Mit Furcht und Bangen zogen sie in die heilige Stadt hinauf; nun verlassen sie sie mit der Gewißheit, es stehe ihnen in Galiläa der Anblick des Auferstandenen bevor." Schlatter S. 420.

Von der Ausweglosigkeit der Feinde Jesu.

Vers 11—15

Zu Vers 13:
Mt 27, 64

11 **Während sie nun hingingen, kamen einige von den Grabeswächtern in**
die Stadt und meldeten den Hohenpriestern alles, was vorgefallen war.
12 ***Nachdem diese sich mit den Ältesten versammelt und einen Beschluß ge-**
13 **faßt hatten, gaben sie den Soldaten reichlich Geld *und sagten: Ihr müßt**
aussagen: Seine Jünger sind bei Nacht gekommen und haben ihn gestohlen,
14 **während wir schliefen. *Und wenn die Sache vor dem Statthalter zum Ver-**
hör kommen sollte, so wollen wir ihn schon beschwichtigen und dafür sorgen,
15 **daß ihr keine Angst zu haben braucht. *Da nahmen sie das Geld und taten**
nach der empfangenen Weisung; und so ist dieses Gerede bei den Juden in
Umlauf gekommen bis auf den heutigen Tag.

Die Gegner des Herrn sind kopflos geworden. In ihrer Ratlosigkeit greifen sie zum Mittel der Bestechung. Die Soldaten müssen falsche Aussagen machen. Und wie plump sind die Aussagen, die die Soldaten ihnen nachsprechen sollen. Wie wird da die ganze Dummheit ihres Handelns und die Verfinsterung ihres Verstandes offenbar. Gerade das, was die Gegner durch ihre Maßnahmen (Soldaten-Bewachung, Versiegelung des Steines usw.) verhindern wollten, nämlich dies, daß der Leichnam des Herrn gestohlen wird, gerade dieses müssen nun die Soldaten „in alle Welt hinausposaunen". Und dazu kommt noch folgendes, was uns die ganze Lächerlichkeit und Unsinnigkeit der Lüge offenbar macht. Die bestochenen Soldaten sollen sagen: „Während wir Wacht-Soldaten schliefen, haben die Jünger den Leichnam gestohlen." Eine größere Unsinnigkeit hätten die Gegner wahrhaftig nicht „verzapfen" können. — Denn wie kann man, während man schläft, sehen und feststellen, daß Jünger an das Grab kommen, um zu stehlen? Und weiterhin, wie entsetzlich sich die Soldaten selbst blamieren, daß sie als Schwerbewaffnete solches haben sich gefallen lassen. — Was für eine Entehrung des Soldatenstandes überhaupt. —

Aber für Geld gibt man auch seine Berufsehre preis und lügt und spricht nach, was befohlen wird. Welch ein Tiefstand!

Das ganze ist weiter nichts als ein Dokument dafür, wie Dämonie und Teufelsverführung in Ausweglosigkeit und blödes Lügengespinst führen. Die Gegner Jesu sind so entsetzlich verstockt und töricht verblendet, daß sie nichts mehr sehen und nichts mehr begreifen.

So grauenhaft sind sie auf der ganzen Linie geschlagen.

Zu Vers 16:
Lk 24, 9. 33
Apg 1, 26
1 Ko 15, 5

Zu Vers 18:
Mt 11, 27
Lk 5, 24
Jo 3, 27. 35;
13, 3; 17, 2
Da 7, 14
Eph 1, 20—22
Phil 2, 9
Offb 12, 10

Vom Allmachtsdienst und Allgegenwartswort des Auferstandenen!

Vers 16—20

(Vgl. Mk 16, 14—18 und Lk 24, 44—49)

16 **Die elf Jünger aber begaben sich nach Galiläa auf den Berg, wohin Jesus**
17 **sie beschieden hatte, *und als sie ihn sahen, fielen sie vor ihm nieder; einige**
18 **aber hegten Zweifel. *Da trat Jesus zu ihnen, redete sie an und sagte: Mir**

Zu Vers 19:
Mt 24, 14
Mk 16, 15 f.
Apg 8, 12; 14, 21
Zu Vers 20:
Mt 5, 19; 18, 20
Apg 18, 10
Hag 1, 13

19 ist alle Macht im Himmel und auf Erden gegeben. *Darum gehet hin und
machet alle Völker zu meinen Jüngern, indem ihr sie auf den Namen des
20 Vaters, des Sohnes und des Heiligen Geistes tauft, *und lehret sie alles
halten, was ich euch geboten habe. Und wisset wohl: Ich bin bei euch alle
Tage bis an der Welt Ende.

Die Aussendung der Jünger in die Welt bildet den Abschluß des Matthäus-Evangeliums.

Die Leidens- und Sterbens- und Auferstehungsgeschichte des Herrn in Jerusalem und vor Jerusalem ist vorüber.

Die letzte Begegnung des Herrn mit seinen Jüngern vollzieht sich in Galiläa, also dort, wo der Herr seinen irdischen amtlichen und öffentlichen Lebenslauf angefangen hatte, dort, wo er auch seine Jünger gesammelt, sie unterrichtet, sie zum erstenmal ausgesandt hatte, dort, wo er die Wunder gewirkt, wo er seine Gemeinde gegründet, dort, wo er alles, was inzwischen geschehen ist, vorausgesagt hatte.

Dort also, wo der Herr sein großes und ewiges Erlösungswerk begonnen hatte, wo er gelebt und gewirkt und geliebt hatte die Seinen bis ans Ende, dort nun sollte auch das Ende seiner irdischen Laufbahn, seines Kommens in Niedrigkeit, stattfinden.

Bei dem Abendmahl hatte er seinen Jüngern gesagt, daß er nach der Auferstehung ihnen nach Galiläa vorausgehen werde. (Mt 26, 32.)

Nun trat das ein, was er seinen Jüngern bei dem Abendmahl vorausgesagt hatte.

Die elf Jünger sind um ihn versammelt. Es ist ihm, dem Herrn, und seinen Elfen ein unvergeßlicher Anblick, von allertiefstem Eindruck. — Wie oft hatte er seine Jünger während seiner irdischen Laufbahn sich um ihn versammeln lassen. Und sie hatten immer wieder mit Staunen seiner Rede gelauscht, seine Ewigkeitsgedanken vernommen.

Nun hat er sie wieder um sich versammelt. Diesmal aber ist es ein ganz anderes „Versammeltsein".

Der Herr ist nicht mehr der irdische, sondern der ewige, nicht mehr, der hingehen wird nach Jerusalem, um zu leiden und zu sterben — nein, der Herr ist nunmehr der, der hingegangen ist nach Jerusalem, der gelitten hat und gestorben ist und nunmehr auferstanden ist, den Sieg errungen, das Erlösungswerk vollbracht hat!

Nun steht er da vor seinen Jüngern als der Sieger und der Sohn Gottes, als der verheißene Messias in Herrlichkeit und Majestät, im ewigen Glanz und überirdischer Pracht. Und spricht laut und vernehmlich, machtvoll und göttlich das Wort: **„Mir ist gegeben alle Macht im Himmel und auf Erden."**

Dies ist das Allmachtswort des Auferstandenen. Der Sieg ist errungen. Die Erlösung ist vollbracht. — Dieses Allmachtswort ist aber nur dem **Glaubenden** zugänglich. Es ist nicht eine Macht, die die Welt kennt. Die Macht der Welt ist nach außen hinstrebende Gewalt, ist Erfolg, ist Triumph, ist Kraftentfaltung auf der ganzen Linie.

Die Allmacht, die dem Auferstandenen gegeben worden ist, diese Macht ist ganz anderer Art.

An der Art und Weise, wie sich diese beiden Arten, die weltliche und die göttliche Macht, offenbaren, soll uns das Wesen der beiden „Mächte" veranschaulicht werden.

Zunächst ist folgendes Tatsache:

Die Macht der Welt, die vom Teufel her ihre Macht besitzt, ist furchtbarste Wirklichkeit. — Der Teufel ist der große Feind Gottes, der Gott dieser

Welt, der Fürst des Zeitalters. Das NT spricht in aller Offenheit davon. Es sagt: Ihr habt nicht mit Fleisch und Blut zu kämpfen — die Welt liegt in der Hand des Bösen — der Teufel geht umher — der Teufel verkleidet sich in einen Engel des Lichts.

Die Versuchung Jesu in der Wüste und sein Kampf in Gethsemane und das Kreuz auf Golgatha wären nur Scheingefechte gewesen, wenn wir nicht sagen müßten: In diesem Augenblick stand die Sache Gottes wirklich auf dem Spiel. Dem Herrn Christus hat wirklich ein Todfeind gegenübergestanden, den der Herr im höchsten Maß ernst nahm. Wir müssen also den furchtbaren Gedanken aussprechen, ob wir ihn nun fassen können oder nicht: Es ist eine finstere Macht da, die Gott entthronen will, und es ist nicht selbstverständlich, daß diese Macht überwunden wird.

Jeder, der im Reiche Gottes arbeitet, weiß um diese unheimliche Tatsache des unheimlichen Feindes in sich und um sich. Paulus weiß sich von einem Boten des Satans mit Fäusten geschlagen (2 Ko 12, 7). Paulus will dem Mann in Korinth, der ihn beleidigt hat, vergeben, „damit wir nicht vom Satan übervorteilt werden; denn wir kennen seine Anschläge wohl" (2 Ko 2, 11). Er übergibt den Blutschänder dem Satan (1 Ko 5, 5. Vgl. 1 Th 2, 18). — Gott und Satan sind unversöhnliche Gegner, die einander gegenüberstehen, zwischen denen es keinen Zusammenhang, keinen Pakt und keine Vermittlung gibt! Der Teufel ist nicht ein Affe Gottes, ein Kobold, ein Werkzeug Gottes, ein Unterbeamter im Hofstaat Gottes, wie Goethes Mephisto es sagt. Der Teufel ist nicht ein „Düngemist, um den Weinberg Gottes zu bedüngen!" (Vgl. Heim.)

Nein, das ist er wahrhaftig nicht, sondern er ist der fürchterliche Empörer und Auflehner gegen Gott! — Und diese Macht des Teufels wird sich gegen das „Ende der Welt" hin noch ungeheuerlich offenbaren. Der Teufel wird, je mehr es dem Ende zugeht, sich entfalten, sich offenbaren in seiner ganzen Furchtbarkeit und Grausamkeit. So schildert es auch die Offenbarung des Johannes. Die Macht der Lüge, die sadistische Grausamkeit, das widernatürliche Laster, der Unglaube, der Haß, die Lieblosigkeit, das alles wird in seiner ganzen teuflischen Furchtbarkeit mehr und mehr an das Licht treten bis zur letzten Trübsal hin, die alles bisher Dagewesene übertrifft. Der auf Golgatha gerichtete und besiegte Teufel ist nicht etwa als der Verurteilte eingesperrt, im Gefängnis festgehalten, unschädlich gemacht, sondern geht frei herum und wird sogar noch verstärkt dadurch, daß er frei herumgeht wie ein brüllender Löwe, um — wenn möglich — die Auserwählten zu verschlingen. Die Ungerechtigkeit wird überhand nehmen. Die Mächte der Welt, die Mächte des Verderbens, die Todesmächte rufen ihr vielstimmiges: „Uns ist gegeben alle Gewalt; wer sich nicht beugt, der wird vernichtet!"

Diesen sich bis an die äußersten Enden der Welt ausbreitenden, furchtbaren Machtentfaltungen des Teufels und seiner Verderbens- und Todesgewalten steht nun das Siegeswort des Auferstandenen entgegen, das Wort, das absolut und total zu begreifen ist: **„Mir ist gegeben alle Gewalt im Himmel und auf Erden."**

Wie ist das zu verstehen, dieses Wort, das aller natürlichen Erfahrung, all dem, „was vor Augen ist", Hohn spricht?

Wie ist es zu begreifen? Ist Gott vielleicht doch ohnmächtig dem gegenüber, „was vor Augen ist?" Ist die Auferstehung Jesu doch nicht nur ein unsichtbares Faktum, das nur im „geistlichen, inneren Sinn" zu verstehen ist, das in keiner Weise mit den sichtbaren Gewalten in Beziehung steht? So fragen wir. Und welches ist unsere Antwort?

Unsere Antwort ist folgende: Die Vollmacht und Allmacht des Auferstandenen ist eine Macht ganz anderer Art als die Mächte dieser Welt, weil

Gott und alles Göttliche und Ewige immer „das ganz Andere" sind. Wohl hätte Gott die Macht dazu, den Teufel und alle seine Anhänger im Augenblick zu vernichten. So würden wir Menschen es machen mit unseren Feinden, wenn wir die Macht dazu hätten. Das ist aber nicht das Wesen der göttlichen Vollmacht. Denn mit solch einer plötzlichen Vollmachtstat der Vernichtung des Bösen wäre die Gegenmacht wohl beseitigt, aber nicht wirklich überwunden. Gott schlägt darum auf Grund seiner Vollmacht den entgegengesetzten Weg ein. Er überwindet das Böse dadurch, daß er ihm Raum gewährt, so daß es sich immer mehr entfalten kann. Das Satanische soll eben alle seine satanischen Tiefen offenbaren, und zwar so, wie wir es vorhin ausgeführt haben.

Gott kann es sich als der souveräne Herr der Weltgeschichte leisten, daß er die satanische Gegenmacht, die sich gegen ihn auflehnt, nicht etwa durch eine einfache Allmachtstat zermalmt.

Gottes Allmacht handelt stets unserem Denken entgegengesetzt. An Christus ist es auch Luther aufgegangen, daß Gottes Allmacht lebendig macht, wenn er ans Kreuz bringt, daß er heilt, wenn er die Seinen verwundet, daß er dich in tausend Stücke zerschlägt, wenn er dich gebrauchen will. Wenn Gott im Gegensatz zu unseren Gebeten und Wünschen handelt, dann erhört er oft eigentlich und zutiefst unsere Gebete. So hat er's mit allen Heiligen Christi gemacht. Er ließ sie oft mit ganzem Willen das tun, was sie am wenigsten wollten. Er ließ sie siegen, wenn sie unterlegen waren, ließ sie stark werden, wenn sie schwach waren, er segnete sie, wenn er sie in Trübsal und Dunkelheit führte. So sind bei Gott Schwachheit, Verfolgtwerden, Trübsal und Angst seine Mittel, mit denen er rettet und aufrichtet. Deshalb sind immer die Gedemütigten und Verachteten seine Kinder, die er ganz besonders liebt, denen er ganz besonders nahe ist (Ps 34, 19). Es ist eine atemberaubende Schau des Lebens, vor der wir stehen.

Darum singt Luther immer wieder das Hohe Lied von derjenigen Vollmacht Gottes, die zerbricht und zerschlägt; denn gerade darin **will** sich immer wieder seine göttliche Macht offenbaren. Trübsal gehört zum Christen. Es ist das Zeichen der Gnade. Deshalb soll der Mensch sich freuen, wenn er leiden darf. Deshalb soll er danken, wenn Gott das Gegenteil von dem tut, worum er gebeten hat. Nur dort, wo Niederwerfung seiner selbst ist, ja, wo nichts ist, da ist das vollmächtige Arbeiten Gottes möglich.

„Gott ist ein solcher Mann, der da Lust hat, zu tun, was vor der Welt närrisch und untüchtig ist."

Solche Allmacht ist auch dem Auferstandenen gegeben. Eine Allmacht, die vor der Welt zwar nichts gilt und nichts ist, dennoch eine Allmacht ist, die fort und fort gegen alle Hindernisse der Welt, gegen allen Teufelshaß und alle gottwidrigen Entscheidungen dennoch wunderbar und übermächtig Gottes Gedanken und Pläne und Absichten zum allerherrlichsten und allergrößten Ziele führt; eine Allmacht, die in den Ewigkeiten dann in ihrer ganzen Wirklichkeit und wunderbaren Verklärung offenbar werden wird.

So und nicht anders ist das Wort Jesu zu verstehen: **„Mir ist gegeben alle Macht im Himmel und auf Erden"**, eine Macht, die göttlicher Natur ist, eine Macht, die jetzt verborgen ist vor den Augen der Welt — dann aber offenbar wird vor aller Welt in Gericht und Herrlichkeit.

Dem Allmachtswort des Auferstandenen schließt sich an der vollmächtige Befehl des Lebensfürsten. Er lautet: **„Gehet hin!"** Der große und einzigartige Gesandte Jesus Christus, der auferstandene, lebendige und machtvolle Sohn Gottes — sendet. Diesmal ist die Sendung nicht eine vorläufige, begrenzte, vorübergehende und einmalige Sendung wie in Mt 10, sondern diesmal ist die Sendung eine endgültige, unbegrenzte, bleibende und fortdauernde. Die völkisch begrenzte Enge der Synagoge ist durchbrochen und zur Universalität der Gemeinde geworden. Die alle Welt umfassende Gemeinde Jesu hat das völkisch begrenzte Denken des Alten Bundes durch den alle Grenzen auflösenden Neuen Bund abgelöst.

Darum der universale vollmächtige Befehl: „Gehet hin!"

Diesem Allmachtswort „Gehet hin" schließt sich an der dreifache Dienstbefehl oder Missionsbefehl Jesu: 1. Machet alle Völker zu Jüngern! 2. Taufet sie! 3. Lehret sie!

1. Machet alle Völker zu Jüngern!

Der Ausdruck **„Machet zu Jüngern"**, so wie es im griechischen Text heißt, ist etwas ganz anderes und bedeutet viel mehr als die gewöhnliche Übersetzung: „Lehret alle Völker!" — Was es heißt, „zu Jüngern machen", das hat Jesus selbst gezeigt und dargestellt. Seine Reden waren weiter nichts als ein Ruf zur Jüngerschaft, zur Nachfolgerschaft. Ein Nachfolger Jesu ist ein solcher, der sich mit ganzem Ernst zu dem Herrn hingewandt hat und mit ganzem Ernst dabei ist, des Herrn Leben nachzuleben, d. h. der Heiligung nachzujagen mit ganzer Einsatzbereitschaft.

Daß „alle Völker" in die Jüngerschaft Jesu gerufen werden sollen, ist alles andere als eine Selbstverständlichkeit. Es ist kein geringeres Wunder als die Auferstehung des Herrn selbst, das Wunder, das sich in der Geschichte des Erniedrigten bereits ankündigte und mit der Öffnung der Türen zur Welt hin sich mächtig ereignet, nachdem Israel Gott seine Türen verschlossen und den Christus im Unglauben verworfen hat!

Das ist der Sinn von: „Machet alle Völker zu Jüngern". Ruft auf zur Entscheidung für Ihn, den Erhöhten! Bedient euch dazu des „Wortes" vom Kreuz und der Auferstehung!

2. Das zweite ist: **„Taufet die Völker auf den Namen des Vaters und des Sohnes und des Heiligen Geistes."**

Die erstmalig hier beginnende dreigliedrige Taufformel ist noch kein ausgeführtes trinitarisches Glaubensbekenntnis, sondern eine dem dreifachen Untertauchen des Täuflings entsprechende liturgische Formel, in der freilich die Entfaltung zum späteren Glaubensbekenntnis sich vorbereitet. Die Wendung „auf den Namen" bedeutet dabei die Übereignung des Täuflings an Vater, Sohn und Geist. Die Wirklichkeit Gottes wird in einem Namen dreifach entfaltet. Der Eine Name wehrt dem Mißverständnis, als seien es drei Götter, denen der Täufling übereignet wird, und der Glaube sich in dreifacher Richtung zuwendet. (K. Barth.)

Die dreifache Entfaltung aber bezeugt, wie der Eine Gott sich uns zuwendet und offenbart in der Taufe.

Beide, Wort und Taufe, empfangen ihren Sinn und ihre Kraft dadurch, daß der Auferstandene sie (Wort und Taufe) seinen Jüngern überträgt. Sie sind erfüllt von dem Leben aus dem Tod, das dem Auferstandenen eignet, und sind bestimmt, dieses Leben zu verwirklichen.

Die Taufe hat einen neuen Sinn gegenüber der Taufe des Johannes, auch wenn sie wie diese das Todesurteil über den alten Menschen und Versiegelung für das ewige Heil ist. Das Neue aber der Taufe, die der Auferstandene stiftet, ist, daß Jesus Christus in diese Taufe eingegangen (Mt 3, 13 ff.) und mit seinem Sterben und Auferstehen ihr Inhalt geworden ist. Getauft werden heißt jetzt mit Christus sterben, um mit ihm zum neuen Leben zu erstehen (Rö 6, 1 ff.). (Vgl. Bornkamm in Göttinger Meditationen 1947, 4, S. 411 ff.).

Zu Wort und Taufe, wie wir es eben ausführten, kommt nochmals das „Wort" hinzu: **„Lehret sie alles halten, was ich euch aufgetragen habe."**

Wort — Taufe — Wort, das ist also der dreifache Dienstbefehl des Auferstandenen.

3. Das dritte ist das Lehramt. Es ist die Leitung und Führung der Nachfolgeschar Jesu, Leitung und Führung durch das Wort. Das Wort ist nicht nur das Heroldswort, das Rufwort; das auf Entscheidung zielt, sondern das Wort ist ebenso auch das Vertiefungswort, das Seelsorgewort, das Lehrwort, das Mahnwort, das Trostwort, das Wort, das von Erkenntnis zu Erkenntnis führen soll, das Wort, das immer mehr den Reichtum der himmlischen Berufung in Jesus Christus erschließen soll.

Umschlossen ist der dreifache Missionsbefehl von dem Allgegenwartswort: **„Siehe, ich bin bei euch alle Tage bis zur Vollendung der Zeit."**

Das Wörtlein „Siehe" weist immer auf etwas ganz Besonderes hin, was wichtig und beachtenswert ist. Das Besondere und Wichtige ist hier, daß Jesus zwar äußerlich aus der Sichtbarkeit fortgeht, aber innerlich unsichtbar bei ihnen bleibt, und zwar zu jeder Zeit („alle Tage") und an jedem Ort („bei euch"). Das Wesen der Gemeinde Jesu ist das Weiterleben und Weiterwirken Jesu, des Auferstandenen. Die verborgene Gemeinschaft der Christen mit dem Christus, der Berufenen mit dem Rufenden, der Gesandten mit dem Sendenden.

Diese Verheißung des Herrn ist für die Gemeinde Jesu die eigentliche Ausrüstung und Legitimation, die sie zu ihrem Dienst ermächtigt und befähigt. Sie hebt die Jüngerschaft aus diesem Welten-Äon heraus. Ohne sie wäre sie eine von Erinnerungen bewegte, dem Auf und Ab der Geschichte, dem Banne des Lebens und Sterbens verhaftete Tat. Unter dieser Verheißung aber ist sie mitten in diesem Äon ein Stück der neuen Welt Gottes, den Drangsalen dieser Welt nicht entnommen, im Gegenteil nach dem Willen und in der Nachfolge Jesu Christi ihnen erst recht preisgegeben, und doch schon hindurch, weil der als ihr Herr schon verborgen bei ihr ist, auf dessen Offenbarung der ganze Weltenlauf zueilt, wenn das **„Ich bin bei euch alle Tage"** sich wandelt in das **„Wir werden beim Herrn sein alle Zeit"** (1 Th 4, 17; Jo 14, 3). (Vgl. Bornkamm.)

Matthäus schließt nicht mit der Himmelfahrt. Die Geschichte vom Allmachtswort, Dienstwort und Allgegenwartswort bildet den Schluß des Matthäus-Evangeliums. Diese Geschichte ist nicht nur in einem äußeren Sinn sein Ende, sondern in einem tieferen Sinn das Ziel der ganzen Freudenbotschaft; das Ziel der Geschichte Jesu Christi und damit zugleich aber das letzte Wort über die Welt und über Jesu letzten Auftrag und des Auferstandenen Vermächtnis für seine Gemeinde.

Spezielle Literatur-Angaben zu Matthäus

Kapitel 1

Friedrich Godet: Das Leben Jesu vor seinem öffentlichen Auftreten (1892)
Siegfried Goebel: Kindheitsgeschichte Jesu Christi (1920)
Karl Bornhäuser: Die Geburts- und Kindheitsgeschichte Jesu
Dietrich: Über die Jungfrauengeburt in „Biblische Studien und Zeitfragen" Herausg. Rienecker

Kapitel 2

Oswald Gerhardt: Der Stern des Messias (1922)
Fritz Rienecker: in „Reichsgottesarbeiter" Juli-August 1953, S. 78
Wilhelm Busch: Die Weisen aus dem Morgenland in Magier, Zöllner, Jünger

Kapitel 3

Karl Bornhäuser: Das Wirken des Christus durch Taten und Worte (1924)
Le Seur: Johannes der Täufer (1909)

Kapitel 4

Baumgarten: Die Geschichte Jesu (1927)
Martin Kähler: Kommet und sehet (1929)
Helmut Thielicke: Zwischen Gott und Satan (1946)

Kapitel 5—7

Karl Bornhäuser: Die Bergpredigt (1927)
Karl Heim: Die Bergpredigt (1948)
Helmut Thielicke: Die Bergpredigt (1950)
Walter Lüthi: Der Heiland (Ein Gang durch die Bergpredigt) (1936)
Schlatter: Die Gabe des Christus, eine Auslegung der Bergpredigt (1928)
Schieder: Die Bergpredigt (1942)

Das Vaterunser

Ernst Modersohn: Das Gebet des Herrn (1908)
Rudgar Mumssen: Das Vaterunser
Helmut Thielicke: Das Gebet, das die Welt umspannt (1947)
Helmut Thielicke: Das Vaterunser (dargeboten von deutschen Dichtern, 1940)
Walter Lüthi: Das Vaterunser (1946)

Kapitel 8 und 9

Karl Bornhäuser: Das Wirken des Christus durch Taten und Worte (1924)

Kapitel 11

Richard Otto: Verborgen und doch offenbar (über Matth. 11, 25—26)

Kapitel 12

Karl Heim: In den Händen des Meisters, S. 24 ff. (1949)
Röder: Die Versündigung und die Sünde wider den Heiligen Geist
Martin Kähler: Das Zeichen Jona (Matth. 12, 38—42) in „Wiedergeboren durch die Auferstehung Christi"
Richard Schmitz: Die Sünde wider den Heiligen Geist (1936)
Elias Schrenk: Über die Sünde wider den Heiligen Geist

Kapitel 13

Emil Brunner: Saat und Frucht (Zehn Predigten über Gleichnisse Jesu, 1946)
Wilhelm Michaelis: Es ging ein Säemann aus ...
Wilhelm Michaelis: Das hochzeitliche Kleid
Joach. Jeremias: Die Gleichnisse Jesu (1952)

Kapitel 14

Karl Heim: Lebendige Kraft, S. 84 (1950)

Kapitel 16

Wilhelm Vischer: Die Evangelische Gemeindeordnung (Kap. 16—20. 28) (1946)
Martin Kähler: Das göttliche Muß (Math. 16, 21—22)

Kapitel 17

Jakob Kroeker: Allein mit dem Meister
Wagner-Groben: Von Tabor bis Golgatha (1929)

Kapitel 22

Karl Heim: Gottes Wort ist nicht gebunden (1940)
Rendtorff: Der Gottesmensch (1929)

Kapitel 24 und 25

Eichhorn: Die letzten Dinge
Karl Heim: Zeit und Ewigkeit in „Glaube und Leben"
Karl Heim: Die Weltanschauung der Bibel
Wilhelm Michaelis: Der Herr verzieht nicht die Verheißung (1942)
Karl Hartenstein: Wann wird das geschehen? Eine Auslegung von Matth. 24 und 25 (1951)

Kapitel 26 und 27

Siegfried Goebel: Leidensgeschichte Jesu (1921)
Otto Borchert: Tod Jesu
Karl Bornhäuser: Zeiten und Stunden in der Auferstehungsgeschichte Jesu (1921)
Hermann Bezzel: Die 7 Worte Jesu am Kreuz (1918)
Otto Stockmeyer: Die 7 Worte Jesu am Kreuz
Karl Bornhäuser: Die Leidens- und Auferstehungsgeschichte Jesu
Hans Dannenbaum: Das Rätsel von Kreuz und Auferstehung (1951)
Reylaender: Die Passion unseres Herrn Jesu Christi
Hugo Beyer: Die beiden stärksten Stunden im Leben Jesu.
Hans Schimmelpfeng: Gottes Antwort. Sechzehn Fragen und Antworten aus der Passions- und Ostergeschichte (1940)
Karl Hartenstein: Der Kreuzesweg des Herrn (1948)

Kapitel 28

Riggenbach: Die Auferstehung Jesu (1905)
Ihmels: Die Auferstehung Jesu (1921)
Siegfried Goebel: Die Auferstehung Jesu (1922)
Karl Heinrich Rengstorf: Die Auferstehung Jesu (1952)
Siegfried Goebel: Lebensworte des Auferstandenen (1923)

Inhaltsverzeichnis